温州龙湾年鉴 2022

温州市龙湾区地方志办公室 编

WENZHOU LONGWAN YEARBOOK

2022

方志出版社
Publishing House of Local Records

图书在版编目（CIP）数据

温州龙湾年鉴. 2022 / 温州市龙湾区地方志办公室编.—北京 : 方志出版社, 2022.12
ISBN 978-7-5144-5616-5

Ⅰ. ①温… Ⅱ. ①温… Ⅲ. ①龙湾区—2022—年鉴
Ⅳ. ①Z525.54

中国版本图书馆CIP数据核字（2022）第252672号

责任编辑： 顾　洁
责任校对： 刘玉霞
责任印制： 梅中英
出 版 者： 方志出版社
地　　址： 北京市朝阳区潘家园东里 9 号（国家方志馆 4 层）
邮　　编： 100021
网　　址： http://www.zgfzcb.cn
发　　行： 方志出版社图书营销中心（010-67110500）
印　　刷： 温州市北大方印务有限公司
开　　本： 889 毫米 ×1194 毫米　1/16
印　　张： 27.37
字　　数： 1093 千字
版　　次： 2022 年 12 月第 1 版
印　　次： 2022 年 12 月第 1 次印刷
定　　价： 180.00 元

温州市龙湾区史志编纂委员会

主　　任　王高博

副 主 任　蔡军令　彭　锋

成　　员　项华琛　陈　立

朱智猛　李辉星

白俊军　季克霖

陈　健　林　华

姜宝银　冯　丹

朱德旭　李胜春

潘建潮　孙方忠

郑祥迪　周　威

朱德利　孙晓武

吴尊林　潘文汉

宋培鸽　胡中海

王　颖　邱朝瀚

陈启兴　冯宪芙

包双一　上官光架

范定绍　郑晓如

周　建　陈　康

曾国海　潘建华

邵赛慧　王余余

姜扬瓯　张小龙

刘伟策　张　文

孔德亮　林文辉

办公室主任　朱德旭

《温州龙湾年鉴》编辑部

主　　编　朱德旭

副 主 编　郑雁鸿

执行主编　郑雁鸿

编　　辑　吴道边　林小英

编　　务　林小英　朱筱霞

目录英译　徐　亮

校　　对　张丽君　吴道边

编辑说明

一、《温州龙湾年鉴（2022）》坚持以马克思列宁主义、毛泽东思想、邓小平理论、“三个代表”重要思想、科学发展观、习近平新时代中国特色社会主义思想为指导，坚持辩证唯物主义和历史唯物主义立场、观点、方法，坚持存真求实，全面、客观、系统地记述龙湾区2021年度经济建设、政治建设、文化建设、社会建设、生态文明建设等方面的基本情况，为领导决策提供依据，为中外人士了解和研究龙湾提供资料，也为地方留下年度性资料文献。

二、《温州龙湾年鉴（2022）》是根据《地方志工作条例》第八条关于“以县级以上行政区域名称冠名的地方志书、地方综合年鉴，分别由本级人民政府负责地方志工作的机构按照规划组织编纂，其他组织和个人不得编纂”的规定，由温州市龙湾区人民政府组织，温州市龙湾区地方志办公室依法承编的地方性年鉴。本部《温州龙湾年鉴（2022）》为第17卷。

三、《温州龙湾年鉴（2022）》采用类目、分目、条目3个层级为框架结构，设类目31个，分目209个，条目987条，表格66张，随文图照221幅。为便于检索，中文目录、英文要目集于书首，书后设数字索引、主题索引和表格索引。

四、《温州龙湾年鉴（2022）》设有特载、专记、大事记、区情概览、中国共产党温州市龙湾区委员会、温州市龙湾区人民代表大会、温州市龙湾区人民政府、政协温州市龙湾区委员会、中共温州市龙湾区纪律检查委员会、温州市龙湾区监察委员会、民主党派·群众团体、法治、军事、应急管理、农业、工业·信息业、功能区建设、商贸服务业、城乡建设·生态环境、交通·邮政·通信、金融业、经济管理、科技、教育、文化、体育、卫生健康、社会生活、街道、人物荣誉、附录、索引。除特载、大事记、区情概览、人物及附录外，其余均为条目体。相较上一年编纂体例，主要在框架结构上作了一些调整，新增“应急管理”分目，调整“商贸服务业”“交通·邮政·通信”分目，分设“军事”“体育”等分目，修改“群众团体”等分目名称，使其更加科学合理。

五、龙湾区辖永中、蒲州、海滨、永兴、状元、瑶溪、沙城、天河、海城、星海10个街道，其中沙城、天河、海城、星海4个街道委托浙南产业集聚区（温州经济技术开发区）管委会管理。《温州龙湾年鉴（2022）》所载内容凡未特别说明的事项或数据，一般不包含浙南产业集聚区（温州经济技术开发区）；如包括浙南产业集聚区（温州经济技术开发区）则注明以示区别。基本地情、人文风情反映的为龙湾区行政区域内容。龙湾区与温州高新技术产业开发区实行“政区合一”管理体制，文中涉及温州高新技术产业开发区内容，则以龙湾区（高新区）予以记载。

六、《温州龙湾年鉴（2022）》记述时限为2021年，“特载”报告内容时间为2022年。文中图片凡是没有时间说明的，均为2021年拍摄。

七、《温州龙湾年鉴（2022）》采用的稿件由龙湾区各街道、各单位提供，并经供稿单位审核。文中所列数据以区统计局正式公布的为准。凡区统计局未予统计和提供的则以主管部门统计为准，有些数据因统计口径不同而有所差异时，以权威部门的数据为准。电力工业涉及的计量单位统一用“瓦”“兆瓦”“千伏”等。记述农业事项时，仍使用亩作为计量单位，1亩等于666.67平方米，随文不再括注说明。

八、《温州龙湾年鉴（2022）》部分机构使用简称，“机构简称与全称对照表”列于附录中；缩略语不随文注释，“缩略语与其注解对照表”列于附录中。文中温州市龙湾区统一写龙湾区，“省”“市”分别指“浙江省”“温州市”，其他省、市则冠以地名。文中“年初”“年内”“年末”指2021年年初、年内、年末，“上年”指2020年。

总　目

龙 图

龙湾区行政区划表

全区共辖10个街道：25个社区、5个居民区、94个行政村。

街道	下辖社区、居民区、行政村		
永中街道	社区	7	镇中、罗东锦苑、万顺、永昌、龙水、万新、龙北
	居民区	1	永上
	行政村	14	沧河、镇南、桥北、石浦、城北、青山、龙华、郑宅、刘宅、度山、前街、殿前、城南、新城
蒲州街道	社区	4	雁湖、蒲江、创客小镇、天鹅湖
	行政村	4	上江、汤家桥、屿田、上庄
海滨街道	社区	1	锦海
	行政村	10	沙中、宁村、小陡、北新、蓝田、江一、沙南、蟾钟、建新、城东
永兴街道	社区	5	金海、南园、北园、民乐、永康
	行政村	14	尊芳、沙园、榕树下、南桥北、下兴、水潭、永民、永乐、乐一、乐二、祠南、大塘、小塘、五溪
状元街道	社区	3	龙腾、龙跃、罗西
	行政村	6	状元桥、横街、御中桥、山西岙、西台、石担
瑶溪街道	社区	3	南洋、瑶溪、滨江
	行政村	4	苏川、雄心、永胜、瑶溪
海城街道	居民区	2	前冈、后冈
	行政村	10	上涂、西一、中垦、东门、埭头、石坦、屿门、邱宅、东溪、东成
沙城街道	居民区	1	沙城
	行政村	15	七一、七二、七三、七四、七五、八甲、大郎桥、永阜、永恩、烟台、永寿、永福、庄桥、沧宁、顺江
天河街道	居民区	1	天河
	行政村	17	天津、高轩、三星、筑成、西前、天凤、二甲、郑岙、庄泉、司南、新河、中和、新川、金益、蒲门、秦河、建丰
星海街道	社区	2	望海、旭日

大数据院 温州市勘察测绘研究院 联合编制 2020年9月

红色
龙湾

2021 年，在庆祝中国共产党成立 100 周年之际，龙湾区按照中央、省、市工作部署，深入开展党史学习教育，重温习近平总书记在浙江工作期间 23 次到温州、4 次到龙湾的重要指示精神。注重方式方法和活动载体创新，以多种形式深入学习“四史”，广泛开展基层宣讲，建设龙湾革命教育馆，开展红色物件征集活动，组织“办实事、解难题、减负担”专题实践活动，完成党史学习教育各项工作任务。

① ③
② ④

①2021 年 6 月 25 日，龙湾区党史学习教育现场参观（周凌慧 / 摄）

②2021 年 6 月 22 日，龙湾区举行新入党党员集中宣誓活动（项绍雄 / 摄）

③2021 年 6 月 3 日，龙湾区举行“万名党员进党校”培训示范班开班仪式（区直机关工委供稿）

④2021 年 6 月 25 日，龙湾革命教育馆举行揭牌仪式（项绍雄 / 摄）

龙湾区“万名党员进党校”培训示范班开班仪式

不忘初心 牢记使命
龙湾革命教育馆
百年征程波澜壮阔
百年初心历久弥
人民有信仰
国家有力量
民族有希

①③
②④

①2021年11月19日，永远跟党走温州市党史学习教育主题报告会龙湾专场（叶晓东/摄）

②2021年4月30日，“百年风华正青春 奋斗奋进新征程”龙湾区青少年庆祝建党100周年主题团日活动在区文化中心大会堂举行（团区委供稿）

③2021年6月8日，“建党百年 龙城红记”——百场演出舞芳华（海滨街道供稿）

④2021年8月13日，“百年荣耀·潮涌瓯江”温州市庆祝中国共产党成立100周年大型图片展暨“百年风华·龙腾瓯越”龙湾区庆祝中国共产党成立100周年大型图片展现场（项绍雄/摄）

红色
龙湾

文化惠民 送戏下乡
建党百年 龙城红记
学党史 悟思想 办实事 开新局 以优异成绩迎接建党100周
海滨街道锦海社区
③

活力龙湾

2021年，龙湾区持续点燃经济发展引擎，运用科创赋能，创新发展呈现新态势。统筹推进“一区一廊一城一会一室”建设，温州高新区排名提升至169家的80位，成功迈进全国前50%。浙南科技城核心区块基本成型，瓯江实验室、“中国眼谷”、国科大温州研究院、北斗产业基地等10个高能级科创平台挂牌运营，创新创业新天地、“浙南·云谷”等创新地标建成运营，创客小镇、中国眼谷小镇入选省级特色小镇创建名单。龙湾区荣获首批国家知识产权试点园区、国家级高端人才引领性双创载体等称号，高端人才增量及人才总量居温州全市前列。

①③
②④

①2021年1月21日，省委书记袁家军（前中）考察中国眼谷，提出将眼谷打造成眼健康领域“一中心、四高地”建设目标　（项绍雄/摄）

②2021年10月27日，省委副书记、省长王浩（前一）考察中国眼谷中央孵化园建设和“明眸皓齿”工程推进情况　（区科技局供稿）

③2021年5月20日，瓯江实验室再生调控与眼脑健康浙江省实验室正式揭牌　（温州眼健康产业投资建设有限公司供稿）

④2021年11月11日，中国眼谷重大平台启动仪式举行　（区融媒体中心供稿）

瓯江实验室
OUJIANG LABORATORY
再生调控与眼脑健康浙江省实验室
IANG LAB FOR REGENERATIVE MEDICINE, VISION AND BRAIN HEA
式揭牌
瓯江实验室
③

2021中国眼谷重大平台启动仪式
2021 China Eye Valley Major Platform Launching Ceremony
中国眼谷 世界眼光
④

①③
②④

①2021年6月5日，“新中心　大未来”温州市龙湾区未来城区建设行动方案发布暨龙湾“未来城区”建设全面启动
（区发改局供稿）

②2021年3月12日，龙湾区获国家引才引智示范基地称号授牌
（区融媒体中心供稿）

③2021年6月3日，龙湾区第五届大学生创业大赛总决赛　（区融媒体中心供稿）

④2021年9月29日，龙湾区重大招商项目集中签约暨DXC Technology龙湾国际云软件生态平台签约仪式举行
（区投促中心供稿）

活力
龙湾

智·汇龙湾 创·享未来
温州市龙湾区（高新区）"510计划"攻坚行动
暨第五届大学生创业大赛总决赛

③

温州 龙湾
温州市龙湾区(高新区)重大招商项目集中签约
暨DXC Technology龙湾国际云软件生态平台签约仪式
Wenzhou Longwan District (High-Tech Zone) Major Investment Projects Signed Centralized Contracts
DXC Technology Longwan International Cloud Software Ecological Platform Signing Ceremony
云梦同行 智赋未来
TRAVEL WITH CLOUD DREAMS WISELY EMPOWER THE FUTURE
DXC TECHNOLOGY

④

① ② ③ ④

①2021年7月12—14日，温州龙湾国际机场三期扩建项目预可行性研究报告评估会召开 （温州龙湾国际机场供稿）

②2021年3月18日，“数字引擎 共见未来 国家工业信息安全发展研究中心杭电温州研究院战略合作仪式

（浙南科技城党政办供稿）

③2021年3月26日，温州市百万职工助力“五城五高地”建设劳动和技能竞赛动员大会在龙湾召开（温州市推进新时代工人队伍建设改革工作协调小组办公室供稿）

④2021年11月12日，世界青年科学家峰会会址暨温州国际博览中心开工仪式举行

（区供电分局供稿）

活力
龙湾

WORLD YOUNG
SCIENTIST SUMMIT
世界青年科学家峰会会址
暨温州国际博览中心开工仪式
2021.11.12
World Young Scientist Summit Venue
Wenzhou International Expo Center Groundbreaking Ceremony

美丽
龙湾

2021年，龙湾区紧紧围绕全面实施乡村振兴战略的决策部署，把提升农村人居环境与生态环境保护、基础设施建设、美丽乡村建设、村落保护利用、城乡环境融合发展结合起来，实现生态保护系统化、环境治理全域化、村容村貌品质化、城乡区域一体化。环大罗山乡村振兴示范带、空港都市休闲农业乡村振兴示范带初具规模。全区环境空气质量达到国家二级标准，再夺全省治水工作最高荣誉“大禹鼎”，城乡生活垃圾分类收集覆盖率100%。

① ③
② ④

①2021年5月，瑶溪钟秀园景色（区融媒体中心供稿）

②贞义书院（项绍雄摄于2021年8月）

③2021年6月，龙湾城市中心区现貌（区融媒体中心供稿）

④龙翔湖公园“100荷”庆祝中国共产党成立100周年（张崇禹摄于2021年7月）

③

④

①龙湾万达广场（项绍雄摄于2021年7月）

②2021年建设中的叶萌春工艺美术馆（区融媒体中心供稿）

③奥体城住宅区（项绍雄摄于2021年6月）

④2021年11月19日，第六届龙湾区（高新区）道德模范表彰大会在区文化中心举行（区文明中心供稿）

美丽
龙湾

第六届龙湾区（高新区）道德模范表彰大会
主 办：中共温州市龙湾区委 温州市龙湾区人民政府
中共温州高新区工委 温州高新区管委会
承 办：龙湾区委（高新区党工委）宣传部 龙湾区精神文明建设指导委员会办公室
龙湾区精神文明建设指导中心 温州广电传媒集团公共频道

幸福
龙湾

2021年，龙湾区常态化打好疫情防控阻击战，持续开展“十方面民生实事”，桩桩件件落在民生实事里，不断提升群众幸福指数。实施“品质教育·学在龙湾”战略，努力创建全国义务教育优质均衡发展区。打造未来城区，以未来视角、国际视野定位龙湾发展，成为浙江省唯一入选省2021年未来社区全域类创建名单的行政区。

① ③
② ④

①2021年10月12日，“最是浙南红·同行共富路”2021年“走进发布厅”全媒体发布活动系列节目之“龙湾篇”在温州电视台新闻综合频道播出 （区融媒体中心供稿）

②2021年7月13日，浙师大与龙湾区政府合作共建温州龙湾教育集团 （区融媒体中心供稿）

③2021年10月14日，2021温州市“我们的节日·重阳节”主题活动暨第五届龙湾区好家风家庭颁奖仪式在龙湾区新时代文明实践中心举行 （区文明中心供稿）

④2021年4月11日，龙湾区举办首届半程马拉松比赛 （区旅体中心供稿）

重阳"好"家风 久久"传"孝善
③

龙马精神 助力腾飞
龙湾农商银行
LONGWAN RURAL COMMERCIAL BANK
2021 LONGWAN FIRST HALF MARATHON
2021龙湾首届半程马拉松
起终点
START / FINISH
00:06:19
喜迎百年
铸就龙湾
①

①

②

①	③
②	④

①2021年5月15日，“传红色基因　寻最美家庭　助全域美丽”5·15国际家庭日主题活动暨第六届家庭文化节启动仪式开幕　　（区妇联供稿）

②2021年4月9日，龙湾区举行康养福利中心建设工程开工仪式　　（区民政局供稿）

③改造提升后的温州国际网球中心　　（区旅体中心供稿）

④2021年5月16日，永中街道举办童心向党活动　　（永中街道供稿）

幸福 龙湾

① ③ ② ④

①2021年7月22日，2021文明出行全省巡回宣传月大型公益活动温州站在龙湾区举行（区文明中心供稿）

②2021年1月4日，状元亭义工队为环卫工人分发八宝粥（王策、叶晓东摄）

③2021年3月27日，“暖心团”志愿者为老人量血压（瑶溪街道供稿）

④2021年8月15日，海滨街道开展“凉亭议事·心系万家”系列实践活动（海滨街道供稿）

目 录

中国共产党温州市龙湾区委员会

温州市龙湾区人民代表大会

温州市龙湾区人民政府

政协温州市龙湾区委员会

中共温州市龙湾区纪律检查委员会
温州市龙湾区监察委员会

民主党派·群众团体

法 治

军　事

应急管理

农　业

工业·信息业

功能区建设

商贸服务业

城市建设·生态环境

交通·邮政·通信

金融业

经济管理

科　技

教　育

文　化

体　育

卫生健康

社会生活

街　道

人物荣誉

附　录

索　引

Contents

特　载

龙湾城市中心区（项绍雄／摄）

中共温州市龙湾区委员会工作报告
温州市龙湾区人大常委会工作报告
温州市龙湾区人民政府工作报告
政协温州市龙湾区委员会工作报告

天河水库　　江国荣／摄

中共温州市龙湾区委员会工作报告

弘扬伟大建党精神　加快建设“一区五城”奋力打造高质量发展建设共同富裕示范区龙湾样板

——在中国共产党温州市龙湾区第九次代表大会上的报告

（2021年12月27日）

中共温州市龙湾区委书记　周一富

中国共产党龙湾区第九次代表大会，是在我们党奋进第二个百年奋斗目标新征程、全区人民加快推进高质量发展的关键时期，召开的一次十分重要的大会。本次大会的主要任务是：高举习近平新时代中国特色社会主义思想伟大旗帜，深入学习贯彻党的十九大和十九届历次全会精神，坚决贯彻落实党中央和省委、市委部署，回顾总结区第八次党代会以来的工作，研究部署今后五年奋斗目标和主要任务，选举产生中共温州市龙湾区第九届委员会和纪律检查委员会，从党的百年奋斗重大成就和历史经验中汲取智慧和力量，大力弘扬伟大建党精神，坚定不移做“两个确立”忠诚拥护者、“两个维护”示范引领者，全力推进温州湾新区建设，加快打造“一区五城”，建设活力、美丽、幸福新龙湾，争创社会主义现代化先行区，奋力打造高质量发展建设共同富裕示范区龙湾样板。

过去五年工作回顾

区第八次党代会以来的五年，是龙湾发展历程中极不平凡的五年。区委坚持以习近平新时代中国特色社会主义思想为指导，在党中央和省委、市委的坚强领导下，紧扣经济、城市、社会“三大转型”，坚持高质量发展导向，认真贯彻新发展理念，深入推进“五个中心”战略部署，夺取疫情防控和经济社会发展“双胜利”，高水平全面建成小康社会，圆满完成区第八次党代会确定的各项目标任务，为打造高质量发展建设共同富裕示范区龙湾样板奠定了坚实基础。

五年来，我们坚持稳中求进，综合实力迈上新台阶。主要经济指标稳步增长，地区综合实力显著提升，跻身中国创新百强区和高质量发展百强区。预计2021年区本级生产总值达510亿元，年均增长6.7%；财政总收入和一般公共预算收入分别达66.22亿元和38.46亿元，年均增长10.9%和8.9%；城乡居民人均可支配收入分别提升至69373元和44108元，年均增长7.5%和8.9%，城乡居民收入差距全市最低。实体经济持续发展壮大，诞生了温州首个“世界500强”企业。招引亿元以上产业项目74个，签约落地瑞浦新能源制造基地等3个百亿级项目，重大项目招引实现历史性突破。“5+4”产业体系加快构建，预计战略性新兴产业、装备制造业占规上工业增加值比重分别达25.2%、49.3%。服务业增加值占地区生产总值比重达54%。培育市级农业龙头企业22家，获评全国县域数字农业农村发展先进区、省级农业绿色发展先行区等称号。

五年来，我们坚持科创赋能，创新发展形成新态势。统筹推进“一区一廊一城一会一室”建设，温州高新区排名从2016年国家高新区127家的107位提升至2020年169家的80位，成功迈进全国前50%，两度荣获全省党政领导科技进步目标责任制考核优秀单位，三年蝉联科技进步统计监测综合评价全市第一。浙南科技城核心区块基本成型，瓯江实验室、“中国眼谷”、国科温州研究院、北斗产业基地等10个高能级科创平台挂牌运营，创新创业新天地、“浙南·云谷”等创新地标建成运营，创客小镇、中国眼谷小镇入选省级特色小镇创建名单。全社会研发投入占地区生产总值比重从1.88%提升至2.91%（至2020年），高新技术产业增加值占规上工业增加值比重从34.2%提升至60.8%。荣获首批国家知识产权试点园区、国家级高端人才引领性双创载体、省首批数字经济发展示范区、省科技大市场试点区、省区域性双创示范基地等称号。引育国家级、省级“引才计划”专家71人，自主申报入选省“万人计划”专家6人，高端人才增量及人才总量居全市前列。

五年来，我们坚持均衡协调，城区建设呈现新面貌。大刀阔斧推进“拆整建美”，完成51个旧村、24个旧工业区拆迁改造，腾出土地4520亩，创成省“基本无违建区”，竣工验收安置房项目27个、12082套，“半城市化”问题有序破除。率全省之先谋划打造未来城区，以未来视角、国际视野定位龙湾发展，成为全省唯一入选省2021年未来社区全域类创建名单的行政区。实施556个“精建精美”项目，区便民服务中心、科技创新大楼、吾悦广场等一批重大功能性项目建成投用，限额以上固定资产投资年均增长达9.1%。新改建道路34.7公里，打通断头路16条，甬台温高速复线、330国道龙湾段、温州大道东延等一批重大交通项目建成投用。乡村振兴战略深入实施，环大罗山乡村振兴示范带、空港都市休闲农业乡村振兴示范带初具规模。持续锻造美丽生态，全区环境空气质量达到国家二级标准，五夺全省治水工作最高荣誉“大禹鼎”，城乡生活垃圾分类收集覆盖率达100%。

五年来，我们坚持解放思想，改革开放彰显新活力。“最多跑一次”改革深入推进，数字化改革“152”工作体系全面构建，企业和群众全生命周期“一件事”集成改革落地实施，基本建成“掌上办事之区”“掌上办公之区”“掌上治理之区”。深入实施优化营商环境“10+N”行动，新时代“两个健康”先行区创建取得明显进展。深化实施一批改革项目，形成亮点品牌，降本减负做法获省创先争优最佳实践案例，打造“城市停车联盟”“双随机”监管机制改革、县域网络安全管理等创新模式。区域合作不断加强，结对贫困县全部摘帽，上海嘉定菊园科创园、温州国家高新区龙港分园相继挂牌，龙湾——苍南山海协作产业园考核两获全省第一。对外开放质效齐升，境外投资额居全市首位，“一带一路”枢纽建设获省政府督查激励，连续两年获评全省对外投资和国外经济合作十强县（市、区）。

五年来，我们坚持以人为本，民生事业取得新突破。持续开展“十方面民生实事”，财政民生支出累计超153亿元，占一般公共预算支出78%以上。实施“品质教育·学在龙湾”战略，新投用学校31所，新增校舍面积超45万平方米，中考成绩实现14连冠，创成全省首批全国义务教育发展基本均衡区、省级教育基本现代化区。建成温医大附二医龙湾院区、附属口腔医院等医疗康养重点项目，街道养老服务中心、残疾人之家实现全覆盖，每千名老人养老机构床位数达30张，创成全国健康促进区、全国基层中医药工作先进单位。奥体中心主体育场建成投用，创成省级运动休闲基地，人均体育场地面积达2.45平方米，顺利通过省级体育强区复评。成立区新时代文明实践活动中心，建成文化礼堂61家、城市书房13家。通过全国文明城市复评、国家公共文化服务体系示范区验收，创成省级示范文明城区。全面实施全民参保计划，养老保险参保率达95.7%，基本医疗保险参保率达99.2%。城乡就业稳步向好，城镇登记失业率稳定控制在3.5%以内，创成省级“无欠薪”区。

五年来，我们坚持共建共享，社会治理展现新气象。常态化打好疫情防控阻击战，圆满完成境外临时航班处置任务，牢牢守住温州“东大门”。“区街一体、条抓块统”改革深入推进，建成区社会矛盾纠纷调处化解中心，迭代升级基层治理四平台，区网络综合治理试点经验在全省推广。纵深推进平安龙湾建设，圆满完成新中国成立70周年、建党百年等重大活动维稳任务，扫黑除恶专项斗争取得阶段性成果，安全生产、消防安全、道路交通等事故数量大幅下降，创成省级食品安全区，连续五年获省“平安区”称号，顺利夺得“平安银鼎”。高标准完成政法队伍教育整顿。“法治龙湾”建设深入推进，法治建设满意度持续提升。

五年来，我们坚持全面从严，党的建设开创新局面。高质量开展“两学一做”学习教育、“不忘初心、牢记使命”主题教育、党史学习教育，全面铺开学习贯彻十九届六中全会精神“六讲六做”大宣讲活动，全力推进“七张问题清单”整改。加强宣传思想工作，持续强化理论武装，牢牢掌握意识形态工作领导权、管理权、话语权。农村发展党员违规违纪问题排查整顿省级试点工作，获得中组部高度肯定。完成村社规模优化调整，村社融合指数排名全市第一，村级党组织书记和村（居）委会主任实现全面“一肩挑”。村（社）集体经济总收入超6亿元，所有村经营性收入均超60万元、村均总收入超600万元，走在全市前列。率全省之先成立互联网企业党工委，“3+6+77+N”党群服务中心联盟体系有力构建，打造全领域建强、全区域提升的“双百”示范区。高质量完成机构改革各项工作，持续完善干部选拔任用、监督管理、考核评价体系。创新打造干部实绩比拼云平台，强化干部一线实战砺练，加大干部容错免责和年轻干部培养力度，有效运用“及时奖”“担当奖”“蜗牛奖”“鸵鸟奖”等正反激励机制，干部队伍活力张力不断激发。压紧压实全面从严治党“两个责任”，高质量抓好省委巡视反馈意见整改，实现八届区委巡察全覆盖。深入推动“清廉龙湾”建设，不断深化纪检监察体制改革，一体推进不敢腐、不能腐、不想腐的制度机制建设，驰而不息纠治“四风”问题，全区党风政风持续好转。认真学习贯彻习近平总书记在中央人大工作会议上的重要讲话精神，积极支持和保障人大及其常委会依法履职。五年来区人大及其常委会共听取审议“一府两院”专项工作报告182项，依法作出重大事项决议决定29项。支持区政协发挥专门协商机构作用，五年来区政协共开展协商128场，形成90余篇高质量视察调研报告。加强民主党派、工商联、无党派人士建设，加强新的社会阶层人士、网络人士、新乡贤统战工作，做好新时代民族、宗教工作，不断完善大统战工作格局。支持政府、监委、法院、检察院依法履职，重视和推动对台、侨务、档案、保密、史志、老干部、老龄、关心下一代等工作取得新成效，工会、共青团、妇联等群团组织功能不断增强，党管武装、退役军人等工作取得新进展，全区上下风清气正、团结和谐的政治生态进一步巩固。

各位代表、同志们，五年乘风破浪，成绩来之不易！放眼今天的龙湾，正在发生一系列深层次、全局性、上升式的变化，人心思齐、人心思进、人心思干的气场持续升腾。这是中央和省委、市委坚强领导、科学决策的结果，是历届区委砥砺前行、接续奋斗的结果，是全区干部群众同甘共苦、团结拼搏的结果。在此，我代表中共温州市龙湾区第八届委员会，向全区广大干部群众，向关心支持龙湾发展的各界人士，表示衷心的感谢并致以崇高的敬意！

回首五年奋斗历程，我们深深体会到：

思想是行动的先导，必须维护核心、看齐追随。龙湾的事业之所以取得进步，得益于我们作决策、抓工作时，都从习近平新时代中国特色社会主义思想和习近平总书记重要指示批示精神中找方向、寻方法，这是我们前进道路上战胜风险挑战、续写辉煌业绩的信心所在、底气所在。

目标是奋进的动力，必须保持定力、久久为功。我们始终坚持“三大转型”不动摇不懈怠不折腾，紧盯目标，持续发力。根据龙湾实际和对高质量发展规律性认识，相继确立了打造“五个中心”、建设“一区五城”的发展定位，坚持科创为魂、项目为王、质量为先，推动主要指标一项接一项攀升、重大项目一个接一个落地，不断积小胜为大胜。

实干是最美的语言，必须勇于担当、敢打硬战。五年来，龙湾面临的大事多、急事多、难事多，有决胜小康的冲刺、大拆大整的攻坚、经济下行的压力、劣五类水的歼灭、新冠疫情的冲击、应急维稳的硬仗……在大战大考中，广大党员干部闻令而动、冲锋在前，以科学应对之智、担当作为之能、壮士断腕之勇，从容处置各种复杂局面和风险挑战，以实干担当成为推动龙湾高质量发展的中流砥柱。

群众是力量的源泉，必须以人为本、关注民生。我们始终把保障和改善民生作为一切工作的出发点和落脚点，持续加大民生投入，扎实办好民生实事，切实让广大群众获得实惠、感受幸福。这些年，实实在在的民生变化，不仅提升了群众的幸福指数，更密切了党群干群关系，打牢了共建美好家园的群众基础。

团结是制胜的法宝，必须齐心协力、同频共振。我们坚持用共同的事业激发奋斗动力、点燃创业激情，广泛调动各种积极因素、集中各方智慧力量，全区上下谋事“一盘棋”、干事“一股劲”、成事“一条心”，形成了上下同欲、和衷共济的良好格局。

党建是发展的保障，必须全面从严、抓长抓常。我们坚持党建统领，持之以恒转作风、提效能，齐心协力抓党建、促发展，切实做到真管真严、敢管敢严、长管长严，推动形成各级领导班子坚强有力、基层组织开拓进取、广大党员奋发有为的奋进局面。

在总结成绩和经验的同时，我们必须清醒地看到，龙湾的发展还存在一些问题和不足，主要体现在：创新发展基础仍然薄弱，新兴产业带动力不足，经济高质量发展仍需加力；基础设施还不够完善，交通枢纽地位未充分彰显，城区功能和品质有待进一步提升；教育、医疗、养老等民生保障还有短板，安全生产等领域风险犹存，区域治理体系和治理能力现代化水平还需提升；少数基层组织凝聚力战斗力不强，少数干部思想还不够解放、能力水平有待提高，党风廉政建设仍需加强。对此，我们要引起高度重视，切实采取措施，认真加以解决。

今后五年工作的总体要求和奋斗目标

今后五年，是我国实现第一个百年奋斗目标之后，乘势开启全面建成社会主义现代化强国新征程，向第二个百年奋斗目标迈进的开局五年，也是龙湾全力推进温州湾新区建设，加快打造“一区五城”，争创社会主义现代化先行区，奋力打造高质量发展建设共同富裕示范区龙湾样板的关键五年。党的十九届六中全会，全面总结了党的百年奋斗重大成就和历史经验，标志着我们党对共产党执政规律、社会主义建设规律、人类社会发展规律的认识达到了历史新高度，为我们奋进新时代、夺取新胜利注入了强大信心和巨大力量。

站在新的历史起点上，我们要准确把握龙湾所处的历史方位，描绘新蓝图、勇担新使命、奋进新征程。当前，经济全球化遭遇逆流，新冠肺炎疫情推动世界百年未有之大变局加速演进，发展将面临更加复杂多变的内外部环境。但我国经济长期向好的态势没有变，特别是“一带一路”、长三角一体化、粤闽浙沿海城市群等国家战略纵深推进，浙江打造“重要窗口”、扎实推进高质量发展建设共同富裕示范区的宏伟蓝图正在加速绘就，温州城市拥江面海发展的大趋势已定，为龙湾事业发展叠加了历史机遇和重大利好。经过过去五年的发展，龙湾作为温州创新发展核心区、新型城市化发展主战场、综合交通枢纽建设主阵地的优势更加明显。特别是温州湾新区的谋划布局，将为龙湾发展提供更大平台和更广空间。我们要全力抢抓机遇、放大优势，以实干担当挑起发展重担，以艰苦奋斗开创美好明天。

今后五年全区工作的指导思想是：坚持以习近平新时代中国特色社会主义思想为指导，深入学习贯彻党的十九大和十九届历次全会精神，坚定不移做“两个确立”忠诚拥护者、“两个维护”示范引领者，统筹推进“五位一体”总体布局，协调推进“四个全面”战略布局，完整准确全面贯彻新发展理念，加快构建新发展格局，坚持稳中求进工作总基调，以推动高质量发展为主题，以深化供给侧结构性改革为主线，以改革创新为根本动力，以满足人民日益增长的美好生活需要为根本目的，坚持系统观念，坚定扛起忠实践行“八八战略”、奋力打造“重要窗口”的政治使命，坚决执行市委“续写创新史、走好共富路”的决策部署，为全力推进温州湾新区建设，加快打造“一区五城”，建设活力、美丽、幸福新龙湾，争创社会主义现代化先行区，奋力打造高质量发展建设共同富裕示范区龙湾样板而努力奋斗。

围绕这一指导思想，今后五年的总目标是全力推进温州湾新区建设，加快打造“一区五城”，建设活力、美丽、幸福新龙湾，争创社会主义现代化先行区，奋力打造高质量发展建设共同富裕示范区龙湾样板取得明显实质性进展。具体路径是聚焦建设“三大新图景”：

建设“活力龙湾”新图景：以党建为统领，把党的号召力、组织凝聚力、企业创新力、社会创造力、文化鼓舞力紧密结合起来，特别是持续用好创新驱动、谋大招强、数字化改革、对外开放等关键招数，持续放大政府有为、市场有效、社会有序、治理有方的叠加效果，不断形成“滚雪球”效应，推动形成经济商贸活跃、项目开发提速、企业蓬勃发展、人流物流集聚、政府勤政善治、社会团结进步的奋进新图景。

建设“美丽龙湾”新图景：以城乡风貌整治提升与未来城区建设为契机，通过自然空间、历史文化和现代建设三方面整体提升城区形象，打造融合自然之美、人文之美、和谐之美的城区整体大美。以生态、环保、宜居为主攻方向，更加自觉地推进绿色发展、循环发展、低碳发展，加快形成节约资源和保护环境的空间格局、产业结构、生产方式、生活方式，让美丽龙湾成为高质量发展的最鲜明底色。

建设“幸福龙湾”新图景：以共同富裕示范区龙湾样板为目标，坚持做大“蛋糕”与分好“蛋糕”并重，实施“扩中”“提低”行动，推动共同富裕取得更为显著的实质性进展。围绕人的全生命周期，健全为民办实事长效机制，切实解决好人民群众的操心事、烦心事、揪心事，不断满足人民对美好生活的需要。加快推进基层治理体系和治理能力现代化，努力实现自治、法治、德治、智治“四治融合”，人民群众的幸福感、获得感、安全感和认同感普遍提升，共建共享美好家园。

具体奋斗目标是加快建设“一区五城”：

加快建设“未来城区”，在综合实力上取得跨越式发展。经济社会保持健康协调较快发展，“三化九场景”理念落地落细，未来社区、未来园区、未来街区、未来乡村等基本单元串珠成线，“一核引领、两翼拓展、三廊生长、全域未来”发展格局全面形成，“三大差距”显著缩小，“新中心·大未来”城区品牌全面打响。到2026年，区本级生产总值达到700亿元，进入全省前30强，一般公共预算收入超过55亿元，常住人口60万人，人均地区生产总值突破11.7万元，达到高收入经济体水平。

加快建设“浙南科创新城”，在创新发展上迈出标志性步伐。以温州高新区为主平台，充分发挥国家自主创新示范区核心区优势，科技企业规模有效壮大，高水平创新型城区和人才强区建设取得重大进展。到2026年，研发经费支出占地区生产总值比重达4%，温州国家高新区排名挺进全国前35%，努力成为全省具有影响力的科创高地。

加快建设“温州产业新城”，在产业转型上实现结构性调整。传统优势产业、战略性新兴产业、现代服务业协同发展，“5+4”产业体系更加成熟，产业园区提档升级。谋划实施谋大招强“531”工程，一批百亿级产业、重大项目和企业加快形成，发展质量、效益、动力持续变革，绿色低碳循环经济全面发展。到2026年，规上工业产值达1000亿元，初步建成一流的生命健康、数字经济、智能装备和新能源产业高地。

加快建设“东部枢纽新城”，在交通建设上取得突破性进展。温州东部“第四代+”空铁枢纽建设加快推进，轨道交通发展步入新阶段，一批高能级、标志性重大交通项目建成投用，外快内畅、互联互通、立体多元、绿色智能的现代综合交通体系和物流体系基本形成，温州临空经济示范区加快创建，温州东部综合交通枢纽地位基本确立。到2026年，完成综合交通投资300亿元，新增综合交通线网46.2公里，3个“1小时交通圈”人口覆盖率实现100%。

加快建设“国际开放新城”，在改革开放上展现变革性成就。深度融入“一带一路”建设、长三角一体化等战略发展，开放型经济发展更具影响力，高水平对外开放新格局基本形成。深化数字化改革，重点领域和关键环节改革实现新突破，基本建成数字化改革先行区。新时代“两个健康”先行区创建形成示范，区域营商环境达到国内一流水平。到2026年，打造标志性数字化改革项目15个以上，累计实际使用外资额4亿美元以上，外贸进出口额年均增长6%，成为全市引领开放发展的龙头。

加快建设“滨海幸福新城”，在社会事业上构建普惠性成果。全生命周期公共服务体系加快构建，基本公共服务更加普惠优质，深入实施“扩中”“提低”行动，中等收入群体占比明显提升，城乡生态环境状况持续改善，文化软实力和影响力不断增强，法治龙湾、平安龙湾建设高标推进，治理体系和治理能力现代化水平显著提升。到2026年，居民人均可支配收入达9.05万元，家庭年均可支配收入10万至50万元的群体比例达82%、20万至60万元的中等收入群体比例达47%，城乡居民收入比缩小到1.54。

今后五年经济社会发展的主要任务

实现今后五年的奋斗目标，要按照市委“五个聚焦”“五个深化”“十个突破”的部署要求，努力在“十个方面增优势、走前列”，主动塑造变革性实践、突破性进展、标志性成果，聚合新动能、放大新优势、实现新突破，让高质量发展的美好画卷在龙湾大地全面铺展。

（一）*在创新驱动发展上增优势、走前列。*对标放大创新首位战略新优势，以温州高新区与浙南海外高层次人才创新城建设为重点，推进“六链融合”，勇夺省“科技创新鼎”，加快打造“浙南科创新城”。一要全面拓展创新发展格局。承接落实科技体制改革三年行动方案和基础研究十年规划，开展“科技+”行动，持续深化国家自创区“八大攻坚”、高新区进等升位新超越行动，打好环大罗山科创走廊建设“三大会战”。协力办好世界青年科学家峰会，打造世界青年科学家创新创业最佳实践地。聚焦浙南海外高层次人才创新城建设，加快推动形成“一城引领、点面结合、全域推进”的创新发展格局。二要着力提升创新平台能级。实施创新平台质量提升专项行动，推动国科温州研究院、光子集成创新研究院等创新平台提质拓能，提升科创平台管理服务水平。聚焦眼健康全链条科创和产业发展，高标准建设“中国眼谷”小镇，将“中国眼谷”打造成“科创中国”标杆，朝着“一中心四高地”目标阔步前进。推动瓯江实验室成为国家实验室分部，努力打造全国领先、世界一流的再生调控和眼脑健康创新平台。三要不断改善科技创新生态。聚力“产学研用金、才政介美云”联动的创新生态打造，深入实施科技企业新“双倍增”“双迈进”计划，建成一批国家级、省级、市级企业研发机构，争取省级高新技术企业达380家、科技型中小企业达1800家。聚焦未来产业新赛道布局和核心技术攻关，深化“鲲鹏计划”“全球精英”“罗峰领雁”等人才引育计划，力争鲲鹏计划实现零的突破，新引育海内外高层次人才1500名、高水平创新创业团队25支、大学生5万人、高技能人才1万人以上。探索科技人才、科技项目、科技金融落地的全周期服务机制，高水平打造工程师协同创新中心、人才服务综合体等载体，形成近悦远来的创新高地、人才高地、科技金融高地。

（二）在产业转型升级上增优势、走前列。对标放大产业强区主导战略新优势，坚持“项目为王”，深入实施项目谋大招强，推进产业基础高级化和产业链现代化，加快打造“温州产业新城”。一要增强项目谋划招引力。深化谋大招强“531”工程，紧盯头部企业、世界500强企业、外资企业，推动战新产业和重大生产力加快布局落地，争取五年累计产业项目招引到位资金300亿元以上，100亿元产业项目3个以上，50亿元产业项目5个以上，20亿元产业项目10个以上，累计实现固定资产投资500亿元以上。完善招商项目评估审核机制，全面提升招商引资质量和效益。二要增强战新产业爆发力。以“4+N”战略性新兴产业为主攻方向，突出战略引领、政策聚焦、引育并重，着力打造百亿级、千亿级产业集群，加快形成现代化产业竞争新优势。强化链主型企业带动作用，全力抓好瑞浦新能源制造基地、DXC国际云软件生态平台等项目建设，大力发展激光光电、眼健康、物联网等细分产业，到2026年，战略性新兴产业增加值占规上工业增加值比重达35%以上。三要增强传统产业竞争力。锚定“541”先进制造业集群，深入实施新一轮制造业“腾笼换鸟·凤凰涅槃”攻坚行动，推进传统制造业高端化提升、规模化培育、链条化发展、集聚化布局、品牌化打造，争创省级制造业高质量发展示范区。加快传统产业智能化改造和数字化转型，新增智能化技改项目600个，“小升规”企业350家。深化“亩均论英雄”改革，探索“楼均论英雄”改革，引导企业抢占“微笑曲线”两端。积极探索制造业飞地模式，破解用地空间限制。四要增强现代服务业引领力。大力发展现代服务业，努力建设区域性现代服务业中心。适应消费升级新趋势，大力发展首发首店经济，加快构建品牌汇集、品质高端、品位独特的优质商品供给体系。创新发展夜间经济，加快打造一批生活消费新场景、搭建一批线上消费新平台、培育一批网红消费新热点，促进消费业态加速集聚、消费规模持续扩大、消费品质全面提升。到2026年，区本级实现服务业增加值400亿元，年均增长8%以上，社会消费品零售总额突破500亿元。

（三）在新型城区建设上增优势、走前列。坚持以人为核心，植入未来理念，对标放大“未来城区”建设新优势，聚力实施“五大百项工程”，加快打造具有中国气派、浙江辨识度、瓯越风格、龙湾特质的未来生活地、工作地、旅游地。一要优化整体布局。高水准实施省级未来社区全域类试点，集成落地“三化九场景”。坚持全域规划、多规合一，高标准做好城乡风貌整治提升（未来城区）规划建设，加快推进12个未来社区、15个未来园区、8个未来街区、10个未来乡村布局建设。加快建设富春、南洋等未来社区，推动云创、万顺等改造型未来社区取得明显成果。坚持点上精耕细作与面上总体塑造相统一，推动城乡风貌串珠成链、由线及面，形成各尽其美、美美与共的新风貌新形态。抓好建筑这个“牛鼻子”，聚焦建筑的高度、体量、色彩、立面、材质等，强化管控优化，塑造地标符号，全面完善建筑风貌、街巷系统和空间布局。二要提升功能品质。抓住基础设施投资适当超前的政策机遇，争取更多数字新基建、道路交通、水利基础设施、城市管网工程纳入省、市重点盘子，促进全区基础设施建设全面提速。深入实施工业用地高质量和全生命周期管理等举措，扎实推进土地清理、城镇低效用地再开发。深入实施“精建精美”专项行动，高标准推进富春商务区、温州东外滩、瓯江南岸片区等重点区块开发，打造更多具有龙湾特质的城市地标。实施城市更新改造行动，有序推进旧村拆迁和工业企业征收，完善老旧小区改造及长效管理机制。大力推进海塘安澜工程，重点抓好温瑞平原东片排涝、瓯江引水工程建设，加快海绵城市建设，夯实城市品质基础。三要提高管理水平。综合运用智能化、数字化手段，提高城市管理精细化水平。树立“城产人”融合理念，坚持迎亚运与讲文明、提品质一体推进，全面提升奥体中心周边、城市中心区、S1线等重点片区、重点道路沿线基础设施、环境形象、管理效能，推动龙湾城区整体蝶变、全面跃升。树立经营城市理念，创新城市更新投资模式，拓宽融资渠道，降低融资成本。树立“留白也是一种政绩”的理念，形成留白迭代的城区发展格局，给产业发展留足空间。

（四）在东部枢纽建设上增优势、走前列。对标放大交通定位新优势，大力实施“枢纽+”战略，深入推进大航空、大枢纽、大路网建设，加快建设“东部枢纽新城”。一要打造综合交通枢纽。启动“空中丝路”门户工程，开工建设机场三期第二跑道和T3航站楼，积极融入长三角世界级机场群协同发展。围绕全市“521”高铁时空圈，积极推进温福高铁、甬台温高铁等前期工作，推动龙湾迈入“高铁时代”。按照“第四代+”空铁枢纽典范要求，落地浙南一级航空转运中心，高水平建设配套便捷、站城融合、空陆铁联运的现代化温州高铁东站。二要完善综合交通体系。开工建设甬台温高速改扩建工程、228国道高架、沿江快速路，建成金丽温高速东延线、市域铁路S2线（龙湾段），力争开工建设地铁M2线（龙湾段），同时建成机场大道东延线、通海大道、永昌路等一批骨干道路，加快市区一体畅联，构建“八纵五横”城市主干路网。加大交通治堵力度，优化发展公共交通，建成BRT9号线、BRT5号支线，规范发展共享交通新业态，畅通交通微循环。建好“四好农村路”，重点推进永昌路改建、茅永公路改建等项目实施，推进双岙路等大罗山上山道路建设。加快港区向城市休闲旅游转型，发展塘河水运，打造宜游宜运水上交通。三要加快打造临空经济示范区。积极参与浙南闽北赣东进口商品集散中心等平台建设，利用空港优势，加快推进空港商贸物流园、航空物流园区等项目，招引集聚发展大型综合物流企业，打造立足浙南闽北赣东、辐射长三角和海西区的区域航空物流中心。

（五）在改革开放深化上增优势、走前列。对标放大对外开放新优势，坚持把数字化改革作为全面深化改革的总抓手，与时俱进全面深化改革，锐意进取扩大开放合作，加快打造“国际开放新城”。一要打造“数字化改革先行区”。坚持以数字化引领、撬动、赋能现代化建设，率先形成与数字变革时代相适应的生产方式、生活方式、治理方式，加快占领数字文明时代的高质量发展制高点。大力推进数字化改革平台贯通、应用贯通、体制机制贯通，加速实现全区域整体智治、高效协同。以多跨场景应用为重点，全面释放“未来康养智城”“一键找园”“信用 + 社会治理”智治云平台等亮点改革效应，加快形成一批具有辨识度和影响力的数字化改革品牌。持续深化“未来城区”集成改革、要素市场化配置改革、农村“三位一体”综合合作等改革。加快应用全国全省成熟的数字化改革应用场景，使数字化改革更加惠民。二要打造“营商环境示范区”。坚持稳字当头、稳中求进，积极对接中央七大政策落地，用好政策这个“船”和“桥”，扎实开展专项债券项目储备行动，扎实推进减税降费等政策落地见效，推动解决中小微企业融资等难题，帮助市场主体稳预期、渡难关。深化“放管服”改革，加快“不见面审批”“一网通办”等改革。完善外来投资服务体系，实行首办负责、全程护航等制度，确保一般企业投资项目审批“最多 70 天”。推进商事制度改革，建立公平开放透明的市场规则，让各类市场主体平等参与竞争。打造全生命周期的营商服务闭环，构建亲清政商关系，全面打响新时代“两个健康”先行区品牌。三要打造“对外开放引领区”。以胸怀天下的格局融入国际国内大循环，以东部高铁新城建设为核心，加快打造具有国际感、时尚感、创意感的枢纽门户形象。全力推动中国（温州）华商华侨综合发展先行区、中国（浙江）自由贸易试验区温州联动创新区建设。引导企业高质量主动融入 RCEP、“一带一路”、长三角一体化等战略发展，积极开拓国际市场，让更多的龙湾制造、龙湾产品走向全球市场。对标国际国内一流水平，迭代升级国际化营商环境服务，推动贸易和投资自由化便利化，争创对外开放新优势。深化与温州海关、温州港、中远海运、温州外运的联动，打造新型外贸企业服务平台。深化与上海嘉定菊园新区战略合作、龙湾—苍南山海协作、四川仪陇交流合作，推动优势互补、资源共享、协同发展。

（六）在共同富裕推进上增优势、走前列。对标放大党委统筹强化社会建设新优势，紧扣全面性，突出高水平，以推进全生命周期公共服务优质共享为重点，打造龙湾版的“七优享”金名片，不断提升人民群众的获得感、幸福感，加快打造“滨海幸福新城”。一要深入实施“扩中”“提低”八大行动。深入开展就业优先促进计划，健全劳动权益保障机制，落实职业技能定期提升机制，推动实现更加充分更高质量就业，加快形成以中等收入群体为主体的橄榄型社会。健全数字化社会大救助体系，推进区街道“助联体”实体化运作，精准帮扶“一老一少”“一病一残”等弱势群体，推动儿童友好等全龄友好型社会建设。建立更加公平可持续的社会保障体系，兜牢基本民生保障底线。重视发挥第三次分配作用，深化“真爱到家”“爱心龙湾”救助服务品牌建设，扶持发展应急救援和各类慈善组织，把龙湾打造成最具温度的暖心城区。二要完善落实“1+5+N”清单全覆盖。对标放大社会凝聚力新优势，充分发挥区委社会建设委员会作用，建立年度工作推进会、清单化推进、改革探索和试点推广、民情通达等机制，形成重点任务、突破性抓手、重大改革、最佳实践等“四张清单”，推动“1+5+N”共同富裕重大改革清单全覆盖、全落地。三要推进全生命周期公共服务优质共享。全力推进温州东部未来教育创新区建设，深化“品质教育·学在龙湾”发展战略，狠抓“双减”政策落地，推进义务教育优质均衡发展、高中教育多样化特色化发展、职业教育融合发展，建成“校企双主体”办学改革示范点，创成全国义务教育优质均衡发展区、全国学前教育普及普惠区。深入实施“健康龙湾”战略，积极探索区域医联体建设，建成投用龙湾第一人民医院新院，确保社区医疗卫生机构标准化建设达标率 100%。建设未来康养智城，加快发展医疗与康养产业，打造东部医疗康养中心。优化保障性住房长效管理机制，加快推进租购并举住房制度改革，多渠道解决青年群体、低收入人群住房问题。深化安置提速提质行动，让拆迁群众早日圆上安居梦。

（七）在美丽龙湾建设上增优势、走前列。对标放大生态文明新优势，坚定不移走生态优先、绿色发展之路，推进人与自然和谐共生，创成国家级生态文明建设示范区。一要贯彻碳达峰碳中和战略。坚决落实“6+1”领域碳达峰方案，全面开展碳达峰十大行动，大力发展低碳循环经济，积极创建绿色工厂、生态园区，加快推进“零碳”政府机关、低碳社区建设，加快实现产业生态化、生活低碳化、能源绿色化。二要强化污染防治攻坚。开展突出生态环境问题清零行动，实施新一轮蓝天、碧水、净土、清废行动，推进全域环境综合整治。持续深化“五水共治”，全面建成“污水零直排区”，夺取“大禹鼎”金鼎。强化重点行业 VOCs 综合治理，实现 $PM_{2.5}$ 和臭氧浓度“双控”“双减”。加强土壤污染风险管控和治理修复，保障农用地和建设用地土壤环境安全。大力推进垃圾分类和固危废处置，创成省级“无废城市”。三要探索生态富民模式。深入践行“绿水青山就是金山银山”理念，高质量建设环大罗山乡村振兴示范带，强化科技强农、机械强农，创成环大罗山现代农业园和省级现代农业园，争创国家级现代农业园区。以推进农业农村现代化为主线，统筹推进美丽城镇、美丽村庄、美丽庭院建设，建成瑶溪村、五溪村等村域型和瑶溪街道全域型未来乡村，让“美丽风景”托起一方“美丽经济”。

（八）在文化龙湾建设上增优势、走前列。对标放大文化自信新优势，坚持以文化强区建设为目标，以新时代文化龙湾工程为主抓手，以“文化+”为突破口，以构建“三带一馆群一街一古镇”文旅格局为重点，积极开展“八大文化行动”，将龙湾打造成传承优秀传统文化、体现时代精神、具备瓯越特色的文化强区。一要传承发展文化基因。实施“文化基因解码工程”，深入挖掘千年永嘉场等文化的深厚内涵，让典籍中的龙湾、文物中的龙湾、遗迹中的龙湾活态呈现。与时俱进推进“和合文化”建设，积极创建“中华诗词之乡”，擦亮古堡、名人、民俗、书法等四张文化金名片。深入挖掘龙湾“四史”资源，让龙湾的红色资源在传承中焕发时代光芒。二要丰富发展文体服务。深化国家公共文化服务体系示范区建设，建设提升一批城市书房、文化驿站、文化礼堂、百姓健身房，实施“惠享文化·共富龙湾”文化惠民行动，高水平构建“15分钟品质文化生活圈”。大力推进社会力量办文化，支持民办主题博物馆、美术馆、展示馆发展，促进公共文化服务提质增效。释放亚运赛事红利，打造奥林匹克体育小镇、体育公园，创建“10分钟体育健身圈”，办好马拉松等体育盛事，创成省级体育现代化区。三要融合发展文化产业。健全完善文化产业规划和政策，设立文化产业扶持奖励基金，推动文化、旅游、商贸、科创融合发展，提升文化产业竞争力、影响力。重点抓好永昌古镇、寺前街历史文化商业特色街区等保护和开发，推进文化示范带和艺术馆群建设，塑造“山海古堡·未来之城”文旅品牌。全力争取举办各类创新创业高层次会议、赛事，努力塑造创新文化。

（九）在区域治理创新上增优势、走前列。统筹发展和安全、富民和安民，对标放大风险识别与闭环管理新优势，大力推进智慧治理工程，以高效能治理、高水平安全保障高质量发展。一要构建风险防控闭环。完善集监测、预警、处置、反馈于一体的风险闭环管控大平安机制。探索建设“城市运行中心”“社会管理中心”，形成即时感知、科学决策、主动服务、高效运行、智能监管的新型治理形态。深化“区街一体、条抓块统”改革，迭代升级“一中心四平台一网格”，探索打造多方参与、多元共治的基层治理共同体。二要全面防范各类风险。以高水平建设平安大区为目标，铁腕整治安全生产、消防安全、道路交通、环境污染、劳动关系、食品药品安全等风险隐患，有效防范化解经济金融、房地产行业、政府性债务等领域风险，创成省级食品安全区。强化应急管理联动，提升防灾抗灾减灾水平。全力防范“民转刑”、非正常死亡等问题，遏制电信诈骗等多发态势，严防重特大事故发生，力争常态化跻身全省平安建设第一梯队。慎终如始抓好常态化疫情防控，完善公共卫生体系，加快构建全民免疫屏障。三要加快矛盾纠纷化解。坚持系统治理、综合治理、依法治理、源头治理和专项治理有机结合，坚持和发展新时代枫桥经验，常态化实施领导干部接访下访约访制度，推进矛盾纠纷“前置性处置”“全链条解决”。完善社会矛盾纠纷调处化解中心运行机制，实现矛盾纠纷化解“只进一扇门”“最多跑一地”。继续开展涉征地拆迁信访问题化解攻坚行动，降低信访总量，改善信访生态。

（十）在民主法治建设上增优势、走前列。笃学践行习近平法治思想，对标放大民主政治新优势，形成更多有辨识度有影响力的民主法治建设成果。一要践行全过程人民民主。发挥区委总揽全局、协调各方作用，持续完善常委会会议事决策规则，积极推进党内民主建设，以扩大党内民主带动人民民主。加强党委对人大、政府、政协工作的领导，支持人大及其常委会依法履职、政府依法行政、政协充分发挥专门协商机构作用，支持法院、检察院依法独立公正行使职权。健全充满活力的基层群众自治制度，更好保障全区人民以多样、畅通、有序的渠道参与经济社会各项事务。二要打造法治龙湾建设升级版。深入落实法治龙湾建设“六大抓手”，推动权力运行、营商环境、基层治理法治化，全面提升法治龙湾建设水平。全面推进依法行政，积极构建“大综合、一体化”行政执法体系，有效压降行政诉讼案件和败诉率。深化政法队伍教育整顿，加强司法权运行监督制约。广泛开展“八五”普法，健全公共法律服务供给体系，不断增强全民法治观念。三要绘好统一战线最大“同心圆”。强化大统战思维，做好新时代民族、宗教、对台、侨务等工作，充分发挥统一战线智力密集、联系广泛等突出优势，不断巩固和壮大最广泛的爱国统一战线。加强群团组织政治性先进性群众性建设，更好发挥工会、共青团、妇联、科协、侨联、文联、社科联、残联、红十字会、慈善总会、工商联等群团组织的桥梁纽带作用。重视做好退役军人、档案、保密、史志、慈善、老干部、老龄、关心下一代等工作，最大限度地凝聚方方面面的智慧和力量，最大限度地激发人民群众的积极性和创造性。全面落实党管武装制度，完善国防动员体系，推进军民深度融合发展，提高新时代双拥工作质量水平，巩固军政军民团结的大好局面。

扎实推进新时代党的建设新的伟大工程

实现未来五年宏伟蓝图，关键在党的领导，重点在党员干部。要全面落实新时代党的建设总要求，加快打造新时代党建高地、清廉建设高地，以高质量党建助力高质量发展。

（一）赓续红色根脉，永葆忠诚可靠的政治本色。以守好“红色根脉”的高度自觉，强化政治引领，在深学细悟笃行中夯实信仰根基。一要强化理论武装。怀着对总书记的崇敬、对信仰的执着、对真理的虔诚，深化学习习近平新时代中国特色社会主义思想系列活动，完善区委常委会会前学习和三级固定理论学习日制度，真正做到学思用贯通、知信行统一。深化党史学习教育常态化、长效化机制，在学史明理、学史增信、学史崇德、学史力行上不断取得更显著成效。二要强化对标执行。深化习近平总书记重要指示批示精神抓落实对标对表行动，坚定不移做“两个确立”忠诚拥护者、“两个维护”示范引领者，不断提高政治判断力、政治领悟力、政治执行力。建立健全“八八战略”实施报告制度，坚决做到“总书记有号令、中央有部署、省市有要求，龙湾见行动走在前”。三要强化宣传工作。紧紧围绕举旗帜、聚民心、育新人、兴文化、展形象的使命任务，坚持守正创新，推动宣传思想工作取得新成效、展现新气象。加强和改进新闻传播工作，全面讲好“龙湾故事”。严格落实意识形态工作责任制，完善意识形态闭环智治平台，深化媒体融合发展，牢牢把握意识形态工作领导权、管理权和话语权。建立网络舆情三色预警机制，深化网络生态瞭望哨工程，构建多主体协同参与的网络治理新格局。对标温州创建全国文明典范城市，推进新一轮文明创建工作，发挥区新时代文明实践活动中心作用，深化“最美龙湾人”系列行动，持续擦亮“大爱城市、诚信社会、道德高地”品牌，推动在共同富裕中实现精神富有。

（二）坚持全域建强，构筑联动有力的组织体系。深入实施“瓯江红·全域强”系列工程，坚持区域联动、领域互动、智治驱动，持续擦亮“瓯江红”党建品牌，推动基层组织全面进步、全面过硬。一要建实筑强“硬堡垒”。深化“瓯江红”党群服务中心提档升级行动，大力实施村社“示范整固”，铁腕整治转化一批“后进村居”。聚力打造基层党建整体智治体系，完善“龙湾党建大脑”，运行党建“红哨”系统，狠抓“共享社·幸福里”创建，全面构建党建统领下居民生活共同体、基层治理新格局。纵深推进“清廉机关、模范机关”建设，打造龙湾机关党建品牌。分领域系统推进教育、卫生、国企党建工作。打造“瓯江红·城市驿站”阵地网络，织密建强互联网、快递物流等新领域新业态党的组织体系。二要选优育强“领头雁”。深化党组织书记“双考一奖惩”机制，完善激励管理体系，让村社干部干有盼头、升有空间。实施新时代村社“健康运行十条”和“1+5”系列政策，健全完善“一肩挑”后的组织架构、权责体系、议事决策等制度机制，构建党组织领导下的村社自治新格局。强化后备干部动态管理，为乡村振兴储备人才力量。推行党员管理“十条红线”，巩固深化农村发展党员违规违纪问题排查整顿经验，进一步加强党员队伍管理。三要压紧建强“责任制”。区委扛起“第一责任”、健全“第一议题”，带头抓党建促发展，示范推动基层党建责任制落实。深化完善党委（党组）书记抓基层党建述职评议考核制度，探索建立党委（党组）书记“党建政绩档案”，开展离任党建责任审查、专项考察，科学制定基层党建责任清单，构建齐抓共管的责任体系。

（三）统筹选育管用，重塑干部队伍的变革能力。深入落实新时期好干部标准，优化选人用人机制，不断提高党员干部塑造变革的能力。一要实施系统性重塑。以“浙里好干部”重大应用贯通落地为牵引，整体推动干部立体画像、立体培养、立体考核、立体监督，推进干部队伍干部工作系统性重塑。树立正确的选人用人导向，坚持知事识人、因事择人，注重在区委、区政府重大战略部署和服务民生第一线考察识别、选拔使用干部，突出实干实绩实效，牢固树立有为有位的风向标。二要提升专业化能力。以新理念、新技术、新知识为重点，持续加强党员干部教育培养，推进“一把手”政治能力提升行动和党政干部专业素质锻造行动。注重优化干部成长路径，将干部特别是年轻干部放到急重险难的一线岗位、工作专班练本领、壮筋骨，加快打造与现代化先行相匹配的高素质专业化干部队伍。三要激发变革性活力。健全“两个担当”良性互动机制，用好“亮绩比拼”“六比争先”等赛马平台，建立差异化的干部资源配置，加大考核奖惩力度，推动形成“能者上、优者奖、庸者下、劣者汰”的良好氛围。持续深化“及时奖”“担当奖”评选，完善“1+X”容错纠错制度体系，构建激励干部职业生涯全周期担当作为的制度闭环，进一步激发干部攻坚克难、奋勇争先的变革性活力。

（四）持续正风肃纪，巩固风清气正的政治生态。严格落实管党治党政治责任，持续推动全面从严治党“四责协同”在全区贯通融合、向基层拓展延伸，持之以恒打造政治生态的“绿水青山”。一要不断强化政治监督。把监督融入区域治理体系，健全以党内监督为主导、各类监督贯通协同的机制，持续加强对‘一把手’和领导班子监督，让党员干部适应、习惯在受监督和约束的环境中工作生活。深化政治巡察，精准描绘“政治画像”，做深做实巡察整改“后半篇文章”，彰显利剑作用。二要持续改善工作作风。锲而不舍落实中央八项规定精神，精准施治“四风”问题，深化整治形式主义、官僚主义顽瘴痼疾，为基层减负、为实干撑腰。深化“红黑榜”“蜗牛奖”“鸵鸟奖”等举措，不断巩固拓展作风建设成果。三要深化“清廉龙湾”建设。坚持有腐必反、有案必查，更加突出整治群众身边腐败和作风问题，通过以案促改提升治理效能，以强有力举措一体推进不敢腐、不能腐、不想腐。以建设文明家庭、实施科学家教、传承优良家风为重点，强化党员和领导干部家风建设，突出少年儿童品德教育关键，推动家庭家教家风建设高质量发展，以纯正家风涵养清朗党风政风社风。全方位推进“清廉龙湾”建设，营造风清气正的政治生态和良好发展环境。

温州市龙湾区人大常委会工作报告

——在温州市龙湾区第九届人民代表大会第一次会议上

（2022 年 2 月 19 日）

温州市龙湾区人大常委会主任　周　赞

过去五年主要工作

过去的五年，区人大常委会在区委的坚强领导下，以习近平新时代中国特色社会主义思想为指导，全面贯彻落实党的十九大和十九届历次全会精神，坚持党的领导、人民当家作主、依法治国有机统一，团结依靠广大代表，扎实履行法定职责，为推动全区经济社会发展和民主法治建设作出了积极贡献。五年来，共召开常委会会议 38 次，听取审议“一府两院”工作报告 183 项，开展执法检查 18 次、视察调研 352 次，作出决议决定 30 项，任免国家机关工作人员 529 人次，圆满完成区八届人大历次会议确定的目标任务，各项工作取得新成绩，人大工作的影响力和实效性有了新提升。

过去五年，我们始终坚持党的领导，提高政治站位，彰显人大制度新优势

常委会旗帜鲜明讲政治，高站位谋划新时代人大工作思路举措，积极推动人大制度优势转化为发展优势和治理效能。

以理论清醒坚定思想自觉。认真学习贯彻习近平新时代中国特色社会主义思想，深学笃行习近平法治思想、习近平总书记关于坚持和完善人民代表大会制度的重要思想，切实用党的创新理论武装头脑、统领人大工作。严格落实意识形态工作责任制，完善党组理论学习中心组学习制度，通过学习研讨会、专题培训班等开展集中学习，推动理论学习走深走实。五年来，组织党组理论学习中心组学习会 32 次、专题学习研讨会 19 次，举办习近平法治思想、人大制度等专题讲座 17 次。高质量开展“两学一做”学习教育、“不忘初心、牢记使命”主题教育、党史学习教育，扎实开展“六讲六做”大宣讲，不断增强党的思想引领力。

以鲜明立场强化政治自觉。深入学习贯彻中央人大工作会议精神，深化对人大制度科学内涵、优势功效的理解和把握，推动学习成果转化为加强和改进新时代人大工作的强劲动力。认真落实区委人大工作会议精神，贯彻执行区委《关于高水平推进新时代人大工作和建设的意见》，推动党委对人大工作的部署落地见效。充分发挥常委会党组把方向、管大局、促落实的重要作用，严格执行重大事项请示报告制度，先后向区委请示报告 35 次，确保了人大工作正确政治方向。区委周一富书记专题调研人大工作，出席人大常委会会议，牵头协调区级人大代表联络站建设，有力指导推动人大工作高质量发展。

以使命担当增强行动自觉。贯彻落实中央和省市区委相关文件精神，修订人大讨论决定重大事项的规定。紧扣区委决策部署，依法作出加快建设未来城区、建设“共同富裕”示范区龙湾样板、重大项目招引落地等决议决定，及时把党委的决策主张转化为全区人民的共同意志。坚持党管干部和依法行使任免权相统一，认真做好任前法律知识考试、拟任职表态发言、颁发任命书、宪法宣誓等工作，加强任命干部任后监督，届中、届末两次听取副区长履职情况报告，每年开展政府组成部门主要负责人、“两院”副职履职评议，切实增强选举任命干部的法治观念和人大意识。在区委的统一领导下，科学部署，精心组织，依法选举产生新一届区人大代表 234 名，实现组织意图与群众意愿相统一。

过去五年，我们始终坚持围绕中心，服务发展大局，助推转型升级高质量

常委会紧紧围绕全区工作大局，瞄准重点、难点和关键点精准发力，实行正确监督、有效监督，助力改革发展稳定大局。

服务转型发展有力有为。关注经济发展质量和效益提升，听取审议国民经济和社会发展计划、“十三五”规划纲要实施和“十四五”规划纲要编制情况，积极推动电子商务、大数据、文旅等新兴产业发展，为转型升级提供产业支撑。围绕新时代“两个健康”先行区创建、“最多跑一次”改革、数字经济等重点工作开展专项监督和跟踪落实，听取金融支持实体经济、就业创业和人才建设等工作报告，推动区政府强化要素保障，提升民营产业支撑能力，护航民营经济高质量发展。听取政府重大投资项目情况报告，促进相关部门优化营商环境，加大招商引资力度，有效助推龙湾区重大项目招引实现历史性突破，中国眼谷、瑞浦新能源、国科大温州研究院、大唐 5G 等一批重点项目落地生根。

推动科技创新增能增效。将推进科技创新工作列为本

届常委会重点监督议题，每年确定一个主题，突出一项重点，先后围绕国家自主创新示范区建设、高新区进等升位、实施创新首位战略、环大罗山科创走廊建设等主题，综合运用视察调研、专题询问、执法检查、问卷调查、满意度测评等方式，坚持点、线、面相结合，开展持续跟踪监督，为龙湾区全力打造浙南科创高地凝聚起强大合力，推动浙南科技城核心区块基本成型，创新创业新天地、“浙南·云谷”等地标先后建成运营，龙湾区入选中国创新百强区和高质量发展百强区。

促进城市建设提速提质。贯彻落实区委关于加快建设未来城区的部署要求，专题调研未来社区建设试点工作，组织召开富春未来社区方案设计人大代表意见征求座谈会，听取审议区政府关于未来社区建设进展情况报告，鼓励社会公众共谋、共建、共享未来社区，助力打造未来社区龙湾样板。连续三年监督推进“大拆大整”“大建大美”工作，深入项目现场实地督查，听取区政府专项工作报告，提出针对性审议意见，推动安置房、市政配套等城建项目建设，助力“精建精美”工作提速增效。组织人大代表开展助力城中村改造主题活动，听取群众呼声，宣传拆迁政策，做好带头签约和助签工作，合力推动城市精彩蝶变。

推进财经监督落实落地。每年听取审议预算执行、财政决算、审计工作、审计查出问题整改等报告，促进区政府及有关部门规范预决算编制和管理，提高财政资金使用绩效。健全工委审查、专家审查、公开听证等监督机制，建成并启用区预算联网监督平台，实时跟踪监督区级部门预算和财政专项资金预算执行情况，重点关注重大财政政策和重大项目资金落实、新增债务资金安排使用、新冠肺炎疫情防控工作等专项资金安排，为推动经济高质量发展管好“钱袋子”。五年来，共调整部门预算项目116个，调增项目经费7769.72万元，调减项目经费9021.14万元，盘活存量资金22.92亿元。定期听取审议国有资产管理专项报告和综合报告，督促提高国有资本运行效率。

过去五年，我们始终坚持人民至上，增进民生福祉，推动民生事业大发展

常委会认真践行以人民为中心的发展思想，紧扣民生关切，持续监督，久久为功，更好地满足人民群众对美好生活的向往。

聚力生态环境改善。连续四年听取审议区政府关于环境状况和环境保护目标完成情况的报告，先后开展“五水共治”、剿灭劣V类水、全域环境整治、垃圾分类工作专项监督，对新环保法、大气污染防治法、固废污染“一法一条例”、海洋环境保护“一法一条例”、《温州市市容和环境卫生管理条例》开展执法检查，举行专题询问会，创新开展水环境治理“项目化清单式”监督，助力五夺全省治水工作最高荣誉“大禹鼎”，推动打好污染防治攻坚战。调研海洋环境和瓯江口湿地保护工作，开展农村人居环境提升暨未来乡村建设专项监督，督导“美丽田园”建设，力促龙湾区环境质量整体提升。

聚力综合交通提速。将打造东部综合交通中心工作作为本届人大常委会监督重点，连续五年开展跟踪问效，综合采用一线督查、会议审议、满意度测评、代表约见、挂牌督办等方式，持续发力、一盯到底，支持推动区政府加快重点交通项目建设，提升交通路网功能，高质高效建设温州东部综合交通枢纽，助力实现市域铁路S1线、BRT5号线全面运营，甬台温高速复线、330国道、228国道、温州大道东延、环山北路和东路等一批重大交通项目建成投用。支持引导省市人大代表高质量提出关于抓紧推进甬台温福高速铁路项目前期工作、加快建设温州东部综合交通中心等交通方面的建议21件，积极向上争取政策资金等支持。

聚力民生实事落地。作出关于实施民生实事项目人大代表票决制的决定，坚持“群众提、代表定、政府办、人大评”，对民生实事办理情况进行事前多方商定、事中全程监督、事后满意度测评，实施一个项目由一名常委会领导牵头、一个委室对口、一个代表小组跟踪的“四个一”监督模式，全程跟踪推进项目落地见效，合力把民生实事项目办成群众满意工程。自2018年实施以来，区人代会票决通过40大类120个子项目、街道层面票荐366个项目，实现政府决策由“为民作主”向“由民作主”转变，人大监督由“事后跟进”向“全程参与”转变，积极践行全过程人民民主。

聚力公共服务提升。先后开展学前教育、义务教育优质均衡发展、基础教育、职业教育等工作监督，推动政府优化教育资源配置。听取区政府疫情防控工作专项报告，开展公共卫生服务体系建设监督，跟踪落实审议意见，力促公共卫生服务保障能力提升。监督国家公共文化服务体系示范区创建工作，促进区政府高标准打造高新文化广场，推动公共文化服务提档升级。开展体育法、全民健身条例实施情况执法检查，推进群众体育、竞技体育和体育产业新发展。加强对养老服务事业的监督，推动政府扩大养老服务供给，更好地服务老年群体。围绕慈善事业、退役军人事务、外事侨务、残疾人保障、家政服务等工作开展监督，让民生服务更有温度。

过去五年，我们始终坚持厉行法治，践行良法善治，实现法治建设加速度

常委会认真贯彻习近平法治思想，自觉站位法治一线，把推进法治建设作为根本任务，积极营造良好的法治环境。

推进法治宣传常态化。召开学习宣传和贯彻实施宪法座谈会，连续四年组织开展“国家宪法日”暨“宪法宣传周”系列宣传活动，推动全社会尊法学法守法用法。开展“七五”普法中期督查和终期总结验收，听取普法工作专项报告，表决通过“八五”普法决议，监督推动法治宣传教育和依法治理工作。五年来，组织常委会拟任干部法律知识考试217人次，区人大及其常委会、“一府一委两院”

共组织宪法宣誓1035人次，不断提升领导干部的宪法意识和法治能力。利用人大执法检查和视察调研等活动，开展法治宣传教育，使人大履职过程成为宣传普及宪法法律知识的过程。

推进法律监督实效化。连续两年听取法治政府建设工作报告，开展行政诉讼应诉等工作监督，进一步促进政府切实转变职能，提升依法行政水平。听取审议扫黑除恶专项工作报告并跟踪落实审议意见，支持和推进司法机关在深挖整治上见成效。开展司法体制改革情况调研，制定出台《区公检法机关办案质量情况报告制度》，连续三年跟踪监督法院执行工作，监督检察院侦查监督和公益诉讼工作，作出关于加强检察机关公益诉讼工作的决议，开展“两官”履职评议，促进“两院”深化司法体制改革、加强司法队伍建设、全面落实司法责任制，不断提升司法效能。

推进法律实施规范化。发挥“法律巡视”利剑作用，对省粮食安全保障条例等18部法律法规开展执法检查，跟踪落实审议意见，推动解决法律实施中存在的问题。对省综合行政执法条例等32部省市地方性法规开展多层次的意见征集，为地方立法汇聚社情民意，贡献基层智慧。加强规范性文件备案审查制度和能力建设，探索建立第三方审查机制，对“一府两院”报备的110件规范性文件进行备案审查，听取区八届人大以来备案审查工作情况报告，切实维护宪法法律权威。审查纠正案例入选全国、省人大常委会法工委审查案例选编。

推进社会治理现代化。开展社会矛盾纠纷调处化解“最多跑一地”专项监督，围绕资源整合、信息共享、机制保障等方面提出务实有效的审议意见，促进政府部门整改落实。发动各级人大代表开展主题活动，利用代表根植基层和群众的优势，密切关注并及时掌握基层苗头性、倾向性问题，引导群众依法依规表达诉求、维护权益。监督检查应急管理体系建设情况，推进政府健全统一的应急物资保障体系，提高应对处置突发事件的能力和水平。此外，有关专工委还就国防教育、人民调解、物业管理、宗教事务管理、法律援助、禁毒等工作开展监督，助力社会和谐稳定。认真受理群众来信来访，协调办理群众来信来访178件（次），有效发挥了人大信访密切联系群众、促进社会和谐的作用。

过去五年，我们始终坚持依靠代表，优化服务保障，展现代表履职新风采

常委会牢固树立服务意识，完善履职机制，拓宽履职渠道，全力支持和保障代表依法履职，充分发挥代表主体作用。

增强代表履职成效。坚持把学习培训作为提高代表履职水平的重要途径，有计划分步骤开展代表初任培训和专题培训，年平均培训代表超300人次。邀请代表列席常委会会议，定期召开列席常委会会议代表座谈会，组织代表参加相关专题调研、视察、执法检查和工作评议等活动9751人次，有效扩宽代表知情督政渠道。组织开展助力“提升营商环境”“四大建设”“十四五”开新局等主题活动，充分发挥人大代表的宣传、监督和示范带头作用。落实代表履职考勤制度，开展代表向选民述职、优秀代表建议评选等活动，切实增强代表履职主动性和积极性。

提高建议办理质效。加强代表建议提出、交办、办理的全流程管理，建议办理情况、代表评议结果均在网上公开，接受代表和群众的监督。每年开展代表建议“督办月”活动，创新推出已承诺未兑现建议办理“回头看”“不满意件”重新办理等制度，扎实推动代表建议答复和落实“双满意”。深化重点建议督办机制，采取区政府领导领办、常委会领导督办、人大各委室对口督办的形式，区政府夏禹桨区长带头领办重点建议件，推动建议相关问题有效解决。五年来，区八届人大代表提出议案1件、建议784件，有力推动了实体经济发展、交通设施建设、环境综合治理、安置房建设等一批事关经济社会发展和人民群众切身利益问题的落实。广泛征集省级和市级层面的代表议案建议素材，31件代表建议被列为省市人代会重点建议件、19件优秀议案建议获大会表彰。

强化联系群众实效。着力打造人大代表联络站“升级版”，高标准建设区级代表联络站，推进10个街道代表联络站、9个代表联络点实现硬件标准化、制度规范化、活动常态化、联络信息化，积极发挥网上代表联络站作用，及时回应群众关切，形成常态化的社情民意汇聚渠道。全面落实常委会组成人员联系代表、代表联系群众的“双联系”制度，持续开展“听民声、汇民情、解民忧”活动，区级领导带头示范带领政府部门负责人进站开展主题接待，推动一批人民群众急难愁盼问题得到解决。五年来，各级人大代表进联络站3395人次，收集反映意见建议1027条，帮助解决问题780个。

过去五年，我们始终坚持固本强基，提升履职能力，促进自身建设上台阶

常委会立足“四个机关”定位，不断提升依法履职能力和水平，更好担负起新时代赋予人大工作的新使命。

树立人大好形象。加强制度建设，修订完善常委会议事规则和机关规章制度，作出关于加强自身建设的决定，为常委会依法履职立标尺定规矩。加强机关党建工作，成立常委会机关党组，完善党建工作长效机制，严格落实全面从严治党主体责任。加强组织建设，设立监察和法制司法委员会、财政经济委员会、社会建设委员会，优化内部机构设置，推动街道人大设立办公室、配备工作人员，进一步强化人大队伍建设。有序推进人大数字化改革，机关会议服务系统、人大融媒体系统等自建场景建设落地应用。办好“人大讲堂”，引导机关干部加强优秀传统文化教育，常委会机关获评温州市“墨香单位”称号。关心关爱人大老干部，鼓励老干部为龙湾区经济社会建设发挥余热，机关退休干部支部获评温州市离退休干部“五星党支部”。

唱响人大好声音。创新推进新媒体时代人大新闻宣传工作，优化人大门户网站、《龙湾人大》杂志、微信公众号等宣传平台，推出《走进龙湾人大》专题片，开展人大新闻奖评选活动，先后推出代表风采、代表联络站的故事、代表在“疫”线、代表在行动等主题栏目，在“今日龙湾”开设“代表关注”专栏，切实推进人民代表大会制度深入人心。本届常委会宣传信息工作连续五年获评全市先进、三次获评全省先进。加强人大制度理论研究和实践探索，11篇课题成果获省市人大常委会表彰。坚持公开征集常委会监督议题，公开发布监督计划、审议意见，切实增强人大工作透明度。

弘扬人大好作风。认真做好省委巡视、区委巡察反馈意见整改落实，支持派驻纪检监察组履职尽责，驰而不息纠治“四风”，巩固人大常委会机关风清气正的政治生态。大兴调查研究之风，形成调研报告67篇，提出推动发展、改进工作的对策建议。常委会班子成员积极参与“双组双促”，推动所联系重点企业、重点项目建设、招商引资、“河长制”、文明城市创建、疫情防控和复工复产、信访包案等工作，机关干部参与驻企服务、拆迁攻坚等工作，合力推动区委中心工作落地落实。贯彻执行《浙江省街道人大工作条例》，制定出台实施方案，完善机构设置，强化干部队伍配置，健全街道议政会、街道人大联席会、联动监督等机制，开展街道人大年度工作比看活动，着力推动街道人大工作和建设。完善开发区人大工作日常联络、协同办会、代表建议办理、代表选举和人事任免等机制，稳步推进开发区人大工作，有力提升了人大工作整体实效。

各位代表，过去的五年，是区人大常委会开拓创新、务实履职，推动全区人大工作迈上新台阶的五年；是全体人大代表不忘初心、为民建言，取得累累硕果的五年；也是人民群众有序参与、民主法治建设不断深化和发展的五年。五年来取得的成绩，是区委正确领导的结果，是全体常委会组成人员和人大代表共同努力的结果，也是“一府一委两院”积极配合，社会各界、广大人民群众大力支持的结果。在此，我谨代表区八届人大常委会，向所有关心、支持人大工作的同志们和各界朋友，表示衷心的感谢！

五年工作主要体会

五年辛勤耕耘，五年春华秋实。五年来，区八届人大常委会在历届常委会打下的坚实基础上，不断深化对社会主义民主法治建设规律和人民代表大会制度发展规律的认识，始终做到人大工作与党委同向、与政府同力、与人民同心、与法律同轨、与时代同步。回顾五年来的实践和探索，我们深切地体会到：

必须旗帜鲜明讲政治，把坚持党的领导作为人大工作的根本遵循。党的领导是坚持和完善人民代表大会制度的根本保证。常委会的工作之所以年年有发展，最根本的是有区委的高度重视、坚强领导、大力支持，我们在依靠党的领导上头脑清醒、立场坚定、旗帜鲜明，真正将区委的决策部署转化为人大履职的方向和重点，推动区委有号召、人大有行动成为高度自觉。

必须服务大局敢担当，把促进改革发展作为人大工作的中心任务。人大工作涉及方方面面，要做精做好、做出成效，必须紧贴中心、聚力发展、务实重干。我们坚持谋全局、议大事、抓关键，对区委定了的事、要抓的事，建好履职工作链，打好监督组合拳，充分发挥人大的职能优势和组织优势，助推全区高质量发展，以工作的实际成效赢得党委的支持、政府的配合与理解。

必须履职为民守初心，把人民当家作主作为人大工作的本质特征。人民代表大会制度之所以具有强大生命力和显著优越性，关键在于它深深植根于人民之中。我们自觉站稳人民立场，努力把联系群众的功夫下在平时、变为常态，准确掌握群众所需所盼，使人大各项工作建立在坚实的民意基础之上，不断发展全过程人民民主，确保人民当家作主更加具体、现实、有效地得到落实。

必须依法治区强治理，把民主法治建设作为人大工作的重要主题。人大及其常委会处在民主法治建设的第一线，在全面依法治国中负有重大职责。我们坚持言必讲法、行必依法、办事靠法，大力弘扬社会主义法治精神，加强和改进宪法法律实施工作，加强对执法司法工作的监督，确保宪法法律得到有效贯彻实施，为推动改革、促进发展、维护稳定提供强有力的法治保障。

必须服务代表激活力，把发挥代表作用作为人大工作的动力源泉。人大代表是党和政府联系人民群众、了解社情民情的重要桥梁和纽带。我们坚持代表主体地位，充分发挥代表联系群众广泛的特点和自身专业行业优势，组织代表参与人大履职活动，加大代表建议办理落实力度，引导代表当好群众代言人、唱响履职好声音，凝聚起推进经济社会发展的强大正能量。

必须守正创新夯基础，把加强自身建设作为人大工作的履职根基。新时代对人大自身建设提出了新要求。我们主动顺应新形势新任务，在宪法和法律的框架内，积极稳妥推动传承创新，逐步拓展工作领域、丰富履职形式、改进方式方法，使人大各项工作更好把握规律性、体现科学性、富有创造性，推动新时代人大工作与时俱进、创新发展、整体提升。

回顾五年的工作，虽然取得了一定的成绩，积累了一些经验，但相对于新时代人大工作的新目标新任务，相对于人民群众的新需求新期待，常委会工作还存在一些差距和不足，主要有：监督的刚性需要进一步增强；讨论决定重大事项工作机制需要进一步落实；代表主体作用需要进一步发挥；人大干部队伍建设需要进一步加强。对于这些问题，我们要接力奋斗、努力改进。

今后工作建议

区第九次党代会描绘了龙湾未来发展的宏伟蓝图，也对人大工作提出了新的更高要求。建议新一届区人大常委会高举习近平新时代中国特色社会主义思想伟大旗帜，深入贯彻党的十九大、十九届历次全会和中央人大工作会议精神，按照区第九次党代会的部署要求，聚焦中心工作，聚情民生关切，聚力依法履职，聚合代表力量，加强“四个机关”建设，发挥人大职能作用，践行全过程人民民主，推动人民代表大会制度优势转化为治理效能，为全力推进温州湾新区建设，加快打造“一区五城”，建设活力、美丽、幸福新龙湾，争创社会主义现代化先行区，奋力打造高质量发展建设共同富裕示范区龙湾样板提供有力法治保障。

一、突出政治首位，全面铸实党的建设坚实基石。坚持把学习贯彻习近平新时代中国特色社会主义思想作为首要政治任务，在学思践悟新思想中不断增强拥戴核心、维护核心的思想自觉和政治定力。坚持把学懂弄通做实习近平总书记关于坚持和完善人民代表大会制度的重要思想摆在突出位置，完善学习制度，加强理论研究，增强党员干部坚持和完善根本政治制度的自觉性坚定性。坚持党对人大工作的全面领导，认真落实区委《关于高水平推进新时代人大工作和建设的意见》，发挥常委会党组的政治保证作用，及时传达学习中央和省市区委重大决策部署，严格执行请示报告制度，坚定不移地把党的领导贯穿于人大依法履职的各方面全过程，确保人大工作始终沿着正确的政治方向前进。

二、坚持依法监督，全面奏响服务大局铿锵强音。围绕区第九次党代会确定的目标任务，聚焦创新驱动发展、新型城区建设、东部枢纽建设、生态文明建设、推进共同富裕、保障改善民生、创新社会治理等重点领域，找准履行依法监督职能与服务中心工作的切入点和结合点，做到科学监督、精准监督、有效监督，切实在服务和推动温州湾新区建设、加快打造“一区五城”中发挥重要作用。加强对监察、审判、检察机关的法律监督和工作监督，促进社会公平正义。综合运用听取报告、执法检查、专题询问、代表约见、满意度测评等手段，创新监督载体，加大监督力度，增强监督实效。紧扣事关全局的重大事项依法作出决议决定，及时把区委决策部署转化为全区人民的共同意志和自觉行动。认真做好选举任免工作，确保党组织推荐的人选通过法定程序成为地方国家机关的工作人员。

三、压实代表责任，全面践行为民履职初心使命。加强对新一届常委会组成人员、人大代表的专题培训，切实提高依法履职能力。不断发展全过程人民民主，扎实推进民生实事项目代表票决制工作。坚持常委会组成人员联系代表、代表联系群众的“双

联系”制度，深化列席常委会会议代表座谈机制，创新运用好区级和各街道人大代表联络站，常态化开展接待选民等活动，使联络站真正成为代表联系群众的桥梁纽带、政策宣传的重要窗口、社情民意的传递渠道。强化代表建议督办，落实优秀代表建议评比、满意度测评等制度，不断提高办理效率和办结效果。完善代表管理考核机制，建立代表信息库和履职档案，激发代表自觉践行“人民选我当代表、我当代表为人民”的使命担当。

四、加强自身建设，全面激扬人大工作蓬勃朝气。大力弘扬伟大建党精神，用党的光荣传统和优良作风坚定信念、凝聚力量，忠诚拥护“两个确立”，自觉践行“两个维护”，不断提高人大干部的政治判断力、政治领悟力、政治执行力。加强纪律作风建设，强化制度执行，深化调查研究，持续改进工作作风。推进人大数字化改革，着力建设人大变革性组织，提升塑造变革能力。统筹运用传统媒体和新兴媒体，加强人大制度和全过程人民民主实践的宣传报道。全面加强人大常委会领导班子和人大工作队伍建设，重视人大常委会机关文化建设，巩固提升街道人大、开发区人大工作水平，不断推动新时代龙湾区人大工作高质量发展，努力打造让党放心、让人民群众满意的政治机关、国家权力机关、工作机关和代表机关。

温州市龙湾区人民政府工作报告

——在温州市龙湾区第九届人民代表大会第一次会议上

（2022年2月18日）

温州市龙湾区人民政府代区长　夏禹桨

一、2017年换届以来工作的回顾

区八届人大一次会议以来，面对复杂严峻的宏观环境和繁重艰巨的工作任务，区政府坚持以习近平新时代中国特色社会主义思想为指导，坚决贯彻落实省委、省政府、市委、市政府和区委决策部署，深入实施“五个中心”战略目标，认真执行区人大及其常委会的决定，紧紧依靠全区人民，主动适应新常态，抢抓发展新机遇，克难攻坚、积极进取，取得疫情防控和经济社会发展“双胜利”，高水平全面建成小康社会。2021年地区生产总值达518.48亿元，年均增长7%，财政总收入和一般公共预算收入分别达66.46亿元和38.33亿元，年均增长11.5%和9.9%；城乡居民人均可支配收入分别提升至69984元和44430元，年均增长7.8%和9%，城乡居民收入比全市最优、全省第六。温州高新区排名成功迈进全国前45%，入选中国创新百强区、高质量发展百强区，获评省级高新技术产业园区建设突出贡献集体。连续两年获得山海协作考核全省第一，连续五年获得省“平安区”称号，连续五年夺得省治水工作最高荣誉“大禹鼎”。未来社区、数字经济、“一带一路”枢纽建设等获得省政府督查激励，作为全省唯一的县级行政区入选省全域类未来社区创建名单。

五年来，我们坚定不移促转型增后劲，科创高地日渐成势。深入实施创新首位战略，科技进步统计监测综合评价始终位居全省前列，连续三年蝉联全市第一。累计拥有高能级科研平台10家，数量居全市首位。创成国家高端人才引领型双创特色载体，新增国家级科技企业孵化器1家、省级以上众创空间13家、省级新型研发机构3家。深入落实科技企业新“双倍增”三年行动计划，累计拥有高新技术企业254家、省科技型中小企业1175家。率全市之先出台新经济企业培育办法，累计认定区级雏鹰企业9家、瞪羚企业20家。支持企业自主研发，新增省级企业研究院和研发中心36家、市级研发中心106家，全社会研发投入占地区生产总值比重从1.9%预计提升至3%。引育国家级、省级“引才计划”专家71人，入选省“万人计划”专家6人，高端人才资源全市领先。文昌创客小镇创建实现两连优，中国眼谷小镇成功列入省级特色小镇创建名单。谋划建设中国眼谷，累计招引注册企业115家，共建世界500强、上市公司联合研究院20个，“一中心四高地”初见成效。

五年来，我们全力以赴调结构抓产业，经济实力显著增强。坚持“大抓项目、抓大项目”，累计招引落地亿元以上产业项目74个、投资297.86亿元。加快提升阀门、特殊钢等五大传统制造业，加速培育数字经济、智能装备、生命健康、新能源等战新产业，形成“5+4”产业体系，创成省级信息经济发展示范区，入选省级数字经济创新发展试验区。战略性新兴产业、智能装备制造业占规上工业增加值比重分别达31.7%、18.1%。爱好笔业、卓诗尼鞋业、泰昌输变电等一批传统产业龙头企业新建投产，瑞浦能源、贝普科技、北斗产业基地等一批战新产业领军项目加速集聚。培育市场主体8025个、产值超亿元企业103家，新增上市企业1家、报会企业4家，青山控股集团跃居“世界500强”第279位。累计拆除低小散乱工业区24个，搬迁淘汰高能耗重污染企业1200余家。投用小微园9个，集聚小微企业715家，永兴南园小微园获评国家小微企业双创示范基地。新业态新模式快速发展，获评省电子商务示范区。境外投资额居全市首位，连续两年获评全省对外投资和国外经济合作十强区。集聚规上服务业企业127家，服务业增加值占地区生产总值比重提高到52.9%。培育市级农业龙头企业11家，获评全国县域数字农业农村发展先进县、省级农业绿色发展先行县、省级农产品质量安全放心区等称号。持续优化营商环境，探索实施“环保贷”融资、按份额抵押、“证照分离”等首创性对企服务举措，有力助推新时代“两个健康”先行区创建。

五年来，我们统筹兼顾抓建设强治理，城区面貌焕然一新。以前所未有的力度推进城市形态重塑，大刀阔斧开展城中村改造，累计实施51个城中村整村（区块）、27000户以上拆迁改造。高标准建设温州东部城市中心，不断拉开中心区引领发展、状蒲片加速融合、科技城快出形象、东部新城高起点谋划的城市格局。实施“大建大美”项目400个，区便民服务中心、空港安心公寓等一批重要功能性项目建成投用，吾悦广场、宝龙广场等大型商业综合体开业运营，“新中心·大未来”城区品牌全面打响。建成甬台温高速复线、南口大桥南接线、330国道等一批重大交通项目，龙湾国际机场旅客吞吐量迈入千万级别，交通枢纽地位愈发明显。实施排水管网整治项目102个，新建、改建管网266公里。狠抓中央巡视、央督、省督反馈问题以及突出环境问题整改落实，完成全域环境综合整治提升项目118个。成功打造瓯海大道、中心区等城市绿轴，钟秀园、黄石山公园等城市绿肺，新增绿地面积234.74公顷，绿地率达37.9%。获评省级“基本无违建区”，创成省级生态街道4个、美丽乡村39个、美丽河湖4条、绿化美化示范路4条，两度入选全省生活垃圾分类工作优秀单位，高品质城区形象日益彰显。

五年来，我们尽心竭力保基本促均衡，公共服务持续优化。坚持民生优先，累计办理省、市、区三级民生实事369项，公共财政用于民生支出超150亿元，占一般公共预算支出的75%以上。深入实施“品质教育·学在龙湾”战略，教育事业累计投资超32亿元，相继投用学校及幼儿园超30所，创成全国义务教育发展基本均衡区、省基本实现教育现代化区。“健康龙湾”成效凸显，连续两轮通过国家卫生城市复评，温医大附二医总院、附属口腔医院、眼谷超级眼视光医院等建成投用，率全市之先创成全国健康促进区。温州奥体中心投入运营，国家公共文化服务体系示范区、省级体育强区创建通过复评。优化就业创业服务，中国温州民营经济人力资源产业园、区家政服务市场建成投用，城镇新增就业5.40万人，城镇登记失业率保持在2%以下低位运行，创成省“无欠薪”达标区。街道养老服务中心、残疾人之家实现全覆盖。累计实物安置6401套，新增保障性住房654万平方米，有力托起百姓安居梦。圆满完成对口工作，结对贫困县成功摘帽。深化“平安龙湾”建设，完善社会治安防控体系，扎实开展安全生产系列专项整治，圆满完成党的十九大、新中国成立70周年、中国共产党成立100周年等重大活动维稳任务。依法规范信访秩序，畅通民生诉求渠道，一批信访案件得到有效化解。完善应急处置机制，强化防灾减灾体系建设，成功防御历次台风、寒潮等自然灾害。全面打赢登革热等防控攻坚战，常态化打好新冠肺炎疫情防控阻击战，牢牢守住温州“东大门”，在全市疫情防控中彰显龙湾担当。

五年来，我们从严从实改作风优服务，政府效能不断提升。扎实开展“两学一做”学习教育、“不忘初心、牢记使命”主题教育、党史学习教育，干部队伍党性修养得到进一步锤炼。持续深化“最多跑一次”改革，推进政务服务2.0应用升级，省定目录民生事项100%“一证通办”，政务服务事项网上可办率达99.4%。打造“15分钟政务服务圈”。全面落实政府机构改革和事业单位清理规范工作，政府职能体系更加系统高效。加快建设法治政府，优化法律服务供给，“共享助调”模式获评省级县乡法治政府建设“最佳实践”项目。认真执行重大事项向人大报告、政协协商制度，累计办理市区人大建议868件、政协提案872件。创新“担当奖”“蜗牛奖”“鸵鸟奖”等正反激励机制，大力纠治“四风”突出问题，纵深推进“清廉龙湾”建设，全面营造争先创优的浓厚氛围。

2021年是中国共产党成立100周年，是“十四五”开局之年。我们在市委、市政府和区委坚强领导下，聚焦“勇争先、强执行、开新局”，稳妥应对新冠肺炎疫情，加快建设“一区五城”，全力推动高质量发展、竞争力提升、现代化先行，交出了庆祝建党100周年的高分报表。具体来讲，实现了七个方面的突破：

（一）共同富裕实现破题开局。实施高质量发展建设共同富裕示范区龙湾样板行动，建立健全重点任务清单、突破性抓手清单、重大改革清单和典型案例清单推进机制，强村惠民等3项工作纳入市级共同富裕试点，消薄飞地、数字经济等5项工作入选市级典型案例。狠抓共同富裕示范区重大项目建设，状元横街城中村改造二期等3个省级项目如期开工。村集体经济进一步发展壮大，实现总收入6.37亿元。加快实施“扩中”“提低”行动，率全省之先建立特困人员“收入豁免”机制，率全市之先出台支出型贫困救助办法，低收入农户人均可支配收入达1.2万元、增长15%，共同富裕根基更加坚实。

（二）数字化改革呈现带动效应。坚持以数字化改革撬动各领域改革，入选省市级数字化改革试点21个。“以先投后股方式支持科技成果转化”纳入国家发改委、科技部全面创新改革揭榜清单。聚焦重大改革需求，打造一批龙湾特色应用，“未来康养智城”“一键找园”“社会治理闭环管控”等3个应用场景成功入选全省“揭榜挂帅”项目，“信用+社区治理”“一人一档一码”等11个项目列为省级试点。推进农业数字化改革，获评全国县域农业农村信息化发展先进县。推进“一件事”改革系统集成，全力抓好87项便民利企“一件事”自查和迭代升级，完成“社会组织注销登记”等3项市级“一件事”试点。着力深化机关内部“最多跑一次”改革，全区网办平台上线单位42家、事项382个，系统网办量达22525件。

（三）科技创新积蓄强劲动能。省级实验室“瓯江实验室”正式挂牌运营，中科院微电子所“温州光子集成创新研究院”揭牌启用，国科温州研究院全职高层次人才突破200人，温州大学新材料研究院成功入选浙江省服务型制造示范平台。浙南科技城创业服务中心连续6年获得国家级科技企业孵化器考评优秀。成功举办世界青年科学家峰会分会场活动。中国眼谷入选国家药监局眼科药械临床研究与评价重点实验室、首批“科创中国”浙江创新基地。大唐5G长三角创新中心投用首批生产线，推动5G产业集聚迈出坚实一步。探索实施企业创新积分制，入选国家第二批试点单位。鼓励企业加大研发投入，实施市级以上重大科技项目3项、“卡脖子”项目1项，规上工业研发费用增长30.9%。落地高端科创基金2支，进一步发挥科技金融撬动作用。深入实施“510计划”“罗峰领雁计划”等行动，新招引高校毕业生11588人，引育高层次人才296人。

（四）产业发展迈出坚实步伐。DXC国际云软件平台等3个百亿级项目实现签约，瑞浦新能源制造基地项目投资规模创温州历史新高。全年招引落地省“152”项目3个、亿元以上产业项目20个，招引回归总部企业5家、回归税收9.15亿元。深入推进传统制造业改造提升2.0，新增智能化改造项目135个、工业机器人230台、企业上云602家。开展“隐单巨雄”企业培育提升行动，完成“净升规”56家、“限下转限上”42家，认定国家“专精特新”“小巨人”企业2家、省“隐形冠军”企业2家，瑞浦能源成功申报省级“未来工厂”试点。实现省政府质量管理创新奖零的突破，新增市质量管理创新奖企业1家、“浙江制造”标准8个、“品字标”企业10家，参与国家、行业、地方标准制修订20个。汤东商务楼等楼宇经济加快培育，引进知名品牌首店8家，举办新品首发活动6次。着重培育跨境电商，新增1家营收超百亿级本土跨国公司，全年实现进出口总额383.4亿元、限额以上批零住餐业销售额2554.9亿元。开工建设粮食加工厂，完成粮食播种面积1.77万亩、生猪存栏4.23万头。狠抓耕地功能性恢复工作，完成耕地“非粮化”整治128亩、“旱改水”2865亩。

（五）未来城区率先高标起步。签约温州首个超200亿元的片区综合开发项目。有序推进富春、万顺等未来社区建设，开工云上智城等重点项目，引入全省首家世界顶尖品牌“W酒店”。实施“大建大美”项目99个、投资160亿元，启动拆迁项目18个，完成土地“清零”项目36个，腾出发展空间3138亩，实现568亩经营性用地有序出让。拆迁安置提速提质，开工安置房7373套、建成13129套、交钥匙3585套。温州大道东延、围垦路等重要道路顺利通车，雁荡中路、兴区路等6条断头路成功打通，城市拥堵率下降11.4个百分点，困扰多年的东西向通勤问题明显改善。打造新时代美丽乡村15个，“钟秀瑶溪”未来乡村完成试点创建。开展新一轮蓝天保卫行动，空气优良率达98.3%。深化“五水共治”，全面完成街道“污水零直排区”建设，永强塘河整治项目获全市唯一中央专项资金补助。严抓土壤污染管控和修复，土壤污染状况调查工作获生态环境部表彰。加快突出环境问题“清零”，精铸小微园综合整治成效明显，电镀基地综合整治全面完成。率全省之先建立企业环保自律巡逻机制，建成环保数字化管理系统，开启现代化治理新模式。

（六）民生福祉增添丰硕成果。成功与国科大、浙师大、温州外国语实现合作办学，开工学校2所，投用中小学、幼儿园12所，新投用义务教育阶段学校数、建筑面积均居全市首位。中考成绩荣获14连冠，高考成绩实现新突破。推进“双减”工作平稳有序落地。龙一医“1+6”城市医联体正式启动，“智慧卫监”、儿童青少年近视防控适宜技术获评全国试点，“健康浙江”考核再获优秀。统筹推进永昌古镇、寺前街历史文化商业街区等文旅项目建设，瑶溪山水研学游入选省级精品线路，获评省AAA级景区城。精心做好亚运会龙湾赛区筹备工作，高标准推进亚运场馆周边综合环境整治提升。成功举办龙湾首届半程马拉松，获评省运动休闲基地。开工区康养福利中心，全区养老保险参保率达95.7%、基本医疗保险参保率达99.1%。大力开展安全生产“8+3”重点领域“遏重大”专项整治和“百日攻坚”专项行动，安全生产事故起数、死亡人数较前两年平均数分别下降29%、28.6%。上线基层治理四平台3.0，实施企业“安全码”赋码管理，数字化平安防线不断强化。严厉打击侵害企业利益经济犯罪行为，挽回损失3178万元。打击网络诈骗、跨境赌博等工作成效全市第一。

（七）疫情防控展现担当作为。高效组建“四队三单”，刚性落实精密智控、人物并防等工作举措，排查处置密接次密接696人，成功应对涉疫应急事件6起。坚定扛起守牢温州“空中大门”的使命任务，排查进出港航班81049架次、926.8万人次，实现“龙湾防线”无失守无突破。严格内强管控，全面推广“温州防疫码”，动态实施微网格大排查，坚决守好“小门”。落地全市首个核酸检测方舱实验室，全区日核酸检测能力达1.30万管，累计接种新冠肺炎疫苗106.40万剂次，集中隔离房间扩容1.80倍，规范化发热诊室实现街道全覆盖，公共卫生应急处置能力大幅提升。在疫情防控工作中，党员干部坚持冲锋在前，广大一线工作者特别是医务人员日夜奋战、义无反顾，以自己的辛苦指数换取群众的安全指数，构筑起同心战疫的坚强堡垒。

各位代表，过去五年的成绩来之不易。这是市委、市政府和区委正确领导的结果，是历届区政府接续奋斗的结果，是全区人民团结拼搏的结果。在此，我代表区人民政府，向在各行各业辛勤劳动的全区人民和外来建设者，致以崇高的敬意！向给予政府工作大力支持的人大代表、政协委员、各民主党派、工商联、无党派人士、各人民团体、离退休老同志、驻区部队、武警官兵、消防救援队伍指战员，向所有关心支持龙湾发展的海内外各界人士，表示衷心的感谢！

各位代表，五年的实践，使我们对发展中存在的问题与困难有了更加客观清醒的认识，主要表现为：作为国家级高新区所在地，科技和人才的驱动作用不够强劲；传统产业升级、新兴产业培育步伐有待加快，土地空间瓶颈亟待打破；疫情对经济社会发展影响趋向深化，商贸服务业发展面临不少困难；作为温州城市东部中心，城区首位度不够凸显，东部交通枢纽尚未成型，优质公共服务供给能力仍需增强；部分领域风险隐患不容忽视，安全生产、社会治理、环境保护存在薄弱环节；财政收支平衡压力持续增大；一些干部思想观念、能力素质与推动共同富裕建设要求存在一定差距，作风效能建设还有进步空间。对此，我们要直面问题，采取有力措施，切实加以解决。

二、今后五年指导思想和主要任务

未来五年，是我国实现第一个百年奋斗目标之后，乘势开启全面建成社会主义现代化强国新征程，向第二个百年奋斗目标迈进的开局五年。随着国家和省市重大战略的深入实施，龙湾事业发展迎来了新的历史机遇和重大利好。作为温州创新发展核心区、新型城市化发展主战场、综合交通枢纽建设主阵地，龙湾将准确把握新的历史方位，坚定扛起新时代赋予的新使命，真抓实干、主动作为，奋力擘画活力龙湾、美丽龙湾、幸福龙湾新图景。

今后五年，全区经济社会发展的指导思想是：坚持以习近平新时代中国特色社会主义思想为指导，深入学习贯彻党的十九大和十九届历次全会精神，坚定不移做“两个确立”忠诚拥护者、“两个维护”示范引领者，统筹推进“五位一体”总体布局，协调推进“四个全面”战略布局，完整准确全面贯彻新发展理念，加快构建新发展格局，坚持稳中求进工作总基调，以推动高质量发展为主题，以深化供给侧结构性改革为主线，以改革创新为根本动力，以满足人民日益增长的美好生活需要为根本目的，坚持系统观念，坚定扛起忠实践行“八八战略”、奋力打造“重要窗口”的政治使命，坚决执行市委“续写创新史、走好共富路”的决策部署，全面落实区第九次党代会的总体部署，为全力推进温州湾新区建设，加快打造“一区五城”，建设活力、美丽、幸福新龙湾，争创社会主义现代化先行区，奋力打造高质量发展建设共同富裕示范区龙湾样板而努力奋斗。

今后五年，要紧密围绕区第九次党代会提出的加快建设“一区五城”奋斗目标，努力在“十个方面增优势、走前列”，奋力推动实现如下预期目标：地区生产总值年均增长7%，一般公共预算收入年均增长8%，居民收入提高与经济增长同步，公共服务均等化、优质化显著提升，区域竞争力、综合实力实现跃升。具体而言，要致力落实以下六个方面工作：

（一）大幅提升综合实力，推动“未来城区”蓝图呈现。以国际视野、未来视角谋划龙湾发展，加快形成“一核引领、两翼拓展、三廊生长、全域未来”发展格局，全面打响“新中心·大未来”城区品牌。龙湾城市中心区集聚辐射能力增强，状蒲片区、浙南科技城、空港新区等重要板块特色凸显，未来社区、未来园区、未来街区、未来乡村等基本单元串珠成线。城乡发展一体化水平、基本公共服务均等化水平、区域协调发展水平大幅提高，城乡风貌整治提升工作取得实质性成效，居民收入差距和生活水平差距显著缩小。创成一批“重要窗口”和共同富裕标志性成果，争创一批“新时代富春山居图”样板区，打造具有区域辨识度和百姓认同感的未来生活地、工作地、旅游地，树立人产城景融合发展的全域未来城区标杆。

（二）全力增强创新动能，巩固“浙南科创新城”引领地位。坚持创新首位战略，开展“科技+”行动，推进产业链、创新链、生态链、人才链、金融链、服务链“六链融合”。系统提升“两区一廊一城一会一室”创新能级，温州高新区全国排名进入前35%，全力打造引领全市、辐射浙南闽北的科创策源地。实施高能级创新平台“提质增效”专项行动，推动瓯江实验室成为国家实验室重要组成部分，加速国科温州研究院、光子集成研究院等十大平台成果转化，将中国眼谷、国际软件谷打造成现象级标杆，中国眼谷小镇、文昌创客小镇成功命名省级特色小镇。实施科技企业“双倍增”“双迈进”行动，新增高新技术企业125家以上，高新技术产业增加值占规上工业增加值比重达75%以上，全社会研发投入占地区生产总值比重超4.0%。深化人才强区战略，新引育高层次创新创业人才1500名、高水平创新创业团队25个以上，力争鲲鹏计划实现零的突破。系统构建全生命周期创新链，打造“产学研用金、才政介美云”十联动生态。

（三）深入推进产业转型，厚植“温州产业新城”领先优势。奋力抓好谋大招强“531”工程，谋划建设“万亩千亿”产业平台，新增规上工业企业150家以上，实现规上工业总产值超1000亿元，加快构建产业集群新优势。坚持改造旧动能和培育新动能并举，强化链主企业带动作用，聚焦“5+4+N”产业体系，大力发展激光光电、眼健康、物联网等战新产业，促进产业基础高级化、产业链现代化，争创省级制造业高质量发展示范区。推动制造业智能化、数字化转型，新增省级未来工厂2家、智能工厂（数字化车间）10家、工业互联网平台10个以上。实施“质量强企”“品牌兴企”，持续提升产品供给质量。建设区域性现代服务业中心，培育壮大首店经济、月光经济等消费新业态，加快构建品牌汇集、品质高端、品位独特的优质商品供给体系。实施科技强农、机械强农行动，引育一批竞争力强的农业领军企业，争创国家级现代农业园区。

（四）持续提速交通建设，拉开“东部枢纽新城”立体框架。坚持“大干交通、干大交通”，全面构建外快内畅、互联互通、立体多元、绿色智能的现代综合交通体系和物流体系。启动打造“空中丝路”门户，全面铺开机场三期扩建项目，航空旅客年吞吐量突破2500万人次。围绕全市“521”高铁时空圈，高水平建设现代化温州高铁东站，力争开工甬台温高铁，基本建成温福高铁，推动龙湾加速驶向高铁新时代。建成通车市域铁路S2线、金丽温高速东延线、机场大道东延等重要项目，有序推进沈海高速改扩建、沿江快速路龙湾段、滨海大道高架等工程，加快形成“八纵五横”城市路网格局。依托国际机场空港优势，创建温州临空经济示范区，大力推进航空物流园等项目，打造辐射浙南闽北赣东的区域航空物流中心。

（五）坚持深化改革开放，放大“国际开放新城”发展格局。高质量融入RCEP、“一带一路”、长三角一体化等战略发展，构建全方位开放新格局。全力参与中国（温州）华商华侨综合发展先行区、中国（温州）跨境电商综合试验区创建，开放平台建设取得新成效。持续优化外贸进出口结构，实现进出口总额超530亿元，推动外贸份额占全国比重持续提升。加强对外经贸协作交流，实际使用外资4亿美元以上。深化龙湾—苍南山海协作、四川仪陇交流合作，推动区域优势互补、资源共享、联合发展。纵深推进重点领域和关键环节改革，加速贯通省级重大应用落地，打造标志性数字化改革项目15个以上，全面建成数字化改革先行区。深化新时代“两个健康”先行区创建，推动区域营商环境达到全国一流水平。

（六）全面增进民生福祉，绘就“滨海幸福新城”美好画卷。以推进全生命周期公共服务共享为重点，打造龙湾版的“七优享”金名片。高标准实施“未来教育”三年行动，创成全国学前教育普及普惠区、全国义务教育优质均衡发展区。全面加强公共卫生防控和救治能力建设，投用龙一医新院，医疗服务水平提质攀高。加快培育文旅产业，打响“山海古堡·未来之城”文旅品牌。深入实施全民健身五年计划，创成省级体育现代化区。突出抓好大学生、失地农民、退役军人等重点群体就业创业，推动养老、慈善、社会救助等事业全面健康发展。全力抓好“扩中”“提低”，基本形成以中等收入群体为主的橄榄型社会结构。全力攻坚污染防治和生态保护，创成国家级“无废城市”和生态文明建设示范区。统筹发展和安全，坚决打好攻坚战，积极化解三产指标等历史遗留问题，全面遏制各类安全隐患，夺取“平安金鼎”。

三、2022年的主要工作安排

2022年是全面实施“十四五”规划的重要一年，也是本届政府任期的起始之年。综合分析发展环境和自身条件，深刻把握“稳中求进”工作总基调，建议今年龙湾区经济和社会发展的主要预期目标为：地区生产总值增长7%以上；一般公共预算收入增长8%；限额以上固定资产投资增长9%；城乡居民人均可支配收入分别增长7%、7.5%。

围绕上述目标，今年重点抓好以下七方面工作：

（一）注重创新赋能，增强共同富裕科创驱动力

跑出平台能级提升加速度。统筹推进自创区八大专项攻坚和环大罗山科创走廊“三大会战”，勇夺省“科技创新鼎”，力争温州高新区排名进入全国前43%。加快瓯江实验室五大研究集群建设，加速国科、光子集成、温大研究院等平台成果落地。提速创建中国眼谷小镇，开展眼科中药、器械真实世界研究试点，开启24小时永不落幕的眼科药械展，加大眼健康产业化项目招引培育力度，以小眼球推动大产业。依托文昌创客小镇启动温州国际软件谷建设，积极推动青科城、诺奖实验室、DXC国际云软件平台等项目实施，汇聚数字经济龙头企业20家以上，打造引领全市数字产业发展主引擎。

跑出创新主体培育加速度。实施创新型领军企业培育计划，新增高新技术企业30家、省科技型中小企业100家以上。推动核心技术攻坚，实施“卡脖子”及市级以上重大科技项目3项以上，新增发明专利365个以上。引导企业加大研发投入，新增省市企业研发机构15家，力争全社会研发投入占地区生产总值比重达3.2%、规上工业研发费用增长10%以上、战略性新兴产业增加值占规上工业增加值比重达30.5%。

跑出科创要素集聚加速度。完善基金管理办法与运行机制，发挥泰越、眼谷壹号等科创基金催化剂效应，努力新增创投基金2支。完善技术市场服务体系，支持企业高价值知识产权保护申请，推进科技成果转移转化，争创国家级知识产权强国建设示范园区。重点围绕激光光电、数字通信和眼健康领域，举办精英创新创业等赛事，争取青科会优质项目落地25个以上。深入实施“罗峰领雁”“海外人才”等计划，力争新引育高层次创新创业人才288名、高水平创新创业团队5个以上，认定高技能人才2500名以上。加快推进“以先投后股方式支持科技成果转化”和“企业创新积分制”试点，力争形成龙湾经验。

（二）注重提质增效，增强共同富裕产业竞争力

聚焦聚力谋大招强。完善全员招商办法，优化招商考绩考核，制定招商项目评估审核机制，牢牢锁定新能源电池、5G数字通信、眼健康、北斗信息等重点产业和链主企业开展精准招商，力争招引落地百亿项目1个、“251”项目6个、亿元以上产业项目20个，全年招引到位内资60亿元以上，实际利用外资6600万美元以上。开工瑞浦新能源制造基地一期、赛泷科创湾、中交数字科创园等项目，竣工投用天心天思数字产业中心、中国眼谷科创园等项目，全力推动再造产业新龙湾。

持续提升传统产业。实施新一轮制造业“腾笼换鸟、凤凰涅槃”攻坚行动，全力推进制造业产业基础再造和产业链提升工程。坚决遏制“两高”项目盲目发展，推进用能预算化管理。聚焦数字化智能化，打造省级智能工厂（数字化车间）2个，新增机器人240台、上云企业300家以上。坚持“抓大、扶小、育新”统筹发力，加快“隐单巨雄”企业培育，新增“专精特新”“小巨人”企业1家、省级“隐形冠军”企业1家、“增资扩产”项目10个、上市报会企业2家。实施“亩均论英雄”改革3.0，力争亩均税收、亩均增加值均增长8%以上。深化“十园千企”工程，推广专业化运营模式，新增入驻高质量小微企业50家以上，力

争创成三星级以上园区1个。

积极发展现代服务业。加速融入温州“一城九片”产业圈层格局，启动状蒲片2.5现代生产性服务业板块建设。做优楼宇经济生态圈，实现税收亿元楼8幢。加强限额以上贸易企业和流通企业培育，全年培育“限下转限上”40家、重点流通企业10家以上。加快打造温州东部消费中心，新招引品牌首店5家，办好国际知名品牌首发活动9场。支持企业开辟短视频、新媒体等网销阵地，进一步提升“龙湾造”自主品牌影响力。继续举办中国绅装文化节、消费促进月、金秋购物节等活动，发放消费券2100万元以上，刺激汽车等大宗商品消费，加快释放消费潜力，推动社会消费品零售总额增长8%以上。

（三）注重品质至上，增强共同富裕城市承载力

向精建精美要品质。全力打造“未来城区”，高质量推进富春社区创建，开工建设南洋社区、云创社区，谋划实施滨江社区，万顺社区打造都市云治理样板。开工“大建大美”项目23个、完工19个，完成温州市核心区状蒲片城市设计，推进云上智城等新地标建设，建成投用双创新天地二期、国际人才公寓等城市功能项目。实施老旧小区改造6个。扎实推进安置提质提速，着力推广“房票安置”模式，建成安置房4300套、交钥匙5000套以上。深入开展“迎亚运·讲文明·提品质”300天大会战，全面完成亚运场馆周边综合环境整治提升，打造体育公园1个，以最好状态最美环境迎接亚运会。加快实施瓯江、塘河沿线开发，全面开工海塘安澜工程，提速建设温瑞平原东片排涝工程，提升改造瑶溪河沿线绿道网。做精做细城市管理，启动打造智慧城市平台，开工建设渣土资源化再利用项目，开展新一轮排水管网整治，落地全市首个装修及大件垃圾处置中心。

向交通枢纽要品质。东部新城完成概念性规划方案编制及城市设计，谋划实施东部新城主核心区（高铁新城）综合开发，启动沙中、建新等4个旧村征迁。建成市域铁路S2线主体工程，配合推进机场三期、温福高铁、甬台温高速改扩建等重点项目。完善城市路网，建成环山北路二期、永宁东路等道路，加快建设沿江快速路龙湾段一期、永昌路改建、通海大道西段、机场大道东延等工程，打通断头路3条。新建“四好农村路”2条、大中修11公里。投用浙南科技城公交枢纽站，新增优化公交线路3条以上，推进街区微循环改造，构建高效便捷公交体系。

向生态环境要品质。坚决落实“6+1”领域碳达峰方案，全面推进碳达峰十大行动，启动实施全域光伏工程，积极探索引入绿色能源。不折不扣抓好第二轮央督反馈问题、举一反三问题、省委专项督察反馈问题整改，以重点问题突破带动面上问题整治。推进建筑工地、道路、工业物料堆场等扬尘治理，空气质量优良率保持在96%以上。深入开展水环境质量“达Ⅲ消V”行动，加快永强塘河流域水生态系统综合整治，巩固全域“污水零直排”建设成果，争创“大禹鼎”金鼎。开展建设用地土壤污染风险管控和修复“一件事”改革试点，创成首批省级全域“无废城市”。新增生态文明教育基地1个，力争创成省级生态文明建设示范区。推进“一公园一主题”建设，塑造“三季有花，四季有景”的龙湾城区道路景观，着力打造有颜值的花园城市。

（四）注重改革开放，增强共同富裕发展内生力

进一步推进数字化改革。按照“小切口、大场景”要求，谋划实施宗教场所专项规划“一张图”等省级以上试

2021年12月25日，温州大道东延线正式通车 （区融媒体中心供稿）

点，上线“浙里盘”等龙湾特色品牌应用，全面释放“未来康养智城”“平安信用通”等亮点改革效应，加快形成一批具有辨识度和影响力的应用成果。着力构建数字化改革“1512”框架体系，加快推进“县乡一体、条抓块统”县域整体智治改革，推出基层治理“一件事”集成改革项目10个。持续完善“浙里办”龙湾城市服务频道应用服务，加快复制推广全省数字化改革重大应用，让数字化改革更加惠民。

进一步扩大开放水平。放大国际机场空港优势，深化“政关港”联动协作，探索打造集货拼箱基地、航空物流服务基地，推动航空物流园建设，提升龙湾开放发展水平。发力内外贸一体化，积极发展跨境电商、市场采购贸易等外贸新业态，推动外贸出口总额增长8%以上。支持龙湾企业参与“一带一路”，推动印尼纬达贝工业园创建国家级境外经贸合作区。

进一步促进“两个健康”。加快减税降费等政策落地见效，推动解决中小微企业融资等难题，进一步激发市场主体活力。创新招投标“企呼我应”服务站、新型税收征纳互动服务等模式，持续提升涉企服务效能。深化“区街一体、多元协同”企业社区治理模式改革，实现园区集成式服务和规范化管理。推进商协会改革，建设商会发展服务综合体，增强协会商会内生动力。实施“青蓝接力”“红色传承”等计划，举办亲清直通车政企恳谈会系列活动，推进政企良性互动再上新台阶。

（五）注重乡村振兴，增强共同富裕乡村生命力

加快发展现代农业。加强粮油生猪稳产保供，完成粮食播种1.78万亩、生猪存栏3.5万头。推进渔业增效渔民增收，争创国家级水产养殖示范场1个。大力实施科技强农、机械强农，投用数字农业应用平台，开展滩涂贝类苗种核心技术攻坚。启动环大罗山现代农业园区创建，开工建设杨梅综合服务中心，打造杨梅精品园7个。完成永兴围垦农业园、永兴粮食功能区提升改造，新增农机综合服务中心1个，创成省级现代农业园区。

加快建设美丽乡村。迭代升级未来乡村“五化十场景”，挖掘乡村主题文化，彰显乡村主体风貌，因地制宜打造具有龙湾辨识度的未来乡村和标志性成果，启动创建双岙、郑宅等4个未来乡村和瑶溪镇域型未来乡村。深化实施“千万工程”，新建新时代美丽乡村5个、特色精品村1个、美丽庭院50个。常态化抓好农村人居环境整治，加大“两最三比”评选力度，持续深化农村生活垃圾、污水、厕所“三大革命”。

加快农民增收致富。有序推动农业转移人口市民化，大力提升城乡一体化发展水平。提速推进低收入农户“四增一减”行动计划，组织开展零就业家庭清零行动，全面消除家庭人均收入1万元以下现象。深入谋划建设村集体项目，成立强村公司，力争村集体经济总收入达6.5亿元以上。着力深化东西部扶贫协作和对口支援，推动就业促进与乡村振兴有效结合。

（六）注重惠民利民，增强共同富裕民生软实力

完善公共服务增民利。持续提速优质教育资源供给，深化校地合作和集团化办学，加快推进20所在建学校建设，投用幼儿园3所，开工中小学3所。推动“双减”政策全面落地，进一步减轻学生作业负担和压减学科类校外培训机构。扩面提质城市医联体，投用蒲州街道社区卫生服务

海滨果蔬特色园　　（区融媒体中心供稿）

中心、温州王侨骨伤医院，加快建设青山体检与医学研究中心、龙湾颐馨医疗康养服务中心、永兴街道社区卫生服务中心。完善“一老一小”服务体系，深化未来康养智城2.0，改造提升示范型居家养老服务照料中心4家，新增0—3岁婴幼儿照护服务机构3家，扩面开展“明眸皓齿”工程，推进儿童友好城市建设。

繁荣文化事业聚民心。继续巩固国家公共文化服务体系示范区创建成果，新建城市书房、文化驿站各1家，组建图书馆、文化馆、公益培训机构联盟，打造“城市生活•图书馆”品牌。深入挖掘永嘉场文化内涵，加快推广“八盘八”等传统美食，全力做好非遗保护传承和产业化发展，持续提升“中国书法之乡”影响力。实施“文化+”发展，匠心打造永昌古镇、寺前街历史文化商业街区、高新文化广场等文化地标，全力完成环黄石山艺术场馆示范带建设，建成投用和合文化公园，促进文旅产业进一步融合。完善全民健身公共服务体系，新增体育场地面积5万平方米以上，构建“10分钟体育健身圈”，高标准办好亚运体育盛事。

强化社保兜底解民忧。开展就业创业促进行动，办好大学生创业大赛等双创活动，落地大学生创业项目8个以上，新招引大学生超1万人，力争城镇新增就业0.8万人，城镇登记失业率控制在3.5%以内。深化“真爱到家”“爱心龙湾”救助服务品牌建设，确保困难群众医保资助参保率和医疗救助政策落实率均达100%。推进区级和重点街道“助联体”实体化运作，建成投用未成年人救助保护中心，启动建设青山儿童村。支持工青妇组织开展工作，有效发挥科协、文联、残联、红十字会等群团作用，继续做好人民武装、退役军人、慈善、移民、民宗、海防打私、外事侨务和对台工作。

突出社会治理保民安。完善多跨协同的风险闭环管控大平安机制，坚决遏制重特大事故发生，平安护航冬奥会、亚运会、党的二十大等重大活动。突出抓好道路交通、建筑施工、城镇燃气等重点领域安全生产专项整治，扎实做好防汛抗台、消防安全等工作，确保全区安全形势稳定。新增放心农贸市场3家，争创省级食品安全示范区，保障群众“舌尖上的安全”。坚持“精准防控、动态清零”策略不动摇，压实压紧“四方责任”，落实落细“四早要求”，确保区域协查“应查尽查”、核酸检测“应检尽检”、疫苗接种“应接尽接”，持续保持机场防控防线无失守、隔离点运行无隐患、本土病例无新增、聚集性疫情无发生。

办好“关键小事”惠民生。在广泛征求各方意见的基础上，区政府遴选了学在龙湾、就业共富、全民眼健康、老有所养、医保纾困、安置提速、文化惠民、健康就医、交通畅行、智慧安防、防灾减灾、数字便民等12个方面民生实事候选项目，提请本次大会票决。对票决出来的十大民生实事，我们将深化为民办实事长效机制，认真组织实施，确保早日见效、早日惠民。

（七）注重自身建设，增强共同富裕政府公信力

持之以恒加强政治建设。深入学懂弄通党的十九届六中全会精神，忠诚拥护“两个确立”，坚决做到“两个维护”，不断提高政治判断力、政治领悟力、政治执行力，坚持不懈用习近平新时代中国特色社会主义思想武装头脑、指导实践、推动工作。坚持党的全面领导，认真贯彻落实中央、省市决策部署，把区委决策转化为区政府抓落实的精密施工图、任务书、责任状。

持之以恒提升服务质量。全方位推进政务服务2.0，逐步深化数据上云、办事上网，实现依申请政务服务事项“一网通办”率达90%以上。坚持规范化、标准化引领，持续推进“最多跑一次”改革向公共服务、中介服务等领域拓展延伸，加快实现个人和企业全生命周期“一件事”全流程“最多跑一次”。探索推行“极简审批”制度改革，加快完善“智能导服、收办分离、线上线下融合”政务服务模式，促进办事效率和服务温度“双提升”。

持之以恒推进依法行政。完善依法行政体系，健全政府法律顾问制度，加强公职律师队伍建设，严格执行规范性文件合法性审查。深化行政复议体制改革，提高行政应诉规范化水平，持续推进行政诉讼案件数、败诉率“双下降”。健全行政权力监督和制约机制，自觉接受人大依法监督、政协民主监督以及监察监督、司法监督，主动听取民主党派、人民团体和各界人士的意见建议，高质量办理人大建议和政协提案，全面推进政务公开。

持之以恒深化作风建设。把纪律规矩挺在前面，认真履行全面从严治党主体责任和“一岗双责”，严格执行中央八项规定精神，驰而不息抓好“四风”问题，持续提升政府公信力和执行力。坚持政府过紧日子，进一步降低行政运行成本。聚焦“清廉龙湾”建设，始终保持惩治腐败“零容忍”高压态势，时刻保持为民、务实、清廉的政府形象。用好“亮绩比拼”“六比争先”等赛马平台，深化“红黑榜”“及时奖”“担当奖”“蜗牛奖”“鸵鸟奖”等举措，激励广大干部在新的时代大考中担当作为。

政协温州市龙湾区委员会工作报告

——在政协第六届温州市龙湾区委员会第一次会议上

（2022 年 2 月 17 日）

温州市龙湾区政协主席　张纯芳

五届政协工作回顾

五届区政协任期的五年，是龙湾区圆满收官“十三五”、良好开局“十四五”的五年，也是龙湾区政协事业开拓创新、提质增效、富有成效的五年。五年来，在中共龙湾区委的坚强领导下，区政协及其常委会以习近平新时代中国特色社会主义思想为指引，深入贯彻中共十九大和十九届历次全会精神，全面落实习近平总书记关于加强和改进人民政协工作的重要思想和中央、省市区委政协工作会议精神，在建言资政与凝聚共识上双向发力，在推进协商民主上创新实践，在助力改革发展上主动作为，为龙湾经济社会高质量发展作出了积极贡献，谱写了政协事业发展新篇章。

一、把准政治方向，强化思想引领，交出同心向党的“忠诚答卷”

这五年，是镌刻忠诚、笃行不怠的五年。常委会坚持把政治建设摆在首位，始终坚持党的领导，强化思想政治引领和党建引领，确保政协事业沿着正确方向前进。

以党的领导举旗定向。坚持旗帜鲜明讲政治，协助区委出台《关于新时代加强和改进人民政协工作的实施意见》，从政治上、思想上、组织上自觉接受党对政协工作的全面领导。严守政治纪律和政治规矩，完善和落实民主集中制等各项制度，坚持重大事项、重要工作、重大活动及时向区委请示报告，区政协党组、区政协常委会定期向区委常委会会议汇报工作情况，不折不扣地把各级党委的决策部署和对政协工作的要求落地落实，把党的主张及时转化为各党派团体、各族各界人士的思想共识和行动自觉。五年来，区委、区政府主要领导多次调研政协工作，出席政协常委会会议和协商活动。

以伟大思想凝心铸魂。健全完善以区政协党组理论学习中心组为引领，常委读书会、机关“周一学习会”“和合讲坛·委员悦享学堂”“和合讲坛·机关学思课堂”为特色平台的学习体系，推进“书香政协”建设。扎实开展“两学一做”学习教育、“不忘初心、牢记使命”主题教育和党史学习教育等，建立长效机制巩固系列学习教育成果。五年来，共举行区政协党组理论学习中心组学习会 69 次、常委会会议 25 次、主席会议 64 次、机关学习会 214 次及“和合讲坛”14 期。加强对政协工作的理论研究，25 篇理论文章在省市政协理论研讨会论文征集活动中获奖。

以党的建设强基聚力。协助区委出台《关于加强新时代人民政协党的建设工作的实施意见》，发挥政协党组领导核心作用，设立政协机关党组，以专委会为依托、界别联组为基础，成立 9 个“拓展型”党支部及“网络党支部”，进一步健全完善政协系统党组织架构。建立区政协党组成员联系党员委员、党员委员联系委员“双联系”制度，创新开展网络送学、党员“政治生日”等主题活动，实现政协党的组织对党员委员、党的工作对委员的“两个全覆盖”，增强政协组织的向心力与凝聚力。

二、聚焦中心大局，彰显制度优势，交出协力前行的“发展答卷”

这五年，是同频共振、合拍共鸣的五年。常委会紧扣全区中心工作，履职尽责、汇智聚力，积极投身改革发展的生动实践。五年来，共开展协商 128 次、专题视察调研 101 项，形成协商及视察调研报告 90 余篇、咨政建言专报 28 篇，履职成果获市区党政领导批示 51 人次。

倾力助推创新发展。坚持把发展目标作为政协履职的靶心，主动协助区委、区政府破解发展难题，增强创新动能，厚植发展优势。组织委员紧扣区委历次全会重大决策，聚焦“十四五”规划编制、打造高质量发展建设共同富裕示范区龙湾样板等重要课题深入调研，并开展常委会专题议政性协商。紧扣“一区五城”建设、经济高质量发展和创新优势的打造，聚焦“两个健康”先行区创建、科技创新与传统制造业融合发展、温州高新区进等升位等课题，围绕温州科技创新中心打造、环大罗山科创走廊（龙湾片）建设、空港产业布局优化等，开展各层次协商履职活动 45 场。

聚力共绘城区新貌。围绕“大拆大整”“大建大美”“精建精美”“未来城区”建设等开展协商议政、监督视察，助力城区品质提升；围绕温州东部综合交通中心建设、打通市政道路断头路、环山北路建设等积极发声，助力交通互联畅行；围绕“五水共治”等开展民主监督，聚焦共享单车规范化管理、美丽田园创建、美丽河湖创建、奥体中心周边环境整治提升等出谋划策，助力打造美丽家园；持续为寺前街、永昌堡、贞义书院等建设贡献智慧力量，助力打造区域文化地标。

奋力共创美好生活。着眼民生实事出实招，连续五年聚焦安置房建设，通过民主监督、协商、视察等形式，力促安置房建设提速提质；着眼社会善治出实招，聚焦县域治理现代化、“最多跑一次”改革、扫黑除恶、基层治理“四平台”建设等建言献策；着眼配套完善出实招，聚焦体育设施进公园、老旧小区加装电梯和改造提升、5G通信基础设施建设等，探索破解问题短板的有效途径；着眼“一老一小”出实招，就探索医养结合养老模式、智慧养老监管平台建设、经开区教育发展等深入调研，提出对策建议；着眼特殊群体出实招，围绕残疾人体检照料工作、水库移民后扶、退役军人就业创业等开展协商监督，助力扩大“幸福圈”。五年来，共开展民生类履职活动91场。

合力打赢抗“疫”之战。在抗击新冠肺炎疫情的危急时刻，全区政协同心战“疫”、共克时艰。率先发出“战疫”倡议书，70余位委员第一时间捐献价值530万元的抗疫物资；迅速开展“战疫”宣传，17篇相关报道登上国家、省市级媒体，广泛凝聚抗疫共识；有力助推复工复产，运用网络手段聚焦“助力统筹推进疫情防控和经济社会发展”等开展专题协商，围绕完善公共卫生应急管理体系、经开区公共卫生事业发展等献计出力，建立“6+4+8”助企服务机制，持续深入企业送政策、送服务。根据区委安排，区政协班子成员常态督导街道疫情防控工作，支持机场防疫专班工作，贡献筑牢疫情防控安全防线的“政协力量”。五年来，区政协班子成员深入走访基层，联系指导“双组双促”“五水共治”“三强两促”及重点工程建设、信访包案等工作，出点子、抓协调、促进度、督落实。

三、立足主责主业，深化议政格局，交出创新实践的“协商答卷”

这五年，是商以求同、协以成事的五年。常委会充分发挥专门协商机构作用，搭建广泛多层、灵活多样的协商平台与载体，完善协商制度程序，大力推进了新时代政协协商民主新实践。

打造上下贯通的“请你来协商”体系。按照省市政协部署，高水平打造“请你来协商”平台体系，有效构建起以全体会议集中协商为龙头，以常委会专题协商、主席会议重点协商、专委会对口协商为重点，以界别协商、提案办理协商、基层协商为常态的协商议政新格局，推动政协协商与民主监督、重点课题调研等融合贯通，探索网络议政、远程协商等新形式，不断凸显平台建设的灵活性与生命力。五年来，共开展62场“请你来协商”活动，邀请27位次区委、区政府领导参加，提出717条意见建议，获市区党政领导批示24次，全部被有关部门采纳落实。

打造特色鲜明的基层协商品牌。积极探索推进政协协商向基层延伸，创新打造“委员驿站”品牌，集分享、学习、交流于一体，依托界别围绕“数字经济·潮涌未来”“大干交通·畅行龙湾”等开展25期活动，该品牌获2019年市政协“一县一亮点”评比二等奖。创新打造“村头巷尾商商量”品牌，依托街道（片区）政协工作联络组在村头田间、街头巷弄等基层一线搭台，围绕村社融合发展、公园美化亮化、环镇路建设管理等开展29场“微协商”，该品牌获2020年市政协“一县一亮点”评比一等奖，相关做法被《人民政协报》、新华网、人民网等媒体宣传报道，点击量突破百万。创新打造“民生议事堂”品牌，固定阵地、健全机制、创新形式，推动落实协商于民、协商为民。

打造规范健全的协商工作闭环。协助区委出台《关于进一步加强人民政协协商民主建设的实施意见》，制定出台《中国人民政治协商会议温州市龙湾区委员会协商工作规则》，不断在组织领导、协商方式、协商流程、协商成果转化、协商效果追踪等方面进行机制探索，着力构建制度化、规范化、程序化的政协协商制度。建立完善党政部门“交题”、界别和委员“征题”、基层群众“点题”等议题产生机制，提高协商的精准度与贴合度。建立协商成果转化机制，强化“协商前有调研，协商中有交流，协商后有报告”的工作要求。建立协商成果落地机制，把对意见建议的采纳落实情况纳入政府年度绩效考评，持续跟踪问效。

四、抓住履职重点，坚持协政为民，交出质效并重的“民生答卷”

这五年，是为民发声、提质增效的五年。常委会坚守为民宗旨，不断完善履职机制，提升工作实效，带领委员在“人民政协为人民”中贡献智慧力量、展现情怀担当。

提案办理增进民生福祉。把提案作为反映民意民声、贡献良言良策的重要途径，广泛征集提案线索，加强选题引导和审查立案工作，使提案更加贴近中心、汇聚民意。五年来，共收到以提案形式提出的意见和建议979件，经审查立案901件，立案率为92%，按时办结率和满意率均达100%。发挥重点提案示范引领作用，确定重点提案47件，由区党政领导领办，区政协领导督办，通过动态跟踪加强督办力度。健全完善提案工作机制，向区委、区政府领导报送提案摘报21期，组织开展提案办理面商和双向民主评议，增进“提”“办”双方互动，落实跟踪问效评价机制，有力推动提案办理工作由“答复型”向“落实型”转变。

民主监督提升惠民实效。聚焦民生实事，坚持问题导向、需求导向，切实履行民主监督职责。五年来，对涉及31家部门单位的全面工作，城中村改造攻坚“清零”行动、市域铁路S1线建设、非物质文化遗产传承、政府民生实事项目进展情况等30项工作开展民主监督，对城乡生活垃圾分类处理、高水平全面建成小康社会补短板等重点工作开展省、市、区政协联动专项集体民主监督。持续在民主监督覆盖范围和监督成效上下功夫，将经开区纳入城乡生活垃圾分类处理民主监督范围，创新建立“专家团＋观察团”

和派驻特约监督员工作制度，规范监督小组工作程序和内容，开展监督整改落实民主评议与“回头看”，确保监督切实有效。

社情民意信息直击民生关切。聚焦人民群众关注的热点难点问题，广泛动员组织政协委员、党派成员深入开展调查研究，通过撰写社情民意信息反映实情、提出对策。加强特邀信息员队伍建设，定期召开社情民意信息工作会议，通过学习培训、专题讲座、信息沙龙、交流考察等活动，不断拓展信息员写作视野，提升写作能力。深入开展“下基层、听民声、送服务”活动，结合界别活动，组织政协委员在开展爱心助学、送文化进村居企业、送医下乡、送体育下乡、送法下乡等公益慈善活动的同时，深入基层一线收集社情民意。五年来，共向市政协编报社情民意信息315篇，被全国政协采用3篇、省市政协采用97篇，获省市领导批示23篇。

五、发挥统战功能，广泛凝聚共识，交出和合共生的“团结答卷”

这五年，是同舟共济、团结奋进的五年。常委会坚持推进发扬民主和增进团结相互贯通，建言资政与凝聚共识双向发力，努力画好最大同心圆、凝聚最大正能量。

在加强联络联谊中凝聚共识。深化合作共事，完善与全区各民主党派、工商联、无党派人士联系制度，搭建各类视察调研和协商活动平台，鼓励他们通过大会发言、集体提案、调研报告、社情民意信息等形式在政协舞台参政议政、表达意愿。五年来，全区各民主党派在历次全会期间共提交大会发言材料57篇，提交集体提案80件。加强与民族宗教界、新的社会阶层人士和港澳台侨及其眷属的沟通联系，围绕特殊建筑安置、新乡贤助力共同富裕示范区建设等主题开展服务走访、调研协商活动。拓展与省内外兄弟单位的友好往来、合作交流，支持政协书画院、政协之友社开展活动，举办纪念人民政协成立七十周年书画摄影作品展和庆祝中国共产党成立100周年书画展。

在搭建履职平台中凝聚共识。打造1个省级政协委员会客厅、15个委员工作室、7个街道（片区）政协工作联络组等富有新意、开放包容的履职平台。突出委员会客厅、委员工作室的专业性行业性，把党外知识分子、非公有制经济人士、新的社会阶层人士等团结凝聚在党的周围。突出街道（片区）政协工作联络组的基层性，通过委员影响广大基层群众，推动实现广泛有效的人民民主，真正把党的主张转化为社会各界的共识。通过各类政协平台调动一切可以调动的积极因素，把更加广泛的智慧和力量凝聚成共同助力经济社会发展的强大动力。

在加强文史宣传中凝聚共识。壮大文史研究员队伍，设立文史专家库，编撰5册《家园印记》系列丛书，指导帮助街道、村居做好地区历史、村史村志的编撰工作。开设“龙湾·永嘉场”微信公众号，深度挖掘“永嘉场”文化，全力打造“传播主流的重要喉舌、传承历史的重要平台、资政育人的重要阵地”。目前已发布145期，5篇登上“学习强国”平台。持续助力寺前街历史文化街区的保护开发建设，致力发挥历史名人资源的“文化效应”，助推张璁文化纪念馆等建设，推动中国人民大学孔子研究院和区政府“和合文化”战略合作落地，相关工作品牌获2021年市政协“一县一亮点”评比一等奖。加强宣传工作影响力，不断优化“龙湾政协”网站和微信公众号建设，定期刊发《龙湾政协》杂志。五年来，共有184篇次文章在《人民政协报》、人民网、新华网、省政协《联谊报》、《温州日报》等国家及省市媒体发布。

六、着力固本培元，锤炼干事本领，交出求真务实的“担当答卷”

这五年，是立梁架柱、守正出新的五年。常委会主动适应新形势新要求，勇于改革、善于创新，加快推进自身建设，不断规范制度运行，改进工作作风，干出新时代政协新样子。

注重增强政协履职活力。加强对政协工作制度建设的探索实践，完善有关政协提案办理、民主监督、视察调研、政治协商等工作规则制度42项，进一步明晰工作路径，为推进建言资政与凝聚共识双向发力提供制度遵循。大力建设“数字政协”，紧扣服务保障政协工作和委员履职，不断完善浙政钉“龙湾政协·掌上履职”等智慧履职平台，加强日常维护，确保数字化平台常态、高效、有序运行，促进政协履职现代化。

注重发挥委员主体作用。加强和规范政协委员履职管理，制定出台《委员履职情况量化管理办法》《界别联组履职考核办法》等，推动落实委员履职考评、表彰奖励、遴选退出等机制，优化委员队伍结构。开展“最美政协人”、优秀政协委员评选活动，充分宣传展示委员风采。持续开展委员学习培训、“委员活动日”活动，组织委员专题听取区政府和区纪委区监委、区法院、区检察院工作情况通报，促进委员知情明政、能力提升。深入开展“委员关爱周”活动，区政协领导率队分组走访政协委员和委员企业，送关爱、解难题，切实增强政协组织的凝聚力。发挥专门委员会基础性作用，加强界别建设，为委员更好发挥主体作用和示范引领作用创造条件、搭建平台。

注重加强机关自身建设。优化政协机关内部机构设置，进一步细化规范职能与工作制度，提高机关服务水平和工作效率。落实党建工作、意识形态、党风廉政建设“三个责任制”，持续推进责任、组织、制度“三个体系”建设，推动全面从严治党在政协落地落实。积极配合巡视巡察工作，抓好省委巡视、区委巡察反馈意见整改落实。支持派驻纪检组工作，不断转变工作作风，培育唯实惟先、善作善成的团队文化。加强机关理论学习与干部培训，打造高素质的政协机关干部队伍。

各位委员，同志们！过去五年常委会取得的工作成绩，最根本的是有习近平新时代中国特色社会主义思想的科学指引；最关键的是有中共龙湾区委的正确领导，有区人大常委会、区政府的大力支持；最重要的是有全体区政协委员和全区各民主党派、工商联、各人民团体的倾心付出，有历届政协老领导、老同志及社会各界人士的热情帮助。在此，我代表五届区政协常委会，表示衷心的感谢！

总结五届区政协工作，我们也清醒地认识到，工作中还存在一些亟待加强和改进的方面，主要是：基层政协基础工作薄弱、人员力量薄弱问题尚未有效破解；协商议政的水平和质量有待持续提升等。这些问题，我们将在今后的工作中高度重视、积极探索，切实加以改进。

五年工作的基本经验

各位委员、同志们，五届区政协五年来进行丰富的探索实践和有益创新，不仅展现基层政协发挥优势作用的新样子，更让我们总结把握了做好政协工作的经验规律，主要有：

——坚持中国共产党的领导，是人民政协必须恪守的根本原则。只有坚持党对政协工作的全面领导，才能保证人民政协事业始终沿着正确方向行稳致远。五年来，我们自觉站稳政治立场，发挥党建引领作用，始终把坚持党的领导贯穿政协工作全过程各方面，与区委思想同心、目标同向、行动同步，通过区委、区政府、区政协联合制定《政协年度履职工作计划》等做法，确保在区委的领导下主动负责、协调一致地开展工作。

——聚焦中心大局建功立言，是人民政协必须坚守的价值追求。围绕中心、服务大局，是人民政协工作的价值优势所在和履职遵循。五年来，我们始终坚持在全区改革发展大局中思考、谋划和推进政协工作，聚焦龙湾“十三五”“十四五”规划实施和建设“五个中心”“一区五城”“共同富裕”的发展愿景，切实把准履职的着力重点，充分发挥职能优势作用，为中心工作使足劲、出满力，为全局工作展作为、作贡献。

——发挥专门协商机构作用，是人民政协必须把握的性质定位。人民政协作为专门协商机构，是发扬社会主义民主的重要形式。五年来，我们始终坚持在履行政治协商、民主监督、参政议政职能中发扬协商民主，深入开展常委会会议政性协商、专题协商、对口协商、界别协商、基层协商，打造制度化常态化的协商平台，探索开放式创新性的协商形式，健全规范化程序化的协商规则，凸显“建”的质量、“专”的水平、“商”的特色。

——站稳人民立场强化担当，是人民政协必须践行的履职宗旨。坚持“人民政协为人民”，是政协的初心与使命，是政协工作的题中之义。五年来，我们始终坚持把握政协的“人民性”，把促进民生改善作为基本出发点，真正做到协商为民、监督利民、提案惠民，不断拓展基层政协履职平台，畅通民情民意反映渠道，建立密切联系群众的载体，当好党委政府与群众之间的“连心桥”，让广大群众感受到党的温暖，感受到政协就在身边。

——强化团结统战凝聚共识，是人民政协必须凸显的基本属性。人民政协作为爱国统一战线组织，统战属性是最基本的属性，统战职能是最基本的职能。五年来，我们始终坚持大团结大联合，不断加强思想政治引领，广泛凝聚共识，着力丰富载体、完善机制，切实把各党派团体和各族各界人士凝聚在党的周围，努力寻求最大公约数、画出最大同心圆，汇聚团结奋进新征程的强大合力。

——勇于创新实践干在一线，是人民政协必须展现的时代新貌。处于凝心聚力、决策咨询、协商民主、国家治理第一线，是新时代人民政协的新定位。五年来，我们始终坚持在改革创新中展现一线作为，积极推动政协工作向基层延伸，创新打造“委员驿站”“村头巷尾商商量”等具有龙湾特色的基层协商品牌，打响“龙湾·永嘉场”文史工作品牌，设立街道（片区）政协工作联络组破解“两个薄弱”问题，以“数字政协”建设提升履职现代化水平，推动工作提质增效，打造了政协工作的“龙湾样板”。

六届政协工作建议

今后五年是龙湾开启全面建设社会主义现代化新征程、向第二个百年奋斗目标迈进的关键时期，也是新一届区政协继往开来、接续奋斗的重要时期。六届区政协工作的总体目标是：坚持以习近平新时代中国特色社会主义思想为指导，自觉践行习近平总书记关于加强和改进人民政协工作的重要思想，深入贯彻落实中共十九大和十九届历次全会精神，紧扣区第九次党代会部署，聚焦全力推进温州湾新区建设、加快打造“一区五城”、争创社会主义现代化先行区和奋力打造高质量发展建设共同富裕示范区龙湾样板地 奋斗目标，充分发挥专门协商机构作用，积极践行全过程人民民主，把加强思想政治引领、广泛凝聚共识作为中心环节，把改革创新、提质增效作为工作着力点，把团结民主作为永恒主题，推进建言资政和凝聚共识双向发力，为高质量建设活力、美丽、幸福新龙湾作出新的贡献。

一、坚定不移坚持党的领导，巩固捍卫“两个确立”的思想根基。以政治建设为首，自觉接受区委的坚强领导，定期向区委报告工作，主动把区委的决策部署贯彻落实到政协工作全过程，把对党忠诚体现在捍卫“两个确立”、践行“两个维护”的具体行动上。坚持推进政协系统党的各项建设，充分发挥政协党组领导作用，健全完善政协机关党组、机关党支部、拓展型党支部工作规则，更好实现“两个全覆盖”。坚持强化思想政治引领，完善以区政协党组理论学习中心组为引领，以常委读书会、“和合讲坛”为特色的学习制度体系，推进“书香政协”“墨香政协”建设，加强人民政协理论和实践问题研究，持续巩固系列主题教育学习成果，引领社会各界以理论清醒保持政治坚定，夯实团结奋斗的共同思想政治基础。

二、坚定不移服务中心大局，贡献助推改革发展的智慧力量。全面贯彻落实区第九次党代会精神，把握新时期区委作出的重要判断、重要部署，围绕建设“一区五城”和推进共同富裕的目标任务，聚焦建设活力、美丽、幸福龙湾新图景，谋划一批重大选题，充分发挥政治协商、参政议政、民主监督的职能作用。紧扣创新驱动发展、产业转型升级、新型城区建设、东部枢纽建设、改革开放深化、共同富裕推进、生态文明建设、文化强区建设、区域治理创新等重大课题，找准党政所需、群众所盼、政协所能的结合点，拓展调查研究的深度与广度，提高建言献策的质量和水平，发挥政协助推改革发展的独特作用。聚焦中心工作中的重点、难点、节点问题，充分发挥政协资源丰富、智力密集、联系广泛优势，为经济社会发展增添强劲的智慧动力，促进区委、区政府各项重要决策部署落地落实。

三、坚定不移深化协商实践，推进专门协商机构的纵深发展。扎实推进专门协商机构建设，践行全过程人民民主。深化全方位的协商实践，持续开展好全会协商、常委会专题议政性协商、主席会议专题协商，增加对口协商、界别协商、提案办理协商、基层协商的密度，按照省市政协部署建好“请你来协商”“民生议事堂”平台，持续擦亮龙湾特色协商品牌的成色，构建多元多层、常态长效的协商议政格局。深化全覆盖的协商实践，推动政协协商与基层协商有效衔接，主动适应新形势创设网络议政、远程协商等平台，不断增强协商主体的多元化，切实以协商有效凝心、以凝心实现聚力。深化全链条的协商实践，落实区委、区政府、区政协重点协商议题会商机制，健全涵盖议题产生、商前调研、协商互动、成果报送、落实反馈、跟踪问效等环节的协商工作制度，推动政协协商制度化、规范化、程序化发展。

四、坚定不移汇聚民心合力，发挥广泛凝聚共识的优势作用。充分发挥政协作为爱国统一战线的组织优势，坚持大团结大联合，完善凝聚共识工作机制，不断拉长“同心圆”的半径。突出委员主体作用，健全政协组织委员、委员引领界别群众的工作格局，持续开展“下基层、听民声、送服务”活动，鼓励和支持委员深入界别群众、融入基层治理，做好释疑解惑、化解矛盾、增强合力的工作，切实把凝聚共识做在平常、落到实处。突出载体阵地建设，进一步发挥好街道（片区）政协工作联络组、委员工作室（会客厅）等阵地的凝聚共识作用，搭建协商履职、界别联谊、工作情况通报会、委员活动日等丰富载体，落实与各党派团体、各族各界人士的联络沟通制度，不断扩大团结面，增进共识度。突出文史宣传特色，不断盘活地域传统文史资源，编撰高质量文史书籍，利用“龙湾政协”微信公众号等宣传阵地，面向社会广泛传播共识、讲好龙湾故事，为全区高质量发展巩固团结一心的社会基础。

五、坚定不移推动创新增效，激发更好履职尽责的内生动力。深刻把握政协工作新趋势，进一步创新工作载体，推进政协制度更加成熟更加定型。向“互联网+”聚焦，全面推进“数字政协”建设，搭建好“一端、一仓、三大业务应用、四大保障体系”的整体框架，突出自建项目的特色亮点，融入龙湾数字化改革大局，搭建共享管用的跨场景应用，推进思维理念和工作方式的数字化转变。向品牌建设聚焦，围绕履职平台载体、工作渠道方式、运行制度机制等方面，创新打造符合政协工作规律、具有鲜明时代特征和龙湾政协特色的工作品牌，促进各项工作推陈出新。向制度建设聚焦，深刻把握制度建设新部署，建立健全覆盖政协党的建设、履职工作、组织管理、内部运行等方面的制度体系，更加注重完善提案、民主监督、反映社情民意信息等工作的程序设置和质效评估机制，不断规范政协工作，推动提质增效和创新发展。

六、坚定不移加强自身建设，展现矢志担当作为的政协风采。坚持把握新时代新要求，不断增强政协组织的整体功能和协同优势，干出一线担当作为。全面加强委员队伍建设，进一步完善委员履职服务管理，落实教育培训长效机制，推动“委员关爱周”活动常态化，以信息化手段健全委员履职档案，完善履职考评、激励、述职和末尾约谈等机制。全面加强专委会和界别建设，强化组织领导和统筹协调，探索工作新思路、新方法，打造“一委一亮点”“一界别一品牌”，发挥好专委会基础性作用、界别示范带头作用。全面加强政协机关建设，进一步完善机关运行制度，推进作风转变，压实党风廉政和意识形态工作责任制，锻造素质能力过硬的政协机关干部队伍，营造风清气正、担当作为的干事氛围，为政协树立一线意识、高标准履职提供坚强有力的保障。

专记

浙南科技城　　（项绍雄摄于 2021 年 5 月）

龙湾区扎实开展党史学习教育

“一区五城”建设

重大项目招引

中国眼谷

龙翔湖公园　　（区综合执法局供稿）

龙湾区扎实开展党史学习教育

2021年，龙湾区围绕党史学习教育“学党史、悟思想、办实事、开新局”的总要求，坚决贯彻落实中央和省市委决策部署，高站位、高标准、高要求开展工作，确保规定动作做到位，自选动作能出彩，努力做到“学史明理、学史增信、学史崇德、学史力行”。一年来，全区党史学习教育走深走实，成效明显。

一、动员部署

队伍组建和运行机制　3月初启动党史学习教育，组建由区委书记周一富任组长的领导小组，并制定出台党史学习教育工作方案；3月15日召开全区党史学习教育动员部署会，为全区党史学习教育明确方向、树立标准；3月23日制定从动员大会到“七一”庆祝大会的党史学习教育工作计划；3月24日成立党史学习教育领导小组办公室，抽调骨干力量集中办公。建立每周例会制度、不定期会商制度、例行汇报制度等工作推进机制，协调解决重点难点堵点问题。定期下发近期工作要点和温馨提示，确保活动推进有的放矢。

督查指导　将党史学习教育纳入单位意识形态考核和“双组双促”工作考核，细化任务清单，做到挂图作战、对账销号。3月24日组建10个巡回指导组，对全区70家部门单位党史学习教育工作情况开展常态化指导督导，严格落实每周固定巡回指导和督查通报机制，开展集中督查评估3次，现场督导整改问题300余个，推动党史学习教育任务落实落地。

二、学习教育

领导干部带头学　区委主要领导高度重视，先后21次主持召开常委会、学习会、部署会，多层次、多形式教育引导全区党员干部以更高站位增强学习的自觉性。4月16日，区委理论学习中心组带头赴平阳瞻仰省一大会址，参加“红色洗礼　初心之旅”现场学习教育等活动；先后组织区领导赴习近平总书记在浙江工作期间4次考察龙湾走过的夏梦服饰、江南阀门、日丰公司、永昌堡等地，深入学习指示精神，区四套班子主要领导分别在四地开展党史宣讲，督促指导企业、村社用指示精神引领发展；全年共邀请6位知名专家学者为龙湾党员干部上专题党课。将党史学习教育纳入每月固定主题党日活动，组织召开区委理论学习中心组党史专题学习会18次、交流研讨6次，撰写学习心得120篇。全区各单位党组织定期在党员学习教育群推送党史学习资料，每月按要求组织党员活动，做到机关党员“天天学党史，月月有目标”。

基层党员全面学　扎实做好农村（社区）党员、流动党员、“两新”党员和退休党员学习教育，全区党员干部赴基层上党课累计500余场，实现学习教育无盲区、无死角。7月制定出台村社组织委员联系流动党员制度，建立流动党员定期排查机制和流动党员信息库，实行统一登记造册，每个党支部组织委员作为支部联络员，由街道组织办统筹管理；实施“红色细胞”培育，针对村社干部深入开展百人红旅大研学、百分书记大比拼等活动，498名村社干部参与换届专题培训，完成42308册必读书籍征订。

非公企业扎实学　实施非公企业“文化企航”活动，围绕“文化领航、强基护航、头雁引领”三大工程，大力加强非公企业红色文化建设。按照“有特色文化展厅、有文体活动中心、有宣贯活动场所、有数字传播载体”的“四有”标准，打造圣邦集团“党史学堂”，永兴南园小微园“微企红港”，永强供电公司“永电之光”等一批企业党史学习教育阵地，织密党史学习教育网络，传递红色能量；围绕中国共产党成立100周年，组织开展理论宣讲、形势政策教育，举办知识讲堂、文化沙龙、辩论会、网络知识竞赛等，将党史学习教育融入车间、班组；开展“书记讲党史”宣讲活动，如党的十九大代表、浙江温兄机械阀业党支部书记张积贵为企业员工讲述《党史精神和工匠精神》，市级党建导师、温州宏润机械设备厂党支部书记李凌云讲述《从“红船精神”中汲取奋进力量》等，推动党史学习教育深入基层。

青少年群体生动学　编写中小学党史学习教育读本，组织“老兵宣讲团”赴全区各中小学开展“娃娃听党史”主题宣讲活动。组织青少年拍摄“红色故事少年说”“建党百年·龙青说”等宣讲视频，并在天目新闻客户端上发布宣讲视频203个。3月以来举办“建党百年·龙青说”党史宣讲直播季活动，吸纳78名青年轮流当主播，累计吸引超200万人次观看，实现青少年从单纯的受教育者向“四史”主动宣传者和自觉传承者的转变。

三、宣传活动

文艺活动　以“十个一百”中国共产党成立100周年系列活动为载体，开展“献礼建党百年”专场送戏下乡活动168场、乡村艺术团培训60场、送书下乡5856册、各类红色主题展览近30场。4月26日举办“百年风华情系双龙”百首红歌我来唱暨龙湾龙港文化走亲文艺会演；6月25日组织“百年风华话初心、牢记使命跟党走”红色故事报告会；7月27日开展“红色光影铸青史，砥砺奋进新征程”主题研学文化活动，展演原创舞台剧《烈火英雄赵尔春》、原创微党课情景剧《我们有一个共同的名字——共产党员》等文艺节目；借力龙湾首届“半马赛事”，植入党史学习教育内容，切实增强党史学习教育感染力和渗透力。

宣传报道　组织开展“奋斗百年路 启航新征程”主题宣传报道活动，在龙湾新闻联播、“今日龙湾”、“阅龙湾”App等平台推出《寻访习总书记的足迹》、“建党百年·龙城红迹”“奋斗百年梦 起航新征程”等党史学习教育系列专题专栏，推出“百年百秒”“百图庆百年”等系列微视频。4月27日，与《温州日报》联合举办为期4个月的“百年风华 龙腾瓯越”大型融媒体寻访行动，通过在《温州日报》要闻版开辟专栏，对龙湾精神谱系进行大讨论，倾情展现龙湾人民的精神风貌。强化与上级媒体外宣联动，在各类媒体刊发相关内容稿件累计2860篇，其中，中央媒体151篇，省级媒体720篇，营造百舸争流的教育学习热潮。构建海外传播矩阵，策划“我爱温州·我爱龙湾”“洋主播看非遗”“Young朋友在龙湾”等系列活动，拍摄《日本姑娘打卡永昌堡》《一杯麦麦酒传递温州故事》等双语视频5期，通过意大利“华人街”、葡萄牙（葡萄牙在线）、新华社英文频道等网络平台以及“洋主播”个人YouTube、FaceBook等账号推出，平均阅读量超300万次，转发评论10万次。

红色资源　高标准打造龙湾首个革命教育馆，提升赵尔春烈士纪念馆、龙湾档案馆、吾悦广场光影铸魂基地等红色教育阵地，指导建设圣邦集团“党史学堂”、永兴南园小微园“微企红港”、永强供电公司“永电之光”等一批企业党史学习教育阵地，结合总书记4次到龙湾考察足迹，打造红色文化游览精品线路，活用红色滨水走廊、黄石山灯光秀等平台，打造龙湾党史学习教育网红打卡点。各场馆阵地累计接待党员、群众参观超3000余批次。挖掘龙湾红色资源，编印《罗山漫红　初心如磐——龙湾“四史”》小故事和龙湾“红色物件”故事，引导广大干部群众感悟党的百年奋斗成就，坚定奋斗奋进的信心、决心。

基层宣讲　以区委宣讲团为引领，联动青年宣讲团、老兵宣讲团、海外宣讲团等特色宣讲队伍，构建“1+N”宣讲员网络体系，线上线下联动，开展全年龄段、全文化层次、全区域覆盖式宣讲。围绕“七一”重要讲话精神、党的十九届六中全会精神宣讲等重点内容，制作习语金句宣传折页，编排具有地方特色的鼓词莲花《红船情》、永强方言三句半《学习党史颂党恩》、少儿快板《红色基因代代传承》等一批接地气的宣讲节目，开通“七一金句”宣讲直通车、“六讲六做”宣讲直通车，把舞台直接搭进田间地头、企业车间、新时代文明实践站所、海外传播基地等阵地，累计宣讲1883场，让群众享受“足不出户的教育”，推动党史学习教育走深走实。

四、专题实践

4月份拟定、启动“三为”实践活动任务64项，共完成64项，完成率100%；6月份开展“六个一批”专题实践活动，公开征集民生意见400余条，发布事项清单106项，完成106项，完成率100%。区领导班子成员领衔破解基层关切问题105个。

服务群众　通过深化“双组双促”工作，组织党政领导干部加入“红色助调员队伍”，在群众家门口开展“蹲点周”“板凳日”活动，围绕民生小事，与群众零距离、面对面问计分析探讨对策，全年“双组双促”区领导走访联系村社402人次，全区73个部门联系171个村（社区、经合社）共收集意见1991个，解决群众困难1370个；发动农村党员、在职党员、退役军人等群体，开展“红七月·服务月”、巾帼志愿服务、“红色管家·幸福家园”创建等系列活动1200余场。针对不同群体的新需求新期盼，提供“知冷暖、送温暖”服务。依托未来康养智城系统打造“红色管家2.0”银龄关爱，上线老人周转房智能烟感、水浸自动告警、活动服务点单、出行动态等功能，推动解决拆迁后老人“过渡房养老”难题，共组织上门服务70余次；提供残障人士鉴残、康复、就业、托养“一条龙”服务，为37名重度疑似残疾人上门办理残疾人证及其他应享受的补贴；创新推出护士“网约上门”服务，实现患者自助下单，零跑腿享受专业护理服务。

服务企业　常态化落实“万名干部进万企”助企服务，将党史学习教育与企业纾困紧密结合，为企业在融资、知识产权、安全生产等方面提供有力支持。全年共帮助企业解决难题239个，兑现涉企奖励5.28亿元，兑现金额市区第一。出台《温州市龙湾区产业新城企业培育三年行动计划（2021—2023年）》，创新推出“技改贷”贴息补助政策，推进政银企合作，鼓励银行为工业企业技术改造出台“技改贷”金融产品。通过银行贷款、政府贴息补助的方式撬动金融资本，为企业提供低门槛、低利息中长期贷款，并配套贴息支持，降低融资成本。2021年累计完成技改投资38.97亿元，同比增长54.4%，增速为三区两市第一。全国首创自主开发知识产权服务新载体——“专品标”赋能云平台，产品流通过程实时展现专利技术，提升100多家企业500个产品的附加值，推动产品更好更快进入市场。率全省之先成功引入“全国知识产权侵权假冒线索智能检测系统”，解决企业网络专利侵权成本低、举证难等系列难题，为企业的“互联网+”知识产权保护工作提供有力的技术支撑。率先在全市推行工业项目准入改革，切实缓解企业土地要素制约问题。

服务基层　以改革之力做好基层“供给侧”和“需求侧”的对接，坚持什么问题突出就解决什么问题，通过创新实施“群众（村社）吹哨、党员（部门）报到”红哨工程，推行在职党员“线上在红哨系统、线下到村社”双报到服务，累计帮助解决群众实际问题1730个。如针对温州东西向交通拥堵久治不愈的沉疴痼疾，在该系统和各相关部门、街道群策群力下，提前一年顺利建成温州大道东延工程，加快温州城市东拓南联进程。2021年全面完成100项省、市、区民生实事，办好4095件群众身边民生好事，解决29338件民生信访实事。

五、大会推进

动员部署大会　3月15日，龙湾区召开党史学习教育动员部署会，区委书记周一富参加会议并讲话。他强调要按照习近平总书记“学党史、悟思想、办实事、开新局”和省委“九学九新”的部署要求，锚定“一区五城”

的战略目标，围绕“勇争先、强执行、开新局”的主题主线，争当学史悟思的排头兵、增信崇德的排头兵、担当有为的排头兵、为民办事的排头兵、勇开新局的排头兵，以实际行动和优异成绩庆祝建党100周年。夏禹桨、周赞、张纯芳、林小露等区领导参加。会议就龙湾区党史学习教育方案进行说明和部署。

党史学习教育领导小组办公室工作会议　7月15日，龙湾区召开党史学习教育领导小组办公室工作会议。认真落实近期省、市、区委有关党史学习教育工作部署，研究下阶段重点工作，高标准、高质量抓好党史学习教育的各个环节、各项工作，全面推动龙湾区党史学习教育走深走实、走在前列。会议通报龙湾区《关于习近平总书记在庆祝中国共产党成立100周年大会上的重要讲话精神的学习宣传工作方案》，并对下阶段巡回指导工作作部署。

专题组织生活会　“七一”后，根据《中共中央关于在全党开展党史学习教育的通知》《党史学习教育实施工作方案》《关于召开党史学习教育专题组织生活会有关问题的答复》（学办发〔2021〕4号）和《关于召开党史学习教育专题组织生活会有关问题的答复》（温学组办〔2021〕12号）精神，决定在全区基层党组织中召开党史学习教育专题组织生活会。7月28日，龙湾区委书记、温州高新区党工委书记周一富以普通党员身份，参加区委办党支部党史学习教育专题组织生活会，与支部党员们一起学习贯彻习近平总书记在庆祝中国共产党成立100周年大会上的重要讲话精神，党史学习教育市委第三巡回指导组副组长吕子山到会指导。

十九届六中全会精神学习贯彻　11月19日，龙湾区委召开全区领导干部大会，深入学习贯彻党的十九届六中全会精神，推动全区上下持续掀起学习宣传贯彻全会精神的热潮。龙湾区委书记、温州高新区党工委书记周一富传达习近平总书记在党的十九届六中全会第二次全体会议上讲话的主要精神和省委、市委贯彻落实意见，部署全区贯彻落实意见。龙湾区委副书记、区长、温州高新区党工委副书记、高新区（浙南科技城）管委会主任夏禹桨传达习近平总书记代表中央政治局向全会所做的工作报告及对决议稿说明的主要精神。

专题民主生活会　2022年1月，根据《中共中央纪委机关中共中央组织部党史学习教育领导小组关于开好党史学习教育专题民主生活会的通知》（中组发〔2021〕15号）、《转发〈中共中央纪委机关中共中央组织部党史学习教育领导小组关于开好党史学习教育专题民主生活会的通知〉的通知》（浙组〔2021〕17号）、《关于印发〈县（市、区）和市直属单位党委（党组）党史学习教育专题民主生活会实施方案〉的通知》（温组〔2021〕140号）要求，龙湾区制定印发《2021年度龙湾区街道和区直单位党（工）委（党组）党史学习教育专题民主生活会实施方案》（温龙组〔2022〕6号）。1月14日，龙湾区召开党史学习教育专题民主生活会督导工作会议，总结前一阶段党史学习教育巡回指导工作，部署下一阶段专题民主生活会的督导工作，要求各街道和区直属单位党（工）委（党组）要于2022年1月31日之前召开党史学习教育专题民主生活会。

总结会议　2022年1月22日，全省、全市党史学习教育总结会议以视频形式相继召开。结束后，龙湾立即召开区党史学习教育总结会议，第一时间贯彻落实省、市党史学习教育总结会议精神，认真总结和巩固拓展全区党史学习教育成果，市委第三巡回指导组副组长吕子山出席会议，区领导夏禹桨、周赞、张纯芳、吴昌亮、王高博等参加会议。区委书记周一富指出，该次党史学习教育坚决贯彻中央、省委、市委决策部署，完成党史学习教育各项动作，整个过程求实、务实、扎实，全区广大党员干部受到全面深刻的政治教育、思想淬炼、精神洗礼，达到预期目的、取得重要成果。通过党史学习教育，全区广大党员干部对“感党恩、听党话、跟党走”的思想自觉更加坚定，干事激情充分激发，争先斗志更加昂扬，实现党史学习教育与经济社会发展的双促进、双丰收。

六、亮点特色

“六讲六做”　11月19日举行全区学习贯彻六中全会精神“六讲六做”大宣讲活动动员部署会，要求各街道、区属各单位于26日前完成动员部署工作；12月开展六中全会精神区级宣讲骨干集中备课培训，全面启动百名领导干部带头讲、百名支部书记示范讲、百名专家骨干和媒体记者深度讲、百名联村干部入户讲、百名驻企干部入企讲和百名基层宣讲员贴近讲“六百”行动，正式组建区级大宣讲团，共组建24支宣讲队伍、宣讲员600多人，开展宣讲80多场。11月29日，开展“百年辉煌感党恩·共同富裕齐参与——六讲六做”直播宣讲竞答走进海外传播基地活动。党的十九大代表、华侨代表、“龙青新语”宣讲团成员走进直播间，以嘉宾访谈、线上知识抢答、文艺表演、在线抽奖等形式，与全区党员干部“云端”共学党的十九届六中全会精神。直播活动通过温州市海外传播中心《海外发布》、欧洲《华人头条》、印象浙江英文网等海内外媒体推送，当天共有1.7万人次网民进入直播间，除党员干部外，还有来自坦桑尼亚、赞比亚等外籍网友以及法国中文学校师生参与答题学习。

红色物件　8月根据中央党史学习教育领导小组办公室《关于开展“红色文物故事”展示展播活动的通知》精神，面向全区开展“红色物件征集”活动，广泛收集红色历史物件和政治、经济、社会、文化等多个领域方面、不同时期的文献资料和实物资料。共向群众征集到历史资料105件、奖状18张、徽章25枚、老照片和老物件228件，填充到龙湾革命教育馆；打

造“忆说党史——红色物件故事”寻访活动，挖掘红色物件背后的故事，共收到70余篇；重点围绕龙湾第一个革命火种点燃、永强数万社员“战胜美人瀑”等重大历史事件，筛选优质作品深度挖掘，通过与老党员、老干部、红色后代等群体开展面对面交流，情景再现还原物件真实面貌。《“美人瀑”老照片》《两枚纪念章 一位真英雄》《一只“老革命”龟壳的故事》等红色文物故事在“学习强国”、党报头条上刊登；举办“红色物件”故事报告会，邀请龙湾革命先烈家属围绕“红色物件”结合家风、家训，讲述“龙湾党史”故事。

七、基层掠影

永中街道　永中街道挖掘本地红色资源，串联郑宅岙—美人瀑、永电集团、永昌堡、龙水社区下山湾支部展示点等，打造红色研学路线，重访习近平总书记考察足迹；打造“街道领导班子宣讲团”“90后青年宣讲团”“农民诗社宣讲团”“企业宣讲团”等多支宣讲队伍，开展宣讲120余场次。践行“三为”专题实践活动，实施“红色种子”计划，为优秀企业负责人和优秀员工提供“定制化”服务和学习课程，被人民网刊登报道；借助刘奶奶爱心缝补房、香悦大哥志愿队、知心姐姐聊天室、康伯伯驿站、“帮帮忙”工作室等党建微品牌，探索“周二板凳日”“金邻在线”“信托物业”等做法融入万顺社区党建工作，获市领导批示肯定，累计开展各类志愿服务300多次，惠及5500多人。

蒲州街道　蒲州街道以“课堂式”学习浓厚教学氛围，坚持每月15日理论学习中心组党史学习雷打不动，制作发布“小蒲”微课堂，构筑以支部书记、退役老兵、乡贤能人为主的宣讲队伍，开展党史学习教育宣讲138场次，受众7000多人；以“全景式”教育突出学教特色，探索数字化党史学习教育模式，建成中国共产党成立100周年红色教育宣传阵地，启幕“光影铸魂 红动龙城”影院+示范建设活动，打造集观影娱乐、红色教育于一体的宣教平台，举办红色观影、主题展览等活动60多场次；以“闭环式”管理做到学思促行，推行党史学习教育积分制管理机制，研发微信小程序，鼓励党员参加党史学习教育和解难题办实事，督促落实工作任务清单40项，解决“三为”事项380件。

海滨街道　海滨街道以“小事不出村、大事不出街道、矛盾不上交”为工作原则，创新开展“凉亭议事 心系万家”活动，把议事厅、会议室搬到村口榕树下、凉亭内，用一年时间，坚持走完10个建制村、3个社区、3个经合社的每一户人家，让服务为民见真章、出实效，一年来党员干部领办“三张清单”共计梳理问题110个，办结率达100%。采取“三学联动、全域覆盖”模式串起党史学习教育的“点线面”，如组织宗教场所人员、各村统战联络员和基干民兵学党史，在沙村天主教堂向信众宣讲党史；通过“建党百年 盛世礼赞”文艺会演、“红星杯”知识竞赛、征集歌唱爱国歌曲、童心向党等形式多层次、多形式将党史学习教育送至各领域，累计开展各类宣讲130多场，影响群众万多人。

永兴街道　永兴街道赓续“老革命根据地镇”红色根脉，依托泾渭分明的农田、非公企业、老城区三大板块，推出“红色飘带”品牌。打造首个区级革命教育馆，衔接万亩良田观光资源，五溪瞭望哨所、陈府庙等红色据点，形成一条农文旅体研学游路线，填补龙湾党史学习教育阵地的空白，全年累计接待4700余人；鼓励企业将红色文化融入发展脉络，推出圣邦“党史学堂”、空港永兴非公企业党建综合体“飘带飞扬”主题长廊，打造“红色共享阵地”，乡贤、红领巾、退伍老兵、企业家等特色宣讲团开设“田园”“车间”讲坛，开展宣讲159场次；坚持把学党史和为民办实事、为企业解难题相结合，举办志愿服务活动216场，服务群众3.90万余人次，实际问题解决率达95%，生动阐释了党史学习教育内涵。

状元街道　状元街道以渗透式、常态化学习教育为目标，全年共开展理论学习中心组专题学习13次，组织宣讲员开展宣讲活动173次，受众5300余人。组织机关党员干部、村社书记走进温州理工学院党员之家、状元海军训练场等地，联合开展重温党的光辉历程活动。聚焦服务力，组建志愿服务队17支，街道机关50名党员全程参与各基层党组织志愿活动200余次。如罗西社区创新推出“盲盒套餐”构建服务新模式；状元街道政务服务中心率全市之先在新周家园落地不动产线上登记街道服务延伸点；盘活“城市驿站”“银龄红港”“状元亭”等站点服务功能，为新业态新就业群体构建闭环式服务等。

瑶溪街道　瑶溪街道率先启动庆祝建党100周年系列活动，创新“百场党史大宣讲”“百分书记大比拼”“百名先进大表彰”等“十个百”庆祝形式，创设“宣讲团、暖心团、研学团”三个载体、结合“为民办实事”做深做实党史学习教育等相关做法，获得人民网、“学习强国”的刊登和点赞，全年在省级及以上主流媒体刊登宣传报道17篇；高质量落实为民服务，擦亮“关爱有家 服务到家”便民服务品牌，年度累计开展党史宣讲与志愿服务1300余场，辐射6.30万余人次，全面增进民生福祉；启动“红色朋友圈”发展联盟，覆盖16个两新组织党支部、60家企业和2家社会组织；创新“瑶相呼应·溪汇同心”共享社·幸福里党建品牌，阳光党群服务中心入选省“最美”系列。

（区委宣传部供稿）

“一区五城”建设

“一区五城”是龙湾立足资源禀赋、基础条件，以未来视角、国际视野科学定位，提出契合龙湾实际、彰显自身特色、实现跨越发展的“十四五”目标。所谓“一区”即加快建设“未来城区”，“五城”即打造浙南科创新城、温州产业新城、东部枢纽新城、国际开放新城、滨海幸福新城。

2021年，面对复杂严峻的宏观环境和繁重艰巨的工作任务，龙湾区学习贯彻习近平总书记23次到温州、4次到龙湾调研视察指导重要讲话精神，把“续写创新史”作为首要政治任务、重大历史使命，自觉对标对表总书记重要指示批示精神抓落实，始终牢记嘱托、胸怀“国之大者”，忠实践行“八八战略”、奋力打造“重要窗口”，加快建设“一区五城”，全区综合实力迈上新台阶，创新发展形成新态势，民营经济焕发新活力，城区建设呈现新面貌，社会事业取得新突破，高水平全面建成小康社会，共同富裕迈出坚实步伐，谱写一部波澜壮阔的“山海传奇”。

未来城区建设步伐加快 5月底，龙湾作为全省唯一一个行政区成功入选省2021年未来社区全域类创建名单，6月初，发布全省首个未来城区建设行动方案，以未来视角、国际视野给龙湾城区未来发展作出科学定位，加快布局12个未来社区、15个未来园区、8个未来街区、10个未来乡村，集成落地“三化九场景”。联合央企打造投资超200亿元浙南科技城北片区综合开发项目，加快建设富春、南洋等省级未来社区，完成“钟秀瑶溪”未来乡村试点。实施“大建大美”项目99个，开工云上智城等重点项目，全省首家世界顶尖品牌“W酒店”入驻龙湾。相关案例入选浙江发改“未来社区最佳实践”，未来社区建设获省政府督查激励。

浙南科创新城建设成效显著 温州国家高新区获省高新区建设突出贡献集体，综合排名持续提升，勇夺高质量发展综合考核全市第一，科技进步统计监测综合评价连续三年全市第一，两度获评全省市县党政领导科技进步目标责任制考核优秀单位，跻身中国创新百强区、高质量发展百强区。省六大实验室之一的瓯江实验室落地龙湾，“中国眼谷”入选国家“百城百园”建设项目、全国首批“科创中国”浙江创新基地，建成文昌创客小镇等四大创业基地，投用浙南人力资源产业园、浙南创业创新学院，平台集聚度、产出量全市第一。“引才计划”入选国家级11人、省级10人，居全市第一；全年新引进大学生1.1万人、硕博人才391人，培育工匠人才8460人，创历史新高。作为唯一县市区代表在全市人才和科技创新工作会议上作典型发言，打响“浙南科创看龙湾”品牌。

温州产业新城建设亮点突出 围绕“5+4+N”现代产业体系，实施谋大招强“531”工程，大抓项目的裂变效应释放，全年签约百亿元级产业项目3个，成功牵手青山集团、DXC等世界500强企业，其中瑞浦新能源产业项目总投资超300亿元，成为温州历史上单体制造业投资量最大的项目，投资102亿元打造国际云软件生态平台总部，是全市首个超百亿元的数字经济项目，在全市招商史上写下浓墨重彩的一笔，作为谋大招强的代表在全省县委书记交流会上作典型发言。同时，坚持培育壮大新兴产业和改造提升传统产业并举，战略性新兴产业、智能装备制造业占规模以上工业增加值比重分别达31.7%、18.1%，服务业增加值占地区生产总值比重提高到52.9%，获评全国县域数字农业农村发展先进县、省级农业绿色发展先行县、省级农产品质量安全放心区等称号，创成省级信息经济发展示范区，入选省级数字经济创新发展试验区。

东部枢纽新城建设成果凸显 坚定承接温州建设全国性综合交通枢纽城市的战略部署，实施综合交通建设“3311”工程，建成甬台温高速复线、南口大桥南接线、330国道、温州大道东延等一批重大交通项目，龙湾国际机场旅客吞吐量迈入千万级别，打通雁荡中路、兴区路等断头路6条，新增停车位10205个，交通枢纽地位愈发明显。

国际开放新城建设变革提升 坚持以数字化改革撬动各领域改革，入选省市级数字化改革试点21个，“未来康养智城”“一键找园”“社会治理闭环管控”等3个应用场景成功入选全省“揭榜挂帅”项目。以“率先探索全域未来社区，打造共同富裕现代化基本单元”为主题，在2021年全省新春第一会上典型发言。抓好87项便民利企“一件事”自查和迭代升级，完成“社会组织注销登记”等3项市级“一件事”试点。推进区域战略合作和对外开放，“一带一路”枢纽建设获省政府督查激励，龙湾——苍南山海协作再获全省第一。

滨海幸福新城建设统筹推进 共同富裕示范区龙湾样板实现破题开局，在全省率先建立特困人员“收入豁免”机制，村均总收入超600万元，城乡居民收入比为1.575，全市最优，全省前6。高标准完成省、市、区民生实事项目，扎实推进“六个一批”，打造龙湾版的民生“七优享”金名片。中考成绩实现14连冠，顺利通过全国义务教育优质均衡发展区省级督导评估。龙一医“1+6”城市医联体正式启动，“健康浙江”省级考核再获优秀。获评省AAA级景区城，国家公共文化服务体系示范区建设成果巩固提升。奥体中心主体育场建成投用，人均体育场地面积达2.45平方米，创成省级运动休闲基地。开工区康养福利中心，全区养老保险参保率达95.7%、基本医疗保险参保率达99.1%。打好平安建设大会战，安全生产事故起数、死亡人数实现“双下降”，五获省“平安区”称号。

（区政府办公室供稿）

重大项目招引

2021年，龙湾区坚持“发展为要、实干为先、项目为王”的招商理念，以大好高项目招引落地再造一个“产业龙湾”为目标，全力以赴“大抓项目、抓大项目”，重点实施谋大招强“531”

工程，围绕5大题材谋划5类项目，争取落地3个百亿元投资，冲刺1个千亿元产业，助力打造高质量发展建设共同富裕示范区。全年引进亿元以上产业项目20个，其中制造业项目9个，5亿元、20亿元、100亿元以上单体制造业项目各一个。引进“500”强项目5个，其中世界“500”强项目4个。全年完成回归税收额9.15亿元，完成总部项目5个，其中税收超500万元项目2个。完成实际使用外资6140万美元，比上年同期增长286.9%。

一、精心谋划项目，有的放矢开展精准招商

围绕重点产业链谋划战新项目　以数字经济、智能制造、生命健康三个战新产业为导向，抓住瑞浦新能源、大唐5G、北斗基地、天心天思等重大项目已落地龙湾的机遇，推动上下游项目集聚，实现制造业延链补链。

围绕重点平台重点人才谋划创新项目　借助国科温州研究院、中国眼谷重要平台资源，在生命健康和眼健康板块推动项目集聚。借助中科院光子集成创新研究院、北大激光与光电子研究所、温大激光光电研究院等平台资源，在高端装备板块推动项目集聚。借助科思研究院、温大新材料研究院以及王中林院士等领军人才，在新材料板块推动项目集聚。

围绕温商回归谋划总部项目　充分发挥龙湾区五个在外招商引才专班作用，构建在外龙商信息网，利用好全域未来城区打造和疫情影响下的思乡情结一正一反两大机遇，讲好“回家共成长”的展望故事，推动在外温商上市企业、行业领军企业、纳税大户、独角兽企业等总部回归。

围绕基金资本谋划独角兽项目　为落地龙湾的高能级科创平台项目孵化引育多只投资基金，借助基金力量，一方面加速龙湾既有孵化项目落地产业化，另一方面通过基金项目储备带动一批项目返投龙湾，更好实现健康、激光、装备等领域高潜力、独角兽项目集聚，实现制造业项目本地培育与外地招引齐头并进。

围绕未来城区谋划高水平服务业项目　高标准布局全域未来城区，立足“两区一廊一城”优势，围绕打造让科技人才、创业人才宜居宜业、活力四射的现代感城区谋划有质感的配套服务业项目，更好实现制造业项目与服务业项目互促互进、相辅相成。

二、坚持项目为王，全力以赴实现谋大招强

紧盯重点目标，百亿元级项目招引取得历史性突破　牢牢树立“项目为王、产业项目为重”的鲜明导向，坚定坚决大抓项目抓大项目，2021年收获2个百亿元项目，分别是瑞浦新能源制造基地项目和DXC龙湾国际云软件生态平台总部项目，激活高质量发展“动力源”。

瑞浦新能源制造基地项目　该项目采用当前动力及储能锂离子电池产业化最新工艺技术，结合智能制造相关技术，建设技术领先的满足大规模生产要求的高端动力及储能锂离子电池生产基地。项目计划总投资超300亿元，总用地约3000亩，其中，锂电池系统制造产业基地约2000亩，上下游配套产业园约1000亩。锂电池系统制造产业基地将于2026年完成投资，2027年全面达产，全部达产后年产能100亿瓦时，产值约1000亿元，年税收约40亿元；配套产业园区达产后年产值约500亿元，年税收约18亿元。该项目是全省为数不多的超300亿元单体制造业项目，也是全市首个千亿产值单体制造业项目，将再造一个“工业龙湾”，有力锁定龙湾区工业大区龙头地位。鉴于该项目建设期长、所涉事项多，区政府专门成立“瑞浦办”和工作专班，项目于4月23日在市人民大会堂完成合作框架协议签约，项目一期起步区7月9日摘牌并于12月份开工建设，跑出“当年谈判、当年签约、当年拿地、当年开工”的“龙湾新速”。

DXC龙湾国际云软件生态平台总部项目　项目作为世界500强惠普企业服务集团（DXC Technology）全球八大市场总部之一、惠普中国区交付业务新总部，是惠普为推动大中华区总部业务格局战略调整的重要内容。项目计划总投资约102亿元，总用地约500亩，以“一总部、一中心、一基地”为核心内容，开发打造以“领先技术+本土化服务”为驱动的百亿元级综合国际软件产业园，建成后将带动上下游软件产业协同发展，将推动龙湾加快形成软件产业集群新优势。通过全程跟进，加快推进项目政策兑现、人才引进、过渡空间装修，于9月29日份在省、市领导见证下成功签约落地，并落户文昌创客小镇城市客厅过渡空间实体化运营。

精心经营乡情，温商回归性价比再创最高　逆向思维招引总部项目，尝试突破制造业用地空间紧缺难题，以“先引其总部、再招其园区”的长远眼光谋划总部招引，招引有深厚制造实力的企业总部先行落地龙湾，在安商亲商的基础上，再千方百计创造企业后续制造业项目落地条件。总计划投资5亿元的埃锐克物联网数字科技总部大楼项目成功签约及摘牌落地，以13亩商务用地，与龙湾区约定10年10亿元税收和一批科研人才引入，打造龙湾城市中心区唯一一幢5A甲级写字楼地标性建筑，将成为迄今为止龙湾区总部回归项目亩均投资强度最大的项目，树立龙商回归、温商回归项目新高度。且项目建成后承诺实际使用外资2200万美元，为“龙商”首个带有外资成分的总部回归项目。

拓展国际视野，开创外资招引新格局　始终坚持“大抓项目，抓大项目”的工作导向，目标坚持高点定位，聚焦重大项目，坚持项目招引与外资引进齐头并进，聚力外资突破。成功签约投资总额5000万美元以上大项目两个，分别是浙江埃锐克数字科技集团有限公司和赛泷（温州）通讯科技有限公司项目。其中赛泷（温州）通讯科技有限公司投资温州塞泷科创湾项目，围绕5G数字科技产业链开展投资、并购和整合，带动上下游产业集聚，培育打造5G数字科技产业链，建设浙江5G数字科技标杆项目。项目总投资10亿元以上，计划3年内到位外资1亿美元，有望成为龙湾区历史上第一个1亿美元以上项目。

锁定重点平台，构筑中国眼谷行业先发地位 围绕省委书记袁家军提出的“一中心四高地”建设目标，结合重点区块建设任务，推进人才链、创新链、产业链、资金链、服务链深度融合，形成具有全国唯一度、辨识度的产业竞争力，打响“中国眼谷”品牌。一年来，中国眼谷累计注册企业118家，与诺华、爱尔康、目立康、欧康维视等眼健康世界500企业、头部企业签约共建企业联合研究院19家，签约科技金融机构58家，设立眼健康产业专项投资基金12亿元。

三、完善方法机制，多措并举提升招引成效

强化组织领导，夯实招商力量 招商引资是不折不扣的系统工程，龙湾区始终坚持党建引领、做实工作、统筹推进。坚持“一把手”招商机制。坚持抓领导、领导抓，推动形成领导带动、上下联动的招商引资领导格局。区委、区政府主要领导投入三分之一的精力带头抓招商，坚持做到重大招商出面、重要客商洽谈、关键问题协调解决，为项目落地提供巨大助力。推动全员招商。创新全员招商考核与激励办法，实行项目落地任务派单制，从制度上推动管项目的为主招商、管平台的主动招商、管行业的有意识招商、管资源地支援招商，充分发挥全区干部参与招商的积极性，形成招商合力。强化区招商引税暨支持龙商创业创新工作联席会议，由区委书记任组长，相关单位为成员单位，统筹协调全区招商工作，推进“一事一议”“一企一策”工作机制运行。

完善服务体系，优化营商环境 健全工作机制。建立高效执行闭环，健全全区领导挂钩重大招商项目制度，完善重大招商项目专班化推进机制。实行项目全周期服务。建立重大问题定期研究会议机制，对招商过程中需要决策、协调、判断的重大问题，定期开展研究，协调解决项目推进中的卡口问题。实施招商项目全流程代办服务。按照“一个项目、一个专业团队、一个代办锦囊、一个项目进度”四个一要求，“量身定制”个性化代办服务，项目立项后纳入无偿代办项目库动态管理。

创新招商方式，实现载体创新 推进组团招商。设立20余个区直招商小组，组员由从各单位选派1—2名45岁以下敢担当、善交流的干部担任。其中，5个区直招商小组分别赴东北部（北京）、中西部（成都）、华东部（上海）、华南部（深圳）、省内（杭州）等片区开展驻点招商，其他招商小组根据任务和计划安排开展点对点上门招商。深化市场主体招商，充分发挥与国内知名中介机构、创投基金的战略合作优势，鼓励以购买服务的方式与国内外知名投资咨询机构、专业招商中介机构等开展合作，开展委托招商、合作招商，借助其专业团队和优质资源招引优质项目，促进招商方式向精准化、专业化转变。组建招商公司。组建国有独资的龙湾区（高新区）招商服务有限公司，利用市场化机制优势，通过向社会招才纳贤建设专业队伍，实现与市场无缝对接，并实现精准招商。

（区投促中心供稿）

中国眼谷

2021年，中国眼谷贯彻省委书记袁家军提出的“一中心、四高地”战略发展要求，对标世界眼健康需求，立足温州国家高新技术产业开发区与自主创新示范区，依托温州医科大学眼视光学科国家重点实验室、国家工程技术研究中心、国家临床医学研究中心，持续围绕眼视光产业推进创新链、产业链、人才链、资金链、服务链深度融合汇聚，形成具有全国辨识度的产业竞争力。2021年，累计注册企业127家，建立世界500强和上市公司联合研究院25个，签约科技金融机构60家，设立眼健康产业专项投资基金12亿元，完成5家入园企业股权投资4.80亿元。先后获评浙江省眼视光产业创新服务综合体、浙江省中国眼谷产教融合示范基地、浙江省青年创新创业实践基地、“科创中国”浙江创新基地、国家“百城百园”建设项目等称号。

2020年6月30日，占地80亩、建筑面积8万平方米的中国眼谷·中央孵化园正式开园。2021年4月22日，占地约8.53公顷、建筑面积约22万平方米的科创园（中国眼谷核心区）A区正式启动建设。中国眼谷以“世界眼睛领域的中心”为目标，致力于打造空间丰富、功能完备、高效灵活、绿色低碳、科技智能的现代化都市新型产业园区。聚焦全省健康主题特色小镇，以“中国眼谷、世界眼光”为导向，以眼视光领域的高科技、大机构、强企业为支撑，打造眼健康高地。科创园B区概念规划基本完成，2万平方米中国眼谷博览交易中心、4万平方米眼视光装备智造产业园进入招商阶段，占地3.47平方千米眼谷小镇完成规划。

一、聚焦塔尖重器，画好“路线图”

一是走生命健康之路。聚焦全省健康主题特色小镇，成立中国眼谷——温州眼视光国际创新综合体理事会，建立“一联席三专班”工作推进机制，出台《关于加快“中国眼谷”产业发展的若干意见》，优化中国眼谷重大项目和产业布局，在全省率先实现眼健康和生物医药产业转化发展全要素集聚，拓展延伸生命健康高地优势，打造世界一流的眼视光科技研发体系、学术交流平台、高端医疗中心、创业人才集聚光科技研发体系、学术交流平台、高端医疗中心、创业人才集聚区和高新技术产业孵化器。二是走惠民利民之路。开展系列近视防控适宜技术产品研发、认证、推广，形成儿童青少年近视防控“温州经验”，打造“全球首个基本消除视力障碍城市”。启动覆盖全市260个社区人群的全民眼健康公益计划，支持眼谷企业深度参与“明眸皓齿”为民办实事工程，连续6次助力完成全市域、110万名儿童青少年视力筛查和大数据研究，助推温州获批全国唯一“全国儿童青少年视力健康管理先行示范区”。率先引入三焦点人工晶状体置换术、创新青光眼导流管术式等高端手术术式，解决疑难眼病治疗困局。三是走数字发展之路。对标“数字浙江”研制“眼谷大脑”，整合知识产权、产品注册、企业运营、产品交易大数据和人工智能分析机制，实现精准化企业服务和园区招商。推动互联网医院、5G+远程诊疗平台建设，加强人工智能眼视光装备和信息系统开发，创制全球领先的智慧眼病诊疗体系。

二、聚焦资源供给，栽下“梧桐树” 一是政策服务厚植创新沃土。推行普惠性产业扶持政策90条，实施支持眼科药物创新、眼健康企业开发国内外市场、眼科药品上市许可持有人及医疗器械注册人制度试点等专项产业扶持政策。在中国眼谷设立省级“医药创新和审评柔性服务站”，提供政策引导、法规解释、事项代办等一体化服务，覆盖省、市、区三级审批权限，缩短注册检验、临床试验、注册核查等流程时间，疏通医疗器械企业入驻中国眼谷审批注册政策难点堵点。二是研发平台筑牢丰产地基。落地建设国家药监局眼科疾病医疗器械和药品临床研究和评价重点实验室、APEC监管科学卓越中心眼科药械国际临床多中心联合实验室、国家药监局海南真实世界研究重点实验室眼健康研究中心等3个高能级产业转化支撑平台，与眼健康跨国企业共建联合研究院16家。占地约4平方公里的眼谷小镇建设已全面启动，占地128亩的眼谷科创园A区已开工建设，建筑面积4万平方米的眼健康产业园即将投用。三是金融活水耕耘科创良田。引进投资金融机构，形成投贷联动、金融服务、企业扶持、园区建设全方位机制，成立2亿元温州泰越硅谷高科落户产业基金，引入中信医疗基金、泰越基金、一村资本、鼎源投资4家投资基金，围绕眼健康布局基金总额达11.50亿元，为入驻企业提供强有力的金融要素支撑。2021年，中国眼谷已与国药投资、长三角基金、九瑞基金等31家投资金融机构签订战略合作协议，与工商、民生、招商、中信、兴业等银行签约形成百亿元授信池。同时，眼谷企业与温州医科大学附属眼视光医院协同申报国家重点研发计划、省重点研发计划7项，落地科研经费3560万元

三、聚焦创新联动，引得“凤凰来” 一是吸引“高大上”项目落地。吸引与眼科龙头企业的重大产业合作项目12个，推动目立豪、兴齐眼药、贝瑞基因等国内外上市企业设立中国眼谷子公司和新上市孵化点并开展生产运营，与博士伦、依视路、欧几里德等上市公司洽谈在中国眼谷设立运营中心，形成区域生命健康领域辐射优势。如引入以IPO上市为目标的重点项目“诸希基因项目”，挂牌国内首个眼健康基因诊断企业，建成投用中国眼谷·谱希基因眼病精准医学中心。二是强化“高精尖”人才引育。全面推进海内外高层次人才双向引育计划，推进中国眼谷研究院、中国眼谷研究生院、中国眼谷互联网学院建设，打造“人才和智慧飞地”新模式。中国科学院欧阳钟灿院士团队、英国皇家眼科学院院士林顺潮教授团队、国家杰出青年科学基金获得者杨健、常永生等11位国家级人才、30余位博士、专家落地眼谷创业。同时，与温州医科大学、温州大学等五所本地高校合作共建中国眼谷产教融合示范基地和大学生创新创业实践基地。三是开展“高精强”诊疗研究。开展国内外眼科诊疗前沿合作，与国家药监局、中检院共同制定近视防控适宜技术、功能性镜片、眼科人工智能诊疗、眼科生物治疗等标准，与海南博鳌超级医院眼视光中心飞地联动，为本地企业生产研发药品、器械等提供临床支撑。打造眼谷超级眼视光医院研究型医院产业支撑载体，立项建设全球最大的Ⅰ—Ⅳ期眼科GCP临床研究平台，支持新药械注册审批和新技术、新材料先行先试，推动医疗技术临床转化应用。

（区科技局供稿）

大事记

南洋公园　　（王永翔摄于 2021 年 7 月）

1月
2月
3月
4月
5月
6月
7月
8月
9月
10月
11月
12月

天河水库雪景　（区摄影协会供稿）

1月

4日　市人大常委会组织在温州全国、省人大代表到龙湾的国科大温州研究院、中国眼谷开展会前视察活动。

5日　温州市重点水利工程集中开工仪式在龙湾举行，16项重点水利工程总投资126.40亿元。

7日　龙湾区科级领导干部学习贯彻党的十九届五中全会精神集中培训班开班。龙湾区委书记、高新区党工委书记周一富作动员讲话和主题报告。

12日　龙湾区医药创新与审评柔性服务站正式挂牌成立，打通药械审批“最后一公里”。

13日　龙湾区—亳州市谯城区战略合作框架协议签约仪式在龙湾举行。

15日　龙湾区召开八届区委第七轮巡察工作动员部署会，区委书记周一富作动员讲话。

16—17日　2021年生物医学物理交叉论坛在龙湾区举办。

19日　龙湾区青年人才成长学院成立。

20日　温州市政府与中联航签订战略合作协议，中联航温州基地揭牌成立；同日，温州机场集团与中联航签订战略合作协议，双方共同推动温州龙湾国际机场全国重要区域航空枢纽建设。

21日　省委书记、省人大常委会主任袁家军到浙南科技城中国科学院大学温州研究院、中国眼谷调研。

22日　龙湾区委常委会（高新区党工委）召开会议，传达学习贯彻省委书记袁家军到温州和龙湾的调研讲话精神和市委常委会会议精神。

24日　新华网浙江分公司温州事业部暨新华网客户端温州融媒体工作室在龙湾区成立。

2月

1日　区委副书记、代区长夏禹桨以区人大代表候选人身份，到海滨街道蓝田村、小陡村，与选区选民代表面对面交流。

2日，龙湾区获评2020年年底全省生活垃圾分类工作优秀县（市、区）。

3日　国家高新区评价结果公布，温州高新区综合排名在全国169个国家高新区中列第80位，较2020年度提升10个位次。

9日　龙湾召开区委检察工作会议。

10日　龙湾区纪委八届六次全会召开。区委书记周一富出席会议并讲话。

21日　龙湾区政协举办首次“民生议事堂”界别协商活动，区政协主席张纯芳出席会议。

22—24日　龙湾区政协五届五次会议在区文化中心举行。区政协主席张纯芳代表政协第五届龙湾区委员会常务委员会作工作报告。

23—25日　龙湾区八届人大五次会议在区文化中心举行。区委副书记、代区长夏禹桨代表区人民政府向大会作工作报告，区人大常委会主任周赞向大会作常委会工作报告。

3月

1日　中国科学院大学温州研究院与龙湾区政府签订教育战略合作协议。

10日　省委常委、市委书记陈伟俊赴龙湾区督导“勇争先、强执行、开新局”开展情况。

是日　省委常委、市委书记陈伟俊在龙湾督导“勇争先、强执行、开新局”开展情况。

12日　2021“温州人才日”龙湾分会场活动在浙南·云谷路演大厅正式启动。

15日　龙湾区党史学习教育动员部署会召开。区委书记周一富作部署讲话。

18日　龙湾区召开全区组织工作会议暨“争做新时代浙江组工人”主题实践活动动员部署会。

19日　龙湾区召开“两区一廊”建设暨高新区进等升位推进会。

是日 国家工业信息安全发展研究中心科技查新温州分中心在浙南云谷揭牌成立。

25日　龙湾区召开区委农村工作会议暨全区水利工作会议。

26日　“建功十四五 奋进新征程”温州市百万职工助力“五城五高地”建设劳动和技能竞赛动员大会在龙湾召开。

28日　“2021中国乡村振兴大讲堂”在龙湾举办。

30日　龙湾区领军人才CEO培训班暨数字智造提升培训班在浙南·云谷开班。

31日　由龙湾区政府、高新区（浙南科技城）主办的“筑梦银企、合作共赢”政银企对接会在浙南云谷路演中心召开。

4月

2日　龙湾区第八届清明文化节暨“致敬2021清明祭英烈”活动启动仪式在黄石山雕塑公园举行。

是日　第四届龙湾（中国阀门城）阀门展览会在温州奥体中心开幕。该届展览会共有214家阀门企业参展，展位385个。

7日　龙湾区举行区政府与凯迪集团&融创中国战略合作暨浙江凯鸿文旅集团落户与温州W酒店签约仪式。

11日　“2021龙湾首届半程马拉松比赛”鸣枪开跑。此次比赛共有参赛选手4969人。

12日　龙湾区委召开专题会议研究寺前街历史文化商业街区保护建设有关工作。

13日　2021年温州首场“千企智能化改造工程”现场推进会在龙湾区举行。

15日 龙湾区“未来城区·全域美丽”十大整治专项行动动员大会召开。

23日　瑞浦新能源产业基地项目

签约仪式在温州市人民大会堂举行。项目落地龙湾区通用航空产业园与瓯飞起步区。

是日　青山控股集团有限公司获评浙江省"一带一路"建设先进集体。

26日　2021年龙湾区青年理论宣讲大赛暨微型党课大赛总决赛在浙南云谷举办。

27日　龙湾区召开数字化改革大会。

28日　温州高新区（浙南科技城）石龙路工程（瓯海大道—规划六路）段正式通过竣工预验收，实现瓯海大道与规划六路连接贯通。

29日　市人大常委会主任葛益平率队在龙湾调研人大工作和村社组织建设情况。

30日　龙湾区在区文化中心大会堂举行以"百年风华正青春 奋斗奋进新征程"为主题的青少年庆祝中国共产党成立100周年主题团日活动。

是日　龙湾区政府与中国人民大学孔子研究院在北京签订和合文化战略合作框架协议。

5月

7日　龙湾区政府与温州海关举行深化战略合作促进开放型经济高质量发展签约仪式。

8日—16日　2021年全国国际式摔跤锦标赛暨第十四届全国运动会摔跤项目预赛在温州奥体中心体育馆（龙湾）举行。近100支队伍1900名运动员、教练员参赛。

10日　龙湾区开展温州市暨龙湾区第31次"全国助残日"主题活动。

13日　环山北路龙湾段道路（二期）工程正式开工建设。该工程设计速度60千米/小时，长度3.25公里。

是日　2021中国·温州"人力资源与民营经济发展"高峰论坛在龙湾举行。

14日　龙湾区打击治理电信网络新型违法犯罪工作领导小组（扩大）会议召开，部署打击治理电信网络新型违法犯罪工作。

15日　龙湾区"传红色基因 寻最美家庭　助全域美丽"5•15国际家庭日主题活动暨第六届家庭文化节启动。

16日　"'鱼'你共享，'梅'好时光"第三届状元王鱼杨梅节在状元街道状元文化公园开幕。

18日　龙湾区获得全省2020年度"五水共治"（河长制）工作"大禹鼎"银鼎。

19日　上海证券交易所资本市场服务温州基地挂牌仪式在温州高新区（浙南科技城）举行。

20日　瓯江实验室正式揭牌。省委常委、市委书记陈伟俊，副省长卢山共同为瓯江实验室揭牌。

25日　龙湾区入选2021年浙江省未来社区创建名单全域类项目。

26日　龙湾区启动2021"节日节气·温情温州"志愿服务暨龙湾区文明健康宣传主题活动。

27日　2021中国（温州）国际泵阀展览会项目推介会暨流体工程行业数字营销贸易论坛（龙湾专场）在浙南·云谷举行。

28日　龙湾区平安政法、扫黑除恶工作暨平安护航中国共产党成立100周年动员部署会召开。

31日　龙湾区教育局与温州外国语学校合作举办的温州外国语学校状元分校签约仪式举行。

6月

2日　瓯海大道东延及枢纽集散系统滨海大道互通立交以北段工程完成竣工验收。

3日　副省长高兴夫率领省有关部门负责人到龙湾开展下访接访活动。

5日　"新中心·大未来"——龙湾未来城区建设发布会在温州电视台一楼演播大厅举行。

9日　2021年龙湾区家长节启动仪式暨浙师大附属温十五中教育集团第三届家长节举行。

10日　"中国眼谷"入选全省首批内外贸一体化改革试点培育产业基地。

11日　龙湾发放首张盲人医疗按摩执业许可证。

是日　龙湾区乡村振兴局挂牌成立。

17日　国内首家眼健康基因诊断企业——温州谱希基因科技有限公司在温州"中国眼谷"揭牌。中国眼谷·谱希基因眼病精准医学中心同步揭牌。

24日　龙湾区委书记、高新区党工委书记周一富到瑶溪街道开展党史学习教育宣讲活动。

25日　龙湾区委书记、高新区党工委书记周一富到蒲州开展下访接访活动。

是日　龙湾区举行龙湾革命教育馆揭牌仪式暨"建功立业新中心　砥砺奋进大未来"主题党日活动。

是日　龙湾区（高新区）红色故事报告会暨第八届文化艺术节开幕式在龙湾区文化中心大会堂举行。

30日　副市长汪驰赴温州高新区（浙南科技城）开展党史专题党课活动。

是日　龙湾区第一人民医院城市医联体揭牌成立。

7月

5日　天心天思数字经济产业中心开盘。天心天思数字经济产业中心是浙江省重点工程项目，温州首个工业M0用地，也是温州市政府重点打造的数字经济产业升级示范平台。

是日　温州市环大罗山科创走廊核心区科创园配套项目获批地方政府专项债券资金7.20亿元，发行利率3.7%，期限20年。

6日　龙湾区召开全区"村擂街赛·三比三看"暨"示范整固"行动现场交流会。

7日　龙湾区政协举行"请你来协

商”活动。区委书记周一富出席活动，区政协主席张纯芳主持会议。

8日　龙湾区获评2020年健康浙江建设考核优秀等次。

9日　龙湾区委（高新区党工委）学习习近平总书记在庆祝中国共产党成立100周年大会上的讲话精神专题读书会召开。

13日　浙江师范大学与龙湾区人民政府合作共建浙江师范大学附属温州龙湾教育集团签约仪式举行。

21日　龙湾区召开第6号台风“烟花”防御工作动员部署会。

是日　市政协主席陈作荣在龙湾调研协商工作，并召开座谈会交流基层协商平台建设。

30日　龙湾区（高新区）制造业高质量发展暨温州产业新城建设推进大会召开。

8月

3日　龙湾区人大常委会组织召开重点建议办理情况督办会。

4日　龙湾区委八届十二次全体（扩大）会议召开。区委常委会主持。区委书记周一富代表区委常委会向全会作题为《加快建设一区五城 打造高质量发展建设共同富裕示范区龙湾样板》工作报告。会议审议通过《打造高质量发展建设共同富裕示范区龙湾样板行动方案（2021—2025年）》。

5日　龙湾区组织开展《温州市核心区状蒲片区城市设计方案征集》系列活动。

6日　龙湾区召开区委半年度经济社会形势分析会暨“五城五高地”“一区五城”专班工作汇报会。

是日　市人大常委会主任葛益平在龙湾开展“八五”普法规划调研。

11日　龙湾区举行2021年“龙湾擂台·三赛六比”活动街道平台第一次比看现场会和部门督政汇报会。

12日　温州市重大制造业项目招引推进第二次现场会在龙湾区召开。

13日　《“百年荣耀·潮涌瓯江”温州市庆祝中国共产党成立100周年大型图片展暨“百年风华·龙腾瓯越”龙湾区庆祝中国共产党成立100周年大型图片展》在温州奥体中心广场举行。

18日　“科创浙南·镜显未来‘浙南科创新城’主题宣介体验路线发布暨2021年温州浙南科技城拍客大赛”启动。

20日　龙湾区康养福利中心建设工程开工仪式在龙湾康复医学中心东侧举行。

是日　龙湾区中国眼谷温州眼视光国际创新中心入选2021年“科创中国”浙江创新基地名单。

24日　龙湾区召开全区数字化改革工作推进会，贯彻落实全省数字化改革工作推进会和全市数字化改革工作推进会精神。

25日　龙湾区委全面深化改革委员会第十次会议召开。

30日　省委常委、市委书记刘小涛到龙湾国际机场检查督导疫情防控工作。

9月

1日　中国眼谷工作推进联席会议召开，贯彻落实省委常委、市委书记刘小涛对中国眼谷发展的重要指示精神。

是日　温州上海世界外国语学校、国科温州第一幼儿园正式投用。

8日　龙湾区（高新区）召开庆祝第37个教师节暨“学在龙湾”未来教育高质量发展大会。

10日　党史学习教育省委第三巡回指导组组长金延锋带队到龙湾调研党史学习教育工作。

是日　龙湾区召开第14号台风“灿都”防御工作部署会议。

10—12日　区委书记周一富率队到上海招商引智，聚焦中国眼谷发展、数字经济等重点领域精准发力、谋大招强。

16日　省政协主席葛慧君到龙湾调研政协工作，实地考察中国科学院大学温州研究院和瓯江实验室。

17日　区委书记周一富到瑶溪街道人大代表联络站，与部分人大代表、群众代表面对面座谈交流。

22日　区委书记周一富主持召开区委（高新区党工委）专题会议，对中国眼谷招商引智工作研究部署。

23日　青山控股集团有限公司入选“2021年浙江省民营企业100强”榜单。

29日　“数智赋能　创赢龙湾”2021温州全球精英创业创新大赛龙湾分赛区暨龙湾区（高新区）数字智造专业赛复赛（视频赛）圆满落幕。

是日　龙湾区（温州高新区）重大招商项目集中签约暨DXC Technology龙湾国际云软件生态平台签约仪式在龙湾区文昌创客小镇举行。

是日　中国少年先锋队龙湾区青少年活动中心第一次代表大会正式召开，并授牌成立少工委。

30日　龙湾区新时代文明实践活动中心揭牌暨“罗山红”志愿服务项目发布仪式。

10月

11日　2021浙江省暨温州市网络安全宣传周重大活动之一——第四届“云谷论剑”网络安全论坛在浙南·云谷举行。

12日　南充市委书记刘强率领南充市党政代表团一行到龙湾进行交流考察。副市长张健、区委书记周一富一同考察。

是日　龙湾区召开推进温州都市东部消费中心建设工作动员会。

13日　龙湾区人武部召开宣布命令大会。会上宣读中央军委国防动员部关于张志军、吴中武的任命。

是日　市委副书记、市长姚高员到龙湾专题督查重大项目“百日攻坚”行动。

19日　龙湾区召开新一轮制造业

"腾笼换鸟、凤凰涅槃"攻坚行动推进大会。

是日　十三届全国人大代表浙江中心组第三小组到龙湾调研海洋经济发展情况。省委常委、市委书记刘小涛陪同调研。

25 日　全省首座高速公路单洞四车道小净距隧道——金丽温高速东延线大罗山隧道顺利贯通。

27 日　省委副书记、代省长王浩到龙湾调研，考察中国眼谷、瑞浦能源公司。

28 日　龙湾区委召开八届十三次全体会议，审议通过《关于召开中国共产党龙湾区第九次代表大会的决议》。会议决定，区第九次党代会于 2021 年 12 月下旬召开。

是日　2021 温州全球精英创新创业大赛龙湾分区赛暨龙湾区（高新区）数字智造专业赛决赛举行。

31 日　"智汇龙湾　创享未来"龙湾区（高新区）第六届大学生创业大赛总决赛，在温州高新区（浙南科技城）科技金融路演中心举行。

11 月

1 日　龙湾区（高新区）招商引智暨中国眼谷双招双引专题培训班开班。

是日　龙湾区生态环境协会挂牌成立。

4 日　2021 年龙湾区全域"无废城市"建设暨"十三五"期间生态环境质量新闻发布会在龙湾区行政管理中心举行。

11—12 日　2021 年中国眼谷产业发展论坛在龙湾举办，拉开中国眼谷眼视光创新发展国际论坛暨第三届创新创业全球挑战赛帷幕。省委常委、市委书记刘小涛出席论坛。

12 日　国家乒乓球队 2021 世界乒乓球锦标赛热身赛在温州奥体中心体育馆打响。

是日　龙湾区综合行政执法局正式挂牌设立，标志着全区"大综合一体化"行政执法改革全面启动。

13—14 日　2021 世界青年科学家峰会之"脑健康与功能康复国际论坛暨第二届瓯江阿尔茨海默病国际论坛"顺利召开。

15 日　全国义务教育优质均衡发展区省级督导评估汇报会在龙湾召开。次日，省级督导评估反馈会召开。

是日　龙湾邮政管理局成立大会暨揭牌仪式举行。

19 日　"永远跟党走"温州市党史学习教育主题报告会龙湾专场暨第六届龙湾区（高新区）道德模范表彰大会在龙湾文化中心举行。

22 日　中交城投（温州）有限公司注册成立，该公司作为浙南科技城北片区综合开发项目的实施主体，由温州浙南科技城建设投资集团有限公司、中交城市投资控股有限公司、中和物产株式会社共同出资成立。

29 日　温州龙湾国际机场"温州—米兰"国际货运航线开通运营。

30 日　温州高新区（浙南科技城）招引大型单体制造业项目——温州 5G 全球创新中心·中国长三角区域中心项目首批产线正式试投产。

12 月

3 日　极动力充电动力总成项目正式签约落地温州浙南科技城。

5 日　龙湾区举办"亚运有我志愿同行"迎亚运暨 2021 国际志愿者日主题宣传活动。

7 日　龙湾区通过浙江省水利厅组织的 2021 年度县域节水型社会达标建设（国标）验收。

10 日　温州高新技术产业园区创业服务中心获评 A 类国家级科技企业孵化器。

13 日　瑞浦新能源制造基地项目正式开工建设。

14 日　龙湾区委文化工作会议召开。

是日　龙湾区召开"迎亚运·讲文明·提品质"大会战暨全国文明城市创建工作推进会。

是日　温州高新技术产业开发区获评"2020 年度浙江省高新技术产业园区建设突出贡献集体"。

15 日　G330 国道龙湾段养护站（区应急智能停车场）开工建设。

20 日　龙湾区人大代表换届选举投票日举行，全区选民投票选举新一届区人大代表。

是日　龙湾区获评"2021 全国县域农业农村信息化发展先进县"。

21 日　中共龙湾区委社会建设委员会揭牌仪式举行。

22 日　温州往返美国洛杉矶国际货运航线正式开通。

是日　温州赛泷科创湾项目正式签约。

25 日　温州大道东延线（钱江路—温强线）市政道路工程正式通车。

26 日　温州高新区铁道南路（金域传奇—新三路）工程建成通车。

27—28 日　中共龙湾区第九次代表大会在区文化中心举行。区委书记周一富代表中共龙湾区第八届委员会向大会做题为《弘扬伟大建党精神 加快建设"一区五城" 奋力打造高质量发展建设共同富裕示范区龙湾样板》工作报告。

28 日　中共龙湾区第九届委员会第一次全体会议召开，选举产生新一届区委领导班子，周一富当选区委书记，夏禹桨、王高博当选区委副书记，周一富、夏禹桨、王高博、蔡爱东、李丹、蔡军令、邵建寨、缪克排、李明达、陈永霖、吴中武、邹锦雷当选区委常委。

是日　中共龙湾区第九届纪律检查委员会第一次全体会议召开，选举产生新一届区纪委领导班子，蔡爱东当选区纪委书记，吴海滨、吴昌游当选区纪委副书记。

30 日　瓯江实验室、国科温州研究院（温州生物材料与工程研究所）入选 2021 年度省级新型研发机构名单。

31 日　温州东部交通道路网围垦路市政工程举行通车仪式。

区情概览

龙湾城市中心区　（项绍雄摄于 2021 年 6 月）

基本地情
区划人口
人文风情
地方特产
名胜古迹
非物质文化遗产
2021 年经济社会发展

天河水库　　　（区摄影协会供稿）

基本地情

【位置·交通】 温州市龙湾区位于瓯江入海口南岸，位于北纬27° 48′—28° 01′、东经120° 43′—120° 55′。东濒东海，与洞头区隔海相望，通过瓯江南口大桥、灵昆大桥与洞头区相连；西靠瓯海、鹿城2个区；南接瑞安市；北临瓯江，与乐清市、永嘉县隔江相望。龙湾区是温州市区的东大门，机场大道、温州大道、瓯海大道、市域铁路S1线横穿全区。龙湾区又是浙南闽北的海陆空立体交通枢纽：区内有温州龙湾国际机场、温州港万吨级码头、金温铁路货运终点站等，甬台温高速公路和已部分通车的甬台温高速复线纵贯其中。龙湾区人民政府驻永中街道。

【地质】 龙湾境内出露地层为中生界侏罗世、白垩世火山沉积岩和第四纪沉积层。大罗山丘陵区属侏罗系西山头组，主要由酸性火山碎屑岩组成，间夹沉积岩，局部地段夹少量中性熔岩。燕山晚期钾长花岗岩侵入体分布广泛。状蒲平原和永强滨海平原，属第四系海积—冲积沉积层，由灰、青色淤泥质亚黏土、黏土夹粉细砂等组成，局部产贝壳、泥炭，厚度50米以上。

【地形】 龙湾区东部是地势低平、河网密布的滨海平原，西部是以岩体裸露为特征的大罗山，大罗山以西为温瑞平原。

滨海平原　东到海岸，西起大罗山，南至瑞安市的莘塍平原，北靠瓯江，面积约有150平方千米，地形平坦，地面高程一般为2.60—3.80米。平原南北长、东西窄，永强塘河于平原西部纵贯南北。平原地区气候宜人、物产富饶，有“鱼米之乡”的美誉。

大罗山　大罗山位于温州市区东南，东近东海，西接瓯海区，南连瑞安市，北达瓯江口，山体面积114平方千米。大罗山，因其峰峦状似罗伞，又形如大箩，故名大罗山。大罗山顶海拔704米，位于龙湾、瓯海交界。大罗山岩石结构大多为花岗岩，山体由于风化、侵蚀作用，岩体大多裸露，山势婉约柔和。大罗山历史文化积淀深厚、山水风光隽秀。山中有仙岩、茶山、瑶溪和天柱寺四大景区，其中瑶溪和天柱寺景区在龙湾区境内。

河流水系　龙湾区河流纵横交错，河网密布。瓯江流经龙湾区总长度27.77千米，水域面积19.60平方千米。全区有主要河道267条，总长度416千米，总面积837万平方米。其中，属温瑞塘河水系42条河道，总长度69千米，面积173万平方米；永强塘河水系有225条河道，长度347千米，面积664万平方米。轮船河、上横河、中横河、瑶溪河等为主要河流（道）。

岛屿　北策岛，旧称北插山，南面与南策岛、东策岛相邻，北面与洞头半屏岛相望，地理位置为北纬27° 46′ 27″、东经121° 07′ 55″。北策岛（0.74平方千米）与东侧虎洞岛（0.18平方千米，别名月土尔山）相连，通称“北策山”。两岛之间有一滩坝，大潮时坝身被淹没，平潮时坝身凸显，为两岛互通之要道。整个北策岛面积约0.92平方公里，最高处海拔158.20米，因处福州与上海航道干线，又称“北策门航道”。1963年，海军某部在山上建造“北策岛灯桩”；1983年3月，移交温州航标处管理。北策岛为区境永兴街道水潭村王氏先祖山地，该村渔民世世代代在北策山捕鱼、种山。由于渔业萎缩，渔民投身商海大潮，在岛上养羊、张网作业的仅王茂文等人。为开发北策山资源，2003年、2008年，龙湾区人民政府及区农林局先后拨款修建码头、架设电柱，为北策山开发奠定基础。

【气候】 一般气候特点　龙湾区属中亚热带海洋季风气候区。气候温暖，夏季较长，冬季稍短，春秋均匀。气温8月最高，1月最低，年温差不大。凌晨5—6时最低，午后13—14时最高。无土壤冻结期，积温充足。雨量充沛，但降水量分布不均匀，冬季多锋面雨，春夏之间梅雨，夏秋多雷雨和台风雨。冬季盛行北到东风，夏季盛行偏南至西南风。风向多与山河海陆走向一致。光照丰富。相对湿度最高值在梅雨期的6月，11月至翌年1月相对湿度最低。

气温　2021年，平均气温在20℃，较历年平均值偏高1.10℃。从月季变化上看，最低月平均气温出现在12月。3到7月月平均气温保持稳定较快地升高，7到8月月平均气温相对稳定，9到11月保持稳定较快地降低，12月陡降。夏季高温（≥35℃）日数为33天，其中出现37℃以上高温天气为4天。

降水　2021年，降水量2179.90毫米，平均值明显偏少。从各月份的距平上看，各月降水量与历年同期平均值相比除5、7、8、10、11月明显偏多外，其余月份均偏少。降水日数（降水量≥0.10毫米的日数）为174天。年内最大降水量为116毫米，出现在8月16日。

日照　2021年，总日照时数1163.20小时，较常年平均值明显偏少。全年中1、2、9月较历年平均值偏多，其他月份均偏少。3月份月日照时数达全年最低。

低温、高温及灾害性天气　2021年1月上旬出现小雪天气，日平均气温明显下降，气温达-5℃至-2℃，有冰冻或严重冰冻。6月受西南暖湿气和低层切变线影响，出现暴雨，并伴随较强电、雷雨大风等强对流天气，导致多处积水，出现内涝。9月受强对流云团影响，龙湾出现雷阵雨及暴雨天气。10月上旬至中旬，先后受两次台风外围及冷空气相互影响，出现间歇性大暴雨天气，龙湾雨量251.50毫米，暴雨过程使地区发生积水、内涝、塌方等次生灾害。11月受寒潮影响，发生剧烈降温、大风和降水天气，寒潮没有导致冻害发生，有一次较明显降水过程，对冬种农产品生长有一定裨益。全年有“烟花”“卢碧”台风影响龙湾区，带来罕见大风和强降水，对农业种植、工矿企业、基础设施造成损失。

【物候】 龙湾主要农时为4月下旬，割油菜籽，早稻插秧。5月上旬，早稻插秧后期；中旬，红薯作垄压藤。5月下旬至6月上旬，早稻分蘖盛期。5月底至6月中旬，二季茶采收。6月中旬，早稻扬花。7月上旬至中旬，早稻开始收割、荸荠下种。7月中旬，收获席草。7月底至8月下旬，黄豆、菱角上市。8月上旬至下旬，晚稻分蘖盛期、薯块膨大。8月底至9月初，种白菜。9月上旬至下旬，红薯始收。9月上旬至10月上旬，收芋艿。10月上旬，播种冬菜，中下旬播种油菜，菱角丰收。10月上旬至11月下旬，采摘瓯柑。10月下旬至11月下旬，晚稻收割。11月初至12月，种冬麦。11月中旬至12月底，种大麦。

区划人口

【建置沿革】 春秋战国时期，龙湾为越国辖地。秦统一中国后，龙湾为秦闽中郡属地。西汉汉惠帝三年（前192）在瓯江中下游地区建立“东瓯国”，封驺摇为东海王，世称东瓯王。东瓯国消亡后，龙湾属会稽郡的回浦县。后又属章安县、永宁县，归临海郡。东晋太宁元年（323），东瓯一带从临海郡分出，建立永嘉郡，龙湾归属永嘉郡（郡治今鹿城区）。唐上元二年（675），析括州之永嘉、安固（今瑞安市）两县置温州，这是“温州”得名之始。龙湾（除海城街道）作为温州城的东部城郊，一直稳定不变。清朝，龙湾现辖区分属永

龙湾区物候历（公历）一览表

表1

物候季	月份	物候现象	平均日期（日/月）	最早日期（日/月）	最晚日期（日/月）	多年变幅（天）	主要农事	物候季	月份	物候现象	平均日期（日/月）	最早日期（日/月）	最晚日期（日/月）	多年变幅（天）	主要农事
初春	2月	桧柏发芽	17/2	9/2	26/2	17		季春	4月	柳絮飞	16/4	4/4	28/4	24	
		侧柏盛花	24/2	10/2	5/3	17				鸢尾始花	19/4	12/4	26/4	14	
		山桃始花	25/2	10/2	11/3	29				蔷薇盛花	20/4	17/4	22/4	5	
		终霜	25/2	19/2	3/3	11				梧桐放叶	21/4	16/4	26/4	10	
		垂柳发芽	28/2	14/2	14/3	28				荷叶生	24/4	17/4	4/5	17	
	3月	梅盛花	1/3	20/2	9/3	26	平整秧田		5月	柑橘盛花	26/4	22/4	30/4	8	
		玉兰盛花	2/3	21/2	11/3	18				海桐盛花	27/4	18/4	7/5	19	
		白蚁出飞	4/3	17/2	20/3	31				黄檀发芽	2/5	22/4	12/5	20	早稻插秧
		樱桃始花	4/3	18/2	15/3	25				苦楝始花	2/5	25/4	12/5	17	播种黄麻割油
		枫杨发芽	5/3	28/2	13/3	18				石榴始花	4/5	27/4	10/5	13	菜籽
		雷电始动	5/3	14/2	29/3	43				枇杷果黄	9/5	1/5	18/5	17	
		粉蝶始见	13/3	1/3	25/3	25				苦楝花残	10/5	7/5	13/5	6	
		水蜜桃始花	14/3	5/3	23/3	18				黄瓜上市	10/5	1/5	19/5	18	
		垂柳始花	15/3	3/3	27/3	24				百合始花	11/5	2/5	20/5	18	
仲春	4月	樟叶落	7/3	11/3	1/4	21	早稻浸种催芽			夹竹桃始花	19/5	11/5	26/5	15	早稻插秧后期
		朴树始花	21/3	18/3	25/3	7				杏实熟	20/5	17/5	22/5	5	甘薯作垄压藤
		梨始花	25/3	21/3	29/3	8	早稻播种			大山朴盛花	24/5	16/5	1/6	10	
		榆发芽	25/3	11/3	10/4	30				山桃果熟	31/5	23/5	8/6	15	
		碧桃始花	27/3	14/3	1/4	18		初夏	6月	女贞始花	7/6	29/5	15/6	17	
		法国梧桐展叶	3/4	27/3	10/4	14				紫李实熟	7/6	5/6	11/6	8	
		荠菜始花	4/4	30/3	8/4	9				杨梅成熟	8/6	30/5	17/6	18	早稻分蘖盛期
		枫杨始花	8/4	1/4	15/4	14				玉瓯始花	8/6	1/6	14/6	13	二季茶采收
		蛙始鸣	12/4	6/4	23/4	17				蜀葵花到顶	15/6	10/6	19/6	9	
		紫燕始见	13/4	5/4	20/4	15	油菜终花	仲夏	6月	蝉初鸣	17/6	10/6	23/6	13	
季春	4月	樟叶盛	16/4	1/4	1/5	30	冬小麦扬花			梧桐始花	20/6	15/6	25/6	10	早稻扬花

续表 1

物候季	月份	物候现象	平均日期（日/月）	最早日期（日/月）	最晚日期（日/月）	多年变幅（天）	主要农事
仲夏	6月	黄檀始花	25/6	17/6	2/7	15	
		梧桐盛花	16/6	23/6	28/6	5	
	7月	葡萄成熟	6/7	1/7	12/7	12	早稻开始收割
		甜瓜成熟	12/7	7/7	15/7	8	荸荠下种
		莲始花	20/7	29/6	5/8	36	收获席草
		茭白拔节	22/7	15/7	29/7	14	
	8月	紫薇始花	11/8	28/7	28/8	28	种植黄豆 菱角上市
		枫杨落果	15/8	8/8	21/8	13	
		梧桐实熟	18/8	8/8	21/8	13	晚稻分蘖盛期
		鸡冠出顶	18/8	5/8	1/9	25	薯块膨大
		木槿始花	20/8	2/8	1/9	35	
季夏	9月	木槿盛花	7/9	24/8	1/9	7	种白菜
		鸣蝉绝响	15/9	5/9	24/9	19	甘薯始收
		木芙蓉始花	30/9	20/9	10/10	20	收芋艿
初秋	10月	丹桂始花	7/10	4/10	9/10	5	播种冬菜
		黄檀叶落	7/10	2/10	12/10	10	
		榔榆始花	9/10	3/10	14/10	11	
		黄檀实熟	15/10	10/10	20/10	10	播种冬菜
		橘实黄	17/10	10/10	23/10	13	菱角盛收
		燕南飞	17/10	14/10	20/10	6	
		梧桐叶落	30/10	6/10	23/11	48	摘蜜柑

物候季	月份	物候现象	平均日期（日/月）	最早日期（日/月）	最晚日期（日/月）	多年变幅（天）	主要农事
仲秋	11月	菊始花	4/11	22/10	17/11	26	
		水杉叶全变色	5/11	11/10	1/12	50	
			8/11	24/10	22/11	29	晚稻收割
			18/11	1/11	4/12	32	
			19/11	2/11	1/12	22	种冬麦
季秋	12月		7/12	30/11	14/12	14	种大麦
			7/12	7/11	2/1	16	
冬季	12月		9/12	6/12	12/12	6	
			12/12	4/12	20/12	16	
			12/12	28/11	24/12	27	
			15/12	6/12	22/12	17	
			18/12	9/12	26/12	17	
			20/12	13/12	26/12	13	
	1月		1/12	24/12	12/1	19	
			2/1	9/12	26/1	48	
			7/1	29/12	16/1	18	
			9/1	18/12	30/1	43	
			10/1	2/1	17/1	15	
			13/1	2/1	25/2	24	
	2月		14/2	4/2	24/2	20	
			20/1	10/2	1/3	20	

嘉县（即温州）的华盖乡、膺符乡和德政乡。民国时期，龙湾属永嘉县永强区和梧田区的5个乡。中华人民共和国成立后，龙湾隶属变革频繁，基本属温州市郊的一部分。1984年12月6日，经浙江省人民政府核准，析温州市郊区的状元镇、龙湾乡和瓯海县永中镇的黄石、黄山2个村，始建龙湾区，隶属温州市。1984年12月27日，县级建制的龙湾区正式挂牌成立。

【行政区划】 龙湾区是温州市四大城区之一，1984年设区。2001年8月21日，经国务院批准，温州市区行政区划调整。析瓯海区的永中、天河、沙城、灵昆4个镇和瑞安市塘下镇的梅头办事处（上涂、西一、中星、东门、埭头、石坦、屿门、邱宅、东溪、东成10个村及2个居委会），划归龙湾区管辖；析龙湾区蒲州镇的蒲州、上蒲州2个村，划归鹿城区管辖。2002年2月，区内区划调整，辖5个街道办事处和5个镇。2011年4月，区内行政区划调整，增设星海街道；5个镇建制变更为街道建制。2012年4月1日，沙城、天河、海城、星海街道委托温州经济技术开发区管委会管理，灵昆街道委托瓯江口新区开发建设管委会管理，龙湾区与温州高新技术产业开发区实行“政区合一”管理体制。2015年7月，灵昆街道划归洞头区管辖。至2021年年末，区域陆地面积316.46平方千米，户籍人口343770人，龙湾区辖永中、蒲州、海滨、永兴、海城、状元、瑶溪、沙城、天河、星海10个街道办事处；全区有30个社区、94个村民委员会。

人文风情

【人口】 2021年，温州市龙湾区（含浙南产业集聚区）户籍总人口343770人，总户数87548户。其中，男女性别比为106.6（女性为100），当年出生人口2713人，死亡人口1598人。人口出生率为7.91‰，人口死亡率为4.66‰，人口自然增长率为3.25‰。

【方言】 龙湾区紧邻温州城区，语言与温州话一样同属于吴语系统。但以“永嘉场腔”为代表的永强方言（状蒲片、海城片分别近似城区与瑞安，灵昆片接近乐清），由于山海阻隔、生存环境的间隔与千百年自给自足经济的局限，在发音腔调上自成一格，与温州话中的“城底话”有着明显的区别，如城底话念“水”为“死”，永强话念“许”；城底话念“路”似“乱”，永强方言念“lu”与“护”同韵。永强话与温州话的词汇虽大同小异，但在口头用语上也有差异，如城底话中对小孩的称呼常为“碎个儿”，而永强则称“蟹饭卒”；城底话称佐饭的菜肴为“看配”，永强常单用个“配”字。至于俚语、谚语、歇后语等俗语及歌谣，是龙湾区历代祖先的生存感悟与智慧的结晶，也是地域文化最直观表现形式。永强话中的俗语以其设喻之妙、托意之巧在温州话的俗语之林中独树一帜。龙湾区各街道之间可以互相通话，但又有自己特色。永强片6个街道为永强话，海城街道带有明显瑞安腔，状元蒲州片则等同于城区和下河乡腔调。辖区内语言腔调不同，大部分是指韵母的不同差异。永强话往往介于瑞安话同温州城区腔之间。

【历代名人】 龙湾，钟灵毓秀，人杰地灵；人才荟萃，俊采星驰。邑人项乔《瓯东私录》谓：“场蕞尔一区耳，本朝以来，山海之秀，钟于人文，陈启、胡奥、李观之后，为宰相一人，为大司成者二人，为郎署、为藩、为臬、为府州县二十余人，为乡贡、岁贡、例贡三四十人，为校官弟子员者二百余人。”在茫茫历史长河中，曾出南宋丞相陈宜中、状元赵建大；明代嘉靖内阁首辅大学士张璁；王瓒在明弘治年间殿试得一甲二名（榜眼），主修弘治《温州府志》；王名世为明朝武举第二位“武三元”；明代有抗倭名将王德、王沛；乡绅王叔果、王叔杲募捐兴建永昌堡。在文化艺术方面，南宋诗人卢祖皋，明代“一代书宗”姜立纲，民国词宗夏承焘，戏曲大家王季思。在社会主义现代化建设中，龙湾区涌现出一批科学家，张肇骞、金振民、孙大业、张淑仪4位院士为其中的杰出代表。

地方特产

【杨梅】 是龙湾区重要的特色农产品之一，栽培历史已有百年，是中国杨梅优良品种产地之一。杨梅品种主要为丁岙梅。果实圆球形，单果11.30克，果柄长2厘米，果蒂红黄色，含酸量0.8%，可食率96%，6月中下旬成熟。株产约75千克。2003年5月，中国优质农产品开发协会授予龙湾区“中国杨梅之乡”称号。以大岙溪和响动岩基地为主的杨梅产业带，成为浙江省标准化杨梅精品产区、浙江省森林食品基地和浙江省无公害农产品基地。“龙森”牌杨梅获“横河杯”全国十大精品杨梅称号；“瑶溪”牌杨梅通过国家有机产品认证，获“有机产品”称号。

【柑橘】 龙湾境域柑橘栽培已有2400余年历史。公元1178年，温州知州韩彦直完成世界第一部柑橘学专著《永嘉橘录》，记述境域8个柑品种和14个橘品种，比欧洲最早柑橘专著早469年。明代，日本高僧智慧把温州柑橘带到日本，培育成著名“温州蜜柑”。美国著名“卡拉橘”即由“温州蜜柑”嫁接而成。瓯柑皮色鲜艳，清甜多汁，具有祛热生津、化痰止咳、清凉解毒等特殊医药功能，民间素有“端午瓯柑似羚羊”之说。柑橘产地主要分布在状元、蒲州、瑶溪，尤以状元街道、蒲州街道交界地段所产瓯柑为佳。

【黄叶早】 20世纪60年代，龙湾境域度山、郑岙、南山、瑶溪开始种植“温红”“温绿”传统茶叶。1984年，龙湾区实行名茶开发项目。状元街道响动岩村以“黄叶早”良种为基础，提高单产，改进品质，声名鹊起，获浙江省茶叶品味评品会二等奖称号。“黄叶早”早茶，2月下旬发芽，3月上旬采摘，3月中下旬可上市，比其他早茶提早15天采摘。“黄叶早”发芽整齐、轮次分明、老嫩均匀，持嫩性强，抗旱防病能力强，制成干茶条索细紧，色泽翠绿带黄，汤色嫩绿微黄、鲜艳明亮，茶味鲜嫩爽口、香馥如兰。

【馄饨】 馄饨虽然现在很普遍，可寺前街学林馄饨可不一样，百年传统风味一直不变，名扬温州各地，妇孺皆知。学林馄饨的特色，每碗8只，其中4只大些，放在上面。馄饨皮是用特级白面粉加蛋清精制而成，薄如蝉翼，透明如玻璃。馅心是当天宰杀的鲜猪后腿精肉。煮一碗馄饨，换一次汤。因此每碗馄饨总是汤清、皮薄、肉鲜、味美，又加上绿色的葱花，黄色的蛋丝、黑紫色的紫菜、虾米、榨菜、红色肉松等做浇头，色泽艳目，香气扑鼻，味道可口。

【胶冻】 人们喜欢的小凉饮，四季皆宜。品种有鱼胶冻、岩衣冻、青草糊、水糊糊等。20世纪80年代前，一二角钱可买一小碗胶冻；80年代后，胶冻五角一小碗，鱼胶冻一元一小碗。鱼胶冻一般用1两黄鱼胶和1.50千克水煮，冬季每两可用2千克水煮，放凉即可。岩衣冻是以漂洗过的海洋藻类干岩衣，0.08千克加5千克水煮，放凉即可。一扁木盆胶冻，可切成小块或小长条食用。青草糊由干青草制成，0.30千克干青草加5千克水可煮成一扁木盆青草糊，含青草气和粽香，十分可口。水糊糊由薜荔果制取的“白凉粉”（广西灵山县产为优），每小盒0.10千克，先兑0.20千克水搅成糊状，再加开水2千克烧沸，冷却后即成。水糊糊不坚韧，须用汤匙捞取。胶冻或青草糊煮透之后，要经细纱布袋过滤，以确保清洁，提高产品质量。胶冻担只要备带10多个小碗、白糖、薄荷水、小汤匙及洗碗具的洁水就可以“营业”。有的胶冻担为提高经营效益，常带售甘蔗、瓜子、花生、糖果等。胶冻担沿街、村落、

龙湾特色小吃——岩衣胶冻　　（陈贤宝摄于 2021 年 8 月）

晒场叫卖外，常至庙会、演戏场所、物资交流等人群集中的地方销售。繁忙季节，两村每天有一百多担在营业，占农户的三分之一。殿前村王碎弟号称“花生大王”，胶冻担销售花生果，均由他家批发，而永强大部分糖果店的花生也都从他家采购。

【麦芽糖】　俗称“糖儿”，是利用粮食（主要为小麦）制取的。具体制作过程：麦芽拌大米饭发酵 24 小时，酿成饴糖，经炒炼、捶、捣、拉，制成白色坚韧的米糖，圈为圆饼（一般为 2.5 千克），撒上芝麻、红绿瓜子等，色、香、味俱全。一爿糖儿置于糖担上，用毛巾或竹匾遮盖，防尘染。兑糖时，用糖刀与小铁锤将糖儿剖下，与用户调换废铜旧铁、牙膏壳、猪骨、头发等物。20 世纪末期，一爿米糖成本 10 多元，兑换的废旧物品可值上百元。蒲州屿田、上庄兑糖历史有 100 多年，民国初期，糖贩盛行。温州糖贩来自龙湾，龙湾糖贩源于蒲州。屿田、上庄为兑糖“专业”村，辐射状元、石坦、三郎桥等 20 多个地方，糖贩多时 2000 多人。村民农忙时田间劳作，农闲时挑担走巷，足迹遍及洞头、玉环、坎门、青田、丽水、缙云、景宁、龙泉、庆元、义乌、舟山、宁波，甚至延伸至福建省。至今仍有少数人延续兑糖行当，不见挑担，而改骑三轮车上门兑糖。

【“八盘八”】　传统美食曾是永嘉场人待客的最高礼遇。根据菜品的数量和规格，八盘八分为八盘一、八盘五、八盘八。其中以“八盘八”最为丰盛，即八盘冷菜（分内、外四盘）、八碗热菜，一般只有新婚嫁娶，才能享受到这宴席的美味。“八盘八”，是极讲究“摆盘”的，先摆上八盘冷菜（分内、外四盘）。内四盘有：猪肉两盘、熏鹅、饵饼（音：龙湾方言，由米粉、山粉、豆腐、肥肉、花生米、混合经油水煎制而成），均为农家自产食材。外四盘有：鳗鲞、乌贼片（鲜、干均可）、鱼冻（鲻鱼冻或者跳鱼冻等），蛏子或花蛤，均为渔家海鲜。宴席开始时，主食先上桌，后上热菜，先吃主食再喝酒。八个热菜分别是扣肉（东坡肉）、肉丸子汤、蒸全鸡、烹全鱼（黄鱼或鮸鱼、鲻鱼）、蒸全鸭、肉皮泡（胶）山珍羹、小炒（白菜炒猪肚或猪肝）、时令水果（瓜果）甜汤或红枣、莲子甜汤。

名胜古迹

【文物保护单位】　约在 4000 年前，龙湾域区已有先民生息繁衍，历代遗存文物古迹较为丰富。中华人民共和国成立后，域内多处文化遗址、碑志题刻、古墓葬、寺观宗祠、古桥、古牌坊和古建筑等文物古迹被列为国家级、省级、市（区）级文物保护单位。至 2021 年，全区有全国重点文物保护单位 2 处、省级文物保护单位 3 处、市（区）级文物保护单位 29 处。

【永昌堡】　位于龙湾区永中街道新城村，是浙江省现存唯一一座由民间自发兴建的私家抗倭城堡。明初，温州沿海频遭倭患。嘉靖三十七年（1558）十一月，为保家卫国，王叔果、王叔杲兄弟筹集白银 7000 两，于次年冬筑成永昌堡。该堡于清顺治十八年（1661）迁界时毁坏，乾隆年间修复。2001 年 8 月，列入第五批全国重点文物保护单位。现存遗址主要有古城墙、谯楼、王氏宗祠、士大夫祠、都堂第等古建筑 30 处。

永昌堡城堡呈长方形，南北长 757 米、东西宽 449 米，周长 2412 米，城墙高 5.8 米、基宽 4 米。城堡开有水陆各 4 门，东“环海”、南“迎川”、西“镇山”、北“通市”，建有谯楼。环海门上建有环海楼，因“环海为池，适揽朝宗之会”而名，占地 700 平方米；附建瓮城、二重城门，内有暗道、炮孔，北东南方安置火炮，为永昌堡规模最大的城楼。通市门上建有通市楼，因直通集镇都市而名。

【国安寺塔】　在瑶溪镇皇岙村国安寺前。宋元祐五年至九年间（1090—1094）建。楼阁式青石仿木结构，平面呈六边形，九层实心，高 18.60 米。台基用长方形条石铺就，周边雕刻“九山八海”纹，须弥座上下枭刻仰覆莲，束腰各面浮雕形态各异的狮兽，底层偏高，置木构副阶。塔身每层面为青石板，上浮雕佛像 1062 尊，分两排驾

国安寺塔　（孙建胜摄于2021年7月）

坐于壶门内莲花座或须弥座上，并雕有身光和垂幔。斗拱粗壮，拱瓣清晰。塔刹早年被毁。1987年，落架大修时恢复。1989年，列为浙江省第三批文物保护单位；2013年，列为第七批全国重点文物保护单位。

【张璁文化遗址】　是明嘉靖内阁首辅张璁在瑶溪一带留下的治学活动遗址。主要有罗峰书院、贞义书院、万竹亭等。原有大批园林主要分布在钟秀园内，历经沧桑遗存不多，但部分诗碑、刻字及石桥仍存。其中，“兄弟岩诗碑”和“观荷亭记碑文”保存在瑶溪张氏宗祠内。2021年2月21日，历时两年建设，贞义书院在龙湾区瑶溪钟秀园内举行开院仪式。贞义书院选址在由大拆大整中保留下来的三幢清代古民居和新联村粮库清代门台组建而成一个高大气派的传统院落中，室内建筑面积约791平方米。

【玄真观】　原为“李主事祠”，为两进砖瓦土木结构，面积1300平方米。前进上书隶书“玄真观”，后进为玄真观主祠，上面悬挂“佛师帝主”匾，内有木雕佛像。观前有两对从李阶墓前移来的石马、石羊。石兽精雕细琢，神态自然，栩栩如生。玄真观背依青山、面临瑶湖，环境清幽宜人。李主事祠建于明正德年间（1506—1521）。1939年重建时，易名玄真观。1990年再次重建。相传张璁少年时曾在瑶溪李阶门下就读，李阶为明正德六年（1511）进士，任礼部员外郎，后归隐。

【龙岗山新石器文化遗址】　位于龙岗山坪，属大罗山支脉，面积1500平方米，遗物丰富。石器有柳叶形石炭、穿孔石矛、通“精磨”，印纹硬陶器皿有釜、瓿、壶、罐、齿轮等。柏印纹饰有篮纹、直条纹、编织纹、方雷纹及刻画的曲线纹。经考证，该遗址为距今四五千年的新石器文化遗址。根据出土器物特征，上限在新石器时代晚期，下限至战国年间，可印证早在原始社会的新石器时代与奴隶社会的前期，就有人类在瑶溪一带居住活动。

【石胜观】　是一座具有悠久历史的道教场所，建于唐代，占地1360平方米。1921年，在大殿后修建三间斗姥阁，被誉称浙东第一支笔的王梅庵题山门匾额“石胜道观”四个大字。殿阔楹高、雄伟庄严，加以溪水潺潺、松涛阵阵，为双岙风景区的核心景点。

【龙湾炮台山】　属大罗山分支余脉，位于瓯江口南岸。面积7000平方米，距市区12千米。东北面突兀于滔滔江面，龙湾炮台与乐清磐石山的“镇瓯炮台”隔江相望，相距约1千米，西面为江湾；南面山麓有陡门，与龙湾村落毗邻；因山中存有清光绪年间建造的抗倭炮台遗址，故称炮台山。炮台山扼守着东瓯大门，是浙南人民抗击外来侵略的要隘。

【王氏家庙】　又称王瓒家庙，建于明嘉靖初年。家庙三进五开间，正厅通面宽11.50米、进深12.85米。屋前有较为精致的石牌坊，主体建筑现存两进院落。王氏家庙为保存较为完好的明代建筑，系王瓒旧居。王瓒为殿前村人，明弘治八年（1495）中举人，次年得榜眼授翰林院修编，后任侍郎。明嘉靖三年（1524），卒钦命遗赠礼部尚书赐谥文定。王瓒为官30年，刚正不阿，两袖清风。后人为纪念其丰功伟绩在家庙外建榜眼桥，至今保存完好。

非物质文化遗产

【概况】　龙湾非物质文化遗产具有明显屏山襟水的地域特色及钟灵毓秀与底蕴丰富的历史特征，有国家级“非遗”项目1项，浙江省“非遗”项目6项。

【汤和信俗】　明初，朱元璋派汤和赴东南沿海部署防倭。汤和在这一带修建59座城堡，宁村所即所城之一。

明嘉靖四十年（1561）前后倭寇平定后，宁村人民为感激汤和，为其立庙，并定于每年农历七月十五日举行“汤和出巡”“教场祭鬼”等仪式，形成永强全民公祭抗倭英烈与遇难同胞活动，后逐渐演绎为“东瓯王汤和节”，至今已有400余年历史。每次活动参与人员上万人，所需费用全部由参与者自愿筹集。2008年被列入第二批国家级非物质文化遗产名录。

【张阁老传说】 张璁（1474—1539）龙湾区永强三都（普门村）人，明嘉靖时官至内阁首辅，故温州民间称他为“张阁老”。张阁老在民间的逸闻、掌故，经老百姓口耳相传，形成民间口头文学“张阁老传说”。据不完全统计，传说故事量108则。传说最大特点是凸现乡情、人情、亲情。表现形式除口耳相传外，还有温州鼓词等。20世纪40年代以来，陆续有文人整理成书出版，是张璁文化的重要组成部分。2007年被列入第二批浙江省非物质文化遗产名录。

【拼字龙灯舞】 起源并流行在龙湾区永强一带。据传，明朝时当地张姓望族为给告老还乡的张阁老送寿礼，创作此拼字龙灯舞，至今已有480余年的历史。此龙道具特点是：以竹木为骨架，用软柔的绸缎涂上颜料、画上龙鳞。全身共11节，龙头、龙尾、龙身各自分离，龙身九节相连。为拼字需要，龙身节与节之间，距离为3.50米，中间第四、五节较长，为4.50米；龙尾龙珠各自分离，不和龙身连在一起。表演时一人舞龙头，一人舞龙尾，九人舞龙身。表演动作分拼字和过渡两部分。整个舞龙步法以小跑为主，上肢动作变化较大，整体观念强，龙舞的变化和拼字浑然一体。在龙舞中表达人们对太平生活的追求和期盼。2007年被列入第二批浙江省非物质文化遗产名录。

【温州南拳】 龙湾武术源远流长，龙湾南拳有着数百年的传承历史。曾在每一个村庄，凡有炊烟飘绕处，总有南拳练习者身影。龙湾南拳开创不少的“唯一”：2004年年初成立全省唯一的女子南拳队；2004年4月成立全省唯一的南拳培训基地；2005年10月获评全省唯一的“浙江南拳之乡”；2007年，南拳进入中小学校。2011年10月，龙湾区南拳协会成立。2012年，温州南拳（龙湾）被列入第四批浙江省非物质文化遗产名录。

【玻璃银光刻】 俗称“镜画”，是在镜背面，用银色线条刻画作画的民间美术。20世纪50年代由上海传入温州，70年代传入龙湾区。传承人项有礼运用“月份牌”年画技法进行创作，表现题材以传统人物、吉祥、喜庆、图案为主。2007年被列入第二批浙江省非物质文化遗产名录。

【永嘉场撞歌】 撞歌即斗歌。龙湾流传“撞歌撞、撞歌撞，撞歌撞着个放牛郎”的谚语。撞歌主要是牧童斗唱歌谣。明朝姜准撰《岐海琐谈》有“儿童结伙踏歌，一唱百应，遇别伙歌者，与之较胜”的记载。20世纪上半叶，永嘉场流行牧童放牛自找乐子的斗歌，有田间农夫随缘酬唱，青年男女“打情骂俏”，宴宾助兴“出口成章”的斗歌，是丰富农耕生活情趣的润滑剂。2009年被列入第三批浙江省非物质文化遗产名录。

【郑家园麦麦酒酿造技艺】 郑家园麦麦酒起源于元末。白水郑氏始祖郑祥于元末由福建搬迁至大罗山百家尖，见永嘉场当地独特的习俗（产妇生孩子后，娘家要送麦麦酒），于是采用大罗山特有的水及原材料，融合闽南一带的酿酒技艺，首创郑氏家酿麦麦酒。嘉庆初年，十四世郑绍瑞在永嘉场老城开办“郑家园酒坊”，采撷世代相传制酒技艺，建立有别于他家的“郑家园”制酒作坊，正式创下“郑家园”品牌，已有200余年。经世代传承和创新，口感独特，味道醇厚，深受消费者青睐，从而形成郑家园“月子”套餐系列，使之成为温州世代传承、男女皆爱的味觉记忆。2014年，郑家园麦麦酒在永昌堡建立温州麦麦酒文化展示基地。2015年，“郑家园”获浙江老字号称号。2016年11月，郑家园麦麦酒酿造技艺被列入第五批

2021年12月2日，温州南拳传承学校永兴第一小学的学生表演南拳
（黄曼瑜/摄）

浙江省非物质文化遗产名录。2018年11月，郑家园麦麦酒获中华老字号博览会金奖、浙江农业博览会金奖。

【旅游景点】 瑶溪风景名胜区　位于瑶溪街道境内，属大罗山脉，1991年被省人民政府列为省级风景名胜区。景区面积13.50平方千米，距温州市中心16千米，距温州龙湾国际机场4千米，交通十分便捷。瑶溪因“溪石皆玉色”而得名，碧溪幽谷，苍崖峡峪，孤峰峭壁，石柱叠岩，素有“桃源仙境”之盛誉。分瑶溪泷、钟秀园、龙岗山、千佛塔和青山湖等五大景区，有100多个景点，尤以幽谷金钟、水石同踪、铁壁潭影、梅林情深、山色湖光、鹭鸶闲云、烟雨朦胧、仙叠龙岗、千佛春秋和钟灵毓秀为其十大著名景观。瑶溪又是温州历史文化名胜荟萃之地，龙岗山遗址，距今四五千年；唐立国安寺，宋造千佛塔，明建玄真观，明清以来名士云集；尤其是明朝大学士张璁曾在此居住长达36年，留下许多文物古迹和动人传说。众多摩崖碑刻、文物古迹点缀于碧水玉石之间，自然风光与人文英华浑然一体，交相辉映，构成一幅奇异瑰丽的画卷。瑶溪伏夏清凉、隆冬燠温，林果四时丰饶。景区内建有四星级旅游涉外饭店温州瑶溪王朝大酒店。

天柱寺风景区　位于瓯江口南岸，大罗山东麓，总面积12平方千米。登上山冈，遥眺东海，令人心旷神怡，精神为之一振。景区地理位置优越，距市区中心28千米，离温州机场5千米，交通便捷。景区所辟交通主干道与永强大道、罗东南街、环山东路相通，游客往来方便。天柱寺风景区名胜古迹星罗棋布，人文景观丰富，以“峰奇、石怪、瀑飞、水碧、庙古”见胜。有荥阳园、观海坪、天柱寺、盘谷湖、五折瀑、天柱峰、弥勒峰、观音峰、美人峰、鲤鱼倒游、狮子壁、陶成洞、老虎洞、爬山石、母子岩、骆驼石、八戒贪吃、仙人影、第一山、百家尖等四五十个景点。诸景相得益彰，交映生辉，形成一派风光秀丽、景色宜人、葱茏苍翠、清幽静谧的自然环境。历代文人墨客留下许多墨宝真迹和名句佳作，为天柱寺胜景笼上一层浓郁的文化色彩。

2021年经济社会发展

【经济建设】 2021年，温州市龙湾区聚焦“勇争先、强执行、开新局”，加快建设“一区五城”。抓实共同富裕示范区重大项目建设，状元横街城中村改造二期等3个省级项目如期开工。村集体经济发展壮大，实现总收入6.37亿元。数字化改革撬动各领域改革，入选省市级数字化改革试点21个。狠抓产业项目，推进11个列入市级攻坚清单的重大产业项目。抓基础设施项目建设，全面启动投资213.60亿元的科技城北片区综合开发项目。狠抓经济指标攻坚，抓好3个全省揭榜挂帅项目、21个省市改革试点，全面提速商贸零售发展。加速培育眼健康大产业，加快完善中国眼谷产业生态，加快博士伦、依视路、强生等眼健康头部企业产业项目落地。全年经济运行稳中有进，经济社会主要指标保持平稳回升态势。

地区生产总值　2021年，龙湾区实现地区生产总值518.48亿元，按不变价格计算，比上年同期增长8.2%。其中，第一产业增加值2.67亿元，同比增长6.8%；第二产业增加值241.44亿元，同比增长10.8%；第三产业增加值274.37亿元，同比增长6.1%。国民经济三次产业比例调整为0.5 ∶ 46.6 ∶ 52.9。人均生产总值（按年平均户籍人口计算）为21.78万元，同比增长7.8%。

财政收支　2021年，龙湾区实现财政总收入66.46亿元，比上年同期增长20.8%。其中，一般公共预算收入38.33亿元，同比增长16.1%。一般公共预算支出45.09亿元，同比增长3.6%。其中民生支出占财政支出比重为75.6%。

农林牧渔业　2021年，龙湾区实现农林牧渔业总产值3.98亿元，按可比价格计算，比上年同期增长9%。其中，农业产值2.33亿元，同比下降15.8%；林业产值为589万元，同比增长816.1%；牧业产值9133万元，同比增长180.7%；渔业产值0.67万元，同比下降0.7%；农林牧渔服务业产值162万元，同比增长3.9%。生猪存栏2.79万头，出栏2.40万头；奶牛存栏22头，出栏25头，羊存栏10头；家禽存栏11.63万只，出栏8.70万只；肉类总产量2129吨，禽蛋产量944吨。

固定资产投资　2021年，龙湾区限额以上固定资产投资比上年同期增长9.8%，工业投资增长59%，交通投资下降17.4%，高新技术产业投资增长66.2%，生态环保投资增长120.8%。民间投资（包含房地产）增长0.2%，占限额以上投资比重50.6%，其中民间项目投资增长39.7%。全年投资项目（包含房地产）346个，其中新开工项目117个。

工业与建筑业　2021年，龙湾区实现规模以上工业增加值88.89亿元，比上年同期增长13.2%。其中，轻工业规模以上工业增加值32.46亿元，同比增长36.5%；重工业规模以上工业增加值56.43亿元，同比增长63.5%。规模以上高新技术产业增加值57.12亿元，同比增长13.5%，占规模以上工业增加值比重为64.3%。建筑业实现增加值44.07亿元，同比增长7.6%。

商品贸易　2021年，龙湾区限额以上批发零售、住宿餐饮业销售（营业）额2554.89亿元，比上年同期增长32%。全社会消费品零售总额338.54亿元，同比增长8.3%。其中，限额以上消费品零售额141.86亿元，同比增长3.1%。分行业看，限额以上批发业零售额4.54亿元，同比增长11.8%；限额以上零售业零售额133.50亿元，同比增长3.4%；限额以上住宿业零售额0.51亿元，同比增长42.9%；限额以上餐饮业零售额3.31亿元，同比增长39.7%。

金融　2021年，龙湾区金融机构存款余额1194.75亿元，比上年同期增长17.9%。其中，城乡居民储蓄存款余额600.15亿元，同比增长3.6%。

年末贷款余额1172.47亿元，同比增长16.7%。

旅游 2021年区本级共接待境内外旅游者178.60万人次，其中，接待国内旅游者178.50万人次，接待境外入境旅游者0.04万人次；全年旅游总收入25.90亿元，其中国内旅游收入25.90亿元，国际旅游外汇收入9.9万美元。

对外贸易 2021年，龙湾区外贸进出口总额381.41亿元，比上年同期增长3.5%。其中，出口额207.36亿元，同比下降2.1%；进口额176.04亿元，同比增长10.8%。全年合同使用外资18380万美元，同比增长190.3%；实际使用外资4640万美元，同比增长62.7%。

【政治建设】 2021年，龙湾区高举习近平新时代中国特色社会主义思想伟大旗帜，学习贯彻习近平总书记在庆祝中国共产党成立100周年大会上的讲话精神，全面落实省委十四届九次全会、市委十二届十二次全会精神，高质量发展建设共同富裕示范区的龙湾样板。推进党史学习教育，开展“沿着总书记的足迹”教育活动，组织“办实事、解难题、减负担”专题实践活动。压紧压实意识形态工作责任制。推进政法队伍教育整顿。稳步推进领导班子换届工作。用好“红黑榜”“担当奖”“蜗牛奖”等正反激励机制，干部干事创业积极性不断提升。创新研发“红哨系统”，实现“群众（村社）吹哨、党员（部门）报到”。狠抓中央和省委巡视反馈意见整改落实，推进“七张问题清单”整改，31个问题已完成整改21个，整改完成率67.7%。深化“龙湾擂台·三赛六比”争先创优活动。纵深推进清廉龙湾建设，高质量完成八届区委巡察全覆盖。

人大政协监督 2021年，龙湾区人大常委会全年共召开常委会会议9次、主任会议19次，听取和审议“未来社区”建设、重大项目招引、民生实事项目、公共卫生服务体系建设等专项工作报告45项，提出审议意见14件。实施创新首位战略打造浙南科创新城情况监督作为全年监督重点，组织全区各级人大代表开展“助推高水平创新型省份建设”主题活动，为科创工作贡献力量。听取市人大代表述职。开展法律法规实施情况检查、规范性文件的备案审查等工作，任免国家机关工作人员108人次，顺利完成区八届人大五次会议确定的目标任务，由常委会领导带队，科创平台、创新型企业及相关政府部门，实地了解全区科创工作情况。

政治协商 2021年，政协龙湾区委员会立足专门协商机构定位，深化政治协商职能，全年紧扣全区中心工作大局开展协商24场、民主监督8项、专题视察调研21项。围绕高质量发展建设共同富裕示范区县域样板开展专题议政性协商；围绕民生实事项目、人才引育、经开区公共卫生事业发展、政府数字化转型、安置提速工作、推进温州高新区进等升位等开展专题协商；围绕中国眼谷建设、奥体中心周边环境政治、公益诉讼、永嘉场文化挖掘与传承等开展对口协商和界别协商；围绕机场大道交通组织管理、共享单车规范管理、门球设施建设等开展基层协商。健全“请你来协商”平台常态化运行机制，开展“请你来协商”活动23场。

法治建设 2021年，龙湾区认真学习贯彻习近平法治思想，锚定建设法治政府建设示范地区这一目标，一体推进法治龙湾、法治政府、法治社会建设。推进街道矛调分中心实现全覆盖。打造全国首个“联合双随机抽查规则”市级地方标准。“码上文旅”数字执法系统、“智慧卫监”云平台、全国首批“智慧矫正中心”、全市首个“掌上复议”微信小程序等数字化法治建设亮点突出。在全市率先开展“府检联督”协同执法监督模式。严从紧压实法治建设“第一责任人”责任，推动龙湾法治建设提档升级，全年各项工作取得新突破。

【文化建设】 2021年，温州市龙湾区坚持以文化强区建设为目标，以新时代文化龙湾工程为主抓手，以构建“三带一馆群一街一古镇”文旅格局为重点，打造龙湾成为传承优秀传统文化、体现时代精神、具备瓯越特色的文化强区。挖掘千年永嘉场等文化内涵，与时俱进推进“和合文化”建设，创建“中华诗词之乡”。深化国家公共文化服务体系示范区建设，打造奥林匹克体育小镇、体育公园，创成省级体育现代化区。推进永昌古镇、寺前街历史文化商业特色街区等保护和开发，建设文化示范带和艺术馆群。年末区本级共有文化站6个，文化馆1个，公共图书馆1个，图书馆分馆4家，城市书房13家，百姓书屋4家，文化驿站13家。公共图书馆藏量717.80千册（件），比上年同期增加53.80千册（件）。拥有国家级非物质文化遗产1个，省级非物质文化遗产6个，市级非物质文化遗产54个。市级非物质文化遗产传承基地11个，完成申报省级非遗传承人8人，区级传承人38人。

“和合文化”研究 2021年，龙湾区以和合学为主线，实施“和合文化”融合提升工程，推进和合文化园建设，努力打造和合文化品牌工程。召开座谈会研讨会，规划“和合学”在龙湾发展的体系内容。3月15—16日，中国人民大学孔子研究院副院长罗安宪率队到龙湾区开展和合文化调研。2021年4月，与中国人民大学孔子学院签订和合文化战略合作框架协议。筹建“和合文化”促进会，起草《龙湾和合文化工作三年规划草案》等文件。加快和合文化园建设进度，初步形成和合文化园展陈概念性设计方案。以“一院、一楼、一会、一坛、一基地”为总体框架，打造和合文化研学基地。开展张立文先生关于和合文化的书籍、论文等资料的整理汇编工作。在《光明日报》、凤凰网报道和合文化相关内容，“今日龙湾”“阅龙湾”App刊发和合学专刊3期。出版《温州历代名人故事》第八套人物《张振夔》，有序推进《浙江文史记忆》（龙湾卷）编纂。

【社会建设】 2021年，温州市龙湾区推进全民参保计划扩面专项行动，全区户籍法定人员基本养老保险参保率超95%，基本医疗保险参保率达99.4%。城镇职工基本养老保险参保人数16.57万人；城乡居民基本养老保险参保人数15.28万人；城镇职工基本医疗保险参保人数16.24万人。失业保险参保人数11.72万人，工伤保险参保人数34.52万人，生育保险参保人数12.39万人。

社会福利 2021年，龙湾区养老服务机构登记单位数4个，建成街镇级养老服务中心7个。在册低保对象1553人，其中城镇183人、农村1370人，低保资金支出1325.08万元。

平均生活水平 2021年，龙湾区区城镇常住居民人均可支配收入达69984元，比上年同期增长9.5%；城镇居民人均消费支出45062元，同比增长15.6%。农村常住居民人均可支配收入达44430元，同比增长10.3%，农村居民人均消费支出28797元，同比增长17.1%。

基层社会治理 2021年，龙湾区开展“遏重大”攻坚战、“平安护航建党百年”大排查大整治专项行动、“8+3”重点领域安全生产专项整治，常态化推进扫黑除恶专项斗争，全年全区形势总体平稳。开展宗教领域专项整治，打击网络电信诈骗等违法犯罪行为。探索“智慧应急一张图”，落实防灾减灾“50条措施”，防灾减灾救灾能力日益提高。开展平安信访“百日攻坚”专项行动，国家级、省级交办重复信访件化解率分别达90%、100%。健全矛盾纠纷多元化调解模式，基层治理四平台3.0上线运行，区矛调中心规范提升，“平安三率”持续提高。

【生态文明建设】 2021年，温州市龙湾区生态环境质量得到持续改善，空气质量优良率（AQI）为98.3%，比上年同期提升0.40个百分点。环境空气PM2.5年均浓度为23微克/米^3，同比下降1微克/米^3。国控龙湾断面水质由Ⅲ类提升至Ⅱ类，瑶溪、屿田、永中、十字河站位水质分别为Ⅱ类、Ⅲ类、Ⅳ类、Ⅳ类保持稳定，水环境功能区水质达标率为80%。化学需氧量、氨氮、二氧化硫、氮氧化物排放量同比分别下降9.3%、5.4%、8.1%和5.0%。昼间区域环境噪声为二级（较好），昼间城市道路交通噪声为一级（好）。区本级规模以上工业单位增加值能耗下降4.7%。污染地块安全利用率、危废规范化管理达标率、危废利用处置无害化率100%。永中街道、状元街道完成“污水零直排区”镇街创建。

城市绿化 2021年，龙湾区改造提升公园绿地11公顷，推进公园主题化建设，分别在瑶溪钟秀园、中心区F地块配套公园内打造非遗文化主题公园、人防主题公园。利用城市边角地、闲置地等零星地块，打造口袋公园8个。加强古树名木管理和保护，全区124株古树全部完成建档。全年全区打造省市级园林式单位3个，创成省级绿化美化示范路1条，其中中共温州市委党校、南洋大道分别获选省级园林式单位和绿化美化示范路。

2021年6月，永兴塘河 （区农业农村局供稿）

中国共产党温州市龙湾区委员会

2021年12月27日，中共温州市龙湾区第九次代表大会在区文化中心开幕　（叶晓东/摄）

重要会议

综　述

区委综合事务

全面深化改革

政策研究

组织工作

宣传工作

统一战线工作

机构编制

区直机关党建

涉台事务

档案工作

信访工作

史志工作

精神文明建设

大罗山　（张洪林摄于2021年6月）

重要会议

【区委八届十二次全体（扩大）会议】 2021年8月4日，区委八届十二次全体（扩大）会议在区行政中心大楼4楼多功能厅召开。会议高举习近平新时代中国特色社会主义思想伟大旗帜，深入学习贯彻习近平总书记在庆祝中国共产党成立100周年大会上讲话精神，全面落实省委十四届九次全会、市委十二届十二次全会精神，总结上半年工作，部署下半年任务，动员全区上下忠实践行“八八战略”、奋力打造“重要窗口”，加快建设“一区五城”，以奋进之姿踏上百年新征程，以实干之势开创发展新局面，奋力打造高质量发展建设共同富裕示范区龙湾样板。会议审议通过《打造高质量发展建设共同富裕示范区龙湾样板行动方案（2021—2025年）》。

【区委八届十三次全体会议】 2021年10月28日，区委八届十三次全体会议在区行政管理中心大楼4楼多功能厅召开。会议审议通过《关于召开中国共产党温州市龙湾区第九次代表大会的决议（草案）》。

【区委八届十四次全体会议】 2021年12月22日，区委八届十四次全体会议在区行政管理中心大楼4楼多功能厅召开。会议听取区第九次党代会筹备工作领导小组关于大会筹备工作情况汇报，审议通过区委工作报告（审议稿）和区纪委工作报告（审议稿），酝酿通过第九届区委委员、候补委员、区纪委委员预备人选名单，圈选龙湾区出席温州市第十三次党代会代表候选人预备人选，讨论通过区第九次党代会召开时间。

【区第九次党代会】 2021年12月26—28日，区第九次党代会在区文化中心召开。会议高举习近平新时代中国特色社会主义思想伟大旗帜，深入学习贯彻党的十九大和十九届历次全会精神，坚决贯彻落实党中央和省委、市委部署，回顾总结区第八次党代会以来工作，研究部署2021—2025年奋斗目标和主要任务，从党的百年奋斗重大成就和历史经验中汲取智慧和力量，大力弘扬伟大建党精神，全力推进温州湾新区建设，加快打造“一区五城”，建设活力、美丽、幸福新龙湾，争创社会主义现代化先行区，奋力打造高质量发展建设共同富裕示范区龙湾样板。会议审议通过八届区委工作报告决议和八届区纪委工作报告决议，选举产生中共温州市龙湾区第九届委员会和纪律检查委员会。

【区委九届一次全体（扩大）会议】 2021年12月28日。区委九届一次全体（扩大）会议在区行政中心大楼4楼多功能厅召开。会选举产生中共龙湾区第九届委员会领导班子，通过中共龙湾区第九届纪律检查委员会第一次全体会议选举结果，审议和通过龙湾区出席党的二十大和省第十五次党代会代表候选人推荐人选建议名单，新当选区委书记周一富代表新一届区委领导集体发言：迈向新征程，必须筑牢忠诚根基，永葆共产党人政治本色；必须坚持实干担当，交出推动发展高分答卷；必须恪守初心使命，践行为民服务根本宗旨；必须坚持团结协作，营造和衷共济良好局面；必须始终严于律己，维护风清气正政治生态。

【龙湾区委常委会、高新区党工委会议】 2021年，召开龙湾区委常委会、高新区党工委会议46次。

第一次龙湾区委常委、高新区党工委会议　1月8日召开，会议传达学习省委常委会会议暨省新冠肺炎疫情防控工作领导小组会议精神及龙湾区贯彻意见。会议原则通过《1—2月全区工作要点（送审稿）》《贯彻落实〈中国共产党宣传工作条例〉任务分解（送审稿）》。会议书面传达学习《中共温州市委办公室关于印发贯彻落实〈中国共产党宣传工作条例〉任务分解的通知》。会议书面审议《区委八届十一次全会报告重要工作责任分解（送审稿）》《关于开展“深化拓展‘三服务’、凝心聚力‘十四五’”行动的通知（送审稿）》。

第二次龙湾区委常委会、高新区党工委会议　1月18日召开，会议传达学习习近平总书记在中央政治局常委会会议听取全国人大常委会、国务院、全国政协、最高人民法院、最高人民检察院党组工作汇报时重要讲话精神、《浙江省防范和惩治统计造假、弄虚作假督察工作实施方法》文件精神及龙湾区贯彻意见。会议原则通过《龙湾区农村乱占耕地建房问题专项整治三年行动方案（送审稿）》。会议听取“五个党组”关于2020年度全面从严治党和意识形态工作主体责任落实情况的汇报，关于国有企业组建事宜、区大数据管理中心机构编制调整事宜、区两会有关事宜汇报。会议研究干部人事工作。

第三次龙湾区委常委会、高新区党工委会议　1月22日召开，会议传达学习省委袁家军书记在温州调研时讲话精神及该区贯彻意见。

第四次龙湾区委常委会、高新区党工委会议　1月30日召开，会议原则通过《区八届人大五次会议各类建议名单和选举办法（草案）》《区政协五届五次会议各类建议名单和选举办法（草案）》。

第五次龙湾区委常委会、高新区党工委会议　2月8日召开，会议传达学习习近平总书记在中央省部级主要领导干部研讨班上重要讲话精神，中央第四巡视组巡视浙江省情况反馈会、全国安全生产工作电视电话会议、全省安全生产暨消防工作电视电话会议、全市安全生产和消防工作电视电话会议、中央第三生态环境保护督察组督察浙江省情况反馈会、全市党委（党组）书记抓基层党建和人才工作述职评议会精神，杨胜杰关于人才工作“赶超发展”攻坚行动系列讲话精神，《关于严禁擅自违规发放奖励性补贴的通知》（浙纪发〔2021〕1号）文件精神及该区贯彻意见。会议决定停止执行《2020年度龙湾区（高新区）考绩奖实施办法（温龙委办发〔2021〕3号）》。会议原则通过《2021年政府工作报告（送审稿）》《关于龙湾区2020年国民经济和社会发展计划执行情况与2021年国民经济和社会发展计划草案的报告（送审稿）》《关于龙湾区2020年区本级预算执行情况与2021年区本级预算草案的报告（送审稿）》《龙湾区（高新区）国民经济和社会发展第十四个五年规划和二〇三五年远景目标纲要草案（送审稿）》《2021年度龙湾区民生实事建议项目（送审稿）》，区八届人大五次会议《区人大常委会工作报告（送审稿）》，区政协五届五次会议《区政协常委会工作报告（送审稿）》《区纪委八届六次全会报告（送审稿）》《关于开展“五廉共建”行动 高质量匹配“重要窗口”建设的实施意见（送审稿）》《龙湾区“七张问题清单”责任分解（送审稿）》《关于新时代村社组织规范化建设的若干意见（送审稿）》。会议听取关于2020年度街道和部门考绩结果，及时奖励有关事宜，2020年度“担当奖”“担当作为好干部”“蜗牛奖”等评选事宜，区政协委员、常委调整事宜汇报。

第六次龙湾区委常委会、高新区党工委会议　3月4日召开，会议传达学习习近平总书记在十九届中央政治局第二十七次集体学习时的讲话精神，市践行习近平总书记“发挥实质作用”重要批示精神10周年座谈会精神，《中国共产党统一战线工作条例》文件精神，全省、全市统战部长会议精神，全国宣传部长会议、全省宣传思想工作会议、全市宣传思想工作会议精神，中央纪委五次全会、省纪委十四届六次全会、市纪委十二届六次全会精神及该区贯彻意见。会议原则通过《中共龙湾区委常委会（中共高新区工作委员会）2021年工作要点（送审稿）》《3月份全区工作要点（送审稿）》。会议书面传达学习省委常委、市委书记陈伟俊对市委机关工委工作的讲话精神及该区贯彻意见。会议书面审议2020年度龙湾区法治政府建设工作情况汇报。

第七次龙湾区委常委会、高新区党工委会议　3月11日召开，会议传达学习省委常委、市委书记陈伟俊在龙湾调研时讲话精神，全国组织部长会议和全省、全市组织部长会议暨组织部门数字化改革部署会议精神，省、市领导对公安工作批示精神和全省、全市公安局长会议精神，中央、省、市政法队伍教育整顿工作精神，全国党史学习教育动员大会、全省和全市党史学习教育动员部署会精神及该区贯彻意见。会议原则通过《龙湾区政法队伍教育整顿实施方案（送审稿）》《关于开展党史学习教育的实施方案（送审稿）》。会议听取关于2018—2020年龙湾区津补贴自查自纠情况汇报。会议书面审议《当前我区意识形态领域形势的通报（送审稿）》。

第八次龙湾区委常委会、高新区党工委会议　4月2日召开，会议传达学习习近平总书记在十九届中央政治局第二十八次集体学习时重要讲话精神及该区贯彻意见。会议传达学习国家、省、市新冠疫苗接种工作电视电话会议精神，并听取关于该区疫苗接种工作情况汇报。会议原则通过《2021年度龙湾区（高新区）绩效考核办法（送审稿）》《2021年度龙湾区（高新区）争先创优“五提升”行动实施方案（送审稿）》《2021年龙湾擂台·三赛六比活动方案（送审稿）》《关于深化2021年度“双组双促”专项活动的实施意见（送审稿）》《2021年度重要督办事项落实情况考核办法（送审稿）》《重要工作事项（指标）“红黑榜”管理机制（送审稿）》《龙湾区（高新区）招商服务有限公司的组建方案（送审稿）》《龙湾区（高新区）2021年“六重”清单（送审稿）》《龙湾区“未来城区·全域美丽”十大整治专项行动实施方案（送审稿）》。会议听取关于温州高新区（浙南科技城）工作运行机制、温州眼视光国际创新中心管理模式有关事宜的汇报。会议研究案件工作、干部人事工作。会议书面传达学习全国、全省党史和文献部门主要负责人会议精神，市文明委全体（扩大）会议精神及该区贯彻意见。会议书面审议《4月份全区工作要点（送审稿）》《关于庆祝中国共产党成立100周年系列活动的通知（送审稿）》。

第九次龙湾区委常委会、高新区党工委会议　4月2日召开，会议传达学习《关于加强巡视巡察上下联动的意见》文件精神、赵乐际和杨晓渡在中央单位巡视工作调研座谈会上讲话精神、袁家军在省委落实中央巡视反馈问题整改工作动员部署会上讲话精神及该区贯彻意见。会议原则通过《中共龙湾区委落实省委关于中央巡视反馈问题整改工作方案（送审稿）》。

第十次龙湾区委常委会、高新区党工委会议　4月8日召开，会议研究案件工作。

第十一次龙湾区委常委会、高新区党工委会议暨区新冠肺炎疫情防控工作领导小组会议　1月8日召开，会议听取关于全区疫情防控工作情况及下步工作举措、全区进口冷链食品“物防”工作情况及下步工作举措汇报。

第十二次龙湾区委常委会、高新区党工委会议　4月21日，会议传达学习习近平总书记在全国脱贫攻坚总结表彰大会上重要讲话精神、《关于常态化开展扫黑除恶斗争巩固专项斗争成果的意见的通知》文件精神、全市村级集体经济“迎百年、冲百亿”项目比拼暨“百亿强村”计划推进会精神及该区贯彻意见。会议听取关于龙湾区第二轮中央生态环保督察反馈问题整改情况汇报。会议原则通过《关于开展“争先进位”作风建设提质年活动的实施方案（送审稿）》《重点工作“双月赛马比拼”活动专班化推进实施方案（送审稿）》。会议听取关于总工会、团区委、区妇联2020年工作情况及2021年工作思路汇报（其他区群众团体做书面交流），关于区政协委员调整有关事宜汇报。会议书面传达学习《关于深化统计管理体制改革 提高统计数据真实性的意见》《统计违纪违法责任人处分处理建议办法》《防范和惩治统计造假、弄虚作假督察工作规定》《中华人民共和国统计法》及其实施条例等文件精神及该区贯彻意见。

第十三次龙湾区委常委、高新区党工委会议 4月22日召开，会议传达学习《中共中央关于加强对“一把手”和领导班子监督的意见》《关于纵深推进清廉浙江建设的意见》，浙纪通〔2021〕3号《中共浙江省纪委机关 中共浙江省委组织部关于嘉善县违规发放津补贴奖金问题的通报》等文件精神。会议听取关于典型案例通报、2021年龙湾区“五廉共建”行动情况分析报告和“清廉国企”建设情况汇报。会议原则通过《中共龙湾区委 高新区工委2021年落实全面从严治党主体责任工作要点》。

第十四次龙湾区委常委会、高新区党工委会议 4月21日召开，会议听取关于青山瑞浦新能源动力与储能锂离子电池系统制造基地项目介绍，并研究项目招商有关事宜。

第十五次龙湾区委常委会、高新区党工委会议 4月29日召开，会议传达学习《关于开展违规发放津补贴奖金问题专项治理的通知》文件精神。会议听取关于龙湾区违规发放津补贴奖金问题专项治理情况汇报。

第十六次龙湾区委常委会、高新区党工委会议 5月6日召开，会议听取关于龙湾区一季度经济形势、平安龙湾形势汇报，并部署下步工作。

第十七次龙湾区委常委会、高新区党工委会议 5月8日召开，会议传达学习《关于锲而不舍落实中央八项规定精神 治“四风”树新风的工作意见》文件精神及该区贯彻意见。会议原则通过《龙湾区未来乡村建设实施方案（送审稿）》《龙湾区新时代“两个健康”先行区创建2021年工作要点（送审稿）》《5月份全区工作要点（送审稿）》。会议听取关于温州眼健康产业投资建设服务有限公司组建方案调整及温州市龙湾区文旅投资建设开发有限公司更名有关事宜汇报。会议研究案件工作、干部人事工作。会议书面传达学习《中共中央办公厅关于认真做好市县乡领导班子换届工作的通知》、《中共浙江省委关于高质量做好乡镇领导班子换届工作的通知》、省市乡镇领导班子换届工作部署会、全省市县领导班子换届工作业务培训会精神及该区贯彻意见。

第十八次龙湾区委常委会、高新区党工委会议 5月12日召开，会议研究“七张清单”问题整改落实有关事宜。

第十九次龙湾区委常委会、高新区党工委会议 5月31日召开，会议传达贯彻习近平总书记关于“共同富裕”重要论述、省委专题学习会、市委常委会会议精神，传达学习全省农村文化礼堂2.0版建设暨新时代文明实践中心建设工作现场会、2021年第一次全市宣传文化系统比学争先活动暨新时代文明实践中心和文化礼堂建设工作推进会精神及该区贯彻意见。会议听取关于2021年全市第一次比看现场会龙湾短板问题整改情况汇报。会议原则通过《龙湾区未来城区建设行动方案（送审稿）》《2021年党风廉政建设和反腐败工作组织领导与责任分工（送审稿）》《2021年度龙湾区（高新区）千人评机关中层科室和基层站所活动实施方案（送审稿）》《关于2021年高质量实施乡村振兴战略加快建设农业农村现代化先行区意见（送审稿）》《龙湾区（高新区）房屋征收补偿房票安置实施细则（送审稿）》《龙湾区（高新区）信访办理质效“十个一律”责任追究办法（试行）（送审稿）》《关于深化区管企业负责人薪酬制度改革的实施意见（送审稿）》《6月份全区工作要点（送审稿）》。会议研究案件工作、群团组织有关事宜、干部人事工作。会议书面学习全国非公企业党组织“发挥实质作用”研讨会精神、陈伟俊在全市民营经济统战工作会议上讲话精神及该区贯彻意见。

第二十次龙湾区委常委会、高新区党工委会议 6月16日召开，会议传达学习省委十四届九次全会精神和高质量发展建设共同富裕示范区相关精神及该区贯彻意见。

第二十一次龙湾区委常委会、高新区党工委会议 6月16日召开，会议研究全面从严治党工作。会议原则通过《2021年度全面从严治党主体责任考核办法（送审稿）》《关于纵深推进清廉龙湾建设的实施意见（送审稿）》《关于清廉机关清廉村居清廉学校清廉医院清廉国企清廉民企清廉交通清廉文化建设等实施方案（送审稿）》。

第二十二次龙湾区委常委会、高新区党工委会议 6月16日召开（略）。

第二十三次龙湾区委常委会、高新区党工委会议 6月21日召开（略）。

第二十四次龙湾区委常委会、高新区党工委会议 6月28日召开，会议学习观看《生命重于泰山——学习习近平总书记关于安全生产重要论述》专题片，并研究该区贯彻意见。会议听取关于1—5月龙湾区经济运行情况的汇报，并研究分析经济指标冲刺半年红有关事宜。会议听取关于“平安护航建党百年”大会战攻坚决胜阶段安保维稳形势分析研判汇报。

第二十五次龙湾区委常委会、高新区党工委会议 7月2日召开，会议学习观看严肃换届纪律教育警示专题片《警钟长鸣》，传达学习习近平总书记在庆祝中国共产党成立100周年大会上重要讲话精神、袁家军书记在浙江省庆祝中国共产党成立100周年大会上的讲话精神及该区贯彻意见。会议听取关于下阶段平安维稳工作部署汇报。会议书面审议区委班子工作总结报告。

第二十六次龙湾区委常委会、高

新区党工委会议　7月9日召开，会议传达学习提升党员干部队伍推进现代化建设新能力暨县乡领导班子换届工作推进会、全省县乡两级人大换届选举工作部署会议、全市清理规范公务员工资津贴补贴工作会议精神，浙委办发〔2021〕49号文件精神及该区贯彻意见。会议原则通过《龙湾区（高新区）综合交通运输发展“十四五”规划（送审稿）》《2021年督查检查年度计划（送审稿）》。会议书面学习《中华人民共和国公务员法》及该区贯彻意见。会议书面审议《区委班子攻坚清单（送审稿）》《7月份全区工作要点（送审稿）》。

第二十七次龙湾区委常委会、高新区党工委会议　7月16日召开，会议原则通过县级领导班子拟新进人选考察对象初步名单、纪委副书记拟新进人选考察对象初步名单、纪委常委拟新进人选考察对象初步名单。

第二十八次龙湾区委常委会、高新区党工委会议　7月16日召开，会议传达学习市委十二届十二次全会精神及该区贯彻意见。

第二十九次龙湾区委常委会、高新区党工委会议　7月30日召开，会议传达学习《中国共产党组织工作条例》，省长郑栅洁在温州考察调研讲话精神，《中共中央关于印发中国共产党成立100周年庆祝活动总结报告的通知》《中共浙江省委印发贯彻落实〈中共中央关于加强“一把手”和领导班子监督的意见〉的十三项实施意见的通知》等文件精神，习近平总书记在福建、广西、青海、西藏考察时重要讲话精神和习近平总书记重要文章《用好红色资源，传承好红色基因，把红色江山世世代代传下去》及习近平总书记在参观“‘不忘初心、牢记使命’中国共产党历史展览”时重要讲话精神，习近平总书记在十九届中央政治局第三十一次集体学习时重要讲话精神及该区贯彻意见。会议原则通过《关于全区征地拆迁涉访事项化解百日攻坚方案（送审稿）》《平安信访“百日攻坚”专项行动考核方案（送审稿）》《重点村信访包案化解及稳控工作专项考核奖惩方案（送审稿）》《区委八届十二次全会日程和分组讨论安排（送审稿）》《区委八届十二次全会工作报告（送审稿）》《打造高质量发展建设共同富裕示范区龙湾样板行动方案（2021—2025年）（送审稿）》。会议听取关于“七张问题清单”整改工作情况、市委换届考察组反馈意见整改工作责任分解有关事宜、2021年全市第二次比看现场会龙湾短板问题整改任务责任分解有关事宜的汇报。会议研究干部人事工作。会议书面传达学习全省加强干部选拔任用监督暨选人用人巡视检查问题整改推进会精神、全市“瓯江红·全域强”三年行动部署会暨高质量基层党建引领共同富裕现场推进会精神及该区贯彻意见。

第三十次龙湾区委常委会、高新区党工委会议　8月27日召开，会议传达学习8月3日总书记习近平关于疫情防控重要批示精神、8月9日省委书记袁家军在省委常委会会议研究部署浙江省防疫工作时的讲话精神和8月16日市长姚高员在市委常委会会议研究部署温州市防疫工作时讲话精神，听取关于近期全区疫情防控工作情况汇报。会议传达学习全省组织系统学习习近平总书记“七一”重要讲话精神暨推进干部队伍干部工作系统性重塑建设变革型组织专题培训班会议精神，全市新业态、新就业群体党建工作试点动员部署会精神，上级有关信访工作精神及该区贯彻意见。会议听取关于贯彻落实习近平总书记重要指示精神，加强电信网络诈骗犯罪打击治理工作情况汇报。会议研究案件工作。会议书面审议《区委八届十二次全会重点工作责任分解（送审稿）》。会议书面学习《中共浙江省委办公厅转发〈国家档案局关于认真学习贯彻习近平总书记重要批示的通知〉的通知》《中共温州市委办公室关于贯彻落实习近平总书记对档案工作重要批示精神的通知》等文件精神及该区贯彻意见。

第三十一次龙湾区委常委会、高新区党工委会议　10月13日召开，会议传达学习习近平总书记在2021年秋季学期中央党校（国家行政学院）中青年干部培训班开班式上的重要讲话精神、习近平总书记在陕西榆林考察期间的重要讲话精神，2021年全省政协主席暑期读书会暨宣传思想工作会议、全市政协主席暑期读书会精神，上级有关节能降耗、能耗双控和电力保供工作要求及该区贯彻意见。会议原则通过《龙湾区加快推动村级集体经济提质增效扩容增收三年行动计划（送审稿）》《龙湾区（高新区）贯彻落实中央生态环境保护督察反馈意见整改方案（送审稿）》《关于龙湾区委落实省委意识形态专项检查反馈问题整改情况回访检查反馈问题工作方案（送审稿）》《中共龙湾区委统战部关于区工商联（总商会）换届工作的实施意见（送审稿）》。会议传达学习全市县乡两级人大换届选举工作部署会精神，并研究该区人大换届选举工作有关事宜。会议听取关于机构设置及领导职数有关事宜汇报。会议书面传达学习中央民族工作会议、省委民族工作会议、全省统一战线暑期读书会、全市统一战线读书会、省委文化工作会议精神及该区贯彻意见。会议书面审议机关党建工作专项督查情况、《2021年龙湾区区域社会治理现代化重点项目任务清单（送审稿）》。

第三十二次龙湾区委常委会、高新区党工委会议　10月28日召开，会议传达学习省委书记袁家军在10月25日县（市、区）委书记工作交流会上讲话精神、代省长王浩到龙湾调研时讲话精神、《中共浙江省委关于认真学习贯彻〈中共中央关于加强新时代检察机关法律监督工作的意见〉的通知》文件精神及该区贯彻意见。会议听取关于区属国有企业组建有关事宜、龙湾区召开第九次党代会有关事宜、机构设置有关事宜、区工商联（总商会）第六届执委会班子成员候选人预备人选有关事宜的汇报。会议原则通过《中国人民政治协商会议龙湾区委员会协商工作规则（送审稿）》。会议书面传达学习市委书记刘小涛在“永远跟党走”温州市党史学习教育主题报告会上讲话精神与全省基层党建工作会议精神及该区贯彻意见。会议书面审议《11月份全区工作要点（送审稿）》。

第三十三次龙湾区委常委会、高新区党工委会议　10月28日召开，会议传达学习许罗德在十四届省委第十三轮巡视动员部署会上讲话精神、张建明在十二届市委第八轮巡察工作动员部署会上讲话精神，《关于市、县（市、区）党委落实巡察工作主体责任的实施意见》《关于规范领导干部廉洁从政从严行为　进一步推动构建亲清政商关系的意见》等文件精神。会议听取关于该区征地拆迁领域违纪违法问题分析和2021年以来全区纪检监察信访举报工作分析汇报、关于落实村社巡察“回头看”反馈问题整改情况汇报、关于该区清廉学校建设情况的汇报（清廉医院、清廉交通建设情况作书面交流）。

第三十四次龙湾区委常委会、高新区党工委会议　11月25日召开，会议传达学习总书记习近平重要文章《扎实推动共同富裕》和习近平总书记在十九届中央政治局第三十四次集体学习（推动我国数字经济健康发展）时重要讲话精神，中央人大工作会议精神、中发〔2021〕39号文件精神、全省各级人大常委会主任学习会精神，全省深化“千万工程”建设新时代美丽乡村现场会精神，全国加强换届风气监督工作电视电话会议、县乡换届工作推进会暨加强换届风气监督工作会议精神及该区贯彻意见。会议研究分析全区经济社会形势，冲刺“全年红”工作，听取关于区本级经济运行情况及有关指标短板问题、高新区（浙南科技城）经济运行情况及有关指标短板问题、平安龙湾形势及有关短板问题的汇报。会议听取关于政协第六届龙湾区委员会换届人事安排工作有关事宜、关于确定区级人大连任代表推荐人选建议名单汇报。会议研究干部人事工作。

第三十五次龙湾区委常委会、高新区党工委会议　12月3日召开，会议听取关于研究确定区人大代表候选人初步建议人选汇报。

第三十六次龙湾区委常委会、高新区党工委会议　12月3日召开，会议传达学习省委十四届十次全体（扩大）会议精神及该区贯彻意见。

第三十七次龙湾区委常委会、高新区党工委会议　12月5日召开，会议传达学习《中共中央办公厅　国务院办公厅关于规范地方公务员工资津补贴的通知》《关于领导干部离任、赴任纪律作风“一简化、五严禁”的通知》等文件精神及龙湾区贯彻意见。会议研究干部人事工作。会议原则通过《龙湾区第九届人大代表初步候选人名单》。

第三十八次龙湾区委常委会、高新区党工委会议　12月8日召开，会议传达学习习近平总书记在全国宗教工作会议上重要讲话精神及该区贯彻意见。会议原则通过《第九届区委委员、候补委员初步人选名单（送审稿）》《第九届区纪委委员初步人选名单（送审稿）》。

第三十九次龙湾区委常委会、高新区党工委会议　12月10日召开，会议传达学习省委常委、市委书记刘小涛到龙湾调研时的指示精神及12月1日市委常委会扩大会议精神及该区贯彻意见。会议原则通过《全区“双比双学、攻坚争先”工作方案（送审稿）》。会议听取关于研究确定第九届区委委员、候补委员、区纪委委员候选人预备人选名单，关于研究确定区第九次党代会代表候选人预备人选建议名单、龙湾区出席市第十三次党代会代表初步人选建议名单汇报。

第四十次龙湾区委常委会、高新区党工委会议　12月14日召开，会议听取关于2021年全区审查调查工作、八届区委巡察工作总结的汇报及典型案例通报，全面开展困难群众因病致贫返贫问题专项治理工作、校外培训机构乱象集中治理工作等2021年漠视侵害群众利益问题专项治理情况汇报。

第四十一次龙湾区委常委会、高新区党工委会议　12月14日召开，会议传达学习《中共浙江省纪委　浙江省监委关于绍兴市上虞区委书记胡华良等4名领导干部在疫情防控工作中失职失责问题的通报（浙纪通〔2021〕7号）》文件精神及该区贯彻意见。会议原则通过《2020年度龙湾区（高新区）绩效奖励结算方案（送审稿）》。

第四十二次龙湾区委常委会、高新区党工委会议　12月20日召开，会议传达学习加强家庭家教家风建设工作推进会精神、《中共浙江省委认真学习贯彻〈关于进一步加强家庭家教家风建设的实施意见〉的通知》文件精神、省委常委会会议及市委常委会会议贯彻落实精神及该区贯彻落实意见。会议原则通过《关于推进龙湾文化高质量跨越式发展的实施意见（送审稿）》《当前我区意识形态领域形势的通报（送审稿）》《“最美龙湾人”礼遇办法（送审稿）》。会议听取关于“扫黄打非”工作、网信工作及哲学社会科学工作汇报。会议书面学习《关于印发〈浙江省党委（党组）意识形态工作责任制实施细则〉的通知》文件精神。

第四十三次龙湾区委常委会、高新区党工委会议　12月20日召开，会议传达学习中央经济工作会议精神及全省领导干部会议、市委常委会会议贯彻落实精神及该区贯彻意见。会议传达学习国务院副总理孙春兰在绍兴调研指导疫情防控时讲话精神，省委常委、市委书记刘小涛贯彻落实讲话精神及该区贯彻意见。会议听取关于研究分析区第九次党代会报告重点指标有关事宜汇报。

第四十四次龙湾区委常委会、高新区党工委会议　12月22日召开，会议原则通过《龙湾区加强对“一把手”和领导班子监督的履职任务“八清单”（送审稿）》《区第九次党代会工作报告（送审稿）》《区纪委工作报告（送审稿）》。会议听取关于区第九次党代会筹备工作情况及有关名单的汇报。会议书面学习“宣言”文章《我们为什么能够成功》《我们怎么才能继续成功》，省对口工作领导小组第十四次会议、市对口工作领导小组会议精神及该区贯彻意见。会议书面审议2021年龙湾区食品药品安全工作情况汇报。

第四十五次龙湾区委常委会、高新区党工委会议　12月24日召开，会议传达学习省委经济工作会议、温州组分组讨论会议精神及该区贯彻意见。

第四十六次龙湾区委常委会、高新区党工委会议　12月31日召开，会议传达学习《“习近平的2021”：习近平谋篇布局向未来》文章精神及该区贯彻意见。会议传达学习上级领导讲话精神，听取关于元旦春节期间该区疫情防控工作部署情况汇报。会议听取关于该区安全生产工作及市对区安全生产巡查反馈情况的汇报。会议原则通过《龙湾区（高新区）制造业高质量发展和数字经济发展“十四五”规划（送审稿）》《龙湾区（高新区）科技发展“十四五”规划（送审稿）》《龙湾区（高新区）青年发展规划（2021—2025年）（送审稿）》《关于公布龙湾区产业政策专项清理结果的决定（送审稿）》《中国共产党龙湾区委员会工作规则（送审稿）》。会议研究干部人事工作。新一届区委“一把手”在第一次党委会议上口头公开个人有关事项。“一把手”与班子成员签订2022年度党风廉政建设责任书。会议书面学习全省纵深推进清廉机关模范机关建设工作会议精神及该区贯彻意见。会议书面研究中国共产党龙湾区第九次代表大会工作报告重点任务分解。会议书面审议《2022年1—2月全区工作要点（送审稿）》《龙湾区全面推行林长制实施方案（送审稿）》《龙湾区林长制责任单位职责（送审稿）》《龙湾区林长制成员单位协作制度（送审稿）》《龙湾区林长制林长巡查制度（送审稿）》。

【“三赛六比”强执行开新局暨“一区五城”建设动员】　2021年2月20日，龙湾区（高新区）“三赛六比”强执行开新局暨“一区五城”建设动员会在区文化中心大会堂召开，会议以视频形式开至街道、村（社区、工作站）。区委副书记、代区长夏禹桨主持会议，区委副书记、政法委书记林小露通报工业销售产值首超10亿元企业名单，并宣读《关于2020年度龙湾区（高新区）街道和部门考绩结果的通报》《关于2020年度千人评机关中层科室和基层站所活动情况的通报》《关于公布2020年度龙湾区（高新区）“担当奖”“担当作为好干部”评选结果的通报》《关于公布2020年度龙湾区（高新区）第二次及时奖励评选结果的通报》等文件。会上，区委书记周一富作重要讲话。会议指出，2021年是“十四五”开局之年，是开启全面建设社会主义现代化国家新征程起步之年。面对“建党百年”历史盛事，要始终保持“勇立潮头显担当”政治自觉，面对“一区五城”建设重任，要始终保持“不破楼兰终不还”奋进姿态，面对日趋激烈的竞争态势，要始终保持“百舸争流千帆竞”争先意识，认真总结成绩，科学研判形势，妥善应对挑战，更好地把握工作主动权。他强调，全区各级干部都要拿出新状态、展现新作为、强化执行力，完善上下贯通组织体系，健全闭环推进工作机制，强化担当作为工作导向，营造抢抓开局浓厚氛围，打造善作善成团队文化，提振“激情干事、担当干事”精气神，坚定奏响“铸铁军、比担当、抓落实”大合唱，高质量完成年度各项目标任务，确保“十四五”发展实现良好开局。

（李文艳）

综　述

【概况】　2021年，区委认真贯彻党中央和省委市委的决策部署，聚焦“勇争先、强执行、开新局”，加快建设“一区五城”，全力推动高质量发展、竞争力提升、现代化先行，交出了庆祝中国共产党成立100周年的高分报表。深入实施创新首位战略，自创区“八大攻坚”落地创新型重大项目10个，“一区一廊一城一会一室”创新能级系统提升。持续深化新时代“两个健康”先行区创建，2021版新清单全面落地。率全省之先发布实施《未来城区建设行动方案》，富春、南洋省级未来社区提速建设，瑶溪村、五溪村未来乡村启动试点，荣获全市唯一的省政府未来社区建设督查激励，以数字化改革撬动各领域改革，数字化总门户上线运行，累计争取数字化改革省级部门试点8个、市级部门试点10个。扎实办好“十方面民生实事”，全力补齐民生短板。加快建设“未来教育创新区”，加快建设市区东部医疗康养高地，国家公共文化服务体系示范区建设成果巩固提升。持续加大农村集体经济政策扶持力度，出台集体经济“新三年行动计划”，实施“基本报酬+绩效奖金+集体经济创收奖励”村干部报酬补贴制度。推进历史欠账催缴和“三资”规范行动，筑牢共同富裕经济基础，全年村集体经济总收入突破6.30亿元，增速率15.3%，经营性收入接近4亿元，增量占比72.8%，为历史最高水平。

【创新发展推动】　2021年，龙湾区聚集创新平台建设，增强创新发展动能。中国眼谷温州眼视光国际创新中心入选浙江省科协公布2021年“科创中国”浙江创新基地名单。瓯江实验室正式揭牌，成为温州构筑“一区一廊一城一会一室”创新格局的又一“塔尖重器”。中国科学院大学温州研究院的入驻，科思技术（温州）研究院、光子集成创新研究院等一批高能级科创平台的落地，龙湾区域创新平台矩阵体系更趋完善。龙湾的温州北斗产业基地已进入建设加速期。目前，已成功招引国家物流信息平台、好运联联等19个优质产业化项目。

【推动社会治理】　2021年，龙湾区抓好疫情防控，压茬推进新冠肺炎疫苗接种，全面筑牢公共卫生防护墙。深入开展“遏重大”攻坚战、“平安护航建党百年”大排查大整治专项行动、“8+3”重点领域安全生产专项整治，常态化推进扫黑除恶专项斗争，扎实开展宗教领域专项整治，全力打击网络电信诈骗等违法犯罪行为，社会治安形势、安全生产形势总体平稳。探索“智慧应急一张图”，落实防灾减灾“50条措施”，防灾减灾救灾能力进一步提高。

【政治生态建设】 2021年，龙湾区坚持全面从严治党，不断转变党员干部工作作风。开展平安信访“百日攻坚”专项行动，领导干部带头下访接访、包案化解。推进政法队伍教育整顿，激励政法队伍干事创业、履职担当。深化“学干一体、实战历练”，用好“红黑榜”“担当奖”“蜗牛奖”等正反激励机制，干部干事创业积极性不断提升。迭代“党建大脑”平台，创新研发“红哨系统”，构建双线联动闭环管理，实现“群众（村社）吹哨、党员（部门）报到”。率先出台《关于新时代村社组织规范化建设的若干意见》，强化新时代村社组织健康运行，加快推动村集体经济扩容增收。狠抓中央和省委巡视反馈意见整改落实，扎实推进“七张问题清单”整改，31个问题已完成整改21个，整改完成率67.7%。深化“龙湾擂台·三赛六比”，突出专班化运作、节点化攻坚，营造争先创优的浓厚氛围。纵深推进清廉龙湾建设，高质量完成八届区委巡察全覆盖，大力纠治“四风”突出问题，扎实推进重点领域专项整治，严肃查处了一批违纪违法案件，反腐败斗争压倒性胜利进一步巩固发展。

区委综合事务

【概况】 2021年，温州市龙湾区委办公室推进“精文减会”，严格落实基层减负各项规定，提高公文质量、压缩公文数量入手，严格执行发文立项、配额管理和前置审核等规定，全面实现公文从“入口”到“出口”全程精细管理。全面实行协同办公流转，全年累计办理中央、省、市文件1519余件，区领导批示文件840余件，区内单位各类文件、会议、通报累计3580余件。

【法规工作】 2021年，龙湾区法规工作坚持以习近平新时代中国特色社会主义思想为指导，深入学习贯彻习近平法治思想，推进法规有机融入“一区五城”建设。全面履行法规主体责任，研究出台《关于贯彻落实〈中共浙江省委关于加强新时代党的群团工作的意见〉的通知》《关于贯彻落实〈中国共产党宣传工作条例〉任务分解的通知》等4个贯彻意见。大力强化党内法规学习，将党内法规系列文件和上级会议精神作为区委常委会、区委理论学习中心组学习重要内容，先后学习《中国共产党宣传工作条例》《中华人民共和国公务员法》《中国共产党组织工作条例》等法律法规。抓好规范性文件审核和备案审查工作，坚持“有件必备、有备必审、有错必纠”原则，严谨细致、精益求精，提升备案审查力度。年内区委向市委报备并通过审查的党内规范性文件23件，合法合规率100%；全区各街道党工委和区属单位党委（党组）向区委报备党规范性文件96个，高质量完成合法性审查。

【保密工作】 2021年，区保密局严格按照《保守国家秘密法》等有关法律法规，加大保密宣传教育、监督管理和技术防范力度，健全各项管理制度和工作职责制，加强对涉密人员管理，提高保密工作法治化和规范化水平。强化保密检查，开展保密自查自评工作，重点对街道、区属单位保密要害部位、涉密文件资料、涉密信息化设备等保密管理情况排查，全面排查保密安全隐患。规范网络管理，加大互联网门户网站等保密检查力度，对全区各单位互联网网站、政务微博、微信公众号、政务邮箱等排查，全面摸清底数，规范保密管理，严格互联网信息发布保密审查，确保网络信息安全。开展宣教活动，通过开展保密宣传月、举办干部培训班、知识测试、短信温馨提示等多种方式，增强宣传教育针对性和实效性。加强干部保密意识、保密常识“两识”教育培训，全面提高保密干部队伍整体素质。

【考绩督查】 2021年，区考绩办研究制定《2021年度龙湾区（高新区）争先创优“五提升”行动实施方案》《2021年度龙湾区（高新区）绩效考核办法》等文件，发挥督查和考绩职能作用，有力助推区委、区政府一系列重大决策部署落到实处。搭建比拼平台，组织开展“龙湾擂台·三赛六比”系列比看现场会，通过“街道特色赛场”“平台项目赛场”“部门督政赛场”等活动，督促和激励全区上下“比特色、比项目、比位次、比实干、比担当、比环境”，营造创先争优浓厚氛围。突出重点工作督查，开展对“一区五城”“七张问题清单”等20多类重要事项跟踪督办，并实行动态通报，累计办理区委主要领导相关批示件、交办件累计1481件，挂牌督办重要工作事项11项。创新开展重点工作事项（指标）“红黑榜”管理机制，累计梳理红榜（先进典型事项）清单76项，黑榜（缓慢滞后事项）清单35项，每月通报未按计划完成重要工作事项，督促精准补齐短板，推动全区重点工作事项（指标）落实。强化专项工作，统筹全区各部门办理“三服务”事项7131项，办结7107项，化解率99.7%。开展“双组双促”基层挂钩联系活动，全年收集意见1991个，解决群众困难1370个；“三服务”“双组双促”工作获省委常委、市委书记刘小涛批示点赞。

（李文艳）

全面深化改革

【概况】 2021年，温州市龙湾区委改革办聚焦“整体智治、高效协同”

新理念，以数字化改革为引领撬动各领域变革，探索开展“未来城区”集成改革，推进一体化智能化公共数据平台建设。全年各领域改革核心业务累计梳理一级任务151项、二级任务525项、三级任务891项。累计形成改革成果58项，其中列入省“一本账”应用成果17项、制度成果23项、理论成果9项。“智慧卫监”云平台、信用+执法监管、国有资产浙里盘、“未来康养智城”等4个项目入选全省数字化改革优秀案例。

【数字化改革】 2021年，区委改革办围绕全省数字化改革“1512”总体框架，全面上线数字化改革总门户和五大综合应用子门户，统筹落实好公共数据平台建设、综合应用门户建设。区民政局居家老人养老智慧暖心服务项目（未来康养智城）、区经信局“一键找园”项目、区委政法委的风险闭环管控信用风险综合评价应用系统项目（“信用+社会治理”智治云平台）在省委“揭榜挂帅”活动中中榜。宗教场所空间规划一张图、码上文旅、退役军人云服务站、信用评价体系风险闭环管控、“一人一档”等11个项目获省级试点。瑞浦能源有限公司成功入选省“未来工厂”试点企业。年内试点数和项目数改革位居温州市前列。

【“一件事”改革】 2021年，区委改革办持续推“一件事”改革，全面保障已落地“一件事”改革实效。全年全区完成上线便民利企自查和迭代“一件事”87件，完成“社会组织注销登记”“城镇排水许可”市级“一件事”试点2个，完成困难群众救助、用电报装等适宜在镇街办理“一件事”18件，累计办理“一件事”29643件次。

【改革宣传】 2021年，区委改革办加强改革宣传，“未来城区”集成改革经验在《改革内参》《浙江日报》刊发。“智慧卫监”云平台、婴幼儿照护服务体系建设、“未来康养智城”、空港永兴企业社区治理新模式等改革特色做法经验在省、市改革内刊发表。“双随机”监管机制改革和社会组织注销“一件事”改革市级现场会在龙湾区召开，获上级领导批示肯定。组织开展首届“未来城区”集成改革创新案例评选活动，向社会宣传改革做法16项，群众参与网络投票12.20万人次。

【重点领域改革】 2021年，区委改革办持续加快重点领域改革，制定出台温州市首个“未来城区”集成改革行动方案，推动“未来教育”新体系、垃圾分类综合改革等区级重点改革项目10个，人才政策“计算器”“微改革”项目20个，深化“三位一体”综合合作改革、法治化改革等重大改革清单项目27个。探索“以先投后股方式支持科技成果转化”项目入选国家发改委、科技部改革创新揭榜清单，儿童青少年近视防控、全域未来社区建设等列入省部级试点。温州高新技术产业开发区入选第二批企业创新积分制试点高新区名单。

2021年12月30日，永兴街道宣传数字化改革　（区委改革办供稿）

【机关内部“最多跑一次”改革】 2021年，区委改革办持续推进网办事项上线，优化线上办事体验，提升内跑事项网办量，推动机关内跑网办平台从“能用”向“好用”转变。全年全区网办平台上线40家单位、376个事项。其中，直接在统建系统办理事项达279项、跳转自建系统办理事项97项，可网办率100%，系统累计网办量20491件。

（杨安晓）

政策研究

【区委政策文件起草】 2021年，温州市龙湾区委政研室紧扣“一区五城”建设战略目标，制定出台《专班化推进“一区五城”工作方案》，聚力抓好“一区五城”顶层谋划、路径设计、高效落实，谋深谋实任务书、时间表、路线图。围绕打造高质量发展建设共同富裕示范区龙湾样板总体目标，谋划制订《龙湾区“扩中”“提低”专项行动方案（2021—2025年）（审议稿）》，全面构建“扩中”“提低”目标体系、工作体系、政策体系和评价体系，推动中等收入群体规模倍增，加快推进“扩中”“提低”工作。

【政研课题研究】 2021年，区委政研室紧扣区委、区政府中心工作，坚持专家申报课题与领导点题相结合，大力开展前瞻性战略问题研究，编辑刊发《咨询研究》3期，其中完成县市区联动课题《龙湾打造眼健康产业集群的实践与思考》1个。全年共立项完成资政研究课题4个，其中《高标准打造温州东部高铁新城的探索——国内外高铁新城建设的成功经验及对龙湾的启示》获评2021年温州优秀调研成果一等奖。

（李文艳）

组织工作

【概况】 2021年，温州市龙湾区基层党组织1414个，其中党委57个，党总支48个，党支部1309个，党员16245人。街道党工委6个，社区党委24个、社区党总支1个，建制村党组织113个，其中党委1个、总支部21个，支部91个；两新组织党组织781个，非公有企业党组织698个，社会组织党组织83个。全区组织工作经验做法获中组部参阅信息、浙江信息、省组信息等市级以上信息刊物录用20篇（条），获《中国组织人事报》、人民网、新华网、《浙江日报》等省级以上主流媒体刊登110次，获省、市领导批示肯定12次，在市级以上会议做交流发言10次。

【基层党建】 2021年，区委组织部加强基层党建工作，做好村社换届“后半篇”文章，夯实基层组织建设。开展村社“示范整固”行动，出台“1+5”文件，建立定性定量、过程结果相结合“双考”体系，创建示范样板村社16个，整固提升后进村社4个，获市级示范村社4个，罗西社区作为市级村社规范运行观摩点获市委组织部领导点赞。开展“共享社·幸福里”创建，组建129个小区党组织，实现全覆盖，打造12个市、区级示范试点小区（社区），万顺社区党委书记郑烁敏在全市基层党建工作会议上作“共享社·幸福里”创建典型发言，小区党建工作获原市委常委、组织部部长杨胜杰批示肯定。创新开发“红哨系统”，深化在职党员到社区报到服务制度，率全市之先建立社区干部学院龙湾分院。建立“瓯江红活跃指数”，打造提升30个市、区两级党群服务中心。

【县乡换届选举】 2021年，区委组织部紧扣县乡换届，稳妥做好各项工作。做好区九届党代表、九届人大代表和市十四届人大代表人选资格联审、提名推荐考察工作，联合区委统战部做好区六届政协委员推荐和资格联审工作，圆满完成区第九次党代会选举任务，选举产生新一届区委班子和区纪委班子。做好换届风气全程监督，通过汇编下发中央和省市换届纪律文件，组织全区干部观看《警钟长鸣》警示片，开辟报刊、提醒卡、公众号、短信等多媒体宣传渠道，全面推行换届纪律承诺制，畅通“12380”四位一体举报平台，实现换届纪律“全知晓”、纪律教育“全覆盖”、换届纪律承诺书签署“全到位”，换届监督机制“全提效”，营造风清气正换届纪律氛围。

【党员发展教育管理】 2021年，区委组织部聚焦中国共产党成立100周年系列活动，做好党员发展教育管理工作，坚持数字改革赋能，创建党员发展资格批量联审“一件事”平台，9个部门同步在线、线上联审，全年共发展党员330名；向全区592名老党员颁发“光荣在党50年”纪念章。

【两新党建】 2021年，区委组织部聚焦新业态新就业群体党建工作，率全市之先实体化运行快递物流、互联网行业党委，形成片区管理、网格兜底、龙头联动覆盖体系，绘就包含工伤直通等6大类20项服务“温暖驿家”图谱，打造以两新工场“城市驿站”为总站“1+50”立体化服务阵地体系，上线“驿家亲”程序，推动新就业群体在基层治理中发挥作用，城市驿站助力留工稳岗等做法获市主要领导批示肯定。继续夯实两新党建基础，实现上市企业、亿元以上企业、快递行业企业100%覆盖，实施“3+3+30”标杆创建工程，做好夏梦·意杰、江南控股、日丰打火机等示范点提升工作，评选首批“双强红领”196人。

【干部管理】 2021年，区委组织部加快干部队伍建设，以数字化改革为牵引，持续锻造龙湾干部铁军。迭代升级领导干部“亮绩比绩云平台”，联动区委考绩委办将全区重点任务攻坚清单导入系统，实行项目清单化、清单责任化，开展“红黄绿”三色预警亮牌和每月红黑榜晾晒，实现项目进展可督促、干部实绩可追溯，营造浓厚比学赶超干

2021年龙湾区党员基本情况一览表

表2

项目	数量（人）
党员总数	16245
预备党员	389
女性党员	5711
少数民族员	51
35岁以下	4329
60岁及以上	2907
大专及以上学历	9357
初中及以下学历	3427
农村党员	3546
非公有制经济单位党员	3515

事氛围。高质量承接全省“浙里好干部”系统，全面归集2.80万余条全区领导班子和领导干部多维信息，动态精准画好干部“全景像”。完善全面立体透视识人察人机制，强化政治素质考察，配强配齐科级领导班子，提升队伍干事创业活力，做好8批次304人次干部人事调整和91人次科级干部职级晋升有关工作。坚持年轻干部全链条培养选拔机制，综合比选产生4名92后副科级干部，7名优秀年轻干部通过跨条块交流到街道培养历练。

【干部激励机制】 2021年，区委组织部持续完善干部激励机制，打出激励“组合拳”。实施“赋能提质”计划，继续打造“干部大讲坛”“菁英接力”等载体，高规格举办“新理念新知识新技术”系列培训班，首期中国眼谷专题班邀请国内眼视光专家瞿佳、吕帆等为全区300余名干部开展专题授课，获市委书记刘小涛批示肯定。强化“学干一体、实战历练”，开展东西部协作、山海协作干部挂职锻炼。在疫情一线锤炼干部作风，先后抽调100余名干部参加机场、动车站、高速口、疫情隔离点等防疫工作，为全面打赢疫情防控战提供保障。完善“正面激励”体系，开展4个季度及时奖励、经济工作及信访专项及时评选奖励，全区共有22个集体和86人次获受奖励。加强干部关心关爱，全年在干部关爱中心投入活动资金13.20万元，开展讲座、团服等活动60余场。

【公务员管理】 2021年，区委组织部聚焦源头优选工程，直面公务员违规津贴补贴清理、平时考核等难点，稳步提升公务员工作科学化规范化水平。制定公务员考录三年行动规划，将考录工作纳入区属各单位年度公务员工作考绩，实行“先报考、再腾编”方式，全年公开招考人数超前三年总量。优化公开选调岗位资格条件设置，新增“全日制本科以上学历”和“35周岁以下”条件，实施差额考察，队伍专业素质得到提升。印发《龙湾区（高新区）公务员平时考核工作实施方案（试行）》，构建“5+14”考核指标体系，实现平时考核由定性向定量转变，强化考核结果刚性运用，充分发挥正向持续激励作用。有序做好公务员违规津补贴清理规范工作，确保全区公务员福利待遇。加大公务员表彰奖励力度，全年共给予1个集体、3名个人记三等功，给予18名个人嘉奖。开展第九届全国和第四届全省“人民满意的公务员和集体”推荐工作，叶圣秀获评2021年“浙江省最美公务员”。

【干部监督】 2021年，区委组织部聚焦“严管厚爱”监督新态势要求，强化选人用人监督，做好日常干部监督工作。严把干部预审关，全年对283名领导干部“一票否决”事项进行意见征求，落实领导干部个人有关事项填报制度。对全区40家单位2020年度干部选拔任用工作和210名新提任干部开展评议和分析，对全区21家单位开展选人用人专项巡查。强化数字赋能，多跨协同采集纪委、信访、审计等部门干部监督信息，推进干部大监督系统建设。对照中央及省委巡视选人用人工作专项检查发现问题清单，开展干部工作突出问题专项整治“回头看”。强化“容罚并进”，全年召开容错纠错联席会议4次，受理9家27件，同意备案25件；对违规违纪、信访等中心工作不力干部，实行组织处理，累计受理各类信访件37件，约谈80余人次，形成笔录23余份，免职1人，调整岗位2人，诫勉1人，提醒2人，书面检查1人。

【招才引智】 2021年，龙湾区锚定浙南人才科创高地打造要求，以全市人才工作排头兵、尖刀班的姿态，探索专班化攻坚、阶段化推进、项目化落实的人才工作新机制，为全市人才工作“赶超发展”提供龙湾样板，成为温州市唯一一个获评浙江省2021年度市县人才工作述职评议考核优秀单位。实施人才工作“赶超发展”攻坚行动，建立各级攻坚专班20个、海外引才联络站2家，聘任招才大使29名，与8家优质中介建立合作关系，全年申报国家级、省级“海外引才计划”154人，入选21人，被列入市重点人选60人，各项指标均高居全市第一。聚焦“5+3”产业发展和核心技术攻关，推进“瓯越特支”“罗峰领雁”等人才工程，推荐申报市“特支计划”人才69名、团队（项目）5个，新落地项目8个，获评市领军型创业项目7个，占全市总量的1/3，列全市第一。持续深化“510”大学生招引、龙湾工匠培育、鞋服人才引育等行动，

2021年3月11日，龙湾区举行青年人才成长学院揭牌仪式　（区委组织部供稿）

累计招引大学生12066人，培育工匠人才8066人，新引育鞋服产业设计人才61人，三项指标均超额完成年度任务，创历史新高。推进人才工作数字化改革，试点项目温州人才政策“智算器”成功上线，作为全市唯一的项目被列入全省首批组织系统多跨应用场景目录；商家入驻人才云平台32个，居全市第二。强化人才服务载体建设，率先启动建设人才公园、人才咖啡等载体，共建成投用人才咖啡5家。开展人才系列服务活动，建立区青年人才成长学院，组织开展“温州人才日”龙湾“十个一”系列活动，举办领军人才CEO培训班、人才工作者培训班、青年人才联谊、高层次人才疗养等活动23场。持续推进“人才安居”工程，率先实行人才住房配售常态化机制，新增房源143套，形成累计280套的常态化“房源池”，优化区人才公寓服务模式，入住率达到97%，公开配售人才房177套，解决30名人才子女入学问题。

【关心下一代工作】 2021年，区关工委办持续关心下一代工作，加大品牌创建。在瑶溪阳光党群服务中心成立“阳光驿站”青少年心理健康咨询服务中心，创建弘德国学班、“谦谦学堂”区级“五老护苗”品牌。培育“百场报告会”工作品牌，联合组建“红色永驻”老兵宣讲团，8名老兵宣讲团成员深入村社、学校巡回报告讲座，通过宣讲、红领巾会客厅、线上直播等形式，用自己亲身经历讲述党的光辉历程，歌颂党的丰功伟绩，全年共开展宣讲活动100余场，参与人数10万余人次，相关做法获《光明日报》刊发，老兵宣讲团成员季志昌获评浙江省关工委“红船精神优秀五老宣讲员”。强化队伍建设，组织区关工委干部和“五老”代表赴泰顺司前英士大学、三魁卢梨革命历史纪念馆、库村古村落等地学习考察，提升关工委干部队伍综合素质能力。发挥“五老”优势，开展“五老讲党史”主题教育活动，向全区青少年讲好党史故事、弘扬中国精神、传播最美声音。

【老干部工作】 2021年，区委组织部持续落实老干部工作，统筹开展好老干部主题党日、庆祝中国共产党成立100周百年等系列活动，邀请高校、市老干部大学流动红色能源站专家、领导上党课5次，参与老干部400多人次。组织老干部赴井冈山、嘉兴南湖、红十三军旧址等教育基地参观20多次，开展红色思政大宣讲25次。举办智能手机App应用培训班，组织23名退休干部深入社区，一对一帮助老人掌握手机挂号、打车、导航等功能。开展反诈骗、“世界水日”宣传等活动7场，开展各类志愿服务27场。退休干部服务管理经费标准提高到每年每人1200元。老干部大学全面复学，设教学点2个，选聘教师13名，开设班级16个，比疫情前增加3个班级，学员数增长30%。加强老干部社团建设，遴选45位老干部建立合唱团。全年帮扶困难退休干部和离休干部遗孀20名，支付困难基金补助费5.20万元；建成乐活驿站1家，建成门球场1处，征订《退休干部必读》339本。

（吴祖诗）

宣传工作

【概况】 2021年，温州市龙湾区宣传思想文化战线以习近平新时代中国特色社会主义思想为指导，聚焦庆祝中国共产党成立100周年，聚能开启“十四五”、奋进新征程，聚力意识形态领域风险防范，实施“八大专班行动”“十大创新项目”，开展“奋勇争先学创比”，为建设“一区五城”、全面打响“新中心·大未来”城区品牌、争创现代化先行区、打造高质量发展建设共同富裕示范区县样板贡献力量。

【区委理论学习中心组学习】 2021年，龙湾区持续加强区委理论学习中心组学习，制定《龙湾区2021年度区委理论学习中心组学习计划》《龙湾区党委（党组）理论学习中心组学习巡听旁听制度实施办法》。组织县级领导前往省一大纪念馆开展党史学习教育现场学教活动，举办“百年风华话初心、牢记使命跟党走”红色故事报告会、“永远跟党走”党史学习教育主题报告会，开展主题征文、主题党课、主题研讨会等活动。全年围绕习近平新时代中国特色社会主义思想、党史学习教育、数字化改革等主题，区委常委会召开区委理论学习中心组学习会16场，会前学习会25场，主题党日活动37次。

【“新中心·大未来”城市品牌宣传】 2021年，龙湾区全媒联动开展城市品牌宣传活动。2021年6月5日，龙湾区举办“新中心·大未来”——龙湾未来城区建设发布会，16家新媒体进行全程直播，当天直播收看人数超过200万人，人民网、新华网等11家主流媒体参加发布会。在省、市、区级平台开设专题专栏，全方位、立体式传播龙湾“新中心·大未来”未来城区品牌，累计发稿1000多篇，网络点击量累计5000万+。持续推出“走读龙湾”系列报道，“早安龙湾”系列图片，“百年风华　龙腾瓯越”系列融媒体宣传活动。在全市各县（市、区）率先启动“共同富裕”区街联动新闻发布活动，推出融媒体《共同富裕龙湾加速度》专题系列报道，全景展现龙湾在共同富裕道路上成果和亮点。

【宣教活动】 2021年，龙湾区全面开展庆祝中国共产党成立100周年各项宣传教育活动，举办摄影展、书画展、朗诵会、红歌会等多项活动。建成龙湾革命教育馆，填补龙湾区无革命教育馆空白，开展“文化企航”“红色影院+”行动，打造企业党史阵地6个，红色电影放映基地3个。省、市、区联动推出《鼓棹到龙湾　风光又一番》

主题报道，《百家发布追寻奋斗百年路》获评浙江省优秀作品。举办温州市庆祝建党100周年主题新闻发布会龙湾专场，在线观看网民166万人。与《温州日报》联合开展“百年风华　龙腾瓯越”大型融媒体寻访活动，推出“建党百年　龙城红迹”“走进我们的幸福生活”等栏目，刊发报道500余篇、短视频新闻134个。

【理论宣讲】　2021年，龙湾区围绕重大主题大力推进基层宣讲工作。组建老兵宣讲团、外语宣讲小分队，开通“习语金句直通车”“六讲六做大宣讲直通车”“花young·青春”直播间、“遇见龙湾”外语宣讲直播间。抓好青年理论宣讲，实施“龙青新语”引航计划，举办全区青年理论宣讲暨微党课大赛，拍摄17个青年宣讲微视频。

【对外宣传】　2021年，区委宣传部创新载体手段，加强对外宣传工作。促成新华网浙江分公司温州事业部落户龙湾。推进区级媒体多渠道融合，建立采编审一体化流程，开通“龙湾融媒”视频号、抖音号，上线“阅龙湾”电视端，打造全媒体矩阵和融合生产格局。成立温州市海外传播中心龙湾基地，策划“外国友人在龙湾”系列活动，并通过新华网、in zhejiang英文平台等平台推送。市级以上主流媒体发稿5609篇（次），比上年同期增长117%，省级以上媒体报道2788次，其中《浙江日报》头版9篇，《温州日报》头版193篇，创历史新高。全年召开新闻发布会7场。

【文化惠民】　2021年，区委宣传部持续推进文化惠民活动。推进“浙江省诗词之乡”“中华诗词之乡”创建工作。举办龙湾区第八届文化艺术节和首届少儿书法展，举办区美术、书法、摄影精品系列首展，开展“送福写春联”迎新春、“幸福家庭”“平安返乡——温暖相伴”拍摄全家福、鼓词进文化礼堂等活动。开设“布谷鸟”文艺培训班10个100节课、参加培训2200人次；开展“送电影下乡”活动1452场，观影人数12.80万余人次。温州市蓝登图书有限公司入选“十三五”民营书业全民阅读推广单位。全年完成中华版本资源征集3212件。

【意识形态领域管理】　2021年，区委宣传部加强意识形态领域管理。实施意识形态闭环管理工程，出台《龙湾区党委（党组）意识形态工作责任制落实不力责任追究办法（试行）》。八届区委第七轮巡察单位8家、八届区委巡察“回头看”单位7家、开展意识形态专项检查街道6个，八届区委第五轮巡察回访单位7家，反馈全区6个街道落实意识形态工作责任制单位党委（党组）59家。

【网络综合治理】　2021年，区委宣传部持续加快互联网络管理，严格实行属地网络媒体和自媒体分类分级管理。制定出台《龙湾区网络安全考核评价办法》《龙湾区依法治网体系建设实施方案》，打造“e法先锋”互联网法治品牌，联合开展网络安全检查和网上巡查2500余家次，发送网络安全预警13起，通报网络安全事件2起，发放漏洞整改通知书30份。10月11日，浙江省“云谷论剑”网络安全论坛在浙南·云谷举行，全国网络安全传播研讨会在龙湾区设立参观点，龙湾入选全国网络安全典型传播案例1例。

【文化市场管理】　2021年，区委宣传部持续加强文化市场管理，始终保持“扫黄打非”高压严管态势，制定《龙湾区扫黄打非工作奖励办法》《龙湾区扫黄打非基层站点星级评定办法》。推进“新风”“正道”“护苗”和“护航百年·清朗市场”等专项行动，开展“绿书签行动”系列宣传教育活动。实施印刷出版电影企业（单位）“三色”管理，完成70家印刷企业和45家出版物发行单位年检和换证工作。全年侦破涉黄涉非案件4件，其中全国扫黄打非办挂牌督办案件1件；创客小镇社区获评浙江省“扫黄打非”进基层示范点。

【宣传干部队伍建设】　2021年，区委宣传部强化宣传干部培训，5月24—28日，龙湾区落实意识形态工作责任制暨新闻发言人研修班在宁波大学举办，各街道、区属各单位宣传工作分管负责人60余人参加培训。开展

2021年4月26日，龙湾区青年理论宣讲大赛暨微型党课大赛总决赛在浙南云谷落幕　（区委宣传部供稿）

全区宣传系统“学创比”活动，举办“奋勇争先，怎么看、怎么办”大讨论和“擂台四比”集中述政活动，全面提升宣传干部业务能力。全年开展“双组双促”“万名干部进万企”、联村143人次，走访企业80人次。

（林郁郁）

统一战线工作

【概况】 2021年，温州市龙湾区委统战部紧扣龙湾“一区五城”建设，增进统一战线和合力，组织召开3次党史专题学习会，整合资源帮助会员企业开拓市场、发挥商协会党组织战斗堡垒作用，打好疫情阻击战。发挥“司法机关助推非公有制经济发展”协作、问题反馈、联合督查、信息共享等机制作用，协助街道调处劳资纠纷359件，涉及人数545人，涉及金额401.24万元。

【统一战线政治思想建设】 2021年，区委统战部贯彻落实习近平总书记改进统一战线工作重要思想，围绕庆祝中国共产党成立100周年，党内党外“双向联动”开展主题教育。组织各民主党派、工商联、无党派、留联会成员赴井冈山、韶山、上海党的一大旧址等革命圣地，开展主题教育活动。设立党外知识分子思想教育基地，成立党外代表人士党史宣讲团，组织开展“追寻红色根脉　感悟光辉党史”“红色百年·侨心向党”“重温历史鉴丹心　挥毫泼墨庆华诞”佛教图片书画展、“百首红歌我来唱”“同结石榴籽，共圆中国梦”等特色活动20余场。

【“两个健康”先行区创建】 2021年，区委统战部推进“两个健康”发展先行区建设。健全“政企互动机制”，落实区领导联系重点企业、企业家、重点协会商会制度、政企常态化沟通机制，举办亲清直通车、政企恳谈会5期。出台《关于推进清廉民营企业建设的实施方案》。推进龙湾区商会发展服务综合体（龙商家园）和永兴街道2个基层商会发展服务综合体建设。开展龙湾——龙港双龙战略合作，两地年轻一代企业家探讨共同富裕话题。举办新生代企业家联谊会。举办“民营经济人士理论研修班”系列培训活动，打造“龙湾企业家训练营”“法治大讲堂”等特色活动品牌。

【海外乡贤统战工作】 2021年，区委统战部持续推进海外新乡贤“五个一”工程，建成在外著名乡贤信息库1个、街道级新乡贤联谊会6个、街道乡贤馆4个，挖掘培育“乡贤助乡兴”实践基地6个，申报市级新乡贤工作示范点2个。组织开展海外侨领家乡行、青年乡贤家乡行、海外高层次人才看龙湾等活动，着力搭建一批“乡愁有延续、乡情有归处”交流平台。持续推进涉侨审批服务“最多跑一次”改革，侨胞办事从“最多跑一次”升级为“零跑次”，累计办结各类涉侨审批服务事项49项，提升侨胞获得感和满意度。持续推进侨法宣传“六进”，新增“涉侨法律服务工作站”1个，开展侨法宣传3场，分发侨法宣传材料2000份。

【民主党派品牌建设】 2021年，区委统战部推进统战各领域亮点特色转化为创新品牌，打造一批具有龙湾特色统战工作载体，实现民主党派“党派之家”全覆盖。充分发挥各民主党派智力密集、人才众多的优势，组织各民主党派开展扶贫助学、免费义诊、关爱特殊群体、法律宣传等社会服务工作30余场。年内，各民主党派人士积极参政议政，履职建言，共提交建议提案125件，社情民意80多篇，其中《关于加快推进未来社区建设的建议》《我市泵阀产业发展后劲不足 掣肘共同富裕示范区建设　建议加快智能制造升级》等多篇社情民意调研文章质量较高。

【宗教工作】 2021年，区民族宗教事务局建立健全宗教联席会议制度，聚焦宗教领域整治，取缔私设聚会点3处。完成渔船涂装悬挂宗教标识物整治行动，严厉打击非法宗教活动，行政执法在温州市民宗系统连续三年实现双超。年内区委统战部申报“浙江省宗教活动场所专项规划一张图应用（龙湾）”应用场景成功进入“一本账”并列入全省统战系统重点培育单位。开展“十百千万”普法工程，全市第一个提前完成普法宣讲任务。推进特殊建筑物合并安置步伐。完成6个村54处民间信仰场所并入瑶溪街道群仙观，年内龙湾区特殊建筑合并安置进度走在全市前列。

2021年7月11日，永中街道新乡贤联谊会举行第一届一次会议　（项绍雄／摄）

【少数民族工作】 2021年，区民族宗教事务局以宁城社区全国民族团结进步示范点为样板，提升各民族团结进步示范点档次。打造现有国家级民族团结进步示范基地2处，省级民族团结进步示范点基地2处。开展“童心筑梦庆六一”“红心汇慈善”等民族宣传活动，让龙湾少数民族同胞有更多融入感、归属感和获得感。赴文成县黄坦镇石竹寮民族村开展“民族团结一家亲”帮扶慰问活动。

（吴纯青　陈澄澄）

机构编制

【概况】 2021年，温州市龙湾区委编办深化机构和行政体制改革，厘清机关和事业单位职责。根据省市总体布局，组建区委社会建设委员会、区乡村振兴局、区综合行政执法指导办公室、区邮政分局等机构。调整区大数据管理中心机构规格为正科级，优化区旅体中心、区中西医结合医院职能。深化群团组织改革，打造新时代文明实践活动中心平台，将区青少年活动中心、区妇女儿童活动中心等单位整合，划入区精神文明建设指导中心（新时代文明实践活动中心），统筹调剂事业编制10名。创新教育领域机构编制管理方式，探索实行公办幼儿园劳动合同制教职工总量管理，核定劳动合同制教职工控制数421名；结合校网调整，设立区国科温州第一幼儿园等9所幼儿园，撤销温州市龙湾区瑶溪镇金岙小学等2所小学。做好事业单位法人登记工作，完成事业单位法人各类登记共210家，年检合格单位166家，章程审核公示68家，机关、群团赋码工作新设、变更、补领、撤销共计26家。

【事业单位公益指数试点】 2021年，区委编办推进事业单位公益指数试点，出台《关于编制发布事业单位公益指数的实施方案》，完成卫生、文化、教育领域公益指数指标采集、数据分析等工作，完成卫生领域事业单位公益指数分析报告。12月，正式启动“这里看”事业单位公益指数数字化系统试应用。

【机构编制数字化建设】 2021年，区委编办加强机构编制数字化管理，开发实名制系统内编外用工模块，规范编外用工管理。会同区大数据管理中心开发微应用“智慧编制管家”，对机构编制数据资源进行归集整合，实现机构职能展示、人员信息资源查询、数据共享交换等综合服务。上线以来，为区大数据管理中心等单位提供社会信用代码证等数据查询，配合区纪委区监委等单位开展数据利用工作，指导各部门维护更新人员信息2万余条。全年依托机关内部“最多跑一次”平台，累计完成“一件事”办件1644件。

【机构编制法治建设】 2021年，区委编办推进机构编制法治化建设，审核通过《龙湾区党政部门职责争议处理办法》，联合司法局出台《龙湾区行政执法协调工作规定（试行）》，初步形成龙湾区行政机构职责争议事项处理一揽子解决方案，在全市率先落实部门党委向编委报告机构编制事项制度。全区56家部门、6家街道完成2020年度机构编制报告。出台《温州市龙湾区机关事业单位编制使用管理办法（试行）》《龙湾区机构编制合规性审查工作手册》，首次规定事业单位报备员额、公办幼儿园劳动合同制教职工控制数和编外用工控制数，开展机构编制申请事项和拟办意见、申请部门违规问题整改落实情况和实名制制度执行情况审查。开展机构编制核查，下达温馨提示进度缓慢单位15家，移交区委巡察组机构编制违规线索4条，督促部门整改落实到位2条。

【街道“属地管理”】 2021年，区委编办加强街道“属地管理”，理清职责边界、完善运行机制。落实基层站所人员属地管理制度，印发《关于加强派驻机构干部属地管理考核工作的意见（试行）》《龙湾区街道模块化运行改革工作方案》。完成第二批“属地管理”事项责任清单梳理工作。

【编外用工管理】 2021年，区委编办加强编外用工管理，摸底调查全区街道编外用工情况，理清部门及街道站所编外用工配置情况。测算全区街道编外用工，制定编外用工核用制度，起草《关于优化街道编外用工配置管理的实施意见》。定期核查全区各部门编外人员，并导入中央编外人员系统。全年实行编外用工管理，核查减解编外用工200余人。

（邵晨佩）

区直机关党建

【概况】 2021年，温州市龙湾区委直属机关工委（简称区直机关工委）推进机关党建高质量发展，强化学习型机关建设，实现组织联建、理论共学，4个机关党建联盟、3个机关党建片组轮值举办“初心学堂”活动，开设《党史天天读》《学党史·庆华诞》专栏，全年推送信息220余条，在省、市级主流媒体报道97篇。机关党建责任制做法获区委主要领导批示肯定2次，在全市机关党的工作会议上作典型发言，并在全省推广。年内获评温州市县（市、区）机关党建考核第一。

【区直机关“双建”活动】 2021年，区直机关工委加强区直机关“双建”活动。8月10日，召开“双建”工作推进会，区委常委、组织部部长、机关工委书记蔡军令出席会议并讲话。11月26日，举办“双建”成果展示交流活动，区四套班子领导出席活动。全年发布“双建”短视频12期、专栏报道18篇、典型人物宣传作品32个，充分展示“双建”丰硕成果。年内区市监局获评温州市“模范机关”示范单位。

【区直机关服务活动】 2021年，区直机关工委持续推进机关服务活动，开展“双报到双服务”活动，全区机关党员通过“红哨工程”向联系村社报到共有2500余人，帮助解决村社难题290余个。7月2日，组织“红心汇慈善”服务活动，各机关党组织开展志愿服务540余次，认领和实现微心愿3600余个。开展关爱服务活动，常态开展心理健康讲座、团辅、咨询等，参与人员1530余人次。组织开展代表选举，选举产生区党代表72人，选举产生区人大代表2人。全年提炼“红色工地党建联盟”项目47个，“创新技改金点子　助力企业融新资”等3个项目获评温州市优秀案例。

【区直机关基层组织建设】 2021年，区直机关工委持续推进区直机关基层组织建设，举办“万名党员进党校”，采用“领导授课与专家讲学、线上收看与线下自学、集中宣讲与研讨交流”相结合，全覆盖完成普通党员、党务干部、发展对象等培训2200多人次；制定出台《加强和改善机关党务干部队伍的实施意见》，打造首批5个“红匠工作室”，将党务干部任职经历纳入干部履历，推动区司法局等12个单位由党员主要负责人担任党支部书记。年内区纪委区监委等6家单位获评2021年温州市机关党建示范点，区检察院机关党委获评2021年浙江省先进基层党组织。

【“建功立业新中心　砥砺奋进大未来”联合主题党日活动】 2021年6月25日，区直机关工委举办“建功立业新中心　砥砺奋进大未来”联合主题党日活动，开展红色研学系列活动，为“光荣在党50年”党员颁授纪念章。

（金军华）

涉台事务

【概况】 2021年，温州市龙湾区推进海峡两岸（龙湾）民营经济创新发展平台建设，赴台商集聚区开展招商，新增优质台青项目1个，新建两岸商协会联系机制2个。扩大对台经贸交流，做好涉台项目跟踪服务，全年完成欧顿雍华幼儿园续签，天心天思数字经济产业中心项目累计投资9.40亿元。

【台胞台属服务】 2021年，区台办集中开展“两岸同心·筑梦龙湾”台商台企台属服务月活动，结合“三服务”“万名干部进万企”等活动，聚焦台商台胞需求，动员全区各街道开展涉台对企服务，解决一批疫苗接种、员工招聘、场地对接等问题，做好涉台宣传“三进”活动，实现辖区困难台属走访慰问全覆盖。

【海峡两岸交流活动】 2021年，区台办在疫情阻隔实地交流情况下，拓宽渠道、创新形式，举办第九届“永昌缘·两岸情”暨2021年“以文会友·传情两岸”书画艺术云交流活动，龙湾和台湾南投30余位艺术家通过网络连线方式“云端”汇聚一堂，共同创作包括山水、花鸟、人物等为主题传统水墨画和书法作品，制作成两地艺术家2021年书画交流作品集。以两岸同名学校永昌小学为纽带，探索两地长效性基层联络关系和常态化交流机制，推动双方在文化、教育等多方面合作交流，搭建起龙湾与南投两地交流平台。

（李文艳）

档案工作

【概况】 2021年，温州市龙湾区档案馆坚持“增量重民生”原则，将民生档案资源建设放在首位，全年新增民生档案6万余卷，其中契税档案4.12万卷、土地确权档案1.88万卷，馆藏民生档案30类28万余卷17万余件，占馆藏总量83%。

【档案公共服务】 2021年，区档案馆持续推进“最多跑一次”改革，依托“瓯e办”等载体，出证自主查询民生档案系统，可查询婚姻、出生医学证明民生档案9大类，办件1417件。区档案馆展厅列入龙湾区第一批党史学习教育示范基地，开展“红色阵地”宣讲、“6•9”国际档案日活动，全年接待机关单位20余家，参观人数1000余人次。

【数字档案接收】 2021年，区档案馆持续完善数字档案接收工作，建立数字资源常态化接收机制。对接省档案数字共享中心，选取文书、婚姻、出生证等馆藏量大档案作为试点目录整理，逐步实现数字标准化、规范化。全年完成融媒体中心2020年以前新闻报道视频和“今日龙湾”纸质、数字报历年档案接收进馆工作。建立数字档案接收目录数字库，收集疫情防控和脱贫攻坚档案7968条72.30GB，收征集“四史在龙湾”档案照片2000多张，“三重一特”活动档案照片1万余张。

【数字档案管理】 2021年，区档案馆持续加强数字档案管理，升级智能库房、远程出证、协同查档、智慧编研等功能模块，全区各单位档案数字资源全部上传到统一管理平台，实现数字档案互联互通和管理、服务全覆盖。开通村级档案室政务网vpn专线，接入馆室一体化系统平台，实现建制村档案数据服务全覆盖。全年完成73家单位2020年度各门类档案登记备份工作，新增馆内数据103GB，登记备份完成率100%；分批次组织开展馆室一体化系统应用培训，指导做好开放鉴定全流程线上运行，完成47家单位3.80万件档案开放鉴定初审工作；完成基层档案数字化纳入档案数字化加工、新冠肺炎疫情、村级换届选举等档案共6000卷173万页数字化加工项目。全区街道、单位档案工作完成率98.8%。

【档案法治】 2021年，区档案馆推动新《档案法》宣贯，通过组织全区100余名档案人员参加档案新法在线培训等方式开展档案法治宣传。跨层级推动依法治档，做好“互联网+档案行政执法”工作，牵头开展跨部门“双

2021 年 8 月 13 日，龙湾区第二小学学生开展“感恩于行”暑假社会实践活动
（项绍雄/摄）

随机”联合执法，把档案法律制度转化为档案治理效能，档案系统双随机执法检查掌上执法开通率 100%、掌上执法激活率 100%，执法检查、双随机抽查各 6 次。

（姜晓伟）

信访工作

【概况】 2021 年，温州市龙湾区推进信访问题化解，改善区域信访生态。年内，全区受理群众信访总量 38172 件（人次），比上年同期上升 9.9%，其中，群众来信 464 件（人次），同比下降 32.5%，网上信访 10307 件（人次），同比上升 8.2%；群众 12345 热线 26346 件（人次），同比上升 2.8%。

【专项工作】 2021 年，区委、区政府做好信访工作，坚持早谋划、早研究、早部署，制定下发《龙湾区平安信访“百日攻坚”专项行动方案》等，积极推进专项工作开展。

【信访“一案一专班”】 2021 年，区信访局强化信访“一案一专班”领导包案工作，区委、区政府主要领导领衔包案，推进信访“一案一专班”，由区领导包案，完成化解市级交办屿田、上江和蓝田 3 个重点信访群体，成功化解蓝田标准厂房群体，签订息访企业 14 家。包户完成化解蒲州街道屿田村信访组团群体单位 48 家。

【领导干部接访下访】 2021 年，区委、区政府持续做好领导干部接访下访工作，区委先后 5 次召开专题会议研究信访问题，部署开展信访“四大行动”、涉征地拆迁信访积案化解“百日攻坚”行动、平安信访“百日攻坚”行动，推进信访工作责任落实。严格落实领导接访下访制度，除每月定期在区矛调中心接访群体。全年区级领导干部在区矛调中心接访 304 人次，接待来访群众 149 批 373 人次，初访化解率 93.2%，办结率 100%。

【信访积案化解】 2021 年，区信访局持续加快信访积案化解，以信访积案“清仓见底、清零销号”为工作目标，开展实行半月一通报、一月一排名、两月一汇报的“三个一”督导机制，分类施策推动信访积案化解。

（杨佳佳）

史志工作

【概况】 2021 年，温州市龙湾区委党史研究室（区地方志研究室）围绕党史学习教育和巡察整改工作要求，推动史志各项工作跃上新台阶。出版《龙湾区历届党代会区委书记报告汇编》，完成《龙湾年鉴（2021 年）》《龙湾区组织史（第七卷）》编纂。年内，《龙湾年鉴（2020 年）》获评 2021 年第八届全国地方志优秀成果（年鉴类）县级综合年鉴特等奖（中指组字〔2021〕23 号）；单位获评 2021 年区考绩优秀等次。

【服务全区党史学习教育】 2021 年，区委党史研究室（区地方志研究室）开展党史学习教育，联合区党史学习教育办征集“红色文物”故事，整理并向市推送 30 余篇，获“学习强国”浙江平台录用 2 篇。开展区史志讲师团“你点单、我上课”史志宣讲活动，

2021 年 3 月 17 日，全区信访工作会议暨信访突出问题专项整治行动部署会召开
（区信访局供稿）

讲师团成员分别在区司法局、江一村、区职业技术学校、区图书馆开展宣讲，涵盖《温州改革开放史》《学习党的历史，汲取精神力量》等内容，累计宣讲8场。开设地情网龙湾党史故事周周看栏目，制作并展播短视频《龙湾史志·百图庆百年》。

【党史资料征编】 2021年，区委党史研究室（区地方志研究室）推进龙湾党史研究，研究龙湾“四史”，完成《龙湾区红色精神谱系综述》。开展革命遗迹调查统计，收集天柱寺刘英住地、五溪民兵哨所等资料。挖掘宣传英雄战胜美人瀑党史故事。加快《中国共产党龙湾党史（1978—2012）》编纂进度。向各单位提供党史资料，协助龙湾革命教育馆展陈工作。

【地域文化研究】 2021年，区委党史研究室（区地方志研究室）推进永嘉场文化研究。协助编纂《家园印记》、编辑龙湾永嘉场公众号，参与寺前街文化建设、张璁纪念馆布展等工作。《龙湾史志》全年出刊6期，《龙湾简志》完成初稿，编纂上报《温州市抗疫志》（龙湾篇）。指导编纂村志专业志，《青山村志》收编，指导编纂全省首部堡志——《永昌堡志》，《蟠龙在湾，魅力之城——温州市龙湾区》登上“学习强国”浙江平台。

【结对服务】 2021年，区委党史研究室（区地方志研究室）持续做好江一村结对帮扶工作，安排全体党员参与江一村帮扶工作，帮助提升北沙公园党建宣传，挖掘海滨红色资源。每周下村2次以上，梳理村居诉求，对接困难问题，推进化解江一村综合办公大楼建设、江一村新建文化礼堂、城北西路道路维修、村三产安置房权证办理等难题。

【巡察整改工作】 2021年，区委党史研究室（区地方志研究室）落实巡察整改工作，做到“两不误、两促进”，全面履行巡察组提出3大类10个方面32个主要问题，建立整改清单，落实81条整改措施，做到问题一项不漏、任务细化到岗、措施分解到位、责任落实到人。巡察反馈问题全部完成整改。

（吴道边）

精神文明建设

【概况】 2021年，温州市龙湾区紧扣争创全国文明典范城市目标，以“十大整治专项行动”为抓手，坚持迎亚运与讲文明、提品质一体推进，依托新时代文明实践中心和公民思想道德建设两大载体，推进龙湾区精神文明建设全域化拓展。打造文明大学堂、文明大舞台、文明大讲台、文明实践点道德宣教阵地，开展文明单位、文明示范村创建，传递最美榜样。全年龙湾区获评2021年温州市文明单位11个：龙湾区纪律检查委员会、龙湾区税务局永中税务所、里仁科技职业学校、浙江程力管业有限公司、龙湾区罗峰第一幼儿园、浙商银行温州龙湾支行、中国民用航空温州安全监督管理局、龙湾区第十五幼儿园、中国人民财产保险股份有限公司温州市龙湾区支公司、中国农业银行温州永强支行、龙湾区第十六幼儿园；获评2021年温州市社区类文明单位4个：永中街道龙水社区、状元街道龙跃社区（五星）、永中街道万新社区、永兴街道永康社区（四星）；获评2021年温州市文明示范村2个：永兴街道下兴村、状元街道状元桥村。

【城区环境“十大整治”专项行动】 2021年，区文明中心持续加强文明城市创建，围绕“一区五城”建设，直击文明城市创建中“盲点”“弱点”，加快推进市政基础设施整治、农村环境整治、市场环境整治、餐饮环境整治、学校及周边环境整治、建筑工地环境整治、交通环境整治、住宅小区综合整治、背街小巷环境整治、公共场所环境整治等十大环境问题整治步伐。实施“领导带头督、联创办常态督、媒体舆论督”三级督查机制，区领导带头督查20多次，区联创办常态督查抄告《文明创建督办通知》95期，办理区领导批示41件，促办问题5453个。全年统筹做好道路绿化、公园绿地、背街小巷改造等城市配套设施建设；修补路灯缺亮、灯杆倾斜406处，排除电缆故障102处；应急处置门盖、井盖损坏、缺失等147处；清理被堵塞雨水井、污水井16571座，立案查处违法破坏市政设施行为10件。持续开展市容市貌、住宅小区、建筑工地、农贸市场整治，建成最美小区20个、农村人居环境最干净村4个、清洁田园16个、最美农贸市场16个；改造老旧小区5.70万平方米。城镇垃圾分类无害化处理率100%，永兴街道下兴

2021年4月10日，区史志讲师团成员在南洋社区开展《永嘉场张阁老足迹寻踪》分享会

（区委党史研究室供稿）

村创成全省首个垃圾分类“无桶村”。常态化开展交通秩序整治，累计查处各类交通违法45万起，其中查处机动车违法行为18.40万起，闯红灯、过斑马线低头看手机等行人违法行为2040起；常态化严管严查电动车、摩托车违法行为5.70万起。改造辖区内主要道路交通安全设施，修缮多处交通设施，新增公共停车位2208个，创新“城市停车联盟”治理模式。

【新时代文明实践中心建设】 2021年，龙湾区深化新时代文明实践改革。出台《龙湾区推进新时代文明实践改革工作实施方案》，以区新时代文明实践中心为主阵地，整合区青少年活动中心、区妇女儿童活动中心、区工人文化宫人员编制、工作职能、运行经费、活动平台，打造全市首个实体化新时代文明实践管理机构（龙湾区新时代文明实践活动中心）。该中心打造集信息枢纽和综合服务功能于一体的智慧系统，将原有各类志愿服务平台统一集纳到该系统，实现志愿服务数据“一个口子进、一个口子出”，在数字化改革黄金赛道上跑出龙湾文明加速度。依托“阅龙湾”App在辖区范围内已实现全覆盖的受众基础，植入“龙湾文明码”连接龙湾区新时代文明实践志愿服务综合数字平台，辖区内30余万“阅龙湾”App用户均可通过扫码点单服务项目，由龙湾区新时代文明实践志愿服务综合数字平台统一派单，志愿者接单后开展线下服务，实现“从指尖到身边”文明实践路径。

【社会主义核心价值观培育践行】 2021年，区文明中心推进社会主义核心价值观培育践行，强化文明引导。打响“我们的节日”品牌，广泛开展春节、清明、重阳等中华传统节日主题宣传活动。在龙湾新时代文明实践中心开展温州市“我们的节日 重阳节”主题活动，以“重阳‘好’家风，久久‘传’孝善”为主题，进一步传承和弘扬敬老、爱老的中华民族传统美德。在疫情防控常态化背景下，尝试开展线上主题活动，春节前夕，组织3位好人参加《在温州过年，真好——“我们的节日•春节”》线上直播主题活动，扩大“最美温州人•温州好人”影响，为“留温过年”营造氛围、增添温度。结合节日节气推动社区开展志愿服务活动。组织全区各街道、社区联动开展“掸新迎新春 随手做志愿”主题活动，承办温州市2021“节日节气•温情温州”志愿服务暨龙湾区文明健康宣传主题活动等。加大传统文化传承持续举行“好家风”褒奖礼活动，引导广大群众寻家风、晒家训，常态化推进“好家风好家训”选树宣传展示活动，组织家风家训系列主题实践活动。

【文明行为养成主题实践活动】 2021年，区文明中心推进文明行为养成主题实践活动，率先拍摄《反食品浪费法》公益广告，普及厉行节约、反对浪费教育。通过“文明礼让斑马线”等活动，推动礼让斑马线全域化开展，全面培育“车让人、人快行”人车互让文明风尚。加大厉行节约、使用公筷宣传，投放文明用餐劝导标识3000个、文明用餐宣传桌贴5.60万余份、反对食品浪费海报2.60万余份，引导全体市民参与到垃圾分类、文明就餐、文明待客、随手做志愿、诚实守信、文明旅游、文明上网等日常生活“关键小节”，让文明好习惯蔚然成风。

【志愿服务】 2021年，区文明中心聚焦“一个中心”，成立龙湾区志愿服务联合会，全面推进龙湾区志愿服务制度化、专业化、社会化发展。依托新时代文明实践中心、所、站三级网络，全区共建成1支新时代文明实践志愿服务总队、69支分队、52支小队，累计开展志愿服务活动1800多场次。启动省“志愿浙江S2”服务管理平台，针对疫情形势，采用线上视频教学和“1对1”辅导等形式，强化与各单位平台管理人员沟通交流，确保“志愿浙江S2”平台在龙湾顺利推广、运行发布活动1261场次，排列全省前20名。搭建“群众点单—平台派单—志愿者接单”数字化流程，开展点对点上门服务，出台《龙湾区志愿者礼遇办法》，设立“融裕文明实践”公益基金100万元，健全志愿者注册、招募、服务、退出、评价等管理机制，提高志愿服务工作整体效能。投入100多万元在区新时代文明实践中心北广场建成雷锋广场。

【好人评选活动】 2021年，区文明中心以“好人评选”为载体，强化典型选树、宣传，弘扬主流社会道德风尚。

2021年9月30日，龙湾区举行新时代文明实践志愿服务分队授旗仪式
（区文明中心供稿）

年内，孙约肥获评中国好人，杨海伟、娄树泽、孙约肥、张国春获评浙江好人，陈春英、吕华荣、王育姆、张夏燕、林文畴、张兴、王学聪、张冰瑜、戴显达、林华、郑碧、孙克福、朱作明等13人获评温州好人，叶时钦、曾玲玲等2人获评最美温州人。获评温州市道德模范1例，评选第六届龙湾区道德模范10例，提名奖6例。开展“好人在我身边•献礼建党百年”系列活动，组织好人认领微心愿、好人工作室开展微公益、身边好人“四进”微宣讲等志愿服务活动30余场。擦亮“好人工作室”品牌，2021年新增叶时钦、姜松林、孙约肥等3家好人工作室，带动超万人次开展公益活动。

【未成年人思想道德教育】 2021年，区文明中心加强未成年人思想道德教育。推进春泥计划龙湾模式，开展“缤纷假日”“童心向党”“新时代好少年”等主题教育活动1000余场，受益未成年人超2万人次。承办温州市春泥计划“缤纷冬日”和“缤纷夏日”主题活动启动仪式，举办龙湾区“致敬2021•清明祭英烈”启动仪式、龙湾区乡村（城市）学校少年宫“童心向党”展演、龙湾区“向国旗敬礼”主题教育活动启动仪式，创新“网约未来”工作品牌，该项目入选2021年温州市未成年人十大实事项目。推进文明校园创建、复评、转评等系列工作，永昌一小等7家学校通过市文明校园转评，推进瑶溪一小、南洋社区乡村复兴少年宫试点建设。开展“好家风好家庭”评选，创新“智慧父母成长营”“家教学堂云课堂”等线上线下活动载体，深化家庭教育协同育人功能。2021年成功创成眼视光梦工厂等5家市级未成年人德育优秀阵地，蒲江社区等4家市级春泥计划示范点，构建未成年人“15分钟”德育阵地网络。实施“清朗工程”“净网工程”“护苗工程”，净化校园周边环境。坚持关爱行动形成长效机制，开展“把爱带回家”“共享蓝天•快乐成长”等寒暑假儿童关爱服务活动，设立“百万爱心善款”基金，累计助学款超一百万元。坚持心理教育护航健康成长，出台《龙湾区儿童青少年心理健康促进行动三年实施方案》，成立儿童青少年心理健康促进行动工作组、专家组，开设41条心理咨询热线，服务6.50万名师生，各社区、村居未成年人活动中心开设“阳光心灵”等心理健康课堂。

【移风易俗改革】 2021年，龙湾区深化移风易俗改革，倡导文明新风。实施政府购买身后一件事“零跑腿”免费代办服务，开展移风易俗政策宣传、免费代办相关证明手续等便民服务，实行文明节俭办丧。移风易俗工作与常态化疫情防控有机结合开展立体化宣传，出动宣传车76辆次，发放《倡议书》等宣传单22.40万余张，设置宣传展板、海报2.20余块（张），悬挂宣传条幅300余条。发动联系部门、街道、村（社区）干部及党员志愿者7450余人走村入户排查，为1205户逝者家属实行免费代办服务，共减免各种殡葬基本服务费78.09万元。对全区36个殡仪服务中心（集中办丧点）、5个家宴中心进行全面排查，对实行动态化监测管理，坚持边摸排边劝导，做到不漏一户，精准到人，着力把好红事白事人情关，引导群众红事缓办、白事简办。

（陈　慧）

2021年9月30日，龙湾区举行“向国旗敬礼”主题教育活动启动仪式
（区文明中心供稿）

2021 年 5 月 25 日，龙湾区举行乡村（城市）学校少年宫“童心向党”展演暨“红色记忆”阅读活动（雨林 / 摄）

2021 年 1 月 27 日，龙湾区承办温州市春泥计划“缤纷冬日”主题活动启动仪式（区文明中心供稿）

委会农资工委主任沈爱巧所做关浙江省粮食安全保障条例》贯彻实况执法检查报告。会议听取和审议府常务副区长吴昌亮所做关于重大招引及签约落地工作情况的报告，大常委会教科文卫民侨工委主任黄芳所做关于重大项目招引及签约落地作情况调研报告，表决通过《关于进步加强重大项目招引及签约落地工作决议》。会议书面审议区政府关于深化“最多跑一次”、推动矛盾纠纷调处化解“最多跑一地”工作审议意见落实情况报告，区检察院关于检察机关法律监督工作审议意见落实情况报告。会议听取和审议区政府领导李丹、叶庆权、吕庆雷、赵均宙、余安江、潘乐仲履职情况报告，并举行满意度测评。会议审议通过有关人事任免事项。会上，区委书记周一富作重要讲话，周一富书记指出，听取和审议区政府领导履职情况报告，是人大常委会履行法定职责需要，是加快龙湾“一区五城”建设需要，也是加强政府自身建设需要，各监督对象务必要统一思想，提高认识，正确对待，自觉接受人大常委会审议监督。区政府分管领导要倍加珍惜人民赋予权力，不负重托、不辱使命，履职尽责、开拓进取，在履职中始终做到依法行政、务实勤政、为民执政、廉洁从政，以更大的干劲推进政府工作，努力向全区人民交上一份满意答卷。区委书记周一富强调，对任命干部开展履职评议是一种监督手段，通过干部履职评议，找准问题，理清思路，精准发力，补齐短板，推动工作。区人大常委会在履职中要坚持党的领导，始终把人大工作置于党委领导之下，使区委及时了解各个阶段工作情况，确保监督工作督出绩效、督出成效、督出实效。要坚持实事求是，出具审议意见时要立足实际、避免形式主义，在做好监督的同时也要主动问计于民，找准经济社会发展痛点，着力破解突出问题和短板弱项，充分体现监督与支持统一性、一致性。要坚持整改落实，与区政府共同把整改落实贯穿于全过程，对审议中提出问题及人民群众关注的热点问题，做到事事有回音、件件有落实。

第三十四次常委会　8月30日召开。会议听取和审议区政府常务副区长吴昌亮所做关于上半年全区经济社会发展情况和下半年政府工作报告，书面审议区政府关于2021年上半年国民经济和社会发展计划执行情况报告。会议听取和审议区财政局局长吴尊林所做关于2020年度区本级财政决算报告和2021年上半年区本级财政预算执行情况报告，区人大常委会财经工委主任曾焕强所做关于2020年度区本级财政决算审查报告，区审计局局长包双一所做关于2020年度区本级财政预算执行情况及其他财政收支审计报告，表决通过关于批准龙湾区2020年度区本级财政决算决议。会议听取和审议区政府常务副区长吴昌亮所做关于“未来社区”建设进展情况报告、关于2021年度民生实事项目进展情况的报告，区人大常委会城建与环保工委主任吴伟鸿所做关于“未来社区”建设进展情况调研报告，区委常委、区政府党组成员李丹所做关于实施创新首位战略打造浙南科创新城情况报告，区人大常委会教科文卫民侨工委主任黄建芳所做关于实施创新首位战略打造浙南科创新城情况调研报告，区政府副区长彭锋所做关于贯彻实施《浙江省全民健身条例》和《浙江省实施〈中华人民共和国体育法〉办法》情况的报告，区人大常委会社会建设工委主任张恩东所做关于《浙江省全民健身条例》《浙江省实施〈中华人民共和国体育法〉办法》贯彻实施情况执法检查报告。会议听取和审议区政府副区长潘乐仲所做关于贯彻实施《温州市物业管理条例》审议意见落实情况报告，表决通过龙湾区人大常委会关于加强区物业管理工作决议。会议经表决，通过龙湾区人大常委会关于促进和保障打造高质量发展建设共同富裕示范区龙湾样板决议。

第三十五次常委会　10月18日召开。会议听取和审议区政府常务副区长吴昌亮所做关于“七五”普法工作总结和“八五”普法工作部署情况报告，区人大常委会监察和法制司法工委主任许峰所做关于开展第八个五年法治宣传教育决议（草案）说明，表决通过龙湾区人大常委会关于开展第八个五年法治宣传教育决议。会议听取和审议区政府常务副区长吴昌亮所做关于2020年度全区国有资产管理情况报告，区人大常委会财经工委主任曾焕强所做关于2020年度全区国有资产管理综合情况及自然资源资产管理情况调研报告。书面印发区政府关于国有自然资源资产管理情况专项报告。会议听取和审议区委常委、区政府党组成员叶庆权所做关于贯彻实施《温州市市容和环境卫生管理条例》情况报告和区人大常委会城建与环保工委主任吴伟鸿所做关于《温州市市容和环境卫生管理条例》贯彻实施情况执法检查报告，区政府副区长吕庆雷所做关于农村人居环境提升暨未来乡村建设情况报告和区人大常委会农资工委主任沈爱巧所做关于农村人居环境提升暨未来乡村建设情况调研报告，区政府办公室主任朱智猛所做关于区八届人大五次会议代表建议办理工作情况报告。书面印发关于贯彻实施《浙江省粮食安全保障条例》情况报告审议意见落实情况报告。会议听取区人大常委会代表工委主任朱学东所做区人大换届选举有关事项说明。经审议、表决通过关于提请决定区人民代表大会代表选举日议案、关于提请设立区选举工作委员会议案、关于提请设立各选举办事处议案、关于提请调整区第八届人大常委会代表资格审查委员会组成人员议案、关于区第九届人民代表大会代表名额总体分配方案（草案）。会议审议通过有关人事任免事项。

第三十六次常委会　12月17日召开。会议审议通过有关人事任免事项。

第三十七次常委会　12月24日召开。会议听取和审议区政府常务副区长李丹所做关于2022年度政府重大投资建设项目情况及2021年区政府重大投资建设项目调整方案报告，区人大常委会财经工委主任曾焕强所做关于2022年度政府重大投资建设项目情况审查报告及2021年区政府重大投资建设项目调整方案初审报告。表决通过

温州市龙湾区人民代表大会

2021年2月25日，区八届人大五次会议现场（项绍雄/摄）

黄石山公园（项绍雄摄于2021年7月）

综　述

【概况】　2021年，温州市龙湾区人大常委会深入贯彻党中央、省、市、区委决策部署，认真履行法定职责，发挥人大优势，完成区八届人大五次会议确定目标任务。全年共召开常委会会议9次、主任会议19次，听取和审议专项工作报告45项，提出审议意见14件，作出决议决定23个，开展执法检查、视察调研70次，任免国家机关工作人员108人次。

【区人大代表构成】　2021年，区九届人大代表选举产生234人，其中干部57人，占24.4%；工农116人，占49.6%；专业技术人员59人，占25.2%，少数民族1人，归侨1人；中共党员154人，占65.3%；党外人士80人，占34.2%；男性158人，占67.5%；女性76人，占32.5%；35岁及以下22人，占9.4%；36—55岁197人，占84.2%；56岁及以上15人，占6.4%；大学以上133人（其中硕士或研究生29人），占56.8%；大专及高职61人，占26.1%；中专、职高及高中26人，占11.1%；初中及以下14人，占5.6%；连任代表94人，占40.2%；新任代表140人，占60%。代表干群结构、年龄结构、新老代表比例较为合理，文化层次明显提高。

【人大组织建设】　2021年，区人大常委会全面贯彻落实省市区委人大工作会议及相关文件精神，加强新时代人大工作和建设。深学笃用习近平新时代中国特色社会主义思想，加强培训工作，提高业务水平，持续推进常委会组成人员及机关干部队伍建设，提升推进现代化建设的新能力。加强常委会机关党的建设，推进"模范机关"创建活动，持续深化"三服务"活动，帮助企业、群众和基层解决实际困难问题。深化人大理论研究，强化人大宣传工作，讲好人大故事，更好展示人大制度在龙湾的生动实践。增强与时俱进的创新意识，持续推出年度创新项目，加强人大数字化改革工作，改进代表约见、专题询问、满意度测评等监督方式，增进常委会与"一府一委两院"沟通协调，加强对专工委和机关工作领导，深化街道人大工作和建设，完善开发区人大工作，增强人大工作整体合力和集成效应。

重要会议

【区第八届人民代表大会第五次会议】　2021年2月22—25日，龙湾区第八届人民代表大会第五次会议在区文化中心举行，出席大会代表206人。大会分别举行4次全体会议、4次主席团会议、1次计划与预算审查委员会会议，1次议案处理协调工作会议。会议听取和审查代区长夏禹桨所做政府工作报告；审查和批准温州市龙湾区2020年国民经济和社会发展计划执行情况与2021年国民经济和社会发展计划草案报告，龙湾区2020年区本级预算执行情况和2021年区本级预算草案报告；听取和审查区人大常委会主任周赟所做龙湾区人大常委会工作报告，区人民法院院长李敏所做龙湾区人民法院工作报告和区人民检察院检察长梅山群所做龙湾区人民检察院工作报告，并对以上各项工作报告作出相应决议。大会通过《区八届人大五次会议选举办法》《政府民生实事项目满意度测评办法》《政府民生实事项目人大代表票决办法》。大会选举区人民政府区长、区人大常委会副主任和区人大常委会委员。大会差额票决产生十项2021年区政府民生实事项目，即交通畅通工程、教育扩容提质工程、食品安全放心工程、停车难缓解工程、安居保障工程、防灾减灾工程、电网改造工程、特殊群体救助行动、环境提升工程、文体惠民工程。

【区八届人大常委会会议】　2021年，区八届人大常委会召开会议9次，即二十九次至三十七次。

第二十九次常委会　1月18日召开。会议表

事项，审议

第三十次

会议审议通过

次会议决定。审

会议审议通过区

作实施方案。

第三十一次常

会议听取关于龙湾

大会第五次会议筹备

取和审议区政府关于

事候选项目形成情况报

人大常委会工作报告（

人大五次会议日程（草案

区八届人大五次会议有关

选举办法（草案）、代表资

还审议通过政府民生实事

法和满意度测评办法（草案）

会议审议通过有关人事免职事

第三十二次常委会　4月28

会议听取和审议区政府党组副书

亮所做关于2020年度法治政府建

报告。区人大常委会监察和法制

委主任许峰所做关于2020年度法治

建设情况调研报告。会议听取和审

政府副区长陈军苹所做关于公共卫生

务体系建设审议意见落实情况报告，区

政府副区长吕庆雷所做关于2020年度环境状况和环境保护目标完成情况以及土环境污染整治情况报告，关于动物防疫、野生动物保护"两法两条例两决定"贯彻实施审议意见落实情况的报告。会议听取和审议各街道人大工委关于2020年度工作情况和2021年度工作计划报告。其中瑶溪街道、海城街道人大工委作口头报告，其余街道人大工委提交书面报告。表决通过关于街道人大工委工作报告决议。会议书面审议区政府关于重大项目建设情况审议意见落实情况报告、关于2019年度全区国有资产管理审议意见落实情况报告。

第三十三次常委会　6月25日召开。会议听取和审议区政府常务副区长吴昌亮所做关于贯彻实施《浙江省粮食安全保障条例》情况报告、关于应急管理体系建设审议意见落实情况报告，区

温州空港通用航空产业园基础设施及配套工程（一期）等13项2022年区政府重大投资建设项目。表决同意对龙湾区瓯江标准海塘提升改造工程（蒲州水闸上游至炮台山段）等7项2021年区政府重大投资建设项目予以调整。会议听取和审议区政府常务副区长李丹所做关于2020年区本级财政预算执行及其他财政收支情况审计报告整改意见落实情况报告，区财政局局长吴尊林所做关于2022年区级部门预算草案编制情况报告和区人大常委会财经工委主任曾焕强所做关于2022年区级部门预算草案初审情况报告，表决通过区公安分局、区民政局、区应急管理局、区市场监督管理局、区旅体中心等5个单位的2022年预算草案。会议听取和审议区政府常务副区长李丹代表区政府提出关于调整2021年区本级财政预算议案，表决通过关于批准调整2021年龙湾区本级财政预算决议。会议听取和审议区人大常委会监察和法制司法工委主任许峰所做关于区八届人大以来暨2021年备案审查工作情况报告，区人大常委会代表资格审查委员会副主任委员朱学东所做区第九届人大代表资格审查报告说明，审议通过区第九届人大代表资格审查报告。会议听取和审议区人大常委会任命区政府组成部门主要负责人和区法院、区检察院负责人履职情况报告，并举行满意度测评，测评结果当场公布。

人大监督

【法制监督】　2021年，龙湾区人大常委会将听取和审议法治政府工作报告作为常态化议题，落实跟踪监督，推动"最多跑一地"审议意见落地。全面了解"七五"普法决议执行情况，科学制定龙湾区"八五"普法规划及决议。联合区普法办等部门开展习近平法治思想宣讲"八进"活动，通过报告会、座谈会等形式，通过录制视频、网络直播等载体，推动学习宣传贯彻习近平法治思想走深走实走心。组织开展宪法主题演讲活动暨宪法宣传周系列活动，以"走进直播间讲宪法"、讲述"宪法与我"微故事等形式，宣传习近平法治思想，推动全社会树立宪法意识。持续开展监督问效，通过组织代表参加检察开放日、公开听证会、评议检察工作等活动了解掌握检察机关法律监督工作情况，并结合政法队伍教育整顿、检察官履职评议以及办案质量评查等工作，督促检察机关强化检察权规范运行和案件质量管控，助推"四大检察"融合发展，提升法律监督质效。开展专项检查，推动公安机关辅警队伍规范化建设，推进《人民陪审员法》贯彻实施。开展"两官"评议，推进检察官法官队伍建设。协助省、市人大做好《浙江省防汛防台抗旱条例（修订草案）》《温州市销售燃放烟花爆竹管理规定（草案）》等12部地方性法规立法调研工作。开发"立法直通车"应用程序，数字赋能立法信息收集，激发广大群众参与立法调研热情，扩大立法意见征询的广度和深度，让"立法直通车"成为"民声直通车"，有力推动"全过程人民民主"实践。

【财政经济监督】　2021年，龙湾区人大常委会围绕区委争创社会主义现代化先行区目标任务，提出"打造浙南科创高地、构建现代产业体系、营造良好发展环境、助推城市能级提升"等建议，为区人代会审查批准计划草案提供决策参考。动态跟进23个政府投资额5000万元以上建设项目。对区政府提出6个因规划调整、资金保障等客观因素，年内不具备实施条件项目和沿江快速路一期东段工程进行初步审查。围绕审查监督重点，加大预算执行监督，审查批准决算、预算调整、听取和审议预算执行情况报告，突出对重点项目支出审查。对5年来同级审计发现问题及整改情况回头看，对2016年到2020年查出问题未整改或部分整改问题，列出清单督促责任单位落实整改措施。首次开展债务监督自查。按照人大数字化改革工作要求，推进预算联网监督，制定预算国资监督系统建设方案，完成省人大系统基础版建设任务，实现与市人大系统互联互通。

【教科文卫民侨监督】　2021年，区人大常委会紧盯新冠肺炎疫情常态化防控工作，组织开展全区新冠肺炎疫情防控工作调研。开展重大项目招引及签约落地工作情况视察监督，针对重大项目招引及签约落地在"土地空间要素制约较大、先进制造业项目引进难、招商整体力量仍显薄弱、全员招商氛围有待形成"等方面存在问题，提出"注重谋划，加大优质项目储备、盘活资源，加强科学调研论证、拓宽渠道，提升招商工作水平、强化服务，打造优越营商环境"四点意见建议。开展实施创新首位战略打造浙南科创新城调研监督。开展国家公共文化服务体系示范区成果巩固提升情况调研监督工作，持续做好教育扩容提质工程监督工作，督促相关单位加大协调力度，促成项目早日投入使用。

【城建与环保监督】　2021年，区人大常委会持续依法开展环境状况和环境保护目标落实情况监督，开展《温州市市容和环境卫生管理条例》执法检查，改善环境质量。深化未来社区建设监督，提出在九大场景建设过程中，要在未来元素基础上，突出以人为本，充分考虑和满足广大人民群众对美好生活需求考量，助推城区转型发展。持续开展东部综合交通建设监督，提升道路建设整体水平，加快全区路网建设，助推东部枢纽新城建设。

【农村与资源保护监督】　2021年，区人大常委会持续开展专题监督乡村振兴战略实施情况。推进"美丽田园"、乡村振兴示范带建设，助力农村环境治理。持续开展海陆联动，"五水共治"、海洋生态、温瑞塘河保护监督，促进龙湾近海海域水质稳步提升。持续推进跟踪监督动物防疫、野生动物保护“两法两条例两决定”贯彻落实情况，实地查看定点家禽屠宰场、野生动物养殖场，禁止非法野生动物交易，提升生态环境。

【民生实事监督】 2021年，区人大常委会持续推进民生实事项目代表票决制，针对人代会票决产生十方面30项区政府民生实事，及时出台监督方案，实行常委会领导联系监督机制，开展多样化、持续性、全过程监督。开展民生实事交叉检查活动，通过实地督查、抽检暗访、台账核查等方式推动项目顺利实施。强化跟踪问政，每月通报项目进度，每季开展视察调研，半年听取专项报告，年终举行评估测评，确保项目真正落地、惠及民生。深入《中华人民共和国体育法》《全民健身条例》执法检查，加强各类广场舞监管，尽量减少周围居民生活负面影响。

2021年12月31日，龙湾区举行人大代表联络站启用仪式
（区人大常委会办公室供稿）

区人大议案建议

【概况】 2021年，温州市龙湾区八届人大五次会议及闭会期间共收到人大代表建议192件，其中龙湾区政府负责办理161件（含4件闭会期间代表建议），浙南产业集聚区（经济技术开发区、瓯飞）管委会负责办理31件。为提高代表建议办理质量，区人大常委会主任会议研究确定8件重点建议，分别由区人大常委会领导督办，龙湾区人民政府领导、浙南产业集聚区管委会领导领办。192件代表建议已全部办理完毕并答复代表，按时办结率100%。其中，问题已经解决或基本解决建议（A类）有93件，占48.4%；正在解决或已列入计划逐步解决建议（B类）有82件，占42.7%；受客观条件制约暂时难以办到，有待今后创建条件解决，已向代表作解释建议（C类）有17件，占8.9%。区人大常委会组织代表对建议办理情况举行评议，将4件代表反馈不满意建议交由承办单位重新办理，并对再办理情况举行三方综合评议。192件代表建议最终评议结果为，代表满意的164件，占85.4%；基本满意的28件，占14.6%。

【人大代表履职】 2021年，区人大常委会充分发挥代表作用，聚焦党委政府中心工作和民生关切，丰富代表闭会期

2021年龙湾区人大重点建议一览表

表3

编号	领衔代表	案 由	承办单位
055	吴一治	关于加快打造时尚产业文创园的建议	区商务局
062	潘定芬	关于环山路老上京往甘岙方向瓯海大道高架桥下段人、车分流的建议	状元街道办事处
063	潘定芬	关于文昌南路至瓯海大道路段右转弯标识设置的建议	市交管局三大队
064	潘定芬	关于调整文昌南路与瓯海大道交叉路口信号灯时间的建议	市交管局三大队
074	王志勋	关于提升旧城改造安置房品位的建议	区住建局
104	梅显春	关于加快实施海城区域工业用地“腾笼换鸟”计划的建议	浙南产业集聚区（开发区、瓯飞）管委会党政办
126	程宗清	关于加快完善养老服务功能的建议	区民政局
153	潘崇崇	关于加强我区中小学生近视防控工作的建议	区教育局
175	郑 海	关于加快蒲州现代服务业发展的建议	区商务局
18	方劲松	关于深化龙湾环大罗山乡村示范带建设的建议	区农业农村局

间活动形式和内容，彰显代表服务大局新担当新作为。区街联动组织开展“助推高水平创新型省份建设”主题活动，各级人大代表走访、视察、调研企业260余人次，提出意见建议36条，助推“十四五”规划科技创新发展部署落地落实。紧扣“一区五城”“共同富裕”主题，组织代表先后对未来社区、公共卫生、乡村振兴、人居环境、应急管理等重点工作开展监督活动159次、代表参与1753人次,有力推动党委决策部署、人大决议落实落地。各代表中心组以改进工作、促进民生为出发点，对重点项目工程进行代表挂钩“月月访”、点对点“跟踪督”，助力项目建设。拓展代表列席常委会会议、参与常委会视察调研、执法检查、专题询问等相关活动广度和深度，保障代表知情权、参与权、表达权和监督权。加强“一府两院”与代表联系，及时向代表通报有关情况及重大事项，组织代表参加部门的调研座谈、督政评议、旁听庭审等。坚持上下联动、站点结合，全面推进代表联络站平台和线上工作平台建设，发挥视察调研、联系群众、舆论宣传、献计献策、对接监督和学习交流等方面作用，激发代表工作活力。

重大事项

【决定重大事项】 2021年，龙湾区人大常委会响应区委全会号召，作出《关于促进和保障打造高质量发展建设共同富裕示范区龙湾样板的决议》《关于进一步加强我区物业管理工作的决议》《关于开展第八个五年法治宣传教育的决议》3项决议。研究制定区政府重大投资建设项目审查监督工作规程，建立区政府重大投资建设项目审查专家库，对2021年5000万元以上的政府性投资项目提前介入审查，依法保障重大项目及时推进。

【重要人事任免】 2021年2月22—25日，龙湾区第八届人民代表大会第五次会议审议通过，任命夏禹桨为温州市龙湾区人民政府区长、陈林彬为温州市龙湾区人大常委会副主任，吴伟鸿、邵赛慧、黄建芳为温州市龙湾区人大常委会委员。2020年1月18日，龙湾区八届人大常委会第二十九会议审议通过，免去叶庆权的温州市第十三届人民代表大会代表职务；补选夏禹桨为温州市第十三届人民代表大会代表。赵均宙为温州市龙湾区人民政府副区长；朱智猛为温州市龙湾区人民政府办公室主任；廖海容为温州市龙湾区发展和改革局局长；董红梅为温州市龙湾区科学技术局局长；王振为温州市龙湾区商务局局长；林华为温州市龙湾区卫生健康局局长；何海云为温州市龙湾区退役军人事务局局长。任命黄建芳为温州市龙湾区人大常委会教科文卫民侨工作委员会主任陈晓宝为温州市龙湾区人民代表大会财政经济委员会副主任委员；诸海疆为温州市龙湾区人大常委会状元街道工作委员会副主任。任命陈荆州为温州市龙湾区监察委员会委员；李晓忠为温州市龙湾区人民法院审判委员会委员；黄晓艳为温州市龙湾区人民法院审判委员会委员；王可可为温州市龙湾区人民法院审判委员会委员、刑事审判庭庭长；诸朝臻为温州市龙湾区人民法院审判委员会委员；孟东为温州市龙湾区人民法院审判委员会委员；余凌雯为温州市龙湾区人民法院综合审判庭庭长；郑若丽为温州市龙湾区人民法院状元人民法庭副庭长；赵建薇为温州市龙湾区人民法院民事审判一庭副庭长；李曙光为温州市龙湾区人民法院民事审判二庭副庭长；吴先慧为温州市龙湾区人民法院立案庭副庭长；陈露露为温州市龙湾区人民法院行政审判庭副庭长；徐凡为温州市龙湾区人民检察院检察委员会委员。决定免去王晓春的温州市龙湾区人民政府副区长职务；张崇林的温州市龙湾区人民政府办公室主任职务；陈志楠的温州市龙湾区发展和改革局局长职务；朱智猛的温州市龙湾区科学技术局局长职务；董红梅的温州市龙湾区商务局局长职务；黄建芳的温州市龙湾区卫生健康局局长职务；南君晓的温州市龙湾区退役军人事务局局长职务。免去姜青青的温州市龙湾区人大常委会教科文卫民侨工作委员会主任职务。免去王可可的温州市龙湾区人民法院综合审判庭庭长职务；余凌雯的温州市龙湾区人民法院状元人民法庭副庭长职务；郑若丽的温州市龙湾区人民法院刑事审判庭副庭长职务；赵建薇的温州市龙湾区人民法院立案庭副庭长职务；李曙光的温州市龙湾区人民法院民事审判一庭副庭长职务。免去薛克风的温州市龙湾区人大常委会副主任职务；薛克风、倪士章、姜青青、潘忠玉、冯宪芙、林光辉、王晟盛、林华的温州市龙湾区第八届人民代表大会代表职务。2月9日，区八届人大常委会第三十一次会议审议通过，任命赵均宙为温州市龙湾区人民政府副区长，朱智猛为温州市龙湾区人民政府办公室主任，廖海容为温州市龙湾区发展和改革局局长，董红梅为温州市龙湾区科学技术局局长，王振为温州市龙湾区商务局局长，林华为温州市龙湾区卫生健康局局长，何海云为温州市龙湾区退役军人事务局局长；黄建芳为温州市龙湾区人大常委会教科文卫民侨工作委员会主任，陈晓宝为温州市龙湾区人民代表大会财政经济委员会副主任委员，诸海疆为温州市龙湾区人大常委会状元街道工作委员会副主任，陈荆州为温州市龙湾区监察委员会委员，李晓忠为温州市龙湾区人民法院审判委员会委员，黄晓艳为温州市龙湾区人民法院审判委员会委员，王可可为温州市龙湾区人民法院审判委员会委员、刑事审判庭庭长，诸朝臻为温州市龙湾区人民法院审判委员会委员，孟东为温州市龙湾区人民法院审判委员会委员，余凌雯为温州市龙湾区人民法院综合审判庭庭长，郑若丽为温州市龙湾区人民法院状元人民法庭副庭长，赵建薇为温州市龙湾区人民法院民事审判一庭副庭长，李曙光为温州市龙湾区人民法院民事审判二庭副庭长，吴先慧为温州市龙湾区人民法院立案庭副庭长，陈露露为温州市龙湾区人民法院行政审判庭副庭长，徐凡为温州市龙湾区人民检察院检察委员会委员；免去王晓春的温州市龙湾区人民政府副区长职务，张崇林的温州市龙湾区人民政府办公室主任职务，陈志楠的温州市龙湾区发展和改革局局长职务，朱智猛的温州市龙湾区科学技术局局长职务，董红梅的温州市龙湾区商务局局长职务，黄建芳的温州市龙湾区卫生健康局局长职务，南君晓的温州市龙湾区退役军人事务局局长职务，姜青青的温州市龙湾区人大常委会教科文卫民侨工作委员会主任职务，王可可的温州市龙湾区人民法院综合审判庭庭长职务，余凌雯的温州市龙湾区人民法院状元人民法庭副庭长职务，郑若丽的温州市龙湾区人民法院刑事审判庭副庭长职务，赵建薇的温州市龙湾区人民法院立案庭副庭长职务，李曙光的温州市龙湾区人民法院民事审判一庭副庭长职务。

4月28日，区八届人大常委会第三十二次会议审议通过，任命吴昌亮为温州市龙湾区人民政府副区长，马辉为温州市龙湾区人大常委会教科文卫民侨工作委员会副主任，徐华东为温州市龙湾区人大常委会永中街道工作委员会副主任，吴进军为温州市龙湾区人大常委会永兴街道工作委员会主任，邱忠善为温州市龙湾区人大常委会海城街道工作委员会副主任，吴尊林为温州市龙湾区财政局局长，邱朝瀚为温州市龙湾区文化和广电旅游体育局局长，项华琛为温州市龙湾区综合行政执法局局长，郑祥潇为温州市龙湾区监察委员会委员；免去贾黎春的温州市龙湾区人民政府副区长职务，娄锦敏的温州市龙湾区人大常委会教科文卫民侨工作委员会副主任职务，朱秀华的温州市龙湾区人大常委会永中街道工作委员会副主任职务，陈学显的温州市龙湾区人大常委会永兴街道工作委员会主任职务，周德望的温州市龙湾区财政局局长职务，林新林的温州市龙湾区文化和广电旅游体育局局长职务，陈升的温州市龙湾区综合行政执法局局长职务，赵晓欢的温州市龙湾区监察委员会委员职务。

6月25日，区八届人大常委会第三十三次会议审议通过，任命彭锋为温州市龙湾区人民政府副区长，高良铸为温州市龙湾区人大常委会代表工作委员会副主任，娄晓杰为温州市龙湾区人大常委会永中街道工作委员会主任；免去陈军苹的温州市龙湾区人民政府副区长职务，黄爱勇的温州市龙湾区人大常委会代表工作委员会副主任职务，项东军的温州市龙湾区人大常委会永中街道工作委员会主任职务，倪瑞瑾的温州市龙湾区第八届人民代表大会代表职务。

10月18日，区八届人大常委会第三十五次会议审议通过，任命林振宇为温州市龙湾区人民法院刑事审判庭副庭长；免去邱献松、徐盈盈、张松、严东龙、张素肖、范安特、李云云、周乓乓、项炳海、李洁、夏聪惜、张秀珍、叶超、何开荣、王德金、项林晓、夏建游、郑建武、王爵哲、谢小云、张乐跃、张青的温州市龙湾区人民法院人民陪审员职务。

12月17日，区八届人大常委会第三十六次会议审议通过，免去陈林彬的区选举委员会主任职务，陈立、孙士岳的区选举委员会副主任职务，吴建芳、许峰、朱学东、林小原、叶铭克、邵赛慧、王余余的区选举委员会委员职务；任命陈永霖为区选举委员会主任；免去李敏的温州市龙湾区人民法院院长、审判委员会委员、审判员职务，梅山群的温州市龙湾区人民检察院检察长、检察委员会委员、检察员职务；任命李丹、缪克排、董建树为温州市龙湾区人民政府副区长，章禾舟为温州市龙湾区人民法院副院长、审判委员会委员、审判员，代理温州市龙湾区人民法院院长职务，陈学志为温州市龙湾区人民检察院副检察长、检察委员会委员、检察员，代理温州市龙湾区人民检察检察长职务，冯宪芙为温州市龙湾区应急管理局局长，吴建芳为温州市龙湾区人大常委会教科文卫民侨工作委员会主任，王霞为温州市龙湾区人大常委会研究室主任，陈祥为温州市龙湾区人大常委会永兴街道工作委员会主任，张秀敏、潘俏俏为温州市龙湾区人民法院审判员；免去吕庆雷、余安江、杨振的温州市龙湾区人民政府副区长职务，张小龙的温州市龙湾区司法局局长职务，项波的温州市龙湾区应急管理局局长职务，吴建芳的温州市龙湾区人大常委会研究室主任职务，黄建芳的温州市龙湾区人大常委会教科文卫民侨工作委员会主任职务，张加福的温州市龙湾区人大常委会城建与环保工作委员会副主任职务，吴进军的温州市龙湾区人大常委会永兴街道工作委员会主任职务，黄建芳、张加福的温州市龙湾区第八届人民代表大会代表职务。

视察调研

【视察浙南科创新城工作】 2021年8月5日上午，龙湾区人大常委会主任周赞率部分人大代表视察实施创新首位战略打造浙南科创新城工作情况。

【视察亚运场馆建设】 2021年8月5日下午，区人大常委会主任周赞率市十三届人大代表龙湾中心组专题视察亚运场馆建设情况，区人大常委会副主任陈林彬陪同视察。代表组实地考察亚运场馆建设情况，并听取亚运场馆布局和建设有关情况介绍，了解项目最新进展。

（叶　峰）

温州市龙湾区人民政府

2021 年 4 月 30 日，龙湾区人民政府与中国人民大学孔子研究院和合文化战略合作框架协议在北京签订　　（区融媒体中心供稿）

重要会议

综　述

区政府综合事务

政务信息公开

大数据管理

发展与改革

政务服务

招商引资

人力资源管理

区直机关事务管理

外　事

侨　务

大罗山龙脊　（区摄影协会供稿）

重要会议

【概况】 2021年，温州市龙湾区政府召开全体（扩大）会议1次，常务会议16次，区长办公会议17次。会议主题涉及上级决策部署落实、经济发展、深化改革、社会事业、城市建设、乡村振兴、生态文明等方面内容。

【区政府全体（扩大）会议】 2021年3月4日，区政府举行八届六次全体（扩大）会议、温州高新区管委会全体（扩大）会议。会议深入贯彻党的十九届五中全会精神和省委、市委全会，省、市两会精神以及市政府第五次全体会议精神，总结2020年工作，分解落实2021年重点工作任务。2021年，是"十四五"开局之年，是中国共产党成立100周年，也是龙湾区争创社会主义现代化先行区的启动之年。政府工作将围绕重点指标、科技创新、民营经济、改革开放、城市建设、乡村振兴、风险防范、民生实事展开工作。狠抓重点指标，加快彰显温州东部中心地位；狠抓科技创新，提速推动浙南科创新城建设；狠抓民营经济，有力构筑温州产业发展高地；狠抓改革开放，全面激发经济社会发展活力；狠抓城市建设，精心擘画全域"未来城区"蓝图；狠抓乡村振兴，奋力促进城乡深度融合发展；狠抓风险防范，持续推进更高水平平安建设；狠抓民生实事，打造最有民生温度幸福新城。坚定不移加强思想政治建设，坚定不移抓好干部队伍建设，坚定不移推进党风廉政建设，发挥率先垂范作用，营造良好氛围。全区上下要围绕"一区五城"建设目标，迅速拿出"开局就是决战、起步就要冲刺"的奋战状态，用实干快干推进工作，用担当作为破解难题，奋力实现首季"开门红"、二季"庆百年"、三季"迎国庆"、四季"全年红"，推动龙湾跑出高质量发展新速度。区委副书记、区长夏禹桨作报告，区委常委、常务副区长吴昌亮主持会议。

【区政府常务会议】 2021年，龙湾区人民政府工作召开常务会议16次，均由区委副书记、区长夏禹桨主持。

第53次常务会议 1月14日召开。会议传达学习《浙江省防范和惩治统计造假、弄虚作假督察工作实施办法》。会议审议并原则同意2021年《政府工作报告》《关于温州市龙湾区2020年国民经济和社会发展计划执行情况与2021年国民经济和社会发展计划草案的报告》《关于温州市龙湾区2020年区本级预算执行情况与2021年区本级预算草案的报告》，2021年度龙湾区民生实事建议项目，《龙湾区农村乱占耕地建房问题专项整治三年行动方案》。

第54次常务会议 2月6日召开。会议审议并原则同意《关于做好森林消防工作的通告》《龙湾区村社干部报酬待遇管理办法》《龙湾区农村集体资金资产资源规范化管理办法》《龙湾区村社民主协商"五步议事"办法》《中国科学院大学温州研究院温州市龙湾区人民政府共建国科温州学校协议》。

第55次常务会议 3月11日召开。会议审议并原则同意《温州眼健康产业投资建设服务有限公司主要职责内设机构和人员编制规定》《温州市龙湾区国有资本投资运营有限公司主要职责内设机构和人员编制规定》《温州市龙湾区文旅投资建设开发服务有限公司主要职责内设机构和人员编制规定》。

第56次常务会议 3月15日召开。会议听取龙湾区第二轮中央生态环境保护督察反馈问题整改情况汇报。会议审议并原则同意《龙湾区燃气锅炉低氮改造资金补助实施办法》《关于培育农业农村新动能实施乡村振兴战略的若干政策意见（送审稿）》《龙湾区田园常态化管理及保洁实施方案》《金丽温高速公路东延线、通海大道、永昌路（永兴段）工程安置地块（沙城西单元A-38）国有土地上房屋实施征收的决定》《推进健康龙湾行动的实施意见》《龙湾区（高新区）2021年"六重"清单》。

第57次常务会议 4月14日召开。会议传达学习统计相关法律法规及实施条例精神。会议审议并原则同意《区政府工作报告重点工作责任分解》《区政府主要领导紧盯的重中之重工作一览表》《2021年度龙湾区政府民生实事项目任务分解表》《温州市龙湾区未来城区建设行动方案》《深化区管企业负责人薪酬制度改革的实施意见》《龙湾区（高新区）房屋征收补偿房票安置实施细则》《关于调整龙湾区（高新区）工业企业搬迁改造三年（2019—2021年）行动计划实施项目的通知》《关于高质量实施乡村振兴战略 加快建设农业农村现代化先行区的意见》《龙湾区未来乡村建设实施方案》《关于全面组织开展"8+3"重点领域安全生产专项整治坚决打赢遏制重大生产安全事故攻坚战的通知》。

第58次常务会议 4月16日召开。会议研究关于青山瑞浦新能源动力与储能锂离子电池系统制造基地项目招商相关事宜。

第59次常务会议 4月30日召开。会议研究关于拨付浙南科技城管委会应急资金相关事宜。会议审议并原则同意《温州市龙湾区突发公共卫生事件应急预案》《温州市龙湾区突发急性呼吸道传染病事件应急预案》《龙湾区本级财政投资信息化项目管理办法》《龙湾区本级财政投资信息化项目研究决策联席会议制度》《龙湾区永中街道沧河村（区块）、镇南村（区块）安置房建设［永强北单元（577-WZ-YB-08）控制性详细规划D18地块］国有土地上房屋征收决定》。

第60次常务会议 5月7日召开。会议审议并原则同意《龙湾区产业新城企业培育三年行动计划（2021—2023年）》。

第61次常务会议 6月9日召开。会议研究关于拨付浙南科技城管委会应急资金相关事宜。会议审议并原则同意《龙湾区（高新区）综合交通运输发展“十四五”规划》《龙湾区排水管网提质增效三年行动计划（2021—2023年）》《龙湾区全域环境综合整治提升三年行动计划（2021—2023）》《龙湾区（高新区）住宅用房安置指标房票安置实施办法（试行）》《龙湾区（高新区）住宅用房安置指标置换富余房源实施办法（试行）》。

第62次常务会议　7月7日召开。会议审议并原则同意《龙湾区工业区块有机更新办法（试行）》《关于切实抓好粮食生产工作的通知》《龙湾区区本级重要水域名录划定成果报告》《龙湾区慢性病防控工作规划（2021—2025年）》《龙湾区慢性病综合防控示范区建设工作实施方案》《龙湾区（高新区）全球精英创新创业大赛奖金及项目资助兑现办法》。会议还研究关于拨付浙南科技城管委会应急资金相关事宜。

第63次常务会议　8月4日召开。会议审议并原则同意《温州市龙湾区中低收入住房困难家庭及环卫行业公共租赁住房保障实施细则》。

第64次常务会议　8月26日召开。会议审议并原则同意《温州市龙湾区2020年度区本级财政决算报告（草案）》《温州市龙湾区2021年上半年区本级预算执行情况报告（草案）》《龙湾区（高新区）历史码头处置奖励办法》《龙湾区党政领导干部防范和惩治统计造假弄虚作假责任制和问责制实施办法（试行）》《龙湾区加快推动村级集体经济提质增效　扩容增收三年行动计划（2021—2023）》《龙湾区（高新区）城中村改造老年人等群体临时安置工作实施办法》《龙湾区“退二进三”项目处置方案》《龙湾区征收集体土地涉及房屋补偿实施细则》。

第65次常务会议　10月15日召开。会议审议并原则同意《温州东片污水处理厂一级A污水处理服务费单价及补偿款协议》《龙湾区（高新区）银行业金融机构支持地方经济发展业绩考评奖励办法》《龙湾区（高新区）房屋征收补偿房票安置实施细则（修正）》《龙湾区制造业高质量发展和数字经济发展“十四五”规划》《温州市龙湾区（高新区）科技发展“十四五”规划》。会议传达学习省、市对口工作领导小组会议精神，听取龙湾区未成年人思想道德建设工作汇报。

第66次常务会议　11月25日召开。会议审议并原则同意《温州市龙湾区政府2021年度行政规范性文件清理结果的通知》《关于2021年龙湾区政府重大投资项目调整方案报告》《龙湾区安全生产和消防安全季度考评办法暨红黄牌警示制度（修订）》《龙湾区应急管理“十四五”规划》《龙湾区水安全保障“十四五”规划》《龙湾区海塘安澜千亿工程建设规划》《龙湾区生态环境保护“十四五”规划》《“最美龙湾人”礼遇和帮扶实施办法》。会议还研究澳珀化工、东宝树脂征收补偿决定相关事宜。

第67次常务会议　12月8日召开。会议研究关于拨付应急资金至浙南科技城管委会相关事宜，听取关于2021年龙湾区食品药品安全工作报告。会议审议并原则同意《龙湾区（高新区）行政事业性国有资产管理办法》《龙湾区创建浙江省食品安全示范区工作方案》《龙湾区全面推行林长制实施方案》。第68次常务会议12月15日召开。会议审议并原则同意《温州市龙湾区人民政府关于提请审议2021年区本级财政预算调整的议案》。

第68次常务会议　12月31日召开。会议审议并原则同意《温州市龙湾区（高新区）招商服务有限公司主要职责内设机构和人员编制规定》《温州市龙湾区大数据发展有限公司主要职责内设机构和人员编制规定》，讨论研究关于增加温州高新技术产业开发区投资建设开发有限公司2名员工编制相关事宜。会议审议并原则同意《关于公布温州市龙湾区产业政策专项清理结果的决定》《龙湾区人民政府关于调整最低生活保障边缘家庭认定标准的通知》《龙湾区新一轮制造业“腾笼换鸟、凤凰涅槃”攻坚行动实施方案（2021—2023）》《温州市龙湾区卫生健康事业发展“十四五”规划》《温州市龙湾区教育事业发展“十四五”规划》《温州东部“未来教育”三年行动计划》《温州市龙湾区推进“大综合一体化”行政执法改革方案》《2022年政府工作报告》《温州市龙湾区状元街道综合行政执法改革试点工作实施方案》，会议还研究2021年度区长质量奖（创新奖）获奖企业名单相关事宜。

【区长办公会议】　2021年，区政府召开区长办公会议17次。

第1次区长办公会议　1月14日召开。会议审议并原则同意《龙湾区亚运场馆周边及沿线道路环境综合整治提升方案》。会议研究温州兴荣速八酒店有限公司征收有关事宜、特福隆集团地块协议征收有关事宜、温州市宏得利树脂有限公司工业厂房收购有关事宜，瑞浦能源二、三期项目优惠政策有关事宜，温州民科基地永兴南园A-10b2地块回收有关事宜，引进浙江省发展规划研究院战略合作有关事宜。

第2次区长办公会议　2月1日召开。会议讨论研究兴平路29号、37号工业厂房改造及收购有关事宜、浙江艾瑞斯激光设备有限公司历史遗留问题有关事宜。会议审议并原则同意《关于中国·眼谷（永中石浦工业区块）项目国有土地上房屋实施征收的决定》。

第3次区长办公会议　2月24日召开。会议讨论研究关于温州经济技术开发区西片3号区零星地块历史遗留问题处置有关事宜、华迪钢业集团有限公司境外上市奖励资金“一事一议”有关事宜、蓝田标准厂房综合区处置方案有关事宜。

第4次区长办公会议　3月11日召开。会议讨论研究区属重点国有企业2020年度负责人经营业绩考核与薪酬核定有关事宜、龙湾区眼健康产业园建设方案有关事宜、金太阳教育集团境外上市情况有关事宜。

第5次区长办公会议　4月14日召开。会议讨论研究接收绿森产业园工作有关事宜、与温州海关签订《深化战略合作促进开放型经济高质量发展合作协议》有关事宜、龙湾区2020年重点项目及安置项目安置当年比准价（第三批）有关事宜、中国眼谷小镇创建规划方案编制事项有关事宜。会议审议并原则同意《龙湾区龙永路沿线工程（瑶溪段）项目国有土地上房屋实施征收的决定》《龙湾区状元街道浙江天龙集团工业园区块国有土地上房屋实施征收的决定》。

第6次区长办公会议　4月30日召开。会议审议并原则同意《温州市永强北片奥林匹克单元（0577-WZ-YB-07）控制性详细规划C-02地块国有土地上房屋实施征收决定》，会议讨论研究《温州科博达汽车部件有限公司招商合作协议》、与青山控股集团有限公司新一轮贸易和税收回归合作有关事宜、亲和雅园项目建设管理合同有关事宜。

第7次区长办公会议　5月7日召开。会议研究龙湾区创投引导基金有关事宜。

第8次区长办公会议　6月9日召开。会议研究《关于龙湾区开发区西单元B-19、20、24地块建设项目国有土地上房屋实施征收的决定》《2020年度龙湾区50强企业、制造业亩均效益领跑30强企业、数字经济10强企业评选活动》《眼健康博览中心建设方案》，以及龙湾区雍华园小区配套幼儿园续租办园有关事宜。

第9次区长办公会议　7月7日召开。会议研究关于停止收取龙湾区公园与绿地项目国有土地划拨成本的事宜、与浙江师范大学合作共建浙江师范大学附属温州龙湾教育集团相关事宜、2021年龙湾区第一期发明专利授权补助相关事宜、《龙湾区（高新区）2021年度深化“亩均论英雄”改革工作要点》。

第10次区长办公会议　8月4日召开。会议研究龙湾区人民政府与中国传媒大学校地合作开展瓯文化科研相关事宜、给予见义勇为人员表彰奖励相关事宜。会议审议并原则同意《关于金丽温高速公路东延线、通海大道（永中段）工程项目国有土地上房屋实施征收的决定》《龙湾区（高新区）空间资产管理“浙里盘”平台第一阶段建设实施方案》。

第11次区长办公会议　8月26日召开。会议研究温州永强兴南（永东）110千伏变电站工程土地划拨成本标准相关事宜，联谊、王宅、新联、上湾等四村联建安置房征地成本费标准相关事宜，合作共建温州北大科技园相关事宜，三级管网委托维养经费拨付及后续三级管网整治模式有关事宜。会议审议并原则同意《关于龙湾区（高新区）GX-1地块建设项目国有土地上房屋实施征收的决定》《关于龙湾区开发区西单元C-05a、05b、05c地块建设项目国有土地上房屋实施征收的决定》《关于龙湾区永昌路（永中段）工程项目国有土地上房屋实施征收的决定》《龙湾区永中街道办事处与浙江永旭企业管理有限公司合作协议书》《龙湾区公办幼儿园劳动合同制教师管理暂行办法》。

第12次区长办公会议　9月18日召开。会议研究温州东部时尚中心西片区综合开发项目申请做地基金相关事宜。会议审议并原则同意《2020年度龙湾区（高新区）“亩均论英雄”工业企业综合评价结果》。

第13次区长办公会议　10月15日召开。会议研究龙湾区保障性住房（人才公寓）产权变更事宜、沿江快速路一期东段工程分期实施及管线迁改设计委托相关事宜、温州市核心片区开发区西单元E-03a、E-03b地块出让相关事宜。会议审议并原则同意《龙湾区永兴街道五溪村整村搬迁改造置换工程安置变更实施方案》《龙湾区关于加快推进温州都市东部消费中心建设的实施方案》《温州市龙湾区招商引资项目投资协议书（中国眼谷科创园A区）补充协议》。

第14次区长办公会议　11月25日召开。会议研究汤东商务楼招商政策相关事宜、温州东片污水处理厂内部降镍应急项目延续相关事宜、龙湾区2021年重点项目及安置项目安置当年比准价(第二批)委托评估相关事宜、拨付2020年度农业产业化发展项目补助资金相关事宜。会议审议并原则同意《龙湾城区环卫保洁一体化实施方案》《龙湾中心工业区都市型现代工业园区实施方案》《状南工业区都市型现代工业园区建设方案》《龙湾区青科城启动区都市型现代工业园区建设方案》《龙湾区人民政府与北航投资有限公司共建北航投资温州医工交叉创新中心合作协议书》《龙湾区（温州高新区）长城战略咨询新经济智库及战略咨询服务项目合作协议》。

第15次区长办公会议　12月8日召开。会议研究温州高新技术产业园区发展总公司公司制改制相关事宜，瑶溪山庄公司历史遗留问题与租赁合同纠纷调解相关事宜，永中街道朱垟村历史遗留问题处置相关事宜，给予陈晓敏、黄志杰财政奖励等相关事宜。会议审议并原则同意《温州高新区管理委员会与温州大学共建温州大学激光与光电智能制造研究院合作协议书》。

第16次区长办公会议　12月15日召开。会议研究龙湾区区域内停车位收费权授权于区属国有企业相关事宜。会议审议并原则同意《〈龙湾区永兴街道五溪村整村搬迁改造置换工程安置变更实施方案〉补充公告》。

第17次区长办公会议　12月31日召开。会议研究龙湾区寺前街历史文化商业街区运营管理服务项目招标相关事宜、“三无”船舶“荣宁162”处置相关事宜。会议审议并原则同意《龙湾区（高新区）支持企业留员工稳岗位促生产全力抓好“开门红”的十条措施》《龙湾区高新区ZP-03-H05、H06、H01（区块）、

H11（区块）地块建设项目国有土地上房屋实施征收的决定》《龙湾区龙永路沿线工程（永中段）国有土地上房屋实施征收的决定》。会议听取关于代管资金账户部分账务账目处理相关情况的汇报。

（池来俊）

综　述

【概况】 2021年，龙湾区实现地区生产总值达518.48亿元，年均增长7.0%财政总收入和一般公共预算收入分别达66.46亿元和38.33亿元，年均增长11.5%和9.9%。城乡居民人均可支配收入分别提升至69984元和44430元，年均增长7.8%和9.0%，城乡居民收入比位列全市最优。温州高新区排名迈进全国前45%，入选中国创新百强区、高质量发展百强区。连续两年获得全省山海协作考核第一名。

实施高质量发展建设共同富裕示范区龙湾样板行动，狠抓共同富裕示范区重大项目建设。在全省率先建立特困人员“收入豁免”机制，在全市率先出台支出型贫困救助办法。入选省市级数字化改革试点21个，纵深推进区级重点改革项目10个、“微改革”项目20个、重大改革清单项目27个。“以先投后股方式支持科技成果转化”纳入国家发改委、科技部“全面创新改革揭榜清单”。

“瓯江实验室”正式挂牌运营，浙南科技城创业服务中心连续6年获得国家级科技企业孵化器考评优秀。中国眼谷入选国家药监局眼科药械临床研究与评价重点实验室、首批“科创中国”浙江创新基地。实施市级以上重大科技项目3项、“卡脖子”项目1项，规模以上工业研发费用增长30.9%。加快产业发展。DXC国际云软件平台等3个百亿级项目实现签约招引落地省“152”项目3个、亿元以上产业项目20个，招引回归总部5家，回归院收9.15亿元。瑞浦能源成功申报“省级未来工厂”试点。实现省政府质量管理创新奖零的突破，新增1家营收超百亿级本土跨国公司。

未来城区建设加快。签约温州首个超200亿元片区综合开发项目。实施“大建大美”项目99个，投资160亿元。6条断头路成功打通，城市拥堵率下降11.4%。打造新时代美丽乡村15个，“钟秀瑶溪”未来乡村完成试点创建。新投用义务教育阶段学校数、建筑面积均居全市首位。中考成绩荣获连续第14年排名全市第一，高考成绩实现新突破。全区养老保险参保率达95.7%、基本医疗保险参保率达99.1%。打击网络诈骗、跨境赌博等工作成效排名全市第一。做好温州龙湾机场疫情防控工作。落地全市首个核酸检测方舱实验室。

【数字化改革】 2021年，龙湾区全面启动数字化改革工作。聚焦“152”工作体系，龙湾区构建起“一网智配、一网通管、一网通办”的新型现代化治理体系。全区各领域核心业务累计梳理151项一级任务、525项二级任务、891项三级任务。累计形成应用成果16项，理论成果6项，制度成果28项。未来康养智城、“一键找园”、“平安信用通”等项目先后在全省“揭榜挂帅”活动中中榜；宗教场所空间规划一张图、退役军人云服务站等11个项目获省级试点；“护学岗”管控、利民补助“一键达”系统等10个项目获市级试点。未来康养智城平台可通过老年人点单、入驻的志愿者或商家抢单的形式实现“人找机构”的服务模式，并可根据老年人的需求安装安全出行智能设备。“平安信用通”企业信用修复系统，实现了企业风险信用修复“最多跑一次”。“特殊药品流通环节精密智控系统”通过构建“一图、一码、一程序、一平台”，对麻精药品、含特殊药品复方制剂等监测药品进行精准闭环监管。“空间资产‘浙里盘’”应用可以解决国有空间资产管理存在的需求端“找园难”、管理端“运营难”、监管端“监督难”、决策端“分析难”等痛点，避免国有资产流失，利用好闲置国有资产。

【民生实事项目】 2021年，温州市龙湾区政府落实民生实事项目人大代表票决制，经区第八届人民代表大会第五次会议人大代表票决，确定“教育扩容提质工程、交通畅通工程、停车难缓解工作、防灾减灾工程、食品安全放心工程、安居保障工程、特殊群体救助行动、文体惠民工程、电网改造工程、环境提升工程”等十方面共30个项目作为2021年度区政府民生实事项目。30项民生实事项目任务全部完成。

2021年度区政府民生实事项目完成情况一览表

表4

项目名称	序号	项目内容和任务数	具体点位（名称＋地址）	完成情况
一、教育扩容提质工程	1	开工建设小学1所	龙湾区二小集团校蒲州校区（富春社区内）	已完成
	2	建成投用中小学2所、公办幼儿园4所	①温州状元中学 ②区二小集团校龙江路校区 ③温州民营经济科技产业基地A-24b地块配套幼儿园（德信） ④温州市高新区HX-22-A02地块配套幼儿园（远洋） ⑤龙水单元YB-04-J-08地块配套幼儿园（万科） ⑥瑶溪南单元12-G-17地块配套幼儿园（祥生）	已完成

续表 4

项目名称	序号	项目内容和任务数	具体点位（名称 + 地址）	完成情况
	3	完成学校周边交通环境整治 1 所	龙湾区一小	已完成
二、交通畅通工程	4	打通断头路 3 条（建成通车）	①空港新区瓯江口大道（空港大道）（金海三道至滨海六道段）（全长 1.20 千米）	已完成
			②浙南科技城水埠路（南洋大道—王尖路）（全长 390 米）	
			③雁荡中路（新安江路—衢江路）（全长 625 米）	
	5	改造提升农村公路 2 条	①永裕西路（全长 0.40 千米）	
			②兴华路（全长 0.70 千米）	
三、停车难缓解工程	6	建成公共停车位 500 个	新建公共停车位 500 个	已完成
	7	建成停车场 7 个	①环镇路周边收费停车场 6 个 ②沙园村南城路错时停车场	
	8	新建渣土车（大货车、工程车）停放场 5 个	①龙江路（下湾村）停车场	
			②蒲州上滩头路停车场	
			③滨海大道（蟾钟村）停车场	
			④瓯江路（横街村）停车场	
			⑤茅永路（白楼下村）停车场	
四、防灾减灾工程	9	建成社区微型消防站 25 个，配备四轮电瓶消防车、常用灭火及破拆器材、个人防护装备和通信设施	永中 7 个、蒲州 4 个、海滨 3 个、永兴 5 个、状元 3 个、瑶溪 3 个	已完成
	10	完成全区道路安全隐患点排查整治 60 处以上	排查并整治完成道路交通安全隐患点 60 处以上	
	11	推进企业安全码工程	建成安全生产隐患闭环管理系统，实现自动赋码。购买第三方服务，协助全区 5000 家以上企业排查安全生产隐患，年内帮助企业 100% 完成隐患整改，实现企业平安生产、员工安全作业	
	12	建成 1 家应急宣传教育体验馆		
五、食品安全放心工程	13	建设学校“智能阳光厨房”30 家		已完成
	14	创建放心市场 4 家	龙华菜市场、永兴农贸市场、宁城农贸市场、蒲州农贸市场	
	15	农产品质量安全检测	开展农产品定量检测 400 批次以上，开展农产品定性检测 2000 批次以上	
六、安居保障工程	16	建成智慧安防小区 40 个	永中 14 个、蒲州 9 个、海滨 4 个、永兴 3 个、状元 7 个、瑶溪 3 个	已完成
	17	改造提升 40 栋失管或老旧高层住宅消防设施	永中 11 栋、海滨 12 栋、状元 3 栋、瑶溪 14 栋	
	18	落实 5900 台电梯安全责任保险	覆盖全区 5900 余台在用电梯	
七、特殊群体救助行动	19	为 500 名环卫一线职工提供公租房补贴 180 万元	以公租房补贴为主，保障解决龙湾区 500 名一线环卫职工住房需求	已完成
	20	建成环卫一线职工爱心驿站 5 个		

续表 4

项目名称	序号	项目内容和任务数	具体点位（名称＋地址）	完成情况
七、特殊群体救助行动	21	特殊困难老年人家庭适老化改造 30 户	对全区低保、优抚及低保边缘户等特殊困难老年人进行生活能力和家庭环境评估，选取 30 户符合条件的对象开展适老化改造	已完成
	22	为 25 名残疾儿童提供康复服务和救助	为 25 名符合条件残疾儿童提供康复训练补助、辅助器具适配、人工耳蜗植入、肢体矫治、康复生活补贴等康复服务	
八、文体惠民工程	23	文化下乡活动	全年送戏下乡 80 场、送书下乡 5000 册、文化走亲 4 场，开展乡村艺术团培训 20 场、讲座展览 16 场	已完成
	24	百姓健身设施建设项目	4 个新建百姓健身房	
			1 个新建笼式足球场	
			10 个新建室外健身苑点	
九、电网改造工程	25	中心区片区新建线路和环网柜项目 2 个	①上海世外学校及周边地块 10 千伏线路建设工程：新建线路 2.09 千米、环网柜 18 台 ②龙湾中心区 10 千伏线路延伸优化工程：新建线路 6.11 千米、环网箱 2 座	已完成
	26	状元片区配电室改造工程	状元华锦苑等老旧配电室改造工程：新建 1000 千伏安干式变压器 2 台、环网柜 6 台、低压柜 12 台	
	27	完成蒲州片区电缆上改下工程	文昌路沿线（瓯海大道至机场大道）220 千伏架空线上改下 2×5.60 千米，新建铁塔两座	
十、环境提升工程	28	状元街道十字河沿岸绿道贯通工程	绿化改造提升 11356 平方米、园路 1758 平方米、文化景墙 100 米、景观照明 14652 平方米，对约 500 米的沿河绿道断点进行贯通等	已完成
	29	垃圾分类省级高标准示范小区	建成垃圾分类省级高标准示范小区 6 个	
	30	钟秀园景观品质提升	对钟秀园部分景观进行提升，包括建设桥梁 1 座、河岸驳坎 60 米、停车场 900 平方米，绿化景观调整 6000 平方米，园路铺装 600 平方米	

区政府综合事务

【概况】 2021 年，温州市龙湾区人民政府办公室努力提高参谋辅政水平，较好地履行服务、协调、督查等工作职责。配合巡察工作，落实巡察反馈问题整改。全年共制发区政府常务会议纪要 16 件、区长办公会议纪要 17 件（共涉及议题 144 余个），区政府专题会议纪要 103 个；周密安排对外招商考察和对口交流活动，组织 11 个外地团来龙考察接待工作；召开无纸化会议 236 个，涉及纸张共 73.30 万页，有效节约资源；优化公文办理流程，共流转公文 18490 件（其中请示件 770 件），制发正式文件 481 件。撰写《加快推进龙湾经济高质量发展　打造温州科技创新策源地》等调研文章 9 篇；全年累计上报政务信息 468 条，省市录用信息 204 条，获省领导批示 2 条，市领导批示 35 条，刊发《龙湾政务》135 期。

【建议提案办理】 2021 年，龙湾区政府办公室做好代表建议、委员提案的组织办理和督促检查工作，龙湾区八届人大五次会议代表建议和区政协五届五次会议委员提案共 334 件全部按时高质量办结，其中人大代表建议 161 件，政协委员提案 173 件。代表委员所提问题已解决或基本解决的 A 类共 177 件，占 53%；所提问题部分解决或已列入计划解决的 B 类共 128 件，占 38.3%；所提问题因受条件限制留作参考或不可行的 C 类共 29 件，占 8.7%。

【电子政务建设】 2021 年，区政府办公室持续推进区级电子政务外网设备改造，加强网络安全态势感知、上网行为审计、网站域名管理、网络分区管理等工作，开展网络安全实名制认证，在全市率先开展网络安全大排查大整治行动。迭代升级龙湾区政务协同办公系统，新版Pad端和手机端App投用，研发无纸会议系统。完成区政府网站适老化改造和移动端建设工作。推动“互联网+政务服务”“互联网+监管”等工作，“浙里办”龙湾城市频道进入试运行，省级监管事项认领率、覆盖率均达100%，国家级监管事项覆盖率达98.5%，列全市第二。全区各党政机关事业单位人员浙政钉激活率、人员信息完整率达100%。

【政务督查】 2021年，区政府督查室开展精准督查、数字督查，督查实效提升。协助相关部门组织省政府督查激励申报和对接争取工作。“未来社区”“一带一路”2个事项获得省政府督查激励。对区政府工作报告、民生实事等重要工作专项督查，牵头组织、督促落实省、市、区政府民生实事项目共100个，其中省政府民生实事项目30个、市政府民生实事项目33个、区政府民生实事项目37个（含候选项目）。共制发督查文件251期，其中《政务督办通知单》46期、《政务交办通知书》19期、《政务督查专报》172期、《督查通报》14期。围绕安全生产、疫情防控、民生实事等重点内容开展实地督查26次。全年共承办区长批示件190件，所有批示件均已反馈办理情况。

【政务公开】 2021年，区政府办公室创新“三步走”依申请公开工作法，提升政府信息公开工作透明度和公信力。依托“中国龙湾”政府门户网站，主动公开政府信息10000余条，建立区政府及各部门重要政策文件数据库，加强政策文件解读回应。通过部门协查、律师咨询并把关答复函、司法部门审查的“三步走”工作法，加大涉复、涉议案件风险防范。区政府办公室代表区政府全年共受理政府信息公开申请60件，申请数量较2020年回落62.3%，答复政府信息公开申请90件，均在法定期限内予以答复；共办理区政府信息公开行政复议31件和诉讼案件26件，均无出现纠错和败诉情况。

【土地储备与出让】 2021年，区土储中心深化区四套班子领导挂钩联系做地地块制度，扎实推进做地出让。全年完成经营性用地做地100.6公顷超额完成市对区考核任务88.13公顷，完成经营性用地出让9宗共37.88公顷（含科技城、市级公司），出让成交金额99.72亿元。永昌古镇文旅项目一期、埃锐克物联网数字科技总部项目、科技城云创未来社区一期等省、市、区重大项目用地顺利出让。温州东部时尚中心（西片区、北片区）综合开发项目获批使用温州市区自然资源（土地）储备开发基金14亿元，资金最长使用期限为5年，其中2021年批准使用额度6亿元。持续开展龙湾土地出让宣传推介。

【“两个健康”先行区创建】 2021年，区政府办公室做好牵头抓总，稳步推进“两个健康”先行区创建工作。组织“两个健康”系列活动17场，报送6大类典型案例7篇参加市级“两个健康”典型案例评选。全年累计报送“两个健康”相关信息55篇，市级以上录用8篇。持续贯彻落实各项惠企政策兑现，指导助企服务员帮助企业用足用好政策，全年核定惠企政策奖补申请5204家次，拨付5.28亿元，兑现金额居全市四个区第一名。

（池来俊）

政务信息公开

【概况】 2021年，温州市龙湾区政务公开工作围绕区委、区政府中心工作，贯彻《政府信息公开条例》，狠抓基层政务公开标准化规范化建设和政府网站融合升级，深化重点领域信息公开，回应社会关切，保障群众权益，全面提升政务公开工作水平。规范政府门户网站统一信息资源库数据，编排全区政务公开目录。集中开展行政规范性文件有效性标注梳理工作，对全区已失效、废止文件实行有效性标注更新，清理废止失效文件91件。落实政务新媒体主管责任，对功能相近、用户关注度和利用率低账号及时清理整合。全区存有新媒体账号57个，全部纳入新媒体平台监管，共涉及27个单位。

【主动公开】 2021年，区加大政府信息主动公开力度。依托“中国龙湾”政府门户网站，主动公开政府信息10000余条，其中包括政务动态信息1315条，信息公开目录3208条，重点领域2113条。重点做好城市规划、财政预决算、疫情防控、市场监管等重点领域信息专栏专题发布工作。建立区政府及各部门重要政策文件数据库，加强政策文件解读回应，全年全区共制发行政规范性文件49件，现行有效规范性文件242件。

【依申请公开】 2021年，区政府信息依申请公开办理更加规范。加强全区政务公开工作业务培训，邀请知名律师执行典型案例分析和讲解；不定期开展研讨，对遇到疑难案件，组织相关单位专项研讨，确保依申请回复规范、合法。全区共办理依申请件321件，含2020年度转结41件，结转至2022年度办理12件；其中，予以公开76件，部分公开46件，不予公开16件，无法提供公开信息128件，不予处理34件，其他处理9件。

（池来俊）

大数据管理

【概况】 2021年，温州市龙湾区大数据管理中心围绕全省数字化改革“152”体系架构，推进数字政府建设。持续推进数字化改革创新应用谋划，场景“一键找园”项目成功揭榜首批省数字经济多跨应用场景“揭榜挂帅”项目。推进龙湾区数字化改革总门户、“浙里办”龙湾城市频道等2个市级试点，试点成绩排名全市前列。编制出台《龙湾区财政投资信息化项目联席会议制度》《区本级财政投资信息化项目管理办法》，全年共完成两轮119个信息化项目集中审查工作，累计核减信息化项目29个，核减资金4292.84万元。全面迭代升级龙湾区政务协同办公系统，研发推出无纸会议系统，全年召开各类无纸化会议236个，涉及无纸化材料共73.30万页。

【一体化智能化公共数据平台】 2021年，区大数据管理中心做好龙湾区一体化智能化公共数据平台建设，编制出台《龙湾区一体化智能化公共数据平台建设方案》，持续完善“四横四纵”八大体系和“浙里办”“浙政钉”两个终端。全年指导部门开展多跨协同项目打造，开展业务对接80余次、参加部门数字化改革项目建设等相关会议45次，全区各部门数据共享支撑率达95%。

【电子政务网络系统】 2021年，区大数据管理中心制订并执行《龙湾区电子政务外网管理办法（暂行）》，建立网络安全常态化闭环整改机制，规范网络和数据使用。全年共排除网络故障1147余起，印发整改告知书72份，整改网络安全问题70个。落实政务系统等级保护工作，等保备案率从70.5%提升至92.3%。持续改造提升政务外网设备，加强网络安全态势感知、上网行为审计、协同准入管理等能力。实施网络分区管理措施，功能区域边界更加清晰。在全市率先开展网络安全实名制认证、网络安全大排查大整治行动等。年底，实名制认证接入验证率95.8%，网络带宽提升至2G，部门接入升至1G，重点区域受控无线网覆盖率达100%。

【“浙里办”龙湾站点试点】 2021年，区大数据管理中心承接“浙里办”龙湾城市频道市级试点建设工作。完成频道建设并上线未来康养智城等10个区内高频民生应用，其中2个应用列入全省前20%活跃度应用。全年“浙里办”龙湾常住人口注册用户比上年同期上升46%，“浙里办”省级考核总指标位列全市第一。推动政务服务事项核心指标提升工作，全区政务服务事项承诺时限压缩比为97.7%、跑动次数比减少至0.60，共下发办事指南问题清单80余批次，共1100余条，完成事项认领600余条，整改反馈率、事项认领率均为100%。

【龙湾区数字化改革总门户】 2021年，区数字化改革总门户综合集成党政机关整体智治、数字政府等5大综合门户，上线14个场景应用。精品场景应用的数据归集、指标动态对接完成，实现数据下钻，数字化改革总门户首页核心指标完成数据共享。经省级部门综合打分，空间资产管理“浙里盘”等3个精品应用被评定为浙江省数字化改革总门户优秀应用，省级优秀应用数量位列温州各县（市、区）第一。

【温州市数据开放创新应用大赛】 2021年，区大数据管理中心承办温州市数据开放创新应用大赛，组织和指导区内企业参赛。大赛聚焦数字经济、数字社会、乡村振兴、共同富裕、生态文明、全民健康、公共安全等七大领域。经30个决赛项目的激烈角逐，龙湾区2个项目分获市级二、三等奖，1个项目获评优胜奖，龙湾区大数据管理中心获优秀组织奖。

（项朝锋）

发展与改革

【概况】 2021年，温州市龙湾区发展和改革局注重谋篇布局，以重大项目为抓手，扩大有效投资，以数字改革为牵引，优化营商环境，以民生保障为目标，落实稳价能控。全年完成固定资产投资353.20亿元，比上年同期增长9.8%，104项区本级重点建设项目完成投资220.80亿元，完成年度计划117%。2020年已落地省“152”工程完成年度计划214.5%。争取中央补助资金5437万元，为历年之最。地方政府专项债共发行5批、17个项目，超6倍完成高线目标。先后获得省未来社区试点建设成绩突出集体、山海协作连续两年全省优秀，未来社区、一带一路工作获省政府督查激励等多项荣誉。

【共同富裕示范区】 2021年，区发改局编制完成《打造高质量发展建设共同富裕示范区龙湾样板行动方案》，建立完善工作体系，梳理编制“四张清单”，大力开展试点创建，提炼总结典型案例，列入市对区考核的40项指标完成率均超100%，全面开启高质量建设共同富裕示范区龙湾样板生动实践。

【特色小镇建设】 2021年，区发改局以迭代升级为手段，致力服务特色小镇建设。龙湾中国眼谷小镇于2021年11月4日入选浙江省特色小镇第七批创建对象名单，创当年申报、当年入选先例，改变龙湾区特色小镇单点支撑现状。实际完成固定资产投资额10.61亿元，实际完成特色产业投资7.63亿元，特色产业累计投资占固定资产累计投资比重达71%，为企业引育、人才引进提供重要支撑和强劲动能，获评浙江省眼视光产业创新服务综合体、浙江省中国眼谷产教融合示范基地、浙江省内外贸一体化试点培育基地、浙江省青年创新创业时间基地、国家“百城百园”建设项目等荣誉。文昌创客小镇完成年度投资10亿元，数字经济企业实现产值超50亿元，拥有省级创新创业载体11家，集聚企业2429家，包括2000多家数字经济类企业，16家国家级高新技术企业，专业技术人员483人，国家级、省级高层次人才68人，获省

2021 年 11 月 22 日，苍南—龙湾山海协作“科创飞地”项目签约现场
（区融媒体中心供稿）

级考评优秀，获省新增建设用地计划指标4.9公顷和市专项补助资金奖励。

【数字社会建设】 2021 年，区发改局制订出台数字社会系统建设方案，建立工作专班和专项小组，搭建完成数字社会门户。全年共谋划建设应用场景 10 多个，完成开发建设 4 个。完成贯通“浙系列”重大应用 11 个。全方位承接数字社会省、市级任务。推动数字社会成员单位参与“揭榜挂帅”活动，其中，区居家老人养老智慧暖心服务（区未来康养智城）列入省发改委第二轮“中榜”名单，并上架“浙里办”接入浙政钉。退役军人虚拟云服务站构建项目、残疾人全周期服务“一件事”纳入省级系统试点，并接入“浙里办”。

【未来城区建设】 2021 年，区发改局推进未来城区、未来社区建设。龙湾区成功入选全省 2021 年未来社区全域类创建名单，获省政府推进未来社区建设工作成效明显县（市、区）督查激励。“钟秀瑶溪”“灵秀五溪”等未来乡村建设项目开工。全年 68 个未来城区五大工程和标志性平台项目完成投资额 155.10 亿元，完成率 109.8%。启动省第四批未来社区申报工作。

【对口协作】 2021 年，区发改局对口协作展现新作为。与东西部协作地区四川省仪陇县顺利两地党政代表团完成互访活动，签订龙湾区（高新区）与仪陇县深化协作和交流合作协议，合计各类资金捐助资金达 4400 万元。全面完成对口支援和脱贫攻坚各项任务，完成任务量占全市 25% 以上。深入开展消费帮扶活动，组织开展企业对接会等活动，全年帮助仪陇县完成销售 1.15 亿元，引导机关事业单位采购仪陇农特产品约 24.80 万元。山海协作安排援建资金 260 万元，签订 2021 年度山海协作协议及乡村振兴、产业飞地、科创飞地框架协议，推动龙湾区和苍南县深入交流协作。

【社会信用体系建设】 2021 年，区发改局开展信用专项治理工作，清理规范辖区内严重失信主体。万顺社区打造“万顺通”智治品牌，依托“党建引领、信用撬动、五治融合”万顺智慧服务平台，以“万顺通 + 信用积分”模式，通过数字化方式赋能社区信用治理，成功入选省级“信用 + 社区治理”试点。完成对 45 家失信被执行企业主动开展信用修复上门培训服务，完成信用修复企业 92 家。完成信用查询 310 家，个人 800 余人次，强化信用服务保障力度。

【省市重点工程】 2021 年，龙湾区被列入省重点建设项目共 6 项。省里

2021 年重点工程各组织实施单位完成情况一览表

表 5

组织实施单位	重点工程数量（项）	完成投资额（亿元）	完成年度计划占比（%）
龙湾区城市中心区管委会	31	66.70	108
温州空港新区管委会	16	33.80	197
浙南科技城管委会和建投公司	25	54.70	157
温州臻龙建设投资集团有限公司	15	60.10	117
龙湾区交通工程建设中心	5	4.30	239
龙湾区区水利建设办公室	2	2.00	111

2021 年重点工程各行业完成情况一览表

表 6

所属行业	重点工程数量（项）	完成投资额（亿元）	完成年度计划占比（%）
农业水利项目	2	2.00	111
交通能源项目	7	16.40	154
工业项目	16	42.00	183
社会发展项目	12	10.50	127
城市建设及基础设施项目	48	115.40	129
服务业项目	19	53.20	96

下达年度投资任务 8.20 亿元，全年完成投资 13.20 亿元，完成年度计划 160.2%，超额完成年度任务。开工建设龙湾怡宁医疗康养中心（龙湾颐馨医疗康养服务中心）、云上智城、瓯江路东延（耐宝路—骄泰路）及骄泰路（瓯江路—机场大道）市政道路等工程，加快推进温州龙湾富春社区、温州市温瑞平原东片排涝工程（龙湾片）等工程。

【区重点工程建设】 2021 年，龙湾区区本级安排重点建设项目 104 项，年度投资任务 188.80 亿元，全年完成投资 239.40 亿元，完成年度计划 127%。其中：开工项目 25 项，完成工程投资额 56.10 亿元，完成年度计划 108%；建成项目 28 项，完成工程投资额 37.70 亿元，完成年度计划 116%；续建项目 51 项，完成工程投资额 145.60 亿元，完成年度计划 139%。

（潘毓锦）

政务服务

【概况】 2021 年，温州市龙湾区政务服务中心以“最多跑一次”改革为牵引，持续推进行政服务中心适应新时代企业和群众日益增长服务需求，推进办事环境美化、智能办理优化、导服功能强化，重点改造建成公积金贵宾服务区，扩展打造东一楼舒适等待区，按照业务类型和领域板块设置自助申报区、咨询导办区，上线非接触智能客服系统，打造集智能导服、自助预约、自助申报等智慧化办事于一体政务大厅。全年共办件 127 万多件，比上年同期增长 12.9%，一网通办率 92.2%，群众满意度 98.4%。

【“政务服务 2.0”新模式】 2021 年，区政务服务中心以“政务服务 2.0”新模式为主抓手，实现事项多端多点办理同流程同标准、政务服务线上线下体验一致，打造网上随时办、全域就近办、简易快捷办“一网通办”模式。梳理政务服务事项 1377 项，配置统一办事指南、统一办理流程、统一表单材料，依申请事项 2.0 收件数占总收件数达 95.5%。推动所有街道便民服务中心开通应用省一体化在线政务服务平台窗口工作台，街道一级通过政务服务 2.0 系统可实现 114 项政务服务事项就近办理。创新推出“五险直通车”实现医社保联办、率先试点二手房公积金贷款、商业贷款和不动产登记业务联办、推进瓯江公证处进驻区行政服务中心，实现公证与不动产登记业务联办工作。

【跨层级跨区域通办服务机制】 2021 年，区政务服务中心多形式开展跨层级、跨区域“一网通办”服务。推进“全球通办”，推出为侨服务“全球通”移动版应用。推进长三角一体化、海西经济区等省域间政务服务合作体系建设。与贵州榕江县、铜仁玉屏和江西鄱阳县签订“跨省通办”政务服务战略合作互信协议，梳理“跨省通办”事项榕江县 28 个、铜仁玉屏 152 个、鄱阳县 98 个。推进第一批 100 项“一区一廊”涉企政务服务事项互认通办。在全市率先推进不动产业务向街道延伸服务，实现不动产办理业务全区通办。

【企业投资高效审批模式】 2021 年，区政务服务中心协调破解审批难题，提升审批服务效率。牵头发改、自然资源和规划、住建等部门窗口联合就投资项目审批改革实施“五多合一”集成改革，精简事项，统一核发“一本证书”，办理时限缩短 5 个工作日，282 个项目实现“最多 80 天”，10 个项目列入低风险小型项目审批改革试点。

【全程无偿代办服务】 2021 年，区政务服务中心深化多样化代办服务机制。建立涉重点投资、招商引资等领域代办项目库，依托投资项目在线审批平台全流程跟踪代办，实行窗口前移、派单管理、定制服务，助推项目审批提速。推动基层红色代办点、政务服务驿站、瓯 e 办“自助 + 代办”点建设，形成以行政服务中心为主导，多端多点位辐射代办服务网络。拓展“政银合作”代办服务，共合作农商行网点 43 个，实现企业群众在银行网点就近办理政务服务。

（林　娜）

招商引资

【概况】 2021 年，温州市龙湾区全力以赴“大抓项目、抓大项目”，重点实施谋大招强“531”工程，围绕 5 大题材谋划 5 类项目，争取落地 3 个百亿元投资，冲刺 1 个千亿元产业，助力龙湾打造高质量发展建设共同富裕示范区；招商引资到位内资 59.27 亿元，完成率 102%。全年引进亿元以上产业项目 20 个，完成率 100%；引进亿元以上制造业项目 9 个，完成率 100%；5 亿元、20 亿元、100 亿元以上单体制造业项目各 1 个；引进“500”强项目 5 个，其中世界“500”强项目 4 个；完成回归税收额 9.15 亿元，完成率 101%，完成总部项目 5 个，其中税收超 500 万元项目 2 个；完成实际使用外资 6140 万美元，比上年同期增长 286.9%，其中高技术占比达 51 %。

【外资招引】 2021 年，区投资促进服务中心将高新技术产业项目作为发展战略支点，将稳中提质作为实际使用外资工作重点目标。全年，高新技术产业新设外商投资项目 4 个，合同外资 1.42 亿美元，实际使用外资 1634 万美元，占全区实际使用外资总量的 35.2%。坚持项目招引与外资引进齐头并进，全年成功签约投资总额 5000 万美元以上大项目 2 个，分别是浙江埃锐克数字科技集团有限公司和赛泷（温州）通讯科技有限公司项目，投资总额合计约 1.29 亿美元，合同外资 5795.03 万美元，占全区合同外资总量 43.6%。其中赛泷（温州）通讯科技有限公司项目计划3年内到位外资1亿美元，成为全区历史上第一个1亿美元以上项目。

【总部经济项目引进】 2021年，区投资促进服务中心以“先引其总部、再招其园区”的长远眼光谋划总部项目，招引有深厚制造实力的企业总部先行落地龙湾，总部项目招引取得前所未有的新成效。埃锐克物联网数字科技总部大楼项目成功签约成为龙湾区乃至全市总部回归项目亩均投资强度最大的项目，也是“龙商”首个带有外资成分的总部回归项目。招引温州呀团电商综合产业基地项目，引入温州金域医学检验中心项目。

【招大引强】 2021年，区投资促进服务中心以“大好高”项目招引落地再造一个“产业龙湾”为目标，坚持项目为王，克难攻坚推动招大引强工作。总投资300亿元以上瑞浦新能源制造基地项目完成合作框架协议签约，项目一期起步区7月9日摘牌并于12月开工建设，实现项目当年签约当年落地当年开工。总投资102亿元DXC龙湾国际云软件生态平台总部项目成功签约落地，并落户文昌创客小镇城市客厅过渡空间实体化运营。围绕软件产业链，签约埃锐克物联网数字科技总部项目、播思5G数字科技总部、赛格电子智能产业港项目等数字经济项目。

（林聪聪）

人力资源管理

【概况】 2021年，龙湾区人力资源和社会保障局推动实现龙湾人才竞争比较优势保持温州市前列地位，全年新引进大学生11588人，其中硕士330人、博士61人，培育技能人才11196人、高技能人才4281人。专业技术人才工作获浙江省人力资源和社会保障厅表扬。“探索人才引育新模式”入选龙湾区首届“未来城区”集成改革特色实践案例。

2021年2月26日，龙湾区“春风行动”暨“510计划”新春公益招聘活动举行

（区人力社保局供稿）

【人才招引】 2021年，区人力资源和社会保障局打造温州东部“最优人才生态之窗”，深化高校毕业生招引“510计划”，启动实施区万名工匠培育工程，新引育大学生1.16万人、技能人才1.12万人，新增高技能人才4281人。新设省级博士后工作站2家，招收培养博士后研究人员36人，博士和博士后增量全市第一。连续六年举办龙湾区大学生创业大赛，落地优质项目11个。新增职业技能等级自主认定试点企业31家，7人入选“浙江工匠”，4人入选“浙江青年工匠”。在全市率先设立77个村（社）大学生就业联络站，实现“全覆盖、一站式、零距离”人才服务。成功举办2021中国温州“人力资源与民营经济发展”高峰论坛。

【人事管理】 2021年，区人力资源和社会保障局打造温州东部“人事管理规范之窗”。高效完成全区46名事业新进人员初任培训。事业人员工资全年均按时足额发放，完成事业单位津贴补贴发放自查抽查活动，规范全区事业单位规范实施评比表彰和创建示范活动。事业单位人员职业生涯全周期“一件事”线上办件700多件。做好事业单位机构改革“后半篇文章”，全区事业单位布局结构进一步优化、队伍建设进一步加强。

【人社公共便民服务】 2021年，区人力社保局出台数字化改革龙湾版实施方案，优化人社公共便民服务。创新开通“五险直通车”，有效打通机构改革后社保医保服务壁垒。高标完成社银网点省标整改，全域实现“15分钟人社服务圈”。政务服务2.0事项服务优化，大厅窗口办件“一网通办”率、政务事项2.0占比达标率、线上线下全量“一网通办”率均大幅提升。率先开展利民补助“一键达”工作，兑现补助资金5196万元，惠及群众5.60万人次。

（陈冰浩）

区直机关事务管理

【概况】 2021年，温州市龙湾区机关事务管理中心强化政治学习，加强办公用房管理，开展浙江省办公用房管理标准化试点工作。严格落实疫情防控主体责任，加强机关大院防疫知识宣传，持续加强对会议室、电梯、食堂、公车等消杀工作。严格大院通行管理，升级岗亭人脸测温一体机和来访人员登记设备，确保疫情防控各项措施落地见效。成立区级机关第一支退役军人志愿服务队，开展“我和保安同站岗”活动。加强物业、保安等外包公司人员教育管理。

【机关事务数字化改革试点】 2021年，区机关事务管理中心推进机关事务标准化和数字化融合，开展浙江省机关事务数字化改革试点工作。研究建设办公智慧感知系统2.0，投入近200万元进行办公用房智能门禁改造和“一卡通”升级，实现门卡授权、远程开锁、人脸识别系统、食堂刷脸或二维码就餐等功能。通过数字化建设，实时掌握全区各单位办公用房使用情况，解决空置办公用房未报备、办公用房调整钥匙移交难、人员变动报备不及时等问题。

【后勤保障综合服务】 2021年，区机关事务管理中心聚焦领导关心、干部关注问题，推出后勤十件“关键小事”。通过公示承诺、定期督查、亮绩比晒等形式，完成大院停车管理优化、食堂周边环境提升、洗手间暖心“八件套”、增设净菜卖场等事项，获机关干部普遍好评。开展大院安全隐患排查，健全消防、用电等各类应急预案，定期开展消防应急演练、反恐演练等，保障机关大院安全有序运转。

【公务用车管理】 2021年，区机关事务管理中心开展浙江省公车管理标准化示范场景应用试点工作。制定出台《公车出行保障标准》《应急公务用车运行管理标准》《调度室管理规范》《驾驶人员管理规范》《公务车日常使用管理规范》，加强公车日常监管，对GPS系统问题全面排查，落实GPS月巡察反馈机制。加强驾驶员安全礼仪培训，健全每月车场日例行检查，全区82辆应急保障用车纳入“一张网”系统管理，实现统一派车、统一管理、统一服装、统一定点停车。

【公共机构节能】 2021年，区机关事务管理中心开展节能示范创建，获评浙江省节水型单位。严格落实公共机构能耗“双控”工作，召开公共机构节能降耗工作会议，联合区发改局能源监察大队对全区27家重点用能单位开展监督检查。推进食堂“光盘行动”，通过微信、承诺书、LED显示屏等多种形式做好宣传。办公大楼严格实行温度控制、降低设备用能、降低公共用能、加强电梯管理、禁用大功率电器等措施。

（林萍萍）

外 事

【概况】 2021年，温州市龙湾区外事办贯彻落实习近平外交思想，坚持“外事无小事”，持续做好领事保护、疫情防控等工作，推动外事工作上新台阶。

【外事防疫保障】 2021年，区外事办全面做好境外项目疫情防控精密制控工作，推进境外服务码申请工作。全年共有25家境外企业在浙江境外服务码管理平台申请登记境外服务码，占境外投资备案项目数的64.1%。推进外籍人士接种新冠疫苗工作，做好外籍人士接种需求登记。全区常住外籍人士128人中完成疫苗接种66人，接种第一针22人，两者合计88人，接种率68.8%。

【领事保护】 2021年，区外事办加强内外联动，高质量做好涉外工作，指导状元街道基层领事保护联络处加强领保工作。加强接疫情期间外国人来华政策解读发布。全年共接受企业政策咨询10余次；同时向全区重点民企（高新企业、科技型企业、规模以上企业等）宣传温州市疫情期间民营企业邀请外国人来华外事审批新政。

（池来俊）

侨 务

【概况】 2021年，温州市龙湾区侨办涵养海外友好资源，利用春节、中秋等节日，走访慰问海内外华侨侨眷、新乡贤等50余人；组织开展“海外侨领家乡行”“共植海外乡贤林”等活动5场次，邀请在外侨领、新乡贤代表回乡共叙乡情；强化思想引领，组织侨界人士开展各类党史教育活动3场次，重温党的历史、坚定理想信念。

【助侨服务】 2021年，区侨办持续优化为侨服务新增1个“涉侨法律服务工作站”，开展侨法宣传活动6场；推广为侨服务“全球通”.0平台，累计办结各类涉侨审批服务事项49件，零投诉；开展“暖侨安侨护侨”系列活动，慰问困难归侨侨眷38人，为华人、华侨提供接种新冠疫苗登记服务59人次；实地走访调研侨企30余家，协助解决难题5个。

【新乡贤品牌建设】 2021年，区侨办加强新乡贤品牌建设，以“1+1+5”即“一会一馆五行动”为载体，实现街道级新乡贤联谊会全覆盖，验收通过街道级乡贤馆4个，村社级乡贤馆10个，挖掘培育“乡贤助乡兴”实践基地6个，搭建一批“乡愁有延续、乡情有归处”交流平台。建立龙湾区新乡贤工作联席会议制度，构建新乡贤工作大格局，广泛汇聚合力。引导新乡贤助力产业兴旺、文化建设、乡村治理、生态宜居、公益慈善等五大行动，相关做法成效在《中国统一战线》杂志、浙江统战公众号等平台刊发。

（邢梦璐）

政协温州市龙湾区委员会

2021 年 2 月 22 日—24 日，区政协五届五次会议在区文化中心举行　　（项绍雄／摄）

大罗山　（区摄影协会供稿）

综　述

【概况】 2021年，中国人民政治协商会议龙湾区委员会（简称区政协）在中共温州市龙湾区委领导下，立足专门协商机构定位，深化政治协商、参政议政、民主监督三大职能，推进建言资政与凝聚共识双向发力，为龙湾建设“一区五城”、推进“共同富裕”贡献了政协智慧和力量。全年召开全体会议1次、常委会会议6次、主席会议13次；开展协商24场、民主监督8项、专题视察调研21项，形成咨政建言专报8篇、协商报告5篇、视察调研报告8篇，获区党政领导批示16人次。

【“数字政协”】 2021年，区政协以“数字政协”革新履职手段，提高工作质效。完善浙政钉“龙湾政协·掌上履职”等政协智慧履职平台建设。对接省市部署，深入实践V形开发模式，从顶层开始拆解政协工作任务，建立指标体系，经过全方位、多层次的协商论证，形成“龙湾数字政协”建设方案，迭代升级现有的6个功能模块，植入“村头巷尾商商量”“永嘉场”等自建项目，擦亮“数字政协”龙湾底色，提升政协履职能力现代化水平。

【政协党的建设】 2021年，区政协持续加强政协系统党的建设工作，推进党史学习教育中强化思想政治引领，确保政协工作与党委同心同行。把党史学习教育融入政协履职与“书香政协”建设，组织开展党史学习教育“六百”专题活动，落实“周一学习会”制度，依托“委员驿站”委员工作室“和合讲坛”“主席讲党课”等，深化党史学习教育“实体课堂”，共开展各类学习教育64次。在浙政钉建立“龙湾区政协读书群”，围绕党史学习教育重点内容划分6个专题，“一天一小时”在线谈感悟、隔屏话思考，“龙湾政协”微信公众号开辟“学党史·聚同心”等栏目，打造随时随地“云上课堂”。在政协书画院举办庆祝建党百年书画展览，开展沿着习近平总书记考察龙湾时的足迹学党史专题教育活动、赴龙湾革命教育馆开展主题党日活动等，打造生动深刻的“实景课堂”。

【政协委员工作】 2021年，区政协全面加强委员学习教育，以素能提升强化委员担当。组织委员赴江西瑞金红色教育与履职能力提升培训，赴洞头举行常委读书会，举办党史学习教育专题讲座、“百名主席进百厅讲党史”活动。推进“委员关爱周”活动常态化，区政协领导分组走访政协委员和委员企业，送关爱、解难题，切实增强政协组织凝聚力。持续开展“委员活动日”活动，组织委员专题听取区政府和区纪委区监委、区法院、区检察院工作情况通报，促进委员知情明政。开展“下基层、送服务、听民声”活动，联手温州医科大学附属第一院，组织10余位名医专家赴海滨街道江一村现场为群众检查诊断。加强街道政协工作联络组与委员会客厅（工作室）建设，累计建成省级政协委员会客厅1个、委员工作室15个，健全委员数字档案信息，完善委员履职平台赋分机制，促进委员做好履职“作业”。

重要会议

【政协第五届龙湾区委员会第五次会议】 2021年2月22日至24日，政协第五届龙湾区委员会第五次会议在区文化中心举行。出席会议区政协委员213人，列席人员70人。会议听取并审议通过区政协主席张纯芳作《政协第五届龙湾区委员会常务委员会工作报告》和区政协副主席林海珊作《政协第五届龙湾区委员会常务委员会关于提案工作情况的报告》。会议期间，与会人员列席区八届人大五次会议，听取并协商讨论区政府代区长夏禹桨作政府工作报告及《龙湾区国民经济和社会发展第十四个五年规划和二〇三五年远景目标纲要（草案）》等会议其他报告。委员们围绕政府工作和龙湾区经济社会发展各个方面，提出富有前瞻性和建设性意见建议。会议收到委员和参加政协各民主党派、人民团体以提案形式提出意见建议179件，经审查立案174件。会议补选戴文虎、张崇林2人为副主席，朱显源、张韩杰、南君晓3人常务委员。

【区政协五届常委会会议】 2021年，区政协共召开常委会会议6次，即第十九次至第二十四次。

第十九次常委会　1月22日召开。会议审议通过《关于召开政协第五届龙湾区委员会第五次会议的决定》、政协第五届龙湾区委员会第五次会议议程（草案）和日程（草案）、政协第五届龙湾区委员会常务委员会工作报告（送审稿）及报告人、政协第五届龙湾区委员会常务委员会关于提案工作情况的报告（送审稿）及报告人、《关于授权主席会议审议政协第五届温州市龙湾区委员会常务委员会第十九次会议未尽事宜的决定》和有关人事事项。会议审议通过《政协温州市龙湾区委员会关于部分专门委员会更名的决定》，区政协经济教科卫体委员会更名为区政协经济科技委员会，区政协文化文史和学习委员会更名为区政协文教卫体文史和学习委员会。

第二十次常委会　2月23日召开。会议听取区政协五届五次会议期间各界别组讨论情况汇报；审议通过《政协第五届龙湾区委员会第五次会议提案审查情况的报告（草案）》《政协第五届龙湾区委员会第五次会议决议（草案）》《政协第五届龙湾区委员会第五次会议选举办法（草案）》；审议通过政协第五届龙湾区委员会副主席、常务委员候选人名单；审议通过区政协五届五次会议监票人名单，提出总监票人、副总监票人建议名单。

第二十一次常委会　4月19日召开。会议邀请区政府副区长（挂职）、中央党校教授杨振，作《改革开放以来我国市场体系建设历程与经验逻辑》党史学习教育专题讲座。会议审议通过有关人事事项，通报《政协温州市龙湾区委员会2021年工作要点》，动员部署区政协2021年民主监督工作。

第二十二次常委会　7月29日召开。会议围绕区委八届十二次全会报告和《龙湾区高质量发展建设共同富裕示范区实施方案（2021–2025年）》开展专题政治协商，区委常委、常务副区长吴昌亮出席会议。6位区政协常委和政协委员代表调研组，围绕数字化改革、乡村振兴、未来城区建设、地域文化发展、招才引智等6个课题协商发言，为打造高质量发展建设共同富裕示范区龙湾样板建睿智之言、献务实之策。

第二十三次常委会　8月20日召开。会议传达贯彻区委八届十二次全体（扩大）会议精神，审议通过有关人事事项。会议审议通过《龙湾未来乡村建设的调研报告》《打造龙湾区新时代地域文化工作调研报告》《龙湾区新乡贤工作调研报告》，传达学习2021年全省政协主席暑期读书会暨宣传思想工作会议精神。

第二十次四常委会　12月23日召开。会议审议通过有关人事事项。会议听取区政府关于区政协五届五次会议委员提案办理情况报告、2021年各重点提案承办单位关于重点提案办理情况报告并开展双向评议；听取民主监督整改落实情况汇报，并民主测评；听取区政协常委、区政协委员作述职报告。会议审议通过《中国人民政治协商会议温州市龙湾区委员会协商工作规则（草案）》，审议通过《关于我区商品房住宅全装修工作的调研报告》《关于推进国家高新区建设的调研报告》《关于我区老旧小区改造提升工作的调研报告》《关于我区智慧养老监管平台建设的调研报告》《关于我区宗教服务和谐社会建设的调研报告》。

协商议政

【政协政治协商】　2021年，区政协构建以全体会议协商为龙头，常委会会议、主席会议专题协商为重点，对口协商、界别协商、基层“小微”协商为常态协商议政新格局。区两会期间，大会发言书面材料25篇，13位委员上台发言，其中大会发言材料6篇、调研报告1篇获区委书记周一富批示。建立完善党政部门“交题”、界别和委员“征题”、基层群众“点题”等议题产生机制，年初由区委、区政府、区政协联合商定协商议题19项。围绕高质量发展建设共同富裕示范区县域样板开展专题议政性协商；围绕民生实事项目、人才引育、经开区公共卫生事业发展、政府数字化转型、安置提速工作、推进温州高新区进等升位等开展专题协商；围绕中国眼谷建设、奥体中心周边环境政治、公益诉讼、永嘉场文化挖掘与传承等开展对口协商和界别协商；围绕机场大道交通组织管理、共享单车规范管理、门球设施建设等开展基层协商。强化协商成果跟踪落实；围绕“和合社区”建设开展的协商为罗西社区居民解决电瓶车飞线违规充电、消防通道占道等6件民生实事。

【政协基层协商】　2021年，区政协不断深化协商民主实践探索。健全“请你来协商”平台常态化运行机制，推进“请你来协商”与委员会客厅、“委员驿站”联动互促，与基层协商、提案办理协商融合贯通，规范有效地开展“请你来协商”活动23场。全年共围绕“共同富裕示范区”建设、“未来城区”建设、安置提速工作、新乡贤工作等主题开展协商，邀请11位区委、区政府领导参加，提出387条意见建议。推进“委员驿站”界别协商载体建设。持续打响“村头巷尾商商量”品牌，发挥街道（片区）政协工作联络组作用，自主性、经常性地围绕基层“小事”开展14场“微协商”，推动政协协商同社会治理相结合，扩大政协协商参与面。创新打造“民生议事堂”平台，健全机制、创新形式，在全区各街道和经开区建立7个固定阵地，落实协商于民、协商为民，首场活动走进政协全会聚焦民生实事开展协商，丰富政协会议内涵。

政协民主监督

【政协调研视察】　2021年，区政协学习贯彻新发展理念，聚焦重点议题务实资政，扎实开展专题调研视察活动，为高质量发展建言献策。围绕高新区进等升位、涉房地产矛盾纠纷问题、老旧小区改造提升、委员工作室星际评比机制建设、未来乡村建设、打造“和合文化”实践阵地、新乡贤工作品牌等开展10项专题调研。围绕

2021年8月26日，区政协以“汇聚乡贤力量　携手共富之路”为主题，在龙商家园开展“委员驿站”活动
（区政协办公室供稿）

智慧养老监管平台建设、公园绿化工作、5G通信基础设施建设等开展11项专题视察，深入分析论证、集思广益，形成调研视察报告。其中《关于龙湾未来乡村建设的建议》《关于在龙湾设立和合文化研学基地的建议》《关于龙湾住宅类室内分布信号建设“空档”问题的建议》等调研视察成果报告获区委、区政府主要领导批示。

【政协民主监督】 2021年，区政协切实履行民主监督职能，为推动重要工作的落实与改进出谋划策。对区商务局、永兴街道2家单位全面开展民主监督；围绕政府民生实施项目实施情况、水利工程建设、公立幼儿园建设、移民扶持资金使用、未来社区建设等6项重点工作开展专项民主监督；围绕“深入推进美丽大花园建设加快建设美丽中国先行示范区”开展省、市、区三级政协联动专项集体民主监督。落实“专家团＋观察团”和派驻特约监督员工作制度，开展监督整改落实民主评议与“回头看”工作，形成7份高质量民主监督建议书。

政协提案建议

【社情民意信息】 2021年，区政协持续开展社情民意信息收集，聚焦与群众生产生活息息相关就业、就医、就学、住房、养老等问题，深入开展调查研究，以反映社情民意信息形式反映实情、提出建议。积极吸纳各方面专家和专业人士充实特邀信息员队伍，提升信息员队伍专业化水平。全年共收到社情民意信息76篇，其中获国家级媒体发布9篇，获省级媒体发布22篇、获省政协采用2篇、省领导批示1篇，获市政协采用24篇（含专报3篇）、市领导批示4篇。

【政协提案办理】 2021年，区政协共收到以提案形式提交意见建议179件，经审查立案交办174件，在区府办和各承办单位按时办结率和办理满意率100%。确定8件重点提案，涉及数字化转型、东部高铁新城建设、智慧养老、传统制造业发展等方面，由区委、区政府领导牵头，区政协主席、副主席、专门委员会督办，均得满意评价。坚持实行跟踪督办和“双向评议”制度，针对提案办理情况与成效开展回访，并纳入民主监督工作，为服务决策、推动工作发挥重要作用。其中，关于《利用智慧养老平台，提升养老服务水平》提案，为龙湾打造“未来康养智城”项目提供有益参考，该项目获省发改委列为第二批数字社会“揭榜挂帅”项目，列入省民政系统居家暖心服务应用场景试点，已在全区范围内推广运用。

政协联谊和文史工作

【政协团结联谊】 2021年，区政协完善与全区各民主党派、工商联、无党派人士联系制度，搭建各类视察调研和协商活动平台，鼓励他们通过大会发言、集体提案、调研报告、社情民意信息等形式在政协舞台参政议政、表达意愿。持续增进与港澳台侨界和民族宗教界人士联系，围绕基层侨联规范化建设开展专题视察，围绕宗教服务和谐社会建设开展专题调研。加强与社会各阶层人士沟通交流，支持政协书画院、政协之友社开展活动，举办庆祝中国共产党成立100周年书画展。加强与上级政协和兄弟政协交往联络，接待省、市政协以及来自湖北、广东、青海等地政协组织到龙湾考察指导32批次。

【政协文史宣传】 2021年，区政协充分发挥文史资料，编纂文史书籍，出版第五辑《家园印记》。指导帮助街道、村居做好地区历史、村史村志编纂工作，成立龙湾永嘉场编辑委员会，赴永嘉书院开展“永嘉学派知多少”论坛活动。持续提升“龙湾永嘉场”微信公众号创作水平，共发布文章52篇。持续助力寺前街历史文化街区保护开发建设，致力发挥历史名人资源“文化效应”，助推张璁文化纪念馆等建设，推动中国人民大学孔子研究院和区政府“和合文化”战略合作落地，相关工作品牌获2021年市政协“一县一亮点”评比一等奖。优化“龙湾政协”网站和微信公众号建设，刊发《龙湾政协》杂志4期，在《人民政协报》等国家级媒体发布信息9篇，在省政协“同心苑”、《联谊报》等省级媒体发布信息23篇，在市政协网站及其微信公众号等发布信息30篇，“龙湾政协”微信公众号发布信息266篇。

（朱瑶敏）

表7

2021年龙湾区政协重点提案一览表

案号	提案人	案由
15	潘苹苹	关于健全三级防控机制、稳准快打赢公共卫生应急战的提案
60	九三学社龙湾基层委	关于加快龙湾区传统制造业高质量发展的提案
67	林晓微	关于我区交通内畅治理的提案
61	民进龙湾基层委	让农贸市场真正成为民生工程的提案
98	叶绿绿、张雪梅	关于改善环山东路奥体中心段景观环境的提案
151	农工党龙湾基层委	关于主打“名人牌”加快龙湾文化大区建设的提案
158	王贤理	关于加速建设我区环大罗山科创走廊的提案
164	致公党龙湾基层委	关于激发动能、提振实体，打造生长版乡村振兴的提案

2022 年 2 月 17—19 日，区政协六届一次会议现场　　（项绍雄 / 摄）

中共温州市龙湾区纪律检查委员会
温 州 市 龙 湾 区 监 察 委 员 会

2021 年 1 月 30 日，龙湾区（高新区）举办“清廉家风”专题讲座　　　　（区纪委区监委供稿）

综　述

重要会议

党风廉政建设

案件查处

巡察工作

龙翔湖公园　（区摄影协会供稿）

综　述

【概况】　2021年，温州市龙湾区纪检监察组织在市纪委市监委和区委坚强领导下，把握稳中求进工作总基调，发挥监督保障执行、促进完善发展作用，市对区全面从严治党主体责任考核和监督责任考核评为“优秀”等次，全区党风廉政建设和反腐败工作呈现新局面。

【清廉龙湾建设】　2021年，区纪委区监委深化清廉龙湾建设。构建党委主抓直管机制，协助区委出台《关于纵深推进清廉龙湾建设的实施意见》等1+9文件，从区级层面统筹推进九大领域清廉单元建设，压实9家牵头单位在九大领域清廉建设主体责任。编制九大领域清廉建设标准手册，推动清廉单元建设标准化、纪检监察组织协同监督规范化，建成首批清廉单元示范点58个。全面推动“青廉工程”建设，从严加强年轻干部监督管理。率先打造九廉融合“清亲圈”，推行村居、站所、学校等五大领域“清廉指数”分级量化考评工作，向社会公布203个清廉单元指数考评结果。永兴南园清廉小微园获评温州市“两个健康”十佳示范点，经验做法获省委常委、市委书记刘小涛批示肯定，在全市发文推广。

【纪检监察体制改革】　2021年，区纪委区监委推进派驻机构改革工作，派驻机构工作制度化、清单化、规范化，制定《派驻机构与职能科室“室组联动”工作暂行办法》等8项机制，出台派驻监督“六清单”，推行一年两轮全覆盖驻点监督工作，派驻机构立案数比上年同期上升48%。深化基层纪检监察规范化建设，结合片区协作、提级监督等工作机制，全面整合委机关、派驻机构与街道纪工委监督力量，实现信息上联下通，调动监督力量，推进监督工作向基层延伸。围绕基层公权力大数据监督应用，以“三重一大”为小切口，探索研发“一把手”和领导班子全面从严治党数智纪实平台，通过数字化、信息化手段加强对“一把手”和领导班子权力运行全过程监督。

2021年与前4年龙湾区违纪党员纪律处分情况对比表

表8

年份	立案数（件）	党纪政务处分（人）	党纪处分（人）	移送司法机关（人）
2017	93	149	145	3
2018	102	72	62	13
2019	127	89	74	5
2020	161	170	161	6
2021	191	183	167	19

【区纪检监察系统“争先创优”强执行开新局】　2021年2月26日，全区纪检监察系统召开“争先创优”强执行开新局大会。区纪委区监委班子成员、街道纪工委、区委巡察机构、派驻（出）机构和委机关全体干部参加会议。区委常委、区纪委书记、区监委主任蔡爱东作重要讲话。会议通报2020年度全区纪检监察工作考核结果，永兴街道纪工委、驻宣传部纪检监察组和第一纪检监察室等3家考核优秀单位作表态发言。

重要会议

【八届区委七轮巡察工作动员部署会】　2021年1月15日，温州市龙湾区召开八届区委第七轮巡察工作动员部署会，深入学习贯彻习近平总书记关于巡视巡察工作重要论述，全面落实中央和省、市委关于巡视巡察工作新精神新部署新要求，总结2020年巡察工作成效，对区委第七轮巡察工作动员、部署和安排。区委书记周一富作动员讲话，区委常委、纪委书记蔡爱东主持会议，区委常委、组织部部长蔡军令宣读巡察工作有关文件。第七轮巡察时间为1月至4月，分别巡察区人民法院、区委宣传部（区文明中心、区融媒体中心、区文联、区社科联）、区委全面深化改革委员会办公室、区委党史研究室（区地方志研究室）、区公安分局、区退役军人事务局、区机关事务管理中心、区城市建设中心、市医疗保障局龙湾分局等9个单位党组织。

【区纪委八届六次全会】　2021年2月10日，区纪委八届六次全会召开，总结全区2020年纪检监察工作，部署2021年工作任务。区委书记周一富出席会议并讲话，区委副书记、代区长夏禹栄，区人大常委会主任周赞，区政协主席张纯芳，区委副书记林小露等出席会议。会上，区委书记周一富作重要讲话。区委常委、区纪委书记、区监委主任蔡爱东代表区纪委常委会作《锚定新格局　聚焦高质量为龙湾区打造“一区五城”争创社会主义现代化先行区提供坚强保障》工作报告。

【区纪委举行九届一次全会】　2021年12月28日，中共龙湾区第九届纪律检查委员会举行第一次全体会议，蔡爱东受中共龙湾区第九次代表大会主席团委托主持会议。会议应到区纪委委员25人，实到25人。蔡爱东当选区纪委书记，吴海滨、吴昌游当选区纪委副书记。

党风廉政建设

【正风肃纪】　2021年，温州市龙湾区纪委区监委围绕护航中心服务大

2021 年 4 月 7 日，区纪委区监委组建百人“清风宣讲团”开展下基层送廉风行动
（区纪委区监委供稿）

局，针对“六重”清单实施“中梗阻”问题，开展“争先进位”作风建设提质年活动。推动“蜗牛奖”“鸵鸟奖”评选工作，对42个重点工作开展调查，保障全区重点项目（指标）有序完成。出台《关于进一步加强监督执纪问责推动中央八项规定精神落实的通知》和《中央八项规定精神实施细则要点参考》，严肃整治“四风”问题“低级红”“高级黑”。注重“节点＋日常”监督，针对收受“三礼”、违规吃喝、酒后驾车等问题，开展“三整治五一律”集中治理活动，推动酒驾醉驾及其背后“四风”问题专项治理，坚决纠治干部队伍“八小时以外”不良作风问题。全年部署开展正风肃纪81 次，查处违反中央八项规定精神问题 40 起 51 人，其中党纪政务处分 28 人。严格落实“三个区分开来”，为全区 7 名党员干部澄清正名，旗帜鲜明地为敢于担当的干部担当，为敢于负责干部负责。

【全区漠视侵害群众利益问题专项治理推进会】 2021 年 9 月 2 日，区纪委区监委召开全区漠视侵害群众利益问题专项治理推进会。区发改委等 18 家职能部门单位负责人参加会议，相关派驻纪检监察组和委机关科室负责人列席会议。区委常委、区纪委书记、区监委主任蔡爱东出席会议并讲话。会议强调，各单位要坚持开门问计，提升群众参与度；坚持精准施治，提升群众满意度；坚持标本兼治，提升治理成效度。

2021 年 9 月 2 日，全区漠视侵害群众利益问题专项治理工作推进会召开
（区纪委区监委供稿）

【清廉村居建设】 2021 年，区纪委区监委深化清廉村居建设。开展漠视侵害群众利益问题专项治理工作，督促职能部门推进 18 个治理项目。制定《关于加强新时代村（社区）“两委”干部监督的实施办法》，通过“五清单一报告”，加强对换届后村（社）干部的日常监督。修订《龙湾区村务工作权力清单三十七条》，开展农村集体“三资”管理专项检查情况“回头看”活动，累计查处群众身边腐败和不正之风问题 50 个，问责 71 人。试点开展村（社）提级监督“十个一”行动，试点工作被列入省纪委“2021 年度首批基层监督特色应用场景”，并获评龙湾区首届“未来城区”集成改革创新优秀实践案例，经验做法获得市委常委、市纪委书记张建明批示肯定。以信访举报“质量深化年”为载体，通过“领导包案、积案攻坚、阳光反馈”等举措，持续畅通基层涉纪信访举报渠道，推动“无检举控告村居”和“直报点”建设，提升信访举报基层治理水平，全区信访举报量比上年同期下降 46.7%，以信访化解实效不断提升群众满意度和幸福感。

【廉政宣教】 2021 年，区纪委区监委继续推进清廉宣教工作。全年各级媒体录用刊发信息 245 条，在全市稳居第一。打造“古今融合”廉文化品牌，40 部本土“清廉”“非遗”等新媒体作品被中央、省市纪委以及“学习强国”录用。围绕“八大篇章、三个统一”建成全区首个警示教育基地，高标准拍摄首部系列警示教育片，实施“弘

扬清风正气 逐梦百年征程”第十五个党风廉政宣教月活动，开展百人“清风宣讲团”下基层送廉风、“会前十分钟警示教育”等工作，受教育人数3万余人次。

案件查处

【执纪监察】 2021年，区纪委区监委围绕县乡换届、数字化改革、亚运场馆建设、信访以及中央巡视省委反馈问题和省委“七张问题清单”整改落实情况等区委、区政府中心工作加强执纪监督检查，开展专项监督279次，查纠问题244个。紧盯疫情防控工作漏洞，精准查纠问题783个，问题整改率达100%，查处疫情防控工作落实不力48人次，通报曝光10人次，疫情防控监督工作经验被市纪委录用刊发，先后获市委常委、市纪委书记张建明和区委书记周一富批示肯定。协助区委制定加强“一把手”和领导班子监督“八清单”，层层压实各级党委（党组）管党治党政治责任。坚持失责必问、问责必严，查处落实“两个责任”不到位党员干部23人。

【执纪问责】 2021年，温州市龙湾区纪委区监委继续以“零容忍”态度惩治腐败问题，完善问题线索三色管理、三级督办、定期约谈等机制，规范问题线索流转程序。全区共受理检举控告145件；处置问题线索637件，比上年同期上升34%；立案191件，同比上升19%，其中科级干部24人，占比13%；党纪政务处分183人，其中科级干部29人，占比16%；涉嫌职务犯罪移送检察机关19人；留置15人，同比上升25%；主动投案4人。重点查处浙南科技城管委会财政局原局长王某，区城市建设中心原党组书记、主任王某某等一批典型案件，在全区形成震慑效果。坚持以案促改、以案促治，以工程建设、招投标等领域腐败问题专项治理为契机，健全完善征迁安置、工程建设等制度规定。

2021年6月，龙腾社区开展“清廉家风”青少年手抄报制作实践活动
（状元街道供稿）

巡察工作

【巡察工作主体责任落实】 2021年，温州市龙湾区委深入学习贯彻习近平总书记关于巡视巡察工作重要论述等上级巡视巡察工作新精神新要求，抓好贯彻落实，组织各类巡察工作相关会议17次。推进中央巡视、省委巡视问题整改。中央巡视整改方面，通过每月报表督促、实地督查、落后事项通报约谈等措施推进整改，巡察工作专项整改的9个问题30项整改措施，已全部整改。省委巡视整改方面，区委每季度向省纪委、省委巡视办报告城中村改造安置房建设、龙一医迁建工程、横街村城中村改造工程进展情况。

【区委巡察】 2021年，区委巡察工作稳步开展。高质量完成八届区委巡察全覆盖，先后开展供销系统专项巡察以及村社、部门巡察“回头看”，发现问题826个，移交高质量问题线索37条，党纪政务处分30人，移送司法机关4人。推广运用“巡察整改全程监督平台”，严格督促被巡察党组织落实整改，巡察反馈问题整改率100%，问责追责234人次。建立组织层面“四大机制”、运行层面“十项制度”、操作层面“一图二册三清单”“4+10+3”制度体系，率先开展“最佳巡察组”“最佳巡察能手”积分制评定工作，增强优秀巡察干部成就感和荣誉感，相关工作信息被中纪委官网、《浙江巡视巡察信息》刊发肯定。

【八届区委区属单位巡察“回头看”工作动员部署会】 2021年9月14日，八届区委区属单位巡察“回头看”工作动员部署会召开。龙湾区委书记、温州高新区党工委书记周一富在会上强调，要全面贯彻落实党中央和省市区委有关部署要求，持续深化巡察整改工作，做好巡察整改“回头看”，推动全面从严治党向纵深发展，为龙湾“十四五”高质量发展提供有力政治保障。区领导蔡爱东、蔡军令参加会议。会议传达中央巡视工作会议精神，宣读《区委巡察组人员组成名单及八届区委区属单位党组织巡察“回头看”计划的通知》。根据区委统一部署，八届区委区属单位党组织巡察“回头看”时间为2021年9月中下旬至11月中下旬，对8家区属单位党组织开展巡察整改“回头看”。

（高　强）

2021 年 1 月 15 日，八届区委第七轮巡察工作动员部署会召开　　（区纪委区监委供稿）

2021 年 6 月 8 日，区纪委区监委开展信访举报宣传月活动　　（区纪委区监委供稿）

民主党派·群众团体

2021 年 3 月 15 日，龙湾区聘任首批慈善文化（书法）大使　　（叶晓东 / 摄）

中国国民党革命委员会龙湾区基层委员会

中国民主同盟龙湾区基层委员会

中国民主建国会龙湾区基层委员会

中国民主促进会龙湾区基层委员会

农工党龙湾区基层委员会

中国致公党龙湾区基层委员会

九三学社温州市龙湾基层委员会

温州市龙湾区总工会

共青团温州市龙湾区委

温州市龙湾区妇女联合会

温州市龙湾区归国华侨联合会

温州市龙湾区工商业联合会

温州市龙湾区文学艺术界联合会

温州市龙湾区残疾人联合会

温州市龙湾区红十字会

温州市龙湾区社会科学界联合会

中国国民党革命委员会龙湾区基层委员会

【参政议政】 2021年，中国国民党革命委员会龙湾区基层委员会在市、区两会上提交提案、建议41件，其中团体提案4件，个人提案34件，人大建议3件。孙默静委员在区两会上作《关于龙湾建设“未来城区”需加快政府数字化转型的建议》口头发言，叶绿绿委员作《关于优化我区社区自治的建议》即兴发言。叶绿绿、张雪梅委员《关于改善环山东路奥体中心段景观环境的建议》获评2020年度优秀提案。上报社情民意10篇，均被采用，其中《关于加快推进未来社区建设的建议》获市政协合稿采用，《基层推广中医适宜技术遭遇“非法”困局亟需建立法制保障》《加快构建民用机场公共卫生事件应急体系筑牢疫情防控“最前线”》等4篇获民革中央采用。精心组织课题调研，完成《城镇化背景下“文化养老”的思考与研究》等调研课题3篇。完成理论调研课题《重要窗口”建设中的多党合作制度效能提升研究》《浅谈人民政协的根须组织建设》等3篇。

【参加民主协商】 2021年，民革龙湾基层委围绕区委、区政府中心工作，为龙湾改革转型发展建诤言、献良策。党员参加政党协商、党外人士征求意见会等100余人次。组织党员参加区委书记领衔重点提案《加快政府数字化转型　助推未来城区建设》提案办理专题面商会，取得良好协商效果。组织党员参加“利用大数据5G发展　推动医疗全流程数字化”协商，形成调研报告《共同富裕大场景中推动卫生健康全流程数字化改革的对策研究》，获市委统战部2021年度“净友建言”优秀调研成果特别奖。

【社会服务】 2021年，民革龙湾基层委开展“关爱抗战老兵”“爱心助学”“扶贫济困”“同心惠企”“支援西藏”等活动。在抗战胜利纪念日，慰问抗战（黄埔）老兵2名。“日行一善·龙湾民革同心公益基金群”资助龙湾区罗峰实验学校4名学生，资助12000元。副主委张鹏飞在泰昌集团内设立“金秋助学基金”，资助考上大学的员工子女2万—5万元不等奖学金，累计资助学生80余名，累计资助金额100余万元，获龙湾慈善总会授予慈善捐赠贡献奖。

【法律服务】 2021年，民革龙湾基层委建立民革法律服务团队，公布值班律师服务热线，采用电话服务、网络预约、企业法制培训等多种形式开展服务。全年开展多种形式法律活动14次，接受法律咨询60多人次，协助处理医疗纠纷3起。年内叶时钦获评“全国模范人民调解员”。

（王雪平）

中国民主同盟龙湾区基层委员会

【参政议政】 2021年，中国民主同盟龙湾区基层委员会在市、区两会上提交各类建议、提案20件，其中集体提案3件，个人提案和建议17件。叶海鹤、林晓薇获评2021年提案先进个人。民盟龙湾基层委全年以服务地方发展和民生保障为出发点，坚持问题导向，开展调查研究，完成《温州传统产业转型升级SWOT分析》《信访政策在基层运行的实效分析》《加快发展互联网+教育，联通未来学校共同体》3个调研课题，共报送信息45篇，其中1篇获民盟浙江省委采用。

【社会服务】 2021年5月，民盟龙湾基层委开展民盟社会服务品牌“润心行动”。走访状元街道青苗残疾人之家和永兴街道永民残疾人之家，开展慰问活动。联合龙湾区中小学心理健康骨干教师送教民工子弟学校。联合龙湾区科协走进蒲江社区，为社区居民举办“润心行动——送医进社区”义诊服务活动10余场。年内，西区支部获评2021年民盟浙江省委社会服务先进集体，王增获评民盟浙江省委社会服务先进个人。

【组织建设】 2021年，民盟龙湾基层委以支部为单位，开展规范化、示范型、特色化基层组织创建工作，更好发挥参政党基层组织作用。围绕“盟员之家”“龙湾基层委微信公众号”建设，线下线上同步打造阵地，创成省五星级盟员之家。做好新盟员发展工作，全年发展盟员3人。年内民盟龙湾基层委获评2021年民盟浙江省委“双十佳”示范基层组织。

（何　剑）

2021年11月23日，民盟龙湾基层委开展“润心行动”进民工子弟学校

（民盟龙湾基层委供稿）

中国民主建国会龙湾区基层委员会

【参政议政】 2021年，中国民主建国会龙湾区基层委员会在市、区两会提交各类提案14件、大会发言5篇、专题调研3篇、社情民意14篇，其中李蕴艳撰写《关于当前发展“社区经济“面临的困难问题及建议》《关于建设统一战线智库的思考》《吴百亨之企业家精神对当代温州企业家的启示》《关于深入推进医养结合发展面临的困难及对策探讨》获民建温州市委会采用。《基层反映街道专职禁毒社工面临诸多困境亟待重视解决》获评民建温州市委会2021年优秀社情民意信息成果三等奖，彭向东撰写《征收执行案件受理后欠缴税款滞纳金有失公平 建议不予征收》获评民建温州市委会2021年优秀社情民意信息成果三等奖。

【社会服务】 2021年12月，民建龙湾基层委以“思源·圆梦”品牌为引领，开展社会服务，做好助贫帮扶工作。前往龙湾残疾人托养中心、龙湾区残疾人护理中心开展帮扶及各类慰问活动，捐赠大米、植物油等物品。助力丰宁脱贫攻坚，累计捐赠金额5万元，帮扶苍南县桥墩镇捐助5万元。疫情期间，民建龙湾基层委开展“三服务”活动，带领会员们走访会员企业鸿厦建设有限公司、温州百利多鞋业等。

【组织建设】 2021年，民建龙湾基层委发展新会员3人，累计会员57人，其中女性会员占35.1%。民建龙湾基层委有区政协委员7人、区政协常委2人、区人大代表6人。年内，民建龙湾基层委获评2021民建温州市委会信息工作先进集体，陆军获评2021年民建浙江省委员会优秀会员，罗彬、彭向东分别获评2021年民建温州市委员会信息工作积极分子。

（罗　彬）

中国民主促进会龙湾区基层委员会

【参政议政】 2021年，中国民主促进会龙湾区基层委员会在市、区两会共提交各类建议、提案 16件。其中，集体提案 2件、个人提案 9件，人大个人建议 3件，大会即兴发言 2篇。李佳琦、王成福两位委员获评政协提案先进个人。民进龙湾基层委聚焦新冠肺炎疫情防控、民生事业改善、社会基层治理等重点、难点问题，深入高铁站、农贸市场等开展实地社情民意调研，共上报社情民意 15篇，获民进中央录用 2篇、省政协录用 1篇、市政协录用8篇。

【社会服务】 2021年，民进龙湾基层委坚持社会服务品牌，与社区联手合作，走进永中街道万新社区开启健康普及宣讲活动，共邀请社区60多位老年大学学员参与。民进龙湾基层委开展“爱在深秋、情暖重阳”敬老慰问活动。

【组织建设】 2021年，民进龙湾基层委加强自身组织建设，分类别设置4个支部，发展新会员3人。围绕庆祝中国共产党成立100周年，开展中共党史理论学习教育现场教学，开展“同心同德齐奋斗，众志成城共富裕”主题教育活动，举办献礼建党100周年“观党史·唱红歌”比赛活动。10月28日，承办浙江民进开明画院书法篆刻专业委员会成立大会，加强学习交流。

（王　磊）

农工党龙湾区基层委员会

【参政议政】 2021年，农工党龙湾区基层委员会在市、区两会上提交各类建议、提案14件，其中集体提案3件，个人提案11件，集体提案《关于主打“名人牌”加快龙湾文化大区建设》获评2021年区优秀提案，余海敏、林继文、戴郁葱等3人获评2021年区提案先进个人。张武撰写《关于基层政协协商模式的思考》获评农工党中央理论研究优秀论文二等奖，余海敏撰写《新时代人民政协推进基层协商民主的实践与思考》获评农工党中央理论研究优秀论文三等奖。

【社会服务】 2021年，农工党龙湾基层委深化公益“金字招牌”，争做社会公益标兵。坚持“千万助医行”老字号社会服务品牌，全年累计开展大型的社会服务活动20余次。与温州

2021年7月17日，民进龙湾基层委赴泰顺县中国工农红军挺进师纪念馆开展中共党史学习教育主题活动　（民进龙湾基层委供稿）

医科大学李校堃团队、温州都市报陈忠慈善工作室联合开展“肤生”慈善公益项目，在基层医疗机构建立“千村千点”救助网络，精准帮扶、长期跟踪，解决基层贫困患者创面问题。农工党龙湾基层委获评“农工党脱贫攻坚工作先进集体”，陈善亮获评2021年“最美温州人·温州好人”。

【组织建设】　2021年，农工党龙湾基层委加强基层组织建设。全年发展新党员3人。提升建言献策能力，围绕政协发展、非遗保护等重点工作开展调研，形成《政治社会化视角下关于如何构建新时代以民意为导向的基层政协协商模式的思考——以温州市龙湾区政协实践为例》《关于龙湾区高端人才引进工作的对策建议》等5篇调研文章。利用微信公众号“龙湾农工”“温州农工”共发布各类信息32条。

（季晓青）

中国致公党龙湾区基层委员会

【参政议政】　2021年，中国致公党龙湾基层委员会参加市、区两会政协委员6人、人大代表1人，提交建议、提案10件。其中市人大个人建议1件，区级集体提案1件，代表个人建议4件，委员个人提案4件。朱晓芬代表在区两会上做《关于优化提升产供销环节助推农产品销售》大会发言，党派集体提案《关于激发动能、提振实体、打造生长版乡村振兴的提案》获评2021年区两会优秀提案。撰写社情民意信息11篇，市政协、省委会采用9篇，区级采用1篇。其中，徐勉参与撰写《我国博士人才流动存在堵点，建议调整博士学位公示制度，助推人才强国战略》、徐勉和郭璐璐撰写《我国对美来华人员签证和背景调查工作薄弱　建议加强管控　提升国家安全》获致公党中央采用，黄子龙、毛然撰写《我市泵阀产业发展后劲不足　掣肘共同富裕示范区建设　建议加快智能制造升级》获市政协采用，完成市级调研课题3篇，市级建党征文1篇，区级调研课题1篇。

【社会服务】　2021年，致公党龙湾基层委围绕“同心共建”工作部署开展社会服务，创新打造“致福·筑梦未来”社会服务品牌。围绕社会民生点，精心组织社会服务活动，慰问龙湾新就业群体。组织开展九九重阳节关爱老年群体活动。参与致公党中央“西好货”扶贫活动。

【组织建设】　2021年，致公党龙湾基层委加强组织建设。成立龙湾江南阀门“致公之家”。基层委将原先2个支部调整为3个支部，分别由基层委班子成员担任支部委员。成立参政议政、海外联谊、社会服务等3个专委会，由3名专家党员领衔主导专委会工作。全年新发展党员5名，累计党员47人，其中硕士研究生以上学历者7人，中级职称及以上人员36人。

（郭璐璐）

九三学社温州市龙湾基层委员会

【参政议政】　2021年，九三学社温州市龙湾区基层委员会有市、区人大代表5人，政协委员11人。在市区两会上提交建议、提案16件。《以科技创新为引领，加快实施“制造业发展双轮驱动”战略》作为区政协五届五次会议大会第一篇发言材料，提案《强化新基建支撑作用　加快数字经济发展》在大会上作为即兴发言提案。社员倪孟达反映《建议在我市“共同富裕示范区市域样板”建设中融入“不同类型居民共富”的理念》获市政协专报采用。基层委围绕发展中心大局，关注群众热点难点和民生实事，共向九三社省委、社市委上报社情民意信息10余篇。

【组织建设】　2021年，九三学社龙湾基层委发展新社员2名，基层委社员总数65名。基层委“社员之家”于2021年11月9日挂牌成立，总建筑面积400余平方米，与温州知识产权大港湾互学共建，创建“同心汇智”科创服务品牌，定期开展调研、培训、服务咨询等活动。与瑶溪街道党工委开展扶贫助困服务活动，为社区提供医疗、教育、法律、扶贫助弱等专业性服务。举办“心理压力和情绪管理”主题心理健康讲座。在状元街道罗西社区开展免费接诊、检测、咨询、穴位贴敷治疗。赴泰顺县开展助力乡村振兴活动。组织社员参加社市委、统

2021年5月23日，致公党龙湾基层委在江南阀门有限公司致公之家举行参政议政沙龙暨学习交流会
（致公党龙湾基层委供稿）

战部各类专题培训10余人次。

（王颖盈）

温州市龙湾区总工会

【概况】 2021年，温州市龙湾区总工会辖街道工会组织6个，系统工会组织7个，行业工会组织61个，基层工会组织1047个，会员24.51万人。全年新增独建工会63家，组建“亿元体”工会8家，新增会员9380人。运用“机关内跑”和“智慧工会系统”两大平台，基层工会审批实现“一次不用跑”。推进数字化劳动竞赛、云疗养平台、“E+智慧工会”等，探索集数字化、智能化、智慧化功能应用为一体的“数智工会”建设。年内总工会获评温州市2021年民营经济示范城市创建（民营经济高质量发展）先进集体，获评2021年市、区考核“双优秀”。

【工会系统疫情防控】 2021年，区总工会投身疫情防控，以实际行动奋战在群防群控最前线，凝聚职工力量筑牢疫情防线。以“龙湾工会”微信公众号、基层工会微信群为载体，第一时间发送疫情防控政策、倡议书，发动组建117支工会志愿者队伍2251名职工志愿者参与疫情防控、洗楼排查等，慰问防疫一线职工3670人。

【职工思想引领】 2021年，区总工会坚持政治立魂，围绕庆祝“中国共产党成立100周年”，开展“理论联心”系列活动，唱好思想引领“主旋律”。组建劳模宣讲团、“匠心筑梦”宣讲团、“龙青新语”青年宣讲团，开展党史宣讲进社区、进企业、进车间、进班组“四进”活动。职工道德流动讲堂、党史知识有奖竞答进车间等“线上+线下”宣传活动22场，参与活动职工2万余人。开展第五届职工文化节活动，举办职工微党课大赛、职工“学党史 读红书”活动、“读红色经典，颂百年征程”职工朗诵会、爱国主义电影大展播活动等十大主题活动。推进职工文体社团“自组织”培育孵化，开展各类职工文化沙龙70余场。爱好笔业、圣邦集团创建省级职工书屋，建设微企红港职工俱乐部、彩虹湾职工之家、红连文创园群团之家、瓯江红瑶溪街道阳光党群服务中心等综合性职工文化阵地，职工共读《红岩》活动登上“学习强国”，《我的自白书》线上点击观看10万余人。

【职工劳动竞赛】 2021年，区总工会推进135全域劳动竞赛体系化建设，开展重点工程、“精建精美”工程、平安建设、“最多跑一次”改革等专项职工劳动竞赛。强化竞赛组织管理与考核评估机制，配套竞赛激励机制，落实专项奖励经费30万元，选树职工劳动竞赛先进个人100人。组织27家企业参加全市平安护航劳动竞赛，组织2家企业职工参加市工资集体协商技能比武，组织开展安康杯竞赛、安全隐患随手拍征集等活动。瑶溪街道工会组织职工参与安全隐患随手拍活动，获评全市二等奖。

【产业改革试点】 2021年，区总工会以产改省级试点为契机，下好产改工作“一盘棋”。召开产改协调小组第二次（扩大）会议，制订《2021年推进新时代龙湾产业工人队伍建设改革工作要点》《龙湾深化非公企业产业工人队伍建设改革试点工作方案》，举办产改专项培训班，培育试点企业37家。以点带面推进全区规模以上企业产改工作全覆盖。龙湾作为全市唯一一个县（市、区）代表在全市产改工作推进会上作典型经验交流发言，试点企业泰昌集团在全市作经验交流。永兴街道入选产改省级试点街道，典型经验在省总工会简报登载。

【劳模工匠培育】 2021年，区总工会通过加强市、区级职工技能培训基地和“劳模工匠育才班”建设，开展“普惠式”职工技能培训。为千名以上职工提供“培训—竞技—晋级”技能成才服务，为百名农民工提升学历。开展工会干部培训，分类培训工会干部512人次，新培育明星工会主席10名，3名基层工会干部获评省、市级工会先进干部。选树劳模，弘扬劳模精神、工匠精神，张积贵、胡东方入选2021年长三角工匠联盟（全市仅3名），7人获评浙江工匠、5人获评温州工匠、2人获评市十大劳动者工匠领军人物，3家单位获评温州市级工人先锋号。以主流媒体和新媒体为平台开展劳模工匠事迹、《劳模工匠宣言》等宣传片巡播。

2021年10月28日，龙湾区举办叉车司机职业技能大赛 （王　策/摄）

2021 年 8 月 17 日，区总工会举行集中入会仪式暨亿元体工会授牌仪式

（区总工会供稿）

【职工维权服务】 2021 年，区总工会以和谐劳动关系创建、职工维权维稳、职工帮扶关爱为重点，构建和谐劳动关系。完善 12351 职工维权热线全天候服务平台，为职工提供 24 小时信访接待，接待信访 161 起，涉及职工 165 人，处置率 100%。全面开展劳动争议大排查、矛盾纠纷大化解、维权帮扶大关爱行动，重点针对货车司机、网约车司机等涉运群体，快递员、外卖员等“三新”群体，排摸经营状况欠佳企业，化解劳动争议矛盾纠纷 107 件，涉及人数 348 人，涉及金额 638.47 万元。设置职工“无欠薪”法援通道、入医入社区服务和普法宣传进工业园区、进社区等，引导职工依法维权。加大职工法援力度，法律援助 163 件，涉及金额 315.22 万元。

【职工关爱帮扶】 2021 年，区总工会持续推进职工关爱帮扶服务，开展留岗职工慰问、“开门红”专项慰问等六大行动，慰问留岗职工 1600 人。推进“四送服务”帮助就业，全力做实职工帮扶服务，支付帮扶资金 70.80 万元。聚焦“扩中提低”，提供“送政策、送信息、送岗位、送培训”等免费就业服务 1.10 万余人次。开展医疗互助保障、免费疗休养、单身交友等品牌服务，建立劳动者驿站 4 家。开展“留龙过大年·春节七天乐”在线主题活动，通过“勤劳小蜜蜂”快递小哥评选、故事有奖征求、健身打卡、职工乐团爱心驿站免费授课、全家福免费拍摄等，参与职工 5300 余人。

【基层工会工作】 2021 年，区总工会加强企业工会组织建设，推进互联网（平台）企业、货运行业、快递业等新业态新就业群体建会工作，新增工会 7 家，吸收新就业形态劳动者会员 1563 人。推动八大群体集中入会，举行农民工集中入会仪式 6 次，吸收农民工会员 2755 人。住建系统工会成立龙湾首批亿元体项目工会，为 3000 多名建筑工人找到新归属，典型做法获《浙江工人日报》报道。构建“网格化、项目化”管理模式，组建片区网格工会 16 家，涵盖单位 585 家，引导各基层工会打造功能小组 145 个。

【工会体系化建设】 2021 年，区总工会以体系化建设为抓手，推进工会体系化建设，指导 515 家基层工会开展标准化规范化工会创建，培育 1 家全国模范职工小家、1 家省模范职工小家、5 家市级红旗示范。打造职工未来社区等五大品牌，选树基层示范 6 家、市级十佳优秀示范 2 家。“五五机制”特色体系化目标、做法、经验在浙江省工会体系化建设现场推进会上作典型发言。

【龙湾区首批亿元体项目工会成立】 2021 年 8 月 31 日，龙湾区首批亿元体项目工会成立，3000 多名建筑工人找到新“归属”，富春未来社区开发区西单元 C-16 地块城中村改造工程、开发区西单元 D-10 地块建设工程项目部举行集中入会仪式暨亿元体工会授牌仪式。

（倪亚轩）

共青团温州市龙湾区委

【概况】 2021 年，温州市龙湾区共有青年 4.73 万人，基层团委 24 个，团支部 638 个，基层团工委 9 个，非公企业团组织 403 家，团员 8925 名，专职团干部 6 名。全区少先队组织 42 个，少先队员 3.50 万名，辅导员 42 名；注册志愿者 13.10 万人。完善“智慧团建”系统，获评年度省级“闪亮青年之家”，团员编号录入率和团员学社衔接率均达 100%。年内获市、区考绩“双优”。

【青少年思想道德教育】 2021 年，共青团温州市龙湾区委员会加强青少年思想道德教育，开展“学党史、强信念、跟党走”党史学习教育，突出红船味、龙湾味、青年味，向青少年讲好党的故事、革命故事、英雄故事。开展“少先队员找党徽高举队旗跟党走”活动，举办“青春向党寻迹百年”主题嘉年华，打造百年党史“时光隧道”。通过“青年大学习”平台实现一周一看、一学一答，遴选优秀宣讲员录制党史宣讲微故事 17 期，参与青少年、团员 6000 余人。定期发布形式多样、内容丰富、品质精良党课、团课。

【青年宣讲团】 2021 年，团区委落实“六讲六做”大宣讲要求，做好青年宣讲工作。健全“青春龙湾”融媒体矩阵，创新“花Young•青春直播间”，组建“龙青新语”青年宣讲团，新设“新青言”外语小分队，先后推出学党史直播季、海外“云宣讲”、短视频宣讲、“青年说”热议、“1小时青享”等特色学习教育活动，全年累计巡回宣讲100余场。拍摄《龙湾正青春》五四专题献礼片，被“学习强国”平台录用展播，网络浏览量达8.10万。开展区红色经典党团知识竞赛、区青年理论宣讲大赛等大型活动。

2021年12月4日，文兰书院举行省青科协科普基地授牌仪式　（团区委供稿）

【青年志愿者服务】　2021年，团区委强化青年志愿者服务工作，实名注册志愿者人数达13万余人，志愿总时数破44万小时。开展助力防疫、助力企业复工复产、垃圾分类和平安“三率”宣传等志愿服务561余场。联合青年突击队，重点针对老年群体集聚区开展防疫接种等知识宣传。发布“小瓯柑迎亚运”龙湾区幸福志愿站全域地图，成立“调小青”志愿服务队，聘任首批公益诉讼志愿观察员和区亲子志愿服务队，开展迎亚运志、助力“双减”、亲子等志愿服务，累计志愿服务时长近5000小时。引导青年社会组织入驻“美丽浙江·青春3小时”平台，累计发布志愿服务200余场。举办“8090代表委员会客厅”活动。举办“我SHOW•我风采”PK赛，全面展示“新青年下乡”实践成果。

【共青团融媒体建设】　2021年，团区委整合不同网络新媒体技术和应用形态，实施融媒体提质增效计划。获《浙江团情》《中国共青团杂志》、“学习强国”平台录用信息37篇，《龙湾区突出青春元素汇聚党史宣讲“新力量”》信息获省委常委、市委书记陈伟俊批示肯定。全年“龙湾青年”公众号发送推文400余篇，“龙湾青年”视频号发布视频72篇。

【青少年关爱帮扶】　2021年，团区委优化青少年发展环境，提升服务发展效能。加强青少年关爱帮扶工作，开展点亮微心愿、重点青少年走访慰问、中高考减压、青少年假期自护等关爱活动24场。在综治管理系统实现重点青少年结对帮扶100%。开展“助学、圆梦”“青春作伴与爱童行”等帮扶活动11次。开展“点亮微心愿”活动10场。“亲青筹”平台共筹集爱心资金4.42万元，提供爱心支持困难青少年546人。“精实助学”共资助8名困难龙湾大学新生，支付资助款4万元。

【青年就业创业行动】　2021年，团区委创新服务青年渠道，实施青春建功“一区五城”行动。承办省青科协理事会，首家省青科协科普基地和青联希望小屋落户龙湾。成立区青年人才成长学院。建立“青企驿站”“青创空间”等青创阵地，开展“青企帮帮团”“青企创享会”等活动12场。建立青创项目信息库，推荐青创项目15项参加省青创赛，其中一项获评银奖。开展“家燕归巢·智汇龙湾”专项行动，依托互联网及新媒体技术，拓展龙籍高三毕业生数据库。新设立龙湾学子联盟杭州联络站，发布就业见习基地38个，推出实习岗位1076个。全年开展“玩转龙湾一张图”“青农帮帮团”“温青带货”、青农抖音探店培训等活动10场，培育农村创业青年168名，创成“桃溪谷”“东篱下”“明亮”等省级示范性青创农场。

【非公企业团建】　2021年，团区委推进非公企业团组织建设，非公团组织数量由178家增加至403家。推动快递物流行业、互联网企业等实现团组织覆盖。成立龙湾区快递物流行业团工委，推动新业态群体青年融入城市基层团建。全年团区委持续开展“温暖龙城·青春同行”新就业群体暖心关爱系列活动10场。建立“赛马比拼”机制，举办基层团组织“青春擂台·五四竞赛”汇报会，在全市率先成立龙湾——苍南县青年山海协作“团青帮共体”。

【少先队工作】　2021年，龙湾区少先队工作贯彻落实《中共中央关于全面加强新时代少先队工作的意见》精神，加强龙湾少先队工作整体建设和各项工作创新建设。召开区少工委全会暨“红领巾爱科学”开学第一课，举办庆祝建队72周年主题队日活动，完成全区中小学少代会换届。寻访区级“新时代好少年”165名。完善“红领巾学院”课程体系，组织少先队员开展“红领巾爱学习”网上主题队课37节。举办第八届少先队队长学校，推出特色课程10门和研学项目3个，推出“红领巾科学院”“红领巾会客厅”“红领巾讲解员”等少先队工作品牌。开展“红领巾心向党”主题教活动20场。在区青少年活动中心和罗西社区试点建立少工委。打造全区首个少先队主题教育馆。新增“红领巾e站1013”财商教育基地等红领巾实践基地6家，在全市率先建立红领巾货币体系。制定“烽烟起望瓯江”红色研学路线。

【龙湾区青少年活动中心】 2021年3月，龙湾区青少年活动中心正式开园运营。9月29日，龙湾区青少年活动中心召开第一次少年代表大会，授牌成立少工委。龙湾区青少年活动中心在少工委组织下，开展追忆永嘉场红领巾研学活动12场，“青年科学家与学子面对面”“流动少年宫”等活动10场，推出“红领巾读书会”36期，文体、益智、非遗等特色班次61个。举办校外教育春季、暑期、秋季素质拓展培训班，共推出声乐、舞蹈、编程、写作、书法、朗诵等各类青少年素质培训课程35门。举办红领巾读书会系列、非遗传承、红色研学、素质拓展等主题实践活动22场。

（项洁静）

温州市龙湾区妇女联合会

【概况】 2021年，温州市龙湾区有街道妇联组织6个，区、街道两级专兼职妇联干部26名，村（社区）妇联组织75个，机关单位妇委会56个。巾帼创业就业基地5个，其中市级1个、区级4个。家长学校191所，其中国家级示范家长学校1所、省级11所、市级14所。温州市龙湾区妇女联合会完成《龙湾区“十四五”妇女发展规划》《龙湾区“十四五”儿童发展规划》编制工作。龙湾妇女儿童工作经验做法被《中国妇女报》、“学习强国”、中国新闻网等主流媒体报道。年内，区妇联获评2021年全国维护妇女儿童权益先进集体、全国巾帼建功标兵。

【妇女创业扶持】 2021年，区妇联搭建“巾帼技学”“春风送岗”“巾帼创享”三大平台，构建1+6+X创业就业服务体系，扶持妇女创业。开展实用技能及创业就业类培训112期，培训学员6400余人次。金融服务扶持创业，实施“巾帼创业小额贷款”“巾帼创业担保贴息贷款”“贷动村嫂创业—巾帼家政优惠贷”等，最高可贷500万元。开展巾帼直播短视频制作、新媒体营销、瓯菜制作、母婴护理师等职业技能培训10期。线上线下累计举办招聘会8场。开展“乡村振兴巾帼行”活动，发展乡村家庭特色品牌，线上线下共举办“妈妈的味道”美好生活市集巡展12场。龙湾巾帼双创工作在全市妇联执委会议上作典型发言。

【妇女权益维护】 2021年，区妇联打造“展翼”反家暴联盟品牌，构建妇联、派出所、社区警务室基层网络平台，实现“展翼”模式全区覆盖。联动处置家暴警情269例，一人一档列入“五色家庭档案”，公安开具家暴告诫书62例，法院出具人身安全保护令8例。联合重点跟踪督办家暴案件25件，引入心理辅导61件。在区矛调中心建立和润家事化解中心，提供心理服务61例，受理婚姻纠纷115件。搭建全市首个“38号直播间”妇女维权平台，开通“龙湾妇联视频号”，共计发布宣传视频18期。年内，“龙湾区展翼反家暴联动工作室”获评首批“浙江省婚姻家庭纠纷化解品牌工作室”。

【巾帼文明岗创建】 2021年，区妇联以“巾帼文明岗”为抓手，推动“巾帼建功”向四新领域、现代服务业延伸，在温州市率先成立第一家物流行业妇联组织，全区创成“巾帼文明岗”100个，其中国家级2个、省级18个、市级31个、区级49个；全年已创成全国级巾帼文明岗2个，省级巾帼文明岗18个，市级巾帼文明岗31个。

【巾帼主题宣教活动】 2021年，区妇联成立“龙韵·百佳团”，组建10支队伍、100名巾帼，开展百场特色主题活动。举办“书香飘万家 童心齐向党”家庭亲子红色阅读季系列活动120余场。开展“百首爱国歌曲我来唱”征集活动，推荐作品获评市级一等奖。全年开展“百年党史巾帼学巾帼宣”活动，“她”说秀、“巾帼秀慧”等宣讲102场；开展“百千万巾帼宣讲”党史宣讲活动10余场；举办“党日共学”活动5期。

2021年3月5日，巾帼“龙韵·百佳团”成立仪式举行 （区妇联供稿）

【基层妇女组织建设】 2021年，区妇联深化基层组织规范化建设。加强基层妇联干部队伍建设，开展为期三天的“龙湾区基层妇联干部培训班”暨党史学习教育大学习大轮训。持续拓宽“四新”领域妇联组织覆盖面，在温州市率先建立首家物流行业妇联——圆通速递有限公司妇联。推进龙湾区第四届女企业家协会换届工作，推动线上线下“我为妇女群众办实事”实践活动。做大“龙湾区妇女儿童关爱基金”，开展“芳邻守望”“康乃馨”“共享蓝天 快乐成长”等关爱行动。引导广大妇女企业家关心社会公益事业，累计捐赠妇女儿童专项善款10余万元，帮扶解决全区142名困境儿童。开展“共享蓝天 快乐成长”暑期儿童关爱服务活动，结对慰问40名困境儿童。

【家庭宣教活动】 2021年，区妇联实施母亲科学人文素养倍增三年行动计划，推出家庭教育新模式。开展“智慧父母成长营”“校长（园长、名师）家教服务基层行”“儿童友好·助力‘双减’”等活动48场次。建设亲子阅读示范基地7个，开展亲子红色足迹接力赛。深化“最美家庭”双服务双联盟机制，推出15个礼遇项目，带动全区家庭参与创建，创成市级“最美家庭”9户、“绿色家庭”16户。举办“5·15国际家庭日主题活动”。倡导文明建设新风尚，承办全市家风宣传进基层活动，开展“家庭助清廉”“千村万户亮家风”主题活动6场。组织“厉行节约”“公筷公勺”“垃圾分类”进家庭宣传活动38场。推进辖区家庭和妇女群众普法教育宣传，开展原创普法短剧《对家暴说不》、快板作品《反诈同行》等各类普法宣传335场。

（叶佳敏）

温州市龙湾区归国华侨联合会

【概况】 2021年，龙湾区围绕凝聚侨心、汇集侨智、维护侨益、发挥侨力职责要求，坚持“党建带侨建”，开展“五型侨联”创建活动，加强海内外联络联谊工作，推进乡贤助乡兴。以“一会一馆五工程”为载体，打造新乡贤“新乡贤·智和”品牌。6个街道级新乡贤联谊会全部完成民政登记工作，实现街道“侨胞之家”阵地建设全覆盖。4个街道乡贤馆完成验收。培育“乡贤助乡兴”实践基地6个。强化龙湾籍海外华侨华人权益保护机制。围绕“建党百年·侨心向党”主题，组织海外侨领家乡行活动。开展侨二代就业创业情况调研和留学生创新创业工作视察活动，鼓励留学生回乡接班创业。开展系列留学人员交流活动5场。侨界人大代表、政协委员参加市、区两会提交各类报告、建议提案13件，其中涉侨建议提案5件。

【助侨服务】 2021年，温州市龙湾区归国华侨联合会坚持助侨帮扶服务，开展贫难侨扶助，累计慰问困难归侨侨眷92人次，发放慰问金5.80万元。拜访9户侨界知名人士及其国内家属，送上“一盆花、一封家书”，为20位海外侨胞寄送《一封家书》，多途径发送新年祝福1000余人次。开展“百侨助百生”活动，累计结对16个学生，帮扶资金7.40万元。开展“百侨扶百村”活动，开展侨界“三服务”和“我为侨企解难题”活动，实地走访调研侨企30余家，解决侨企难题5个。

【侨法宣传】 2021年，区侨联持续开展“侨法宣传”活动，在上海兰迪（温州）律师事务所成立“龙湾区涉侨法律服务工作站”，区级层面开展侨法宣传3场，各街道均开展一次以上侨法宣传活动，为侨胞释疑解惑。完善线上线下内外联动机制，及时掌握海内外人员归国出国动态，引导侨胞做好疫情防范工作，全年开展国内华人、华侨等群体新冠疫苗接种工作，多方式慰问回国隔离后居家健康监测侨胞10余人。

（陈冬兰）

温州市龙湾区工商业联合会

【概况】 2021年，温州市龙湾区工商业联合会共有会员企业2831家，下设基层商会6个（永中商会、蒲州商会、海滨商会、永兴商会、状元商会、瑶溪商会），行业协会商会15个（物流商会、食品商会、电器协会、印刷

2021年9月15日，区委统战部领导走访上海兰迪（温州）律师事务所

（区侨联供稿）

行业协会、针头行业协会、婚嫁行业协会、建设协会、铸造协会、药业协会、电镀行业协会、鞋业行业协会、阀门行业协会、饭店餐饮协会、易制毒化学品协会、酒类流通协会），异地分会1个（龙湾上海商会），联谊会1个（新生代企业家联谊会）。年内，区工商联合会完成工商联换届工作，选出执委126名。区工商联获评2021年全国“五好”县级工商联、温州市创建“两个健康”先进集体，获评民营经济示范城市创建（民营经济高质量发展）先进集体，新生代企业家献礼中国共产党成立100周年的红歌获评市联系统企业家专场比赛一等奖。

【非公经济人士思想政治建设】 2021年，区工商业联合会以做实“龙商永远跟党走”为重点，强化思想政治建设。深化“民营经济人士理论研修班”“龙湾企业家训练营”“法治大讲堂”等特色品牌活动，参加培训400余人次。开展“追忆百年党史，守好红色根脉”新生代井冈山“红色寻根旅”。组织80余名民营企业家参加省联线上“民营企业永远跟党走”主题宣讲会。选派3名新生代企业家参加市“青蓝新学”教育活动。出台《关于推进清廉民营企业建设的实施方案》，推动企业建立健全内部腐败风险防控体系，打造清廉企业文化。培育清廉民企建设点7个，其中市级2家、区级3家、协会2家。打造小微园示范点1个。将“英桥王氏家风家训馆”打造为温州市民营经济人士理想信念教育基地。

【非公经济人士培训教育】 2021年，区工商联深化“民营经济人士理论研修班”“龙湾企业家训练营”“法治大讲堂”等特色活动品牌建设。组织50余名民营企业家赴厦门大学参加主题为“敢为人先，做新发展格局下的引领者”民营经济人士理论研修班”。推荐3名企业家参加市民营经济人士理论研修班；组织3名新生代企业家参加市“青蓝新学”教育活动；组织200余名企业家参加主题为《市场经济体制改革与企业高质量发展》《企业战略管理创新》的企业家训练营课程。举办法治大讲堂、“我为联谊会加分”等一系列新生代企业家公益性课程沙龙。

【民营企业调研】 2021年，区工商联围绕创建“两个健康”先行区，以“两万行动”“万企评银行”等活动为载体，开展涉企政策、民营企业经营和民营企业家培养调查研究工作。开展2021年全国工商联“万家民企评营商环境”企业问卷调研工作，走访50多家企业，引导做好数据汇统工作，实现2021年填报企业在质量和数量上双提升。完成新生代企业家队伍状况的调研，撰写新生代企业家队伍建设情况、成长过程中的诉求等调研报告并上报至市工商联。

【“两个健康”先行区创建】 2021年，区工商业联合会紧扣“两个健康”先行区创建，促进民营经济人士健康成长、支持和服务民营经济高质量发展（“两个健康”是指非公有制经济健康发展和非公有制经济人士健康成长）。发挥工商联组织网络和企业家资源优势，贯彻落实省联关于“助力26县加快发展专项行动”精神，举办双龙战略合作企业家论坛。以“重温党的光辉历程、继续发扬党的优良传统和作风，传承红色基因、勇创辉煌企业”为宗旨，开展“南昌新建——温州龙湾”新生代企业家共建活动。通过搭建“政企互动机制”平台，帮助企业解决创新发展过程中困难和问题48个，问题化解率84%，数据排在全市前列。组织40余名新生代企业家赴江西南昌参观考察高新技术产业园，带领50余名企业家考察中国客车自主品牌领军企业——金龙汽车。以“企业家节”为契机，开展“致民营企业家的一封信”活动，宣传“两个健康”创建活动的成果。《温州龙湾区工商联积极开展“三个一”行动》等3篇综合信息获《中华工商时报》刊登。

【商会规范化建设】 2021年，区工商业联合会推进商会规范化标准化建设，夯实基层组织。指导区瑶溪商会完成换届工作。深化民营企业法律服务工作，举办“千所联千会”机制启动暨签约仪式，辖区17家商（协）会代表与各律所代表签订战略合作协议。

（李江都）

温州市龙湾区文学艺术界联合会

【概况】 2021年，温州市龙湾区文联围绕“建党百年”“罗峰添彩”“诗词之乡”创建等重点开展文艺工作，搭建平台、推介作品、培养人才、服务群众，各项工作成果显著。年内区文联获评2021年浙江省文联系统成绩突出集体。

【文联组织党史宣教】 2021年，区文联组织开展庆祝中国共产党成立100周年系列活动。举办“百年追梦·勇立潮头”书法展，以百年党史为主线，借助书法生动、直观地传播党史知识和加强党史学习教育。举办“大建大美·勇立潮头”摄影展，以100幅精品照片展示人民新生活、城市新面貌。举办红色百年朗诵会，歌颂党和国家，活动直播现场观看人数3万余人。拍摄《唱支山歌给党听》音乐MV，推送至“学习强国”等网络媒体广泛传播。

【文艺惠民活动】 2021年，区文联搭台唱戏氛围营造至老百姓“家门口”。组织开展“留浙迎春　福至万家”“送福写春联”迎新春、鼓词进文化礼堂、“幸福家庭”拍摄全家福等文艺志愿服务活动。开展“布谷鸟”书法、美术、音乐、舞蹈5个门类17个文艺惠民培训班。承办“百名美术家文化惠民到基层”等系列主题服务活动10余场，参与活动群众3万余人次。

【文艺交流平台】 2021年，区文联搭建文艺交流平台，举办龙湾引流省书协2021年草书百家创作骨干研修班，举办邱朝剑书法作品展和张延、项飞云、杨晓明等美术联展。举办少儿书法展，展出少儿书法篆刻作品260件。举办“童心向党 共庆同绘”——第四届龙湾区少儿艺术展，展出300余件少儿艺术作品。多门类助力“德艺双馨”新锐人才文艺人才成长，邱朝剑、王天津、王学元等9位书法家成为首批“龙湾区慈善文化（书法）大使”。

2021年5月17日，浙江百名诗人看龙湾活动在龙湾区政协书画院举行启动仪式（区文联供稿）

【诗词之乡创建】 2021年，区文联推进“浙江省诗词之乡”“中华诗词之乡”创建工作，制定《龙湾区创建“中华诗词之乡”和“浙江省诗词之乡”创建方案》。组织召开创建“中华诗词之乡”和“浙江省诗词之乡”方案讨论会。区文联与省诗联会共同组织开展“百名诗人百咏建党百年”浙江百名诗人看龙湾活动，来自全省各地120余名诗人、联家共创作253首诗词作品，并集结成书。组织诗词朗诵文艺家在全区各文化礼堂普及开展诗词朗诵培训课，为龙湾区创建“诗词之乡”夯实群众基础。

【入展获奖作品】 2021年，区文联加强文艺创作，提升创作水平。邱朝剑、徐强作品入展“伟业——庆祝中国共产党成立100周年全国书法展”，王天津作品入展全国第五届青年书法篆刻展，潘睛、邱朝剑、邱忠泽、王晖、王天津、徐强作品入展“艺”心向党—浙江书法篆刻刻字700家主题创作大展，陈志宇《花信季语》作品入选2021“万年浦江”全国中国画（册页）作品展，陈志宇、邵辉作品入选2020年浙江省第九届花鸟画展。郑思思获“庆建党百年享美好生活”浙江省庆祝中国共产党成立100周年群众声乐大赛暨浙江省第九届群众声乐大赛美声组银奖，朱永春获第三届浙江摄影金像奖。

【文艺协会管理】 2021年，区文联加强文艺协会管理，出台实施《龙湾区文联直属文艺协会管理办法》《龙湾区文联关于加强和改进直属文艺协会会员服务管理工作的意见》《龙湾区文联下属文艺协会工作扶持经费实施办法》，规范文艺协会管理，发放文艺协会扶持资金50万元。指导任期

2021年龙湾区部分文艺作品获奖情况一览表

表9

序号	艺术门类	作品名称	获奖者	活动名称	主办单位	获奖情况
1	书法		王天津	全国第五青年书法篆刻展	中国书法家协会	入展
2	书法		林静潇	浙江省第二届新人展	浙江省书法家协会	入选
3	书法		朱德豪	“陆维钊奖”第九届浙江省中青年书法篆刻展	浙江省书法家协会	入展
4	书法		朱德豪	第三届中华经典诵写讲大赛	中华人民共和国教育部	优秀奖
5	书法	浙江红色革命诗数首	王建涵	中国书法年展——全国行书草书作品展	中国书法家协会（支持单位）、湖北省文学艺术界联合会	入展
6	书法	咏红十三军旧址诗词数首	王建涵	浙江省第七届群星视觉艺术综合大展——优秀书法作品展	浙江省文化广电旅游局	银奖
7	书法	缙云诗数首	王建涵	“陆维钊奖”第九届浙江省中青年书法篆刻展	浙江省书法家协会	入展
8	书法	温州红色革命诗数首	王建涵	浙江省第一届大学生书法篆刻大赛	浙江省书法家协会	入展

续表 9

序号	艺术门类	作品名称	获奖者	活动名称	主办单位	获奖情况
9	篆刻	贞斋印痕	李国鼎	“贺知章杯”——永恒的乡愁全国书法篆刻主题大展	浙江省书法家协会	入选
10	书法		邱朝剑	“伟业”庆祝中国共产党成立 100 周年全国书法大展	中国文学艺术界联合会、中国书法家协会	入展，作品被中国国家博物馆收藏
11	书法		邱朝剑	“艺”心向党·浙江书法篆刻刻字 700 家主题创作大展	浙江省书法家协会	入展
12	书法		邱朝剑	问道金庭—浙江省行书百家草书百家作品展	浙江省书法家协会	入展
13	书法		邱朝剑	书之大者——中国沿海开放城市书法名家作品展	浙江省书法家协会	入展
14	书法		邱朝剑	“陆维钊奖”第九届浙江省中青年书法篆刻展	浙江省书法家协会	入展
15	书法		邱朝剑	贺知章杯——永恒的乡愁”全国书法篆刻主题大展	浙江省书法家协会	入展
16	书法		邱朝剑	印铭初心·鉴史力行——庆祝中国共产党成立 100 周年全国书法名家作品邀请展	甘肃省文学艺术界联合会	入展
17	书法		邱朝剑	“在红船起航地看美好中国”——庆祝中国共产党诞辰 100 周年书画展	浙江省文学艺术界联合会	入展
18	书法		邱朝剑	“山海同辉”吉鲁浙三省青年书法联展	吉林省、山东省、浙江省青年书法家协会	入展
19	书法		邱朝剑	人未风雅——书法篆刻主题创作展	浙江省文学艺术界联合会、浙江省书法家协会	入展
20	书法	行书条幅	邱忠泽	万山红遍·庆祝中国共产党成立 100 周年浙江刻字百家主题精品展	浙江省书法家协会	入展
21	书法	习近平语录	邱忠泽	“艺”心向党·浙江书法篆刻刻字 700 家主题创作大展	浙江省书法家协会	入展
22	书法	先贤咏缙云仙都诗数首	邱忠泽	“陆维钊奖”第九届浙江省中青年书法篆刻展	浙江省书法家协会	入展
23	书法	录先贤咏萧山诗数首	邱忠泽	2021“中国书法·年展”全国行书、草书作品展	中国书法家协会	入展
24	诗词	《南雁行吟》	王一平	第八届华夏诗词奖	中华诗词学会	三等奖
25	工艺美术	《红色启航》	项之华	庆祝中国共产党成立 100 周年	浙江省工艺美术行业协会	银奖
26	工艺美术	《瓷韵》	项振雄	庆祝中国共产党建党 100 周年——“水滴石穿”浙江省第四届综合艺术双年展	浙江省美术协会	学术提名奖
27	美术	《花信季语》	陈志宇	2021“万年浦江”全国中国画（册页）作品展	中国美术家协会	入选
28	美术	《开渔》	方圣峰	浙江省第十六届水彩粉画展	浙江省美术家协会	入选
29	美术	《更喜岷山千里雪》	邵　辉	浙江省百幅花鸟画展	浙江省中国花鸟画家协会	入展
30	美术	《红动中国》	邵　辉	“工行杯中国梦”浙江省书画大赛	浙江省美术家协会	入选
31	美术	《书香门第》	郑海娥	2021“万年浦江”全国中国画（册页）作品展	中国美术家协会	入选
32	美术	《诗韵桐乡》	郑海娥	2021“子恺鼓励　风雅桐乡”全国中国画大展	中国美术家协会	入选
33	音乐	大罗山交响组曲第二乐章《榕树茶花舞曲》	娄绍洁	浙江省中小学生艺术节	浙江省教育厅、浙江省文化和旅游厅	一等奖

续表 9

序号	艺术门类	作品名称	获奖者	活动名称	主办单位	获奖情况
34	音乐	《妈妈酒》	温州市龙湾区文化馆	2021 年度浙江文化艺术发展基金资助	浙江文化艺术发展基金管理中心	入选扶持项目
35	音乐	《永昌堡有约》	作词：山眉，作曲：陈俏，演唱：朱际嫒、朱瑶	2021“诗画浙江”全省旅游歌曲大赛	浙江省文化和旅游厅	入选优秀奖
36	音乐	《我爱这土地》	郑思思	浙江省群众声乐大赛	浙江省文化馆	银奖
37	音乐	《姑娘的秋波》《我爱这土地》	郑思思	浙江省新松计划	浙江省文化和旅游厅	优秀歌手奖
38	音乐	《寻找楼兰》	董美辉	浙江省新松计划	浙江省文化和旅游厅	铜奖
39	音乐	《幽兰操》《沂蒙山永远的爹娘》	董美辉	浙江省金钟奖	浙江省文化和旅游厅	入围

到届区摄影协会和区文艺志愿者协会换届，组织各协会文艺骨干和负责人47人赴平阳开展党史和文艺培训会议。

（陈　亮）

温州市龙湾区残疾人联合会

【概况】 2021年，温州市龙湾区有残疾人1.41万人，占全区总人口6.4%，各类持证残疾人4841人，其中低保残疾人936人，低边残疾人146人，享受困难残疾人生活补贴1191人，重度残疾人护理补贴2886人。年内温州市龙湾区残疾人联合会获评2021年浙江省残疾人工作成绩突出集体，获评2021年温州市传承弘扬温州人精神突出贡献集体。

【残疾人康复服务】 2021年，区残联加快残疾人康复服务体系建设。在市率先出台《残疾人辅助器具服务实施细则》，辅助器具服务率和康复服务率均达100%。为90名残疾人开展适配服务，比上年同期增长290%。构建残疾人康复服务三级平台，持证残疾人全部纳入家庭医生签约服务范围，全额保障精神残疾人服用基本抗精神类药物，为300名严重精神患者提供服药补贴。完成73户残疾人家庭无障碍设施改造和无障碍器具配置服务。落实省级民生实事提升建设规范化残疾儿童康复机构1家，为63名残疾儿童发放康复服务补助101万余元，提前超额全面完成省、市区民生实事项目。

【残疾人就业培训】 2021年，区残联加快残疾人就业培训，开展手机摄影、都市园艺、保健按摩等技能培训9期，培训残疾人178人次。全年通过“互联网+大数据+智能匹配”助力残疾人精准匹配就业，实现就业491人，残疾人就业率68.5%。扶持残疾人自主创业，残疾人应届毕业大学生就业率100%。

【残疾人保障】 2021年，区残联持续推进残疾人保障事项，全额补贴全区持证残疾人参加城乡居民基本医疗保险，参加城乡居民基本养老保险按温州市最低缴费标准给予补贴300元，残疾人社会保险全覆盖。全年支付残疾人购买大病医疗、意外身故商业保险24万元，累计保险理赔66人次，支付理赔金额

2021年5月10日，温州市暨龙湾区第三十一次“全国助残日”主题活动启动

（区残联供稿）

15 万元；实施“两项补贴”政策，推动符合条件残疾人按单人户施保，做好兜底保障、应补尽补，发放“两项补贴”1096 万元，惠及困难残疾人及重度残疾人 4011 人次。区残联持续推进残疾人助学补助，开展残疾学生及贫困残疾人家庭子女助学补助和残疾人大学生学费及住宿费减免工作，全年全区残疾人学生 236 人发放助学补助资金 45 万元。残疾人教育向两头延伸，适龄残疾人接受 15 年教育比例达 95.4%。

【残疾人之家建设】 2021 年，区残联高质量推进残疾人基础设施建设、省级民生实事提升和建设“残疾人之家”2 家，累计建成多元化共建格局“残疾人之家”9 家（其中四星级 1 家、三星级 6 家），庇护智力、精神和其他重度残疾人 247 人。青苗残疾人之家入选杭州亚残运会残疾人事业展示点，是温州市入选唯一一家“残疾人之家”。拓展残疾人之家社会服务，补助状元街道罗西社区无障碍设施规范化改造资金 30 万元，无障碍社区通过省专家组联合验收。

【文化助残“五个一”工程】 2021 年，区残联以残疾人节日主题活动、文化助残“五个一”工程等为载体扩大供给，残疾人社区活动参与率达 90.6%。推出“特殊课堂讲百年、特殊艺术颂百年、特殊人才庆百年”等活动 20 余场，组织开展“声音点亮光影，让爱不留盲区”无障碍观影活动等 23 场。组织开展第 31 次“全国助残日”公益广场活动和百名劳模工匠服务百名残疾人活动，在《浙江日报》《温州新闻联播》《温州都市报》《温州晚报》等省市媒体刊（播）信息 14 条，形成良好社会扶残助残风尚。

【智能助残工程】 2021 年，区残联作为全市唯一一家中榜省残联数字化改革项目县级残联，承接“浙里助残”应用——残疾人全周期服务“一件事”相关场景建设，完成项目建设并上线“浙里办”和“浙政钉”。残疾人托养中心采用 5G 智能医养服务，做好残联业务梳理重塑和“一键达”应用场景建设，优化配置 14 项助残补助项目上线发放。加快实现残疾人证办理、“两项补贴”申报审核发放“网上办”“掌上办”，实施残疾人证省内外通办。

（王爱芬）

温州市龙湾区红十字会

【概况】 2021 年，温州市龙湾区红十字会捐赠专户收到捐赠款 295.62 万元，其中定向捐款 132.02 万元，不定向捐款 163.6 万元。支出捐赠款 505.24 万元，其中定向资金 481.60 万元，不定向资金 23.64 万元。资助教育事业 370.43 万元，其中温州育英学校工程款 93.10 万元，区研学实践指导中心工程款 98.81 万元，龙湾区外国语学校教育成本费用 114.40 万元，温州市龙湾区少年艺术国际学校教育成本费用 23.80 万元，龙湾区实验小学改造款 27.62 万元，发放第五届龙湾区中小学励志奖学金 12.70 万元。年内区红十字会获评 2021 浙江省红十字会新冠肺炎疫情防控先进集体，获评温州市红十字系统 2021 年综合优秀单位。

【博爱救助】 2021 年，区红十字会实施红十字关爱生命工程。新增造血干细胞捐献登记入库 43 例，成功捐献 1 例（周书强），历年成功捐献累计 9 例。完成人体器官（遗体、组织）捐献志愿登记 10 例。开展“红十字博爱送万家”活动，投入资金 50 余万元分别在 6 个街道打造“红十字博爱家园”7 个和新时代文明实践中心红十字文化展示基地 1 个。全年共发放各类慰问、救助资金 134.67 万元，帮助困难群众、困难大病患者、困难学生、困难党员等 523 人次。

【应急救护】 2021 年，区红十字会加强应急救护工作。投放“救命神器”AED 设备 7 台，全区累计已有 64 台，全区 AED 配备覆盖率远超“健康浙江 2030 行动纲要”任务指标。在全区机关及各街道公共场所投放急救箱 500 个。推进应急救护培训向重点行业、重点领域、重点人群覆盖。全年联合各街道、企业共开展红十字应急救护培训 24 场次，培训合格救护员 1525 名，完成率 101.7%。开展应急救护知识普及 95 场次，累计普及人数 11228 人次，完成率 140.4%。

【志愿服务宣传】 2021 年，区红十字会聚心公益志愿团队定期赴龙湾残

2021 年 4 月 11 日，造血干细胞捐献志愿者代表参加龙湾首届半程马拉松比赛“欢乐跑”
（区红十字会供稿）

疾人托养中心、龙湾区第一人民医院等开展帮扶慰问、病区人文关怀等志愿服务共15场，服务时长达600余小时。红十字会纵横救援队坚持定期开展山地、水上应急救援等任务。组建造血干细胞捐献志愿者代表方阵参加龙湾首届半程马拉松“欢乐跑”。5月8日，联合市红十字会举办“生命因你而绽放”为主题的造血干细胞捐献故事分享会。第9例造干捐献者周书强先后获评浙江省第13届“红十字公益之星”。

【红十字会第四次会员代表大会】 2021年3月19日，龙湾区红十字会第四次会员代表大会召开。区四套班子领导及社会各界爱心人士等120多人参加会议，会议听取并审议通过《关于温州市龙湾区红十字会第三届理事会工作报告》《温州市龙湾区红十字会第三届理事会捐赠款物接受和使用情况的报告》《温州市龙湾区红十字会监事会设立办法（试行）》《温州市龙湾区红十字会第四次会员代表大会理事、监事选举办法》。选举产生第四届理事会理事和第一届监事会监事。龙湾区红十字会第四届理事会第一次会议聘请周一富、夏禹桨为龙湾区红十字会名誉会长，陈军苹当选会长，张恩东当选第一届监事会监事长。

（施金莲）

温州市龙湾区社会科学界联合会

【概况】 2021年，温州市龙湾区社会科学界联合会以“庆祝中国共产党成立100周年、弘扬地方文化、强化阵地管理”为抓手，推进哲学社会科学工作，“云游永嘉场”系列活动入选浙江省社科普及创新项目。全区有社科基地24家，其中省级社科基地2家、市级社科基地12家、区级社科基地10家。

【地域文化研究】 2021年，区社科联以永嘉场文化研究为重点，挖掘地域人文民风。市级哲学社会科学规划课题《明代永嘉场文化及其新媒体推介研究》通过结题验收，出版《温州历代名人故事》连环画第七套龙湾人物《王瓒》、第八套龙湾人物《张振夔》，推进《浙江文史记忆》（龙湾卷）编撰工作，《永昌堡志》初稿审定，永昌堡、宁村村成功入选浙江电视台新闻频道《文化浙江·大讲堂》“诗路明珠——古城古镇古村落”文化专题节目。

【社科基地建设】 2021年，区社科联组织全区24家社科基地开展“互看互学 基地走亲”活动4场，形成相互学习、共建共享社科普及氛围。开展全区社科基地“比亮点 学先进 树标杆”活动，共评出一档社科基地3家、二档社科基地5家、三档社科基地6家、四档社科基地7家，取消不合格社科基地2家。推进社科基地建设，龙水社区文化礼堂被新命名第十批浙江省社会科学普及基地，龙湾区图书馆被新命名为温州市社会科学普及基地。

【社科普及宣传活动】 2021年，区社科联围绕庆祝中国共产党成立100周年，组织开展以“传承红色基因·担当历史使命”为主题社科普及宣传系列活动。2021年社科普及周启动仪式暨“习语金句宣讲直通车”进基层活动在宁村文化礼堂举行，完成社科知识进基层民生政策宣传宣讲活动614场。开展“百首颂百年”红色经典诗词诵读评比活动，征集到红色诗词诵读短视频作品74个，评出获奖作品23个，优秀视频在“龙湾发布”上展播2个月共10期，参与网络互动投票近10万人次。组织参加“学党史·讲历史”红色记忆少年宣讲团活动，2名选手获评全市十佳少年宣讲员称号。开展“百年党史我们说”龙湾专场活动2场。

【社科论文征集活动】 2021年，区社科联围绕庆祝中国共产党成立100周年、“一区五城”“新中心·大未来”、新时代“两个健康”先行区、数字化改革、地域文化建设及人大、政协理论创新等工作，开展“龙湾记忆·百年献礼”社科论文征集评选活动，收到社科论文52篇，其中获评区级优秀论文20篇；参加全市优秀社科论文评比获二、三等奖各2篇，入选《温州市庆祝中国共产党成立100周年理论研讨会论文集》3篇，入选《2021年温州市优秀社科论文集》2篇。开展“在龙湾感受幸福生活”主题征文评比活动，征集到文章145篇。

（张锦旗）

2021年9月14日，龙湾区社科基地“互看互学·基地走亲”活动走进区级社科普及基地东篱下生态休闲农庄
（区社科联供稿）

法 治

2021年6月8日，龙湾区举行百场反诈骗反家暴宣传活动启动仪式　　（区公安分局供稿）

政法与综治

法治政府

公安

机场边检

道路安全管理

检察

法院

司法行政

社会矛盾纠纷调处化解

瑶湖　（区摄影协会供稿）

政法与综治

【概况】 2021年，中共温州市龙湾区委政法委贯彻省委市委关于平安政法工作决策部署，充分发挥牵头抓总作用，全面做好平安政法各项工作。全年未发生重大政治事件、暴力恐怖事件、非法聚集事件、重大恶性事件，社会大局保持持续稳定。年内龙湾区获评省平安建设“2020年度浙江省平安区”。

【平安龙湾建设】 2021年，区委政法委以“七大攻坚”行动为载体，狠抓风险隐患排查整治、省市重点专项任务、项目创新、常态化暗访巡查、平安三率宣传5个重点方面的工作，通过集中整治重点行业领域的风险隐患，高频率开展暗访排查，高效率进行问题督办整改，遏制重特大安全事故发生，全年平安核心指标比上年同期均呈现下降趋势，其中生产安全事故发生27起亡26人，同比分别下降18.2%和21.2%；交通亡人事故发生35起亡35人，分别同比持平、下降2.8%；火灾发生37起，同比下降33.9%。提升“平安三率”，利用“平安通”小程序开展线上问卷测评。

【社会维稳安保】 2021年，区委政法委按照重大活动维稳安保规范要求，严格落实各项安保措施，圆满完成全国两会、中国共产党成立100周年、青科会、十九届六中全会、互联网大会等重大活动和春节、国庆等敏感时间节点维稳安保工作，社会面持续保持和谐稳定。协调处置绿森App平台、浙南科技城融资平台等重大涉众型金融风险，汇联大厦烂尾楼处置，金色小镇、奥体商铺、多弗奥林匹克等房闹纠纷。全面部署开展平安维稳“百日攻坚”专项行动，排查梳理重大不稳定问题，强化风险源头防范，有序推进重大决策社会风险评估，新增培育1家第三方稳评机构。深化风险评估最多跑一次改革，全年网上受理备案71件。推进重点人数字化管控工作，全面推动风动、风警平台运用，落实分级分类管理。深化“一三五”应急联动处置机制建设，规范和强化实战化运作，全面提升基层应急处置能力和水平，发挥“灭火”作用。

【基层“智治”治理】 2021年，区委政法委牵头推进法治领域数字化改革工作，“信用风险综合评价系统”列入全省数字赋能社会治理揭榜认领指定项目，争取省试点子场景项目2个，市试点子场景项目4个。数字法治成果和推广应用方面，被全市复制推广项目2个，形成地方标准项目1个，获评市数字法治最佳应用2个，形成制度6个成果。持续推进信息化建设，新建“智安小区”60个，研发实景融合智慧社区管控平台。推进全科网格“提档升级”工程，完成网格缩减调整，网格数缩减至329个，专职网格员人均年薪待遇提高至7.50万元，并上线基层治理四平台3.0，提升网格工作智能辅助能力。

2021年5月28日，全区平安政法、扫黑除恶工作暨平安护航中国共产党成立100周年动员部署会议召开　（区委政法委供稿）

【扫黑除恶】 2021年，区委政法委全力清除黑恶势力滋生土壤，制定督查督导方案，建立扫黑监督员督查制度，每半年开展一次扫黑督查。在政法队伍教育整顿活动期间，将黑恶典型案件保护伞纳入警示教育内容，落实各政法单位开展黑恶案件倒查，对三年以来涉黑涉恶案件实行倒查，核查涉黑涉恶案件26件，未发现伞网线索。

【司法规范化提升工程】 2021年，区委政法委持续巩固司法规范化提升年活动成果。在政法队伍教育整顿期间，组织政法队伍对2018年以来的2722件案件自查评查，开展“6+N”顽瘴痼疾专项整治，坚持“动真碰硬”。分门别类梳理8类共性问题88个个性问题实行整治，对评查发现221个案件共252个问题实行整改，先后建立完善机制88个。对主动说明问题人员及发现问题案件的经办人共104人次追责。对28件涉法涉诉信访案件实行包案限时化解，化解率100%。

（陈力维）

法治政府

【概况】 2021年，龙湾区深入贯彻落实《法治政府建设实施纲要（2021—2025）》和省、市的部署要求，推进法治政府建设取得新成效。印发《法治建设重点工作清单》《法治龙湾建设六大抓手工作方案》，研究部署年度法治政府建设工作。将法治政府工作情况纳入考绩、区委巡察、法治督察、法治监督等过程，对68家单位开展法治龙湾考绩评价、对25个部门开展法治巡察，开展法治政府督查3次、法治监督6次。法治第一责任人履职到位。全区498名科级干部完成述职述法，73名新提任干部参加任前法律知识考试，宪法宣誓率100%。

【依法决策】 2021年，龙湾区组织法律顾问审查区级行政规范性文件27件、重大行政合同33件，提出涉法意见298件；严格落实规范性文件“三统一”和定期清理制度，清理文件350件；梳理重大行政决策目录清单。出台《基层合法性审查工作制度汇编》，对街道重大会议、决策、文件开展前置性审查436件次，涉金额3.05亿元。

【行政执法改革】 2021年，龙湾区全面推行行政执法“三项制度”，创新“你挑选我监督”点单执法监督，开展执法监督23次，评查执法案件117件；全年累计办结并网上公开行政处罚结果8548件，全区综合行政执法集成应用简易案件掌上办案率为87.7%、统一行政处罚办案系统应用率94.4%、掌上执法率100%。以街道赋权形式推进“一支队伍管执法”试点。

【基层法治实践探索】 2021年，区司法局加快县乡法治政府建设“最佳实践”项目创建步伐，推动法治理念融入到基层治理全程。打造县乡法治政府建设“最佳实践”项目5个，其中“信用+社会治理”智治云平台被市级推荐参选全省县乡法治政府建设“最佳实践”项目，“龙湾区率先推进跨部门‘双随机’监管改革着力破解执法监管难题”项目获评市级“最佳实践”项目。在全市首创“优秀律师常驻+街道法律顾问协助”“依法治街”新模式。在永中街道试点开展街道法治化综合改革工作，在全市率先创新“1361”合法性审查模式。加大法治村（社区）创建力度，年内创成全国民主法治社区1个，省级民主法治村（社区）3个，市级民主法治村（社区）6个。

【法治营商环境优化】 2021年，龙湾区开展法护营商环境“10+N”行动。梳理“涉企免罚”清单309项和涉企行政指导清单202项，为企业开展法治体检1780次、解决实际困难问题359个。加强对企业行政指导力度，积极指导受罚企业开展信用恢复工作。对“全市首例环保系统首违免罚，两家上市公司在龙项目中行政违规行为”等案件开展双向回访活动。法治营商环境评价在全省工业大县（市、区）中列第八。依托知识产权大港湾平台，建成省级商业秘密保护示范区2个、示范站点7个；培育注册商标4731枚，授权有效发明专利367件，助推“灵伟白啄瓜”获批国家地理标志；在全市率先出台平安事务领域首个地方行业标准《重点车辆运输安全管理规范》。

（池来俊）

公　安

【概况】 2021年，温州市龙湾区公安分局聚焦“平安护航建党百年”大会战主题主线，以数字化改革创新为动力，以队伍教育整顿和“三能”主题教育为保障，完成平安护航中国共产党成立100周年、中央首长到温州考察、全国摔跤锦标赛、龙湾首届半程马拉松、国乒队热身赛、党的十九届六中会议、上海国际进口博览会等重大警卫和大型活动安保工作，为护航龙湾经济社会高质量发展创造安全稳定的政治社会环境。全年110接处警36718起，其中案件类警情13697起；刑事立案2014起，破获444起，处理2009人，其中移送审查起诉各类犯罪嫌疑人1373人。年内，区公安分局连续11年被区委、区政府评为年度综合考绩优秀单位，记集体三等功，实现市局综合实绩考评历史性夺魁；获评全国维护妇女儿童权益先进集体、全市推进温州市域治理现代化先进集体、全市公安机关平安建设成绩突出集体、区直机关工委“双建”工作先进单位，全年共有6（次）集体和15人次获市级以上立功或嘉奖。

【重点安全保卫任务】 2021，区公安分局健全风险管控大平安机制，把保安全、保稳定的主题贯穿全年始终，全警投入、全力以赴，圆满完成平安护航建党百年、中央首长到温州考察、全国摔跤锦标赛、龙湾首届半程马拉松、十九届六中会议、上海国际进口博览会等重大警卫和大型活动安保工作。聚焦2022年亚运会，提速龙湾分赛区亚运安保防控体系建设。

【公安助力疫情防控】 2021年，区公安分局全面落实疫情防控运行机制，冲在疫情防控第一线。严格落实“公安+大数据+卫健+疾控+地方”五方联动机制和24小时应急响应机制，统筹推进区域协查、流调溯源、社会面管控等工作，推送5.10万余人次到属地及有关部门开展落地核查。

【“情指勤舆”一体化实战化建设】 2021年，区公安分局以增强破案效能为核心，依托侦查中心建设，推进智

2021年与前4年龙湾区刑事、治安案件对比表

表10

案件类型	2017年	2018年	2019年	2020年	2021年
刑事案件发案（件）	2697	2466	2541	2279	2065
刑事案件破案（件）	849	626	683	638	444
治安案件立案（件）	7219	7729	9154	5888	5863
治安案件查结（件）	3089	2615	3097	1201	833

慧新刑技建设应用，全速提升服务实战能力。推进情指勤舆一体化实战化改革升级，打造形成信息综合研判、警情指挥调度、资源整合应用、案（事）件合成作战“四位一体”工作格局。全年共开展研判2298案次，形成研判报告122份，研判落地抓捕各类犯罪嫌疑人617人。2021年以来快速调查密接、次密接等涉疫重点人员466人，守牢新冠肺炎防疫第一道防线。

【公安数字化改革】 2021年，区公安分局以数字赋能推进基层治理现代化。中榜全市公安数字化改革14个揭榜挂帅项目，数量居全市第一。承接全省“人员流动精密智控”试点任务，“在线+人口智控”应用被列为省数字法治公安厅“JMZK”跑道地市级试点，利用该应用累计精准查找涉疫人员、电诈易受骗人员53万人次，在全省公安机关第四届信息化实战应用模型创新大赛中获得银奖，入围省数改S1本账。在全省率先开发智慧化校园护学岗系统，全区已有145所中小学投入使用。推进公安政务服务数字化改革，全区7个公安窗口实现“一窗通办”全覆盖，公安政务服务更加便捷、智能、高效。创建涉案款项在线处置平台，实现涉案款项的实时在线收缴、在线对账、在线监管。数字化改革相关工作经验先后被公安部、浙江政法及温州政法简报等刊发推介。

【电信网络反诈劝阻】 2021年，区公安分局以反诈会战专项行动为抓手，加强“打防管控宣”力度，遏制电信网络诈骗犯罪高发态势。3月，成功打处一个特大跨境“杀猪盘”诈骗案百人团伙，得到公安部领导批示肯定。以社区民警“五入三防”控案竞赛活动为载体，推行电诈控案“电量管控”新模式，打造蒲州“反诈一条街”、瑶溪“网红直播间”、永中“反诈主题公园”、永兴“警企联盟”等一批社区反诈新品牌。落实技防新手段，实现全区国家反诈中心平台注册人数达到24.10万人，“金钟罩”预警小程序关注用户超45万，利用大数据预警推送，劝阻5377起。落实温州市公安机关电信网络诈骗预警劝阻联动工作机制，全年全局共拨打反诈劝阻电话100480起，成功劝阻70起，止损104万元。

【扫黑除恶常态化工作】 2021年，区公安分局坚持依法严打方针，常态化开展扫黑除恶工作。落实线索“四排查一分析”等机制，先后组织开展钱潮、护航等系列行动，始终保持对黑恶势力犯罪严打高压态势。2021年，全区公安机关打处2个恶势力犯罪集团、8个涉网团伙，判决20个“九类”案件团伙，抓获2名部督“漏网之鱼”逃犯，逮捕69名涉网对象，共抓获296名涉案犯罪嫌疑人，扣押涉黑恶资产1200余万元。

【刑事案件侦破】 2021年，区公安分局完善命案必破、命案必防的侦防体系，落实大要案件快侦快破机制，实现侦破打击效能提升。破获涉枪刑事案件3起，采取刑事强制措施4人；破获涉爆刑事案件2起，采取刑事强制措施3人；查处涉管制刀具案件81起，收缴管制刀具82把；收缴危险物品当量551公斤。紧盯人民群众高度关注的盗窃等民生小案，组织开展类案侦查、专项打击，全年全区对盗窃违法犯罪嫌疑人采取强制措施249人，移诉234人，侦破现案288起，入户盗窃破案率为69%。专项打击黄赌行为，共采取刑事强制措施275人，逮捕91人，纳入部省级督办案件3起；打击涉黄行政处罚共128名，关停场所5家；跨境赌博刑事强制措施185人，打处团伙30个，行政拘留辖区内跨境涉赌行政处罚104人，其中局经办“如意棋牌”App案件纳入省厅督办案件。立食药环知案件77起，破案47起，采取强制措施120人，移诉165人，其中7起案件被省厅列入省目标案件。其中“龙湾杨某某等人销售假药案”采取刑事强制措施12人，其中一名系缅甸籍。

【经济犯罪案件侦破】 2021年，区公安分局开展打击涉众经济犯罪、“猎狐2021”“云端2021”等专项行动，打击经济犯罪。全年受理各类经济犯罪案件24起，立案19起，抓获犯罪嫌疑人49人，移诉31件53人。2019年12月31日前立案的非法集资积率清理率达71%（7件清理5件）。“猎狐2021”在册境外经济逃犯3人、新增境外经济逃犯7人，“猎狐”归案人员6名，已认定战果3名，待认定3名，在册逃犯缉捕率为60%。2021年1月，成功破获某信息科技集团有限公司涉嫌合同诈骗案，涉及被害企业350家，抓获犯罪嫌疑人27名，涉案金额2亿余元，挽损金额3000余万元。

【公安优化营商环境】 2021年，区公安分局持续金融风险治理，开展“护企”系列专项行动，优化法治营商环境。稳妥推进“绿森集团”“初融集团”等重大敏感案件的侦办和维稳，采取刑事强制措施36人，并协同做好资产处置。持续组织开展涉企“挂案”专项清理工作，推进“护航2021”打击侵害企业利益经济犯罪专项治理行动，共立案24起，采取强制措施40人，挽损金额3178万元。打击涉知识产权案件18起，破案16起，采取强制措施48名，移诉犯罪嫌疑人37名，其中有5起案件被列为“省标”案件，特别是在“龙湾3•24销售假冒注册商标商品案”中，一举打掉涉及假冒国际知名品牌“西门子”“温商”品牌Milengold开关的生产、销售、包装全链条犯罪团伙。

【社会治安防控体系示范城市创建】 2021年，区公安分局推进社会治安防控体系示范城市创建。改造提升23个社区警务室（站）、133个智安小区和40个智安单位，治安防控体系标准化城市创建成效考评居全市第一。承接市局“护学岗”监管系统全省试点工作，创建全省首个“智慧护学岗”，风警校园预警防控被纳入全省数字法治系统多跨场景清单。开展“枫桥式公安派出所”创建，永兴派出所入选省级枫创单位，瑶溪派出所和状元派出所入选市级“枫创”单位，“枫创”总成绩居全市第一。创建家事纠纷化解“展翼”品牌工作室，获评首批“浙江省婚姻家庭纠纷化解品牌工作室”。

【户籍管理】 2021年，区公安分局围绕群众高频办理事项和急难愁盼问题，推行“互联网+政务服务”，主动承接全省通办试点项目——居民身份证首次申请通办，全面落实“区域通办”“长三角一站式迁移”“长三角跨省身份证首次申领”“长三角区域跨省（市）新生儿入户”等便民利民新举措，借助信息平台提升群众便捷化办事体验。截至12月31日，龙湾区登记在册户籍人口238824人，比上年同期上升0.4%，其中男性122840人，女性115984人。

【出入境管理】 2021年，区公安分局因疫情管控加强对公民因私出境劝阻等管理工作。全年书面询问1165人，共劝阻办证1067人，受理公民申请赴境外商务、劳务、学习、就业、就医、定居出国（境）1346人次，其中办理普通护照158人次、办理往来港澳通行证1185人次、办理往来台湾通行证及签注3次，自助签注机暂停办理各类签注。查处涉外案件8起，其中三非案件7起，遣送“三非”外国人3人，限期出境1人，限制活动范围2人，拘留1人，罚款2人。法定不批准出入境人员报备3946人，撤销报备328人。国家工作人员报备574人，撤销456人。港澳商务备案新增2家，年审3家。开展为孤寡老人和急办件“送证上门”25次，为涉及海外市场拓展的中资企业员工开辟护照办理“绿色通道”，开展助企外事服务直通车16次。

【防暴处突】 2021年，区公安分局强化PTU工作考核，强化巡防力量，落实24小时值班备勤制度、“135”快速反应等机制，提高辖区见警率、管事率，有效震慑犯罪，努力压降街面发案率。全年收缴管制刀具20把，抓获违法犯罪嫌疑人97人，其中路面设卡查获24人，采取刑事措施7人，治安处罚17人；通过智慧导巡查获73人，采取刑事措施6人，治安处罚67人。全年处置群体性事件24起，突发性事件11起，安全保卫60次。

【警务督察】 2021年，区公安分局推进“领导督察、专业督察、二级督察、专员督察”四级督察架构，实行“领导带队督、警种联合督、单位自主督、专员靠前督”的工作模式，努力构建现代警务督察工作。全年，共执行现场督察任务285次，核查案件和线索174件，出动督察警力575人次，发现查纠各类问题719个，提出督察建议242条，发督察通报67期，网上督察发现问题542个，局规查记618人次/696分，办理维权案件26起，刑事拘留7人，行政处罚18人，批评教育1人。

【矛盾纠纷多元预防化解】 2021年，区公安分局持续开展公安信访突出问题攻坚化解专项行动，确保各重要节点期间公安归口零上访目标。全年接收各类信访投诉2199批（件），其中信访件343批（件）、政务平台各类投诉1661件、窗口接待来访群众195批235人次。办结信访207件，按期办结政务平台全部投诉件，化解各类矛盾纠纷1753起，公安口矛盾纠纷调处率达97%以上。

【公安宣传】 2021年，区公安分局推进龙湾公安融媒体中心建设，建成以“娜警官融媒体”品牌为引领、以“媒体工作室”“摄影创作室”“新闻发布室”为支撑、以平安龙湾、龙湾公安的微信号、视频号、抖音号新媒体矩阵为平台的龙湾公安融媒体中心，全方位开展正面宣传工作。全年共在自建平台发布新闻579篇，推送短视频98个，省级以上传统媒体报道共77篇，中央级5篇，省级72篇。同时，联合温州广播电台开办“龙警说反诈”3期，刊出反诈媒体报道74篇，扩大反诈宣传影响力。娜警官动漫视频在全市公安“三微”大赛中微动漫类第二名，入围全国网络安全典型传播案例征选。全面建成首个龙湾警察文化公园。

2021年6月25日，区公安分局在黄石山公园举行全区公安机关庆祝中国共产党成立100周年红色接力赛暨全民禁毒宣传月启动仪式 （区公安分局供稿）

【公安政务服务“最多跑一次”改革】 2021年，区公安分局以“浙里办”App、温警在线、政务服务2.0平台为抓手，推进公安政务服务数字化“在线+服务”领域运用，实现91%依申请政务服务事项“一网通办”，29项简易高频事项“智办秒办”，实现户籍登记信息变更一件事联办。科学设置“全科+专科”窗口，区政务中心窗口实现户籍、流口、交管业务的“一窗通办”2.0收件，“一窗通办”延伸至永兴派出所窗口。实现办理涉及人力资源和社会保障、卫生健康等9个部门联办事项70多个。11月，两台“浙里拍”正式投入使用，实现群众自助拍照，户籍、出入境、交管证照的整合。掌上执法开通率100%、激活率100%、掌上执法率100%。执法检查数351次，其中双随机累计抽查218次，抽查事项覆盖率100%，省库、国库事项覆盖率100%，信用规则应用率100%。

【公安队伍建设】 2021年，区公安分局坚持把政治建警放在首位，高质量抓好党史学习教育，并将党史学习教育成果转化成为民办实事成果，解决民生事项45个。开展队伍教育整顿，打造一支信念坚定、执法为民、敢于担当、清正廉洁的公安队伍，活动期间共开展谈心谈话1032人次；排查整改各类顽瘴痼疾问题65个；建立完善各项工作机制24项。推进“三能”主题教育实践活动，全力锻造“三能”公安铁军，活动开展以来，立个人二、三等功8名，被省厅通报表扬4名。

【网信公安联合执法办案点成立】 2021年12月23日，龙湾区网信公安联合执法办案点正式揭牌成立。网信公安联合执法办案点是对“分业分层监管、联合联动执法”机制再深化的一次新探索，是推进网络治理体系和治理能力现代化的一次新尝试，也是龙湾网络行政执法工作的一次新突破。

（王丽雅）

机场边检

【概况】 2021年，温州机场边检站打好中国共产党成立100周年安保维稳攻坚战、后疫情时期防控阻击战，建立勤务“前、中、后”闭环式工作标准，出台《中高风险航班勤务处置预案》，组建实战化运行区域应急预备队，优化疫情形势下区域警力增援机制实现“管控无死角、防疫无漏洞、民警零感染”。全年共检查入出境航班207架次，执行国际民航货机20架次，其中温州至意大利米兰18架次，温州至美国洛杉矶2架次，检查入出境人员13143人次，查获网上在逃人员30人次、违法违规1人次（未持证件），在市委、市政府年度考核中继续获评优秀单位。

【边检主责主业】 2021年，温州机场边检站始终坚持聚焦安保、强化管控，口岸稳固局面更为坚实。完善制定《建党百年安保维稳工作方案》，累计开展包括红蓝对抗实战演练在内各类预案10余次、警务实战训练20余次，锻造应急处置能力。建立“标准化勤务”业务督导体系，以“5表1报”督导模式为载体，制定《边检勤务业务管理评价实施细则》。出台《疫情防控和服务经济社会发展十项措施》，优化上下勤路线、保障人员通道、勤务应急力量等措施。部署推动“打基础、遏差错、保底线”资料录入攻坚战活动，全年全站业务民警录入上机成绩环比增长12.4%，比上年同期增长20.3%。

【边检信息数据研判应用】 2021年，温州机场边检站坚决抓实“三非”源头治理，稳固口岸稳定局面。建立完善“三级核查”机制，开展历史数据梳理排查，累计排查近十年进出口岸旅客2913269人。开展涉赌涉诈、反恐防回流、“三非”外国人治理三个重点项目攻坚，研判设立嫌疑人员模型6类，检索口岸历史可疑信息236条，成功实施涉赌劝阻5起6人次，成功发现盗用他人身份信息变造护照造假产业链、协助他人非法出境入境、内部违规查询等案件线索各1条。

【边检服务为民】 2021年，温州机场边检站为民服务，办好群众实事，队伍责任感使命感不断提升。对接口岸联检单位，就涉疫勤务处置提供“边检智慧”，提供“零等待”边检快捷通道，保障在温重大投资项目航班，服务地方疫情防控和经济发展。全面铺开“党群连心·警社共建　我为群众办实事”

2021年4月15日，温州机场边检站开展全民国家安全教育日暨反间防谍宣传教育活动

（温州机场边检站供稿）

专题实践，选派帮扶工作组赴广西三江开展“情系三江　浙边有爱”爱心助学走访慰问活动，1名民警赴三江支教，向当地师生送去“浙边温暖”，相关事迹得到《法治日报》《人民公安报》《浙江日报》等主流媒体刊载报道，“零等待”边检模式、边检效率得到驻地有关部门领导高度赞誉，边检机关驻地影响力持续扩大。

【边检法治建设】 2021，温州机场边检站履行站党委推进法治建设第一责任人职责，常态推进日常学法机制，民警日常学法练习率始终保持95%以上。开展“法治边检基础强化年”活动，推行内部执法监督“两张清单”，规范在逃人员查获处理流程，稳步提升执法水平。全面推动民警法律职业和高级执法资质取得，聘请专业机构开展“线上线下”系统培训10余次，4名通过国家统一法律职业资格考试，法律课题《〈民法典〉视野下的个人信息保护探讨》获总站基层调研优秀奖。联合温州市出入境管理局、机场公安分别侦办“5•26”偷越国边境案、“5•2”伪造身份证件案，联合海关侦办“1•18”活种蛋走私案，有力维护口岸安全稳定。

【边检队伍教育整顿】 2021年，温州机场边检站贯彻全国政法队伍教育整顿决策部署，坚持教育整顿“无禁区、全覆盖、零容忍”原则，推动教育整顿走向纵深。部署开展“查短板、除陋习、强作风”专题纪律教育活动，全面加强边检勤务、防疫卫生、涉车涉酒以及赌博网贷等内容监督约束。推动肃清流毒工作，组织召开肃清流毒影响专题民主生活会、组织生活会。开展教育整顿以来，推送廉政讯息18次，节假日、夜间电话提醒58人次；排查发现涉及“枪车酒赌毒密网”“肃清流毒不彻底”等2类5个问题；发布内部督查通报16期，通报批评43人次，纯净队伍风气、净化队伍环境。

（陈沪隆）

道路安全管理

【概况】 2021年，温州市交管局三大队查处各类违法48.10万余起，其中现场查处7.87万起，非现场采集40.23万起；排查道路交通安全隐患61处，完成道路交通安全隐患整治61处，完成率100%。查处工程车违法2410起、电动车违法63567起、酒驾733起、不礼让斑马线22822起。刑事立案213起，其中，交通肇事案18起、危险驾驶案195起。事故中涉及一般程序处理违法行为处罚716起，其中行政拘留31人、吊销驾驶证188起。年内交通管理局三大队一中队获评2021年浙江省首批“枫桥式交警中队”、获评2021年温州县(市、区)省级产业聚集区满意基层站所、获评2021年温州市集体三等功。

【涉疫重点车辆检验】 2021年，市交管局三大队按照属地防控办工作要求，配合属地疫情防控办开展温州高速东及机场高速口涉疫重点车辆动态管控工作，对涉疫重点车辆检查核验，强化与卫健、交通等部门核查核验和联合管控工作，对现场核查发现的涉疫重点车辆(人员)一律交由属地政府落实管控措施。

【重点车辆监管】 2021年，市交管局三大队强化货运车辆和危化品运输车辆安全管理和重点车辆企业驾驶人管理。对辖区13家危化品运输企业开展全面安全隐患检查，对存在逾期未检验、逾期未报废、违章逾期未处理等情况，列出清单督促处理到位。依托机场大道会展路口省厅检查点，对行经危化品车辆拦停检查登记。组织警力入村入企、开展逐车逐人登记、并将车辆、车主及驾驶人基本信息完整录入重点车驾驶人监管系统，做到排查登记录入全覆盖。加强与交通运输等部门联动执法，加大货运车辆交通违法治理力度，形成长效治理机制，严厉打击各类超限超载违法行为，防范和减少道路交通安全事故。

【交通违法整治】 2021年，市交管局三大队推进交通违法整治，持续开展酒驾醉驾整治行动，坚决遏制酒驾醉驾交通违法。紧盯易肇事肇祸报废车、隐患面包车、毒驾、失驾、疲劳驾驶、开车使用手机等违法行为，同步查纠无证驾驶、不系安全带、骑乘电动自行车不佩戴头盔等违法行为。市交管局三大队、龙湾区各街道、区公安分局、区综合行政执法局及区市场监管局等各部门开展对“四小车”专项整治行动，共查扣“四小车”630辆，保障辖区内道路交通安全、有序、畅通。

【道路隐患整治】 2021年，市交管局三大队持续推进道路隐患点排查整治，全方位采取措施，把道路隐患点排查整治列为区民生实事工程，优先安排资金500万元。全年排查市级隐患点滚动159处，完成147处，完成率92.5%。其中完成市级挂牌重点路口安全隐患治理1处，整治完成区级隐患点62处，完成率100%；排查大货车右转弯盲区隐患，在辖区龙江路、龙腾路等21处路口设置右转弯警示区。

2021年与前4年龙湾区交通事故情况对比表

表11

年份	上报交通事故(起)	死亡(人)	受伤(人)
2017	60	30	32
2018	52	30	32
2019	50	22	32
2020	46	28	19
2021	46	29	20

【网格化布警】　2021年，市交管局三大队加快落实网格化布警工作。开展网格化布警，完善电警设施，增设视频监控16处，在文昌上匝道口创新设置匝道红绿灯并投入试运行，上线云喇叭喊话系统。加大视频巡查力度，对易堵、复杂路段视频编组，快速发现快速处置，瓯海大道高架视频巡查主动发现警情1830起，事故和抛锚主动发现率22.4%。

（李广彦）

检　察

【概况】　2021年，温州市龙湾区人民检察院践行“讲政治、顾大局、谋发展、重自强”检察工作总要求，持续转变检察办案理念，加快推进职能体系重构，完善“四大检察”“十大业务”法律监督格局，实现经济社会高质量发展贡献检察智慧和力量。全年各类检察案件共计1308件，比上年同期上升12.5%，批捕513人，起诉1437人。

【刑事诉讼检察】　2021年，区检察院依法打击各类刑事犯罪，共办理提请批准逮捕案件616件863人，依法批准逮捕360件472人；办理移送审查起诉案件1407件2143人，提起公诉821件1170人。落实最高检关于强化金融监管“三号检察建议”，防范化解重大金融风险，严厉打击非法吸收公众存款、电信诈骗等犯罪，批捕54人，起诉134人；坚持依法保障企业权益与促进企业合规经营并重，起诉破坏社会主义市场经济秩序犯罪38件61人。完善监检衔接机制，职务犯罪案件提前介入率达100%，受理监察机关移送职务犯罪20人，已起诉16人，依法起诉工程建设领域系列职务犯罪案件7件7人。

【刑事诉讼监督】　2021年，区检察院做优做强刑事检察监督。严格审查事实、证据、程序和法律适用，依法不批准逮捕391人、不起诉425人，监督侦查机关立案12件21人，监督撤案4件，纠正漏捕漏诉16人，纠正侦查活动违法情形10件次；纠正刑事执行不当或违法14件，监督收监执行2人，纠正脱管漏管2人，监督清理判处实刑未交付执行12人。

【民事行政检察监督】　2021年，区检察院精准开展民事行政检察监督。审查并办结各类民事诉讼监督案件130件，对生效裁判提出再审检察建议5件，对审判、执行活动提出监督检察建议114件。严惩虚假诉讼犯罪，建立健全与公安机关、法院以及本院各部门间的线索移送机制，收集的线索成案8件并向法院提出再审检察建议。依托民事检察职能为农民工群体讨薪案被选报到最高检参选全国指导性案例。发挥行政检察在促进公正司法、助推依法行政方面独特作用，办理各类行政检察监督案件103件，发出行政非诉执行检察建议93件。

【公益诉讼检察监督】　2021年，区检察院推进公益诉讼检察监督。充分运用诉前程序督促行政执法机关履职纠错，立案行政公益诉讼案件36件，已发出诉前检察建议32件。发挥生态环境检察保护功能，依法审查并提起全市首例大气污染民事公益诉讼案，诉讼请求获法院判决支持，侵权行为人赔偿大气环境损害修复费、承担环境损害鉴定费等费用8.30万元，树立保护大气环境公共利益的良好导向。推进“小案暖民心”工程，落实食品药品安全“四个最严”，强化行政执法与刑事司法衔接，起诉危害食品药品安全犯罪9件22人。开展冷鲜禽食品安全公益诉讼专项监督行动，督促食品药品安全监管部门严把食品安全关。督促相关行政机关收回土地出让金及违约金合计5.60亿元。强化英雄烈士名誉保护，督促职能部门系统修缮散葬烈士墓，依法捍卫英烈荣誉和尊严。拓展办案范围，办理河道行洪安全保障、烟花爆竹销售监管、非法加油点整治等新领域案件7件。

【检务服务基层社会治理】　2021年，区检察院践行新时代“枫桥经验”，深层次推动社会综合治理。推出员额

2021年与2020年龙湾区主要检察业务数据对比表

表12　　单位：件

主要检察业务	2021年	2020年	同比情况(%)
审查批捕案件	380	367	3.5
提起公诉案件	952	786	21
立案监督案件	12	6	100
提起民事行政抗诉案件	0	0	0
公益诉讼案件	54	71	−24

2021年与前4年龙湾区人民检察院审查批捕、起诉案件对比

表13

年份	批捕	起诉
2017年	541件635人	1307件1747人
2018年	479件638人	1254件1769人
2019年	474件626人	1233件1723人
2020年	367件522人	786件1269人
2021年	380件513人	952件1437人

检察官在矛调中心轮驻接访、群众信访权利集中告知、信访结果回访反馈等工作机制，妥善处理各类信访件142件，七日内程序性回复率和三个月内实体性答复率均为100%，办理国家司法救助案件29件，继续保持涉检赴省进京非正常访零记录。全面推行“案一件比”办案质量评价指标体系，延长审查起诉期限和退回补充侦查案件数比上年同比大幅下降，减少当事人诉累。

【未成年人司法保护】 2021年，区检察院全方位护航未成年人健康成长。从严惩处侵害未成年人犯罪，依法批准逮捕23人、提起公诉23人。对主观恶性不大、认罪悔罪以及犯罪情节轻微未成年人犯罪案件，依法不批捕33人、不起诉37人。联合区法院、区妇联出台《关于加强家事案件涉未成年人权益司法保护工作的实施意见》，办理温州市首例由检察机关建议申请的“人身安全保护令”案件。举办以“检爱同行，共护未来”为主题检察开放日活动，凝聚各方共识，共同推动形成未成年人保护大格局。

【数字检察】 2021年，区检察院坚持以数字赋能提升检察监督工作信息化、智慧化水平，推广政法一体化单轨制办案模式应用，逮捕、起诉、审判协同率均为100%。有序推进公益诉讼智能辅助系统、数字化账单分析系统、远程庭审联网等数字检察创新平台建设。启用公益诉讼快速检测实验室，融合执法信息中心建设，全面升级公益诉讼办案指挥中心，推动法律监督提质增效。推进侦查监督平台有效运行，相关经验在全省普通犯罪检察工作会议上作交流。

【检察队伍】 2021年，区检察院强化思想教育，打实业务基础，在狠抓自身建设中铸就检察铁军。开展政法队伍教育整顿，将政法队伍教育整顿与党史学习教育有机结合、贯穿始终。组织开展“6+N”顽瘴痼疾专项整治，分门别类梳理问题、制定措施。用好“自查从宽、被查从严”政策，组织评查案件1572件，发现问题已全部完成整改。院机关党委获评浙江省先进基层党组织，龙湾区检察院获评浙江省文明单位。11个集体和个人先后荣获浙江省政法系统执法办案成绩突出集体、全省控告申诉业务竞赛标兵、全省民事检察业务竞赛标兵等荣誉称号。

（杨　琼）

法　院

【概况】 2021年，温州市龙湾区人民法院坚持司法为民、公正司法工作主线，狠抓审判执行要务、司法体制改革、过硬队伍建设，全年共受理各类案件14367件，办结13999件。

【刑事犯罪审判】 2021年，区法院共审结刑事案件830件，结案率91.8%，服判息诉率93.5%。开展打击治理电信网络新型违法犯罪工作，共审结电信网络诈骗案件41件86人，其中组成犯罪集团诈骗20件45人、跨境网络诈骗24件48人。推进“断卡”行动，出台《帮助信息网络犯罪活动罪量刑指引意见》，统一量刑标准，精准打击、从严惩处，共受理帮助信息网络犯罪活动案件55件87人，审结50件68人。常态化推进扫黑除恶工作，共审结包括孙某某为首恶势力犯罪集团在内涉黑涉恶案件9件28人。推进认罪认罚从宽制度，共适用认罪认罚制度审结823件1172人，适用率92.2%。

【民商事审判】 2021年，区法院依法调处民商事纠纷。妥善化解企业“两链”风险，维护区域金融秩序，共审结金融类纠纷案件1460件，比上年同期下降18.8%，涉案标4.24亿元；执结金融借款纠纷执行案件710件，同比上升7.9%，涉案金额达7.13亿元。灵活运用“活查封”等善意执行手段，

2021年与前4年龙湾区人民法院刑事案件对比表

表14

年份	刑事受案（件/人）	刑事结案（件/人）
2017	1302/1723	1271/1672
2018	1275/1818	1300/1807
2019	1252/1725	1271/1798
2020	779/1253	793/1306
2021	907/1287	828/1189

2021年与前4年龙湾区人民法院民事案件对比表

表15

年份	民事收案（件）			民事结案（件）		
	婚姻家庭继承纠纷	合同纠纷	权属侵权纠纷	婚姻家庭继承纠纷	合同纠纷	权属侵权纠纷
2017	352	5734	598	319	5367	536
2018	288	5638	573	327	6114	630
2019	306	5502	586	316	5868	605
2020	276	5078	562	275	5107	577
2021	313	4931	351	294	4553	324

执毕及和解涉企执行案件1339件，到位金额约17.25亿元。坚持“民生先行”原则，加大对涉农民工追索劳动报酬、赡养、抚育费案件执行力度，全年共受理涉民生执行案件461件，执结率93.2%，执行到位资金1113万余元。加强民生司法保障，成功化解原泰顺移民长达20多年购买宅基地历史遗留问题。发出全市首份妇联代为申请人身安全保护令，保护离婚诉讼中未成年人合法权益，《中国妇女报》对此报道并登上“学习强国”平台。设置离婚冷静期，及时缓和夫妻双方矛盾冲突，保障未成年合法权益，相关案例被浙江法院网、市中院微信公众号、《温州日报》等刊发。持续优化营商环境，制定《关于优化提升“执行合同”“办理破产”指标的实施办法》，全年共受理破产案件42件，审结破产案件73件，涉及破产债权约32.40亿元，处置破产财产约2亿元，激活土地3.60万平方米、厂房4.99万平方米。帮助温州经济技术开发区新世纪石油有限公司重整成功，实现破产不歇业。

【行政审判】 2021年，区法院共审结行政诉讼案件615件，判决行政机关败诉44件，败诉率为7.2%，败诉率下降5.01个百分点。依托行政争议调解中心，协调各方利益达成赔偿调解协议，实质性化解历史遗留强制拆除行政案件118起。建立败诉风险预警机制，向行政机关发出败诉风险预警通知书32份，督促行政机关协调化解行政争议或自行纠正，推进行政争议实质性化解。

【执行“一件事”改革】 2021年，区法院探索“执行一件事”改革，系统开展执源治理，共执结各类执行案件8438件，平均执行天数56.53天，位列全市法院第1位。打造不动产司法处置网络平台，司法拍卖买受人仅跑一次即可完成不动产司法拍卖全流程。综合运用不动产“一件事”平台处理不动产相关事宜90次。启动历史未处置抵押物75处，已拍卖11处，到位金额9840万元，促使19件案件执毕、和解、撤回，涉及标的金额2.06亿元，5件移送破产。处置瑕疵集体土地6处，到位金额672万元；处置单证厂房2处，到位金额5243.10万元。稳妥推进个人破产工作，引导“诚而不幸”债务人申请个人债务集中清理，办理个人债务集中清理案件19件。其中经与债权人和解，仅耗时39天成功清理王某匡个债申请案，帮助古稀老人走出债务“泥潭”。全面清理执行案款，实现2021年无理由超期未发放动态清零。出台《关于做好执源治理工作的意见》，规范立审执兼顾衔接程序。全年“执转破”101件，涉及执行案件1011件，标的金额24.21亿元；开展历史破产企业涉执案件集中清理，共清理204家“僵尸企业”，退出终本库“僵尸案件”1789件。

【审判监督】 2021年，区法院加强审判监督管理。建立审执质效季度会议制度，发布专项审管通报。推进刑事审判规范化建设，针对办理暂予监外执行案件过程中容易出现违规违法问题，制定《关于规范办理暂予监外执行案件的意见》，防止违规办案，确保暂予监外执行案件质量。强化案件审限管理，建立院庭长监督、系统提醒专人监管等多层面长效管理机制，加大对延长审批的专项督查和问责力度。

【诉源治理】 2021年，区法院强化人民法庭作为基层治理第一前线，助力基层治理工作。推进诉源治理工作，依托“区社会矛盾纠纷调处化解中心”，健全一站式多元解纷机制，成功调解案件2174件，诉前纠纷化解率为31.1%。建立金融机构呆账核销“预查废”制度，发出全国首份“预查废”证明，避免不必要诉讼和执行重复立案，该机制得到上级法院认可，并向全省推广。推行“在线赋强公证”模式，为龙湾农商银行成功办结“在线赋强公证”137笔，涉及贷款金额7333万元，从源头上大大减少金融诉讼案件产生。推进经开区人民法庭与矛调中心合署办公，全年经开区各级矛调中心受理案件仅7%进入诉讼，成效明显，相关做法得到上级法院高度肯定，《浙江法制报》作专题宣传报道。推进“共享法庭”建设，在全区街道、社区、行业协会建设119个共享法庭，用“一根线一块屏”为群众提供指导调解、在线立案、线上庭审、法治宣传等多元化“家门口”诉讼服务。

【智慧法院建设】 2021年，区法院以办案办公一体化平台为载体，深化司法资源与司法事务在线协调和优化配置，深化智慧法院建设。深化“全域数字法院”改革工作，区法院无纸化立案率99.9%，移动微法院引入率99.2%，运用率96.7%。推进“智慧执行2.0”系统运用，加强线上措施查控，共对被执行人财产“点对点”“总对总”线上查控20.20万次。推进执行指挥中心建设，区法院被省高院列为“市域执行辅助事务数字中心”试点法院。

【法院队伍教育整顿】 2021年，区法院加强思想政治建设，开展政法干部教育整顿工作，强化队伍管理教育。在学习教育环节，组织全体干警召开警示教育大会、观看警示教育片，制发《致干部职工和家属的一封信》，携手家属共同筑牢思想防线。挖掘和宣传身边先进典型，推荐5名干警参加全市法院“最美法官”、首批“最红排头兵”等4类选树活动。在查纠整改环节，制定印发《队伍教育整顿谈心谈话实施方案》、谈心谈话提纲和记录表，全院136名干警3轮和117名辅助人员实现3轮全覆盖自查填报，自查填报率100%。及时兑现“自查从宽”承诺，对10名主动说明问题干警相应处理，其中2人予以党纪政务处分，8人予以第一形态处理。全面清查涉诉信访积案24件，已成功化解24件，信访化解率100%，其中妥善化解国家信访局交办徐某劳动争议重复信访件1件。

【司法宣传】 2021年，区法院优化“温州龙湾法院”微信公众服务平台，推送司法资讯145条，发布《龙湾法院关于个人债务集中清理申报公告》及咨询热线。重点围绕《中华人民共和国民法典》《中华人民共和国婚姻法》等开展“送法进企业”“送法进社区”“法治进校园”普法宣传活动9次。联合区生态环境分局进企业开展生态环境保护警示教育活动，通过赠送环保法律法规宣传手册等方式，普及生态环境保护知识，指导企业落实环境保护主体责任。

（周霄阳）

2021年12月2日，龙湾区举行第四个宪法宣传周启动仪式　（区司法局供稿）

司法行政

【概况】 2021年，温州市龙湾区司法局加快法治政府建设，实施防范化解疫情防控风险工程，持续巩固化扫黑除恶专项斗争成果，健全完善“和立方”调解体系建设，维护“八五”普法、社会稳定。4月，区委书记周一富作为温州市县（市、区）代表参加法治浙江十五周年县（市、区）委书记访谈节目，专门介绍龙湾经验做法。全区律师人数增加60人。首创“国字号”智慧矫正中心，3名工作人员获评司法部先进个人荣誉。

【法治督察】 2021年，区司法局开展法治政府建设定期督察、基层合法性审查专项检查，揪准问题并督促限时整改。把好依法决策关，组织法律顾问审查行政规范性文件27件、重大行政合同33件；审查其他涉法事务并提出法律意见298件，协助办理土地裁决案件2件。全面推行行政执法“三项制度”，创新“你挑选我监督”点单式执法监督方式，全年开展“点单”式执法监督、重点事项专项监督、民生领域暗访监督23次，制发监督通知书19份，实现以督提质、以评促进。

【行政争议案件化解】 2021年，区司法局紧扣辖区行政争议高发频发态势，释放“有争议先复议”信号，开展“复议为民促和谐”专项行动。办结区级复议案件130件，纠错21件，纠错率16.2%；承办上级交办复议案件60件，全年无案件经复议被国务院、省政府纠错。全区行政诉讼案件新收567件，办结566件，败诉52件，败诉率9.2%；行政机关负责人出庭率98.0%，远高于全市出庭平均数91.5%。加大行政争议化解力度，调撤结案行政强制、城建行政决定、城建行政确认等高风险败诉案件160件。

【人民调解】 2021年，区司法局以健全完善“和立方”调解体系建设为抓手，通过强基站、扩信号、优队伍、重联动等体系，增强纠纷化解实效。全区化解矛盾纠纷5712件，含复杂纠纷800件，涉及金额逾3亿元，其中依托“12348”浙江法网、浙里调、ODR等平台化解纠纷1542件。加大省级“枫桥式”司法所创建步伐，永中司法所创成全区首家省级“枫桥式”司法所。

【普法宣传】 2021年，区司法局开展“八五”普法工作。10月，区人大召开人大常委会会议审议通过关于开展第八个五年法治宣传教育决议。抓好重要节点法治宣传，并结合防疫进展，突出抓好领导干部、青少年、企业职工等对象学法用法工作，组织非人大任命领导干部任前法律知识考试50人次。推出“你点单·我服务”菜单式校普法公益课程，开展“建党百年·龙娃学法”“尊法守法·携手筑梦”“美好生活·民法典相伴”“法治新征程·平安进万家”等系列活动。依托“区块链+普法创新中心”线上普法基地，打造市级“企明星”普法品牌，新建“少儿财商普法基地”，组织开展12期“夏令营普法小课堂”惠及未成年人600余人次。

【法律服务】 2021年，区司法局培育载体，继续推进“法巢引凤”项目。组织律师参加省、市律协组织培训、青年律师训练营、调研、论坛等各类培训活动300余人次。注重业内领军人物培养，扩大律师参政议政覆盖面，近30名律师被推荐为市级、区级“两代表一委员”候选人，推选80余名律师入选全市青少年普法讲师团、重大决策社会风险评估评审专家库、市社区矫正公益大使、市外聘法律顾问备选库等。开展“双随机、一公开”执法检查，加大律师行业突出问题专项整治力度，对全区11家律所329名律师开展排查，净化律师执业氛围。

2021 年与前 4 年龙湾区民间纠纷调解情况表

表 16

年份	调解委员会（个）	调解员（人）	调解件数（件）（成功 / 未成功）	调解成功避免非正常死亡人数（人）
2017	121	540	3922/34	0
2018	134	170	6044/36	0
2019	86	173	5053/2	0
2020	88	182	4614/0	0
2021	95	208	5642/0	0

注：未含温州经济技术开发区

2021 年龙湾区民间纠纷调解一览表

表 17

名称	调委会数（个）	调解人员（人）	统计纠纷（件）										调解成功率（%）	调解成功避免非正常死亡人数（人）
			婚姻家庭纠纷	邻里纠纷	房屋宅基纠纷	合同纠纷	生产经营纠纷	损害赔偿纠纷	劳动争议纠纷	道路交通事故纠纷	其他纠纷	总数		
永中街道	23	60	134	57	2	34	1	797	29	3	347	1404	100	0
蒲州街道	9	18	17	1	0	3	0	180	14	6	114	335	100	0
海滨街道	14	19	17	7	1	16	0	225	10	2	11	289	100	0
永兴街道	19	24	7	4	1	9	0	200	7	3	96	327	100	0
状元街道	10	17	35	6	1	48	0	180	7	8	100	385	100	0
瑶溪街道	8	29	54	18	4	10	1	114	72	1	223	497	100	0
区调委	1	14	132	95	100	70	4	16	90	2	80	589	100	0
（含诉调）	3	8	63	3	19	250	43	63	285	10	312	1048	100	0
交调	1	3	0	0	0	0	0	0	0	1279	0	1279	100	0
劳调	1	5	0	0	0	0	0	0	36	0	0	36	100	0
婚调	1	3	16	0	0	0	0	0	0	0	2	18	100	0
财产保险	2	5	0	0	0	0	0	0	0	24	0	24	100	0
信访纠纷调委会	1	2	0	0	0	0	0	0	0	0	0	0	0	0
医调	1	3	0	0	0	0	0	0	0	0	0	0	0	0
物调	1	3	0	0	0	0	0	0	0	0	0	0	0	0
温州宜宾商会人民调委会	1	9	0	0	0	0	0	0	0	0	0	0	0	0
合计	95	208	343	96	28	370	45	1759	460	1336	1205	5642	100	0

【法律援助】 2021年，区司法局将“调解先行、诉讼保障”基本原则融合运用到咨询接待过程中，高效化解群体性追索劳动报酬纠纷案件8起220余人，涉及金额逾200万元。免费解答法律咨询人数首次超过1万人次，比上年同期增长81.9%。依托“政务服务2.0”，打通法律援助掌上申请通道，实现“云受理”“云审批”，共受理审批法律援助线上申请399件。依托政法一体化办案平台，实现所有刑事通知类法律援助案件100%线上单轨流转。探索建立“8小时外”公共法律服务预约机制，6个街道全部配置公共法律服务自助一体机。

2021年7月12日，温州市首个媒体调解室“闲事婆和事佬”栏目入驻区级矛调中心（区矛调中心供稿）

【社区矫正与安置帮教】 2021年，区司法局推进司法部“智慧矫正”示范点建设工作。推动矫正执法业务全流程线上审批，升级建成集18个功能室于一体的区级社区矫正中心。全年共接收社区矫正对象170名，期满解除矫正144名，收监执行2人，迁出4人，书面警告6名。办理社区矫正调查评估案件139件，在册社区矫正对象187名，未发生社区矫正对象脱管、漏管及严重犯罪行为。严格落实刑释人员必接必送要求，开展亲情视频会见176人次、远程视频提审33次，增强安置帮教功能。

（娄艳群）

社会矛盾纠纷调处化解

【概况】 2021年，温州市龙湾区社会矛盾纠纷调处化解中心推进思想政治建设，高质量开展党史学习教育。围绕区委、区政府重大决策部署，主动担当作为，优化工作举措、履职尽责，推动社会矛盾纠纷化解取得实效。全年共接待群众29735批次32709人，受理各类矛盾纠纷及咨询29735件、办结29650件。

【“三级”网络体系建设】 2021年，区矛调中心统筹推进“三级”网络建设。全面完成区矛调中心改造提升工程，中心场地面积由1750平方米增至4000平方米左右，设立窗口受理、法律服务、诉讼服务等8大功能区，形成9大中心入驻+10家单位常驻+9家单位轮驻的工作格局，逐步实现“社会治理事件处置、社会风险研判、矛盾纠纷化解”三大平台聚集并行的工作体系。全区6个街道矛调分中心实现全覆盖，13个村居建成矛调工作站。全年街道、村（居）矛调中心（工作站）全年排查矛盾纠纷2353件，办结2289件，与区矛调中心协作流转处置175件，三级矛调组织建设初显成效。

【调处机制完善】 2021年，区矛调中心构筑“最多跑一地”制度体系，努力形成调解为主、信访打头、诉讼断后的工作格局。创新印发“矛调指数”专报10期，获区主要领导批示3期。创新打造全市首家“闲事婆和事佬”媒体调解工作室、“和润”家事调解室等。落实“警网”协同机制，全年联动处置警务与基层各类矛盾信息1145件。全年通过人民调解成功化解2193件，共涉及金额17264.65万元。群众满意度由87.3%上升至94.9%。

【数字法治改革】 2021年，区矛调中心依托数字化手段，深化社会矛盾调处改革。在全市率先创新打造“和多元”跨场景、跨部门数字应用场景，其中，“和家庭”智调平台获温州市首批数字化改革赋能市域治理重点孵化场景应用，纳入“温州数字化改革重大应用一本账”。加大家庭矛盾调处，通过对家庭矛盾及妇女儿童保护“全过程数字化记录、全流程信息化查办”，家事纠纷全部门介入，最大限度减少“民转刑”案件发生。

（陈纯纯）

军 事

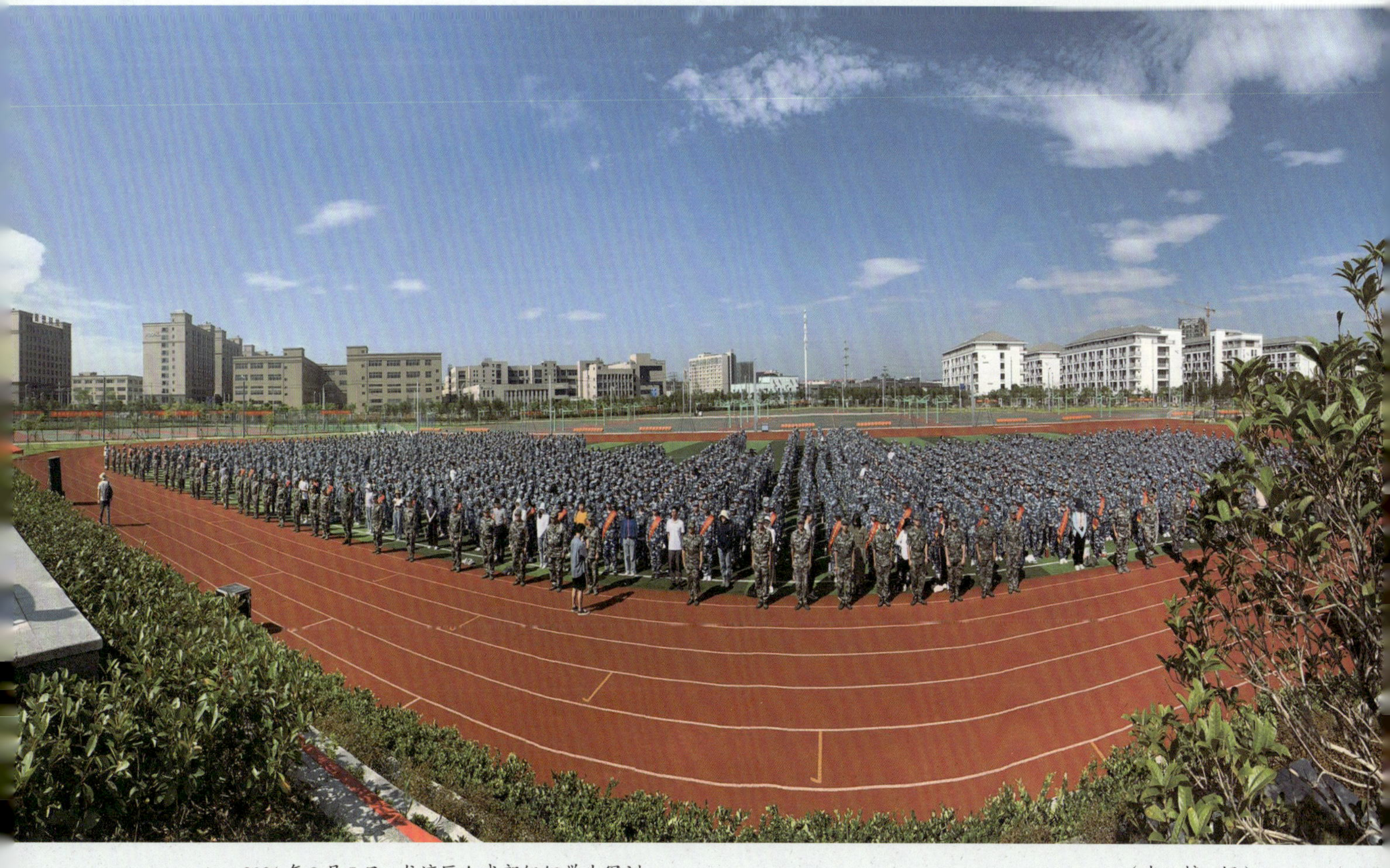

2021年9月5日，龙湾区人武部组织学生军训 （朱　樟/摄）

人民武装
人民防空
退役军人事务

龙湾炮台　　（区摄影协会供稿）

2021年5月12日，龙湾区举办"5•12"全国防灾减灾日宣传活动　（区人防办供稿）

人民武装

【概况】　2021年，温州市龙湾区人民武装部（以下简称区人武部）下辖永中街道、蒲州街道、海滨街道、永兴街道、海城街道、状元街道、瑶溪街道、沙城街道、天河街道、星海街道10个基层人武部。区人武部围绕新时代国防后备力量建设，贯彻落实军分区党委各项决策部署，锚定建设国动系统沿海主城区"重要窗口"目标，推进练兵备战，持续深化国防动员，全面开展双拥共建，民兵调整改革、兵员征集等各项工作取得显著成效。在支援地方建设、维护社会稳定等工作中作出重要贡献。

【党管武装】　2021年，区人武部贯彻落实区委书记主抓落实议军会、"军事日"等活动，常态督导考评等党管武装制度机制，协调解决本辖区武装工作难点痛点问题。推进"党建强基"工程，试点开展民兵党组织"军地联建、整体智治"融合抓党建路子，持续抓好党组织规范化建设。落实双拥工作，发放各类优抚补助资金，解决军人家属就业1人，安排军人子女就近入学5人，主动为军人军属排忧解难。

【战备训练】　2021年，区人武部聚焦国动援战使命强化真训实练，持续兴起练兵备战热潮。严密组织年度国防动员潜力统计调查、重点潜力核查等任务。专题组织民兵骨干和教练员集训，精心组织6支训练任务分队基地化轮训，完成8个基础课目训练和5个课目考核，合格率达80%。结合抗击"烟花""灿都"台风、疫情防控、龙湾机场防空综合演练等活动，动员民兵集中备勤、应急支援，保护好人民群众生命财产安全。

【兵役工作】　2021年，区人武部紧跟兵役制度改革步伐，建立"一年两征"常态组织领导机制，加大征兵宣传力度，在东方职业技术学院开展2次征兵宣传周活动，指导各街道武装部对大学毕业生征兵报名"一对一"发动，严格抓好目测初检、区站复检、政治考核、廉洁征兵、疫情防控等各环节，全年完成兵员征集任务。

【国防教育宣传】　2021年，区人武部加强全民国防教育，定期召开区国教委成员全体会议。保持"八一光荣榜""军人荣誉墙"等特色做法。发挥好老兵宣讲团的作用，落实国防教育"五进""三课"活动。坚持把国防教育纳入辖区学生教育计划，完成辖区7000余名学生军训。探索国防教育数字化应用，创新采用"短视频+主持"的国防教育模式，相关课程纳入军事职业教育平台。推进全市首创国防教育主题公园二期建设，修缮辖区炮台山、永昌堡等国防教育阵地，营造关心国防、支持国防社会氛围。

【军民共建】　2021年，区人武部拓展军政军民关系，汇聚"军政军民"齐抓共建国防建设合力。会同区发改局在建立工作运行机制、完善政策制度体系和打造融合服务平台上理顺工作关系。推进龙湾机场、温州东站等基础设施重大项目建设。开展"军转民""民参军"双倍增行动计划，支持龙湾区优势企业取得军工资证、参与承接军工技术转移和产品转化。在永中街道试点打造街道武装工作与退役军人服务站一体化工程，提升双拥共建水平。

（宋伟伟）

人民防空

【概况】　2021年，温州市龙湾区人防办贯彻落实省、市人防工作部署，推动常态化运行，完成2个片区人防控制性详细规划编制；将人防元素融入到城市总体规划中，通过市人防办组织专家评审。推进人防改革试点工作，开展人防专业队伍与民兵力量统一编兵整组建设国家试点工作，完成11支人防专业队共计363人整组，将人防元素融入到城市总体规划中，有效解决人防工程布局不合理问题，创新打造文昌路及龙江路地下综合管理人防兼顾工程，筑牢"地下长城"。联合区资规分局，建立项目联动机制，完成每宗土地出让前规划条件书编制。

全年完成招拍挂（划拨）项目43个，办理行政处罚案件1起，移交区综合行政执法局案件1起，回复人防相关信访件6起，移交市人防办项目28个。年内，区人防办蝉联省人防先进单位。

【人防工程】 2021年，区人防办加快人防项目工程建设步伐，推动人防文化主题公园二期项目工程建设，全年完成全区人防项目工程建设大检查，并通过“整改一批、处罚一批、惩戒一批”等措施，累计出具人防工程质量监督报告22份，参加人防项目工程隐蔽验收、技术交底、中间结构验收和竣工验收50余次。

【人防宣教】 2021年，区人防办推进国防知识教育。开展人防文化主题公园二期项目建设，打造特色宣教阵地。结合警报试鸣，“3•1”国际民防日、“5•12”防灾减灾日等时机依托温州网、区政府网站、官方公众号等载体，多渠道开展人防知识宣传教育，全年开展宣传活动3场次、布置宣传展板16块，分发宣传资料3000余份。组织区三小、状元三小共计1480名学生开展人防疏散演练各1次。

【人防警报系统建设】 2021年，区人防办加强人民防空警报系统建设，完成区人防警报系统数字化升级改造项目，升级改造老旧人防警报器。抓好日常通信联络相关课目训练，完成指挥车改造，完善保障功能，确保全区防空警报统一试鸣防空防灾警报信号。

【全区首次军地联合演训】 2021年10月9日，区人防指挥部开展人防专业队伍与民兵力量统一编兵整组建设国家试点工作。在龙湾国际机场开展首次军地联合整组演训，组织人防专业队和基干民兵参加军地联合整组演训，体现军地联合、高度协同，达到预期效果。

（王依纯）

退役军人事务

【概况】 2021年，温州市龙湾区退役军人事务局（以下简称区退役军人事务局）以退役军人全生命周期管理新模式为抓手，搭建覆盖全区6个街道、75个村（社）退役军人服务站、6个非公企业退役军人服务站数据管理平台。创成省“新时代枫桥式退役军人服务中心（站）”14家。招考退役大学生士兵事业编制4人，安置军转干部1人。办理省厅转交件6件，接待来访57批次63人，办理一般信访件13件。

【“退役军人云服务站”】 2021年，龙湾区“退役军人云服务站”构建项目获省退役军人事务厅数字化改革重点项目首批试点。该项目设置优先服务、优惠折扣、特色服务、褒扬激励、就业创业、医疗优待、政策活动等各类服务与保障应用共7大模块18个子项，依托电子优待卡和“老兵码”为退役军人多维度精准化服务。

【拥军优抚活动】 2021年，区退役军人事务局开展双拥活动，核查优抚对象数据1000余份。区本级发放下拨各类抚恤、医疗、生活补助费。开展零散烈士墓普查工作，共查出零散烈士墓19处，其中安葬在龙湾区内的烈士有10人，完成7名烈士墓管理协议签订。出台困难退役军人及“三属”生活帮扶援助工作机制。开展《中华人民共和国退役军人保障法》宣贯活动，规范开展送立功喜报、悬挂光荣牌、“清明祭英烈”等工作。

【“阳光安置”政策落实】 2021年，区退役军人事务局严格落实“阳光安置”政策，安置转业士官到街道和区政府部门工作。聚焦就业创业强服务，与源大创业园合作申报省级退役军人就业创业园。探索“红色共富贷”，联合建行等金融部门推出小额、低息、无抵押创业贷款。

【老兵宣讲团】 2021年，区退役军人事务局联合区委组织部、宣传部率先组建一支以参战老兵为骨干、宣讲水平较高、平均年龄75周岁的“红色永驻”老兵宣讲团。老兵宣讲团深入机关、社区、学校、军营宣讲100余场。6月21日的《光明日报》09版及6月16日中新网相继报道龙湾区“红色永驻”老兵宣讲团事迹。

（刘苏文）

2021年4月26日，龙湾区”红色永驻“老兵宣讲团授旗仪式举行

（区退役军人事务局供稿）

应急管理

2021年6月28日，区应急管理局开展龙湾“骑手”送“安全知识套餐”进家庭、进企业活动　　（区应急管理局供稿）

综　述

安全生产监督管理

防汛减灾

消防救援

龙翔湖公园　（张　华/摄）

综　述

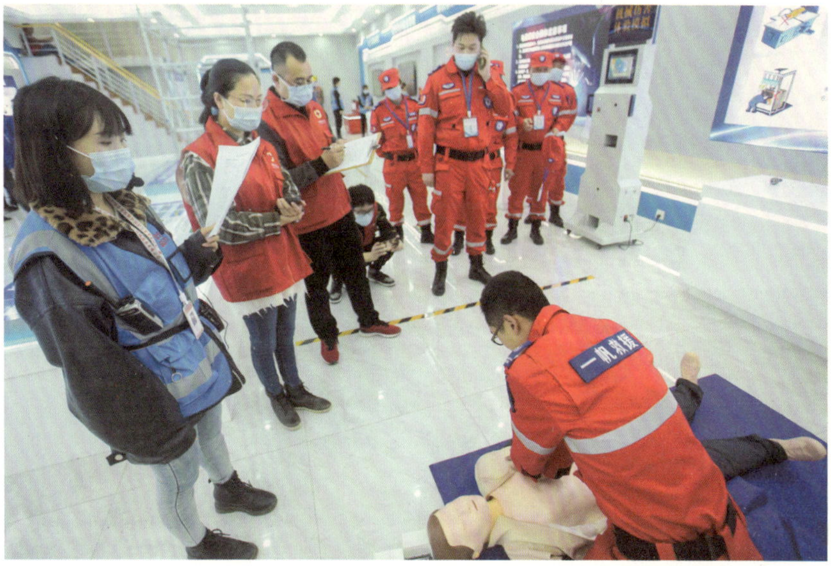

2021 年 3 月 4 日，龙湾区应急管理局举行“开工第一课”启动仪式暨安全技能比武活动
（区应急管理局供稿）

【概况】　2021 年，龙湾区应急管理局响应数字化改革号召，深化应急管理体系建设，全力防范化解重大社会安全风险。全年全区共发生各类生产安全事故 11 起、死亡 10 人，与前两年平均数相比分别下降 23% 和 28.6%。圆满完成 3 次强（超强）台风和 2 次强降雨的防御和应急处置任务。荣膺推进温州市域治理现代化先进集体单位。

【综合应急救援体系建设】　2021 年，区应急管理局强化综合应急救援体系建设。指导各应急相关单位编制《温州市龙湾区全员新冠病毒核酸筛查工作应急预案》《龙湾区突发公共卫生事件应急预案》《龙湾区突发急性呼吸道传染病事件应急预案》《龙湾区城乡危房应急抢险预案》等专项应急预案，并指导各街道编制街道级应急预案。组织开展防汛防台、防灾减灾和森林防灭火等应急救援演练，同时组织相关单位危化品道路运输泄漏应急演练，提升全区应急抢险救援能力。组织永兴街道和瑶溪街道组建街道级综合应急救援队伍，指导各街道组建各村（社区）应急突击队，并新建一支区级社会应急救援队伍——壹玖应急救援服务中心。

【应急行政执法】　2021 年，区应急管理局强化应急领域依法行政工作。严格执行行政执法人员持证上岗、亮证执法制度，执法岗位人员持证率达到 100%。组织全区应急系统安全生产行政执法案卷评查活动，全面提升行政执法水平。全年安全生产行政处罚立案处罚 182 起，罚没款 254.78 万元，行政复议案件 35 起，出庭应诉 23 起，胜诉 23 起。组织实施“双随机、一公开”执法检查工作，年内共开展双随机检查 145 家。深入开展安全生产打非治违行动，共受理举报件 156 件，查处非法经营、储存危险化学品 57 吨，取缔 12 家，立案处罚 17 家，移送公安采取行政拘留 17 人。

2021 年 9 月 10 日，区应急管理局执法人员企业进行“平安护航建党百年”安全生产检查
（区应急管理局供稿）

【应急宣教】　2021 年，区应急管理局创新宣教载体，多渠道传播架起宣教“新矩阵”。借助龙湾应急抖音、天目、E 龙安等平台，推出《一定要给工友看》安全生产警示系列短片，以案促学，累计获赞 300 多万人次。“龙湾应急”抖音号粉丝突破 34 万人，作品播放量突破 3.30 亿次。持续推进安全宣传“五进”活动，全年共建成安全文化示范企业 5 家，示范学校 7 所，示范家庭 10 家，示范社区 6 家，示范村居 5 家。推进应急（安全）体验馆建设，共新建应急（安全）体验馆 3 家。全区累计安全体验馆 9 家。

（陈灵丽）

2021年10月26日，温州市危化品“记销分”制管理现场会在龙湾区举行
（区应急管理局供稿）

安全生产监督管理

【安全生产责任制】 2021年，区应急管理局全方位完善责任工作机制。健全完善安全生产委员会“1+X”体系，设立道路交通、涉海涉渔、消防、危化品等8个专业安委会，落实专委会定期例会、分析、研判等制度。深入实施安全生产红黄牌警示、按季考评、排名通报、挂牌整治、问题隐患闭环管理、网格员季度巡查排查等长效机制，将安全生产纳入年度考核考绩、“七张问题清单”等内容，强化安全生产“党政同责、一岗双责”和“管行业必须管安全、管业务必须管安全、管生产经营必须管安全”要求，夯实安全生产责任落实。

【数字化安全监管】 2021年，区应急管理局借助数字化手段提升安全监管效能。迭代升级E龙安系统平台，搭建“1+6”平台框架：1个“企业安全生产基础信息库”和“安全生产问题隐患全闭环管理”等6大应用场景，该系统整体纳入温州市数字化改革一本账内。依托“E龙安”创新实施企业“安全码”蓝、黄、橙、红四色动态赋码管理，并在企业门口设置安全码告示牌，广泛接受社会监督。全区应赋码4865家企业已全部赋码完成，全区工矿企业安全事故得到有效遏制。

【危化品安全“记销分”制管理】 2021年，区应急管理局率全省之先实施危化企业安全生产“记销分”制管理，打造危化监管样板。将危化企业复杂安全监管标准以分数形式体现，自“记销分”制管理实施以来，全区31家危化品（化工）企业共整治各类隐患749处（其中重大隐患4处），实现危化企业生产安全事故“零”发生。全区平安建设完善危化品行业安全风险闭环管控专项工作在全市连续排名第一。10月26日全市危险化学品企业安全生产“记销分”制管理现场会在龙湾召开，该项工作向全市推广应用。12月22日，该项工作获省委常委、市委书记刘小涛批示肯定。

（陈灵丽）

防汛减灾

【概况】 2021年，区应急管理局不断完善防灾减灾体系。深入落实温州市防汛防台抢险救灾能力提升50条措施。全市首创避灾安置场所数字化管理系统，配发专属二维码，解决避灾人员集中安置统计和疫情防控背景下“零接触”登记难题。江一村获批省级减灾示范社区并推荐申报国家级，罗西社区和永昌社区推荐报批省级减灾示范社区。有序推进全国自然灾害综合风险普查。

【防台防汛】 2021年，区应急管理局加强防汛防台抢险救灾工作。全区

2021年10月13日，温州市“10.13”国际减灾日主题活动在龙湾万达广场举行
（区应急管理局供稿）

累计投入建设资金约1300余万元，配备卫星电话23台，应急发电机122台，排水泵102台，头盔1616顶、电筒1190盏、防雨护具2675套、救生衣1660件。汛前，共开展防汛应急演练7场，组织开展防汛业务培训10场，600人次参训。做好台风“烟花”“灿都”“圆规”以及强降雨防灾工作，“烟花”“灿都”台风共转移安置3.80万多人次、集中安置1万余人次，做到疫情防控到位、人员安置合理、转移群众满意。

（陈灵丽）

消防救援

【概况】 2021年，龙湾区共发生火灾37起，死亡1人，直接财产损失380.50万元，同比火灾起数下降33.9%，亡人数持平、直接财产损失下降70.8%。区消防救援大队共接警出动846次，出动车辆1334辆次、出动警力8168人次，疏散营救被困人员80人，抢救和保护财产价值2.70亿元。成功处置“10·13”南山村水域救援、“11·2”浙江恒丰拉链厂火灾、“11·29”保税仓瑾榆集团火灾等“危、难、险、重”战斗任务，圆满完成建党百年纪念活动、全国两会、世界青年科学家峰会等系列重大安保任务。

【消防安全主体责任】 2021年，区消防救援大队紧盯全区消防安全薄弱环节，坚持定位综合监管，夯实消防责任基础。将消防安全重点工作纳入2021年区级考绩、平安考核、季度考评，共开展目标责任制考核4次，街道级约谈11次，约谈28人次，运用黄牌警示1次，驻点帮扶街道2个。深化消安委办实体化运作模式，强化重点领域督查、火灾每案必查、隐患跟踪复查和火灾形势、重点指标“双预警”机制，形成消安委办常态督导暗访和“遏较大”“百日攻坚”专项督查联动合力。全年共下发双预警通报8份，督办通知单249份，督促整改问题5433处。推动卫健、民政、教育、民宗、文旅等行业部门开展消防安全行业标准化建设，创建标准化示范单位12家。持续推进消防安全重点单位“蓝码”自主管理平台和全民消防云平台运用；创建高层小区电动车进电梯视频管控试点2个。

【消防安全整治】 2021年，区消防救援大队持续推进“消防安全专项整治三年行动”，先后部署开展“8+3”重点领域、平安护航建党百年大排查大整治、“遏较大”消防安全“百日攻坚”等专项行动，持续固化“两类场所”整治成效。累计排查居住出租房3650家，合用场所3765家，落实四色管控31029家，管控率95%，打造永兴街道“消安云”平台，建立“两类场所”治理示范区2处，利用数字化手段推动“两类场所”消防安全靶向治理。紧盯重点领域综合治理，推动25个社区微型消防站建

2021年与前4年龙湾区消防救援大队监督执法数据对比表

表18

年份	检查单位（家、次）	发现火灾隐患或违法行为（处）	督促整改火灾隐患或违法行为（处）	下发责令改正通知书（份）	下发行政处罚决定书（份）	下发临时查封决定书（份）	下发行政强制决定书（份）	责令“三停”单位（家）	拘留（人）
2017	6323	10890	10805	4245	309	414	10	85	227
2018	11899	5508	5320	3509	1317	204	13	109	159
2019	7405	3102	3061	1772	1134	157	8	69	171
2020	736	265	264	104	43	6	1	5	25
2021	2028	914	853	835	306	10	6	35	12

2021年与前4年龙湾区消防部队接警出动数据对比表

表19

年份	出警次数（次）	出动车辆（辆）	出动警力（人）	抢救被困人员（人）	抢救财产价值（万元）
2017	673	1422	8923	154	5306.80
2018	736	1516	9413	196	7727.20
2019	640	1269	7622	77	8830
2020	613	1177	7241	100	8006.20
2021	846	1334	8168	80	27000

设纳入区级民生实事，实现龙湾区社区微型消防站全覆盖。打造高层住宅建筑、高层公共建筑消防安全治理样板2个，创成大型商业综合体消防安全管理达标2家，整治省、市、区三级重大火灾隐患单位4家、隐患区域6处。

【消防监督执法】 2021年，区消防救援大队强化社会面消防执法打击，落实“双随机、一公开”监督执法要求，定期开展跨部门联合执法，对810家单位开展消防监督检查。紧盯全国两会、中国共产党成立百年大庆、重点节日等时段，部署开展夜间检查行动，全区消防救援机构共检查单位2028家，督改隐患853处，行政处罚306家，临时查封10家，责令“三停”35家，行政强制6家，拘留12人，罚款158.60万元。全面推进街道委托执法，全区各街道共办理委托执法案件1856起，同比增长336%，形成对消防违法行为高压打击态势。

【消防审批与服务】 2021年，区消防救援大队持续深化“创人民满意消防救援队伍”活动，以服务企业、服务群众、服务基层行动为契机，落实各项改革举措。全面实行公众聚集场所投入使用营业前消防安全检查24小时办结规定、告知承诺制，实现审批服务两步跳，提高审批服务效率。加大上门走访、问卷调查等频次，共电话、实地回访单位360家。

【消防能力建设】 2021年，区消防救援大队对标应急救援“主力军、国家队”的职能定位和“全灾种、大应急”职责要求，打造站级水域救援专业队1支、化工灭火救援编队1支，建立健全抗洪抢险“136”力量体系和“三级四动·1335”危险化学品事故应急响应机制。共开展社会单位实地熟悉483次，实战演练制定预案379次，成功处置火灾扑救272起，抢险救援130起，社会救助73起，勤务活动60起。

【消防安全宣传】 2021年，区消防救援大队建强线下宣传阵地，以1个区级消防教育馆、6个街道消防体验室、20个消防宣传点为阵地，开展“体验式”消防宣传教育活动，全年累计开放1000余场次。先后在温州吾悦广场、龙湾万达广场开展温州消防“灭火侠”IP+消防战车展，打造“全景式趣味消防主题乐园”，一站式了解消防知识。将消防安全“三清三关”和消防宣传五进活动等冬季防火重点常识，纳入全民防疫攻坚大宣传中，制作疫情期间消防安全海报，借势防疫“洗楼扫街”。

（陈洁炀）

2021年10月15日，温州市“10.13”国际减灾日主题活动在龙湾万达广场举行

（区应急管理局供稿）

农 业

收割　　（张华摄于10月）

综　述
乡村振兴
种植业
林　业
畜牧业
渔　业
水利建设

龙翔湖公园　　（张　华/摄）

综　述

【概况】　2021年，温州市龙湾区实现农林牧渔业总产值3.98亿元，比上年同期增长9%。其中，农业产值2.33亿元，同比下降15.8%；林业产值为589万元，同比增长816.1%；畜牧业产值9133万元，同比增长180.7%；渔业产值6661万元，同比下降0.7%；农林牧渔服务业产值162万元，同比增长3.9%。年内，龙湾区获评2021年全国县域农业农村信息化先进县，龙湾区农业农村局获评2021年浙江省粮食和生猪增产保供成绩突出集体、市级2021年全面实施乡村振兴战略突出贡献集体、温州市2021年耕地保护责任目标考核优秀单位。

2021年与前4年龙湾区粮食种植面积和亩产量对比统计表

表20

年　份	粮食种植面积（万亩）	亩产量（公斤）
2017	1.75	419
2018	1.54	452
2019	1.71	409
2020	1.76	394
2021	1.78	390.76

龙湾区主要农作物生产情况一览表

表21

指标名称	单位	2021年	比上年增长（%）
粮食播种面积	万亩	1.78	−0.6
粮食产量	万吨	0.70	0
蔬菜播种面积	万亩	3.14	0.5
蔬菜产量	万吨	5.11	0.9

【粮猪渔生产】　2021年，区农业农村局聚焦基础农业，筑牢社会经济发展。全区播种粮食面积17738.52亩，比上年同期增加280余亩，超额完成市下达粮食播种任务指标。开展粮食功能区“非粮化”整治工作，完成粮食功能区“非粮化”整治7.55亩，整治优化进度8.7%；完成抛荒耕地复种603.90亩，耕地复耕复种进度45.5%。生猪保供方面，温州三汇畜牧养殖专业合作社生猪养殖改扩建项目和温州宏旭畜牧专业合作社新建万头猪场建设项目实现全面投产。全区生猪存栏4.23万头，按年存栏4万头的任务数，完成率为105%。

【农业产业园区建设】　2021年，区农业农村局加快农业产业园区建设，创建环大罗山杨梅产业园，完成龙湾区环大罗山现代产业园区建设初步方案。推进省级现代农业园区建设，完成农业小微园、畜牧养殖产业提升等项目建设，完成年度投资1.10亿元。推进数字农业平台打造，已完成一期建设。建成“瓯越鲜风”标准化基地1个。开展2021年度市级农业龙头企业、示范性农民专业合作经济组织和家庭农场申报监测工作，培育市级农业龙头企业1个、市级示范性农民合作社1个。海滨果蔬生态循环特色园获市“乡村振兴”示范带海滨果蔬生态循环特色园。

【农产品安全监管】　2021年，区农业农村局强化农产品质量安全隐患排查和风险预警，加强农产品抽检力度，制定出台《2021年龙湾区市农产品质量安全监测方案》，全年完成省、市农产品质量安全风险监测160批次，合格率100%，区级农产品定量监测457批次，合格率99.6%，定性监测2500批次，合格率99.4%。

【农村指导员工作】　2021年，区农业农村局继续加强农村指导员工作。派驻农村指员19人，其中市派5人，区派14人，落实帮扶基础项目12个、经济项目8个，落实扶贫资金104.95万元，捐赠物资47.16万元。走访农户2000多次，化解矛盾纠纷、劝阻上访共计107次。录入温州市农村诉求处理平台1513条，办结率100%。

【农业行政审批】　2021年，区农业农村局加强农业行政审批改革工作。龙湾区发出全省首张实行“告知承诺”兽药经营许可证，实现申请30分钟内就能领取兽药经营许可证。推广“渔小二”模式，通过政府采购方式购置“渔小二”渔船业务自助办证系统，实现渔业行政许可事项“一网通办”“不见面审批”“无纸化办公”，切实方便渔民群众办事。全年办结渔民业务199件，完成水保备案18件、涉河备案6件、取水备案7件。

（项小微）

乡村振兴

【农村综合改革】　2021年，区农业农村局加强农村综合改革。推进闲置农房盘活，全区共盘活闲置农房136幢，盘活面积12407.46平方米，带动农户就业88人，促进农户增收371.50万元。做好农村土地承包经营权确权登记颁证“回头看”数据汇交工作，协查核实承包地、股权及定销户信息21起。全年推进农村宅基地

2021 年 3 月 28 日，区人民政府在浙南云谷举办中国乡村振兴大讲堂
（区农业农村局供稿）

事项审批服务，办理宅基地审批20宗。推进“三位一体”综合合作改革，创成温州市示范镇“三位一体”综合合作改革 1 个、示范基地 1 个、三位一体场景应用示范点 6 个。

【未来乡村建设】 2021 年，区农业农村局加快推进未来乡村建设，以“新中心·大未来”为切入点，率全省之先打造全域未来城区。以瑶溪村、五溪村为试点，建设村域型“未来乡村”［广义上的未来乡村是美丽乡村建设的升级版，是美丽田园、美丽乡村、美丽环境、美丽经济之上叠加的新形态。狭义的概念是指以村、镇和片区（跨镇）为单位载体，推进乡村发展空间布局有机更新，打造主题特色鲜明、主导产业突出、功能布局完善、公共服务健全、治理机制科学、区域边界合理、共同富裕坚实的美丽乡村］。全年“钟秀瑶溪”完成投资 2.01 亿元，投资完成率 99.5%，十大场景 22 个项目已完成 20 个。“灵秀五溪”完成投资 1.48 亿元，投资完成率 91.3%，十大场景 23 个项目已完成 20 个，项目完成率 87%。年内瑶溪街道瑶溪村入选 2021 年浙江省首批未来乡村建设试点村。

【美丽乡村建设】 2021 年，区农业农村局围绕乡村振兴示范带和西部生态休闲产业带建设，加快美丽乡村建设。西部生态休闲产业带计划投资 11.99 亿元，实际完成投资 25.97 亿元，投资率 216.6%。围绕生态宜居，常态化开展农村人居环境“两最三比”，深化农村生活垃圾、污水、厕所“三大革命”，打造美好绿色家园。全年打造乡村环境美、产业美、精神美、生态美为目标，重点以环山公路为轴线、以大罗山为依托，结合永中奥体小镇、瑶溪旅游风情小镇建设，串点、连线、成片推动美丽乡村建设，创建新时代美丽乡村 15 个、特色精品村 2 个。年内龙湾区瑶溪街道获评 2021 年浙江省美丽乡村示范乡镇。

【农村扶贫帮扶】 2021 年，区农业农村局开展“五清零五排查”工作，持续加快农村扶贫步伐。试点折股量化项目，落实停车收费折股量化扶贫项目后续工作。按照合同发放2020 年项目收益，发放至低收入农户150 户。对接落实市级挂钩结对帮扶工作，结合2020 年停车联盟项目，向市派指导员挂钩村发放定向帮扶收益3 万元。实现低收入农户医疗补充保险和家庭医生签约全覆盖。

【村集体经济发展】 2021 年，区农业农村局持续把经营项目作为发展村集体经济源动力，帮大扶强，实现传统产业由大到强转变。全年龙湾农村居民人均可支配收入 4.44 万元，城乡居民收入比倍差缩小到 1.58 ∶ 1，领跑全市。全年全区实现村集体经济收入 6.37 亿元，其中经营性收入 3.99 亿元，村集体开竣工项目 46 个，覆盖村社 51 个，总投资额 41.50 亿元，新增村集体经济收入 7800 余万元。

【农村“三资”管理】 2021 年，区农业农村局健全完善制度，依法依规管理农村“三资”，促进农村集体资金、资产、资源规范管理。各经合社完成

2022 年 2 月，瑶溪街道瑶溪村入选浙江省未来乡村建设试点村
（区农业农村局供稿）

2021 年与前 4 年龙湾区果园种植面积和总产量对比统计表

表 22

年份＼名称	杨梅		柑橘	
	种植面积（万亩）	总产量（吨）	种植面积（亩）	总产量（吨）
2017	2.00	7800	2295	4020
2018	1.57	6120	3126	5780
2019	1.43	6590	1770	3010
2020	1.54	7500	1135	1933
2021	1.53	5592	1000	1653

成员人口基础数据和组织基础数据信息录入、账套建立和会计、出纳数据初始化工作。11 月，如期完成农村集体经济管理平台基础数据归集，已在网上审批 13763 笔、涉及资金 8.33 亿元，推行村级财务码上公开，全面完成系统阳光公开，实现网上资金审批 100%、码上公开 100%。全区 2021 年度完成 23 个村社农村财务审计工作，拨付各街道农村财务审计经费 7.57 万元，开展首次村级工程项目专项审计 6 个村。全面完成 6 个街道、96 个村集体经营性资产登记核实工作。

（项小微）

种植业

【概况】　2021 年，温州市龙湾区农作物播种面积 4.92 万亩，比上年同期下降 5.2%。其中，粮食播种面积 1.78 万亩，同比下降 0.6%，粮食产量 0.70 万吨，同比持平；蔬菜播种面积 3.14 万亩，同比增长 0.5%，蔬菜产量 5.11 万吨，同比增加 0.9%。

【高标准农田建设】　2021 年，区农业农村局启动高标准农田建设“十四五”规划建设方案，完成海滨、永兴粮食功能区改造提升项目竣工验收。永兴街道灾毁农田修复项目竣工验收，完成新建高标准农田 800 亩，补建高标准农田 700 亩。

【农机购置补贴】　2021 年，区农业农村局加快落实农机购置综合补贴标准，提升农机金融扶持和保险保障水平。加大首台（套）引进资金奖励、农机购置补贴宣传，促进农机综合保险补贴标准、农机保险全覆盖。全年全区农业机械新增购机 60 台、发放购置补贴资金 40.47 万元，享受购置补贴资金农户 30 户，水稻机耕率 100%。机械播栽面积 0.71 万亩，水稻耕种收机械化率 87.8%，稻谷烘干率 100%。

【耕肥测试】　2021 年，区农业农村局持续加快耕肥测试步伐。建立“农业两区”土壤污染监测点 2 个、省级耕地质量长期定位监测点 1 个，开展日常管理和监测试验工作，完成主要农作物取土测土样品 26 个，实现主要农作物种植区取土测土全覆盖。全年开展越冬花椰菜测土配方施肥校正试验 1 个、大区肥效对比试验 1 个，推广测土配方施肥技术 2.80 万亩。推广应用缓释肥 211 吨、配方肥 400 吨、省补商品有机肥 1000 吨、水稻专用叶面肥 70 大瓶。实现不合理施用化肥减量 2 吨，完成水稻肥料试验 6 个。

【植保检疫】　2021 年，区农业农村局加强农作物植保检疫工作。建成省级千亩水稻病虫绿色防控示范区 1 个，海滨百亩以上病虫绿色防控示范区 1 个（面积约 400 亩）。以 6 个植物疫情监测点，布设二化螟、稻纵卷叶螟性诱剂虫灯 2000 套、诱芯 2000 条，推广使用高效低毒农药 3000 余亩次，培育统防统治服务主体 3 家，推广统防统治面积 1 万亩，绿色防控技术推广面积 1.20 万亩，农药减量 2 万吨，实现龙湾区主要粮食作物统防统治覆盖率 97.4%。全区签发产地检疫证书 1 批次、调运检疫证书 6 批次。统筹做好红火蚁、黄瓜绿斑驳花叶病毒病、瓜类果斑病等潜在传入风险有害生物和病害调查监测工作，重点普查柑橘黄龙病。

（项小微）

春耕施肥　　（区农业农村局供稿）

林　业

【概况】 2021年，温州市龙湾区资源规划分局做好森林资源规划、林地变更等规划编制，通过省级部门检查验收。全年完成新增百万亩实施方案编制，完成新增国土绿化面积1324亩5万株，完成区千万亩森林质量精准提升，生态廊道建设655亩，健康森林建设5781亩。落实国土绿化行动，2021年国土绿化总面积879.20亩，其中城市森林423.70亩，通道森林432.90亩，沿海森林22.60亩，造林地块已全部落地上图并通过市级核查。

【生态公益林管护】 2021年，区资源规划分局持续推进生态公益林管护工作。全面整合并同步更新省级以上公益林区划落界成果与森林资源管理"一张图"数据库，对生态公益林落界成果和"一张图"矢量数据核实，做到小班界线、面积一致。完成公益林生态效益补偿资金发放工作，发放国家级公益林生态效益补偿资金5.49万元、市级公益林生态益补偿资金16.55万元。

【森林病虫防控】 2021年，区资源规划分局强化市级林业有害生物测报点测报工作，安排专人负责测报，及时监测森林有害生物发生、传播。开展松枯死木清理"回头看"工作，对个别街道防治技术不到位和漏伐现象，督促限期整改。宣传松材线虫病传播相关知识，增强涉木企业、经营户检疫意识，全面落实松材线虫病防控措施，全年累计投入资金108万元，共采伐清理烧毁死松树8311株。

【林木种苗检疫】 2021年，区资源规划分局强化林木种苗检疫工作，防止植物疫情传播蔓延。开展林木种苗花卉产地检疫工作，全年检查林木种苗花卉产地1家，林木种苗产地检疫面积500余亩，检疫苗木10万余株。

2021年与前4年全区林木育苗造林及四旁绿化面积对比表

表23

年份	林木育苗造林面积（亩）	四旁绿化（万株）
2017	2235	6
2018	2130	7
2019	1930	5
2020	1750	3
2021	1125	/

【林业品牌推广】 2021年，区资源规划分局以国际森林博览会为契机，推广龙湾区优良林产品。在第14届中国义乌国际森林产品博览会上，"声大"牌王浆花粉甘片获评金奖；"瑶景"牌冻干无花果、"瑶景"牌无花果蒸馏酒、"声大"王浆特制酒、"龙瑶"牌瓯柑原汁酵素、"龙瑶"牌50° 瓯柑酒、"皇岙"牌杨梅酒、"皇岙"牌咸味冰冻杨梅等产品获评优质奖。

【森林防火】 2021年，区资源规划分局全方位开展森林消防宣传，全面抓好森林防火工作。强化森林消防基础设施建设，开展引水上山，设置3吨储水桶20个，共设置临时检查卡点45个，与区应急管理局联合街道，举办森林防灭火工作培训班和森林防灭火实战演练。严格控制野外火源上山入林，全年出动人员2000余人次，开展火险隐患巡查活动100余次。清明假期发送森林防火短信20万余条，于S1轻轨沿线设置森防广告牌，公交车上循环播放森林防火宣传视频。

（郑思盛）

畜牧业

【概况】 2021年，温州市龙湾区生猪存栏2.79万头，出栏2.40万头；奶牛存栏22头，出栏25头；羊存栏10头；家禽存栏11.63万只，出栏8.70万只；肉类总产量2129吨，比上年同期增长270.3%，其中猪肉产量2023吨，同比增长446.8%，禽肉产量101吨，同比下降34.8%，禽蛋产量944吨。能繁母猪存栏0.42万头，按年存栏0.27万

龙湾区主要畜牧产品情况一览表

表24

指标名称	单位	2021年	同比增长（%）
肉类产量	吨	2129	270.3
猪肉产量	吨	2023	446.8
禽肉产量	吨	101	-34.8
禽蛋产量	吨	944	-35.7
年末生猪存栏	万头	2.79	-17.0
年末家禽存栏	万只	11.63	-19.8
年末牛存栏	头	31	-93.0
年末家禽存栏	万只	14.5	14.2

头任务数，完成率155%。温州宏旭畜牧专业合作社新建万头猪场（省级美丽牧场），纳入创建优质农牧渔产品标准化生产基地（民生实事工程），2021年通过温州市验收。

【动物疫病防控】　2021年，区农业农村局结合该区实际，及时制订年度各项免疫计划，全面部署和开展重大动物强制免疫工作，完成"春防""秋防"工作各项免疫任务。建设"温州三汇畜牧养殖专业合作社建设的无害化处理场"为"龙湾区集中病死畜禽的无害化处理场"，负责全区病死畜禽无害化处理工作。

2021年3月16日，区农业农村局对蓝田渔港执行渔业安全检查（区农业农村局供稿）

【畜产品质量安全监管】　2021，区农业农村局严把检疫关，加强畜产品质量安全监管。全面推行检疫电子出证和畜产品调入备案制度。全年审核流通畜禽产品备案1017件，开展生猪产地检疫34532头、家禽产地检疫2.80万羽；备案调入畜产品2800吨、家禽6万羽。

渔　业

【概况】　2021年，温州市龙湾区强化渔业生产和渔业资源保护，理顺渔业应急指挥体制，专题召开防台防汛部署会，制定细化防汛防台措施50条，完成"烟花""卢碧""灿都"等防抗台风任务5次、防强冷空气任务1次。年内，全区水产品总量1266吨，其中海洋捕捞471吨，淡水养殖55吨。发放传统海洋捕捞渔民生活补助资金374人，共计补助资金216.65万元。

【渔业安全生产】　2021年，区农业农村局成立渔业安全生产工作专委办，部署指挥安全隐患大排查工作，建立渔船"船长制"，强化渔船重大风险防控责任。全区加大渔业安全监管巡查力度，开展海上巡查21次、渔港巡查87次，发现整改渔船安全隐患90余处。开展防范商渔船碰撞集中行动，实施"航道清网"，清理违规网具2500余片。开展安全执法"铁拳"行动，严厉打击违法渔业生产经营，查获涉渔"三无"船舶48艘。全年组织覆盖式开捕前安全隐患排查3批次，发送预警信息3100余条。开展应急救援、消防演练各1次，完成职务和普通船员培训69人，船员考核持证上岗率100%。

【渔业资源增殖保护】　2021年，区农业农村局组织开展以"保护水生生物、助推五水共治、助力乡村振兴"为主题鱼苗增殖放流活动，全区累计增殖放流鳙鱼、鲢鱼、草鱼、沼虾、田螺等各类水生生物苗种731.94万尾，总投资10万元。各街道办事处及社区联合开展保护水生野生动物宣传月活动。

水利建设

【概况】　2021年，龙湾区推进重大水利工程建设，推进龙湾区海塘安澜工程前期工作和东排工程一期建设。

2021年11月4日，市水利局、区农业农村局对龙湾区瓯江标准海塘提升改造工程（南口大桥—海滨围垦段）开展质量检查（区农业农村局供稿）

做好防汛抗台准备和汛前安全检查，完成全市首个水文补短板“5＋1”工程项目建设；完成全市首个自动气象站并于11月成立区气象服务机构。做好农村水利建设，国家级县域节水型社会达标创建上报国家级验收；省级节水标杆校园1个、节水标杆企业2家已创成；成功创成中心区河网省级美丽河湖，1个水美乡镇、6个农村池塘。

【重点水利工程建设】 2021年，区农业农村局推进重点水利工程建设，累计完成投资2亿元，完成省市年度计划的90.8%。温瑞平原东片排涝工程一期全面开工建设，累计完成投资1.36亿元。瓯江标准海塘提升改造工程（南口大桥—海滨围垦段）主体全面开工建设，累计完成投资0.36亿元。

【瓯江引水工程前期】 2021年，“省重点建设项目”瓯江引水工程前期征地政策处理工作取得新进展，完成签订永中街道坦头村苗木补偿、临时用地等协议及永中街道双岙村地面附着物补偿协议，完成丰台出水口道路浇筑，丰台分水口施工机械进场施工，受到市相关部门肯定。

【永兴北围垦垦造耕地项目】 2021年，永兴北围垦垦造耕地项目工程完工验收，并通过省级入库验收复核工作，进入结算办理阶段。总体规划方案通过区政府评审，土地流转方案上报区政府审核。

【水利安全监管】 2021年，区农业农村局加强水利安全监管，健全完善质量监督机构，强化在建水利工程质量安全监管。加大质量监督检查力度，应用质量监督手机App，所监督工程项目未发生较大质量和安全生产事故。全年开展水利安全飞检活动9次，水利安全质监活动83次，水利安全重要隐蔽验收22次，水利安全生产专项检查43次，下发水利安全（质量）监督检查意见20份。

【美丽河湖创建】 2021年，区农业农村局推进美丽河湖建设。全年投资500万元，建设完成永中直河河道景观工程、水情教育基地创建、龙翔湖公园荷花展、美丽河湖摄影展、人防主题教育公园亲水平台修缮翻新、南洋公园景观提升等项目。创成中心区河网省级美丽河湖1个，水美乡镇1个（永中街道）、农村美丽池塘6个。

【水旱灾害防御】 2021年，龙湾区持续加强防汛防台抗旱工作，开展防汛抗旱暨气象灾害应急演练，提升应对灾害应急能力。加强隐患排查，完成全区范围内水库山塘、电站闸站、防洪防潮工程、重要行洪河道、在建水利工程和水雨情监测预报预警系统等隐患排查。加强水文测站建设和维护，率先在全市完成水文补短板“5＋1”工程项目建设和首个自动气象站建设，11月成立区气象服务机构。

（项小微　王佳瑶）

工业·信息业

2021年4月13日，2021年温州市“千企智能化改造工程”现场推进会在龙湾区召开　　（区经信局供稿）

综　述

工业支柱产业

电力工业

数字经济

瑶溪钟秀院公园　（项绍雄／摄）

综　述

【概况】 2021年，温州市龙湾区实现规模以上工业增加值220.63亿元，比上年同期增长13.5%，其中，区本级实现规模以上工业增加值88.89亿元，同比增长13.2%；实现规模以上高新技术产业增加值156.96亿元，同比增长11%，占规模以上工业增加值比重为71.1%，其中，区本级实现规模以上高新技术产业增加值57.12亿元，同比增长13.5%，占规模以上工业增加值比重为64.3%。规模以上工业企业460家，亿元以上工业企业104家，10亿元以上工业企业5家。温州高新区排名全国前45名，入选中国创新百强区、高质量发展百强区。年内，龙湾区获评2021年浙江省中小微企业培育工作成绩突出集体。

【工业投资】 2021年，区经信局推进工业项目投资，共挂牌出让工业用地241亩，在库制造业项目投资110个，其中亿元项目投资26项。开展重点工业项目全周期管理服务，中国眼谷科创园A区建设项目、浙江通明电器股份有限公司新建厂房工程顺利开工，大唐5G长三角区域中心项目、天心天思数字经济产业中心等项目持续推进，瑞浦能源动力与储能锂离子电池及系统项目、麦田能源光伏逆变器项目、亿谷女鞋智能分拣车间项目等项目竣工投产。全年完成工业性投资56.02亿元，比上年同期增长59%；制造业投资53.67亿元，同比增长62.9%；完成技改投资38.97亿元，同比增长54.4%，技改投资占工业投资额比重69.6%。

【工业经济高质量发展】 2021年，区经信局应对土地制约，优化产业结构。加快工业企业培育，启动实施企业培育三年行动计划，培育完成小升规企业86家，净升规企业53家，2家企业入选第一批国家重点"小巨人"名单。全年培育完成国家级"小巨人"企业2家、省"隐形冠军"2家。区经信局加快低效企业整治，全区2634家工业企业纳入亩均评价，全年实现亩均税收36.05万元/亩，完成低效高耗企业整治200家。推进低效工业项目整治提升，共整治低效用地37.57公顷，完成率112.7%。完成低效厂房整治36.95万平方米，完成率123.2%。完成旧厂房改造5个，改造面积共计11.44万平方米。

【小微园建设】 2021年，区经信局加快推进小微园建设，贯彻落实小微园建设"十条刚性措施"和《龙湾区（高新区）小微企业园建设管理实施细则》。全年新开工小微园2个，新竣工小微园3个，新创建数字化园区2个，新增入园企业117家。年内，永兴南园小微园创成国家小型微型企业创业创新示范基地，流体装备小微园获评浙江省四星级小微园，小微园实践案例《聚焦"提、降、促"多举措助力小

2021年与前4年龙湾区五大主导行业规模以上企业情况对比表

表25

行业	2017年			2018年			2019年			2020年			2021年		
	规模以上企业数（家）	产值（亿元）	增速（%）	规模以上企业数（家）	产值（亿元）	增速（%）	规模以上企业数（家）	产值（亿元）	增速（%）	规模以上企业数（家）	产值（亿元）	增速（%）	规模以上企业数（家）	产值（亿元）	增速（%）
阀门	41	30.38	22.2	44	36.19	38.4	89	55.66	20.6	86	54.4	14.54	99	78.58	24.7
制鞋	47	36.02	1.2	43	23.39	−9.4	40	26.47	−1.7	40	18.4	4.93	39	19.81	−5.5
不锈钢	25	21.95	17.7	29	21.59	18.8	37	25.15	−2.2	39	26.3	7.03	51	45.1	50.7
制笔	13	20.69	11.2	13	21.47	7.5	13	23.30	4.2	12	15.8	4.21	13	19.77	23.2
服装	19	15.36	5.4	17	15.50	−0.8	19	15.50	9.1	18	12.2	3.26	18	17.92	34

2021年与前4年龙湾区规模以上工业产值和工业性投资情况对比表

表26

年度	规模以上工业产值（亿元）	增速（%）	规模以上企业数（家）	规模以上工业增加值（亿元）	增速（%）	工业性投资（亿元）	增速（%）	技改（亿元）	增速（%）
2017	325.45	9.1	343	70.62	6.7	77.65	3.0	57.32	−2.2
2018	307.16	8.1	356	66.32	2.8	33.00	10.5	22.53	9.8
2019	364.21	11.0	412	77.42	8.2	25.97	−21.3	18.83	−18.7
2020	374.1	0.9	436	76.07	1.5	35.21	35.5	25.23	37.8
2021	458.00	23	463	88.00	13.2	56.02	59.0	38.97	54.4

微园高质量发展》获评2021年浙江省小微园建设与管理最佳实践案例，在全省推广。小微企业园建设提升财政专项激励综合考获评浙江省优秀。

【助企服务机制】 2021年，区经信局落实助企服务机制，开展“万名干部进万企”活动，定期召开区长助企日活动，举办线下惠企政策解读会和线上云答题等活动。实行“助企员挂牌上岗”，全区1091名助企服务员结对1107家企业。全面推广应用企业码，集成“惠企政策直通车”等助企应用，形成线上＋线下助企服务机制，确保急难问题不过夜。全年“帮企云”问题收集336个，化解率99.7%，累计拨付惠企资金1.92亿元，惠及企业585家。

工业支柱产业

【阀门工业】 2021年，温州市龙湾区阀门规模以上企业销售产值125.67亿元，比上年同期增长34.2%，龙湾阀门产业增幅和销售产值均位列全区各行业前茅。4月，第四届龙湾（中国阀门城）阀门展览会在龙湾奥体中心召开，来自龙湾、永嘉、乐清、台州等国内259家阀门及流体设备企业参展，展览会设有380个展位，展期3天，累计接待客商1.20万余人次，参展企业签订合同交易额1.95亿元，意向协议2亿元，达成合作意向17项。

（王林林）

【制鞋工业】 2021年，龙湾区制鞋行业实现企业工业总产值30亿余元，其中规模以上制鞋企业工业总产值16.12亿元，比上年同期下降9.6%。规模以上鞋企39家。全年外贸鞋类出口贸易额21.40亿元，出口成品鞋3247万双，同比持平。其中鞋厂出口470万双、出口贸易额3.12亿元，同比下降34.5%。

卓诗尼控股鞋业 2021年，浙江卓诗尼控股鞋业有限公司作为温州市和龙湾时尚女鞋研发生产龙头骨干企业，工业总产值5.96亿元，同比增长8%；销售总额5.33亿元，同比增长24%；上缴税费3623.67万元，同比增长46%。全年卓诗尼鞋业新增实用新型专利5项，累计实用新型专利73项；新注册商标107个，累计注册商标345个。卓诗尼控股鞋业获评2021年温州市绿色工厂、浙江省工业旅游基地、温州市创新型领军企业、温州市综合百强企业。

宜和鞋材 2021年，温州市宜和鞋材公司鞋底产量3500万双，工业总产值2.40亿元，比上年同期同比增长16.6%。宜和鞋材有限公司与北京皮革制鞋研究院有限公司合作，投资5000万余元，引进先进自动化生产设备、新办配套企业温州市海羽新材料科技有限公司，增强制鞋行业新材料研发生产优势。全年宜和鞋材公司获授权专利143项，其中发明专利7项，注册商标12枚，作品设计著作权3件。获评省、市、区三级知识产权示范企业和国家级知识产权优质企业，获2021年“浙江省皮革行业最具影响力品牌企业奖”。

蒙拉妮鞋业 2021年，温州市蒙拉妮鞋业有限公司加强商标、专利等知识产权申报和维权工作。研发连帮注射鞋工艺技术，新授权专利7项，其中发明专利4项、外观专利3项。历年累积已拥有各项专利60余项，其中发明专利10多项。蒙拉妮鞋业获评2021年“浙江制造品字标”。

（蔡燕炯）

【不锈钢工业】 2021年，龙湾区不锈钢行业规模以上企业工业总产值45亿元，比上年同期增长53.7%。青山控股集团年营业收入超2928亿元，青山控股已经连续两年获评中国民营钢铁企业第一。

2021年中国企业500强排行榜，青山控股集团名列第80位，世界企业500强排行榜中，青山控股排名列为279位。全区不锈钢行业吸纳就业人员达15万余人，实现年产值超亿元以上企业22家。浙江丰业集团有限公司专注生产丰业牌高压锅炉管，年创产值5亿元，获国家高新技术企业、市级工业设计中心、市级企业技术研究中心、温州市高成长型工业企业。上市企业浙江正康实业股份有限公司专注研发生产聚集核心技术新型管道产品，在建筑给水、水务、燃气、家装、消防、暖通、虹吸排水等领域提供安全可信赖产品，是国际前沿新型管道解决方案提供商，实现年产值超4亿元。浙江卓业能源装备有限公司，钢镍基合金（C360+NO8825）双金属冶金复

2021年4月2日，第四届龙湾（中国阀门城）阀门展览会在龙湾奥体中心召开
（区阀门协会供稿）

2021年7月20日，温州市质量技术检测科学研究院日用轻工检测中心实验室开放日专题活动暨制笔行业技术论坛在市质检大楼召开　　（区制笔协会供稿）

合管达到国内领先水平，市场占有率19%以上，浙江省排行第一，创产值8亿元。浙江青山钢管有限公司年产值18亿元。创新生产工艺检测设备，实现创年产值超3亿元企业有浙江沪新不锈钢制造有限公司、温州市富田不锈钢管有限公司、温州市博众不锈钢有限公司、浙江东方齐心钢业集团。

华迪钢业集团有限公司　在美国纳斯达克交易所挂牌上市　2021年1月22日，华迪钢业集团有限公司正式在美国纳斯达克交易所挂牌上市，华迪钢业集团有限公司在创新发展进程中共度时艰，实现四次跨越，原股值8元现增值到32元。在印尼建立印尼华迪镍业有限公司，拥有2万公顷镍矿，工业规划用地400公顷，已建成6条生产线，促进华迪集团向综合性大型企业发展，创年产值100亿元。

（林爱芬）

【制笔行业】　2021年，龙湾区制笔行业实现工业产值48亿元，比上年同期增长6.7%。外贸出口24.60亿元，同比增长11.8%。全区从事制笔、零部件及配生产企业150余家，其中龙头企业—温州市爱好笔业有限公司年产值超10亿元，温州天骄笔业有限责任公司、温州凯文文体用品制造有限公司、温州市天丰文具有限公司、温州市蓝图文具有限公司、温州市文泰笔业有限公司、温州市飞达笔业有限公司、温州市福达笔业有限公司等7家企业年产值超亿元。爱好笔业、天骄笔业已连续三年获评中国轻工业制笔行业十强企业，爱好笔业获评2021年温州首批“最美工厂”，排名温州市综合百强企业第80名。年内爱好书写及功能笔制造研究开发中心获评2021浙江省高新技术企业研究开发中心。

（梁　杨）

电力工业

【概况】　2021年，温州市龙湾区（含浙南产业集聚区）供电总量69.41亿千瓦时，比上年同期增长18.3%，其中，工业用电46.29亿千瓦时，同比增长16.8%，居民生活用电9.51亿千瓦时，同比增长13.4%。全年区本级供电总量36.63亿千瓦时，同比增长6.5%，其中，工业用电26.29亿千瓦时，同比增长3.2%，居民生活用电6.69亿千瓦时，同比增长11.3%。

【龙湾电力】　2021年，区供电分局完成服务区内全社会用电量45.42亿千瓦时，比上年同期增长19.3%。完成主网投资0.86亿元，完成配网投资1.18亿元。龙湾地区自动化有效覆盖率64.8%，配网户均停电时长同比下降22%，综合供电可靠率99.9%，综合电压合格率99.9%。迎峰度夏期间，供区电网经受99.63万千瓦历史新高负荷的考验。圆满完成疫情期间定点医院、区两会、中高考等各项保供电任务。

电网建设　根据龙湾区“十四五”电网建设需求，完成龙湾电力设施空间布局规划。推进电网网架提升，参与亚运周边环境建设，完成220千伏永强变美化提升，完成220千伏经鸿变等变电站配网配套送出工程，开工建设110千伏开发区变改造和龙湾燃机电厂改接黄石变工程。推进金丽温高速公路东延线、温州大道东延线等市政重点迁改工程建设。推动网架标准化建设，架空线路逐步形成多分段适度联络接线模式，结合配网项目同步实施配电自动化建设。建设服务型电网，重点开展浙南科技城等片区电网建设，完成曹龙路瑶西C147等线路电缆标准双环网建设，开创“智慧电

2021年与2020年龙湾区全社会用电量构成对比表

表27

序号	类型	2021年累计（万千瓦时）	2020年累计（万千瓦时）	比上年同期增长（%）
1	居民用电	65941.54	54742.71	20.5
2	大工业用电	218531.59	192553.97	13.5
3	一般工商业及其他用电	170384.68	135879.80	25.4
4	农业生产用电	378.76	330.12	14.7
5	合计电量	466939.94	392753.60	18.9

网一键精准转供”。推动上海世外国际学校等配套电源项目落地。总投资969万元，完成中心区片区新建线路和状元片区配电室改造工程等民生实事项目，完成区属10所学校11个校区“温馨教室”改造工程。

电力服务　全面落实电力营商环境“三零”“三省”服务要求，扩大电网投资低压用户投资到表箱，提高低压接入容量至160千伏安，取消除高可靠性费用外其他业务费用。全面优化业务流程，大力实施“阳光业扩一站通”应用，全年高压业扩办电时长比上年同期下降23.5%。电力服务“152”省、市、县长招引项目、居民安置房等重要工程，完成省重点招引项目（千亿瑞浦）送电工程。构建电力数智化服务渠道，推广“网上国网”App，全面推行“网上办”“无证办”“刷脸办”“联动办”“自助办”。温州市区全区域业务实现通办，完成电力服务融入区、街道两级政务服务中心，完善用电报装“就近办”服务体系。推动农村供电营业厅优化升级，改造投运国网龙瑶无人化供电营业厅。

绿电项目　聚焦“双碳”增添绿色动力，完成投运全亚洲最大单体渔光互补发电项目、全亚洲最大滩涂渔光互补发电项目——泰瀚550兆瓦发电项目，全年可减少二氧化碳排放64.80万吨。推进光伏产业发展，促成“中广核俊尔1.1MW”“瑞强汽车1.5MW”等光伏项目签约，引领绿电项目健康发展。精准把控产能预警，深化应用电力大数据，实现规模以上企业电量采集终端覆盖率100%。配合区政府完成规模以上和规模以下企业电量数据核查工作，精准实施差别化电价政策，对10家省级重点高耗能企业实施7×24小时全天候重点监测，精准把控实时用电负荷数据。

充电桩建设　回应人大代表“关于老住宅小区充电桩建设提案”，摸排龙湾100余处小区，完成9个老旧小区充电桩改造项目，推动老旧小区

2021年龙湾区各街道用电情况一览表

表28

乡镇码	总电量（千瓦时）	乡镇码	总电量（千瓦时）
灵昆街道	233074391	（蒲州）高新科技园	9299
状元街道	246736050	昆鹏街道	324339
蒲州街道	600478994	高新技术产业开发区	1901902
瑶溪街道	245594414	蒲州街道	350177
滨海园区	2277293	海滨街道	3507
滨海工业园区	847194	金海园区	106638706
蓝田工业区	1039881	城市中心区	8063198
滨海新区	348447	滨海园区	93175731
瓯江口产业集聚区灵昆街道	1172842	丁山垦区	4677851
天河街道	86623	滨海新区	5519414
高新技术产业园区	216940	永中街道	161995020
经济技术开发区	9309095	永兴街道	22583599
空港新区	34354571	滨江街道	2901934
海滨街道	47522781	海城街道	488781845
天城垦区	1659	星海街道	1663070788
龙湾中心区	46754444	灵昆街道	147
永兴街道	243339297	蒲州街道	2363
（扶贫）高新区	113379819	半岛起步区	32428589
瓯江口产业集聚区	88473439	其他	860007
天河街道	8516664		
总　计			3184080178

2202年11月16日，区供电分局调用多台发电车为辖区内企业提供电力保障
（区供电分局供稿）

充电桩接电改造。盘活属地供电所自有场地资源，部署建设公共充电设施，累计建成7个点位27台充电桩，全面实现电动汽车充电桩“所所通”“镇镇通”目标。

助力“未来城区”建设　推进供电服务民生、保障乡村振兴，发布“服务未来乡村建设十大实事”，以瑶溪街道瑶溪村为试点，建成“乡村振兴·电力先行”示范区，完成瑶溪村电力驿站“红船·光明驿站”建设投运。落实政府政策，累计完成个人充电桩电费补贴发放16.26万元，落实好大工业平均销售电价降价工作，累计为企业节省用电成本2922.26万元，促成电力直接交易优惠771.74万元。

（夏沁文）

2021年7月16日，电力施工队进行线路施工　（永强供电公司供稿）

【永强电力】　2021年，永强供电公司综合产业总产值首次突破10亿元，总利润增长54.5%。完成供电量22.79亿千瓦时，比上年同期增长17.8%。综合线损率2.7%，同比下降0.16个百分点。供区总配电容量净增138兆瓦，包括专变73兆瓦、公变65兆瓦。电网最大负荷44.20万千瓦，同比增长15.4%，创历史最高水平。电网最大负荷为45.90万千瓦，同比增长3.8%；电网平均最大负荷为33.40万千瓦，同比增长3.8%，负荷率为77%。

电网建设　有序推进110千伏兴南变建设进度，完成征地手续和初步设计。与国网温州供电公司建立电网互联工作协商机制，新建、投运4回10千伏线路、1回20千伏线路，供区总变电容量达到528兆瓦，比上年同期增长10%，缓解电网运行压力。推进空港新区、供区南部等重点区域中压网架建设，新建、迁改中压线路57千米，投入资金7780万元，实现中压线路“手拉手”，电网负荷调整能力显著提升。助力推进“能耗双控”工作和“碳达峰、碳中和”目标，配合区政府开展重点用能企业用电监测，着力提高电网能效水平。探索全域分布式光伏开发、变压器户外储能柜、碳交易竞价平台等新能源项目，布局推进永强电网绿色转型。全年永强电网消纳分布式光伏户数为121户，总装机7兆瓦，年发电量516万千瓦时，在建光伏装机约20兆瓦。搭建电力云端平台，将供区334户规模以上企业用电数据接入能源大数据中心平台，完善产业链预警机制。

2021年7月1日，永强供电公司举办“永远跟党走——永强供电公司庆祝中国共产党成立100周年书法摄影展”　（永强供电公司供稿）

电力服务　做好新冠肺炎疫情期间各项保供电、保民生优质服务，实现居民用户和低压小微企业用电报装“三零”服务、高压用户用电报装“三省”服务。“三零”服务累计为小微企业节省办电成本160万元，惠及企业802户。贯彻执行降低大工业电价政策，累计为大工业企业减少电费支出4535万元，惠及企业405家。开展大用户直接交易，累计减少企业电费支出1495万元，惠及企业1339家。拓宽“移动互联网+”办电服务渠道，推广线上业务办理，线上办电率达 19.5%。逐步将购售电合同、供用电合同实现在线签约，用户可通过微信小程序签订电子合同。11 月 30 日，“永强电力”应用登录政务服务平台“浙里办”，成为龙湾区唯一上架浙里办企业，已累计受理线上业务 64 件。全年受理充电桩新装业务 824 件，比上年同期增长 203%，为用户申报充电桩补贴 29 万元。

电网运营管理　向省发改委申报农维费免税额度，全年免征增值税 434 万元。提高废旧材料利用率，回收处置收入 209 万元，材料二次利用价值 634 万元，合计 843 万元，比上年同期增长 48%。开展专变超容专项普查行动，查处专变超容 69 台，追补违约使用电费 560 万元。全面部署完善低压线路走向图任务，完成 476 台公变低压线路走向图编绘工作。

电力新产业　森脉特钢以拓宽市场为主线，强化内部管理，全年线材销售量 2.33 万吨、产值 2.55 亿元，比上年同期增长 45%，产值利润双丰收。森脉电力新增输变电专业承包和机电专业承包三级资质，电力施工承装、修、试资质升级到三级，为 110 千伏兴南变建设、运维打下基础。永电科技运用 ISO 9001 质量体系认证，使产品质量跻身行业前列，在温州及周边市场打开知名度，全年订单稳中有增，营收超 2 亿元。永强饮品争取到亚运会 1500 万瓶定制水订单。瑞科表面处理拓展盘元酸洗产品线，加工量同比提升 22%。项目获评区“危废减量化，资源化”重点示范项目，入选中国不锈钢行业十大新闻，获得各类技改补贴、退税优惠、规模以上奖励合计 617 万元。

（柯丽珍）

数字经济

【概况】　2021 年，区经信局推进数字经济产业创新发展，深入创建省级数字经济创新发展试验区。创建省级数字经济特色小镇 1 个、省级数字化示范园区和试点园区 3 家。大力推进数字经济系统建设，集成“一键找园”、贸易双循环等 18 个特色应用，“一键找园”项目入选浙江省首批数字经济系统多跨应用场景揭榜名单。全年实现规模以上数字经济核心产业制造业产值 40.30 亿元，同比增长 50.8%，排名温州市第三。数字经济核心产业服务业营收 33.40 亿元，同比增长 34.4%。

【数字经济产业化】　2021 年，区经信局抓牢数字产业化和产业数字化主线，培育壮大数字经济产业。温州国际软件核心区落地龙湾，新招引落地超亿元数字经济项目 8 个，其中 DXC 国际软件谷项目是温州市首个数字经济百亿项目。瑞浦能源列入浙江省未来工厂应用场景试点。新增数字经济产值首超 20 亿元企业 1 家，新增省级大数据应用示范企业 1 家，省、市级两化融合示范试点企业 5 家，省市级工业互联网平台项目 2 个，国家两化融合贯标管理体系贯标认定企业 11 家。新增省级数字化车间/智能工厂 2 个（累计 4 个）。新增上云企业 602 家，累计上云企业 5685 家。新增工业 App321 个，建成 5G 基站 831 个。

（季筱疏）

功能区建设

浙南科技城　　　　（刘吉利摄于2021年6月）

浙南产业集聚区（温州经技术开发区）
浙南科技城
温州空港新区
龙湾城市中心区

大罗山秋色 （区摄影协会供稿）

浙南产业集聚区（温州经济技术开发区）

【概况】 2021年，浙南沿海先进装备产业集聚区（简称浙南产业集聚区）核心区生产总值比上年同期增长8.9%，位列全市第三名；规模以上工业总产值首次突破600亿元、跃居全市第三位；规模以上工业增加值同比增长13.7%，排名全市前三。

【招商引资与企业引育】 2021年，浙南产业集聚区管委会持续加强重大项目的招商引资与重点企业的培育工作。全年新引进亿元以上产业项目11个，其中签约10亿元以上制造业项目5个、超50亿元制造业项目1个；占地133.33公顷的瑞浦新能源项目意向落地；新增市场主体比上年同期增长10%，企业“净升规”84家，产值超亿元企业131家。全年，奔腾激光3万瓦高功率激光切割机入选“国际首台（套）”，石化阀门被认定为省级首台（套），全区入选民营企业全国200强4家、国家级专精特新“小巨人”3家、市级“两型”工业企业36家，新增上市报会企业3家。全国单体最大的550兆瓦渔光互补顺利并网发电。

【科技创新工程】 2021年，浙南产业集聚区R&D经费占比、高新企业密度和高新产业增加值占比均居全市第一位，规模以上企业研发费用覆盖率76.7%、取得历史性突破。全年区新增市级创新型领军（瞪羚）企业4家、高新技术企业65家、省科技型企业182家，“鲲鹏计划”、国家科技进步奖取得零的突破，入选“国家引才计划”2名。瓯飞一期北片工程获鲁班奖和大禹奖，海创园一期工程获评钱江杯。

【空间拓展工程】 2021年，浙南产业集聚区管委会深化“腾笼换鸟、凤凰涅槃”行动，实施空间拓展工程。全年完成“批而未供”项目用地79.31公顷，处置“供而未用”土地42.49公顷，盘活存量61.23公顷，低效用地再开发59.36公顷，完成率均居全市前列。加快瓯飞起步区用海项目审批，26公顷填海工业用地出让方案通过省自然资源厅审核，19.12公顷填海工业用地项目开始公示。同时，盘活10公顷交通枢纽中心用房，招引昊域商业综合体入驻经营；整治高耗低效企业161家，规模以上企业亩均税收比上年同期增长19.8%。

【营商环境优化】 2021年，浙南产业集聚区管委会成立营商环境建设和重大改革工作委员会，制定出台《单体制造业项目入园管理实施办法（试行）》《已供地工业项目双合同管理“回头看”行动实施方案》，推出32项营商环境举措，建立企业难题“不见面”闭环化解机制，探索“最多15个工作日”和“拿地即开工”为主的“极简审批”改革试点。全年，“最多80天”项目全过程审批用时完成率100%，稳步推进“一件事”“证照分离”集成改革，深化“五心”红色代办服务，擦亮一流营商环境“金名片”。

【改革发展新举措】 2021年，浙南产业集聚区管委会对标数字化改革“1+5+2”工作体系，完善“1+7”工作组织架构。全年，建立区级一体化智能化公共数据平台，数字污水零直排平台获国家地理信息产业优秀工程项目银奖，迭代升级“掌上幸福宝”数字平台实现“民生服务+社会治理”双重功能；省级产教融合示范基地挂牌，构建金海匠谷实践育人平台和“金海量子云”在线大学，新增高技能人才2079名。成功发行一批政府债、公司债，其中瓯飞公司债创全市AA主体无担保发行利率最低。

（刘　伟）

浙南科技城

【概况】 2021年，浙南科技城管委会贯彻落实温州市关于国家自主创新示范区和环大罗山科创走廊建设重大战略部署，攻招商、搭平台、精建设、强要素，高质量推进经济社会发展。全年实现有效投资74.30亿元，高新技术产业投资增长49.6%，规模以上工业企业研发经费比上年同期增长8.6%，高新技术产业增加值11.02亿元，同比增长16.5%，智能装备增加值1.60亿元，累计增速12.6%，生命健康增加值4.85亿元，累计增速19.6%，规模以上工业增加值16.27亿元，同比增长11.3%。

【招商引资】 2021年，浙南科技城管委会健全领导挂钩重大招商项目制度、招商前端项目甄别评估机制，编制完善产业链全景图、招商地图。全年管委会班子外出招商近40次，累计引进项目30多个，招引内资14.53亿元，外资1500万美元。新增温州芯思、青山钢铁城等总部项目2个，完成总部税收6393万元。新增亿元产业项目7个，世界500强青山控股投资青墨湾数字能源项目顺利签约落地。信唐全球研发总部正式落地并攻克“卡脖子”技术，成功研发八款高端性能自主专利产品。伊利康生物项目顺利摘牌并开工。极动力充电动力总成项目签约落地，并实现首台样机交付使用。大唐5G全球创新中心项目一期生产线于11月试投产，累计完成投资5.22亿元。北斗产业基地新增落地合众思壮国家级研发中心、清航科技、卫讯科技等9个项目，加速推动北斗产业链专精化发展。

【科创平台】 2021年，浙南科技城管委会按照“一个平台、一个专班、一套方案”方式，专班化推进9大平台建设，温州大学新材料研究院新材料与新能源综合服务平台成功入选浙江省服务型制造示范平台。4月25日，叶甜春工作站在光子集成（温州）创新研究院揭牌，提高光子集成创新研究院知名度和竞争力，提升浙南科技城产业技术水平。推进场地建设，双创二期5号楼已完成装修工程 90%，数字产业中心（瓯江实验室一期）地下室土方开挖。搭建高效科技服务体系，科创成果不断涌现，全年各平台累计引育主导产业科创企业项目 170 项，其中成申报市科技计划项目 24 项，市重大科技项目 1 项，“卡脖子”项目 3 项。

【产业发展】 2021 年，浙南科技城管委会聚焦做大做强主导产业，谋划战略性新兴产业，构建新发展格局。持续提升浙南云谷、浙南创谷、海创园等自持园区管理，各平台累计引入创新创业项目 79 个，新增省科技型中小企业 14 家，新授权知识产权 112 项，园区营业收入 13.54 亿元，税收 3926.60 万元，研发经费支出共 1.13 亿元，比上年同期增长 48.7%。全年获评高新技术企业 17 家，新增科技型中小企业 36 家；龙湾中国眼谷小镇通过省、市特色小镇联审，成功入选省第七批创建类特色小镇。

【营商环境】 2021 年，浙南科技城管委会启动编制《三年行动计划（2021—2023）》方案，提速产城人深度融合科创新城标杆建设。计划实施建设项目 83 个，完成固定投资额 38.58 亿元，完成率 137.8%。开工科创北路、零直排整治、黄石山公园二期一标段、B–03 中学、中驰大厦、E–18 安置房等项目 16 个，建成朱埠河疏浚及驳坎、水埠路、上海世外学校、B–05 安置房等项目 17 个，获得省、市各类建设奖项和表彰表扬 13 次。推进北片区综合开发项目，总投资达 213.60 亿元、实施面积 7.20 平方千米，完成《浙南科技城北片区综合开发方案》编制和项目招投标工作。推进南片核心区生活配套建设项目，提升续建项目“7 大工程 22 大措施”，已开工 5 项，完工 6 项，续建 19 项。加速核心区商业布点，完成《浙南科技城核心区商业业态初步策划》成果编制，规划总商业建筑面积约 57 万平方米、独立商业用地面积约 19 万平方米，能满足片区内 11.23 万人商业需求。

【做地项目】 2021 年，浙南科技城管委会推进做地项目，全年累计完成做地 41.40 公顷，出让土地 35.77 公顷，土地出让金收入 79.60 亿元；消化“批而未供”土地 108.59 公顷，完成率 108%；处置“供而未用”43.10 公顷，完成率 126.8%；政策处理事项完成项目 23 个。

【土壤调查】 2021 年，浙南科技城管委会开展土壤调查 35.21 公顷，其中，完成龙水单元 YB–04–C–07、瑶溪北单元 YB–11–E–03 地块等 7 个地块约 10.70 公顷土壤污染状况调查工作；黄石山北单元 02–B–11、12、14、15 地块约 5.61 公顷正在评审阶段；中国眼谷 B 区、原龙东化工区、茅竹岭东单元 A–12 地块约 13.31 公顷完成招标待现场企业拆迁后进场。

【要素保障】 2021 年，浙南科技城管委会多渠道挖掘财政收入和市场化融资，成功获批地方政府债券 7.90 亿元，债券资金已全部到位。全年累计财政收入 103.38 亿元，化解债务 103.42 亿元，其中化解隐性债务 13.53 亿元，置换隐性债务 30.40 亿元，有力保障财政运转可控和项目有序实施。优化人才引育环境，深化“人才一张清单”制度，提升引才育才工作。全年新招引高层次人才 102 人，其中博士等 E 类以上人才 67 人。申报国家级“引才计划”52 人，申报省级“引才计划”申报 65 人。申报鲲鹏计划 2 人，参加答辩 1 人。国科大温州研究院全职高层次人才突破 200 人，累计申报国家自然科学基金项目 56 项，申报海外优青项目 9 项。

【瓯江实验室挂牌】 2021 年 5 月 20 日，瓯江实验室正式在浙南科技城挂牌，作为再生调控与眼脑健康浙江省实验室，瓯江实验室立足浙江省正在打造“互联网 +”、生命健康、新材料三大科创高地，结合温州学科实力、人才队伍、创新平台等优势，围绕“组织再生和器官功能康复”主线，聚焦细胞生长因子调控机制、眼脑重大疾病等健康需求开展深度创研，打造具有国际影响力的再生调控与眼脑健康重大科技创新平台。

【中国眼谷·中央孵化园开园一周年发布会举行】 2021 年 6 月 30 日，中国眼谷·中央孵化园开园一周年发布会举行，正式对外发布一周年建设运营成果，新启动一批高能级科创服务平台、重大产业合作项目，展示一批新技术和新产品。中国眼谷当天还同步举行科技项目展示会、跨界高峰论坛、科创沙龙等活动。市委副书记、市长姚高员出席活动并致辞。

【温州泰越硅谷高科落户产业基金在中国眼谷中央孵化园签约落地】 2021 年 6 月 30 日，温州泰越硅谷高科落户产业基金在中国眼谷中央孵化园签约落地，这是龙湾区政府出资设立首支科技创新类子基金，对加快全区战略性新兴产业发展具有重要促进作用。

（项汇源）

温州空港新区

【概况】 2021 年，温州空港新区位于温州城市东部，东临瓯飞围垦，南接浙南产业集聚区（温州经开区），西与龙湾城市中心区毗邻，北与瓯江口国家海洋经济发展示范区隔江相望。空港新区管理中心辖区滨海新区龙湾工业园、永兴南园、永兴北园、通用航空产业园、天城围垦北区块 5 个区块约 13.35 平方千米。市域铁路 S1 线和 S2 线、G15 高速复线、金丽温高速复线东延、空港大道贯穿区域，全年完成固定资产投资 43.20 亿元，制造业投资 29.20 亿元，引进内资 31.33 亿元、外资 1000 万美元。

【基础设施建设】 2021年，温州空港新区全面推进道路网、河网、公共设施等基础设施建设，启动通用航空产业园经五路建设，建成道路55条，建成河道11条。全年累计投入资金约4亿元，建成政府投资项目11个。完善公交站点、污水泵站、垃圾中转站、电信通信设施等基础设施配套。先后建成罗峰实验中学、碧桂园观澜苑幼儿园等一批学校，解决企业员工子女就学问题。建成安心公寓一期、二期，改善企业员工居住条件。建成空港新区第一个商业综合体宝龙城市广场。建成垃圾分拣中心，完成蓝田电镀基地综合整治、永兴街道管网改造、天城北园城中河滨水休闲公园、永兴南园纬一支河绿化等工程，新增绿化面积约101.70公顷。

【产业项目开发】 2021年，温州空港新区推进产业项目开发，依托温州东部新城建设和临空经济优势，培育产业新动能，提升产业发展层次。空港新区先后引进瑞浦新能源、麦田新能源、爱好笔业等招商项目，涉及医疗器械、物流、阀门、机械制造等产业，已建成投产企业106家，在建企业43家。推进小微园建设，建成永兴南园小微园、中港小微园、激光与光电等小微园11个，占地3.43公顷，总面积达8.21万平方米，打造现代产业集群，助推传统产业转型升级。推进产业培育，加大贝普科技二期等43个在建项目力度，建成投用17个，培育小升规企业20家，隐形冠军企业1家，新增产值超10亿元和20亿元企业各1家，实现规模以上产值220亿元。推进产业项目融资，灵活运用各种融资方法，全年产业项目融资18.15亿元，完成融资104.5%。

【营商环境优化】 2021年，温州空港新区围绕打造全省知名非公党建综合体和助企服务高地目标，以空港永兴企业社区治理模式改革，完善“扁平化、一站式、集成式”企业社区服务中心功能，高质量完成2021年助企服务十大标志性实事，遴选100家企业开展全方位助企帮扶，纾困解难企业问题200个以上。加强规模以上企业走访，推进社区“数字政务”打通收集回应企业诉求的通道。成立瑞浦服务专班，推进瑞浦新能源制造基地重大项目按期开工，该项目是温州市单体投资最大的制造业项目。

【土地利用开发】 2021年，温州空港新区提前完成批而未供土地清理和低效用地再开发年度任务，持续深入开展工业项目达产验收，激励企业转型升级，9家企业（小微园）通过项目达产联合验收。完成低效工业项目整治10.28公顷，提高土地利用率。启动通用航空产业园用地功能修编，做好瑞浦新能源制造基地133.33公顷用地功能调整相关前期工作。全年新区出让土地4宗7.26公顷，清理“批而未供”土地9.12公顷，清理“供而未用”土地6.08公顷，完成低效工业项目整治10.28公顷，完成融资18.15亿元。

【资产租赁管理】 2021年，温州空港新区启动建立业财一体化管理体系，助推资产租赁全流程动态化管理，定期开展资产清查，收缴阀门基地、蓝田综合区、区再生资源回收利用分拣中心等租金3253万元。推进民科公司多元化发展，参与投资综合供能站、粮食加工厂、永昌堡bn06街区地块安置性商业用房建设和温州眼谷壹号创业投资基金等项目，对外投资约1.56亿元。完善《安心公寓（一期）租赁暂行办法》，安心公寓出租率达98%，年租金收入超1000万元。

【历史问题化解】 2021年，温州空港新区蓝田综合区租赁到期企业54家，成功化解续租问题51家，化解率94%，剩余3家企业走司法程序。化解湿地公园出租合同纠纷等遗留问题。

【宝龙广场开业】 2021年9月30日，宝龙广场商业综合体建成投用。该综合体建筑面积约3万平方米，已入驻商铺约110家，是集大型购物中心、超市、零售店、电影院、美食广场、优质住宅物业及其他休闲娱乐设施于一体城市综合体。

【瑞浦100亿瓦时新能源产业基地项目落地】 2021年4月23日，瑞浦新能源产业基地项目签约仪式在温州市人民大会堂举行。瑞浦新能源产业基地项目是温州市首家世界500强企业青山实业聚焦战略性新兴产业，投资超300亿元，预计产值超千亿元单体制造业项目，是温州最大单体制造业项目。项目落地龙湾区通用航空产业园与瓯飞起步区。瑞浦新能源产业基地项目计划用地面积133.33公顷，预留约66.67公顷用于建

2021年4月23日，瑞浦新能源产业基地项目签约仪式在温州市人民大会堂举行
（郑　璞／摄）

2021 年 12 月 25 日，温州大道东延线（钱江路—温强线）市政道路举行通车仪式
（龙湾城市中心区管委会供稿）

设上下游配套产业园。锂电池系统制造产业基地将于 2026 年完成投资，2027 年全面投产，规划产能为亿瓦时。

（李瑶如）

龙湾城市中心区

【概况】 2021 年，龙湾城市中心区开展“我为群众办实事”活动，解决“我为企业解难题”15 件，“我为群众办实事”20 件。全面推进城市中心区项目建设，实施建设项目 55 个，其中省重点项目 3 个，市“六重”清单项目 10 个，区“六重”清单项目 42 个，全年完成固定资产投资 70 亿元。

【重大项目】 2021 年，温州空港新区开工建设万豪万枫酒店、中广核俊尔项目工程。对接多弗通用航空总部项目，启动项目规划指标调整，助推项目落地。埃锐克数字科技集团总部项目摘牌。

【要素保障】 2021 年，温州空港新区完成 50 宗供地项目组件上报，批而未供土地清理 57.71 公顷，供而未用 23.55 公顷，低效用地再开发利用 46.62 公顷。完成温州大道东延二期、雁荡中路（新安江路—衢江路）一期等项目供地。出让瑶溪南单元 12–H–20 地块、瑶溪南单元 12–E–08 地块。全年累计融资 60 亿元，龙一医等工程专项债续发 3.30 亿元。永中单元 D–08 地块安置房等项目申报中央预算内资金 3851 万元。启动企业债项目申报，计划发行 15 亿元。

【安置房建设】 2021 年，温州空港新区续建安置房项目 14 个，新开工安置房项目 2 个，建筑面积约 180 万平方米，建设套数 8682 套。建成永中单元 A–34 地块、D–08 地块、瑶溪南单元 12–I–11、12–I–12、12–I–15 地块安置房。永中单元 D–06 地块、D–17 地块、F–03 地块、A–16 地块、B–15 地块、瑶溪南单元 12–E–20 地块安置房主体全部结顶。永中单元 B–28 地块安置房竣工验收，永中单元 D–18 地块、A–09 地块安置房开工建设。

【市政设施】 2021 年，温州空港新区温州大道东延线（钱江路—温强线）市政道路工程正式通车，比原计划工期提前 1 年。文昌路（温州大道—瓯海大道）地下综合管廊工程、兴区路、龙水路、围垦路、雁荡中路、瑶溪生活区 ABC 地块区间道路等市政道路建成通车。开工建设环山北路二期、普西路等 5 条市政道路。开工建设龙湾区康养福利中心。区人武部附属楼改造完成。龙湾亚运公园开园、慈善家园、区人大代表联络站建成投用。省重点项目龙湾区第一人民医院完成桩基工程，温州高新文化广场主体结顶，瑶溪南新二中主体进场施工。加快亚运场馆周边环境提升项目，打造“亚运精品风景带”，完成龙江路、永定路、永中西路 3 条道路整治。建设龙湾国防教育、人防文化主题公园二期工程，搭建国防教育、人防文化教育平台。

【温州大道东延线通车】 2021 年 12 月 25 日，温州大道东延线（钱江路—温强线）市政道路正式通车。该道路西起钱江路，东至温强线（龙永路），规划红线宽 50 米，全长约 3.63 千米。该项目建成，标志着长约 16.40 千米温州大道全线贯通，结束温州大道断头路历史，分流瓯海大道、机场大道车流量。

【龙湾区第二小学集团龙江校区投入使用】 2021 年 8 月 26 日，龙湾区第二小学集团龙江校区通过竣工验收，9 月正式投入使用。该项目属区重点工程，校区为 36 班小学建制，工程用地面积 28721 平方米，总建筑面积 35226 平方米，项目总投资 3.90 亿元。

【瓯海大道东延及枢纽集散系统工程获评省级金奖示范工程】 2021 年 7 月 28 日，瓯海大道东延及枢纽集散系统工程获 2021 年全省市政（优质工程）金奖示范工程，该工程系温州市首座三层高架桥，对建立温州东片区域交通大网络、改善机场交通及方便市民出行具有重要意义。该奖项是由浙江省市政行业协会组织评选省内市政工程领域最高奖项，全省入选工程共计 32 项。

【行业领先的喷码机设备全球供应商落地龙湾】 2021 年 11 月 30 日，埃锐克数字科技集团总部项目在龙湾区顺利挂牌。该项目位于永强北片区龙湾中心区单元 F–01a 内，总投资 5 亿元，总用地面积 8695 平方米，总建筑面积 47430 平方米。计划建设成为以物联网喷码科技为核心全球销售业务总部大楼，打造龙湾区首个 5A 甲级写字楼。该项目是温商产业回归、总部回归反哺家乡项目。

（李　洁）

商贸服务业

新世纪商务大厦　　（蒲州街道供稿）

综　述

商贸业管理

电子商务

供销合作

贸易促进

旅游业

吾悦广场（蒲州街道供稿）

综 述

【概况】 2021年，温州市龙湾区围绕“一区五城”目标任务，推进“国际开放新城”“温州都市东部消费中心”建设，统筹疫情防控和商务经济发展。全年实现社会消费品零售总额338.54亿元，比上年同期增长8.3%，其中限额以上消费品零售额141.86亿元，同比增长3.1%；限额以上批发业零售额4.54亿元，同比增长11.8%；限额以上零售业零售额133.50亿元，同比增长3.4%；限额以上住宿业零售额0.51亿元，同比增长42.9%；限额以上餐饮业零售额3.31亿元，同比增长39.7%。外贸出口总额213.22亿元，完成率108.3%。外投资中方投资额7759.37万美元，同比增长965.9%，总量温州市排名第二。

【内循环指标】 2021年，龙湾区实现限额以上批零住餐业销售额2551.90亿元，比上年同期增长32%，增速居全市第8位，高于全市平均增速11.2个百分点，其中，限额以上批发业销售额2412.40亿元，同比增长34.3%；限额以上零售业销售额137.10亿元，同比增长2.2%；限额以上住宿业销售额1.90亿元，同比增长4%；限额以上餐饮业销售额3.40亿元，同比增长10.7%。

【外循环指标】 2021年，龙湾区实现进出口总额520.40亿元，比上年同期增长0.6%，其中出口额342.12亿元，同比下降4.1%，进口额178.28亿元，同比增长11.3%。市场采购贸易企业42家，同比增加14家；累计实现出口22565.52万美元。全年完成跨境电商综试区出口15.36亿元。

【服务业指标】 2021年，龙湾区服务业增加值220.40亿元，比上年同期增长6.6%，增速居12个县市区第9位。其中，1—8月规模以上其他营利性服务业营业收入（错月指标）17.02亿元，同比增长22.4%左右，比上季度增长3.5个百分点。

商贸业管理

【商贸物流增效】 2021年，温州市龙湾区商务局加快推进商贸物流增效，温州宝龙广场正式营业，印力城购物中心加快建设，全省首家世界顶尖奢华品牌“W酒店”等商业项目落地龙湾，商业氛围提升。申报批发零售业改造提升试点，完成对温州润嘉投资开发有限公司2020年度温州市批发零售业改造提升试点验收。组建好亿佳物流企业信息平台，加大龙和大厦、龙联大厦、浙南云谷等重点楼宇培育和项目引进。做好12家重点商务楼宇基本信息填报和入驻企业调查工作，加强楼宇企业招引入驻。加快再生资源体系建设，以“点、站、中心”等基础设施建设为载体，从源头建立标准化回收机制，中端规范化收运，末端建设再生资源分拣中心，实现再生资源减量化、资源化、无害化。全年龙湾已建成网点63个、站点2个、中心1个。再生资源回收利用率57.1%，比上年同期增长4.9个百分点。

【商贸惠业政策兑现】 2021年，区商务局加大商贸惠业政策兑现工作。开展“五一”消费促进月等活动，瑞达洲际酒店入选“温州名店榜”，岩衣胶冻、干煸小鳗鱼入选“儿时味道”温州美食榜，欧龙汽车贸易集团入选浙江省商贸百强企业，“欢聚龙湾 情暖生活”餐饮消费券兑现32.12万元。全年政策兑现资金1475.97万元，其中商务奖补项目（第一批）资金兑现53.11万元，惠企10家；温州市“月光经济”补助兑现9.16万元，惠企1家；2019年度区级商务奖补资金兑现625.09万元，惠企69家；防疫设备补贴兑现6.06万元，惠企5家；2020年度区级商务奖补兑现资金652.90万元，惠企72家；特色商业街区奖励兑现资金30万元，惠企1家；批发零售业提升补助兑现资金67.52万元，惠企1家。

【商贸服务“最多跑一次”工作】 2021年，区商务局深化行政审批，推进“最多跑一次”工作再上新台阶，实行材料齐全即时即办原则，时刻关注浙江政务服务网外网申报动态，主动反馈意见，以电话、QQ等方式对申报单位业务指导、强化服务、简化流程、当好群众和企业“店小二”。全年行政审批窗口实现办结件328件，办结率100%，满意度100%。规范零售业、住宿餐饮业、居民服务业单用途预付卡企业发卡行为，发布《单用途商业预付卡消费警示》，全年区商务局联合开展执法4次，共接收共处理预付卡投诉件297件。

【疫情防控】 2021年，区商务局持续加强疫情防控，制定下发《2021年全区商贸行业新冠肺炎疫情防控工作实施方案》，压紧压实疫情防控责任。建立商贸重点场所日常巡查制度，督促企业做好场所消杀保洁、进场测温亮码、口罩佩戴劝导、疫情信息宣传等落实。

电子商务

【概况】 2021年，温州市龙湾区网络经济零售额216.60亿元，比上年同期下降1.1%，行业网络零售总额前三名分别是家居家装、服饰鞋包、食品保健，占比依次为50.2%、15.9%、11.6%，三大行业网络零售总额相当于龙湾区网络零售总额77.7%。龙湾区在重点监测第三方电子商务平台上共有各类活跃网络零售网店7600家，直接解决就业岗位约2.12万个。

【外贸新业态培育】 2021年，区商务局推进数贸港建设，加快培育外贸新业态。完成红连跨贸园区工程改造，签约

2021年7月，红连文创园　　（区融媒体中心供稿）

企业153家，总入驻面积24090.30平方米，入住率78.9%。组织开展速卖通、亚马逊跨境电商基础孵化班和进阶班，孵化企业53家，引导新设跨境电商店铺80余家。开展跨境电商资源对接活动，推广龙湾制造品牌，达成潜在合作意向6批次。开展亚马逊星火计划大件产品专场等各类跨境电商活动30场，直接覆盖培训人数1000人次。

【绿森平台风险处置】 2021年，区商务局根据绿森平台风险处置方案，做好绿森登记接待点接访工作，累计接听来电3326个电话，参与绿森信访工作。召开绿森资产处置组工作会议，确定资产评估单位和拍卖单位，对绿森集团易贬损物品按照有关法律法规进行处置。

（钱世俊）

供销合作

【概况】 2021年，温州市龙湾区全面推进“三位一体”建设，实施“区基一体化”治理机制改革。组建果蔬种植产业农合联公司，新开生鲜果蔬直营店1家，增建“瓯越先风”直营店2家。全年供销系统实现销售总额2.39亿元，利润94万元。年内永兴街道农合联获2021年评温州市示范性农合联。

【基层社规范化管理】 2021年，区供销联社加强基层供销社规范化管理。推进永中供销社房屋征收和店面资产处置，分类统计有关寺前街改造供销房产，形成“四表”基本数据库。开展系统清产核资，对下属6家企业审计清查，认定产权及资产损益，形成清产核资编制报表及工作报告。

【支农惠农服务】 2021年，区供销联社开展多种形式支农惠农活动。组织各类农业商户20余家参加第三届状元王鱼杨梅节。开展春耕备耕农资调研，及时指导植野现代农业服务中心，做好淡季农资储备工作，严格按要求落实政府应急农资储备贴息。广泛开展支农惠农、普法宣传和庄稼医生坐诊接诊，全年组织杨梅种植农业技能培训3场，累计接诊农户50余人次，发放宣传品1000余份，累计赠送各种农资7.60吨。

【安全生产督查】 2021年，区供销联社持续开展供销系统安全生产督查，严格落实安全应急责任制，组织开展重要节点安全生产、防台防汛、消防安全督查。全年督查经营网点29处，发现隐患15个，现场整改5处，限期整改10处。督查废品回收网点10家。年内答复关于原永昌供销社职工重复领取补发工资信访件，协调处理永昌供销社前街大楼产权纠纷信访问题和原水心综合商店拆迁补偿款分配工作。

（陈洋、王洁）

2021年5月11日，区供销联社开展“情系三农 合作服务”农资下乡活动
（区供销联社供稿）

贸易促进

【概况】 2021年，温州市龙湾区克服新冠肺炎疫情不利影响，一手抓存量企业帮扶引导，一手抓外贸新业态培育引进，区外贸出口增速实现“U”型反转。全年实现进出口总额383.41亿元，增长3.5%。其中出口207.36亿元，下降2.1%，进口176.04亿元，增长10.8%；完成市场采购贸易出口2.26亿美元。新增进出口经营权备案登记企业超200家，实现进出口实绩企业共850家，共为近500家次企业兑现拨付各级各类外贸扶持资金4000余万元。

2021年与前4年龙湾区机电及高新产品出口情况对比表

表29

年　份	机电产品出口额（万美元）	占出口比重（%）	高新产品出口额（万美元）	占出口比重（%）
2017	64417	32.3	4927	2.5
2018	68923	30.2	6033	2.6
2019	118870	43.7	21166	7.8
2020	140433	45.6	18960	6.2
2021	131868	41.1	19764	6.2

2021年与前4年龙湾区自营进出口情况对比表

表30

年份	2017	2018	2019	2020	2021
出口额（万美元）	199385	228183	272182	307765	321159
进口额（万美元）	94765	151505	175774	229301	272331

2021年与前4年龙湾区各贸易伙伴出口情况对比表

表31

2017	国别	印尼	美国	印度	俄罗斯	英国	墨西哥	巴西	德国	荷兰	西班牙
	出口额（万美元）	31139	30817	10631	7854	7550	7259	6659	6081	5203	5059
2018	国别	美国	印尼	印度	俄罗斯	墨西哥	英国	巴西	德国	西班牙	荷兰
	出口额（万美元）	34576	30732	15709	8920	8380	7528	7086	6435	5962	5413
2019	国别	印尼	美国	印度	俄罗斯	墨西哥	英国	巴西	西班牙	德国	荷兰
	出口额（万美元）	65348	37054	12296	11134	8944	8113	6896	6151	6072	5792
2020	国别	印尼	美国	俄罗斯	韩国	德国	印度	菲利宾	英国	墨西哥	马来西亚
	出口额（万美元）	52941	35455	14944	10806	10646	9926	9202	7966	6719	6240
2021	国别	印尼	美国	俄罗斯	印度	巴西	德国	墨西哥	意大利	波兰	法国
	出口额（万美元）	61324	46672	19796	14527	12011	9080	8873	6904	6715	6519

【企业市场渠道拓宽】 2021年，区商务局拓宽企业市场渠道。组织企业参加浙江出口产品线上交易会，推动传统企业上线触网。组织60多家企业参展129届、130届广交会，总展位数157个。6月，召开首届温州国际泵阀展龙湾发布会，建立与海关战略合作机制，扶持跨境电子商务发展，强化外贸项目招引，提升通关便利化水平。7月20日，区商务局邀请温州海关、温州港集团、中远海运、温州外运等单位负责人到龙湾开展本土外贸企业国际货运现场对接会，为企业反映强烈货柜紧张问题提供精准服务。加快市场采购试点主体培育，召开市场采购贸易专题交流会，推介市场采购贸易方式试点业务，全年开展市场采购企业42家，试点企业数居全市第二位。

【内外贸一体化拓展】 2021年，区商务局全面拓展内外贸一体化，助推12家外贸出口企业开展内销业务，为区外贸企业打开外贸转内销“新模式”。“中国眼谷”入选全省首批内外贸一体化改革试点培育产业基地。起草眼健康博览中心建设方案，加快建设眼健康博览中心，全面推进眼视光产业生态建设，带动本土产业转型升级。

【开放水平提升】 2021年，区商务局以“六大专项行动”战略推进为主线，以实施“二十大重点任务”为抓手，实施更大范围、更宽领域、更深层次全面开放。培育跨国企业，新增泰朗集团跨国公司培育营收超100亿级1家。推进境外园区建设，助推印尼韦达贝园区多产业发展，印尼纬达贝工业园区已建成火力发电、水利设施及配套码头4个，累计入驻园区浙江企业7家，累计争取上级外经贸综合服务体系建设试点专项资金621.10万元。搭建企业“走出去”平台，组织中国眼谷参与2021年国际消费品博览会—内外贸一体化展区区域品牌展。组织青山集团参加中东欧国家投资合作洽谈会，拓宽投资视野。

（钱世俊）

2021 年 5 月 16 日，第三届龙湾状元王鱼杨梅节开幕　　（状元街道供稿）

旅游业

【概况】 2021 年，温州市龙湾区接待境内外旅游者 178.54 万人次，其中，接待国内旅游者 178.50 万人次，接待境外入境旅游者 0.04 万人次。全年旅游总收入 25.90 亿元，其中国内旅游收入 25.90 亿元，国际旅游外汇收入 9.9 万美元。

【旅游项目建设】 2021 年，区文广旅体局共有在建文旅项目 20 个。加快推进永昌古镇、寺前街历史文化商业街保护项目、瑶溪旅游风情小镇等重点文旅项目建设，提升环山东路沿线环境。启动建设云上智城超高层综合体项目。推进温州高新文化广场建设，投资 1.60 亿元，完成和合文化公园古建筑修缮和张璁文化纪念馆提升改造工作。全年累计完成投资 12.50 亿元，投资完成率 125%。开展“微改造、精提升”工作，列入微改精提项目库项目 34 个，完成投资 8300 万元。微改造精提升项目涵盖 A 级旅游景区、文博场馆，以及景区镇、景区村等旅游目的地和酒店旅游接待场所。

【文旅品牌推介】 2021 年，区文广旅体局加大龙湾文旅品牌推介力度，举办第三届龙湾状元王鱼杨梅节。深化山海合作，举办龙湾·苍南文旅（台州）联合推介活动。启动“诗画浙江·百县千碗”龙湾“十大碗”评选，选出龙湾代表性热菜、冷盘、小吃各十碗。串联“永电之光”展示厅、两新工厂，推出红色旅游线路。联合《浙江日报》共同推出“走读龙湾·开游吧”视频栏目，向全省发布 3 条龙湾精品旅游线路。组织参加 2021 海峡旅游博览会暨中国（厦门）国际休闲旅游博览会，向海内外展商、游客宣传龙湾文旅资源。制作文旅宣传短视频在澳门巴士上播出。

【星级旅游景区创建】 2021 年，龙湾区强化星级旅游景区创建。创成浙江省 AAA 级景区城，6 个街道创成温州市 AAA 级景区镇，实现 AAA 级景区镇全覆盖。全年创成浙江省工业旅游示范基地 1 家、市级文化和旅游特色文旅消费示范点 3 家.创成第三批“诗画浙江·百县千碗”省级美食体验（示范）店 2 家。吾悦广场创成第一批温州市文化和旅游消费集聚区。

【文旅数字化改革】 2021 年，区文广旅体局以文化市场监管和执法数字化改革为突破口，深化文旅数字化改革。推进数字化改革项目“码上文旅—数聚智治仓”落地，并入围省文旅厅数字化改革重点项目、省司法厅数字化一本账赛道，实现旅市场监督的精密智治。接入“E 游温州”“文化温州云”“浙里好玩”等公共信息服务平台，实现“一部手机游龙湾”。

（郑　光　谢荣乐）

城乡建设·生态环境

罗西住宅区　　（状元街道供稿）

天河水库　　（区摄影协会供稿）

综　述

【概况】　2021 年，温州市龙湾区紧扣“一区五城”建设目标，聚焦住房和城乡建设，推进城乡整治提升，完成“大建大美”转向“全域美”城乡方案编制。打造“新中心·大未来”城市品牌，建设四大标志性平台，启动省第四批未来社区申报工作，未来乡村“钟秀瑶溪”“灵秀五溪”项目开工建设。全年开工大建大美项目 37 个，建成项目 47 个，累计完成投资 160 亿元，投资额完成率 136%。未来城区五大工程和标志性平台项目 68 个，完成投资 155.10 亿元，完成率 109.8%；安置房开工建设 7413 套，已交钥匙 3585 套；不动产龙湾办证处完成 96 个 8684 套住宅、商业不动产权证；6 个街道完成“污水零直排”镇街创建，完成永中中心工业园区、海滨蓝田化工园、蓝田工业园区、永兴北园、永兴南园、金海工业园区“污水零直排”创建县（区）验收。万顺社区和滨江社区入选浙江省第四批未来社区创建名单。

基础设施建设　打通雁荡中路、水埠路等断头路 8 条，建成重点道路累计 10.77 千米，其中温州大道东延提前 1 年建成通车。推进停车设施建设，新增停车位 10205 个，其中专用停车位 9508 个、公共停车位 697 个。统筹推进海绵城市和生活小区“污水零直排”建设，建成海绵城市 6.37 平方千米，“污水零直排”生活小区 24 个。

民生保障　落实《温州市龙湾区中低收入住房困难家庭及环卫公共服务行业申请公共租赁住房保障实施细则》，在全市率先发放环卫一线职工住房补贴，纳入保障 575 户。在全市率先实现人才住房配售常态化，推进公租房配租扩容，280 名人才和 224 户困难家庭圆了“安居梦”。推动出台《龙湾区（高新区）房屋征收补偿房票安置实施细则》，完善房屋征收与补偿政策标准，拓宽房屋征收与补偿安置渠道。

【危旧房治理】　2021 年，龙湾区推进危旧房治理，加强危旧房日常巡查和管理工作，确保及时有效处置房屋安全问题，全年排查录入农村房屋 33601 户，完成房屋安全鉴定 7828 户，落实农村危房实质性解危 31 户，实地核查四类重点农房等 7234 户。

【建筑工程监管】　2021 年，龙湾区强化辖区内在建工程监管，开展全装修住宅施工质量专项检查活动，针对事故易发企业、项目、部分和环节等，重点严查“二类企业”“四类工程”，严格实施“十个一律”。全年检查在建工程 752 次，发整改通知书 391 份，提出整改意见 1542 条，约谈企业 26 家负责人 36 名，对 111 个工程 150 家单位诚信扣分。

【建筑数字化监管】　2021 年，区房产管理中心加快推进建筑行业数字化监管，贯彻落实省、市区数字化改革会议精神，激发建筑行业管理动力和变革活力。率先在全市推出房屋安全管控系统，实现“危旧房一键可查”“巡查任务派发—接收任务—完成巡查”等“全生命”数字监管，累计派发巡查任务 11388 件，任务完成率 100%。强化建设工地全生命周期监管平台在浙政钉上线，实现工程设施全过程监管，现场完成业务办理发单，线上整改反馈、在线视频监控等工作，确保项目质量和建设速度，累计登记注册工地 200 个，累计业务办理 4597 件。

【信访化解】　2021 年，区房产管理中心加强信访处置工作，强化法律在推进社会治理中权威地位，妥善处置信访投诉案件。全年审结行政诉讼案件 30 件、行政复议案件 16 件；办理信访投诉案 4000 件，均在规定时间内完结，完成率 100%；开展漠视侵害群众利益问题专项治理，解决 2600 余名农民工欠薪 2800 多万元。

（王依纯）

城乡规划

【概况】　2021 年，温州市龙湾区高水平建设温州东部城市发展中心“一区五城”，持续关注温州高铁东站等重大建设项目，协助市局推进市级国土空间规划三条线划定及“一张图”实施监督信息系统建设。全区尊重用地现状，对接产业规划、乡镇规划，多规合一，做好“应调尽调、能扩则扩”统筹龙湾重点区域优化规划。全年已完成“三区三线”第二轮试划成果上报，瑶溪西、永中双岙、航空物流园、龙湾二期围垦等区域纳入城镇开发边界集中建设区，开展永久基本农田核实整改工作，保障城镇发展预留空间。

【城市设计】　2021 年，区自然资源和规划分局筛选国内外优秀城市设计研究单位，运用互动三维数字沙盘等新手段，牵头开展温州市核心区状蒲片城市设计国际方案征集、开发区西核心区块城市设计等，以推进开发区东、开发区西核心区块及状元南等温州市区东翼范围城市更新，打造温州新中心。结合省级未来社区、青科城等市、区级重大谋划，协助区政府开展《温州市高新区（农业示范单元等）城市设计及 M0 布局研究》《南洋未来社区实施单元概念性城市设计及规划研究》《瑶溪西单元城市设计》。

【控规项目修改】　2021 年，区资规分局持续推进控规方案研究，做好城市规划参谋，向区委、区政府献计献策。开展研究甬台温高速拓宽、机场三期扩建、永昌堡文旅项目、寺前街提升、永中文化设施、国安寺扩建等方案。根据民生工程建设需要，将城市设计中建筑群体关系、空间结构、功能布局等思路落实到控规修改方案中。全年完成控规修改 11 项，包括原会展中心地块、南洋未来社区、青科城一期启动区块、总部经济等，确保龙湾区重大项目落地，补足配套设施短板。在编10项控规修改、修编、编制项目，涉及沿江快速路龙湾段、通用航空产业园及龙湾二期1号围区、农业示范单元、开发区东、开发区西核心区块、状元南、瑶溪西等，完善公共配套设施，推动城市功能提升。

（郑思盛）

2021年9月9日，黄山黄石安置房小区（东悦里）　　（瑶溪街道供稿）

城市化建设

【概况】 2021年，温州市龙湾区紧扣“一区五城”建设，打好城市建设攻坚战，圆满完成城中村改造、工业企业征收、清零提速、安置房建设、老旧小区改造、美丽城镇建设。全年实施城中村整村（区块）拆迁项目10个，工业企业征收项目8个，安置房开工建设7个，安置房竣工验收10个，安置房交付使用9个，老旧小区改造项目开工8个，老旧小区改造项目完工3个。

【征迁工作】 2021年，龙湾区加强征迁工作，推进城中村改造，正式实施项目10个，已签约2443户，其中3个项目完成100%签约，市级6个项目完成签约任务。工业企业征收项目正式实施8个，其中7个项目完成100%签约，预计可腾出土地近34.67公顷。

【土地“清零”任务超额完成】 2021年，龙湾区加快土地“清零”进度，对标“十大要求”，细化“清零”标准，对各大项目摸底建档，并以季度为节点，倒排时间、倒逼进度，督促各责任单位加快推进土地“清零”。完成36个项目（含6个拆改区块）3137.66亩土地“清零”任务，完成率达105%。

【安置房建设】 2021年，龙湾区有序推进安置房建设，创新推出住宅用房安置指标置换富余房源新举措，有力化解住宅用房安置指标落地难问题，减轻征迁压力。全年开工建设安置房7个7413套，累计已建成19个13129套，竣工10个5784套，已认购定位5619套，已交钥匙3585套，511套富余房源（住宅）完成线下统筹安置，惠及5个街道和中心区。累计完成投资额约80.40亿元，完成投资率达174%。

【老旧小区改造和美丽城镇建设】 2021年，龙湾区新开工老旧小区改造项目8个，完工3个，提前完成市对区年度考核任务。成功申报中央补助181.40万元，专项债款2700万元。居民自筹资金占总投资10%以上，并争取到弱电管线公司等单位资金支持。实施瑶溪街道美丽城镇建设，开工项目11个，完工7个，完成投资5.36亿元，完成投资率100%。

【老人周转房消防安全管理】 2021年，龙湾区牵头组织相关部门开展老人周转房消防安全检查，逐一排查安全隐患、非正常租赁现象、擅自改变居住功能、未严格执行退出机制等问题，共清理疏通消防安全通道227条，取缔手工作坊11处，清理已安置未腾空未退出房屋102间，整改电动车飞线充电219辆，清理违规停放消防通道电动车606辆，新增电动车集中充电2处，房屋补漏6处，拆除整改三合板房23间，拆除整改防盗窗79户，更换消防器材1089处。

（董婧怡）

重点工程

【概况】 2021年，温州市龙湾区获列省重点建设项目6项（两个省级未来社区不计入地方重点建设项目个数），完成投资13.20亿元，完成年度计划160.2%。省集中开工项目全部开工并统计入库7项，合计总投资139.40亿元。开工建设龙湾怡宁医疗康养中心（龙湾颐馨医疗康养服务中心）、云上智城、瓯江路东延（耐宝路—骄泰路）及骄泰路（瓯江路—机场大道）市政道路等工程，加快推进温州龙湾富春社区、温州市温瑞平原东片排涝工程（龙湾片）等工程建设。

【区重点工程建设】 2021年，龙湾区本级重点工程建设项目104项，年度重点工程建设项目投资188.80亿元，累计完成重点工程建设项目投资239.40亿元，完成年度投资计划127%。其中，开工工程项目25项，完成工程项目投资56.10亿元，完成年度计划108%；建成工程项目28项，完成工程项目投资37.70亿元，完成年度计划116%；续建工程项目51项，完成工程项目投资145.60亿元，完成年度计划139%。

【重点工程实施】 2021年，龙湾城市中心区管委会重点工程项目31项，完成工程投资66.70亿元，完成年度计划108%。温州空港新区管委会重点工程项目16项，完成工程投资33.80亿元，完成年度计划197%。浙南科技城管委会和建投公司重点工程项目25项，完成工程项目投资54.70亿元，完成年度计划157%。温州臻龙建设投资集团有限公司工程项目15项，完成工程项目投资60.10亿元，完成年度计划117%。区交通工程建设中心工程项目5项，完成工程项目投资4.30亿元，完成年度计划239%。区水利建设办公室工程项目2项，完成工程项目投资2亿元，完成年度计划111%等。

【行业工程项目建设】 2021年，龙湾区农业水利重点工程项目2项，完成工程项目投资2亿元，完成年度计划111%。交通能源重点工程项目7项，完成投资16.40亿元，完成年度计划154%。工业重点工程项目16项，完成重点工程项目投资42亿元，完成年度计划183%。社会发展重点工程项目12项，完成重点工程项目投资10.50亿元，完成年度计划127%。城市建设及基础设施工程项目48项，完成工程项目投资115.40亿元，完成年度计划129%。服务业工程项目19项，完成工程项目投资53.20亿元，完成年度计划96%。

（潘毓锦）

建筑业管理

【概况】 2021年，温州市龙湾区建筑业实现增加值53.88亿元，比上年同期增长3.5%；区本级建筑业实现增加值44.07亿元，同比增长7.6%。全区具有建筑业资质总承包和专业承包企业95家，实现建筑业总产值增长2.9%，其中省内产值增长4.8%。全年在建房屋施工面积923.58万平方米，下降0.1%；房屋竣工面积226.42万平方米，下降14.5%；房屋竣工价值52.11亿元，增长7.3%。创建省级标化工地5个，市级标化工地15个，区级标化工地21个，通过市、区标化工地中间验收38个，获评"瓯江杯"优质工程8项，"龙湾杯"优质工程15项。年内百盛联合集团有限公司获评浙江省质量管理创新奖。

【建筑工程管理】 2021年，龙湾区在建工程项目192个，其中房屋建筑工程143个，建筑面积1231万平方米；市政基础设施工程21个，工程总造价16亿元；装修工程项目28项，建筑面积37

2021年龙湾区重点工程建设情况一览表

表32

序号	项目名称	建设规模和内容	总投资额（万元）	开工累计（万元）	2021年完成情况			组织实施单位
					1—12月完成累计	完成率（%）	主要部位形象进度	
1	天心天思数字经济产业中心	用地112667平方米，建筑面积370906平方米，地上建筑297465平方米	209880	32090	65658	188	西区地下室抹灰、腻子完成100%，地面完成15%；西区上部砌体完成，抹灰完成87%，外窗完成60%，屋面完成97%，楼地面完成65%，外架拆除完成20%。西区土方回填完成90%	浙南科技城经发局、浙南科技城规划建设局、温州芯思数字园区运营有限公司
2	温州固的管道科技有限公司	用地面积11780平方米，建筑面积30629平方米	6000	2847	1412	177	已完成主体结顶，处于竣工验收阶段	温州空港新区管理中心、温州固的管道科技有限公司
3	浙南科技城11-E-13地块小学工程	用地面积36765平方米，办学规模为小学42个班，建筑面积39968平方米，其中地上建筑面积29513平方米，地下建筑面积10455平方米	51528	971	11690	175	1#、2#楼完成墙体粉刷并通过中间验收；4#、5#、6#、7#楼全部结顶；完成3#、4#、5#、6#、7#楼砌体工程的35%；主体结构完成至100%	浙南科技城建设投资集团有限公司

续表 32

序号	项目名称	建设规模和内容	总投资额（万元）	开工累计（万元）	2021 年完成情况			组织实施单位
					1—12 月完成累计	完成率（%）	主要部位形象进度	
4	浙南科技城 YB-04-G-14 地块学校工程（上海世外）	用地面积约 64666 平方米，建筑面积约 65000 平方米拟设置小学、初中各 36 个班，计划招生 3240 人	39300	25016	8865	172	9 月份已竣工验收，并投用	浙南科技城建设投资集团有限公司
5	温州市龙湾区市域铁路 S1 线龙腾站拆迁安置房工程	计容建筑面积 52417 平方米，其中住宅建筑面积 49258 平方米等	38072	21600	5050	168	已完成竣工验收	区交通工程建设中心
6	温州市环山北路龙湾段道路工程（二期）	道路等级为城市主干路，长度 3300 米，规划红线宽 50 米，动车隧道 1 座，采用双向六车道型式，建设内容道路、桥梁，以及建设其他配套工程	150000	0	25038	167	水泥搅拌桩完成 100%，预制方桩完成 55%，路基填筑完成 20%。雨、污水完成 52%，给水完成 15%，涵洞工程完成 70%	龙湾城市中心区管委会
7	蒲州街道汤家桥村（汤西）城中村改造工程	用地面积为 26884.70 平方米，建筑面积 135694 平方米	89301	23874	14949	166	竣工验收	温州臻龙建设投资集团有限公司
8	区二小集团青山校区（瑶溪南新一小）	用地面积 28707 平方米，建筑面积 23073 平方米，拟设置小学 36 个班，预计招生 1620 人	39461	18737	8217	164	已完工	龙湾城市中心区管委会、温州高新技术产业开发区投资建设开发有限公司
9	公交综合体	用地面积约 10037 平方米，建筑面积约 20000 平方米	20179	5300	8212	164	基本完成主楼玻璃幕墙施工；主楼内水电、消防、人防暖通、强电管道预埋与内部装饰工程同步施工；裙楼外墙装饰工程施工；地下室地坪施工基本完成	浙南科技城规划建设局、温州市交通运输集团有限公司
10	温州市吉胜植绒有限公司	用地面积 16867 平方米，建筑面积为 35197.50 平方米	11000	3779	2416	161	已完成主体结顶，处于竣工验收阶段	温州空港新区管理中心、温州市吉胜植绒有限公司
11	瓯江路东延（耐宝路—骄泰路）及骄泰路（瓯江路—机场大道）市政道路工程	瓯江路东延（耐宝路—骄泰路）道路长 672 米，标准红线宽 30 米；骄泰路（瓯江路—机场大道）道路长 206 米，标准红线宽 24 米；工程用地面积 24647 平方米，含 2 座桥	38453	0	8052	161	已完成工程量 95%，人行道、沥青、绿化基本完成	温州臻龙建设投资集团有限公司
12	S1 线温州大道站配套工程（11-A-15、11-A-24、11-A-30）	用地面积 136466 平方米，计入容积率地上建筑面积 415837 平方米，其中商业建筑面积 50000 平方米	631659	430000	80038	160	11-A-24、11-A-30 地块已建成。11-A-15 住宅部分：完成地下室安装施工至 80% 等 11-A-15 商业部分：完成 A1-A6 区砌体施工等	浙南科技城经济发展局、温州万桢置业有限公司

续表32

序号	项目名称	建设规模和内容	总投资额（万元）	开工累计（万元）	2021年完成情况			组织实施单位
					1—12月完成累计	完成率（%）	主要部位形象进度	
13	状元街道横街村城中村改造二期工程（状元北A-15地块）	用地面积50953平方米，建筑面积约23.33万平方米	104607	0	15958	160	西侧顶板施工完成	温州臻龙建设投资集团有限公司
14	龙湾怡宁医疗康养中心（龙湾颐馨医疗康养服务中心）	用地12708平方米，计容建筑面积40666平方米，定位为中高端兼顾普惠性医疗康养综合体	30885	0	3880	155	工程桩（不含维护桩）完成354根（占桩基70.8%）	区卫健局、温州龙湾怡宁医院有限公司
15	温州大道东延（钱江路—温强路）	全长3682米，规划红线宽50米，桥梁2座，隧道1座	127537	56827	65149	155	已完工	龙湾城市中心区管委会、温州高新技术产业开发区投资建设开发有限公司
16	年产80000万支安全式医疗器械系列产品扩建项目（贝普医疗科技有限公司）	用地面积23736.09平方米，建筑面积48288平方米	12260	7969	9204	153	已完工	温州空港新区管理中心、贝普医疗科技有限公司
17	雁荡中路道路工程（新安江路—衢江路）屿田段	全长625米，用地面积22450.98平方米	16818	10556	946	150	已完工	龙湾城市中心区管委会、温州高新技术产业开发区投资建设开发有限公司
18	温州空港新区永兴北园安心公寓（JC-01A-51地块）	用地面积46307平方米，建筑面积112887.86平方米	56708	37920	7412	148	已完工	温州民科产业基地开发有限公司
19	浙江康德莱年产11.50亿支花色针项目	新增建设用地面积22152.13平方米，建筑面积57000平方米	24000	3000	7381	148	已完成主体结顶，处于竣工验收阶段	温州空港新区管理中心、浙江康德莱医疗器械股份有限公司
20	浙南科技城瑶北单元（11-B-18地块）综合体及智慧停车建设工程	用地面积13304平方米，建筑面积50555平方米，地上建筑面积26608平方米，地下建筑面积24953平方米	49294	482	16190	147	土方开挖，地下室底板结构完成至60%，负一层板开始施工	浙南科技城建设投资集团有限公司

万平方米，工程造价4亿元。区住建局加强工程质量、安全生产等监管工作，通过开工审查、控制点验收、线上线下巡查等手段，重点严查“二类企业”“四类工程”，严格实施“十个一律”。全年累计开展安全检查752次，下发整改通知书391份，约谈企业26家，对111个工程共150家单位实行诚信扣分。累计开展工程节点验收396次，混凝土等专项质量检查48次，住宅全装修专项治理住宅项目73个。

【住建审批改革】 2021年，龙湾区纵深推进住建审批改革，探索实施一般企业投资项目从赋码备案到竣工验收审批“最多80天”、企业投资低风险小型项目审批“最多20个工作日”等改革举措，助推中国眼谷、瑞浦新能源等一批重大项目早日开工建设。推进政府数字化转型工作，提升“互联网+政务服务”指标，年内，住建局常办事项19项，其中即办率、承诺时限压缩比等指标均实现100%，办理审批件14471件。全年住建窗口在政务服务中心窗口评比中实现红旗月月红、全年红，再度蝉联区示范红旗窗口。

（王依纯）

房地产管理

【概况】 2021年，温州市龙湾区本级房地产开发投资下降12%，占固

2021年4月29日，汤西城中村改造工程工地举行首次开放日活动 （朱逸琳/摄）

定资产投资比重为34.1%，新增商品房72.08万平方米，比上年同期下降41.5%，其中商品住房48.27万平方米，同比下降58.9%。全年房屋施工面积567.04万平方米，其中住宅施工面积391.26万平方米；商品房销售面积70.30万平方米，下降32.1%，其中住宅销售面积57.53万平方米，下降37.2%；商品房销售额147.61亿元，下降30.3%；网签二手房3399套，建筑面积37.69万平方米，同比增长11.7%，其中网签二手住房2898套，建筑面积35.62万平方米，同比增长17%；全区商品房库存64.21万套；网签销售商品房72.60万平方米，同比下降37.8%，其中商品住房63.46万平方米，同比下降42.2%。

【住房保障】 2021年，区房产管理中心按照“应保尽保”原则，扩展住房保障范围，推进住房保障工作。组织召开龙湾区第二批人才住房配售活动，可配售房源177套，试行人才住房常态化配售，将如意里、维港名苑、世海华庭等三个人才配建房项目纳入首批配售房源，总建筑面积28825.30平方米，总套数280套，累计发放人才租购补贴762万元。组织开展公租房实物配租摸文大会，成功配租224套。出台《温州市龙湾区中低收入住房困难家庭及环卫公共服务行业申请公共租赁住房保障实施细则》，在全市率先发放环卫一线职工住房补贴，纳入租赁住房保障575户，累计发放公租房补贴968.79万元，获副市长李无文批示肯定。

【物业管理】 2021年，区房产管理中心持续强化物业监管，加大对住宅小区文明创卫、疫情防控工作监管力度，严格把关住宅小区物业用房移交、物业服务合同备案。全年办理前期物业招投标备案16件（已开标备案16件），物业用房配置协议备案6件，物业合同备案33件，物业用房移交备案13件。

（王依纯）

综合行政执法

【概况】 2021年，温州市龙湾区综合行政执法局完成一般程序案件立案53972件，办结53762件，罚款金额2482.73万元。其中简易程序案件51416件，金额588.08万元；一般程序案件立案2456件，结案2346件，金额1894.64万元。拆除违法建筑77.90万平方米，任务完成率173.1%。年内龙湾钟秀园获评“省级优质综合公园”，龙湾高新大道获评“省级街容示范街”，龙湾区人民检察院、青山控股集团有限公司获评“省级园林式居住单位”。

【市政基础设施维护】 2021年，区行政综合执法局加强基础建设维护，市政功能实现新提升。加强市政排水管网整治，持续做好东片污水处理厂运行监管，各项指标保持一级A排放标准。着力推进黑臭水体治理、污水零直排等工作，完成三级管网维养295千米，完成年度任务268.2%。办理排水许可742户，立案查处排水类案件81起。实施新一轮排水管网整治三年行动，年度24个项目全部进场施工，年底已完工4个，完成投资9100万元。加强城市道路整治提升，牵头提升整治龙江路、永中西路、永定路等奥体周边3条道路，打造环海东路（永昌堡）古堡文化、宁城西路百家姓文化市政特色化道路。维养道路40万平方米，做好路灯设施维护，亮灯率达99%。

【城市安全运行】 2021年，区行政综合执法局加强城市安全运行监管。首创联勤联动联合“三联”执法机制，保障地下市政公用设施安全运行。开展城市运行领域安全生产大排查大整治，整治D级桥梁6座，完成全区294座市政桥梁、15条城市道路安全检测。开展燃气检查604次，立案查处燃气经营使用违法行为23起，城镇燃气安全生产“零事故”。

【城市生活垃圾分类】 2021年，区行政综合执法局有序推进生活垃圾分类工作。城区（含住宅小区、机关企事业单位、公共机构、社团组织、商铺等）垃圾分类覆盖率、农村垃圾分类覆盖率、生活垃圾资源化利用率、无害化处理率等四个关键指标均达到100%。着力打造永兴下兴村优化“无桶村”项目、沧河村“垃圾不落地”项目、汤家桥农贸市场易腐垃圾就地处置等试点工作，其中汤家桥农贸市场实现易腐垃圾就地减量率90%以

2021 年与前 4 年龙湾区行政处罚案件数量对比表

表 33

案件类型 / 年份	2017 年	2018 年	2019 年	2020 年	2021 年
一般程序案件立案	1600	2032	3033	2659	2458
一般程序案件办结	1708	1795	2322	2529	2348
简易程序案件立案	48498	59426	68210	43963	51414
简易程序案件办结	48498	59426	68687	43963	51414

2021 年与前 4 年龙湾区数字城管接投诉举报数量对比表

表 34

类别 / 年份	数字城管		投诉举报（含 12345、96310、应急联动等）		
	应处置数（件）	结案率（%）	案件总数（件）	政务平台案件数（件）	办结率（%）
2017	94691	99.52	21976	2124	98.80
2018	87609	99.85	21118	2920	99.60
2019	84577	99.99	16865	2547	99.97
2020	101742	99.99	16199	2668	98
2021	106491	99.84	19597	2195	99.94

上。持续推进改革创新，在全省率先将“一房两点”列为新建住宅“硬标”，现已有 38 个在建安置房项目将“一房两点”纳入总平面图设计方案，并通过老旧小区提升改造项目配建垃圾分类设施 35 座。推进垃圾分类示范小区建设，已创建省、市级示范片区 1 个，省、市级高标准示范小区 21 个，2 条“定时定点”商业街。全年贯彻落实《浙江省生活垃圾管理条例》等新出台法律法规，累计办理相关案件 623 件。

【城市特色园林绿化建设】 2021 年，区行政综合执法局持续推进城市特色园林绿化建设，改造提升，城市空间增添新绿景，按照“一园一品一特色”理念，分别在龙翔湖公园、河泥荡公园打造荷塘月色、水月河泥荡主题。其中龙翔湖荷塘月色文化主题公园于 6 月完工，7 月 1 日，举办龙湾区首届“清风送‘莲’逐梦百年”荷花展；河泥荡公园 11 月完工，11 月 19 日，举办龙湾区首届“菊耀龙湾·共富共赏”主题菊花展。利用城市边角地、闲置地等零星地块，改造微型公园 6 座。推进城市绿化创优工程，年内龙湾区人民检察院、青山控股集团总部、钟秀园获评推荐省级城市特色园林绿化建设创优工程。

【市容市貌整治】 2021 年，区行政综合执法局推进全域环境综合整治提升三年行动计划，全面提升区域整体市容市貌，全区完成市容市貌提升项目 77 个。开展建筑垃圾陆路运输专项整治百日攻坚行动，共出动 5378 人次，检查车辆 3868 车次，立案查处违法案件 392 件。创新推行渣土违法处置涉事企业暂停审批机制，实施惩戒 149 家企业，净化渣土运输行业生态。深化“无违建”创建，推进“三改一拆”工作，拆除违法建筑 77.90 万平方米，任务完成率 173.1%。开展违法堆放集装箱和违法搭建活动板房专项整治，完成处置集装箱、活动板房 1976 个。推进“四边三化”，完成问题点位整改 734 处。

【“大综合一体化“改革】 2021 年，区行政综合执法局加强行政执法工作，落实“大综合一体化”改革任务。成立综合行政执法指导办公室，制定出台《“大综合一体化”行政执法改革工作专班方案》。推动执法力量下沉，成立状元街道综合行政执法队，推进状元街道试点“一支队伍管执法”。推进部门职能划转，510 项职能已全部划转到位。强化法制业务能力提升，开展 8 次全局法制业务集中培训。加大案件办理力度，完成一般程序案件立案 2428 件，办结 2243 件，罚款金额 4681.50 万元。12 月 19 日，

2021 年 11 月 19 日，龙湾区首届菊花展在河泥荡公园开幕　（叶晓东／摄）

2021年7月29日，龙湾区首个社区垃圾分类科学馆亮相瑶溪街道瑶溪村

（叶晓东／摄）

全区成立首个街道综合执法队——状元街道综合行政执法队。

【执法便民服务】 2021年，区行政综合执法局加强城市执法便民服务工作。打造城管驿站，打通城市管理“最后一公里”，完成“警城联勤联动”罗西社区城管驿站、“3+N”模式龙翔湖城管驿站等6座城管驿站建设。联合部门开展“综合查一次”，实现“进一次门，查所有事”，完成双随机任务20个，检查对象139家。聚焦城市“停车难”，推进智慧停车改革，累计完成村级停车场8个、大货车停车场5个、公共停车场建造4个，智慧停车应用场景成功接入数字政府门户网站并在“浙里办”上线。

（方　展）

不动产登记

【概况】 2021年，温州市不动产龙湾办证处贯彻落实数字政府转型升级、政务服务“最多跑一次”改革，推进“掌办”“网办”，推动不动产登记业务向街道延伸，提升便民利民服务水平。全年龙湾办证处提供各类不动产登记总计47671件，其中线下登记15152件，线上登记32519件；提供各类不动产登记线下查询服务13504次，完成办理各类不动产线下登记34858件，线上登记15736件；累计受理法院、街道、个人及其他单位函101件，办结12345政务热线、网络问政、在线咨询等各类平台咨询件206件，解决辖区内历史遗留问题24件。获企业和群众满意和点赞，收到企业和群众自发赠送锦旗11面，感谢信2封。年内办证处获评2021龙湾区考绩优秀单位。

【数字化改革】 2021年，温州市不动产龙湾办证处依托浙江政务服务网平台，推进不动产数字化转型升级。拓展不动产登记网上办理渠道，设立自助办理服务区和自助专窗，完善自助区线上登记流程，导办员做好引导工作，优化窗口，线上登记占全部登记业务量比例达75%。打造以智慧化行政服务中心为核心，配套N个便利化街道办事网点“1+N”政务服务新体系，将“一窗通办”升级为“全区通办”，对接全区6个街道，优化延伸服务点建设，状元街道新周家园，海滨街道教新家园、欧旭景园，永兴街道秀水景园于街道延伸点已办理安置房520余套。

【不动产登记“一件事”改革】 2021年，市不动产龙湾办证处创新司法拍卖不动产登记“一件事”改革。通过部门联动“提前审”、设立专窗“当场办”等举措，买受人只需跑一次即可实现到场即办，提升不动产登记便利度，全年司法拍卖“一件事”专窗共受理司法拍卖不动产登记16件。“微创新”不动产登记信息“码上查”，将原有不动产权证书附图页由纸质版宗地图升级为二维码，用手机微信、支付宝或“浙里办”App“扫一扫”证书附图页二维码，既可实时查看所属不动产对应内容，实现“最多跑一次”到“查询0次跑”转变。

【不动产难题化解】 2021年，市不动产龙湾办证处化解周宅城中村改造项目、温州洲亿国际大酒店管理有限公司地下室项、黄玉珍直改套等多个不动产登记历史遗留难题。化解产权注销登记难题，经多方沟通协调，破解当前安置房工程、城中村改造等项目推进中档案信息不全、房地未挂接等注销难题。办证处已完成地块清零4个，协助街道查询8009件，协调龙湾区资规分局提出对策为市公用集团名下2家企业共21处不动产解决历史遗留办证难题。

【安置房产权证办理】 2021年，市不动产龙湾办证处推进龙湾区安置房产权证办理，加强部门沟通协调，多次召开产证办理协调会，解决初始产权证办理工作、民生问题。全年累计办理16个安置房项目，共计8684套住宅、商业不动产权证。

（章瑶琳）

住房公积金管理

【概况】 2021年，温州市住房公积金龙湾管理部推进数字化改革，助力政务服务提档升级。归集住房公积金收入8.80亿元，比上年同期增长15.1%，完成率112.1%。正常缴存单位数2138家，正常缴存职工人数4.48

2021 年 6 月 15 日，龙湾区举行二手房个人住房公积金贷款、商业贷款和不动产登记业务联办签约仪式（李慧静/摄）

万人，住房公积金余额 20.45 亿元，同比增长 12.4%。办理职工住房公积金提取 12.35 万人次，同比增长 19.6%，提取金额 6.53 亿元，同比增长 9.4%。支持龙湾区职工廉租房建设，改善职工群众居住条件，全年划拨公积金贷款增值收益 1624.70 万元。年内，温州市住房公积金管理中心龙湾管理部获评 2021 年温州市住房公积金系统目标责任制考核先进单位。

【住房公积金扩面工程】 2021 年，市公积金龙湾管理部统筹协调推进住房公积金扩面工作。推进区域物业施工企业扩面，龙湾区在施工、监理、设计、勘察、咨询等企业有 110 家，缴纳住房公积金企业 68 家，新增缴存住房公积金职工数 396 人，完成目标任务率 41.3%。联合委托银行扩面，走访受托银行机构优质客户、各商会、各行业协会，宣传推进住房公积金建缴事宜。农行建缴住房公积金 778 人，中行建缴住房公积金 710 人，农商行建缴住房公积金 1229 人，合计建缴 2717 人，完成率 150.9%。全年走访 120 余家企业，开展宣传讲座 8 余场，月均实缴住房公积金人数 6413 人，完成率 152.7%。

【住房公积金贷款】 2021 年，市公积金龙湾管理部发放住房公积金贷款 1269 笔，金额 6.05 亿元，比上年同期增长 26.4%。期末在贷 5346 笔，贷款余额 24.97 亿元，同比增长 17.5%。其中，异地贷款 121 笔，贷款余额 5265.81 万元。依托政务网，打通业务数据跨部门流转，实现住房公积金贷款“一件事”、预转现线上抵押登记“一件事”迭代升级，全年共办理住房公积金贷款“一件事”1268 笔，办理率 99.9%；提前住房公积金还贷“一件事”办理 429 笔，办理率 100%。

【边买边贷新模式】 2021 年，市公积金龙湾管理部改革创新，探索二手房个人住房公积金贷款审批前置，不动产转移、抵押登记同步办理的新模式。通过改革受理模式、优化办事流程，实现贷款、转移、抵押业务联办。前置审批，职工不需要通过垫资就可以办理二手房个人住房公积金贷款、转移、抵押登记手续，破解职工“过桥资金”周转难题。整合流程，职工取得不动产证后，放款时间缩短为 15 个工作日，提速 32%。温州市住房公积金管理中心龙湾管理部边买边贷新模式获全国住房与建设舆情监测中心、浙江省建设厅、《浙江日报》、温州市政务信息、《温州日报》、龙湾区政务信息等宣传报道。

【数字化综合服务】 2021 年，市公积金龙湾管理部运用政务服务 2.0 平台，协作推进“一件事”改革。探索“跨省通办”，深化“基数调整一件事”，推进“异地个人住房公积金贷款一件事”，实时获取异地缴存信息，实现住房公积金缴存信息数据跨地区流转。加快落实住房公积金竞争性存放业务。全年住房公积金竞争性存放业务招标存放资金 1.40 亿元，其中龙湾农商银行中标 5600 万元，农行龙湾支行中标 4600 万元，中行龙湾支行中标 3800 万元。落实“510”计划住房公积金补贴，审核通过企业 14 家，共计 2.09 万元。政务服务 2.0 收件 29504 件，收件率 97.8%。推行“123456”服务新机制，打造政务示范窗口。全面优化“站立式”服务、引导咨询服务、上门服务、延时服务等，全年为企业提供上门服务约 120 余人次、延时服务 150 余人次。

【监督管理】 2021 年，市公积金龙湾管理部建立日常监督机制，提升业务办理效率。强化审计稽核督查，建立健全审计稽核工作制度，加强审计稽核自查，迎接各级各类资金管理、政策执行和业务运行审计稽核工作，做好各类审计问题整改，严肃查纠违法违规行为，防范和降低住房公积金运营风险，提高审计稽核实效。审计销户提取状态人员账户有余额信息，超年龄缴存，贷后停缴等问题 11 次。强化楼盘签约管理，通过审批权限下放，深化服务流程再造，提高楼盘签约管理水平。全年成功签约 48 个楼盘。

（陈　斯）

生态环境建设

【概况】 2021 年，温州市龙湾区围绕生态文明建设，践行“绿水青山就是金山银山”理念，统筹推进治气、治水、治土、治废等各项工作，提升辖区综合环境质量。全年创建完成“污水零直排区”街道 6 个，永强塘河流

2021 年 12 月 20 日，住房公积金“数字化”综合服务区正式对外服务
（市公积金龙湾管理部供稿）

域水生态系统综合整治项目获中央资金补助4600万元，生态满意度全省排名第73名，比上年同期提升7名。环境空气优良率已连续8年，连续2年获评“五水共治”大禹鼎银鼎。年内龙湾区行业企业用地土壤污染状况调查工作获生态环境部授予“表现突出的集体”。

【大气污染整治】 2021年，区生态环境分局持续开展汽车维修等行业为重点新一轮行业整治行动，整治汽修（含喷漆）行业企业52家，预拌混凝土、砂浆行业企业7家。开展涉VOCs问题排查整治，摸排企业146家，完成VOCs治理企业8家。充分借助无人机、激光雷达、高空瞭望自动报警、道路扬尘自动监测等科技手段辅助开展扬尘治理，在状元街道试点探索码头堆场扬尘管控“全闭环”措施。全年龙湾区PM2.5平均浓度为23微克/米^3，比上年同期下降1微克/米^3；PM10平均浓度为56微克/米^3，同比上升1微克/米^3；空气优良率为98.3%，同比上升0.4个百分点。

【水污染整治】 2021年，区生态环境分局持续推进水污染整治。市级“五水共治”（河长制）重点项目计划投资8.36亿元，水污染项目36项，累计完成12.70亿元，完成率151.9%。龙湾断面水质稳定在Ⅱ类，屿田、十字河、瑶溪断面水质均稳定在Ⅲ类，永中断面为Ⅳ类，水环境功能区水质达标率100%。完成海滨、永兴街道“污水零直排区”镇街创建水污染项目32个，累计投资1.40亿元，6个街道“污水零直排区”镇街创建全部完成。完成永中中心工业园区、海滨蓝田化工园、蓝田工业园区、永兴北园、南园、金海工业园区“污水零直排区”创建县级验收。全面启动永强塘河流域水生态系统综合治理项目，开展入海排（污）口及入海河流专项整治行动，完成排污口封堵、整治86处，清理海漂垃圾388吨。持续深化区、街道、村三级河长制体系，落实三级河长共计247人，各级河长巡河履职2.50万人次，处理河道问题2025个，全年区、街道两级河长平均巡河率98.4%。

【土地污染整治】 2021年，区生态环境分局严抓落实土壤污染状况调查，持续推进土地污染整治。推进浙南科技城02-E-02等地块治理修复工作，已修复地块面积36.10万平方米，修复污染土壤量9.50万立方米，治理污染地下水量5.40万立方米。完成农用地土壤镉等重金属污染排查，完成沿江沿河重点工业园区地下水污染扩散排查，完成44家地下水污染重点企业自行监测和管控（治理）方案编制工作，完成62个疑似污染地块调查工作，污染地块安全利用率持续维持100%。

【“无废城市”创建】 2021年，区生态环境分局锚定五星级省级“无废城市”创建目标，创新环境治理模式，构建全民参与社会行动体系，高标准高质量推进全域“无废城市”建设。实现36项创建指标全攻克，67项重点任务全完成，6项重点工程全落实。组建“龙湾区无废城市技术产业联盟”，研发6项先进处理技术，在全省首批10个全域“无废城市”建设先进适用技术评选中占2席。15家企业上榜温州市“无废企业”名单，数量全市排名第一。打造龙湾“无废城市”App，将区域内1400余家产废企业全部纳入规范化管理，促进城市固废产生、运输和处理整个生命周期智慧地感知、分析、集成和应对。在全市率先探索建立“互联网+固废管家”工业固废治理体系，上线“滴滴打车式”线上交易平台，破解小微企业固废危废难题，实现小微危废服务全区覆盖。全年建立“无废村”“无桶村”“生态旅游”示范亮点4个，区“无废城市”相关经验做法信息获浙江省委信息、《中国环境报》等媒体报道。

【生态保护督察整改】 2021年，区生态环境分局加强生态环境保护督察，制定出台《龙湾区第二轮中央生态环境保护督察反馈意见整改方案》，做好各类上级督察反馈意见和交办信访件问题整改。第二轮央督12项反馈问题已完成整改4项，举一反三清零行动17项问题已完成整改5项，交办29件信访件已全部完成整改并销号。全年省委生态环境保护专项督察交办信访件4件已完成整改3件，中央巡视反馈3项问题已全部完成整改，全面完成电镀基地综合整治，拆除生产线 33 条，立案企业 9 家。

【环境监管执法】 2021 年，区生态环境分局持续强化环境监管执法，统筹推进“蓝天·清废”“碧水保卫”1 号、“排查见底百日攻坚”“绿剑”执法、大气污染整治联合执法等系列专项执法行动，严打环境污染违法犯罪行为，坚持源头严控，通过在线监控系统，对重点排污单位实现24小时严密监控。全年共出动环境执法人员 2898 人次，检查企业 1528 家次，打击取缔非法企业 69 家次，行政处罚案件 46 起，处罚金额 571.20 万元，行政拘留 8 人，刑事拘留 5 人；受理各类环境信访纠纷举报 804 件，办结率 100%；开展环境风险隐患整治，结合“8 + 3”重点领域安全生产专项整治行动、安全隐患大排查大整治专项行动，排查并整改安全生产风险点、危险废物等领域安全隐患、重点环境风险源相关隐患 172 个。

【污染物减排】 2021 年，区生态环境分局常态化开展污染物减排，运用关停落后产能、工程治理、严格监管等手段，对污染物有效减排。全年关停企业 74 家，低氮改造企业 30 家，削减化学需氧量 21.93 吨、氨氮 11.55 吨、氮氧化物 74.37 吨、挥发性有机物 92.13 吨。

【生态环境审批“最多跑一次”】 2021 年，区生态环境分局落实生态环境审批“最多跑一次”工作，不断优化环保审批服务。推进“区域环评 + 环境标准”改革，全年建设项目环评报告书审批 14 份，报告表审批 123 份，登记表备案 338 份，核发辐射安全许可证 20 个，新发换发排污许可证 187 件，完成排污登记备案企业 130 家。

【生态环境改革创新】 2021 年，区生态环境分局围绕政府数字化转型和省、市环保系统提出发现机制试点工作，开展改革创新行动。成立龙湾区生态环境协会，整合中介机构、企业河长、自律巡逻队等民间力量，引导公众参与环境治理。建成龙湾区生态环境数字化管理系统（一期）。开展电镀园区、精铸小微园、特殊钢小微园等工业园区企业工况设备安装，接入工况点位 212 个，发现并处置工况预警 1800 余起。建立企业环保自律巡逻机制，组织企业成立环保自律巡逻队，对重点区域、企业开展环保自律巡查，及时消除环境污染隐患，已建立企业环保自律巡逻 3 支，参与企业 88 家。全年累计发现并解决环境问题 200 余个，涉及刑事案件 4 起。

【生态环境宣传】 2021 年，区生态环境分局加强生态环境宣传。在《中国环境报》刊发新闻报道 4 篇、《浙江日报》2 篇、《温州日报》等市、县级各大主要媒体共刊发报道 91 篇；“龙湾生态环境”共发布信息 193 条（篇），累计阅读量 9.09 万人。开展“环保定向赛”“新闻发布会”“环保宣传进机关”“环保公益课”“公众设施开放”“无废新风尚”等主题宣传活动 11 场，累计参与人数 6000 多人。全年新创成美丽温州体验地 2 个、累计美丽温州体验地 38 个，环保设施开放单位 3 家、生态文明教育基地 4 家、绿色学校 29 所，构建起生态文明教育网络新格局。

（卢海鹏）

温瑞塘河治理

【概况】 2021 年，温州市龙湾区塘河建设中心围绕“四个塘河”建设目标，重点推进“两线三片”塘河沿线开发项目建设，融合多元文化，打造滨水主题公园，持续推进河道水质改善。全年“大建大美”塘河沿线项目建设 10 个，已累计完成投资 4.57 亿元，完成投资计划率 161%；塘河沿线开发建设工作县（市、区）“六比竞赛”活动考核中获第二名。

【沿河景观工程建设】 2021 年，区塘河建设中心开展永中街道青山直河（龙江路—龙海路段）沿河景观工程建设。沿青山直河 3.60 千米滨水绿道布设井冈山精神景石群、红色长征地雕、平语近人景观带、龙湾大事记主题长廊等景观节点，打通绿道断点 7 处。在桥下空间布置龙湾非物质文化遗产宣传内容，建成 3.60 千米红色滨水主题教育公园，获人民网、“学习强国”平台、《温州日报》等媒体先后报道。

2021 年 9 月 4 日，2021 温州市“奔跑吧·环保”城市定向赛在吾悦广场举行
（区生态环境分局供稿）

【十字河绿道工程建设】 2021年，区塘河建设中心开展状元街道十字河沿岸绿道贯通工程建设，沿线绿道下穿龙腾南路与龙旺路，贯通至机场大道及兴元路，全长约2千米，总投资599万元，总用地面积19640平方米。通过对沿线自来水厂、状元三小等公建单位沿河围墙拆除退让、对沿线社区绿道进行贯通拓宽、绿化提升、在供水管上架人行桥等方式，成功打造出一条“休闲山水”风格滨水慢行绿道，解决十几年未贯通历史遗留卡点，方便市民出行和休闲。

【河道生态治理】 2021年，区塘河建设中心在塘河水质改善方面持续发力，围绕区4个市级及以上水质监测断面，加强对14条重要河道原有水生植物、养护设施维护，推进入河污染源溯源治理，稳定河道生态环境和自净能力，站位水质指标全年稳定在V类水以上。重点推进永强塘河流域水生态治理项目建设，项目入选中央生态环境资金项目储备库，获中央水污染防治专项资金4600万元，已完成项目设计。

（张诗如）

2021年，永强塘河整治后现状 （区生态环境分局供稿）

交通·邮政·通信

瓯海大道东延及枢纽集散系统工程　　（中交一公局集团供稿）

交通路网建设

道路运输

民　航

邮政快递

通　信

天河水库　　（区摄影协会供稿）

交通路网建设

【概况】 2021年，温州市龙湾区交建中心紧扣龙湾区“一区五城”建设战略机遇，打造东部交通枢纽，重点推进轨道、高速、国道、省道等交通路网建设。全年完成区本级交通项目有效投资4.13亿元，完成率140%。配合完成市级交通项目有效投资17.64亿元。年内，市域铁路S1线瑶溪、永强两站安置房建设工程获评2021年温州市建设工程“瓯江杯”、标化工地，其中，永强安置房工程获评2021年浙江省标化工地。区交通工程建设中心获评2021年温州市“大干交通”先进集体。

【交通工程建设】 2021年，区交建中心实施项目清单化管理，推进重大交通项目建设。开工建设省重点项目机场大道东延工程，推进永昌路改建和通海大道西段工程，各完成总工程量20%和34%。G330国道龙湾永中段完成机电、绿化等专项验收，养护站（区应急智能停车场）开工建设。G228国道龙湾海滨段和瓯江南口大桥南接线工程通过竣工验收，完成市域铁路S1线科技城站桥下空间及TOD周边地块绿化工程。完成永中C-02地块土壤污染状况初步调查、备案。

【交通工程设计】 2021年，区交建中心优化交通工程项目流程，加快交通工程项目设计，确保交通工程建设项目顺利推进。全年完成机场大道东延工程初步设计、施工图批复和航评、防洪、环评等专题审批。完成市域铁路S1线科技城站桥下空间利用及TOD周边地块绿化工程初步设计。完成永中C-02地块土壤污染状况初步调查及备案。完成金丽温东延线及其相关项目资金需求、市域铁路S1线（龙湾段）资金平衡等初步测算，市级项目资本金到位7.48亿元。

【交通工程政策处理】 2021年，区交建中心全面完成金丽温东延线、永昌路改建、通海大道西段等工程政策处理工作。涉及3个街道25个村，征收房屋1012户，共42.95万平方米，土地交付68.18公顷。完成市域铁路S1线征地农民社保专项任务，发放征地批复111个，征收村集体土地32.64公顷，落实被征地农民社保人数688人。全面完成市域铁路S1线瑶溪、永强、龙腾三大安置房竣工验收及备案，安置房建筑总面积26.57万平方米，房源1301套，完成投资0.92亿元。全年完成安置房认购交付695套，涉及永中、海滨、状元、永兴、瑶溪5个街道拆迁户391户。全年完成清理批而未供土地15.09公顷，完成率105.3%。提前完成永兴A-38地块做地，出让瑶溪A-26地块，收入地块出让金13.48亿元。到位市级交通项目政策处理资金1.40亿元。

（胡牡娜）

2021年7月15日，龙湾开展水域码头整治拆除作业　（区交通运输局供稿）

道路运输

【概况】 2021年，温州市龙湾区围绕打造东部枢纽新城总目标，编制综合交通“十四五”规划，实施“1236”计划，打造1个贯通南北、连接东西温州东部综合交通枢纽，构建对外“1+2交通圈”和内部“15+30交通圈”，实施“枢纽打造、通道建设、区域联通、内部路网、公共运输、现代物流”六大工程，全年完成综合交通投资41.35亿元，完成率92.1%。其中区本级完成投资18.87亿元，完成率110%。全区公路密度103千米/百平方千米，公路通达率100%；公路里程296.58千米，其中境内高速公路里程34.70千米，一级公路84.69千米，二级公路18.96千米，三级公路8.99千米，四级公路141.83千米，准四级公路7.40千米；实有公共汽（电）车营运车辆1272辆，客运班车通车率100%；共有公交线路65条，其中市区49条，城乡公交线路16条，完成163辆公交车新能源更新，新建智能站牌30个；新建公共停车位697个、配建停车位9508个；新建和改造农村公路8.50千米，实施国省道干线公路路面大中修和预防性养护1.32千米，国、省道隧道提质升级3座，县乡道改造提升2.32千米。

【交通重点工程项目】 2021年，区交通运输局完成《温州东部新城概念性规划及城市设计》中期成果编制，加快推进交通重点工程项目建设。温州东部综合交通枢纽项目将建成具有国际视野、世界一流“第四代+”空铁枢纽典范。甬台温高速改扩建工程龙湾段完成工可审查。机场三期工程完成先行开工项目停机坪工程规划选址和土地预审，工可获省发改委批复。机场大道东延主体工程完成施工图批复，被省发改委增列省重点工程项目；拓宽工程完成工可批复和初步设计审查。沿江快速路学院路至温州东及文昌路段工程完成立项和施工单位招投标。

【公路管养】 2021年，区交通运输局加强公路管养。开展S332温强线路面大中修，S332温强线白楼下桥应急抢修，累计完成危桥改造2座、隧道提升3座。完成国省道公路标志标线增设和公路日常交安设施维护工程。开展公路日常小修保养工作，累计修复沥青面积3.20万平方米，清理边沟2900米。完成市四边三化系统公路边312处点位整治。开展永宁西路、塘永线、龙岗上山公路等农村公路修复12千米，改造提升农村公路永裕西路、兴华路等5条，共8千米。

【交通拥堵治理】 2021年，区交通运输局开展交通拥堵治理工作。开展温州大道东延（甬江路—龙腾路段）工程、兴区路（黄屿大道东端—文丰路）工程、机场大道（原收费站—白楼下桥段）等3个堵点整治，温州大道东延作为全省城市交通治堵工作会议堵点整治样板现场考察点。加快公交站场建设，空港新区公交枢纽完工验收，浙南科技城公交首末站结顶。全年新增停车位9502个，新改建城市道路7.04千米，打通雁荡中路（新安江路—衢江路段）、浙南科技城水埠路2条断头路。新增优化公交线路15条，开通社区巴士附二医专线。设立棋盘公交临时停靠站，开通天柱东篱下定制公交线路和创客园微公交，新改建公交候车廊30个。

【行业管理】 2021年，区交通运输局开展安全生产专项整治三年行动、百日攻坚活动，强化重点领域安全生产风险管控。开展平安交通创建明察暗访工作，共检查企业（场所）36处，完成整改隐患14个。完成自然灾害公路承灾体普查、建成危化品公共停车场1个、完成公路低荷载桥梁和隧道整治工作等。全年辖区内主管监督项目质量总体受控，全区交通工程施工、养护生产和渔船渡口等方面没有发生安全生产事故，继续保持安全生产平稳的态势。加快龙湾水域码头整治工作，全年在规定时间内关停和拆除非法码头2个，关停历史码头21个。

【外来涉疫人员转运】 2021年，区交通运输局加紧疫情防控常态化监管。落实车辆转运入境到温州人员到指定地点，累计出车2828趟次，运送隔离人员3822人。8月，开始安排专职人员赴上海参与对海外人员来境及境内转运工作，累计从上海到嘉兴转运592人，从嘉兴、杭州转运到温州人员234人。11月6日起，负责温州火车站与动车站专班物资、设备及车辆等后勤工作，安排96趟车转运135人。12月13日起，在温州东和机场2处高速口设卡，负责专班物资、设备及车辆等后勤工作。

（曹成龙）

民　航

【概况】 2021年，温州龙湾国际机场高分通过“平安民航”建设考核，通过华东地区运输机场空防安全保障能力评估，获评“全国禁毒示范机场”。完成中国共产党成立100周年、党的十九届六中全会、省市两会、“世界青年科学家峰会”、中国（温州）新时代“两个健康”论坛等各类重大安保维稳任务。全年完成起降航班8.06万架次，旅客吞吐量923.14万人次，比上年同期分别增长9.3%、5.1%；货邮吞吐量7.32万吨，同比下降0.5%。旅客吞吐量位列全国机场第33名。实现营业总收入6.68亿元，同比增长5.4%，其中航空性业务收入4.06亿元，占比61.8%。营运国内外客货运航线180条，累计通航城市167个。开通意大利米兰、美国洛杉矶等国际货运航班，实现航班放行正常率88.8%，实现第32个安全生产年。

【新冠肺炎疫情外防输入】 2021年，温州龙湾国际机场运用四级监督检查机制，落实“双码”联查、旅客核酸检测等防控政策，落实常态化防控要求。迭代升级健康码闸机系统和ACDM系统，实现温州防疫码核验过闸和航班运行全流程监控。实施行李货物六面消杀和分级分区处置，做好垃圾处置，公共区域通风消毒和环境核酸检测。严格按照“两集中”“四固定”“四指定”要求，完成国际货运航班保障。全年，累计处置涉疫航班3396架次，移交疾控部门1.80万人。全员疫苗接种率100%（除禁忌症外），实施全员分类分频次常态化核酸检测14.20万人次，确保“零感染”。

【航空运行服务管理】 2021年，温州龙湾国际机场细化安全生产责任落实，深化安全管理体系建设。开展机坪运行安全和危险品航空运输专项整治，建立机场安全督查网络，推动法定自查与安全监察有效结合，全年EASP系统上报安全隐患比上年同期增加69.6%。加快推进服务平台建设，试运行12326民航服务质量监督平台，引入CAPSE第三方旅客满意度线上评测机构，推进航站楼无障碍设施改造。与重庆机场等合作推出“真情服务+”异地共享服务平台。推出“温杭快线”“温舟航线”旅客48小时免费停车服务以及候机楼自助快递柜服务等便民举措。治理高频延误航班，开辟灵活航路，启用全国流量系统，全年航班正点率达88.8%。服务绩效考核成绩连续三年获省内第一。彩虹服务班组获评民航局“民航服务质量品牌建设”专项行动先进班组、“全国五一巾帼标兵岗”。

【数字化建设】 2021年，温州龙湾国际机场编制数字化改革行动方案，围绕管理、运行、安全、物流等应用场景需求实施30余项智慧化建设项目，建成大数据中心（一期）、易安检、合同管理系统和收入结算系统等17个项目，并投入运行。

【枢纽项目建设】 2021年，温州龙湾国际机场加快重大项目建设，打造综合交通枢纽。三期扩建项目预可研报告通过省发改委评审及中国民航局行业评审，三期改扩建机坪工程获省发改委批复，初步设计完成审批并已开标。启动航空物流园一期项目（机场三期扩建货运区项目，用地约40公顷）前期工作。交通枢纽综合体及公用配套工程完成主体结构。完成国际候机楼过渡改造工程，加快消防站工程施工，垃圾中转站、河道绿化等工程取得阶段性成果。温州龙湾国际机场与顺丰集团开展战略合作，打造顺丰长三角南翼临海空港创新供应链总部基地、浙南航空枢纽项目在温落地。

【客运航线恢复】 2021年，温州龙湾国际机场抢抓机遇，加快客运航线恢复。新增、恢复航点20个，加密航线17条，优化航线57条，实现全国省会城市全覆盖。其中，开通格尔木、拉萨对口扶贫航线和乌鲁木齐直飞航线，打造至北京、广州等3条精品航线，优化“温杭快线”，开通“温舟快线”，过夜飞机最高达38架，创历史新高。推动中联航建立温州基地，中联航浙江分公司在温州完成工商注册。探索运用OTA平台等线上传媒营销模式，举办“银发一簇”错峰出行航空集市，与携程合作开展“雁山瓯水　温暖之州”主题视频直播，参与人数比上年同期增加45%。

【国内外航线新增】 2021年3月28日，桂林航空新开温州—舟山航线，助力构建“省内1小时交通圈”。3月28日，中联航新开温州—大连—伊春航线，由B737-800机型执飞。3月28日，中联航新开温州—东营—北京大兴航线，由B737-800机型执飞。3月28日，金鹏航空新开温州—井冈山—贵阳航线，由B737-800机型执飞。井冈山是温州3月29日，吉祥航空新开温州—青岛—赤峰航线，由A320机型执飞。3月30日，西藏航空新开温州—西宁—格尔木航线，由A319机型执飞。3月30日，西藏航空新开温州—贵阳—拉萨航线，由A319机型执飞。4月1日，深圳航空新开温州—宜宾航线，由B737-800机型执飞。6月9日，成都航空新开温州—吕梁—沈阳航线，由A320机型执飞。6月29日，东方航空新开温州—西安—成都/天府航线，由B737-800机型执飞。10月31日，重庆航空新开温州—宜春—重庆航线，由A320机型执飞。11月2日，长龙航空新开温州—荆州航线，由A320机型执飞。11月17日，九元航空新开温州—郴州—贵阳航线，由B737-800机型执飞。11月18日，春秋航空新开温州—洛阳—兰州航线，由A320机型执飞。11月25日，中联航新开温州—日照—北京大兴航线，由B737-800机型执飞。11月29日，东方航空新开温州—意大利米兰客改货包机航线，由A330-200机型执飞。12月3日，东方航空新开广州—温州—张家口航线，由B737-800机型执飞。12月22日，东方航空新开温州—美国洛杉矶客改货包机航线，由A330-200机型执飞。

【运营城市航点104个】 2021年，温州机场实际运营城市内地航点有101个，分别是北京（首都、大兴）、上海（浦东、虹桥）、广州、成都（双流、天府）、贵阳、天津、南充、邯郸、佛山、临沂、淮安、昆明、杭州、合肥、格尔木、重庆、三亚、巴中、榆林、拉萨、绵阳、襄阳、南通、宜宾、郑州、黔江、徐州、威海、兴义、武汉、西昌、惠州、阿坝、西安、万州、十堰、鄂尔多斯、吕梁、深圳、遵义、乌鲁木齐、大连、长沙、南京、阜阳、铜仁、琼海、南宁、信阳、衡阳、梧州、海拉尔、济南、桂林、岳阳、盐城、宜春、青岛、西宁、张家界、黎平、海口、珠海、石家庄、舟山、荆州、沈阳、丽江、湛江、郴州、哈尔滨、运城、汉中、齐齐哈尔、洛阳、宜昌、连云港、揭阳、北海、日照、毕节、遵义、西双版纳、伊春、张家口、长春、柳州、常德、东营、太原、泸州、银川、井冈山、兰州、烟台、呼和浩特、赤峰、厦门（货机）。港澳台航点1个，为澳门。国际航点2个，分别为米兰（货机）、洛杉矶（货机）。

（邱梦洁）

邮政快递

【概况】 2021年，温州市龙湾邮政管理局对快递行业安全监管按照从严从快原则，坚持发现一起查办一起，决不姑息。全年出动检查人员225人次，检查企业97家次，发现问题87个，立即整改34个。对常态化疫情防控工作进行部署，督促企业严格落实疫情防控主体责任，保障行业全方位安全，全区3470名快递员完成疫苗接种，12月完成2轮快递员全员核酸检测。

【快递企业党组织全覆盖】 2021年龙湾邮政管理局按照省委、市委、区委部署，启动新业态、新就业群体党建工作试点，在温州市率先成立县级快递物流行业党委、县级快递物流行业团工委，温州圆通速递有限公司成立龙湾区首个快递企业妇联组织，全区快递业法人企业实现党组织全覆盖，有10个支部。评出区“最美快递小哥”3人、市“最美快递小哥”1人。

【邮政机构挂牌成立】 2021年11月15日，龙湾邮政管理局成立大会暨揭牌仪式举行。该局设办公室、行业监管科，下设龙湾区邮政业发展与安全中心。主要职责是贯彻执行国家邮政法律法规，方针政策和邮政服务标准，研究拟订辖区邮政发展规划，监督管理龙湾区邮政市场及邮政普遍服务和机要通信等特殊服务实施，负责行业安全生产监管、统计等工作，保障邮

2021 年 11 月 15 日，龙湾邮政管理局成立大会暨揭牌仪式举行

（龙湾邮政管理局供稿）

政通信与信息安全，承办上级邮政管理部门和地方人民政府交办其他事项。

（刘东来）

通　信

【概况】 2021 年，龙湾区推动数字化改革、数字经济发展。推进电信网络建设，建成电信网络 5G 基站 452 个，4G 基站 72 个，皮站 103 个，实现城区、乡镇及产业园区等重点应用场景 5G 网络连续覆盖。推进移动网络建设，千兆光纤网络普遍覆盖，持续打造 4/5G 双优网络，启动 700 兆建设，打造 5G 精品网络，首批开通 700 兆 5G 基站 76 个，5G 基站规模达 1165 个。建设 5G 汇聚机房，已建成 5G 汇聚机房 85 个，实现全区街道全覆盖。

【中国电信龙湾分公司】 2021 年，中国电信龙湾分公司实现运营收入 2.67 亿元，比上年同期增长 7.5%。推进云网融合、绿色低碳新型信息基础设施，互联网出口总带宽 12T 建设，天翼云 X 节点落地和电信集团安全公司等保助手资源落地，提升云服务与云安全能力。全程参与龙湾区和经开区数字政府、党政整体智治、数字经济、数字法治门户建设。联合区农林局，开发龙湾农业大数据和区农林全域监控平台，实现农业管理可视化、产业决策智能化。开拓医卫新市场，配合区卫生局打造未来社区线上 + 线下数字健康平台，推进万顺未来社区健康场景建设项目，促进基本医疗健康服务全覆盖。加快乡村信息基础设施、乡村产业数字化、乡村服务数字化、乡村治理数字化四大工程建设，开通数字乡村云平台。开通瑶溪街道朱宅村、环一村和雄心村通过数字乡村云平台，为 100 位老人发放智能手表，实现数据对接。利用自身云网、AI 智能优势，参与“阳光厨房”工程，打造人民群众、餐饮企业、监管部门一体共建、共治、共享平台，全面提升网络餐饮、学校食堂等食品安全，保障消费者合法权益。全年龙湾“明厨亮灶”视频监控安装 1000 家，建成“爱心翼站”8 家。

【中国移动龙湾分公司】 2021 年，中国移动龙湾分公司加强网络支撑、客户服务，把握 5G 发展和产业转型新机遇，全年实现运营收入 8.25 亿元，比上年同期增长 15.9%，巩固区域市场领先地位。年内中国移动龙湾分公司获评 2021 年浙江移动明星县（区）公司。加强移动网络建设，大力支撑龙湾有线宽带技术升级和双千兆网络接入，OLT 设备规模达到 169 台，宽带资源点 71552 个，专线接入业务 2549 条，家宽用户 224360 户，千兆宽带可接入率 97.4%，千兆宽带安装 18400 条。公司提升平安龙湾保障能力，视频监控与和慧眼数量达 6029 个。打造“数字化改革先行区”主目标，助推龙湾相关企事业单位形成一批有龙湾特色、有实际效用数字化项目。大力推进公安“雪亮工程”、安防小区智能防控建设，助推“平安校园”建设。加快推进通信安全，配合上级公司及公安机关开展反诈工作，对内开展全员断卡行动及反诈承诺，对外配合各级机关开展存量异常用户排查，建立放号预警响应机制。开展“警移联手防诈同行”普法宣传活动 25 场，推广防骗小测试超 1000 次。联合龙湾防诈中心为居民群众发送防诈警示宣传短信累计 113 万条，降低群众涉诈风险。以“警移联手”警示活动和“银龄跨越数字鸿沟”送培活动为着力点，开展“银龄跨越数字鸿沟”专项送培 32 场，覆盖龙湾 6 大街道老年群体 2000 多人。普法宣传项目获评“浙江省第三批优秀普法项目”。

（叶海韵）

【中国联通龙湾分公司】 2021 年，中国联通龙湾分公司实现运营业务收入 9699 万元，比上年同期减少 3201 万元。全面推进公司数字化转型高质量发展，深化 4G 网络共建共享，为解决弱覆盖区域。加速 5G 网络建设，全年新建 5G 基站 169 个。新增开通 L900 基站 28 个，累计建设 4 个综合汇聚机房，敷设传输管道 16 孔千米，打造高带宽、低时延、高私密性 PE-OTN 政企精品网。发挥 5G 赋能工业应用技术优势，助力打造“5G+ 数字工厂”，在 5G+MEC、5G+AR、立体仓库等领域，实现数字产业新发展、智能智造新突破。围绕智慧环保建设目标，打造龙湾联通智慧环保平台，助力监控前端涉污染企业工况设备，完成龙湾智慧环保平台搭建，实现环境监管精准化、综合决策科学化、数据分析智能化。

（林海雁）

金融业

2021 年 3 月 31 日，龙湾区政银战略合作签约仪式在浙南云谷举行　　（区金融工作服务中心供稿）

银行业
保险业

天河水库　　（区摄影协会供稿）

银行业

中国工商银行温州龙湾支行

【概况】 2021年，中国工商银行龙湾支行本外币各项存款余额94.73亿元，比年初增长19.13亿元；各项贷款余额104.66亿元，比年初增长32.72亿元。年内获温州分行系统内经营绩效考评第二名，获评浙江省分行“工银卓越集体”，获颁浙江省分行“先进基层党组织”，获浙江省银行业金融机构安全评估“先进集体”。

【金融服务】 2021年，中国工商银行龙湾支行支持全域未来城区建设，先后发放隐债置换、安置房、机场集团、麦田能源技改等项目贷款累计8.80亿。支持龙湾区安置房建设，提供信贷资金4亿元。开展制造业“秋实春华”专项活动，围绕“区域龙头”“纳税百强”“规上企业”等清单，在全区范围内开展广覆盖面金融走访和上门服务，了解制造业中坚和头部企业需求，通过技改贷款、跨境融资等形式，实现对重点制造业企业金融服务层次多元化，以新发展理念引领制造业高质量发展。

【创新金融产品】 2021年，中国工商银行龙湾支行支持扩大知识产权质押融资。推出“积分贷”“园区贷”“兴农贷”精准支持企业。推进政府债务置换政策，开展无还本续贷业务。实施小微企业“增氧”和“滴灌”工程，着力优化小微企业服务机制。建立小微企业授信“限时答复，按时办结”制度，对企业开户、银行卡、抵押登记等业务简化流程。加大普惠信贷资源倾斜力度，继续执行普惠贷款优惠政策。

【金融防诈服务】 2021年，中国工商银行龙湾支行开展防诈骗和存款保险宣传，打击电信网络新型诈骗和“断卡”行动，全年累计张贴反诈海报21张，发放宣传折页5100张，投放电子导览屏7块，走访企业、社区开展防诈宣传50余次。

（张　丽）

中国农业银行龙湾支行

【概况】 2021年，中国农业银行龙湾支行各项存款总额205.19亿元，比年初增加15.75亿元。贷款总额181.23亿元，比年初增加233.78亿元，连续8年实现不良贷款余额及不良贷款率双下降。

【服务实体经济】 2021年，中国农业银行龙湾支行落实普惠金融政策，服务实体经济发展，融入“温州东部新区”区域项目发展。年末，项目贷款总投放29.90亿元，新发放民营企业贷款3.76亿元。

【服务乡村振兴】 2021年，中国农业银行龙湾支行开展金融自治村扩户提质行动，推进金融自治村建设，开展红色支农、红色结对等活动，将金融服务延伸到村镇每个角落，农户贷款新增2.46亿元。

（郑琰琰）

中国银行龙湾支行

【概况】 2021年，中国银行龙湾支行各类存款余额72.08亿元，其中居民储蓄存款20.87亿元、企业存款49.13亿元、财政存款2.08亿元。贷款余额63.06亿元，其中涉农贷款3.38亿元、工业贷款23.92亿元、个人消费贷款35.76亿元。全年支行国际贸易结算量15.68亿美元，比上年同期增加50.3%。持续开展跨境资金池业务，支行累计跨境人民币业务量58.55亿元，同比增加30.4%，业务量排名温州分行第一。

【政府项目支持】 2021年，中国银行龙湾支行对政府项目支持实现新突破。累计上报政府项目6个，合计金额69.10亿元，批复4个，合计金额36.40亿元。投放政府平台项目贷款4.80亿元。实现多个地方重点项目融资上新突破，投放中国眼谷科创项目贷款6500万元；新增投放龙湾南洋未来社区项目贷款2.80亿元；新增投放龙湾状元街道横街村安置房项目贷款2亿元；参与和支持龙湾区工业有机更新创新模式推进，批复状蒲片区工业有机更新项目贷款18亿元。

【服务实体经济】 2021年，中国银行龙湾支行助力民营企业技改贷项目，为上电法兰管件有限公司发放技改专项贷款480万元，用于公司年产1万吨法兰技改项目；介入浙南科技城北片区综合开发项目总投资金213亿元。支持民营企业累计贷款投放量17.20亿元，占全部投放量69.8%，其中投放民营企业外币贷款1.38亿美元。普惠贷款余额比年初增加3.27万元，比上年同期普惠贷款平均贷款利率下降0.14个百分点。支行公司普惠贷款余额2.62亿元，业务量同比增加208%。拓宽客户获取授信渠道，优化个贷服务模式，累计受理客户21户，解决客户融资需求1200万元。响应绿色信贷政策，新增批复1家污水处理公司项目贷款2356万元。推出“信易贷”“税易贷”“人才贷”“商易贷”“产易贷”“小微云贷”“随心贷”等新产品，贷款余额3000万元。

（丁苗苗）

中国建设银行温州龙湾支行

【概况】 2021年，中国建设银行龙湾支行一般性存款日均余额55.48亿万元，比年初增加13.65亿元；时点余额63.02

亿元，比年初新增 4.99 亿元。各项贷款余额 77.89 亿元，比年初增加 21.58 亿元。全年对公两项授信户数 628 户，授信金额 10.81 亿元；个体工商户抵押快贷授信户数 270 户，授信金额 4.28 亿元。制造业贷款新增 1.96 亿元，“温融通”新增贷款授信额 3.29 亿元。

【金融服务】 2021 年，中国建设银行龙湾支行 4 月环大罗山项目获总行批复金额达 3.50 亿元，9 月投放富春未来社区贷款 7 亿元，助力创建城市中心城区产城融合双创社区。完成温州民科产业基地开发有限公司安心公寓二期住房租赁项目贷款投放 1500 万元。顺利投放温州市首单助力共同富裕的乡村振兴基础设施贷款。年内，中国建设银行龙湾支行获复评“浙江省文明单位”，获评浙江省建行系统“2020 年度先进基层党组织”。

（孔珑静）

交通银行龙湾支行

【概况】 2021 年，交通银行龙湾支行人民币各项存款余额 8.78 亿元，其中公司存款 3.67 亿元，个人存款 5.11 亿元；各项贷款余额 15.61 亿元，其中企业贷款 10.05 亿元，个人贷款 5.56 亿元。全年制造业贷款余额 1.68 亿元，新增贷款额 0.24 亿元。

【金融服务】 2021 年，交通银行龙湾支行创新普惠 e 贷（企业版）产品，向小微企业发放抵押贷款和信用贷款，新增贷款客户 34 户，贷款余额 0.39 亿元，个贷贷款合计发放 1.34 亿元。助推龙湾区旧城改造，批复固定资产贷款 7 亿元。金融综合服务平台新增贷款授信额 0.47 亿元。

（陈　晓）

中信银行龙湾支行

【概况】 2021 年，中信银行龙湾支行存款余额 24.23 亿元，其中对公存款 18.88 亿元，个人存款 5.35 亿元；贷款余额 52.46 亿元，其中对公贷款余额 35.99 亿元，个人贷款余额 16.47 亿元；国际业务进口收付汇 11166 万美元。

【政银合作】 2021 年，支行与区政府达成 5 年战略合作协议，支持龙湾区重大项目、中小企业发展，投放贷款 200 亿元。与区域平台合作，完成表内投放项目 5 个，投放贷款 13.40 亿元，其中率先推出创新业务城市更新贷款，获批项目 3 个，投放贷款 10.40 亿元。推动“投承一体”综合融资服务，以主承销身份发行浙南科技城 2 期 PPN，发行金额 7 亿元。参与高新国控、科技城、生态园投债累计 6 亿元。承接龙湾地方专项债 3.40 亿元。

【服务民营企业】 2021 年，落地龙湾区唯一上市（境外）企业募集账户，带动外汇结算 1000 万美元。与区域内主流房开项目包括世贸、旭辉、远洋合作楼盘按揭 4 个，发放按揭贷款 1.50 亿元。

（徐婷婷）

浦发银行龙湾支行

【概况】 2021 年，浦发银行龙湾支行各项存款余额 25.39 亿元，各项贷款余额 40.80 亿元。

【拓展金融业务】 2021 年，支行向温州浙南科技城某投资有限公司投放贷款 8.55 亿元，向龙湾某卫浴企业授信放款 500 万元“双保贷”业务为温州市首笔，给某外贸公司与境外某知名电商平台办理收汇业务为温州市首单。

（施跃宇）

广发银行龙湾支行

【概况】 2021 年，广发银行龙湾支行各项存款余额 6.21 亿元，各项贷款余额 9.86 亿元，比年初增加 3.82 亿元。

【金融服务】 2021 年，结对帮扶村——青田县万山乡光乍坑村集体“消薄”和低收入农户增收采购扶贫产品资金 1.60 万元，支持集团公司定点帮扶县采购助农产品资金 0.91 万元。

（施潘娟）

平安银行龙湾支行

【概况】 2021 年，平安银行龙湾支行本外币存款余额 3.96 亿元，其中对

2021 年 7 月 21 日，区文广旅体局党总支和中行龙湾支行党总支举行党建共建暨廉洁伙伴签约仪式（中行龙湾支行供稿）

公存款 0.16 亿元、储蓄存款 3.80 亿元。贷款余额 1.94 亿元，其中对公贷款 0.83 亿元，个人贷款 1.11 亿元。

【整治拒收人民币现金宣传】 2021 年 5 月 10 日，平安银行龙湾支行为贯彻落实《金融机构整治拒收人民币现金的工作要求》，结合现金网格化管理要求，支行工作人员走进万顺社区等村社，积极开展整治拒收人民币现金宣传活动。

（谷丽芬）

招商银行龙湾支行

【概况】 2021 年，招商银行龙湾支行存款余额为 30.70 亿元，比年初增加 11.91 亿元，其中对公余额 25.90 亿元，储蓄余额 5.18 亿元。信贷余额 41.91 亿元，其中对公贷款余额 26.50 亿元。

【金融服务】 2021 年，与龙湾公共资源中心达成电子保函系统上线合作，落地首笔电子保函业务。与温州眼视光国际创新中心签订 50 亿元战略合作协议，落地谷内首家科创基金托管——龙湾首支规模科创子基金 2 亿元，为园内一半以上企业提供金融服务。

（朱芷雨）

兴业银行龙湾支行

【概况】 2021 年，兴业银行龙湾支行各项存款余额 25.39 亿元，比年初增加 8.51 亿元，各项贷款余额 50.62 亿元，比年初增加 4.86 亿元。

【金融服务】 2021 年，加大支持龙湾区政府重点项目、民营企业及小微企业贷款力度，助力全国首单银行间市场技术产权资产证券化产品成功发行，温州 18 家科技型中小企业凭借 142 项技术产权分别获得低成本融资 500 万元—2000 万元。全年支行慈善捐赠金额 1 万元。

（杨　强）

民生银行龙湾支行

【概况】 2021 年，民生银行龙湾支行存款年日均 42.76 亿元，其中零售存款 4.86 亿元，对公存款 37.91 亿元，比年初新增 4.11 亿元。支行贷款余额 105.77 亿元，其中公司贷款余额 83.49 亿元，比年初新增 5.50 亿元；零售贷款余额 22.28 亿元，比年初新增 3.16 亿元。

【金融服务】 2021 年，推进金融产品创新，相继推出“上市助力贷”“中小高新企业信用贷”“亩均英雄特色贷”等金融特色产品。专门针对小微企业融资设计无还本续贷业务，降低企业融资成本，全年龙湾支行完成授信金额累计 3.38 亿元。

（舒琼苇）

浙商银行龙湾支行

【概况】 2021 年，浙商银行温州龙湾支行各项存款余额 34.57 亿元，比年初增加 7.24 亿元；各项贷款余额 42.29 亿元，比年初增加 13.97 亿元；存款规模在股份制银行中排名第一，贷款规模在股份制银行中排名第四。全年为 301 户小微企业共发放贷款 8.25 亿元。

【金融服务】 2021 年，支持区政府平台项目，为 4 户平台合作客户授信金额合计 17.70 亿元。年内获评 2021 年温州市精神文明单位。

（朱　龙）

温州银行龙湾支行

【概况】 2021 年，温州银行龙湾支行本外币存款余额 136.29 亿元，比年初增加 4.79 亿元，其中企业存款 88.16 亿元，储蓄日均存款 47.76 亿元。各项贷款余额 50.41 亿元，比年初增加 5.50 亿元，其中小微贷款 16.57 亿元，制造业贷款 7.92 亿元，个人消费贷款 4.11 亿元。

（张雪梅）

【防范非法集资宣传】 2021 年 2 月 23 日下午，温州银行龙湾支行根据《温州市地方金融监管工作协调小组办公室关于做好 2021 年春节期间防范非法集资宣传教育工作的通知》要求，组织员工到永昌堡等地开展防范非法集资宣传教育活动。

龙湾农商银行

【概况】 2021 年，龙湾农商银行各项存款余额 467.49 亿元，比年初增加 54.30 亿元，存款市场份额 31.6%。日均存款 434.87 亿元，比上年同期增加 48.10 亿元。各项贷款余额 329.67 亿元，比年初增加 45.92 亿元，贷款市场份额 22.7%。日均贷款 308.17 亿元，同比增加 51 亿元；实际不良率 0.8%，比年初下降 0.09 个百分点，不良率稳定在较高水平。存贷款增量超 100 亿元，存贷规模居龙湾银行业首位。全年新增小微企业账户数 2290 户，新引入企业贷款客户 1510 户，其中新增首贷户 711 户。年内获评 2021 年温州市援疆指挥部“浙江援疆‘十城百店’工程消费扶贫先进单位”。

【“丰收宝”少儿财商教育基地正式开业】 2021 年 6 月 1 日，龙湾农商银行迎来首批参观者。这是温州市首家以少儿财商教育为核心儿童主题银行，位于龙湾区永昌堡内，面积达 300 平方米，分设主题综合馆、钱币博物馆、财商主题课堂、少儿模拟银行四大板块，同时包含职业体验、专属积分兑换等内容，是一家融合财商、研学、德育、法治等教育为一体全方位特色体验馆。该基地还被授予“龙湾区中小学研学实践教育基地”“红领巾e站1103”等称号。

存贷款增户扩面　年末，龙湾农商银行存款户数81.75万户，比年初增加3.02万户。各项贷款户数3.92万户，比年初增加0.11万户，个人贷款户数3.54万户，企业贷款户数（含个体工商户）0.38户，比年初增加0.10户。信保类贷款余额比年初增加16.88亿元，占贷款余额增量44.5%，比上年同期提升17.9个百分点。

（黄紫君）

2021年6月1日，龙湾农商银行“丰收宝”少儿财商教育基地正式开业
（龙湾农商银行供稿）

保险业

【人保财险龙湾支公司】 2021年，人保财险龙湾支公司实现全险种保费收入8976万元，新增保费1471万元，比上年同期增长20%，行业增速16.2%。年内获评2021年温州市“十佳品牌服务示范岗”、第十九批温州市文明单位。

政保合作　做好IDI项目先行试点推广承保工作，突破学平险发展瓶颈，推进益康保业务。成功签出全市系统内服务型家财险首单、全市建设工程预付款保证保险首单。入选龙湾区政策性农业保险地方特色险种承保机构。

（陈佳佳）

【中国人寿龙湾支公司】 2021年，中国人寿龙湾支公司实现总保费4.40亿元，实付满期金额2460.76万元，实付死伤医金额1953.26万元，市场份额占比73%，稳居区域行业首位。大力发展龙湾区农村小额人身保险，计生险、扶贫险、老人险、火灾险、学生平安险、村干部保险等业务，全年覆盖人群约13万人。全区3万余人参保益康保，保障额度达1095亿元。

（朱建伟）

经济管理

2021 年 6 月 30 日，温州泰越硅谷高科落户产业基金在中国眼谷中央孵化园签约落地　　（区财政局供稿）

财　政
自然资源管理
税　务
金融监管
公共资源交易
国有资产监管
审　计
统　计
市场监督管理
知识产权管理
食品药品监督管理
物价管理

天河水库　（区摄影协会供稿）

财　政

【概况】　2021年，温州市龙湾区财政总收入66.46亿元，比上年同期增长20.8%。一般公共预算收入38.33亿元，同比增长16.1%，一般公共预算支出45.09亿元，同比下降3.6%，剔除不可比因素同比增长6.5%（剔除上年新增债券3亿元、省补水利建设与发展专项资金1.41亿元）。年内，区财政局获区考绩优秀单位、温州市高水平创新型城市建设先进集体、龙湾区（高新区）担当奖先进集体、龙湾区（高新区）及时奖励、龙湾区首届“未来城区”集成改革创新实践案例、龙湾区十佳“书记办实事”等荣誉。

【财源组织】　2021年，区财政局做好收入结构优化。建立财税收入专班联席制度，强化多部门联动协作，关注经济形势和疫情态势，加强财税分析预测。全年税收收入33.33亿元，占一般公共预算收入比例为87%，高于全市平均水平。加强非税收入征管，全年非税收入115.61亿元，增长18.8%；其中纳入一般公共预算管理的非税收入5.43亿元，增长44%，与市财政结算区级土地出让金分成收入106.10亿元，增长24.3%。向上争取资金，2021年向上争取资金87.09亿元，其中直达资金0.63亿元、转移支付资金9.70亿元、做地基金6亿元、债券资金70.76亿元，获批新增债券资金位于全市前三。

2021年1月6日，温州市龙晟融资担保有限公司举行授牌及签约仪式
（区财政局供稿）

【财政纾困惠企】　2021年，区财政局加大对企业补助力度，兑现惠企惠民政策，助力纾困解难。年内，兑现财政奖补资金8.79亿元，减轻企业负担，帮助企业渡过难关。拨付专项资金1.27亿元，支持中国眼谷等平台高水平建设，助推该区产业转型升级。提升金融扶持能力，龙湾首家国有独资政策性融资担保公司正式挂牌运营，为全区中小微企业、科技型企业、“三农”提供融资担保服务，全年在保企业101家，在保金额2.21亿元，超额完成年度任务。推动产业基金发展，温州泰越健康科技投资合伙企业（有限合伙）和温州眼谷壹号创业投资合伙企业（有限合伙）两支子基金相继签约落地龙湾，总规模分别为2亿元和5亿元，撬动其他资本5.62亿元，实现龙湾政府科创产业子基金零突破。

【财政保障民生】　2021年，区财政局民生领域资金支出34.10亿元，占一般公共预算支出75.6%。保障民生重点项目建设，全年投入43.46亿元，保障360个基本建设项目。投入城中村改造资金19.50亿元，涉及6个区块（村），工业企业收储22.30亿元，完成做地669亩。支持乡村振兴发展。开展村级公益事业建设“一事一议”财政奖补，全年谋划立项13个，项目总投资达0.23亿元，比上年同期增长65%。健全粮食生产政策扶持体系，落实粮食生产发展资金596万元，同比提高67%。支持科教文卫投入，全年教育支出10.58亿元，投用12所中小学及幼儿园区，引进国科大等2所学校，完成8所公办学校338间教室空调及新风系统安装。全年卫生健康支出4.21亿元，其中落实防疫资金0.85亿元，全区共完成疫苗接种100.86万剂次。

【财政体制改革】　2021年，区财政局推动财政制度迭代更新。出台龙湾区工业区块有机更新办法，有机更新项目成为浙江省第一个“城市有机

2021年与前4年龙湾区财政收支情况对比表

表35

年份	财政总收入（亿元）	同比增长（%）	财政总支出（亿元）	同比增长（%）
2017	42.60	9.2	27.50	11.5
2018	47.89	12.4	33.40	21.4
2019	54.02	13.3	40.00	23.9
2020	55.02	1.9	46.75	16.9
2021	66.46	20.8	45.09	6.5

更新+”实施案例。财政资金重点指标纳入区级考核，修订公款竞争性存放管理办法。落实集中财力办大事财政政策，纳入2021年度预算资金129.61亿元。推动财政数字化改革，全面上线预算管理一体化系统，覆盖全区135个区直部门和6个街道，标志全区财政预算信息管理进入新阶段。统建“一卡通”便民服务平台及“一键达”数字平台，梳理整合惠民惠农财政补贴事项83项，发放补贴5198万元，受益群众超6万人次。推动财政服务优质化，实现统一支付平台收缴率100%。加快财政票据电子化改革，全区2家医院全面实施电子票据，支付平台开通占比率全省排名第一。

【财政资金监管】 2021年，区财政局牢固树立“过紧日子”思想，通过“优存量、控一般、调结构”多点发力，强化预算和支出管理。全年一般行政支出在2020年基础上再压减10.8%，节约资金6776万元。盘活财政沉淀资金3.76亿元，调整用于疫情防控、基本民生、重大基础设施建设等重点领域和薄弱环节，提高资金使用效益。依托直达资金监控系统强化动态监控，全年共办理集中支付资金163.56亿元，纠正违规资金3184万元。强化绩效监控结果运用，对2021年度偏离绩效目标和预算执行进度较差的项目开展指标核减（调剂）及整改，共核减项目42个，核减（调剂）资金1.85亿元。强化政府投资项目管理，借助“项目评审信息管理系统”，提高工程结算评审效率，全年共审结项目509个，审定金额13.77亿元，核减率6.8%。强化政府采购监管，实现政府采购审批系统与政采云系统数据自动交换，提升政府采购信息化水平，全年审批政府采购金额5.41亿元，审批国企采购金额2.88亿元。精准开展防范化解地方政府性债务风险专项行动，全年超额完成序时进度任务149%，债务化解通过率远超全省平均水平。

（项丽丽）

自然资源管理

【概况】 2021年，温州市龙湾区自然资源规划分局紧扣自然资源和规划工作，强化新时代生态文明建设，坚持科学规划引领，抓好资源要素保障，奋力推进全市“五城五高地”、全区“一区五城”建设。全区上报批准建设用地8个批次（或单独选址项目），其中城市建设用地7个批次，单独选址项目1个，累计批准建设用地91.67公顷，其中征收农民集体所有土地14.15公顷，有力保障公共事业、商业开发项目和重大交通项目用地需求。全年完成土地供应325.47公顷，其中挂牌项目63.80公顷，协议出让项目6.20公顷，划拨项目255.47公顷，涉及土地出让金133.65亿元；完成工业类土地供应20宗19.80公顷。加强海洋生态建设，实施龙湾省级海洋特别保护区66.67公顷红树林病虫害药物防治及护花米草治理等管护工作。全年开展重点海域、重点项目动态监视监测工作，筛查与复核疑点疑区6处，制止3起，移交2起，实施围填海历史遗留问题整治修复1起，实现退填还滩。

【土地开发与供应】 2021年，区自然资源和规划分局挂图作战，保质保量完成土地保障工作。制定批而未供土地一宗一策，完成土地清理工作，完成批而未供土地清理297.26公顷，完成率为103.7%。完成艾瑞克、科技城云创未来社区等经营性用地挂牌出让工作，共9宗37.88公顷，涉及出让金87.60亿元。保障实体项目用地需求，完成5宗工业用地挂牌出让，共计14.32公顷，涉及出让金2.11亿元。加快推进用地报批工作，组建计划批次3个，上报新增建设用地征地面积32.54公顷；增减挂钩批次1个，上报征地面积3.44公顷。发布征地启动公告项目62个，总面积约160公顷，其中涉及城中村改造11个村，建设用地面积约9.12公顷。单独选址项目机场大道东延项目总面积28.33公顷。

【耕地保护】 2021年，区自然资源和规划分局严格落实耕地保护责任，坚守耕地保护红线，开展土地整治工作。开展补充耕地核查工作，涉及龙湾区海滨围垦“旱改水”一期、永兴街道五溪、小塘村“旱改水”质量提升（暨标准农田建设）示范项目等项目4个，总面积307.06公顷。推进垦造耕地工作，顺利完成永兴北围垦垦造耕地二期工程一标段、二标段省级验收。完成永兴街道五溪村等千亩方永久基本农田集中连片整治项目方案编制及省级评审工作，项目总面积为195.24公顷，建成连片耕地面积132.29公顷，新增垦造水田63.47公顷，新增工程指标面积63.47公顷。

【地矿生态修复】 2021年，区自然资源和规划分局推进地质灾害整治工作和生态修复工作。开展地质灾害专群结合监测预警实验，建设地质灾害专群监测点10处，提升全区地质灾害监测点网络。黄石山快活岭碎石厂废弃矿山生态环境治理和振兴石子加工厂废弃矿山生态环境治理交工通过验收。严格控制野外火源上山入林，强化森林消防基础设施建设，开展引水上山。全面整合并同步更新省级以上公益林区划落界成果与森林资源管理“一张图”数据库。

【征地与涉土信访件受理】 2021年，区自然资源和规划分局加强涉土信访与征地工作，完成组件计划批次6个，新增建设用地面积87.64公顷；完成单独选址项目瓯江引水工程（龙湾段）土地报批，新增建设用地面积0.47公顷。年内，出具征地批复（含通知）文件共计245个、批后公告189个、征地补偿安置方案公告（批前）14

2021 年 6 月 6 日，区资规分局举办“6•8 世界海洋日暨海洋防灾减灾”主题宣传活动
（区资规分局供稿）

个、调整征地补偿安置方案公告（批前）10 个。核给村集体住宅安置指标 154135.96 平方米，核定被征地农民社会保障名额 6299 人，核发征地补偿费 34372.73 万元。抓好涉土和应复应诉工作，全年受理办结行政应诉案件 76 宗、行政复议 13 宗，依申请信息公开 68 件，协助信息公开查询答复 38 件。受理办结信访 371 件，化解信访积案 6 件，受理省委巡视组交办件 2 件、省委环保督察 1 件。

【土地执法监管】 2021 年，区自然资源和规划分局严格执法，遏制自然资源领域违法行为。开展卫片执法工作，判定填报卫片执法图斑 518 宗，牵头开展违建别墅清查整治专项行动再排查、大棚房专项整治回头看、农村乱占耕地建房专项整治活动、洗砂行业专项整治、2021 年耕保督查、打击毁林专项行动等。办理行政处罚案件 36 宗，其中，矿产类案件 1 宗，野生动物类案件 6 宗，土地类案件 29 宗。涉及土地面积约 3.85 公顷，其中，耕地约 1.72 公顷，基本农田约 0.17 公顷。

【海洋生态修复】 2021 年，区自然资源和规划分局加快海洋生态修复进程，联合多家科研院校，开展保护区生态地质、鸟类专题等生态专题调查研究工作；开展海洋灾害风险普查和预报警工作。组织实施海洋灾害风险普查工作，全面认识与评估区域海洋灾害致灾风险水平、承灾体脆弱性水平和风险水平，形成全区海洋灾害防治区划和防治建议。全年实施围填海历史遗留问题整治修复工作，完成全省首例零星围填海图斑整理修复项目；联合市海洋预报台，通过微信、网站、传真等多种途径实时发布龙湾区风暴潮信息 13 期、海浪专项预警报信息 37 期，保障沿海人民群众的生命财产安全。

（郑思盛）

税　务

【概况】 2021 年，龙湾区共征收税费收入 179.03 亿元，比上年同期增长 99.4%，其中，税收收入 82.80 亿元，同比增长 18%；非税收入（不含社保）67 亿元，因土地出让金划转等不可比增长 3286.9%（因土地出让金划转等不可比增长 3461.8%，自 2021 年 7 月 1 日起，土地闲置费、按行政事业性收费管理的城镇垃圾处理费、国有土地使用权出让收入、矿产资源专项收入、海域使用金、无居民海岛使用金六项非税收入划转至税务部门征收。因温州市城镇垃圾处理费已实现经营性收费，温州市实际划转项目为五项）；社保费收入 29.26 亿元，比上年同期增长 65.8%。税务文化品牌“税越龙腾”获全市税务系统“一局一品”成果展评第一名。机关党建品牌“蓝海红帆•助企惠民”成为龙湾区十佳党建品牌。成立“李党山红匠工作室”，为龙湾区第一批 5 个“红匠工作室”之一。“起点党员工作室”获温州市税务系统“十佳党员工作室”称号。高新分局党支部获温州市税务系统“十佳基层党支部”称号。

【减税降费政策落实】 2021 年，区税务局围绕“精准宣传、直达快享、跟踪提醒、效应分析”四个方面推动政策落地，巩固拓展减税降费政策成

2021 年度与前 4 年龙湾区税务收入情况对比表

表 36

年份	各项收入（亿元）	比上年同期增长（%）	税收收入（亿元）	比上年同期增长（%）
2017	30.08	6.2	12.61	11.3
2018	80.36	25.6	60.07	29.2
2019	86.36	11.6	64.44	12.8
2020	89.79	4.0	70.16	8.9
2021	179.03	99.4	82.80	17.8

注：2016 年—2017 年为龙湾地税税收数据，2018 年因国税、地税机构合并，2018 年—2021 年为龙湾税务收入数据

效。支持中小微企业，落实小型微利企业和个体工商户减半征收企业所得税新政，惠及所有小规模纳税人，占全部纳税人户数的84.8%。聚焦支持实体经济平稳运行，对制造业中小微企业实施阶段性缓税0.84亿元；聚焦支持科技创新，落实研发费用加计扣除享受金额9.89亿元，减免税额2.45亿元。聚焦扩大有效投资，办理留抵退税9.15亿元，比上年同期增长17.6%。聚焦助力减负纾困，落实支持疫情防控房土两税优惠政策0.60亿元。

【税收营商环境优化】 2021年，区税务局深化税务领域“放管服”改革和纳税缴费便利化改革，一体推动“10+N”优化营商环境便利化行动和“我为纳税人缴费人办实事暨便民办税春风行动”，落实落细10大类31项112条服务举措。落实税收优惠政策培训，共举办纳税人培训12场。其中，利用好“云端”优势，借助征纳沟通平台开启直播培训10场。全面建立“好差评”常态化工作机制，好评率达100%。完善12366服务平台投诉管理，实现准期答复率100%，一次性解决率100%，满意率100%。探索构建“一体集成”纳税人需求响应平台，解锁新时代税务“枫桥经验”。大力推行服务平台创新创优，高新分局获评“省级青年文明号”。

【办税便利化服务】 2021年，区税务局大力推广“非接触式”办税和“掌上办”，提升办税缴费便利化水平。实现“非接触式”办理涉税事项214项，综合网上办税率达97%以上。实行免叫号导税台“马上办”快速办，实现企业开办和注销“一日办”。与龙湾农商行协作打造“家门口的办理点”，解决失地农民补缴社保费2271人，补缴社保费1.80亿元。融合不动产“一窗云平台”推进线上办证缴税，不动产涉税业务线上办税率超70%，居全市之首。推进社会组织注销改革，配合实现温州市首例社会组织注销“一件事”，事项总体办结时效提升80%以上。创新网上代办，创建“龙湾税务红色代办邮箱”，实现纳税人缴费人“零次跑”。

【征管改革】 2021年，区税务局以数治税，提升征管质效。推进发票电子化改革，开展新办纳税人增值税专用发票电子化改革试点，累计核定有专票需求的新办纳税人1611户，占比93.2%。推广“浙里办票”应用程序，加快推进电子发票无纸化报销、入账、归档、存储，降低企业交易成本。推进电子化、要素化申报模式，实现财产和行为税种多税费合并一表申报、一键缴纳，财行税“十税合一”合并申报完成率达100%。推进温州综合保税区“增值税一般纳税人资格试点”工作。全年累计办理出口退税3.42亿元，比上年同期增长20.4%；办理调库3.24亿元，同比增长297.1%。开展成品油行业税收秩序专项整治，分步推进所得税核定征收转查账征收工作，开展全区行政事业单位规范扣缴个人所得税有关工作，完成国有土地使用权出让收入等各项非税收入征管职责划转工作。以“自主就业退役士兵创业就业、重点群体创业就业税收政策落实”为主题，创新构建政策享受智能查询场景，被纳入省局“两库”应用场景。

2021年4月1日，区税务局工作人员给企业员工宣讲政策 （区税务局供稿）

【税收执法】 2021年，区税务局持续推进行政执法“三项制度”信息化建设，共实施行政处罚5185件，网上公示一般程序处罚110件，行政许可公示4297件。全年无纳税人投诉或有异议情况发生。全面实行税务轻微违法行为“首违不罚”清单，受益纳税人102户。持续加大执法督察力度，升级改造网格化内控管理平台，全年通过税务系统内部控制监督平台接收疑点数据12批次，处理疑点数据36条，全年陈述申辩执法过错23条。开展税收风险评估，共完成自然人异议申诉风险任务516户。做好管查互动，共接收发票协查任务436个，协助稽查完成举报案件3起，依法严厉打击涉税违法行为。做好增值税发票内部快反工作，完成虚开源头快反风险任务8批9户。推进千户集团税收风险管理，完成风险任务2批6户。

【税务共治机制】 2021年，区税务局推进以政府为统领，税务部门主抓，各部门参与配合的税收共治体系。推行重大项目税务服务专员制度，深化纳税信用评价及结果应用，推进生产经营纳税人纳税信用评价全覆盖。依托浙江“银税互动”服务平台实行信用贷款“一站”办理、“一键”触达，已为辖区内2717家守信民营企业和小微企业提供信用贷款22.56亿元。落实稳外资相关税收政策，协助推进跨境电商综试区建设，业务平均办理时间在5个工作日以内。创新建立“司法与税务良性互动机制”，深化破产程序、执行程序与税费征缴协作，全年介入处理破产案件74件，申报债权3769.29万元；参与处理执行案件14件，申报债权2374.28万元；协同清理历史遗留案件16件。

（项　琳）

2021年6月28日，区金融工作服务中心党支部与建行龙湾党总支举行党建共建签约仪式

（区金融工作服务中心供稿）

金融监管

【概况】 2021年，温州市龙湾区金融办深化金融综合改革创新，优化地方金融监管机制，为经济社会发展提供金融保障。全年金融机构人民币存款余额1191.75亿元，比上年同期增长17.0%，其中个人人民币存款余额600.15亿元，同比增长3.6%，人民币贷款余额1172.47亿元，同比增长16.7%。

【企业上市服务】 2021年，区金融办以企业上市联席会议为抓手，加大企业上市服务力度。为5家重点拟上市企业协调解决难题16个，将15家企业列入区级上市后备库，累计兑现企业股改挂牌上市财政奖励800万余元。强化政策支持引导，重点从财政、税收、土地等方面对拟上市企业给予政策倾斜，增强企业上市内动力，全区已兑现政策支持资金700余万元。全年新增上市公司1家，报省证监局辅导备案2家，省股交中心挂牌企业1家，列入温州拟上市企业1家，股份公司5家。

【金融政银企合作】 2021年，区金融办组织搭建政银企合作平台，全面推进金融改革。召开“筑梦银企　合作共赢”融资对接会2场，牵线温州银保临分局与龙湾区政府达成全面深化战略合作备忘录，7家银行与区政府签订5年1400亿元战略合作协议。新增本外币存款137.80亿元，新增本外币贷款156.20亿元，新增小微企业贷款74.30亿元。落实金融惠企“金六条”政策，兑现企业贴息、担保费补助等补助资金共计936万元，惠及企业137家。发挥政府融资担保增信，小微企业和“三农”融资担保在保余额13.72亿元。加强“温融通”线上平台应用，全年实现撮合贷款61亿元。

【地方金融监管】 2021年，区金融办坚持源头管理和规范监管并举，加强地方金融监管。强化年检年审、风险排查和扶优限劣，推动7+4类地方金融组织动态管理。落实“白名单”企业帮扶销号机制，发放帮扶函15份，销号率128.6%，排名温州市第一。加强线上风险监测和信访稳控，处理解决“12345”平台投诉13起，线下投诉5起。加强不良贷款率协调化解，全区银行业贷款不良率为1%。加强防范处置网格化源头管控工作，推进陈案化解力度，兑付资金500万余元。参与“鼎信贷”“绿森”“初融”“金色小镇”等涉众型风险专班工作，完成股权私募、民融机构、第三方财富管理、车贷担保等排查，排查企业600余家。落实私募区联审机制准入新设及变更4家。

（方聘涵）

公共资源交易

【概况】 2021年，温州市公共资源交易中心龙湾分中心共完成进场招标项目533宗，其中建设工程97宗，政府采购420宗，综合类交易16宗。建设工程累计中标金额46.24亿元，政府采购累计中标金额220.48亿元，综合类交易1319.36万元，其中建设工程、政府采购共计为国家节约资金6.96亿元，节约率2.5%。

【“不见面”招投标全覆盖】 2021年，市公共资源交易中心龙湾分中心拓宽全流程电子招投投标覆盖面，推进所有进入交易平台的招标项目全流程电子化，实现全过程交易信息动态记录、留痕追溯，增加投标人、评标专家等串通投标难度。推进“不见面”开标，全年完成“不见面”开标系统正式项目70宗，投标人不用出差即可参与投标工作，节省差旅费成本支出1100多万元。

【违法行为专项治理】 2021年，市公共资源交易中心龙湾分中心继续深化招投标领域违法行为专项治理，完善专项治理联席会议制度，牵头联合相关部门持续推进违法线索排查、案件移交、集中打击整治等活动，加强招投标基础数据和专项整治工作业务信息数据的接收、分析、转办、反馈和报送工作机制，实现部门协同执法、案件限时办结、结果主动反馈。开展标后履约行为联合检查监管。针对合同签订情况、施工现场项目管理人员到位情况、施工进度、工程款支付以及质量、安全制度落实情况等内容检查，规范市场主体标后履约行为。

【银行电子保函推广】 2021年，市公共资源交易中心龙湾分中心创新担保方式，在全市率先推广银行电子保函，实现保函申请、审批、开立、修改、索赔、注销等环节全流程线上化，解决资金占用问题，破解企业融资难题，为企业添便利、降成本、减负担，全年共为企业减轻沉淀资金负担约23.85亿元。

【"互联+智慧"监管探索】 2021年，市公共资源交易中心龙湾分中心强化场内监管，完善场内巡查监督管理制度，实现交易操作电子化、监管网络化、管理规范化，通过设置"一键呼叫"、开通"平台直播"，规范业主单位、招标代理机构工作人员场内交易行为。重塑远程异地评标机制，优化远程线上操作流程，实现远程异地评标扩面增项，打破各省、市（县）之间的区域界线，实现专家资源共享，完成远程异地评标项目2宗。

【公共资源交易管理规范化】 2021年，市公共资源交易中心龙湾分中心优化专家退出机制，强化评标专家信用评价制度管理。推出代理机构评价，探索工作人员退出评标室机制，建立代理机构评价制度，规范招标代理机构工作人员交易行为，降低评标过程中出现人为干扰、信息泄露等风险，确保评标专家独立、公正地开展评标活动。组建公共资源交易首席专家咨询团，推出公共资源交易咨询工作室，为企业群众提供实时动态咨询服务。

（林　娜）

国有资产监管

【概况】 2021年，温州市龙湾区开展国有资产拉网式清查，加强国有资产监管工作。深入开展国有房产和土地问题等六大专项整治行动，催缴收回欠款457万元，追回损失120万元，解决国有资产被侵占等历史遗留问题6个，清理银行账户33个，盘活行政事业单位资产17处，增加企业筹融资能力约2.4亿元。开展"微权力"监督试点，编制《小微权力手册》，绘制"微权力"流程图，解决二级单位权力边界不清、运行不规范等问题。排摸全区国有企业廉政风险点272个，梳理审计巡查问题80个，推动出台或完善各项内控制度133项。

【推进清廉国企示范文化建设】 2021年，龙湾区深化区属国企党风廉政建设，推动清廉思想、清廉制度、清廉规则、清廉纪律、清廉文化融入国企生产经营和改革发展各方面全过程。推出清廉国企建设主体责任落实机制和纪检监察组织协同监督机制。抽调纪检干部和专业人员，联合组建清廉国企建设指导组和国企领域突出问题整治专班。精心编制《龙湾区清廉国企建设指导手册》《龙湾区清廉国企建设制度汇编》等，推进国企清廉建设的标准化和纪检监察组织协同监督的规范化。聚焦国有企业对外投资问题、国有房产和土地问题、国有资产出租问题、区属国企银行账户、国企大额资金使用及财务内控制度建设情况、国企采购管理情况等六个方面开展六大专项治理，清查国有土地543宗，发现问题99个，清理银行账户33个，成功追缴租金174万元，查处违纪违法党员干部16人。年内，评出清廉国企A级2家，B级25家，C级4家，与企业业绩考核挂钩。

审　计

【概况】 2021年，温州市龙湾区审计局加强审计整改长效机制建设，组织开展5年来审计发现问题整改落实情况"回头看"，优化审计整改联动协同机制，强化审计机关与区纪检监察机关协作机制，做好审计发现问题整改后半篇文章。全年完成审计项目10个，查出问题资金29746万元，其中，违规资金3702万元、管理不规范资金26043万元；审计处理处罚金额1958万元；移送司法机关、纪检监察机关和有关部门处理事项8件，移送处理人员12人，移送处理金额655万元；审计促进整改落实有关问题金额9677万元。出具审计报告和专项审计调查报告10篇，审计提出建议30条，促进被审计单位制定、完善规章制度21项；提交审计信息60篇，被批示、采用17篇。

【预算执行审计】 2021年，区审计局从预算盘子、预算安排和预算执行等方面着手，组织实施区本级预算执行和决算草案审计、街道财政决算审计等项目，提升财政资金使用绩效。对民生领域、重大项目等财政资金使用绩效重点审计，对绿化移植、水资源费、村邮站、计划生育政策等专项资金落实情况开展现场查验。全面落实审计监督全覆盖，审计发现专户利息收入1723.29万元未及时上缴国库等问题，推动出台财政资金重点指标考核办法、"退二进三"项目处置方案等制度。

【经济责任审计】 2021年，区审计局从权力清单、权力运行、资金流向等方面着手，有序推进领导干部履行经济责任情况审计，提升经济责任审计质量和工作水平。组织实施永中街道党工委（办事处）、区城市建设中心、区水利工程建设中心等6个单位7位领导干部经济责任审计，实施街道领导干部自然资源资产审计等项目。针对权力失控、决策失误、行为失范等方面问题提出审计意见和建议，《四点钟学校资金管理有待完善》得到姚高员市长的批示，推动《龙湾区（高新区）住宅用房安置指标置换富余房源实施办法》出台。

【政策跟踪审计】 2021年，区审计局从政策底线、惠民利民、资金绩效等方面着手，反映政策落实中遇到体制机制问题，保障民生。组织实施保障性安居工程跟踪审计、高新投资建设开发有限公司审计、2018年至2020年城中村改造资金投入和使用绩效情况专项审计、生活垃圾治理专项审计和社会保险基金专项审计等6个项目。对国有企业清理拖欠民营企业和中小微企业账款情况、落实降费情况等开展专项审计。推动审计发现施工图设计建筑面积超规划批准、擅自变更材料品牌、房款未及时结算等问题整改。

【审计监管】 2021年，区审计局突出审计办引领作用，构建长效管理机制。建立“七张问题清单”应用工作分机制，归集问题库，已归集审计全量问题库10个，作为清单主管部门申报本级蓄水池重大审计问题4个。依法履行审计监督，做好律师协审，开展合法合规性审查和各环节法制审核，获市级优秀审计项目2个。采取审培结合、上门指导等方式，加强对相关单位内部审计指导监督，由浙江温州龙湾农村商业银行股份有限公司报送《反洗钱管理工作情况专项审计项目》《剥丝抽茧 披沙拣金如何用冠字号找出背后的资金》分别获评温州市2020年度优秀内部审计项目、案例评选优秀项目和二等奖案例。

（邵伟明）

统 计

【概况】 2021年，温州市龙湾区统计局以“全面争创一流业绩、服务一区五城建设”为目标，围绕国家统计督察重点，完善高新区自创区、高质量发展评价、科技研发等重点领域统计监测预警机制。在全市率先推出数据质量“三色预警”机制，核查企业2264家次。助力温州高新区进位，2021年温州高新区在全国157个国家高新区中位列第69位，首次进入全国前45%。龙湾区科技创新指数连创佳绩，连续三年在全市排名第一。全年统计政务信息被市统计局录用156篇，省统计局录用32篇，国家统计局录用3篇；撰写统计专报29篇。

【统计基层基础建设】 2021年，区统计局加强规下工业企业规范化建设，此项工作在全省规模以下工业企业规范化建设工作会议上作交流。创新推出服务“云超市”，为企业提供个性化线上定制服务。建立投资项目“全生命周期”档案，督促指导瑞浦新能源制造基地、浙南科技城改造工程等“共同富裕”项目及“152”重点工程及时入库申报。聚焦“双建”机关建设，创新“党员先锋指数”评价办法，推动党建与业务深度融合。开设“先锋课堂”“实境课堂”“青春课堂”“指尖课堂”四大课堂，采用“线上+线下”方式组织业务培训32场。

【统计数字化改革】 2021年，区统计局坚持以数字化改革为引领，“数据浙江”加载报表421份，发布72份，为领导决策提供服务。以数字赋能统计执法监管，减轻企业负担。推广应用“浙江企业在线”等平台，实现执法单位整改材料电子送达、远程核查。参与“龙湾城市大脑”建设，发挥统计特点助力城市治理。

（王雅霏）

市场监督管理

【概况】 2021年，温州市龙湾区市场监督管理局贯彻实施“政治建局、法治立局、科技强局、改革兴局”四大战略，在省局年度工作评价、市局目标责任制

2021年龙湾区成交额亿元以上市场名单一览表

表37

市场名称	市场类型	成交额（万元）
温州市旧机动车交易市场有限公司	旧机动车市场	197800
温州紧固件工贸总公司	五金及工具市场	210000
温州文化用品市场开发有限公司	体育文化用品市场	42000
温州浙南粮食有限公司	粮油市场	105240
温州市汇通商品调剂有限公司	其他消费品综合市场	11750
温州润嘉投资开发有限公司	五金及工具市场	68000
温州广纳五金市场开发有限公司	五金及工具市场	151690
温州市力乾市场管理有限公司	网上消费品市场	169395
温州浙南粮食有限公司	网上消费品市场	65000
温州市龙湾区市场开发服务中心	农贸市场	16500
温州市龙湾区海滨街道沙中村股份经济合作社	农贸市场	17400

考核、区属部门考绩中均获评“优秀”等次。年内，全区新增市场主体5393户，累计64468户，企业数净增3342户，累计达25486户。全力守护民生、护航营商环境，查获各类违法案件940件。

【数字化改革】 2021年，区市场监管局超额完成10大数字化应用板块63项任务指标，相关工作做法被《中国质量报》《中国市场监管报》《中国医药报》等刊发，完成情况排名全省第24、排名全市第3。聚焦药品安全基层治理体系和治理能力建设，集成打造“药品安全基层监管数智平台”，在全省药品医疗器械监管会议上作典型发言2次，工作经验得到省委办公厅、省政府办公厅刊发，成功入选龙湾区数字化改革“最佳应用”。推进联合“双随机、一公开”标准化市级试点，起草温州首个执法监管领域地方标准，弥补全国“双随机”相关领域空白。

【“质量强区”建设】 2021年，区市场监管局加强质量品牌建设，打响“龙湾制造”美誉。出台《龙湾区质量强区“十四五”发展规划》，深入实施“三强一制造”战略，全区质量工作取得历史性成绩。创成“品字标”企业10家，研制“浙江制造”标准8个，制修订国家、行业、地方标准20个，百盛联合集团有限公司获评省政府质量监管创新奖，新世纪发展集团获得市长质量管理创新奖。

【商事制度改革】 2021年，区市场监管局坚持深化改革，持续优化市场营商环境和企业开办活力，激发市场创新创造潜力。围绕“最多跑一次”改革要求，扎实推进“证照分离”全覆盖试点，全区市场主体在册数达到64468户，较2020年增加5393户，其中企业数达25486户，两项指标完成率均位居全市首位。围绕龙湾生命健康战略性新兴产业发展，在中国眼谷建成温州首个省级“医药创新与审评柔性服务站”和国家级“眼科药械临床研究与评价重点实验室”。组建成立“知识产权发展服务联盟”全面代办国家、省、市级许可事项，为125家头部医药企业落户眼谷提供优质一站式服务。

2021年2月8日，区市场监管局工作人员开展超市节前年货安全检查
（区市场监管局供稿）

【市场安全监管】 2021年，区市场监管局充分发挥食药安办、特种设备联席会、质量强区办等牵头抓总作用，加大力度开展专项检查，保障市场安全。建成网络餐饮阳光厨房956家、开展食品药品检测15万批次、依法打击违法经营行为510件，牵头承办“全市基层食品安全抽检能力规范化建设现场会”。开展特种设备节前检查、专项督查等系列行动，组织开展监管人员能力提升班、使用单位培训会等系列活动。连续4年实现电梯安全保险全覆盖，推动1.3万台特种设备实现安全码全覆盖，累计整治隐患1915处，在全市“8+3”安全生产条线考核中多次位居第一。强化风险监测和产品抽检，不断完善质量检测、信息公开、后续处理等制度。围绕口罩、开关、皮鞋等14类与群众生活密切相关产品，开展抽检共计256批次。开展电动自行车综合治理工作，推进“浙江e行在线”应用落地见效，赋码电池4873个，赋码车架3513个，有效扫除电动自行车领域监管盲区。

【市场秩序维护】 2021年，区市场监管局立足严防细管，维护公平有序市场环境。以“放心消费在龙湾”建设为抓手，打造“市监365，天天315”消费服务品牌，畅通全国12315、浙里访等5个群众线上投诉举报渠道，在商场、超市、社区、农贸市场等场所实现基层维权点覆盖，全面守护消费者权益。培育放心消费单位1869家，其中，无理由退货778家。受理各类群众举报投诉7300余件，挽回消费者损失735万元。以龙湾区“未来城区·全域美丽”建设为抓手，提升全区农贸市场，打造五化市场4家、省级放心市场6家，一星级文明规范市场覆盖率达100%，三星级覆盖率达75%以上。聚焦水电气公用事业单位、商业银行、行政审批中介服务等机构，开展各类专项涉企收费检查，退费70余万元，惠及1972家市场主体。组织开展无照经营专项整治行动，疏导登记营业执照3239家，立案查处无照经营违法案件34起。部署市场监管领域“双减”工作，对全区66家校外培训机构负责人进行警示教育，立案查处相关从事学科培训案件3起。深入开展“守合同重信用”评选活动，推荐省AAA级守重企业12家，有效推动企业提高信用水平和社会责任意识。组织开展“平安护航建党百年”“亮剑2021”等系列执法专项，集中整治涉及食药安全、广告违法、商标侵权、侵害消费者合法权益等违法行为，全年累计办理各类案件940件。

（王　杰）

知识产权管理

【概况】　2021年，区市场监督管理局用好知识产权大港湾资源平台（温州知识产权大港湾是龙湾区市场监管局打造的一个综合性知识产权服务创新平台），全力打造具有温州特色、省内一流知识产权资源集聚地和保护高地。全年培育注册商标4731枚，授权有效发明专利410件，创成省级商业秘密保护示范点1家，专利权质押融资授信13.6亿元。以"小切口""小场景"推动知识产权保护革新，在全省率先引入全球专利检索数据库、全国知识产权侵权检测系统、技配家技术系统等应用。在全市率先搭建专利产品展示馆，"专品标赋能云平台"成功入选"浙江省第一批专利转化专项计划"重点项目。推动"灵伟白啄瓜"获批国家地理标志，有效帮助农民增收创收。

【数字化改革赋能知识产权保护】2021年4月，区市场监管局依托温州知识产权大港湾，通过构建"一号（专利检索数据库账号）一标（专品标）一系统（全国知识产权侵权假冒线索智能检测系统）"的"数字化大脑"，让企业在知识产权创造、运用、保护等方面都更智能便捷。年内，知识产权大港湾为温州地区有知识产权需求的中小企业提供500个（一年期限）的全球专利检索数据库账号，帮助企业从专利大数据中获取更有价值的信息，规避知识产权风险。

【专利（创新）产品推介展示馆】2021年10月，区市场监管局积极利用"浙江知识产权在线"助力企业解决知识产权难题，打造浙江首个公益性质"专利（创新）产品推介展示馆"，以线下实体展示、线上一体宣传等方式，助力企业开拓市场。

【严打涉知识产权犯罪】　2021年，龙湾区推动知识产权保护综合治理工作，设立"龙湾区知识产权联合执法中心"，开展全区知识产权领域的联合执法、应急联动和协同处置。2月，打掉一个涉嫌销售假冒注册商标的犯罪团伙，抓获嫌疑人潘某、邓某等人。该团伙涉嫌制造假冒多个知名品牌鞋包，涉案金额2150余万元，

食品药品监督管理

【概况】　2021年，区市场监督管理局加大食品药品监督管理力度。承接省局试点，搭建"特殊药品（含特药品）流通环节精密智控系统"，守牢群众用药安全底线，并作为省药监局拟上线数字社会项目"浙里药店"具体场景。开展食品、药品抽检监测1600余批次，增强药品领域风险防控能力。重点办理扎啤添加工业二氧化碳案、无合法进口手续燕窝案、网络销售进口假痛风药案等案件。

【疫情防控】　2021年，区市场监督管理局完善机制，拉紧防线，抓紧抓实疫情防控工作。组建10支封控机动队，全面提升疫情防控应急响应能力。成立冷链物防实体化运作专班，开展实战化演练2次。强化市场价格巡查和信息报送机制，重点对民生商品实施精细化管控，保障民生基本需求和市场正常供应。综合运用"浙冷链""浙食链"等数字化系统，持续发挥药店"哨点监测"作用，落实农贸市场"四个一律"和"三个到位"工作要求，筑好冷链食品"四道防线"，查办冷链食品案件20件。

【打造"药品安全基层监管数智平台"】2021年，区市场监督管理局聚焦药品安全基层治理体系和治理能力建设，集成打造"药品安全基层监管数智平台"。全省率先应用研发"执业药师人脸识别在线监管""含特殊药品复方制剂流通远程监管系统"等，相关应用被纳入省药监局拟上线数字社会项目"浙里药店"具体场景。工作先后在"全省药品医疗器械化妆品监管工作会议"上作典型交流，在"全省信用应用场景"案例遴选会议上作演示汇报。

【食品药品专项检查】　2021年，区市场监督管理局按照2021年食品安全监督抽检计划的安排，共开展食品安全日常监督抽检25次。此外，还开展生产流通环节、餐饮环节和多项专项抽检等工作。其中，开展食品安全"地产食品"专项监督抽检，合格率为100%；开展五一劳动节、端午节、中秋、国庆食品专项抽检，合格率为100%；开展食品"你点我检"专项抽检，合格率为86.36%；开展食品安全"白酒专项"抽检，合格率为100%；开展食品安全网络外卖专项监督抽检，合格率为100%；开展牛羊肉、香葱等食品专项监督抽检，合格率为100%，开展校园及周边食品专项监督抽检，合格率为100%。

（王　杰）

物价管理

【概况】　2021年，温州市龙湾区发改局加强民生物价管理力度，细化日常价费管理，确保市场物价平稳运行。做好价格矛盾纠纷处理仲裁服务，全年受理物价认定案件178件，全部办结，认定金额574万元；查处价格违法案件51件，罚款34.50万元，经济制裁105.42万元，其中退还用户70.91万元，上缴财政34.51万元。

【价格收费管理】　2021年，区发改局做好日常价格管理和专项调查任务，调整全区公办幼儿园相关保教费标准，做好全区民办教育收费管理，规范教育收费工作，营造教育发展良好氛围。会同教育部门统一调整龙湾区民工子弟学校学费基准价和浮动幅度，对登记为事业法人民办学历教

2021 年与前 4 年龙湾区价格违法案件查处对比表

表 38

年份	查处件数（件）	经济制裁金额（万元）	其中退还用户（万元）	罚款（万元）	上缴财政（万元）
2017	4	278.22	277.32	0.90	0.90
2018	6	54.55	46.75	7.80	7.80
2019	5	91.20	83.56	7.70	7.70
2020	120	97.49	86.11	11.35	11.35
2021	51	105.42	70.91	34.50	34.51

育学校收费进行备案管理；调整全区民工子弟学校学费标准、公办幼儿园保教费收费标准及4所民办学校收费标准。落实“双减”工作，出台龙湾区义务教育阶段中小学课后服务收费办法。完成省、市部署的蔬菜成本调查任务，及时发放农本调查补贴，按时完成全年农本调查数据的审核、汇总上报。

【价格监测预警】 2021 年，区发改局共设立 34 个价格监测点，对九大类 112 个与居民生活密切相关的农副产品、石油液化气、建材等价格执行定时定点监测。每月 10 日、20 日对粮油、蔬菜、肉、禽、蛋、水产品、副食品等价格监测，每周周二完成石油液化气价格监测，每月 20 日完成水泥、线材等建材价格监测，并开展月度、季度、年度价格动态分析。推进民生价格监测信息公开，每月在“温州市龙湾区发展和改革局”微信公众号发布一期菜篮子价格监测信息，通过政府信息公开网定期发布价格监测动态分析。

（潘毓锦　王　杰）

2021 年与龙湾区主要消费品价格情况一览表

表 39

商品名称	规格等级	计量单位	1 月	6 月	12 月
大米	晚籼米标一（散装）	元 /500 克	2.50	2.50	2.50
	粳米标一（散装）	元 /500 克	2.80	2.80	2.80
	安徽产特制粳米	元 /500 克	2.29	2.39	2.29
	东北产特制粳米	元 /500 克	2.39	2.59	2.59
	江苏产特制粳米	元 /500 克	2.29	2.29	2.49
面粉	特一粉	元 /500 克	2.19	1.98	2.19
豆类	标准品（三等、散装）黄豆	元 /500 克	3.50	3.50	3.50
	一级（散装）红小豆	元 /500 克	6	6	6
	一级（散装）绿豆	元 /500 克	6	6	6
玉米粉	脱胚玉米粉	元 /500 克	3	3	3
食用油	金龙鱼（非转基因）一级桶装　压榨花生油	元 /5 升	118	129.90	129.90
	鲁花、一级桶装　压榨菜籽油	元 /5 升	92.90	109.90	109.90
	金龙鱼、精炼一级、桶装浸出大豆油	元 /5 升	42.90	55.90	65.80
	金龙鱼、第二代、一级桶装大豆调和油	元 /5 升	59.90	64.80	72.90
鲜猪肉	精瘦肉	元 /500 克	32	18	20
	肋条肉（五花肉）	元 /500 克	32	20	20
	带皮后腿肉	元 /500 克	30	16	18
	肋排	元 /500 克	38	30	30
	腱子肉	元 /500 克	55	55	50
	新鲜无骨	元 /500 克	42	42	42
	新鲜带骨	元 /500 克	48	48	48
家禽	活乌骨鸡 1—1.50 公斤	元 /500 克	13	15	15

续表 39

商品名称	规格等级	计量单位	1月	6月	12月
家禽	活肉鸭 1—1.50 公斤	元 /500 克	23	23	23
	白条鸡 开膛 上等	元 /500 克	13	13	13
鸡蛋	新鲜完整 鸡场蛋	元 /500 克	5	6	7
水产品	活鲫鱼	元 /350 克	15	20	15
	活草鱼	元 /1000 克	10	15	11
	冻带鱼	元 /250 克	20	20	20
	冰鲜带鱼	元 /250 克	30	30	25
	冰黄鱼	元 /500 克	30	35	30
	冰鲜鮸鱼	元 /500 克	28	20	15
	海虾，体长 10 厘米左右	元 /500 克	45	35	28
	活鳙鱼	元 /1500 克	10	10	13
	冰鲜鲳鱼	元 /250 克	110	45	48
	活梭子蟹（养殖）	元 /250 克	90	90	100
	冰鲜子梅鱼	元 /100 克	30	20	22
蔬菜类	芹菜新鲜一级	元 /500 克	5	5	5
	大白菜新鲜一级	元 /500 克	3.50	2	2
	青菜（油菜）新鲜一级	元 /500 克	6	3.50	3
	黄瓜新鲜一级	元 /500 克	5	1	1
	萝卜新鲜一级	元 /500 克	2.50	2	2.50
	茄子新鲜一级	元 /500 克	8	5	6
	西红柿新鲜一级	元 /500 克	6	4	6
	豆角新鲜一级	元 /500 克	12	6	7
	土豆新鲜一级	元 /500 克	3	3	3
	胡萝卜新鲜一级	元 /500 克	4	4	4
	青椒新鲜一级	元 /500 克	8	6	7
	尖椒新鲜一级	元 /500 克	10	5	7
	圆白菜新鲜一级	元 /500 克	5	2	3
	蒜苔新鲜一级	元 /500 克	10	8	10
	韭菜新鲜一级	元 /500 克	5	5	7
	花菜新鲜一级	元 /500 克	8	5	3.50
	西兰花新鲜一级	元 /500 克	7	6	6
	洋葱新鲜一级	元 /500 克	4	3	4
	冬瓜新鲜一级	元 /500 克	3.50	2	3
	莴笋新鲜一级	元 /500 克	5	6	3
	南瓜新鲜一级	元 /500 克	4	3	2.50
	香菜新鲜一级	元 /500 克	12	8	9
	小葱新鲜一级	元 /500 克	15	5	6
	生菜新鲜一级	元 /500 克	5	4	5

续表 39

商品名称	规格等级	计量单位	1月	6月	12月
蔬菜类	山药新鲜一级（粗的、粉的）	元 /500 克	8	8	8
	丝瓜新鲜一级	元 /500 克	8	4	8
	茭白新鲜一级	元 /500 克	10	9	12
	盘菜新鲜一级	元 /500 克	5	5	4
	菠菜新鲜一级	元 /500 克	5	8	6
	空心菜新鲜一级	元 /500 克	6	4	4
	四季豆新鲜一级	元 /500 克	10	7	9
	油冬菜新鲜一级	元 /500 克	4	4	3.50
	黄叶菜新鲜一级	元 /500 克	4	4	3.50
	苦瓜新鲜一级	元 /500 克	8	5	9
	地瓜新鲜一级	元 /500 克	3	3	2
	生姜新鲜一级	元 /500 克	10	12	10
	大蒜籽新鲜一级	元 /500 克	10	10	10
水果类	苹果一级	元 /500 克	8	8	8
	香蕉国产一级	元 /500 克	3	3	3
	橙子国产一级	元 /500 克	8	6	6
	梨沙糖梨一级	元 /500 克	6	5	5
	西瓜当地主销一级	元 /500 克	5.50	2.50	5.50
副食品	酱油（生抽）李锦记（瓶装）	元 /500 毫升	5.50	5.50	5.50
	海螺放心酱油（袋装）	元 / 袋	3	3	3
	镇江香醋（瓶装）	550 毫升	6.90	6.90	6.90
	海螺花椒米醋（袋装）	元 / 袋	1.90	1.90	2
	雪涛牌食用精制盐	元 /400 克	1.80	1.80	1.80
	快鹿牌味精	元 /500 克	8	8	8
	绵白糖当地主销（袋装）	元 / 袋	15.40	10.90	15.40
	白砂糖当地主销（袋装）	元 / 袋	15.80	15.80	13.50
	红糖当地主销（袋装）	元 / 袋	6.90	6.90	7.20
	一鸣鲜牛奶（软瓶装）	元 / 瓶	2.50	2.50	2.50
	伊利牌纯牛奶（盒装）	元 /250 毫升	3	2.80	3
	豆腐无包装	元 / 块	1	1	1
	贝因美牌 国产三段幼儿配方牛奶粉 盒装 400 克	元 /400 克	88	88	88
	多美滋牌 进口三段幼儿配方牛奶粉(盒装)	元 /400 克	70	70	70
	农夫矿泉水（瓶装）	元 /550 毫升	1.50	1.50	1.50
	可口可乐（瓶装）	元 /2.50 升	5.50	6.90	5.50
	康师傅 3+2 饼干（袋装）	元 /125 克	5.20	5.20	5.50
	康师傅红烧牛肉面（袋装）	元 /100 克	3	3	3

科　技

2021 年 11 月 11 日，2021 中国眼谷眼视光创新发展国际论坛暨第三届创新创业全球挑战赛开幕　　　　（区科技局供稿）

综　述
科技创新
科学普及
眼健康产业

天河水库　　　（项绍雄/摄）

综 述

【概况】 2021年，温州市龙湾区围绕打造产城深融浙南科创新城，提升创新能级、集聚创新要素、优化科创生态。最新公布浙江省县（市、区）科技统计监测报告中，龙湾区创新指数在全省90个县(市、区)中排名第十，全市排名第一，实现全市排名“三连冠”。龙湾区科技局揭榜国家发展改革委、科技部2021年度全面创新改革任务“以先投后股方式支持科技成果转化”改革试点工作县市区级实施主体。温州高新区入选科技部创新积分制试点，全省仅三家高新区入选。创新积分制是基于企业创新能力量化评价、精准支持企业创新新型政策工具，温州高新区将探索创新积分制应用场景，为全省乃至全国企业创新积分应用探索“龙湾经验”。

【国家自主创新示范区建设】 2021年，龙湾区持续推进国家自主创新示范区建设。制定出台《自创区“八大专项攻坚行动”任务清单》，协同各部门推进任务落实。自创区“八大专项攻坚行动”任务完成综合排名在“一区五园”中位居第一。全年新增瓯江实验室、北斗导航系统交通运输行业研发中心两大高能级平台，累计拥有高能级平台10家。招引落地瑞浦、极动力等创新型重大项目13个，引育高层次人才296人，其中博士61人，重点指标任务完成持续走在全市前列。

【温州高新区进等升位】 2021年，龙湾区围绕国家高新区新版评价指标体系，做好高新区进等升位工作。实施《2021年温州高新区赶超补短进等升位工作方案》《2021年高新区进等升位专项考核任务清单》，实现排名大幅向前迈进，在全国157个国家高新区中位列第69位，比上年同期提升11个位次，进入全国前45%。11月29日，科技部火炬高技术产业开发中心下发《关于同意天津滨海高新技术产业开发区等46家国家高新区企业创新积分制试点实施方案的通知。温州高新区正式入选第二批创新积分制试点名单，全省仅三家高新区入选。

科技创新

【概况】 2021年，温州市龙湾区规模以上高新技术产业增加值57.12亿元，比上年同期增长13.5%，高于全市平均增速4.6个百分点，排名全市第三、三区两市第一。高新技术产业投资46.16亿元，同比增长66.2%，增速排名全市第二。创新指数173.80在全省90个县（市、区）中排名第十，位于浙江第一梯队，全市排名第一，温州市排名第一“三连冠”。全年全区累计投入研发费用14.25亿元，同比增长30.9%，高于全市平均增速7.1个百分点，排名全市第四位。研发费用占营业收入比重3.1%。年内温州高新技术产业开发区获评2020年度浙江省高新技术产业园区建设突出贡献集体。

【环大罗山科创走廊示范样板】 2021年，龙湾区推进环大罗山科创走廊示范样板打造，累计完成投资3.60亿元。以“九大场景”标准有序推进环大罗山科创走廊三大重点区块建设，浙南科技城核心区完成7个以上场景打造，创成示范区块。中国眼谷、文昌创客小镇完成5个以上场景打造，创成标准区块。推进交通路网建设，温州大道东延、永中西路、雁荡中路、兴区路通车销号，其余道路进展顺利。

【高能级科创平台建设】 2021年，龙湾区围绕产业链布局创新链，加快推进高能级科创平台提升，推动创新链、产业链深度融合。平台科技成果转化逐步进入发力阶段，各平台累计引育主导产业科创企业（项目）170家。新增瓯江实验室、北斗卫星导航系统技术应用交通运输行业研发中心两家高能级平台。其中，瓯江实验室获批建设浙江省实验室，国科温州研究院全职高层次人才队伍超200人，累计申报国家自然科学基金项目56项、海外优青项目9项，均被认定为省级新型研发机构。举办龙湾区（高新区）高能级平台“登峰造极”展示交流活动，评出获奖项目4个。

【双创特色载体提质升级】 2021年，温州高新区通过国家高端人才引领型双创特色载体复评工作，获奖励资金800万元。推动科技企业孵化器和众创空间提质升级，文昌创客小镇获年度省级特色小镇考评优秀等级，温州高新区创服中心连续六年获评A类（优秀）国家级科技企业孵化器，未来巢认定省级众创空间，中国眼谷新认定市级科技企业孵化器，温州高新区创服中心、网易城市、海龟之家3家双创载体跻身市绩效考核优秀名单。打造双创高地，签约落地北大科技园、北航投温州医工交叉创新中心。全区累计拥有市级及以上孵化器8家（国家级2家）、众创空间13家（国家级4家）。

【科技企业培育】 2021年，龙湾区实施科技企业新“双倍增”行动和创新型领军企业培育行动，构建“孵化一批、培育一批、认定一批”科技型企业培育体系。全年新增省科技型中小企业200家，累计1175家；新认定高企企业50家，累计254家；新认定雏鹰企业2家，累计认定雏鹰企业9家；新认定瞪羚企业7家，累计瞪羚企业20家。

【企业创新】 2021年，龙湾区持续推进企业创新能力提升。鼓励和精准指导企业申报科技项目，获批市级“卡脖子”核心技术攻关1项，重大科技创新攻关项目3项，获市、区两级财政补助727.87万元。支持企业加强研发投入，全年新增省级企业研究院1家、省级企业研发中心7家，累计分别拥有17家、55家，新增市级研发中心22家，累计146家；完成规模以上工业企业研发费用14.25亿元，比上年同期增长30.9%。高于全市平均增速7.10个百分点，排名全市第4位。

【科技高层次人才引育】 2021年，龙湾区强化科技人才引育。新增海内外创业创新人才296人，其中博士61人。推荐上报市级高水平团队4支，领军型人才创业项目8个，科技创新领军人才6人，科技创业领军人才3人，新动能工程师（海外）2人。举办2021年龙湾区（高新区）全球创新创业大赛—数字智造专业赛和2021中国眼谷眼视光创新发展国际论坛暨第三届创新创业全球挑战赛，择优推荐9个项目参加2021年温州全球精英创新创业大赛总决赛，9个项目均获奖项，实现各奖项数和奖项总数均温州市第一。

【科技成果转化】 2021年，龙湾区探索"先投后股"方式支持科技成果转化，畅通科技创新成果转化"最后一公里"。重点对接国科温州研究院、瓯江实验室、中国眼谷等科研平台，围绕重点领域挖掘和转移转化一批重大科技成果，加强技术市场服务体系建设，依托科技大市场提升发展，推动科技成果转移转化，全年共吸纳和输出技术合同交易总额27亿元。开展发明专利产业化工作，通过市级验收发明专利产业化项目24个，新增31个发明专利产业化项目通过立项。

【两支科创基金落地龙湾】 2021年，龙湾区推进龙湾创投引导基金阶段参股成立子基金，落地运营规模2亿元温州泰越硅谷高科落户产业基金，该基金是龙湾区政府出资设立首支科技创新类子基金，重点投资健康科技，辅以新材料等新兴产业优质的全球高科技企业。温州眼谷壹号创业投资合伙企业（有限合伙）基金完成签约，首期规模5亿元。

【瓯江实验室】 2021年5月20日，瓯江实验室正式揭牌成立。瓯江实验室是由浙江省政府批准设立、温州市政府主办的浙江省实验室，主体位于温州环大罗山科创走廊核心区—浙南科技城，总规划用地40公顷。实验室坚持"聚焦前沿、直面需求、协同创新、赋能产业"的建设原则，重点围绕组织器官再生与重塑、眼疾病与视觉功能康复、脑疾病与认知功能康复、再生医学材料、高端医疗器械（装备）等主攻方向开展研究，努力打造"国内第一、国际一流"且具有国际影响力的重大科技创新平台。2021年3月9日瓯江实验室筹建领导小组第一次会议召开。3月22日，瓯江实验室获批建设"浙江省实验室"。4月21日，瓯江实验室第一届理事会第一次全体会议召开。12月，瓯江实验室被浙江省科学技术厅列入拟评为2021年度省级新型研发机构公示名单。

（陈 梅）

2021年6月9日，龙湾区举行创投引导基金与泰越硅谷高科技基金合作启动仪式 （区科技局供稿）

科学普及

【概况】 2021年，温州市龙湾区科协围绕全区中心工作，以举办2021世界青年科学家（温州）峰会为重点，以提升全民科学素质为目标，以全区五大重点人群为对象，推动全区科普科技服务活动。全区建有街道科协6个，区属学会2个，院士专家工作站12家，非公企业科协44家，科普画廊60座，科普图书室37个。

【青科会龙湾分会活动】 区科协发挥执委会办公室职责，谋划2021年世界青年科学家（温州）峰会龙湾分会场活动，11月因新冠肺炎疫情影响，仅保留中国眼谷活动照常线下举行。11月11—13日，省委常委、市委书记刘小涛等出席中国眼谷活动。根据市《2021世界青年科学家峰会总结报告》，龙湾区峰会成果成效名列全市前茅。推进2020年峰会成果落地，并推动中国眼谷等未纳入统计的12个项目落地，2020年签约项目整体落地率近90%，超额完成80%的任务数。

【青少年科技教育】 2021年，区科协开展青少年科技活动，提高青少年科学素质。联合区教育局举办2021年龙湾区青少年"科学3分钟"微视频演讲大赛，共收集到学生作品75件，评出优秀作品40件，部分作品推荐参加市级比赛，获奖9件。联合区教育局、区科技局举办龙湾区第26届青少年科技创新大赛活动，经学校初步评选推荐，共有429件科技辅导员和学生作品参加区级评比，共评出优秀作品276件，并推荐70件优秀作品参加全市36届大赛（龙湾区在第35届温州市青少年科技创新大赛上，共获奖55件名列全市前茅）。另外，印发《龙湾区第24、25届青少年科幻画获奖作品集》给广大师生，大受好评。助力“双减”政策落地，依托社区科普文化中心，联合镇中社区、小橙教育共同举办计算机编程公益课。

【科普宣传与教育】 2021年，区科协开展线上线下科普活动，推进龙湾微科普微信平台建设，打造各类科普项目品牌。区科协开展“银龄跨越数字鸿沟”科普专项活动，帮助老年人提升运用智能手机能力，全区各街道社区、村居文化礼堂累计开展培训活动40多场，1.30万人次受惠。结合党史学习教育，开展全民线上科普知识有奖竞答，2.20万人次参与。发挥科技专家在科普工作中重要作用，区科协组织老科学家科普巡讲进机关1场，进学校4场，1000多名机关干部、学校师生聆听讲座。为挖掘健康科普传播人才，提升公众健康素养，区科协联合龙湾区第一人民医院举办2021年龙湾区新时代健康科普讲座大赛。邀请医生、健康专家进学校、进社区开展10多场大健康科普活动。持续开展科普阵地建设，抓住城中村改造后撤村并居机遇，以社区为重点推进科普阵地建设。2021年重点推进永中镇中社区科普体验馆和龙湾二小科普特色学校项目建设。镇中社区科普馆获市级立项，并于12月验收，正式投入运营。扩面推进状元罗西社区、永中度山、东篱下生态休闲农庄等科普宣传阵地建设，给社区图书室捐赠科普书籍，全年科普阵地建设补助资金35万元。在新建成的区文明中心投用2台移动科普知识触控显示竖屏，方便参观人员了解科普知识。同时，摄制作品参与首届温州市“科普60秒”科普视频大赛，获评一等奖。

【“科创中国”龙湾行动】 2021年，科技人员在龙创新创业，促进科技经济深度融合，中国眼谷成功命名“科创中国”浙江省级创新基地，光子集成（温州）创新研究院建成市级院士专家工作站，浙江小伦制药机械有限公司、温州睿智钢业有限公司建成市级博士创新站，维都利亚阀门申报专家工作站（2022年考评）。发挥科技工作者之家功能，通过微信群等方式常态化加强科技工作者交流，“5·30”全国科技工作者日前后邀请区四套班子分管、联系领导走访慰问一线科技人员51人次，11月组织安排22名在龙高工到附一医免费体检，联系推荐优秀科技人员申报科技英才、创新达人和参政议政；指导温州金鑫生化阀门有限公司、凯喜姆阀门有限公司等4家已建企业科协单位换届。

（姜成志）

眼健康产业

【概况】 2021年，龙湾中国眼谷小镇规划面积约3.47平方千米，其中核心区面积约1平方千米。小镇重点定位于发展以眼健康产业为主生命健康产业，打造世界眼睛领域中心，建设科研、产业、人才、诊疗四大高地的发展战略，树立“中国眼谷·世界眼光”品牌。龙湾中国眼谷小镇成功入选浙江省特色小镇第七批创建对象名单。加强产业链配套服务，深度融合“旅游+健康+研学”产品，启动黄石山雕塑公园景观环境提升工程、温州上海世界外国语学校（已建成启用）、民俗文化活动中心、康养福利中心等项目建设。

【产业高端化发展】 2021年，中国眼谷围绕智慧眼科软硬件、高精度光学成像、眼科人工智能诊断、眼科生物治疗、功能性矫治镜片、近视防控适宜技术等“卡脖子”前沿技术开展攻关，夯实产业高端化发展基础。新增关键共性技术项目3项，分别为《眼病诊治新技术研究——近视及其并发症诊治和防控新技术研究》《新型医学成像设备研发——面向脉络膜血流动力学高精度定量的多模态功能OCT成像系统》《眼病诊治新技术研究——基于内窥镜与功能扫频OCT整合的新型视神经显微微创手术系统研发》，科技总投入1130万元，相关技术成果将应用于企业14家。新增眼科光学、基因测序、医学成像、器械平台等30万元以上大型科研仪器设备24台（套），提升眼谷科技服务能力。

【省级产教融合示范基地创建】 2021年，中国眼谷与温州医科大学、温州大学等五所本地高校合作共建中国眼谷省级产教融合示范基地和大学生创新创业实践基地，推进与各校从教学、研究到就业、产业和人才培养全过程合作。全面推进海内外高层次人才双向引育计划，引进海外博士产业人才14人，洽谈海内外高层次人才科技项目60余个。推进中国眼谷研究院、中国眼谷研究生院、中国眼谷互联网学院建设，打造“人才和智慧飞地”新模式。全职引进英国皇家眼科学院院士林顺潮教授团队，国家杰出青年科学基金获得者杨健教授、常永生教授，国家海外高层次人才苏建忠教授、赵子健教授等11位国家级人才、30余位博士、专家落地眼谷创业，产业引才初具成效。引进温州市高层次人才（D—F类）及以上人才创业团队4人。全年开展技术经营专业培训活动，中国眼谷科创沙龙7期，培训入驻企业员工200余人；爱博诺德角膜塑形训练营2期，培训全国各地学员78人。入驻企业已申请国内发明专利12项，国际PCT专利4项。

【优化招商引资模式】 2021年，中国眼谷优化招商引资模式。与诺华、爱尔康、目立康，A/H股上市企业兴齐眼药、贝瑞基因、欧康维视等眼健康世界500企业、头部企业签约共建企业联合研究院25家，与博士伦、依视路等企业洽谈引进设立运营中心。创设基金招商模式，在温州医科大学附属眼视光医院瞿佳教授、吕帆教授等专家技术支持下，金融投资机构引荐其投资项目入驻中国眼谷创新创业。全年中国眼谷累计注册企业127家，其中高新技术企业2家，科技型中小企业8家，入驻企业累计实现产值超2亿元。

【中国眼谷百亿元贷款池】 2021年，中国眼谷累计签约国内外金融投资机构60家，共建基金池300亿元。其中，中信医疗基金、泰越基金、一村资本、鼎源投资等4家引导基金，建立眼健康产业发展专项基金12亿元。清大视光、优眼科技、景到科技等5个孵化项目列入备投计划，已完成4.80亿元资本融资。民生银行——综合体首期授信额度20亿元，工商银行、招商银行、兴业银行、中信银行共建中国眼谷百亿元贷款池。

【特色产业集聚】 2021年，龙湾中国眼谷小镇加快推进小镇特色产业投资建设，加大特色产业集聚步伐。完成固定资产投资10.61亿元，其中小镇特色产业投资7.63亿元，特色产业投资占固定资产投资72%，布局建设眼谷中央孵化园、眼谷科创园、瓯江实验室、健康产业双创新天地等眼健康特色产业项目。招引兴齐眼药、国赢医疗、清大视光等一批眼健康领域名企，企业注册106家，其中高新技术企业2家，浙江省科技型企业10家。小镇核心区“中国·眼谷”获批浙江省眼视光产业创新服务综合体、浙江省中国眼谷产教融合示范基地、浙江省内外贸一体化试点培育基地、浙江省青年创新创业时间基地、国家“百城百园”建设项目。中国眼谷小镇获批2020年度全国儿童青少年视力健康管理先行示范区，中国科学院温州研究院和瓯江实验室获评2021年省级重点实验室。

【高能级创新平台】 2021年，龙湾中国眼谷小镇坐拥温州市“一区一廊一会一室”创新格局“塔尖重器”，立足国科大温州研究院、瓯江实验室等高能级创新平台，融合附二医、口腔医院、超级眼视光医院科研、人才等优势，提升小镇科创氛围，打造生命健康产业亮点。汇集中高级专业技术人才1800余人，发明专利123项，新增授权发明专利52项。举办中国眼谷企业家高峰论坛暨中国眼谷首届科创沙龙、视觉健康创新发展国际论坛（Vision China 2021）等创新创业活动12场。全年完成科技投入2.08亿元。

【温州眼健康产业投资建设有限公司成立】 2021年6月28日，龙湾区政府直属国有独资公司“温州眼健康产业投资建设有限公司”正式揭牌成立，标志着中国眼谷小镇全面助推龙湾区（高新区）跨越发展和温州国家自主创新示范区建设。

【儿童青少年近视普查】 2021年，中国眼谷加快推进儿童青少年近视普查。支持温州市连续7次完成全市域110万名中小学生近视普查，推动温州市入选唯一一个“全国儿童青少年视觉健康管理先行示范区”。

【中国眼谷科创园A区项目建设】 2021年4月22日，中国眼谷科创园A区项目正式开工建设。整个园区用地面积约8.53公顷，总建筑面积约22.60万平方米，将建成空间丰富、功能完备、高效灵活、绿色低碳、科技智能现代化都市新型产业园区。

【眼谷企业两项成果入选首批省教育数字化改革项目】 2021年6月2日，浙江省教育厅公布全省教育领域数字化改革第一批创新试点项目名单。由清大视光、国眼医疗等中国眼谷入驻企业领衔主导的“‘明眸皓齿’学生健康管理信息系统”（温州龙湾）、“物联网学生近视防控系统”（台州椒江）两个项目成功入选。

【谱希基因（中国眼谷）项目启动】 2021年6月17日，中国眼谷重点引入高能级项目温州谱希基因有限公司启幕，中国眼谷·谱希基因眼病精准医学中心同步揭牌。温州谱希基因科技有限公司（PSI Gene Technology Co.,Ltd.）是致力于眼科精准医学与基因大数据创新型生物科技公司，是中国眼谷首批引进高科技企业。

【中国眼谷列入全市首批金融发展实验平台试点】 2021年7月7日，中国眼谷受邀参加温州银保监分局组织召开“金融支持创新发展实验平台”建设工作推进会，与温州城市数字科创园、温州市国家大学科技园等园区一起列入全市首批金融发展实验平台试点。

【入选第四批省科技型中小企业名单】 2021年12月12日，温州市科学技术局公布2021年第四批浙江省科技型中小企业认定结果，龙湾区中国眼谷五家企业——温州谱希基因科技有限公司、温州视铂科技有限公司、温州兴齐眼视光生命科学有限公司、温州瓯佳生物科技有限公司、浙江国眼医疗科技有限公司成功入选，获得荣誉以及相应现金奖励补贴。

（黄鹏鹏）

教　育

2021 年 9 月 23 日，龙湾区举办新校区集中投用仪式　　　　（区教育局供稿）

天河水库　　（项绍雄/摄　）

综　述

【概况】　2021 年，温州市龙湾区有各类学校 99 所，其中职业高中 1 所、九年一贯制学校 4 所、初中 11 所、小学 32 所、幼儿园 51 所；民办学校 39 所。全区小学专任教师 1841 人、中等职业教育专任教师 135 人、普通中学专任教师 924 人。教育系统教育经费投入 16.22 亿元，其中一般公共预算内教育经费 10.59 亿元。全年龙湾区小学学业水平测试成绩居温州市前列，中考成绩位居全市第一，中考成绩实现“十四连冠”，高考成绩稳中有升，职业教育单考单招上线率连续三年实现 100%。推进“五育融合”，加强学校体育、美育与科技知识融合教育，学生在省、市各类竞赛中表现优秀。全年艺术节比赛获省二等奖以上 5 项，市一等奖以上 9 项，省、市各类体育比赛获第一名 12 项，科技类获市一等奖以上 10 项。创成全国各类体育特色学校 14 所，温二十五中获评全国排球特色学校，瑶溪一小、龙湾区第二小学获评全国青少年校园足球特色学校。年内获评 2021 年浙江省先进教研集体、职业教育发展考核优秀单位，温州市学校安全工作考核优秀单位。区域办学水平提高，梯次分区域实施教育合作项目，先后打造全市唯一“幼、小、初、高”一体化国科温州学校、组建列入市教育局直属学校序列管理温州外国语学校状元分校以及浙师大附属龙湾教育集团，实现优质教育资源快速普及。普惠性幼儿园在园幼儿覆盖面、等级幼儿园在园幼儿覆盖面、一级二级幼儿园在园幼儿覆盖面均实现大幅度提升，分别为 98.3%、98.7%、70.3%，全区各学段教育质量均走在全市前列。民办学校星级率达 80%，6 所民办学校获批省义务教育标准化学校。

2021 年 9 月 6 日，温州外国语学校状元分校举行新校启动仪式　（区教育局供稿）

【义务教育基础设施建设】　2021 年，龙湾区实施“品质教育·学在龙湾”发展战略。新开工建设 2 所学校，建成投用 12 所中小学、幼儿园，新投用义务教育阶段学校数、建筑面积分别占全市新投用学校 33.3%、34.9%，占全市 1/20 学校数量，年内实现超过全市 1/3 增量，创历史之最。新（改扩）建农村普惠性幼儿园 4 所、中小学、幼儿园 5 所，完成永兴片海滨片所有学校排水证办理。全年投入教育装备更新和创建补助资金 5500 万元，实现生均教育技术装备投入 1150 元，正式开通运行龙湾“云上智校”。

【义务教育优质均衡发展区创建】　2021 年 11 月 15—16 日，浙江省督导委专家组对龙湾区创建全国义务教育优质均衡发展区进行省级现场督导评估。专家组通过部门走访、实地考察、随机访谈、课堂观察、查阅台账等方式，逐一核查 31 项指标，对龙湾区创建全国义务教育优质均衡发展区进行诊断。

【“双减”工作】　2021 年，龙湾区实施课堂变革提升、高效作业提质、服务课程扩面、教师资源护航、师生健康护卫、多元评价保障、家校联合共育、校外培训深度治理等“八大”行动。2021 年 9 月 7 日，龙湾区召开“双减”工作部署推进会。会议研究《温州市龙湾区减轻义务教育阶段学生作业负担和校外培训负担的实施方案（送审稿）》《中共温州市龙湾区委教育工作领导小组关于成立区“双减”工作领导小组的通知

2021 年 9 月 7 日，全区教育工作领导小组全体（扩大）会议暨全区“双减”工作部署推进会召开　（区教育局供稿）

（送审稿）》《进一步做好义务教育阶段中小学校内托管服务工作的实施意见（送审稿）》等文件。参加校内托管服务学生占全部学生数的 96.7%，义务教育营利性学科类校外培训机构压减率达 100%。“双减”工作相关经验做法获《温州教育》刊发。

【教育惠民】 2021 年，龙湾区持续推进特殊困难学生关爱工作，全年学前教育保育费资助 178 人支付 88.66 万元；义务教育爱心营养餐资助 981 人支付 121.96 万元；义务教育生活补助 941 人支付 50.41 万元；中职学生除学费全免外，享受国家助学金资助 47 人支付 9.40 万元。加大近视防控力度，中小学生可升降课桌椅覆盖率达 95%，学生总体近视率比上年同期下降 1.06 个百分点。

【德育教育】 2021 年，龙湾区全面实施“四品八德”教育，承办温州中小学“四品八德”教育推进会，指导 12 所龙湾区优秀传统文化教育基地学校开展德育工作，永兴一小获评教育部第三批全国中小学中华传统文化传承学校。借力北京崇贤馆推出“阅读与世界”线上教育活动，努力把龙湾分基地打造成全国青少年优秀传统文化教育示范基地。举办“新时代好少年　红心向党”爱国主义主题教育读书系列活动，包括“百年潮涌 · 红星闪闪放光彩”主题征文比赛、“漫画四史”主题漫画比赛、演讲比赛等。全年创建省、市级劳动实践基地 1 个，市级劳动试点（示范）学校 3 所。推进温大研学实践合作项目，规划龙湾区研学旅行线路，拓展“1+X+Y”研学实践教育基地群，基地累计接待学生数 72584 人次，其中本部基地接待 13518 人，社会类区内基地共接待 3824 人次、区外基地共接待 38964 人，校内基地共接待 16278 人次。

【学校党建工作】 2021 年，龙湾区加强教育系统党建工作，以“一十百千万”（一部党史守初心，十项工作争一流，百名书记讲党课，千名教师大家访，万名学生颂党恩）活动为依托，开展党史学习教育。局党委开展理论学习中心组学习 12 次，基层党支部理论学习 700 余场，支部书记宣讲党课 280 余节，万名学生全面开展以党史为核心“四史”教育。实施“清明政风、清廉作风、清净校风、清正教风、清新学风”五清行动，“清廉学校”创建率达 100%。组建全国劳模“清廉工学”工作站。全区学校党建覆盖率达 100%，“四化”党支部巩固率达 100%。

【国科大温州研究院与区政府签约教育战略合作】 2021 年 3 月 1 日，中国科学院大学温州研究院与龙湾区人民政府教育战略合作签约仪式在龙湾区行政管理中心大楼 4 楼多功能厅举行。旨在打造全市唯一“幼、小、初”一体化优质公办教育资源群。温州市委副书记、市长姚高员，中国科学院大学副校长、温州研究院院长杨国强等领导参加签约仪式，龙湾区委副书记、区长夏禹桨主持签约仪式。

2021 年 3 月 1 日，国科温州学校授牌　　（区教育局供稿）

【首个少先队主题教育馆正式开放】 2021 年 5 月 12 日，龙湾区首个少先队主题教育馆正式开放。该馆由队史展列区、党团队知识学习区、党团队共建活动区等组成，全面展示少先队近百年的发展历程和龙湾少先队的特色亮点工作，设有少先队员宣誓墙、圆梦微心愿墙、少先队合影墙等互动区，是龙湾首家集红色学习、实践体验、培训活动等于一体的少先队校外教育基地。

【国科温州学校举行揭牌仪式】 2021 年 5 月 20 日，国科温州学校（国科温州实验小学、国科温州第一幼儿园）揭牌仪式举行。参加揭牌仪式领导有中国科学院大学副校长、温州研究院院长杨国强，龙湾区委书记、高新区党工委书记周一富等参加揭牌仪式，龙湾区副区长彭锋主持揭牌仪式。

【龙湾区启动家长节仪式】 2021 年 6 月 9 日，龙湾区家长节启动仪式暨浙师大附属温十五中教育集团第三届家长节举行。龙湾区教育局主办，浙师大附属温十五中教育集团承办，凤凰网浙江教育协办，全区公办中小学分管校长、学区小学家长代表和十五中师生共 1600 余人参加启动仪式。

【浙师大与区政府签约合作办学】 2021 年 7 月 13 日，浙江师范大学与龙湾区人民政府合作共建浙江师范大学附属龙湾教育集团签约仪式举行。浙江师范大学副校长、党委委员钟依均，龙湾区委书记、高新区党工委书记周一富，温州市教育局党委书记、局长郑焕东等领导参加签约仪式。

【龙湾区举行“智慧护学岗”启动仪式】 2021年9月23日，龙湾区“智慧护学岗”启动仪式在区第二外国语小学举行，标志着全国首个“智慧护学岗”在龙湾正式投入使用。

【龙湾区召开义务教育均衡发展评估汇报会】 2021年11月15日，龙湾区召开全国义务教育优质均衡发展区省级督导评估汇报会。会上，区委副书记、区长夏禹奖就龙湾区推进全国义务教育优质均衡发展区创建工作作汇报。

学前教育

【概况】 2021年，温州市龙湾区共有幼儿园51所（64个园区），其中公办幼儿园18所（31个园区），民办33所。一级幼儿园11所（12个园区），二级幼儿园16所（26个园区），普惠性幼儿园49所（62个园区）。全区在园幼儿12100人，公办幼儿园在园幼儿覆盖面为60%，普惠性幼儿园在园幼儿覆盖面为98.3%，等级幼儿园在园幼儿覆盖面为98.7%，一级二级幼儿园在园幼儿覆盖面为71.1%。

【幼儿园扩建升级】 2021年，区教育局加大等级幼儿园扩建力度，2所幼儿园通过一级评估，8所幼儿园通过二级和预二级评估，优质幼儿园比例提升5.4个百分点。全区新建开办国科温州第一幼儿园、观澜苑幼儿园、宝龙幼儿园、罗西第二幼儿园、尚都幼儿园、滨江幼儿园、桃花岛幼儿园、文昌路幼儿园、普西幼儿园等公办幼儿园9所，新增学位3240个，公办幼儿园所累计31所，在园幼儿园覆盖面提升6.3个百分点。

【学前课程改革】 2021年，区教育局持续加大课程改革，落实“课程游戏化”，实施“一日生活皆课程”，优化一日生活。大力推行游戏课程化，基于“温州游戏、安吉游戏”样态，提升教师游戏中观察与指导能力，促进幼儿学习兴趣；基于区STEAM试点园研究样态，开展阶段成果展示，推进区域幼儿园STEAM教育。开展幼儿园课改项目“九把钥匙”实践案例评选和幼儿园保育工作管理案例评选活动，推送14篇优秀案例参加市级比赛，获评一等奖2篇、二等奖6篇、三等奖4篇。落实《温州市幼儿园保教工作规范》，提高幼儿园保育管理工作质量。组织园长和保健人员，分批开展学前教育“云呵护”平台功能使用培训活动，全面启动智慧幼儿园“云呵护”平台使用。联合妇幼保健中心开展保育员上岗资格培训，联合成人校推进保育员高中学历成人函授，共有202名保育员参加，保证幼儿园保育工作规范有序。

义务教育

【概况】 2021年，温州市龙湾区小学在校生30355人，初中在校生11995人，义务教育阶段适龄少年儿童入学率、在校生巩固率、毕业率均达100%。初中毕业生3381人，初中升高中升学率99.9%。省义务教育标准化学校比例达97%，中考成绩连续14年位居全市各县（市、区）之首。温十五中、龙湾三小、龙湾实验小学、永兴一小通过省现代化学校创建评估。

【规范化办学】 2021年，区教育局继续严格落实《龙湾区进一步规范义务教育学校办学行为的通知》和“十个严禁”，把规范办学作为学校考核主要指标。落实课程改革促进规范化办学，全面启动拓展课分类走班教学与初中基础课程分层走班教学。出台《龙湾区教育局关于做好中小学进校园活动规范管理工作的通知》，明确活动进校园清单。义务教育招生可网上报名，大数据核对，网上审核录取。落实“公民同招”政策，民办学校报名人数超过计划数，通过公开摇号录取，中通国际学校初中部及小学部、龙湾区外国语学校、道尔顿小学、龙湾区少艺校均实行摇号程序。

【减负工作】 2021年，区教育局根据教育部、省市文件精神，出台“五项管理”文件，落实一校一策。小学生每天睡眠时间应达到10小时，初中生应达到9小时，高中生应达到8小时。学校、家庭及有关方面应共同努力，确保中小学生充足睡眠时间。小学上午上课时间一般不早于8:20，中学一般不早于8:00，各校结合夏令和冬令时间，根据实际情况可适当调整。确保小学一二年级不布置书面家庭作业，可在校内安排适当巩固练习；小学其他年级每天书面作业完成时间平均不超过60分钟；初中每天书面作业完成时间平均不超过90分钟。周末、寒暑假、法定节假日控制书面作业时间总量。鼓励小学试点每周设立一天为无书面家庭作业日，每月安排一个周末不布置书面作业。丰富学生阅读内容，充分发挥课外读物育人功能。中小学校要严格落实国家规定体育与健康课程刚性要求，小学一至二年级每周4课时，小学三至六年级和初中每周3课时，高中每周2课时，有条件的学校每天开设1节体育课，确保不以任何理由挤占体育与健康课程和学生校园体育活动。保障学生每天校内、校外各1小时体育活动时间。逐步完善“健康知识＋基本运动技能＋专项运动技能”学校体育教学模式，让每位学生掌握1—2项运动技能。

【集团化办学】 2021年，龙湾区全面铺开集团化办学，主要有“一体型”教育集团与“协作型”教育集团，全区有15个“一体型”教育集团，共36个校区（园区），12个“协作型”教育集团，共27个园区。其中义务教育阶段学校总共45所，参加集团化办学学校41所，占比91.1%。“协作型”集团化办学，集团内部各校均按照独立建制学校模式运行，集团核心校和成员校互派管理干部、骨干教师任职任教，共建课程资源，常态化开展联合教育教学活动，逐步实现管理共通、资源共享、师资共育、质量共进。充分尊重各校区办学自主，遵从个性发展，彰显办学特色，注重学校自身发展特色。“一体型”集团化办学，由同一人担任集团内部各个独立建制学校法人代表，并担任集团总校长；各校均按照独立建制学校模式运行，分设执行校长；集团实施“多个校区、统一管理、资源共享、条块结合、以块为主”的管理模式，实现人事管理统一、经费管理统一、业务管理统一、评估考核统一。

【新居民子女教育】 2021年，区教育局落实第二轮新居民学校整改提升工程，持续推进民办幼儿园、新居民子女学校整改工作。做好进城务工人员随迁子女在龙湾接受义务教育工作，启用凭浙江省居住证报名的新居民子女入学政策，最大限度满足新居民子女共享优质教育资源需求。全区义务教育新居民子女在校生17591人，占总在校生41.5%，其中符合随迁条件新居民子女在公办学校就读100%。

【特殊儿童教育】 2021年，区教育局贯彻国家、省、市关于特殊教育实施意见，实施全纳教育，让特殊儿童享有正常儿童同等教育，实现特殊教育与普通教育同步发展。全区建有6个资源教室，通过省示范性资源教室验收学校2所，通过温州市示范性资源教室验收学校2所。义务教育阶段持证残疾适龄儿童101人，入学95人，其中在普通中小学随班就读48人，在特殊教育学校就读37人，送教上门10人。

【“互联网＋义务教育”中小学结对帮扶工作】 2021年，区教育局开展东西部结对帮扶工作、山海协作、“双龙”合作等结对工作，实现合作共赢，协调发展。全面开展“互联网＋义务教育”中小学校结对帮扶工作，推动全区结对帮扶学校管理共进、教学共研、资源共享、信息互通、师生互动、差异互补，扩大优质教育资源辐射面，促进全区义务教育优质均衡发展。将“互联网＋义务教育”结对帮扶工作与义务教育集团化办学有机结合，推进家门口品质学校建设。2019年“互联网＋帮扶活动”16所学校（含市域内结对2所），2021年新增结对学校18所（含市域内结对3所），其中与苍南县结对新增3所，区内所有的乡村学校全覆盖，“互联网＋帮扶活动”34所学校（含市域内结对5所）。2021年，龙湾职高接收结对的四川省仪陇县就读学生41人。10月19日，仪陇县教育局相关人员带领仪陇各学校21位校长到龙湾开展为期4天学习考察，仪陇县教育局派出7名骨干教师在龙湾区各学校挂职学习半年。

中等职业教育

【概况】 2021年，温州市龙湾区内中等职业教育机构仅龙湾职业教育集团学校一家，龙湾职业教育集团学校在校生2222人。职业高中单独考试录取率100%，在全市学业水平测试所有学科通过率位居温州市第一，上线本科23人，本科升学率13.5%，远高于全省录取率6.3%。中职学生毕业率99.4%，初次就业率99.4%，专业对口率89.2%，学生双证率100%。全年“双师型”教师占比90%，职校参加省级“面向人人”比赛获奖率位居温州市第一。职校4项作品获省级奖并推荐至中央电教馆参评。创成市级“五业联动”（产业、行业、企业、职业、专业）改革创新项目，职业能力竞赛获奖数在温州市中职学校中始终处于第一梯队，与8所高职院校开展“中高职一体化（3+2）”办学模式，每年向高职院校输送500多名毕业生。年内龙湾区获评2020年度浙江省职业教育发展考核优秀单位。

【产教融合】 2021年，龙湾区职校深化产教融合，强化校企协同育人。牵头架构集政府、行业、企业、高校、科研单位为一体“合纵连横”职教集团，与13家相关行业企业建立协作机制和平台，推行现代学徒制。推进校企合作共同体建设和双证融通试点工作，学校每年为企业培养专业技术人员1000余人。校企共建生产性实训基地“五业联动”共构混合所有制办学新模式成功申报市级“活力温台”职教高地改革创新项目。

成人教育

【概况】 2021年，温州市龙湾区内社区教育指导中心共下设街道社区学校6所，村级社区分校45个，老年学堂33所。全区共有省标准化成人校8所，省现代化成人校4所，实现全区街道、村社成教网络全覆盖。将社区教育列入民生实事项目，经费列入政府财政经常性开支，全年总投入社区教育经费165万元，实现社区教育人均经费4.43元；“银龄跨越数字鸿沟”老年智能技术科普培训6500人次。

【社区教育】 2021年，龙湾区创成省级社区学校文化礼堂终身学习品牌项目1个、市级市民终身学习基地3个，创成市级社区学校8所、市示范老年大学1所，市级优质老年学堂3所，成功率130%。年内，龙湾区社区教育获评市级单项优胜奖，龙湾区教育局获评市级学分银行先进单位。

【全民终身教育】 2021年，龙湾区“推进全民终身学习服务温州‘两区’建设”全民终身学习周活动，十大市民终身学习体验基地向市民开放。开发省终身学习学分银行平台，存入省学分银行系统各类成人学校社会培训学习 219788 人次，占比该区常住人口数的 30.3%，远超市局指标 17%。全区劳动力年龄人口学历提升数 156289 人，平均受教育年限同比提高 0.35 年。

民办教育

【概况】　2021 年，温州市龙湾区依法依规推进民办教育综合改革，依法落实各项优惠、补助政策，下拨“三星”级及以上民办学校、幼儿园生均公用经费补助及升等创优奖补资金 708.81 万元。继续推进新居民子女学校整合撤并整改提升工程，推进龙湾区义务教育优质均衡发展。

【民办学校监管】　2021 年，龙湾区加强民办学校监管，实施民办学校办学行为规范工程，细化落实“双减”政策，推进校外培训治理，开展学科类培训转型登记，规范校外培训行为，通过浙江省行政执法监管平台，联合民政、市场监管、综合执法、消防等部门开展跨部门“双随机、一公开”抽查监管工作，促进民办教育健康发展。

招生考试

【概况】　2021 年，温州市龙湾区高职单独考试招生报名人数 178 人，职业技能理论考试报名人数 111 人，全国英语等级考试报名 752 人。成人高校招生考试报名人数共 3454 人，其中高中专 1826 人、专升本 1628 人，增加 1500 人，比上年同期增加 76.8%，创历史新高。高中招生考试报名人数 3220 人，其中省内市外在龙湾报名考生 55 人，市内非该区户籍考生 443 人，省外 590 人，增加 361 名，同比增加 12.6%。学前教育大专班招生报名 302 人，体检后参加术科 184 人，录取 44 人（包含经开区）。

【考点设置】　2021 年，全区设中考考点 6 个，分别为温十五中、温二十中、温二十五中、永中中学、永兴中学、实验中学，考场 111 个。英语听力口语正式（含模拟）考试 3220 人，其中 5 人申请免考，设考点 10 个。

师资队伍建设

【概况】　2021 年，温州市龙湾区小学教师专科及以上学历比例为 99.7%，初中教师本科及以上学历比例为 97.6%，中职学校“双师型”教师占专业课和实习指导师比例达 90.5%。全区拥有市、区级骨干教师 1091 人，其中温州市第一层次人才 31 人，市第二层次人才 121 人，市第三层次人才 250 人，龙湾区第一层次人才 48 人，区第二层次人才 212 人，区第三层次人才 429 人。

【师德师风建设】　2021 年，区教育局落实教育部《关于在教育系统开展师德专题教育的通知》、温州市《关于进一步加强师德师风建设　规范从教行为的通知》，制定《关于印发〈龙湾区中小学开展师德专题教育“三大工程”的实施方案〉的通知》，落实“示范引领工程”“规范践行工程”“警示宣教工程”等“三大工程”，落实“五个一”活动，其中观看典型影视剧《革命者》，活动参与率达 98%。组织各级各类青年教师师德主题交流活动，组建龙湾区中小学青年教师理论暨“我的教育故事”师德宣讲团，成员 17 人，其中王小凤等 3 人入选温州市中小学青年教师理论暨“我的教育故事”师德宣讲团成员。8 月 25 日，组织全区教师参加温州市教育系统网络视频现场直播师德专题培训；26 日，举办全区教师师德培训。开展“龙湾农商行教育基金”各类奖项评选活动，寻找“身边师德典型”，各类奖项共评出获奖者 100 人，支付各类奖项奖金 100 万元。

【名校长培育】　2021 年，区教育局持续加强名校长培育，组建区名校长成长共同体，通过名校长工作室联盟活动、名校长专题研修、名校长访谈等提升名校长素养。开展名校长办学思想、办学特色研讨展示活动，提炼名校长办学成果。全年选派名优校（园）长 21 名参加省、市级骨干校长培训。开展未来校长培育，组织开展未来校长任职培训，培育未来校长 40 余人。

2021 年 6 月 7 日，永强中学高考考点考生走出考场　（朱浩男 / 摄）

【领军教师培育】 2021年，区教育局持续加强领军教师培育，以创新模式助推站室运行，采用线上+线下混合式研讨，保障疫情防控下活动常态化，开出公开课、研讨课100多节，主题讲座80多场，联盟体活动30多次，促进名师成长。强化资源库建设，现已建成资源库工作室11个。强化骨干考核机制，完成两级587名骨干教师考核。开展初中学科命题领军教师专题培训、龙湾区数据驱动教育教学改进暨初中学科评价改革领军教师90学时专题培训、龙湾区数据驱动教育教学改进暨小学学科评价改革领军教师90学时培训。强化学科研训员工作室专题研修，拓宽骨干教师培育渠道，全区11个研训员工作室通过理论培训、教学实践、专题论坛、成果展示等活动，培育一批学科领军教师。

【骨干班主任培育】 2021年，区教育局持续加强骨干班主任队培育，提升班主任专业素养。开展区班主任联盟体活动，以名班主任工作室为基地，每学期开展两次区域班主任联盟体主题式研讨活动，以活动促进骨干班主任成长。举办新教师班主任管理能力提升专题培训，以刚入职年轻老师为培育对象，举行区域全员参训活动。借助省中小学初任班主任胜任力提升高级研修班平台，挑选年青优秀班主任参加培训，培育适应未来学校教育的未来骨干班主任。举办班主任技能系列评比活动，开展中小学主题班会方案设计评比、中小学班主任优秀案例评比，以赛促训，提高班主任综合素养。

【师资培养】 2021年，龙湾区实施师德师风建设“三大工程”，3000余名教师共上“开学师德第一课”，组建“8090”青年教师师德宣讲队伍43支，宣讲员人数142位。实施“三名”（名校、名师、名校长）引领工程，培育省特级教师7人、省教坛新秀8人、市级名校长名教师名班主任17人，新建名师工作室24个，全区中小学（幼儿园）教师培训量达1.19万人次，教师队伍整体素质位居全市上游水平。

教育信息化

【概况】 2021年，温州市龙湾区教育局投入教育装备更新和创建补助资金5500万元，实现生均教育技术装备投入1150元。添置图书7.50万册，课桌椅7100套，扩容无线AP1020个，更新多媒体269套、教师办公电脑450台、电子班牌105块，学生机房16个，人工智能教辅套件300套。全年共改造提升学校无线网络28所，创建省新型教学空间25个，温州市装备达标（优秀）幼儿园10所（区一幼蒲州园区、嘉华幼儿园、罗西一幼、区三幼南洋园区、区十七幼、区五幼永达园区、区七幼、区十六幼、区八幼、罗峰一幼）。创建市书香校园6所（温十五中、区三小、海滨二小、海滨中学、瑶溪六小、瑶溪三小）。之江汇网络同步课程8门、名师金课1门。

【智慧教育】 2021年，区教育局印发《龙湾区教育领域“1+3+6+X”数字化改革工作方案》。“明眸皓齿健康平台”列入浙江省教育领域数字化改革第一批创新试点项目。与科大讯飞公司合作，推进温十五中、区实验中心和状元中学精准作业诊断改革。龙湾云上智校（数字家长学校平台）上线，52所学校8066名家长在线学习，促进全区家庭教育开展。根据《温州市国家智慧教育示范区创建行动计划暨教育系统数字化改革工作方案》部署要求，区一小等8所学校申报市智慧校园和人工智能实验校创建。组织参加杭州阿里公司教育数字化变革研讨会，组织举办龙湾区智慧校园实验校建设研讨会。举办全区中小学人工智能教育师资培训班和全区中小学教师信息技术与教学应用能力提升培训班，通过线上线下结合方式培训教师2200人。全区师生参加省市教育技术比赛累计获奖人数173人次，其中有12位教师和20名学生在省级比赛中获奖。

（黄伟炜）

2021年龙湾区幼儿园情况一览表

表40

序号	单位名称	地址	占地面积（平方米）	建筑面积（平方米）	教师数（人）	班级数（个）	幼儿数（人）
1	龙湾区第一幼儿园	状元街道中华路119号	4080	3382	53	12	435
	龙湾区第十九幼儿园	蒲州街道益品居住宅区	2961	2115.35		6	205
	龙湾区滨江幼儿园	蒲州街道留香园、江月湾住宅区旁	5535	4204		1	24
	龙湾区桃花岛幼儿园	蒲州街道博悦湾住宅区旁	5545	4238		1	23
2	龙湾区第二幼儿园	永中街道永中东路163号	4383	4404	50	12	395
	龙湾区二幼南洋园区	永中街道南翔锦苑17幢	2700	1974		9	285
	龙湾区尚都幼儿园	永中街道尚都锦园32幢	6010	4042		3	93

续表 40

序号	单位名称	地址	占地面积（平方米）	建筑面积（平方米）	教师数（人）	班级数（个）	幼儿数（人）
3	龙湾区第三幼儿园	瑶溪街道白楼下村阳明路 2 号	6000	3052	26	8	220
	龙湾区南洋幼儿园	永宁西路鸿玺园住宅区	3310	2656		5	151
4	龙湾区第四幼儿园	海滨街道沙村路 151 号	2650	2160	18	8	204
5	龙湾区第五幼儿园	永中街道万康住宅区	3319	3125.40	48	10	334
	龙湾区第十一幼儿园	永中街道永达嘉园	3410.7	3120		8	249
	龙湾区龙府幼儿园	永中街道永中西路 799 号龙府锦园	3254.3	2241.60		6	205
6	龙湾区第七幼儿园	海滨街道江一村	4000	3058	12	6	196
7	龙湾区第八幼儿园	永兴街道乐二村	8054	6135	24	12	352
8	龙湾区第九幼儿园	永中街道东方明珠城住宅区	3133	2524.08	18	8	210
9	龙湾区第十幼儿园	永中街道龙祥路 2969 号	6652	5063	30	15	528
10	龙湾区雍锦幼儿园	永华街道繁青路 218 号	4652	3187	24	9	314
	龙湾区普西幼儿园	永中街道建中街 356 号	7513	5899.90		2	43
11	龙湾区第十五幼儿园	永中街道龙华村	3333	2677	18	9	264
12	龙湾区第十六幼儿园	瑶溪住宅区一组团	3058	2400	26	6	214
	龙湾区瑶南路幼儿园	瑶溪住宅区四组团	4656.71	2690		6	193
13	龙湾区第十七幼儿园	永中街道教育路	4169	3588	19	9	270
14	龙湾区罗西第一幼儿园	状元街道罗西住宅区五组团	3310	3164	20	8	244
	龙湾区罗西第二幼儿园	状元街道宅西路罗西住宅区十三组团	4600	3200		4	88
15	龙湾区嘉华幼儿园	蒲州街道嘉华景苑住宅区	4655	3188.80	16	5	124
	龙湾区文昌路幼儿园	蒲州街道宸章锦园	6010	4900		3	59
16	龙湾区罗峰第一幼儿园	温州空港新区兴吉路与港强路交叉口	3294.94	3000.37	10	2	57
	龙湾区观澜苑幼儿园	温州空港新区金海大道 913 号观澜苑住宅区	6010	4900		2	47
17	龙湾区国科温州第一幼儿园	永中街道沁璞园 20 幢	6010	4800	5	3	74
18	龙湾区宝龙幼儿园	温州空港新区滨海六路 258 号	6010	4900	3	1	27
19	龙湾区蒲州蒲兴幼儿园	蒲州街道下埠村蒲兴路 26 号	1872	1679.32	14	7	210
20	龙湾区心桥幼儿园	蒲州街道汤家桥清江路 149 号	2553	2695.14	23	10	291
21	龙湾区名蕾幼儿园	蒲州街道富春江路名人花园 3 幢 1 楼	930	704.55	8	4	94
22	龙湾区蒲州御格幼儿园	蒲州街道上江路 85 号 B 号楼	1689	1580	12	5	107
23	龙湾区状元龙腾幼儿园	状元街道龙腾南路	4332	3374	29	14	411
24	龙湾区状元佳佳幼儿园	状元街道南片安居住宅小区	3200	1977.13	10	5	144
25	龙湾区天鹅湖幼儿园	开发区天鹅湖小区 7—8 幢	1900	1550	14	6	175
26	龙湾区状元旺仔幼儿园	状元镇石坦南路 147 号	660	970	6	3	79
27	龙湾区康艺幼儿园	开发区天鹅湖综合楼 216—221 室	830	830	8	5	132
28	龙湾区状元红太阳幼儿园	状元新村三组团 3 幢 103—104 室	400	230	3	3	81
29	龙湾区现代我佳幼儿园	状元街道兴元路 68 号	4042	1981	14	8	231

续表 40

序号	单位名称	地址	占地面积（平方米）	建筑面积（平方米）	教师数（人）	班级数（个）	幼儿数（人）
30	龙湾区瑶溪佳乐幼儿园	瑶溪街道苏川村	2664	2580	14	6	182
31	龙湾区瑶溪汇佳幼儿园	瑶溪街道永胜村龙永路 263—269 号	1222	1150	6	5	135
32	龙湾区永中小康爱绿幼儿园	永中街道罗东锦苑内	3060	1556	19	10	268
33	龙湾区七彩阳光幼儿园	永中街道桥北新街 87 号	9198	8817	19	8	204
34	龙湾区永中苑博幼儿园	永中街道虹桥路 16 号	2088	1780	7	5	107
35	龙湾区永中现代幼儿园	永中街道永宁路 287—293 号	2500	2315	11	6	194
36	龙湾区童乐湾幼儿园	永昌城南村菜场路 23 号	3000	2684	9	4	111
37	龙湾区永中乐乐幼儿园	永中街道寺前街后 65 号	850	830	5	4	93
38	龙湾区永中实艺幼儿园	永中街道丰台村强丰街 6 号	520	920	11	7	187
39	龙湾区永昌中心幼儿园	永中街道新城村楼梯桥	1250	1240	3	3	93
40	龙湾区永中晨希幼儿园	永中街道度山村	700	450	5	5	129
41	龙湾区欧顿雍华实验幼儿园	永中街道雍华园小区	4280	3273.30	25	12	359
42	龙湾区永中瑞嘉幼儿园	永中街道曹龙路 221 号	1984	1377	15	8	281
43	龙湾区永兴教育幼儿园	永兴街道乐二村	2200	1755	18	7	214
44	龙湾区小博士幼儿园	永兴街道康二村富康路安心公寓	2800	2250	11	6	183
45	龙湾区永兴下垟街幼儿园	永兴街道大塘村永堡路 38 号	600	950	6	4	110
46	龙湾区永兴祠南永华幼儿园	永兴街道祠南村永华大厦	1220	1217	8	6	118
47	龙湾区永兴哈哈幼儿园	永兴街道下垟街 543 弄 20 号	820	732	5	4	116
48	龙湾区永兴第一幼儿园	永兴街道纪兴东路 88 号	6667	3276	20	10	301
49	龙湾区永兴星睿幼儿园	永兴街道沙园村环领路 108 号	2000	1700	12	6	199
50	龙湾区海滨诗之梦幼儿园	海滨街道二号横街东段 6 号	1860	2890	10	6	171
51	龙湾区海滨童忆幼儿园	海滨街道宁城西路 18 号	1980	2000	14	9	273

2021 年龙湾区小学情况一览表

表 41

序号	学校名称	校　址	占地面积（平方米）	建筑面积（平方米）	教师数（人）	班级数（个）	学生数（人）
1	温州市龙湾区实验小学	状元街道状元桥村耐宝路 98 号	36898	15791	90	40	1467
2	温州市龙湾区状元第三小学	状元街道石坦村开元路 2 号	19890	10972	65	30	1039
3	温州市龙湾区横街学校	状元街道横街村龙飞西路 50 号	17480	6684	63	26	1063
4	温州市龙湾区状元第二小学	状元街道罗西社区三郎桥村	24103	21417	39	14	514
5	温州市龙湾区瑶溪第一小学	瑶溪街道雄心村	26747	9215	58	27	973
6	温州市龙湾区瑶溪第三小学	瑶溪街道滨江社区东河路 48 号	12292	7293	23	7	209
7	温州市龙湾区瑶溪镇金岙小学	瑶溪街道滨江社区金岙村	12000	2970			
8	温州市龙湾区瑶溪第六小学	瑶溪街道滨江社区	16892	10071.68	12	4	96
9	温州市龙湾区永中第一小学	永中街道镇中社区万福路 2 号	26617	16526	127	59	2219

续表 41

序号	学校名称	校　址	占地面积（平方米）	建筑面积（平方米）	教师数（人）	班级数（个）	学生数（人）
10	温州市龙湾区永中第二小学	永中街道沧河村罗东南街 789 号	17430	6423	66	31	1119
11	温州市龙湾区永昌第一小学	永中街道新城村新城村圣旨门下河 21 号	21137	6199.39	43	20	752
12	温州市龙湾区永昌第五小学	永中街道刘宅村白水路 207 号	12000	6386	26	12	454
13	温州市龙湾区龙水第一小学	永中街道龙水社区曹龙路 8 号	23677	7622	67	30	1013
14	温州市龙湾区第二小学	永中街道古浦路 6 号	12979	11567	65	30	1188
15	温州市龙湾区上江小学	蒲州街道上江村新江路 713 号	8800	4099	40	13	450
16	温州市龙湾区屿田实验小学	蒲州街道屿田村屿田中路 42 号	8076	5076.13	31	12	356
17	温州市龙湾区上庄小学	蒲州街道上庄村赴学路 2 号	7993	3126	30	12	445
18	温州市龙湾区海滨第一小学	海滨街道沙中村沙村路 27 号	30487	9265	74	35	1184
19	温州市龙湾区海滨第二小学	海滨街道宁村村	19057	9755	57	30	1060
20	温州市龙湾区永兴第一小学	永兴街道莩芳村永裕东路 8 号	31721	21889.59	91	44	1704
21	温州市龙湾区永兴第二小学	永兴街道民乐社区纪兴路 3 号	19128	7627	72	35	1274
22	温州市龙湾区第一小学	永中街道桥北村龙祥路 2999 号	23864	19091	70	34	1259
23	温州市龙湾区第二外国语小学	瑶溪街道雄心村孚散路 202 号	32309	16003	27	13	439
24	温州道尔顿小学	蒲州街道雁湖社区雁荡中路 28 号	14315	32000	178	36	890
25	温州市龙湾区第三小学	永中街道永昌社区永青路	23200	12147	27	14	454
26	温州育英学校	蒲州街道汤家桥村清江路 155 号	22538	17264	90	42	1506
27	温州市龙湾区第二实验小学	瑶溪街道南洋社区首辅路 2 号	22675	12184.85	34	15	589
28	龙湾区状元新居民子女学校	状元街道龙腾社区机场大道 2078 号	32914	16284	85	58	1412
29	龙湾区永中新居民子女学校	永中街道城南村城中街 177 号	11008	11300.86	58	23	758
30	温州市龙湾区龙江实验小学	永中街道龙水居委会繁青路	28721	35266.78	13	8	309
31	温州市龙湾区外国语小学	永中街道永上居委会学文路 58 号	15960	14358	87	41	1525
32	温州市龙湾区少年艺术国际学校	瑶溪街道雄心村孚散路与永宁西路交叉口	32309	11479.05	60	19	501
33	温州市龙湾区罗峰实验学校	永兴街道南园社区	34501	30841	22	17	696
34	温州上海世外学校	永中街道龙水社区金石路 555 号	65111	48512.81	6	2	58
35	温州市中通国际学校	蒲州街道蒲江社区新江路 759 号	31062	30807	112	37	1380

2021 年龙湾区初中情况一览表

表 42

序号	学校名称	校　址	占地面积（平方米）	建筑面积（平方米）	教师数（人）	班级数（个）	学生数（人）
1	温州市第二十中学	状元街道横街村新街龙飞路 180 号	24514	11854.60	100	29	1180
2	温州市第二十五中学	瑶溪街道苏川村河头龙西路 116 号	63839	21520	83	22	732
3	温州市龙湾区永中中学	永中街道沧河村沧下路 54 号	16099	7364	105	28	1023
4	温州市龙湾区第二实验中学	永中街道城南村天中路	14700	5422	51	15	622
5	温州市龙湾区永兴中学	永兴街道祠南村 8888 号	24109	11230	102	29	1138

续表 42

序号	学校名称	校 址	占地面积（平方米）	建筑面积（平方米）	教师数（人）	班级数（个）	学生数（人）
6	温州市龙湾区海滨中学	海滨街道沙中村富海路 2 号	54254	15385.29	78	24	799
7	温州市龙湾区实验中学	永中街道万顺社区	29259	26333	163	56	2526
8	温州市第十五中学	蒲州街道汤家桥村楠溪江路 218 号	30143	33244.20	95	29	1065
9	温州市龙湾区罗峰实验学校	永兴街道南园社区	34501	30841	13	6	177
10	温州上海世外学校	永中街道龙水社区金石路 555 号	65111	48512.81	31	4	143
11	温州市龙湾区状元中学	状元街道罗西社区	42287	36771	12	8	264
12	温州市龙湾区外国语学校	永中街道万顺社区	30348	15357.69	68	21	826
13	温州市中通国际学校	蒲州街道蒲江社区新江路 759 号	31062	30807	157	21	851
14	温州市龙湾区崇文中学	瑶溪街道苏川村 118 号	15780	12824	82	18	649

2021 年龙湾区职业高中情况一览表

表 43

序号	学校名称	校 址	占地面积（平方米）	建筑面积（平方米）	教师数（人）	班级数（个）	学生数（人）
1	龙湾区职业技术学校（瑶溪校区）	瑶溪街道白楼下村	21344	10638	40	24	888
2	龙湾区职业技术学校（永强校区）	普门村太师路 51 号	26680	19020	98	36	1332
	合计		48024	29658	138	60	2220

文 化

2021 年 12 月 14 日，区委召开文化工作会议　　（区文广旅体局供稿）

天柱湖　（项绍雄/摄）

综　述

【概况】　2021年，温州市龙湾区文化和广电旅游体育局按照区委、区政府部署要求，实施文化惠民工程，巩固国家公共文化服务体系示范区创建，持续推进艺术场馆群建设，全面开展公共文化服务。承接首届姜立纲书法国际学术研讨会。深化文旅数字化改革，推进数字化改革项目“码上文旅——数聚智治仓”落地，并入围省文旅厅数字化改革重点项目。参赛长三角阅读马拉松大赛，获评2021长三角地区公共图书馆阅读马拉松大赛优秀组织奖。

【公共文化服务体系示范区巩固】2021年，区文广旅体局巩固提升公共文化服务体系示范区创建成果，加强公共文化服务内涵建设。推进公共文化服务融合发展，持续完善“全国城市书房合作共享机制”。开展公共文化新空间建设和未来社区文化空间建设，组织星级评定与管理。夯实文化阵地基础建设，织密“15分钟都市文化圈”“农村30分钟文化圈”，黄石山雕塑公园城市书房、铁投城市书房11月对外开放。丰富基层文化活动，紧扣建党百年主题，开展“献礼建党百年”专场送戏下乡活动，精选红色主题戏曲、鼓词、木偶戏等相关演出进村社，丰富群众文化需求。

【文化市场管理】　2021年，区文广旅体局持续做好文化、文物、旅游、体育等综合执法工作。常态化做好文化市场疫情防控、安全生产和消防安全、“扫黄打非”、非法地卫（指非法卫星电视广播地面接收设施）、社会综合治理等工作，共出动巡查1300余人次，检查715余家次，办理行政处罚案件24件，办结23件，罚款罚没9.25万元，没收违法物品426件，其中，移交公安追究刑责2件，办理体育“零”口供案件1起。“码上文旅”数字服务和监管平台，纳入市司法局“七段”工作法试点项目，获龙湾区首届“未来城区”集成改革创新特色实践案例。文化市场综合行政执法“云办案”，入选2021《浙江省文化和旅游系统改革基层典型案例汇编》。深化“最多跑一次”审批制度改革，全面实现群众“浙里办”App、浙江政务服务网申报零次跑。全力推进“证照分离”改革试点工作，梳理区级审批权限事项清单9项，全年受理办结审批件37件。

（陈正中）

公共文化

【概况】　2021年，龙湾区共建有文化馆、图书馆、文博馆、工人文化宫、妇女儿童活动中心各1个，城市书房13家、文化驿站13家、百姓书屋4家、图书馆分馆4家、街道综合文化站6家，图书馆、文化馆均达国家一级馆标准，公共文化设施建设成效显著，公共文化平台功能齐全，国家公共文化服务体系示范区创建取得阶段性成果。年内，区图书馆及所属分馆共藏书71.70万余册，共接待读者91.80万余人次，图书馆外借61.90万余册次，新增读者证5622张。

【图书馆设施建设】　2021年，龙湾区图书馆围绕“最多跑一次”改革向公共场所延伸扩面要求，以参评浙江省“满意图书馆”为契机，拓展线上线下服务，延展场馆功能，助力公共图书馆服务大提升。区图书馆获评全省第一批“满意图书馆”达标单位，获温州市市级社会科学普及基地称号。新建龙湾区黄石山公园人大代表联络站城市书房和“铁投城市书房”。新增雁湖农家书屋、水潭爱心农家书屋、石坦文化礼堂、滨江文化礼堂、蒲江农家书屋、罗西文化礼堂6家通借通还点。新增“阅读之家”流通点14家。

【阅读推广活动】　2021年，区图书馆以“4·23全民阅读节”为契机，围绕民俗节庆、建党百年、暖心助企等主题，通过线上线下两种方式，举办各类活动491场，总受益达139490人次。其中线上活动193场，参与105187人次，线下活动298场，参与34303人次。开展公益性讲座23场、文化驿站活动34场、研学活动27场、培训68场、展览23场，其他阅读推广活动296场。全年活动涉及民俗、国学、心理健康、24节气、编程、航模、手工、非遗体验等方面，助力龙湾区图书馆创成温州市社会科学普及基地。

2021年4月23日，区图书馆主办的“春风春服好吟诗——行吟龙湾雅集”在钟秀园贞义书院举行
（叶晓东／摄）

【读者服务】 2021年，区图书馆完善“掌上信息服务”，上线“浙里办”，官方微信公众号“微服务大厅”集成多项功能。实现长江三角区读者跨区域阅读一人一卡、一卡通用。读者可通过自助微服务，检索、续借图书，查询借阅信息、报名活动、荐购图书等闭环服务。全年共开展各类线上线下读者服务活动449场次，其中线下活动268场次，线上活动162场次，惠及读者12.90万余人次。依托温州市图书馆的技术与资源，上线“书香门递”服务；依托微信平台“电子资源”和移动图书馆，大力推广数字阅读；完成“瓯越记忆”温州人著作数据库龙湾部分文献资源和人物资源编辑工作。

【特殊群体阅读服务】 2021年，区图书馆加强特殊群体阅读服务。设有视障阅览室，拥有盲文书籍300册，无障碍电影光盘80片，手持式电子助视器2台，台式助视器1台，远近两用电子助视器1台，一键式智能阅读器1台，读屏放大软件1套，盲用听书机2台，轮椅2副。设立专门的盲道。针对老年和视障残疾人开展“听·见”系列罗峰讲坛，举办“残疾人心向党”专场读书分享会，对进城务工者子女、贫困孩子和留守儿童开展“捐书有你让爱接力”爱心捐书活动，开展送书下乡活动，为温州交运集团城东公交有限公司、宜春通达路桥建设有限公司、中交第二航务工程局有限公司等务工人员送去图书1100余册。

【少儿阅读服务】 2021年，区图书馆设有少儿借阅区、绘本馆等专门服务未成年人的独立区域，阅览区内设学校推荐书目专架和新书专架。开展“英悦绘”亲子阅读活动，提倡家庭共读。针对未成年人开展四叶草公益课堂、绘本袋袋库、小神龙“小小管理员”“在书的海洋里遨游”、爱阅绘、“童书相约三点半”等品牌活动。2021年度，区图书馆以线上、线下模式开展各类未成年阅读推广活动102场，其中线上29场，线下73场，总参与人次23872人次。开展少儿四叶草公益课堂61场次，惠及读者2237人次。为辖区内幼儿园、学校送书2070册。

【古籍与地方文献】 2021年，区图书馆加强古籍与地方文献征集和保护工作。年内，共征集地方文献700余册图书，其中，团体单位和个人捐赠各类地方文献350余册，从当当网和图书采购中标单位购买到地方文献350余册。与温州市各兄弟馆友好互动交流120余册，累计编目入藏完成615册。

【“红·记忆”系列活动】 2021年，区图书馆举办“领读浙江 寻路初心”——龙湾区图书馆“红·记忆”系列活动。通过开展经典红色诗歌朗诵会、民族歌剧唱段赏析、红色主题展览、红色主题玻璃银光刻体验、红色电影等活动，诠释红色精神，领读红色历史。全年通过线上线下定期举办百本红书学经典、百个故事践初心书目推荐活动，借助本馆未成年阅读推广品牌——“童书相约三点半”开展经典红书导读活动。龙湾区图书馆“红·记忆”系列活动获浙江省“领读浙江　寻路初心”建党百年主题阅读活动优秀领读项目。

【文博馆举办系列文化主题展览】 2021年，区文博馆举办一系列文化展览活动。举办孝文化主题巡回展览、“永远跟党走　红色忆峥嵘”宣传画展、名人书法手迹、“千古文化留遗韵·少年强则中国强”非遗剪纸展、贞义书院爱国主义教育图片展、“艺匠生辉木雕展”等馆内临时展7场。借助互联网平台，结合传统节假日和地域民俗，推出富有节日氛围和地方特色的网上展览，有“龙博云赏”系列一、二期、“传统年画展”“龙博民俗故事系列”“永嘉场八盘八”“饮食八字”、元宵节、清明节、“张阁老传说”等。

【数字文化馆】 2021年，区文化馆完成数字文化馆建设，以文化馆微信端数字文化馆为平台，提供公共文化服务。6月，区数字文化馆联网接入温州市“城乡艺网”数字化服务平台。区文化馆微信公众号“龙湾文化云课堂　相约周六9点半”栏目推出“百首红歌赞盛世”线上红歌分享教学活动，全年发布50余期，推出100首红歌分享教学。区文化馆李伟、叶翼鹏、卓淑薇、陈俏、张煦阳等5人被温州市委宣传部聘为公益慕课导师。

（王小琴　张益欣）

群众文化

【概况】 2021年，温州市龙湾区群众文化生活日益丰富，举办第八届文化艺术节、全民阅读节系列活动、龙湾首届少儿书法展等各类文化活动。深化文化惠民，龙湾区美术、书法、摄影精品系列展首展开展。加强基层文艺团队建设，开展群众性“送文化下乡”活动。

【文化公益培训】 2021年，区文化馆通过乡村艺术团、公益大联盟、三团三社、文艺志愿者孵化基地等项目和平台，扎实推进文化惠民工作，切实把优质资源输送到百姓身边。推出“助企稳岗　文心抗疫”文艺助力留温员工线上“亲子音乐”公益培训课程，培训学员400多人次。开设50个“群众课堂”公益免费培训班，学员达15000余人次。举办春季、秋季（线上）公益培训汇报演出。开展“圆梦青苗·以艺育美”青少年美育课堂项目。召开龙湾区表演艺术类培训机构公益大联盟扩大会议，新增8家会员单位，会员总数达42家。开展公益大联盟牵手乡村艺术团基层龙湾行“点单”服务活动。

【文化惠民工程】 2021年，区文广旅体局深化常态化文化惠民活动。完成送戏下乡173场、文化走亲4场、

2021年4月23日，龙湾区启动2021“书香龙湾”全民阅读节　（周蒙蒙/摄）

送书下乡5856册。区图书馆以“全民阅读节”主题活动为引领，开展各类线上线下活动433场次、惠及读者12.90万人次，主推“阅·龙图”“悦·龙图”两大系列品牌，定期举办“英悦绘”“爱阅绘”“童书相约三点半”“龙图之声”等未成年阅读品牌推广活动。区文化馆开设四“群众课堂”公益培训50班次，学员人次达1万人，丰富的课程满足不同市民文化需求。

文艺活动

【概况】　2021年，温州市龙湾区文化馆全力配合巩固国家公共文化服务体系示范区创建成果，开展庆祝建党百年系列活动，在文化惠民工作上取得显著成效。7支乡村艺术团被评选为2021年度温州市优秀乡村艺术团，其中，二星乡村艺术团4支，一星乡村艺术团3支。绿城海棠乡村艺术团表演作品《灯火里的中国》获评2021年温州市群众广场舞大赛银奖。举行龙湾区歌舞表演“十佳”新秀大赛。举办温州龙湾——嘉定菊园“文化走亲”暨“明止百砖穿越时空的对话”拓片主题展等。举办多形式文化走亲活动，赴苍南、龙港、平阳、乐清、洞头等地文化走亲活动6场。举办“文馨讲坛之相约文化馆名家面对面”系列活动3场。新增叶同仁堂、瑶水居、瓯上书房3家文化驿站，全年完成文化驿站活动105场（不包含龙图文化驿站），出刊《龙湾文艺》2期。

【弘扬优秀文化】　2021年，区文化馆围绕建党百年、传统节日等开展红色文化和优秀传统文化传承活动。举办“百篇红文颂华章”庆祝中国共产党成立100周年征文活动、我拍龙湾“庆祝中国共产党建党100周年优秀摄影作品展”征集活动、龙湾区“庆祝中国共产党建党100周年美术书法作品展”征集活动等系列活动、百首爱国歌曲我来唱专场演出走进永兴街道活动、庆祝建党百年之百首红歌赞盛世线上课堂活动以及各类文艺演出、书画摄影展览。推出春节系列特辑，开展全家福免费拍摄活动，“进企业　送春联”活动走进青山控股为留温企业员工送温暖，创作歌曲“幸福龙湾年”登上“学习强国”。

【文化精品创作】　2021年，区文化馆不断完善文艺精品创作奖励和扶持机制，充分调动文艺工作者的创作积极性，文艺精品创作获佳绩。在视觉艺术类创作方面，全区全年美术、书法全国入展4人，省入展26人，市获奖4人，入展24人。组织全区美术、书法作品参加温州市第八届视觉艺术作品展，其中，张煦阳美术作品《延安·1937》获银奖，章文书法作品隶书《周恩来诗》获银奖，王建涵书法作品行书《五尺红十三军革命丰碑诗》获铜奖，王赛珍摄影作品《中日少年乒乓对决》获铜奖，项有松《迎国旗》、叶延龄《硕果累累》、张志霄《飞机梦》等三幅作品入展。舞台表演艺术类创作方面，原创歌曲《畲山的呼唤》获中国当代歌曲创作精品工程“听见中国听见你”2021年度优秀歌曲、入选浙江省2021年度十佳优秀歌曲；原创音乐《妈妈酒》获中国当代歌曲创作精品工程“听见中国听见你”入选2021年度浙江文化艺术发展基金资助；原创小品《生与“死”》获浙江省第32届群众戏剧小品大赛金奖，温州市戏剧小品大赛表演创作双金奖；原创歌曲《山海有约》获温州市第18届音乐舞蹈节原创音乐大赛创作金奖、表演金奖；原创永嘉场题材舞蹈《爱到头发像盐白》获评温州市第四届电视舞蹈大赛原创群舞十佳作品。

（黄宝乐）

文物保护和文化遗产传承

【概况】　2021年，温州市龙湾区文博馆开展“传承发展、培根塑魂”行动，不断提升文化遗产保护利用水平。保持文物安全“零”事故良好态势。举办“文化和自然遗产日”系列主题活动暨“建党百年　百项非遗”线上云逛展，全年开展非遗体验活动302场。开展龙湾区第一批非物质文化遗产项目代表性传承人评定工作。开展第五批温州市非物质文化遗产代表性项目代表性传承人申报工作，4人入选。举办瓯窑古陶瓷系列展之“彩烟初凝——魏晋笔墨中萌发瓯窑褐彩”等展览18场，其中线下展览6场，共推出展品180件，共接待游客6.50万余人次。

【历史建筑保护】　2021年，区文博馆完成2021年城中村改造等建设范围内历

2021年龙湾区内各级文物保护单位一览表

表44

序号	文保单位	地点	级别	年代	类别	公布时间
1	永昌堡	永中街道新城村	国保	明	古建筑	2001年6月25日
2	国安寺塔	瑶溪街道皇岙村	国保	宋	古建筑	2013年3月5日
3	张璁祖祠	永中街道普门村	省保	明	古建筑	2011年1月7日
4	王瓒家庙	永中街道殿前村	省保	明	古建筑	2011年1月7日
5	汤和庙	海滨街道宁村村	省保	明	古建筑	2011年1月7日
6	龙湾炮台	瑶溪街道龙湾村	市、区保	清	古建筑	2003年9月12日
7	龙岗山遗址	瑶溪街道永胜村	市、区保	战国	古遗址	2003年9月12日
8	半山摩崖题刻	瑶溪街道永胜村	市、区保	明	石刻	2003年9月12日
9	张天麟家庙	永中街道普门村	市、区保	明	古建筑	2003年9月12日
10	石胜观摩崖造像	永中街道双岙村	市、区保	宋	石刻	2003年9月12日
11	第一山摩崖题刻	永中街道郑宅村	市、区保	明	石刻	2003年9月12日
12	峰门山摩崖题刻	永中街道前街村	市、区保	宋	石刻	2003年9月12日
13	诸募桥	永中街道度山村	市、区保	宋	古建筑	2003年9月12日
14	东引桥	永中街道城南村	市、区保	明	古建筑	2003年9月12日
15	望海桥	永兴街道水潭村	市、区保	清	古建筑	2003年9月12日
16	横塘桥	永中街道城北村	市、区保	明	古建筑	2003年9月12日
17	王德墓	永中街道上丰台村	市、区保	明	遗址	2003年9月12日
18	东海大堤	海滨蓝田—海城	市、区保	明、清	遗址	2003年9月12日
19	王诤墓	状元街道山西岙村	市、区保	明	古墓葬	2003年9月12日
20	抗倭忠烈塔	瑶溪街道黄石村	市、区保	明	古建筑	2013年12月26日
21	河头寮	瑶溪街道苏川村	市、区保	清代	古建筑	2013年12月26日
22	龙湾陡门（华光庙）	瑶溪街道龙湾村	市、区保	明	古建筑	2013年12月26日
23	尖刀岩摩崖题刻	瑶溪街道瑶溪村	市、区保	明	石刻	2013年12月26日
24	茅竹岭古道	瑶溪街道白楼下村	市、区保	明	古遗址	2013年12月26日
25	王瓒墓（含祖墓）	瑶溪街道皇岙村	市、区保	明	古墓葬	2013年12月26日
26	王阊墓神道门	永中街道垟头村	市、区保	明	古墓葬	2013年12月26日
27	上岸桥（姜合桥）	永中街道郑宅村	市、区保	北宋	古建筑	2013年12月26日
28	镇东桥	瑶溪街道雄心村	市、区保	明	古建筑	2013年12月26日
29	榜眼桥	永中街道殿前村	市、区保	明	古建筑	2013年12月26日
30	周氏宗祠	龙湾区海滨街道锦海社区	市、区保	明	古建筑	2013年12月26日
31	沧河天主堂	永中街道沧河村	市、区保	民国	近现代	2013年12月26日

2021 年 4 月 29 日，区文广旅体局对“开口岩”石洞进行初步勘察（孙建胜 / 摄）

史建筑现状调查，推进古建筑“就地保护、迁移保护、拆取构件保护”方式，指导就地保护 7 座、维修迁移保护文物建筑 5 座，拆存迁移保护古建筑 2 座，拆取构件上万件。组织文物专家验收完成历史建筑 4 座和古门台 2 座。实地踏勘海滨街道江一村碉堡，挖掘红色革命文物。

【文化遗产保护】 2021 年，区文广旅体局大力推进文遗保护传承，提高文物保护利用水平。继续推进村中改造范围文物及历史建筑保护工作，完成 2021 年城中村改造等建设范围内的历史建筑现状调查，完成 3 座历史建筑、6 座门台竣工验收。完成庙上路 1 号和王绍志故居维修，申请国保资金 264 万元修缮英桥始祖故居。完成张璁祖祠、张天麟家庙抢修，组织永中镇政府旧址维修方案会审。推进文遗保护传承，建成钟秀园贞义书院。开展全区文保单位日常巡查工作，共出动巡查 260 人次，不定时对文物保护单位消防安全检查，在国保单位王氏宗祠和都堂第建设微型消防站 3 个。

【文物保护与管理】 2021 年，区文博馆加强文物保护与管理工作。抢修张璁祖祠和张天麟家庙，配合指导沙北周氏宗祠维修工作、汤和庙前厅提升工程、海滨街道北新王氏宗祠维修方案。年内，共接受实物捐赠 7 件，其中当代书法 4 件，宋代瓯窑小罐 1 件，明仿汉铜镜 1 件，手摇磁石电话机 1 台。完成临时库房的搭建和改造工程，规范文物出入流程，完善文物库房管理制度。落实常态化巡查工作。以普法日、文化遗产日为契机，加强文物法规宣传。

（卓淑薇　张益欣）

文化产业

【概况】 2021 年，温州市龙湾区持续加快文化产业发展。12 月 14 日，区委召开文化工作会议，印发《关于推进龙湾文化高质量跨越式发展的实施意见》，规划建设“三带一馆群”（塘河宋韵明风文化传承带、环大罗山生态休闲文化示范带、沿瓯江时尚创新文化建设带、造百工艺术馆群），实施“八大文化行动”（文化铸魂行动、文脉传承行动、文化塑韵行动、文化惠民行动、文旅融合行动、文化产业升级行动、文明新风行动、文化传播行动），全区新增市级重点文化企业 7 家。

【文旅融合项目】 2021 年，区文广旅体局积极融入“四条诗路”建设，谋划、储备、实施一批重大文旅融合项目。统筹推进永昌古镇文旅开发、黄石山公园美术提升工程、瑶溪旅游风情带打造工程、永中郑宅岙美丽田园综合体项目、寺前街历史文化街区提升改造等项目建设，其中永昌古镇一期地块于 8 月顺利进场施工。建成永昌堡游客服务中心。卓诗尼企业成功创成省级工业旅游示范基地，指导乔顿服饰等单位设计工业旅游线路。完成 3 家无废酒店创建验收，龙湾成为全市唯一无废酒店在星级饭店中全覆盖区县。

【扶持文化企业发展】 2021 年，龙湾区加大对重点文化企业的扶持力度。开工建设永昌堡文化中心、叶萌春工艺美术馆和志通瓯塑艺术馆，曾成钢雕塑艺术馆落户龙湾。组织辖区文化企业参展温州文博会，获优秀组织奖、优秀展示奖、文化创意金奖，发放 4 家省级成长型文化企业和重点文化产业园区奖补金额 46 万余元。为蓝豆图书等 4 家实体书店争取市级扶持资金 70 万，占全市扶持资金总额 70%。

融媒体建设

【概况】 2021 年，温州市龙湾区融媒体中心先后获评浙报集团县级融媒体中心“共享联盟 • 合作奖”，全市融媒体新闻协作策划创新奖和县（市、区）新闻宣传突出贡献奖；“今日龙湾”获评全省县（市、区）传媒十佳报纸，“阅龙湾”App 获评全省县（市、区）传媒十佳 App、龙湾新闻网获评温州地区唯一的全省“明星支站”，市民监督团连续八年获评全市优秀市民监督团。据不完全统计，全年在市级以上媒体发稿 5609 篇次，比上年同期增长 117%。其中，《人民日报》（包括海外版）10 篇，《人民日报 • 客户端》34 篇，中央广播电视总台 6 篇，人民网 125 篇，新华网及其客户端 170 篇，《光明日报》和光明网 44 篇，中新网及其客户端103篇，《浙江日报》73篇（其中头版9篇），《浙江日报》全媒体矩阵各端发稿1447篇次，浙江卫视全媒体端口138篇，《温州日报》582篇（其中头版193篇），全媒体端口433篇，温州电视台新闻联播和全媒体端口202篇，其中新闻联播142篇。

【主题宣传报道】 2021年，区融媒体中心紧抓“中国共产党成立100周年”“党史学习教育”“一区五城”“新中心 大未来”未来城区品牌建设、“共同富裕”等重点工作，推进主题报道宣传有力。“今日龙湾”刊发“奋斗百年路 启航新征程”专栏300多篇，“龙湾发布”发布相关信息200条。龙湾新闻网、“阅龙湾”App开设“百年党史每日学”专题，刊登文章、视频共700余篇（条），落实宣传指令8613条（24小时动态），总阅读量累计达300万。原创动态短视频新闻150个，单个最高点击率达30万。联合《温州日报》举行“百年风华 龙腾瓯越”主题采访行动，开展“新中心·大未来”——龙湾未来城区建设品牌宣传。联手浙报集团温州分社打造“走读龙湾”大型主题宣传活动，平均点击率20万，最高达50万。联合浙报集团温州分社推出“共同富裕 龙湾加速度”专题报道，累计阅读量超100万。

【融媒体建设】 2021年，区融媒体中心融合网站、“阅龙湾”客户端、微信、微博等平台，建立“整体策划、一次采集、多元生成、全媒传播”采编审一体化流程。年内，龙湾新闻网日均访问量达17万；“阅龙湾”App最高日均活跃度达37866。开通“龙湾融媒”视频号，“龙湾融媒”官方抖音号，全新推出《龙湾新闻周记》栏目，播出31期。于4月底上线“阅龙湾App电视端”，实现“小屏”连接“大屏”，将新闻宣传覆盖电视受众。开设“永嘉场”专栏，围绕龙湾人文历史、风土人情、民俗民风、乡间美食及非遗等宣扬龙湾“永嘉场”文化。开辟“早安”龙湾系列图库。

【海外传播】 2021年，区融媒体中心打造“云上龙湾”海外传播品牌。11月，位于状元街道侨胞之家的龙湾海外传播中心正式挂牌运行。组建“龙湾海外传播官”团队，组织策划“外国友人在龙湾”系列活动6期。通过新华网、in zhejiang英文平台等组织开展讲党史、宣讲中央六中全会精神等活动，讲好中国故事，传播龙湾好声音。

（吕莉莉）

2021年11月12日，“龙湾海外传播官”参观温州市海外传播中心龙湾基地
（周凌慧／摄）

体　育

改造提升后的温州国际网球中心　　（区旅体中心供稿）

天柱湖　　（项绍雄/摄）

综　述

【概况】 2021年，温州市龙湾区旅体中心围绕龙湾高水平建设滨海幸福新城和省级体育现代化区的新目标新定位，不断完善全民健身公共服务体系，提高竞技体育水平，创新体育产业发展路径，大力培育品牌赛事，全力以赴打好亚运筹办攻坚战，推动龙湾体育事业发展继续走在全市前列。2021年召开首次全区体育工作会议、全区体教融合现场推进会及全区体育系统安全管理工作会议，成功举办首届2021龙湾半程马拉松，获批组建全市首家县（市、区）级体育投资发展有限公司，原中心更名为龙湾区体育事业发展中心，先后荣获区级考绩优秀单位、浙江省“2021年度体育工作先进单位”，原下属国企被市委、市政府评为“传承弘扬温州人精神突出贡献集体”。

【亚运会龙湾赛区筹办工作】 2021年，龙湾区政府成立工作专班，制定实施方案，推动亚运会龙湾赛区筹办工作。2021年5月，龙湾区组建温州奥体中心场馆群第一批核心团队15人。10月，按照亚组委的要求，温州奥体中心场馆群核心团队首批16人，实行集中办公。推进亚运场馆周边及沿线道路环境综合整治提升工程共15个项目，共涉及道路新建、道路修整及绿化提升、场馆提升及亮化、建筑外立面改造等方面。年内，已完成14项，累计总投资额达8.3亿元。其中，温州国际网球中心综合改造提升项目一期工程共投入1400余万元，于2021年5月开工，现完成基础设施建设。改造提升工程主要涉及中心场馆快捷服务、便民服务、硬件改造、公益服务、运营管理、环境改造、智慧场馆、文化氛围等八8个方面，总面积49.5亩。精心谋划举办2021龙湾首届龙湾半程马拉松、全民健身日、区第八届全民运动会等“喜迎亚运”系列活动，逐步加大赛区赛事宣传力度。2021年12月，完成温州奥体中心场馆赛时运行计划1.0版中基础信息单元、赛时运行任务单元、资源计划单元、风险管理单元等10余项内容的编制录入工作。

群众体育

【群众体育活动】 2021年，龙湾区旅体中心立足体育惠民，不断丰富群众体育活动。6月，组织开展民间划龙舟活动。期间，龙湾区蒲州街道、状元街道的5只龙舟参加“百龙庆百年”温州市龙舟文化活动，蒲州广纳队斩获传统龙舟500米直道赛第二名。8月，开展“8月8日全民健身日”活动，广泛发动19家体育社团线下开展系列全民健身活动。10月，承办区第八届全民运动会。

【创新体育指导工作】 2021年，龙湾区旅体中心创新开展社会体育指导员“进村、入企、联校”活动，以村文化礼堂、企业工会、学校业训基地等为入驻平台，充分发挥社会体育指导员参与指导科学健身的积极作用。推出“全民健身·机关先行”系列活

2021年11月，改造提升后的温州奥体中心主体育场内景　（区旅体中心供稿）

2021 年 4 月 11 日，2021 龙湾首届半程马拉松赛举行　　（叶晓东 / 摄）

动，累计为全区各单位配送 30 个种类 1900 余件健身器材。完善群众体育社会组织网络，指导两家协会成功升级为 4A 体育社团，3 家街道体总申报 3A 体育社团。

【便民体育设施改善】 2021 年，龙湾区新增 1 个省村级全民健身广场、1 个笼式足球场、1 个社区多功能运动场、4 个百姓健身房，新增体育场地面积逾 9.5 万平方米，人均体育面积达 2.52 平方米，10 分钟健身圈进一步形成。

【龙湾区举行首届半程马拉松】 2021 年 4 月 11 日，2021 龙湾首届半程马拉松赛在龙湾区市民广场开跑。此次赛事以“龙马精神 助力腾飞”为主题，参赛的跑步爱好者达 5000 余名，其中参与半程马拉松达 3000 余人。来自辽宁省的选手崔洪宇以 1 小时 10 分 56 秒的成绩获得男子半程马拉松冠军，来自浙江省丽水市的华育萍以 1 小时 25 分 07 秒的成绩获得女子半程马拉松冠军。

竞技体育

【体教融合改革试点】 2021 年，龙湾区作为温州市体教融合改革试点单位之一，开展体教融合改革试点工作。其间，制定出台《关于深化体教融合 促进青少年健康发展的实施意见》，深化区少体校改革，完成区少体校迁址工作（原温二十五中调整至温州育英学校）。组织召开体教融合工作现场推进会，试点创立学校青少年体育俱乐部，强化校校、部校、协校合作，搭建指导服务平台，推动形成“一校一品”“一校多品”校园体育格局。利用市体校田径、射击等项目优势，强化与市体校战略合作，推动形成招生、选材、培养、输送体育生培养机制。

【青少年体育节】 2021 年，区旅体中心联合相关单位举办青少年体育节。举办 14 个区本级青少年儿童体育赛事，涉及乒乓球、足球、棋类（中国象棋、国际象棋、围棋）、跳绳、啦啦操、排球、轮滑、羽毛球、游泳、定向、篮球、跆拳道、田径、足球等项目，参赛运动员涵盖幼儿园至初中学生。

【青少年运动员培养】 2021 年，龙湾区共有 600 余名青少年运动员通过省注册，全区符合省、市运会适龄运动员在省注册库人数累计达 2800 余人。全年累计向市体校输送运动员 35 人，省队转正运动员 5 名。

【参赛第十七届温州市运动会】 2021 年，龙湾区共派出近 600 名运动员参加第十七届温州市运动会（青少年部）。参加项目涉及武术散打、举重、短式网球等共 22 大项，共荣获团体总分榜第六、金牌榜第七的佳绩，创我区参赛温州市运动会（青少年部）历史最好成绩。同时，派出 231 人参加温州市第十七届运动会（大众体育部、行业系统部）21 个项目比赛，木兰拳、地掷球等多项成绩刷新龙湾历史记录。

体育产业

【创成省级运动休闲基地】 2021年12月31日，龙湾区被浙江省体育局授予全省2021年度“浙江省运动休闲基地”称号。龙湾区仅用时三个月就完成省级运动休闲基地申报、考核、验收等系列工作。

【“环浙步道”数据采集全省领先】 2021年，龙湾区旅体中心全力配合省体育局完成省级主线涉及龙湾段17.29公里的线路数据采集。龙湾区县域环线内所有健身步道，总长53.43公里，一并纳入线路数据采集平台，与全省“环浙步道”同步规划、同步建设。龙湾区是2021年度全省完成县域环线步道数据信息采集工作仅有的两个县（市、区）之一。

【发展赛事经济】 2021年，龙湾区通过“企业抱团引赛事，服务联盟优赛事，政策惠企助赛事”三项措施，成功引入全国国际式摔跤锦标赛暨第十四届全运会预赛、国家乒乓球队备战美国休斯敦世界乒乓球锦标赛封闭式集训等赛事活动，吸引带动我区经济消费700余万元。

（李　菲）

2021年5月8日至5月16日，全国国际式摔跤锦标赛暨第十四届全运会摔跤项目预赛在奥体中心举行

（区旅体中心供稿）

2021年龙湾籍运动员参加省级以上赛事成绩一览表

表45

时间	地点	竞赛活动名称	参赛人	年龄组	小项	名次
4月1—4日	广东	2021年全国皮划艇静水春季冠军赛暨第十四届全运会资格赛	叶冠宏		男子双人皮艇1000米	2
4月24—25日	广东	首届长三角田径精英赛暨2021年全国田径训练基地特许赛	韩　涛		男子撑杆跳高	2
4月27—28日	陕西	十四运田径测试赛暨田径邀请赛（西北赛区）	韩　涛		男子撑杆跳高	2
5月9—10日	浙江台州	2021年田径分赛区邀请赛（华东赛区2）	韩　涛		男子撑杆跳高	1
5月28—30日	浙江台州	第十四届全运会空手道项目资格赛	项佳豪		67公斤	2
5月6—12日	南昌湾里射击中心	2021年全国射击冠军赛（步枪项目）	王璐瑶		10米气步枪混合团体	1
6月25—28日	重庆	2021年全国田径锦标赛暨全运会资格赛	韩　涛		男子撑杆跳高	3
7月15—21日	江苏无锡	2021年全国射箭U12、U14锦标赛	甘思婷		U14女子组个人单轮40米	2
10月21—27日	山东威海	2021年全国青年乒乓球锦标赛	张琪锐		男子组团体	1
4月11—17日	宁波象山	浙江省青少年男子排球冠军赛	张俊豪	男子甲组	团体	1
			彭　鑫			
			夏　毅			
4月24—29日	金华浦江	浙江省青少年田径锦标赛	邵筠博	14—15岁男子	跳远	1
			邵筠博	14—15岁男子	100米	2

续表 45

时间	地点	竞赛活动名称	参赛人	年龄组	小项	名次
5 月 24—29 日	宁波北仑	浙江省青少年女子排球冠军赛	陈温琦	女子甲组	团体	2
			周淇帆			
			季千惠	女子乙组	团体	1
			郑钧倚			
7 月 15—19 日	衢州开化	浙江省青少年举重锦标赛获	李　瑞	男子乙组	89+ 公斤级抓举	1
			李　瑞		89+ 公斤级挺举	
			李　瑞		89+ 公斤级总成绩	1
7 月	湖州南浔	浙江省青少年射箭冠军赛	邵一轩	乙组	团体	2
			甘思婷	丙组	团体	1
8 月	台州市体育中心	浙江省中学生网球积分排名赛（第一站）	张立妍	女乙	单打	3
			王子婕	女丙	单打	3
	宁波奉化	浙江省青少年田径冠军赛	邵筠博	14—15 岁男子	跳远	1
			金韵捷	14—15 岁女子	三级跳远	3
	湖州体育馆	浙江省少年短式网球锦标赛	张铭远	男甲	团体	3
			张阮子悦	女乙	团体	2
			杨奎宇	男乙	双打	3
	湖州南浔	浙江省青少年射箭锦标赛	邵一轩	乙组	全能	3
			邵一轩		混合团体	2
			甘思婷	丙组	团体	1
			甘思婷		40 米	3
9 月	宁波	浙江省中学生网球积分排名赛（第二站）	王子婕	女丙	单打	3
10 月 8—12 日	金华浦江	浙江省青少年空手道锦标赛	潘煜恒	男乙	个人组手 52 公斤	2
			金诗雅	女甲	个人型	3
10 月 14—17 日	台州市体校	浙江省青少年跆拳道锦标赛	周锦慧	男乙	57 公斤	1
10 月 22—24 日	宁波海宁	浙江省青少年蹦床、技巧冠军赛	柯紫涵	女丙	蹦床	2
11 月	宁波	浙江省中学生网球积分排名赛（总决赛）	王子婕	女丙	团体	3
			陈　妤			
			刘雨桐			
			陈怡然	女丁	团体	3
			姜雨辰			
			王跃霖			
			王希屹	男丁	单打	3

卫生健康

龙湾区第二批核酸采样志愿者驰援瑞安　　（区卫健局供稿）

天河水库　（项绍雄/摄）

综 述

【概况】 2021年，温州市龙湾区统筹推进新冠肺炎疫情防控和卫生健康事业改革发展。全区共有医疗卫生机构269家，其中公共卫生事业单位3家，区级医院2家（区中西医结合医院和状元街道社区卫生服务中心合署办公），社区卫生服务中心6家（包括状元街道社区卫生服务中心），民营医院7家，门诊部35家，社区卫生服务站26家，村卫生室56家，个体诊所122家，医务室8家，护理站2家，卫生所1家，医疗按摩所1家。全区卫生技术人员2796人，其中执业（助理）医师1305人，注册护士1180人，千人护士数4.97人。全年医疗卫生机构床位数1016张，千人床位数4.28张；医院年诊疗93.37万人次；出生人口2713人，人口出生率7.91‰，死亡人口1598人，人口死亡率4.66‰，人口自然增长率3.25‰。

2021年龙湾区卫生机构情况一览表

表46

卫生机构	编制床位（张）	职工数（人）	执业医师(人)	助理医师（人）	门(急)诊(人次)	建筑面积（平方米）
区第一人民医院	300	598	175	6	504998	24977
状元街道社区卫生服务中心（区中西医结合医院）	100	145	56	5	198363	8000
永中街道社区卫生服务中心	15	102	30	8	108036	1865
海滨街道社区卫生服务中心	20	61	23	3	95882	2120
永兴街道社区卫生服务中心	23	68	22	2	96447	1845
蒲州街道社区卫生服务中心	12	61	25	2	106136	1120
瑶溪街道社区卫生服务中心	96	70	26	3	94814	4399

注：不含民办医疗机构。

2021年与前4年龙湾区卫生健康事业经费情况对比表

表47　　单位：万元

年份	医院经费	卫生院补助费	防治防疫事业费	妇幼保健经费	其他卫生健康事业经费	合计经费	比上年同期增长率（%）
2017	4354.57	4914.57	2726.92	1241.82	2577.23	15815.11	-0.58
2018	5854.34	5884.99	3680.03	1341.13	2373.90	19134.39	20.99
2019	8980.79	7253.98	4198.16	1449.57	3311.97	25194.47	31.67
2020	19151.66	12299.03	6596.41	1325.48	2327.00	41699.58	65.51
2021	8110.86	8759.85	7355.43	1505.41	3424.43	29155.98	-30.08

2021年与前4年龙湾“四苗”接种率对比表

表48

年份	卡介苗（%）	脊灰疫苗（%）	百白破疫苗（%）	麻疹(风)疫苗(%)
2017	99.08	99.26	98.41	99.66
2018	99.82	99.06	97.97	98.47
2019	99.78	99.35	98.66	99.21
2020	99.88	99.85	99.76	99.84
2021	99.93	99.83	99.79	99.84

【卫生基础设施建设】 2021年，区卫健局推进医疗康养服务项目建设。龙湾区第一人民医院（区公共卫生医疗中心）全面完成桩基施工，完成地下室土方开挖29万立方米（占开挖总量100%），完成地下室底板浇筑，完成投资2.10亿元，市级投资任务完成率达140%。青山体检与医学研究中心项目于2021年7月19日复工，完成桩基图纸超限审查，10月中旬实施大面积桩基施工，完成年度投资5713万元。龙湾颐馨医疗康养服务中心项目建设取得工程规划许可、完成图审，于6月23日正式奠基，完成工程桩354根（占桩基总量70.8%），完成年度投资3880万元（不含土地款），投资任务完成率达155%。蒲州街道社区卫生中心完成装修工程及医疗设备采购。永兴街道社区卫生服务中心项目完成EPC工程招标、勘探、图纸设计启动桩基施工。温州王侨骨伤医院项目二次装修完成85%，年度投资任务完成1025万元，投资任务完成率135%。持续推进中国眼谷项目建设，完成眼谷中央孵化园区整体出租协议签订，完成天城围垦标准厂房三期（水潭小微园）租用协议签订，并完成6#宿舍楼装修工程，完成眼健康博览中心装修设计、工程招投标，率先启动室外动态亮外工程。

【卫生医疗体制改革】 2021年，区卫健局持续推进公立医院综合改革，加速推进城市医联体建设。完善公立医院管理体制，加强公立医院党的建设，推动建立现代医院管理制度，推进公立医院健康发展。严控医疗费用不合理增长，扩种扩量推进推行临床路径管理工作，按照应用疾病诊断相关分组（DRGS）实施方案，强化DRGS管理人员队伍建设。龙湾区第一人民医院与6个街道社区卫生服务中心组建城市医联体，于6月30日举行授牌仪式。继续推进“双下沉　两提升”工作。实现区域医疗资源共享，区级公立医院的中级以上的医师下沉到基层，提升诊疗水平，联合各街道社区卫生服务机构，成立联合门诊、联合病房，以人才共享、技术支持、检查互认、处方流动、服务衔接等为纽带，逐步达到同质化。加强对医学影像、消毒供应2个区域共享中心管理，探索建立区域集中采购中心、中药配送中心等，形成资源共享、分工协作的合作管理模式。基层服务能力提升，推动形成基层首诊、双向转诊、急慢分治、上下联动分级诊疗模式。

【“智慧卫监”云平台】 2021年，区卫健局建设推进卫生健康数字化改革。全新打造“智慧卫监”云平台，推进卫生健康领域非现场执法智慧监管。“智慧卫监”云平台包括中小医疗机构诊疗行为大数据监管平台、智慧口腔监管平台、职业健康安全监管平台、医疗机构医疗废物暂存点监控平台、住宿场所消毒保洁智能监管平台、内窥镜智慧监管平台六大子平台，全区430家医疗机构和行业企业纳入“智慧卫监”云平台监管，累计在线监测各类诊疗行为52万例，预警处置不规范行为3万余例，违规处置即办率100%。集成“智慧妇幼”一网通平台，率先打造“出生缺陷三级预防一网通”平台线上预约、核销、咨询、管理、宣教等服务，累计为1000多人提供体检服务，为140人提供线上报销。“5G+互联网医疗”项目顺利落地，建成8个5G云诊室。全面推进“浙医互认”，全区公立医疗机构医学影像检查资料和医学检验结果全部实现互认共享。完成电子健康卡全流程就诊、无偿献血“三免政策”等便民惠民服务数字化改造，智慧健康信息化一期项目完成终验。公立、大型民营医疗机构均已接入医疗废物暂存点智能化监控平台，星级以上酒店均已接入住宿场所消毒保洁智能监管平台，内窥镜智慧监管平台已接入试点医院3家，胃镜7条，肠镜5条。组织启动万顺社区和瑶溪村健康场景应用建设，在万顺社区拟打造470平方米，集全科诊疗、远程诊疗、健康自助管理、自助药房等为一体未来智慧健康服务。

2021年10月19日，区卫健局在全省卫生健康行政执法数字化改革大会上作经验交流
（区卫健局供稿）

【卫生应急能力提升】 2021年，龙湾区率先在全市制定出台《龙湾区突发公共卫生事件应急预案》《龙湾区突发急性呼吸道传染病事件应急预案》，温州市唯一设有独立突发公共卫生事件应急专项经费，累计81.75万元，用于提升区两家医院急救服务能力及优化区疾病预防控制中心PCR实验室设备。卫生应急实战演训逐步优化，全区组织开展新冠肺炎疫情防控应急演练5次，应急培训10次。全年24小时关注微警平台值守，与区第一人民医院、中西医结合医院120站点及疾控中心保持4部微联动应急对讲手机实时在线联动，完成“和对讲”模拟应答382次，微联动出警46次。

【中医药服务】 2021年，区卫健局完善中医药服务体系，区中西医结合医院设置中医治未病科室，区第一人民医院设置中医药科室，转型为中西医结合医院。区第一人民医院、6家街道社区卫生服务中心全部设立中医科和中药房，全部社区卫生服务中心和75%以上社区卫生服务站（村卫生室）能够提供中医药服务。6家街道社区卫生服务中心均已加入市中医医疗集团，状元、永中、永兴、海滨等4家社区卫生服务中心创成市级中医药特色社区卫生服务中心。市区两级协作开展中医师承结对，已开展2轮传统中医师承结对，每轮10对师徒。

新冠肺炎疫情防控

【概况】 2021年，龙湾区常态化抓好疫情防控工作，推进新冠疫苗接种，强化发热门诊管理，提升核酸检测能力，强化人物同防。制定《龙湾区突发公共卫生事件应急预案》《龙湾区突发急性呼吸道传染病事件应急预案》。组织开展全区新冠肺炎防控应急演练和培训。建立卫健系统三级网格监管体系，加大医疗机构卫生监督执法力度，实施每周不少于1次的全覆盖检查。全年共出动执法人员24072人次，检查医疗机构6447家次，出具监督意见书182份，立案查处90家次。全年应对国内突发疫情输入风险6轮，有效处置突发应急事件6起，开展流行病学调查73次，判定密接39人，次密接657人，应急采样24000份。

【新冠疫苗接种】 2021年，龙湾区累计接种新冠疫苗106.38万剂次，其中18岁以上人群92.3万剂次，3—17岁人群14.08万剂次，全程接种率为99.52%。完成加强针9.63万剂次，完成率为291.65%；60岁以上人群接种第一剂次4.05万剂次，接种率为76.46%，脱漏率为1.30%。

【发热门诊管理】 2021年，龙湾区加强发热门诊管理。规范设置龙湾区第一人民医院发热门诊，实现成人发热门诊和儿童发热门诊的分区，24小时独立运营，对发热患者实现一站式、一体化服务，实现闭环管理。加快基层卫生机构发热诊室建设，6家社区卫生服务中心全部建成规范发热诊室。

【核酸检测】 2021年，龙湾区建立300人的核酸采样队伍和200人的后备队伍；按照1000—1500人设置一个采样点，全区设置采样点344个。引进金域检测入驻中国眼谷，落地一个方舱实验室，拥有10台PCR（聚合酶链式反应）检测系统，全区核酸检测能力提升到16台PCR检测系统，日检测能力能达到11520管。

疾病预防控制

【概况】 2021年，温州市龙湾区6个街道报告法定传染病12种1825例（不包括HIV感染），报告死亡0例。总报告发病率为383.64/10万，死亡率0。无甲类传染病报告，乙类传染病8种603例，死亡0例，丙类传染病4种1222例。报告发病率居前5位的病种依次为肺结核（44.56/10万）、病毒性肝炎（38.47/10万）、梅毒（22.28/10万）、淋病（16.60/10万）、艾滋病（2.52/10万）。报告传染病报告卡11813例（包括附二医），系统报告质量综合率100%。

【传染病防控】 2021年，区卫健局加大对无新增新冠肺炎确诊病例、结核病、艾滋病、肠道传染病、流感等传染病防控力度，加强突发公共卫生事件应急处置工作，应急处置突发公共卫生事件2起，分别为诺如病毒胃肠炎聚集性疫情和食源性疾病聚集性疫情。全区登记管理结核病人196人，上报可疑肺结核病人521例，处理学校结核病疫情3起。新增HIV/AIDS29例，全区累计报告293例，存活255例，在治241例，完成艾滋病自愿咨询检测557人，完成扩大人群HIV抗体检测222126人次（包括附二医）。全年全区各肠道门诊监测采样1880例，未发现霍乱弧菌阳性标本；采集外环境水112份、海水产品120份；采集检测人感染H7N9禽流感外环境标本15份，未发现阳性标本；采集检测流感标本60份，未发现阳性标本；对冷链食品、大型超市及农贸（海鲜）市场、车站等重点场所外环境及人员新冠病毒核酸抽样检测，共采集各类标本28090份，检测结果均为阴性；完成食品采集511份，超额完成各项监测任务数。

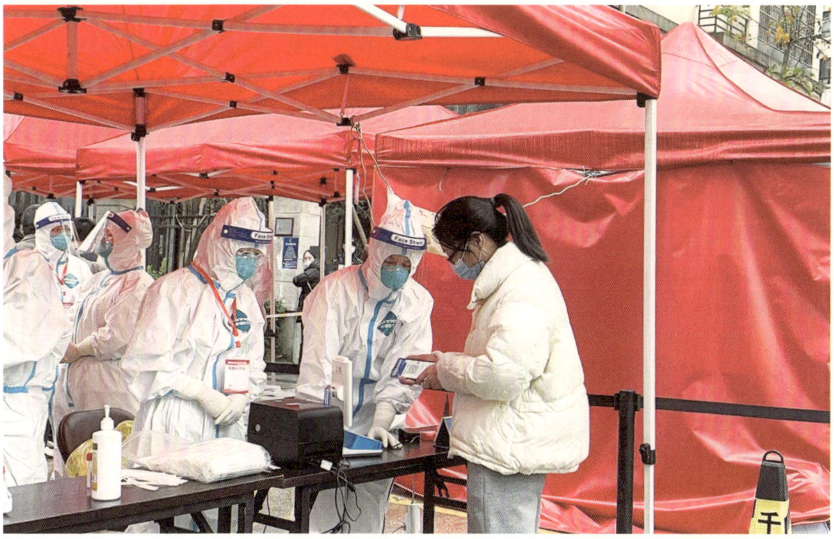

2021年12月20日，龙湾区举行新冠肺炎疫情防控应急演练 （朱逸琳/摄）

【慢性病防治】 2021年，区卫健局顺利通过浙江省慢性病综合防控示范区复审，制定《温州市龙湾区慢性病防控中长期规划（2021—2025）》《龙湾区慢性病综合防控示范区建设工作实施方案》。登记管理高血压患者21689人，规范管理14455人，规范管理率66.7%、血压控制率63.3%；管理糖尿病患者7962人，规范管理5299人，规范管理率66.6%，血糖控制率60.1%。做好2020—2021学年适龄儿童窝沟封闭项目，完成二年级学生窝沟封闭3688人，占总学生数71.7%。全区在档在管6大类严重精神障碍患者2185人，患者检出率4.5‰，管理率99.3%，规范管理率97.9%，规律服药率90.6%，面访率94.9%。组织开展全民健康生活方式示范创建，创成健康支持性环境4家。

【疫苗接种】 2021年，全区累计接种国家免疫规划疫苗81030剂次，其中基础免疫53833剂次，加强免疫27197剂次。完成2轮脊灰麻疹疫苗集中式查漏补种工作，累计摸底登记38284人次，补种脊灰疫苗950人次，补种率99.5%；补种含麻疹成分疫苗735人次，补种率99.1%。完成省政府民生实事项目—重点人群免费接种流感疫苗，累计接种5750人。开展新冠病毒疫苗免疫接种工作，累计接种新冠病毒疫苗1063800剂次，其中18岁及以上人群923048剂次（加强免疫96324剂次），12—17岁人群57219剂次，3—11岁人群83533剂次。

妇幼保健

【概况】 2021年，温州市龙湾区孕产妇死亡率为0，已连续12年保持孕产妇零死亡。新建温州市凯越托育有限公司龙湾分公司、温州市龙湾区永中苑博幼儿园、龙湾区文昌路幼儿园3家婴幼儿照护机构，增加托位155个，全区累计已登记托位355个。孕早期建卡率97.4%，孕产妇系统管理率95.7%，新生儿疾病（遗传代谢病）筛查率100%，完成“两癌”宫颈癌筛查1536人次，乳腺癌筛查1571人次，宫颈癌检查完成率102.4%，乳腺癌检查完成率104.7%。按甲乙丙类传染病统计为383.64/10万，按甲乙类传染病统计为126.76/10万，孕产妇死亡率0/10万，5岁以下儿童死亡率0.9‰。

【妇幼保健管理】 2021年，龙湾区孕产妇系统管理率95.7%，3岁以下儿童系统管理率96.6%，0—6岁儿童健康管理率97.9%，5岁以下儿童、新生儿死亡率均为0.9‰。危重孕产妇抢救成功率100%；全区婚检率92.3%，国免检查覆盖率87.2%；艾滋病、梅毒感染孕产妇及所生婴儿治疗率均为100%；全面启动出具出生医学证明和出生“一件事”掌上办，出生医学证明当年签发率99.4%；计划生育技术服务（免费）覆盖率100%。

【妇幼健康特色服务】 2021年，区卫健局实现多项服务信息化，以区域HIS系统为基础整合妇幼医疗卫生信息资源，建设掌上妇幼、自助机、排队叫号三大便民惠民集成式应用服务。区优生“两免”工作全方位对接省、市“优生两免”信息新系统，实现“两免”检查线上预约到登记、检查信息录入、检验信息LIS系统一次性上传导入、检查结果及评估报告手机端签字、查阅等功能，“群众跑腿”变为“数据跑路”。

公共卫生服务

【概况】 2021年，温州市龙湾区6家街道社区卫生服务中心总诊疗61.73万人次，医疗收入9221.80万元，门急诊收入9218.20万元，门诊均次费用149.38元，药品收入6755.30万元。

2021年10月20日，瑶溪街道社区卫生服务中心迎接省“优质服务基层行”活动开展情况评估 （区卫健局供稿）

【基本公共卫生服务】 2021年，区卫健局规范化和精细化提升基本公共卫生服务项目，全面开展基层医疗卫生机构补偿机制改革，完善机构内部绩效评价机制。推进居民电子健康档案务实应用，共建立居民个人电子健康档案270182份，建档率90%，档案开放率66.4%；对20967名65岁以上老年人开展健康体检，健康管理率65.7%。

【家庭医生签约服务】 2021年，区卫健局优化组建全专融合型家庭医生签约服务团队65支，常住人口规范签约人数126903人，规范签约率42.3%，重点人群规范签约率86.1%，其中收取签约服务费24245人，签约率8.1%。完成低收入农户家庭医生签约1997人。

健康促进

【通过国家卫生城市复审】 2021年，温州市龙湾区卫健局持续巩固国家卫生城市创建成果，顺利通过国家卫生城市复审和国卫巩固省级综合评估。推进健康龙湾市级试点项目公共政策健康影响评价和省级试点项目健康知识普及项目。实施健康知识普及行动，开展卫生城市主题日线上、线下活动63场，健康知识讲座168场，157个健康宣传栏内容每2个月更新一次，制作宣传折页、海报14.20万份，微信公众号发布健康提醒300余条。公益片《健康约定》获评2021年新时代健康科普作品征集大赛入围作品并登上“学习强国”平台。做好“厕所革命”工作，农村卫生户厕普及率100%，无害化卫生户厕普及率达到99.7%。扎实做好病媒生物预防控制工作，投入消杀经费73.80万元；强化对PCO公司监管，委托第三方评估公司对病媒

2021 年 4 月 19 日，区卫健局、瑶溪街道联合举行第 33 个爱国卫生月活动暨健康知识普及启动仪式（朱逸琳／摄）

生物消杀服务效果评估。

【全国健康促进区提质】 2021 年，区卫健局持续巩固全国健康促进区创建成果，开展全民健康生活方式行动，健康素养进文化礼堂活动全覆盖，开展健康讲座、健康活动、健康服务、中医药活动等五进活动 344 场，居民健康素养总体水平 36.4%，比上同期增长 2.1%。加快“五五”健康基础工程建设，新创成健康社区（村）7 家、健康单位 7 家、健康家庭 1830 户，新增南洋社区、龙湾农商行 2 个健康细胞示范点，累计创成健康社区（村）20 个、健康单位 19 家、健康家庭 3110 户，温州曙光医院创成全市首批浙江省健康促进医院，创成健康促进学校金牌 1 家（龙湾区状元第三小学）、银牌 2 家（龙湾区状元第一小学、龙湾区状元第二小学），累计创成健康促进学校金牌 7 所、银牌 17 所，金牌、银牌学校比例 61.5%，创成率名列全市第一；新建健康角 23 个，新建健康主题公园 1 个。

卫生监督执法

【概况】 2021 年，温州市龙湾区卫健局加强卫生监督执法，立案 356 件，办结案 258 件，罚没款 331.28 万元。全年作出行政处罚决定 263 件，申请法院强制执行案件 3 件，罚没款累计 344.13 万元，其中个人罚没款 0.50 万元、单位罚没款 5 万元、责令停产停业大案要案办结 39 件，受理并办结投诉举报 31 件，医疗机构不良行为记分 123 家次；保持打击非法行医和“两非”高压态势，集中打非 12 次，立案查处非法行医案件 10 件，罚没款 48.17 万元。

【医疗机构巡查】 2021 年，区卫健局坚持疫情常态化防控巡查。对民营医院、个体诊所、村卫生室等基层医疗机构预检分诊、就诊登记、医废处置等重点环节加强监管，检查中发现涉疫问题一律严肃查处，从重处理。全年共出动执法人员 23916 人次，检查医疗机构 6522 家次，出具监督意见书 182 份，立案查处 90 家次。

【医疗卫生“双随机”抽查】 2021 年，区卫健局持续加强医疗卫生“双随机”抽查工作，全面推行双随机执法。全年实施“双随机”抽查任务 216 家，国家任务 125 家、省级任务 91 家，其中与市监、公安、人社等部门联合双随机任务 28 家，发现问题 94 家，查处率 43.5%。重点开展医疗美容乱象整治百日攻坚、公共场所集中空调通风系统卫生整治、精铸小微园综合整治等专项行动。年内龙湾区获评浙江省县级卫生行政执法效能 A 档。

医政管理

【公立医院综合改革】 2021 年，温州市龙湾区卫健局持续推进公立医院综合改革，完善公立医院管理体制，推动建立现代医院管理制度。严控医疗费用不合理增长，扩种扩量推进推行临床路径管理工作，按照《疾病诊断相关分组（DRGS）实施方案》，强化 DRGS 管理人员队伍建设，定时上报病案首页信息。

【人才队伍建设】 2021 年，区卫健局持续加强人才队伍建设，卫生高级专业技术职务任职资格晋升 34 人，其中正高级职称 17 名，副高级职称 17 名，晋升卫生技术初级士、初级师及中级职称 96 名，面向社会公开招聘公务员 1 名、事业工作人员 59 名，落实人才奖励资金 18.40 万元。

【行政审批】 2021 年，区卫健局首创“无感式审批”，推进行政审批工作。网上平台获悉新办企业，主动联系企业，全程代为申报、办结、快递证件。试行“全省通办”，主动对接经开审批人员，网上收件并转交经开窗口办理。发放龙湾首张盲人医疗按摩执业许可证，开通特殊人群绿色通道，全程帮扶，主动对接区残联、市场监管部门，主动上门服务，帮助准备材料，代为网上申报，多次现场踏勘，受理后当即发证。推出查询寄递服务，共帮 35 名医师查询信息。对实行医联体建设公立机构，医护人员多点执业一律免于审批。全年共完成行政许可 1985 件，获群众赠送锦旗 4 面、感谢信 9 封。全市首推“无接触 + 双加”服务，通过设立微信群上传申报资料、网上指导、远程视频审查、预约上门服务和免费邮寄证件，共办理医疗机构审批311件。

【卫生廉政建设】 2021年，区卫健局持续加强卫生廉政建设。出台《2021年度龙湾区卫生健康系统千人评群众满意医疗卫生服务窗口评议活动实施方案》，深化“千人双评议”活动，评出满意窗口科室2家、不满意窗口室2家。狠抓医院行风建设“九不准”规定落实，开展明察暗访8次，全系统医务人员拒收（上交）红包17人次，累计金额18268元，均已按相关文件要求规范处理。开展谈心提醒教育活动，开展卫生廉政谈心谈话2126人次。接到信访905件，答复率100%。

医院选介

【龙湾区第一人民医院】 2021年，龙湾区第一人民医院业务总收入1.86亿元，比上年同期增长2064.59万元，增长率12.5%。全年开展义诊活动17场，服务近3000人次，送出药品总计1.20万余元，患者对医院门诊满意度测评96%，住院满意度96.9%。医院提升PCR实验室检测能力、高标准改建发热门诊、优化核酸采样流程，全面落实新冠肺炎疫情常态化防控。全年完成各类防控培训94次、考核4000余人次、核酸采样近30万人次、疫苗接种9万余剂次、医疗保障700余人次。

推进“廉动龙医”清廉医院品牌创建。全年全院医务人员共拒收红包15468元，上交难以拒收的礼金3800元、礼品礼券价约6000元（7项），收到患者感谢信2封、锦旗17面。医院利用清廉医院信息化软件建设，创新推出“三定三有”“一库一约”举措，对药械代表实行登记备案和阳光接待。全年，共登记备案176家药械企业和136名药械代表，对68名药械代表来访进行“阳光接待”。相关做法获《健康报》、省纪委网站报道，被市卫健委作为典型向全市医疗单位推广。医院紧扣新媒体时代特征，策划制作科普视频获“温州市首届科普短视频大赛”一等奖。在国家级、省级、市级和区级主流媒体上发稿120余篇，其中《人民日报》《光明日报》《健康报》等国家级媒体6篇，浙江新闻、浙江在线、天目新闻等省级媒体23篇。

【龙湾区中西医结合医院】 2021年，医院业务总量约2560万元，比上年同期增加24.8%，就诊约10万人次，同比增加10%。通过国家级优质服务基层行评价，基本公共卫生服务和签约服务提升，在全区年终考核中排名第二。在业务发展上制定科室发展计划，与上级医院探讨合作机制。在人才培养上建立梯队制定培养计划。医院已开展胃肠镜检查、CT（增强）检查、口腔全景机检查、喉镜检查、专家联合门诊等，多批次外送人员进修学习，通过引进来、送出去多途径提升业务能力。

【温州曙光医院】 2021年，温州曙光医院总诊疗人次68643人次，出院844人次，先后选派3人次到上级医院进修，继续教育18人次，20人次外出学习，组织院内技能培训80余人次；邀请专家来院会诊、手术30人次，互联网远程病例讨论2次，受邀参与外院查房2次；优化学科建设，引进中高级职称8人，初级职称22人，行政后勤18人，推动临床学科建设。医院骨科开展膝关节镜、半肩关节置换、全髋关节置换，腰椎切开减压固定术等三、四类手术，同时开展钛揽治疗髌骨骨折、钛揽治疗股骨粗隆骨折、“项链”切口治疗锁骨骨折等新技术。全年完成手外科四类手术198例，其中危重病例82例，根据病种统计，创伤和慢性疼痛性疾病仍是科室重要病种来源，企业生产和建筑工地仍是创伤高发地。

（单瑶瑶）

社会生活

2021 年 3 月 22 日，龙湾区第八届社工周文化节暨“社工宣传周”启动仪式举行　　（江国荣 / 摄）

人口家庭

劳动就业

社会保险

医疗保障

专项民政事务

移民事务

新居民服务管理

慈善公益

天河水库　（区摄影协会供稿）

人口家庭

【概况】 2021年，温州市龙湾区户籍总人口343770人，总户数87548户，其中区本级户籍总人口238622人，总户数63819户，男女性别比为105.90（女性为100），当年出生人口1890人，死亡人口1111人；人口出生率为7.9‰，人口死亡率为4.7‰，人口自然增长率为3.3‰。

【殡葬改革】 2021年，区民政局持续推进殡葬改革，促进文明新风养成。加强公墓管理、私坟综合治理力度，推进青山白化治理工作。率先完成649座（永中479、瑶溪170）私坟生态化改造、永中街道2座公墓绿化提升。组织对龙湾环大罗山科创走廊330国道环山东路龙湾段沿线1300余座私坟，以及瓯海大道、机场路、龙永公路、沈海高速沿线1100余座私坟生态化改造阶段性验收工作。全年拆除各类新建、翻新私坟共计305余座。强化"七六五"规定的刚性约束，实行办丧过程全程跟踪监督。实行丧事代办服务，共减免丧事代办服务费71.09万元。疫情期间开展丧事集中办理和丧葬礼俗整治工作，检查发现违规出殡352例，予以登报公开检讨13例。

【婚姻登记】 2021年，区民政局办理结婚登记1929对，离婚登记380对，查档1733件。补领结婚登记333对，婚姻登记全省通办跨区域登记394对，婚姻登记合格率100%。完成所有婚姻档案电子化归档，完成8000余条婚姻档案电子签名确认。通过购买第三方婚姻家庭服务，为193对夫妇提供离婚适度调解专业服务。

【计划生育优质服务】 2021年，区卫健局优化计划生育优质服务。落实一对夫妻可以生育三个子女政策配套措施，适当延长生育妇女产假，适当提高生育保险待遇水平。提高优生优育服务水平，扩大妇女产检和儿童医保覆盖范围，提高妇女分娩和儿童门诊医保报销比例。完善3岁以下婴幼儿照护服务政策制度和标准规范，鼓励有条件的用人单位提供婴幼儿照护服务，支持幼儿园发展托幼一体化服务，推动"儿童友好城区"建设、母婴设施建设，全区现有规范化母婴设施27处。

【计划生育家庭资助】 2021年，区卫健局继续实施计划生育家庭资助政策导向。为521人发放奖励扶助经费131.10万元，为29人发放特别扶助经费23.52万元，为16户家庭发放计划生育公益金12万元，为882户独女户家庭发放独女户社保补助376.93万元，为697户二女户家庭发放二女户社保补助238.29万元，为83户计划生育低保家庭发放低保补助7.45万元，为1158户计生家庭发放特殊关爱274.32万元。开展计划生育困难家庭幸福促进行动，全年完成关怀救助、留守儿童、健康促进、致富发展、创业创富、爱心助学等共95人，发放扶助资金28.53万元，奖特扶资格确认准确率100%。全年发放各类补助共计1092.14万元。

【计划生育协会工作】 2021年，区卫健局加强计划生育协会工作。开展计生特殊家庭"暖心行动""情暖重阳·快乐烘焙""温情生日会·暖冬罗山行"集体生日会等主题活动，实施幸福促进行动，共计投入资金28.53万元，受益计生家庭96户。全面落实青春健康教育，打造"莘莘课堂"青春健康教育工作品牌，开展青春健康教育讲座69场，参与人数3839人。完善婴幼儿照护服务体系，试点实施促进农村、社区儿童早期发展"向日葵计划"，创建区首个中国计生协"向日葵亲子小屋"。

（方赛赛、单瑶瑶）

2021年与前4年龙湾区结婚离婚登记情况对比一览表

表49

年份	结婚（对）	离婚（对）
2017	3149	756
2018	2257	670
2019	2061	626
2020	1895	706
2021	1929	380

劳动就业

【概况】 2021年，区人力社保局加大创业就业扶持工作力度。创新"数字就业帮扶场景"，服务重点人群3325人次。有序开展技能培训2.28万人次，完成率达190%。职业技能提升专项资金支出1.11亿元，居全市第一。失土农民和贫困劳动力职业技能培训增补纳入区民生实事项目，85%的培训人员实现再就业。刚性落实阶段性下调失业保险、工伤保险费率政策，全年为企业减负921万元。落实创业扶持政策，发放创业担保贷款2395万元。全年新增城镇就业18427人，完成率299%，居全市第一。城镇登记失业率1.6%，连续四年保持在2%以下低位运行。年内创业就业工作再度入围省政府督查激励评比，获评2021年浙江省创业就业第三名。

【劳动保障监察】 2021年，区人力社保局完善机制，强化监管，深化劳动保障监察工作。出台《关于深化区管企业负责人薪酬制度改革的实施意见》。有效处置现代金属物流、吾悦广场、柳春配送、瑞鹏鞋业等欠薪群体性事件。"智慧监察·阳光支付"系统覆盖全区企业约3500家，重点服务业和重点监管企业实现全覆盖。“全省首创‘三色预警’工资支付监管新模式”入选区首届“未来城区”集成改革优秀实践案例。深化“龙湾无欠薪”行动，全年受理劳资纠纷超4800件，涉及人员1.40万人、劳资1.20亿元，案件办结率99%。工伤仲裁案件审限缩短一半以上，工伤认定依法办结2770件，人均结案率居全市前列。办结政务咨询投诉举报3300多件，同比增长228%。

（陈冰浩）

社会保险

【概况】 2021年，龙湾区区本级参加职工基本养老保险15.28万人，参加城乡居民基本医疗保险人数16.24万人，参加失业保险人数11.72万人，参加工伤保险人数34.52万人，参加生育保险人数12.39万人。创新建立社保基金“四级”联动全链式监督机制，基金监督任务全部按时保质完成。年末区本级在册低保对象1553人，其中城镇183人、农村1370人；低保资金支出1325.08万元。

【养老保险】 2021年，区人力社保局强化社会保障政策落实。落实企业职工基本养老保险省级统筹制度，稳步放开灵活就业人员参加企业职工基本养老保险户籍限制，全区户籍法定人员基本养老保险参保率达95.7%。严格落实基础养老金正常调整机制和城乡居民基本养老保险待遇确定机制，惠及全区7万离退休人员，城乡居保基础养老金最低标准由每人每月165元提高至180元。

（陈冰浩）

医疗保障

【概况】 2021年，温州市龙湾区基本医疗保障参保30.78万人，其中城乡居民基本医保参保16.24万人，城镇职工基本医保参保14.54万人。全区应参保23.88万人，已参保23.65万人，户籍人口参保率达99.1%。困难群体参保率达100%。

【医保重点改革】 2021年，区医保分局扎实推进医保重点领域改革。强化医保电子凭证激活使用推广，全区19家定点医疗机构、53家定点零售药店全部开通医保电子凭证结算业务。医保电子凭证激活率达94.3%。两定机构开展医保电子凭证刷码结算率为25.4%，药店医保电子凭证结算使用率为55.1%。推进药品耗材集中带量采购改革，加强集采药品回款结算管理，做到定期统计通报、完善超时付款预警机制。推进医保支付方式改革，落实住院费用DRGS点数付费结算，做好月度预付工作、特病单议申报审核。动员34个村社整村参保“温州益康保”，参保率22.6%（不含困难群体）。推进医保信息化建设，落实医保信息业务编码工作，及时做好信息系统接口改造及贯标各项工作。

【医保行业监管】 2021年，区医保分局加强医保行业监管。与区卫健局等部门联合下发《温州市龙湾区医疗保障医保医师信用管理应用细则》，开展“十佳医保医师”评比，医保医师分类管理、医保医师评分等级纳入年终考核评级。与区市监局等部门联合，建立跨部门“双随机”联动响应和协作机制。加强53家医保定点零售药店常态化监管，制定《龙湾区开展医保定点药店专项治理工作方案》，加强定点零售药店依法经营、处方药销售管理。

【医保服务优化】 2021年，区医保分局完善便民服务机制，优化经办服务质量。创新推出“五险直通车”服务新模式，凭借“直通卡”到相应绿色窗口即可优先办理，实现一次申报取号、两个部门直通办理。深化“医+医”“医+银”以及“代办点+自助服务终端+医保专员服务”等便民服务模式。医保服务事项延伸至全区所有公立医院办理有8项，延伸至全区33个农商银行网点办理有22项，高频业务延伸至街道村居服务站点办理达8项。自8月1日起医保窗口设置午间办事窗口，设置统一预约电话，受理群众预约需求。

（施慧雅）

2021年6月4日，龙湾区“五险直通车”正式开通 （区医保分局供稿）

专项民政事务

【概况】 2021年，温州市龙湾区推进社会养老建设，打造智慧居家养老服务平台——未来康养智城项目，列为省发改委第二批数字社会“揭榜挂帅”项目和省民政系统居家暖心服务应用场景试点。加强救助体系建设，在全省率先建立特困人员“收入豁免”机制，率先出台支出型贫困救助办法。深化社区治理创新，在全市率先制定出台《新时代村社组织规范化建设的若干意见（试行）》“1+5”配套文件和《民生事项“五步议事”民主协商办法》。启动区未成年人救助保护中心装修项目，选址打造示范型“儿童之家”6家。持续推进丧葬礼俗整治和身后一件事“零跑腿”工作。年内，龙湾区民政局荣获浙江省实施妇女儿童发展规划成绩突出集体，龙湾区青苗残疾人之家入选亚残运会残疾人事业展示点。

【老龄健康服务】 2021年，区卫健局开展老龄健康服务，区第一人民医院规范设置老年医学科，区中西医结合医院创成老年友善医疗机构，瑶溪街道社区卫生服务中心医养结合服务能力提升项目试点高质量完成，区中西医结合医院和瑶溪街道社区卫生服务中心完成国家安宁疗护阶段性试点评估。推进医养结合信息化工作，街道社区卫生服务中心设置智慧医养一体化远程诊疗系统，实现远程诊疗、上门出诊、健康随访、健康干预、转诊管理等医疗服务。推进老年人心理关爱项目试点工作，持续开展“敬老月”系列活动，为全区90岁以上高龄老人、优抚对象、低保、困难家庭老年人等1554人投保意外伤害险。重阳节期间慰问百岁老人、失能及失智等特殊困难老人共计48人。实施“智慧助老”专项行动，开展“引领跨越数字鸿沟”老年智能技术教育，改善老年人医疗服务措施。

【养老服务体系建设】 2021年，区民政局加强养老服务体系建设，推进省、市、区民生实事工作落实。完成村级居家养老照料中心改造提升7家，建成街道级养老服务中心1家。完成困难老人家庭适老化改造41户。完成永兴街道五溪村智慧养老小区内100余户老年人智能水流监测、烟感、智能手环等设备安装。由政府买单，落实新建小区养老配套用房58处，合计12430平方米，为全区2000余名困难、高龄等特殊老年人提供养老服务。加强护理员培训力度，每万名老人拥有持证护理人员19人、养老社工128人。开展老年人护理服务，发放高龄老年人补贴122.29万元。

【数字化养老项目建设】 2021年，区民政局推进数字化养老项目建设，推广智慧居家养老服务平台——未来康养智城项目，列入全省数字化改革重大应用“一本账S1”目录。项目聚焦，以“安养”“乐养”“惠养”“助养”“智养”五大居家老年人养老服务，项目有31个应用场景和专栏上架“浙里办”平台，养老志愿者注册达人数3000人，全年完成线上点单服务3000余单，覆盖全区60家养老服务机构和全域4.40余万老年人，数字化养老项目经验在温州市委改革办《探路者》刊物刊发。

2021年1月20日，龙湾区状元亭开展腊八粥惠民公益活动 （叶晓东/摄）

【困难群众救助救济】 2021年，区民政局全面落实困难群众探访关爱和幸福清单送达工作。在全市率先出台《龙湾区支出型贫困家庭救助实施办法（试行）》，共惠及困难家庭215户。节日期间走访慰问低保、低边、三老、特困户1350人，幸福清单送达1320次。强化慈善残疾福利保障，慈善家园项目完成装修，培育雨花敬老协会和状元亭等慈善组织2家。推进残疾人“两项补贴”跨省通办落地。全年全区在册低保人数减少至975户、1553人，低保金标准实施城乡统筹每人每月886元，低边人数减少至264户、669人。注销低保70户、130人，新增56户、88人；注销低保边缘户86户、225人，新增低保边缘20户、46人。

【社会组织管理】 2021年，区民政局开展“双随机、一公开”检查工作，共开展社会组织双随机检查28家。开展龙湾区行业协会商会乱收费和“僵尸型”社会组织专项清理整顿行动，全区处理“僵尸型”组织77家，依法处置非法社会组织5家，其中劝散2家，自行解散2家，取缔1家。大力扶持培育社会组织，枢纽型社会组织覆盖率实现4个100%，街道级枢纽型组织实体化率实现100%全覆盖。开展10家社会组织评估工作，其中3A以上社会组织有9个。推进政府职能向社会组织转移，全区承接政府购买社会组织服务734万余元，签订协议32个。加强社会组织规范化登记，全区社会组织登记累计286家，其中民非166家，社团119家，基金会1家。做好温州

2021 年龙湾区行政区划一览表

表 50

名称	政府驻地	土地面积（平方千米）	户数（户）	户籍人口（人）	村民委员会（个）	社区（个）	居民委员会、未改制居委会、村民委员会
全区合计		316.46		343770	94	30	
永中街道	永中路 88 号	44.30	20540	77124	14	7	镇中社区居委会、罗东锦苑社区居委会、万顺社区居委会、永昌社区居委会、龙水社区居委会、龙北社区居委会、万新社区居委会、永上居委会（未改制），沧河、镇南、桥北、石浦、郑宅、刘宅、度山、前街、殿前、城南、新城、城北、青山、龙华
蒲州街道	蒲江北路 67 号	7.86	8120	25230	4	4	雁湖社区居委会、蒲江社区居委会、创客小镇社区居委会、天鹅湖社区居委会，上江、上庄、屿田、汤家桥
海滨街道	沙村路 29 号	48.22	8545	32448	10	3	锦海社区居委会，沙中、蟾钟、沙南、建新、北新、城东、宁村、江一、蓝田、小陡
永兴街道	环镇路 99 号	60.38	8579	40102	14	5	全海社区居委会、南园社区居委会、北园社区居委会、民乐社区居委会、永康社区居委会，乐二、沙园、南桥北、萼芳、榕树下、祠南、乐一、永乐、永民、大塘、小塘、下兴、五溪、水潭
状元街道	龙飞路 2 号	18.00	8786	29407	6	3	龙跃社区居委会、龙腾社区居委会、罗西社区居委会，状元桥、横街、御史桥、山西岙、西台、石坦
瑶溪街道	河头龙西路 2 号	34.10	9249	34311	4	3	南洋社区居委会、瑶溪社区居委会、滨江社区居委会，苏川、雄心、永胜、瑶溪
海城街道	镇前街 2 号	14.86	7395	34758	10	2	前冈居委会、后冈居委会，上涂、东溪、埭头、屿门、石坦、邱宅、东门、中星、西一、东成
沙城街道	永强大道 2968 号	6.60	9107	40805	15	1	沙城居委会、七四、七三、永福、八甲、七五、大郎桥、七二、烟台、七一、永寿、永恩、沧宁、永阜、庄桥、顺江
天河街道	环镇路 2 号	16.08	6696	28260	17	2	天河居委会，天津、新川、庄泉、二甲、司南、金益、中和、新河、高轩、郑岙、蒲门、西前、筑成、建丰、天凤、三星、泰河
星海街道	滨海六号旭日小区 25 幢	66.07	531	1325		2	望海社区、旭日社区

市试点社会组织登记注销“一件事”推广工作，完成社会组织注销 4 家，完成社会组织年检 186 家。做好校外培训机构管理，推进“双减”工作，累计校外培训机构 27 家。

【村社组织建设】 2021 年，区民政局加强村社组织建设。开展第八届社工周文化节暨“社工宣传周系列活动宣传，健全社工人才激励机制，社工人才队伍连续几年攀升，累计发展社工人才队伍 679 人。开展全区社会组织公益创投项目，投入经评费 30 多万元，打造社工机构 12 家，新建街道社会工作站 3 家，实现街道社会工作站全覆盖。开展社会工作实务案例评比，其中 1 篇优秀社工案例获评“全国百优”。完成专职社区工作者第三批招聘转岗 59 人，明确专职社区工作者工资系数。推广“智慧村社通”平台，全区 76 个村社共有 7531 村（居）民关注“智慧村社通”平台，发布各类动态信息累计 13469 条。持之以恒抓移民增收致富，集中力量扶持实施一批村集体资产型项目，全年共安排 308.11 万元移民资金支持 2 个移民村发展物业经济。获批全省移民共同富裕项目，为移民村谋福利。

【地名管理】 2021 年，区民政局依法规范地名管理，开展界线联合检查工作，出台《地名管理办法》，做好地名文化宣传以及不规范地名清理工作。全年受理办结地名命名 37 条，新增入库国家地名信息库 71 条。

（方赛赛）

移民事务

【概况】 2021 年，温州市龙湾区共有珊溪水库、泽雅水库等大中型水库移民 4348 人，分别安置于 11 个村（居、点），安排水库移民专项资金项目 11 个，整合移民资金 626.53 万元。全年慰问移民困难家庭 123 户，发放移民春节慰问金 12.30 万元；慰问移民老党员、困难党员 10 人，发放移民党员慰问金1万元。补助新农合医疗保险参保移民3020人，累计发放登记补助金87.58万元。扶持移民创业家庭53户，发放移民创业贷款贴息补助13.12万元。

【移民村扶持】 2021年，区移民服务中心扶持新莒村股份经济合作社和永上居委会购置营业用房，“龙华村股份经济合作社购置商业用房”成功申报共同富裕示范项目，获省补助资金350万元。扶持建设龙华村、郑宅村、度山村等村居基础设施建设，改善移民居住环境。支持各移民村安装监控、广播，建设天燃气管道工程、交通设施和停车位等项目，改善移民村基础设施。

【移民融合工作】 2021年，区移民服务中心以畅通移民反映问题渠道为重点，认真做好信访工作。对于移民群众来信来访件均能做到件件有回复、件件有着落。全年共收到移民信访件3件、来信件1件。接待来访移民群众5批次10人次。妥善处置历史遗留信访积案1件。做好剩余资源处置工作，处置全区移民村（居）集体资产共11处。

（方赛赛）

新居民服务管理

【概况】 2021年，温州市龙湾区新居民服务中心积极创新工作举措，提升新居民服务力度。强化队伍建设，推进学习教育常态化制度化，全面落实积分制管理，开展“四送”关爱活动。落实《关于印发〈推进龙湾区流动人口师生居住信息登记与新居民“新二代”服务实施方案〉》，推进“新二代”系列进校园服务。

【新居民积分制】 2021年，区新居民服务中心落实企业“稳岗优工”奖励政策。推行新居民积分制管理数字化改革，完成“新居民积分制”系统迭代升级工作，实现“新居民积分制”系统上架“浙里办”App。对持有效期内浙江省居住证且留龙湾过年新居民员工，给予5分积分加分奖励。助对在龙湾工作活动持有效期内浙江省居住证且2021年8月底前在龙湾完成疫苗接种新居民，给予5分积分加分奖励。推进2021年积分入学工作相关政策落实，落实168名新居民随行子女入读公办学校。推进积分赠书活动，共赠送图书近400本。

2021年4月27日，区新居民局在博雅学校开展“护眼春蕾·爱心相随”关爱新居民活动
（区新居民服务中心供稿）

【新居民关爱服务】 2021年，区新居民服务中心开展关爱服务活动，实施全区各新居民小学明眸工程，为新居民子女开展视觉健康筛查、视力检查、电脑验光等服务。在博雅学校开展“护眼春蕾·爱心相随”关爱新居民活动，赠送100份爱心礼包。为建筑工地、环卫所、快递公司等高温一线新居民作业人员送去夏季防暑降温用品。累计为新居民学校送上公益书画课堂44节，图书300余本、学习用品100套，惠及新居民学生500余人次。开展“‘新二代’健康大行动”活动，宣传引导新居民学校开展学生健康管理。

【新居民普法宣教】 2021龙湾区新居民服务中心深入开展普法宣教工作。依托街道、联谊会、新居民学校、企业等大力宣传新居民积分制政策，提高新居民对积分制政策的知晓率。2月，开展“温暖龙湾一起过年”春节“稳岗优工”宣传活动，走村入企引导新居民在龙湾就地过年。3月，在浙南云谷开展“三八”妇女维权宣传活动，持续深化新居民尊法学法守法用法，提升新居民妇女维权意识和法律素质。8月，联合共青团温州市委、温州市消防救援支队到瓯斯达企业开展暑期安全主题讲座。

（王丽雅）

慈善公益

【概况】 2021年，温州市龙湾区机关、事业单位干部职工和社会各界爱心人士参加慈善捐赠活动7547人次，募得善款3042.43万元，救助困难人员家庭10526人，支出善款2650.70万元。年内区慈善总会获评省民政厅授予2021年“浙江省品牌社会组织”，获评2021年“温州慈善奖”，永中街道获评2021年“省级示范慈善分会”。

【募捐渠道拓展】 2021年，区慈善

总会拓展募捐渠道，增强慈善募捐能力，提升“冠名捐”“承诺捐”“基金捐”等可持续性募捐。新增“滨海房地产张福龙百万爱心冠名基金”“永兴民生公益工程基金”“菀隐小祝文化慈善基金”“龙湾残联慈善助残基金”“福慧基金”专项基金等。开展“罗峰学校教育帮扶”“助力龙湾大拆大美建设”“村居困难群众救助”“帮扶民间公益慈善组织可持续发展”等定向募捐活动。配合政府开展社会专项募捐，助力“东西部扶贫”。全年“冠名、承诺捐”募得315万元、“定向捐”募得922.82万元、“专项基金”募得584.57万元、“东西部扶贫善款”582.50万元。

【慈善救助活动】 2021年，区慈善总会继续打造“爱心龙湾品牌，开展助医、助学、助老、助残、助困等救助活动，补充政府社会保障体系。针对困难家庭在读高中和大学学生，鼓励社会各界爱心人士结对困难学生，共救助学生159人，支出善款83.21万元。加大重大疾病救助力度，共救助318人次，支出善款239.33万元。救助低保、特困家庭等8808人次，支出善款954.77万元。慰问低保边缘户、特困户、困难新居民等困难群众1256户，支出善款78.84万元。慰问困难老人255人，支出善款27.20万元。配合区民政局针对某单位被精减困难员工开展每月生活补助，31个爱心基金开展各类救助活动，累计支出善款597.62万元。

2021年与前4年龙湾区慈善捐赠情况对比表

表51

年度	单位（家）	人数（人）	金额（万元）
2017	358	5450	1400.50
2018	573	3656	1551.75
2019	451	4191	4751.22
2020	1100	5610	3311.92
2021	625	7547	3042.43
合计		26454	14057.82

2021年与前4年龙湾区慈善救助人数和金额情况对比表

表52

年份	人数（人）	金额（万元）
2017	2994	1301.76
2018	3360	1515.29
2019	19353	2612.11
2020	6444	3626.38
2021	10526	2650.70
合计	42677	11706.24

【慈善义工活动】 2021年，区慈善总会深入社区、村居、企业，开展送医上门、慈善义诊、关爱慰问、义务帮扶、爱心午餐等义工服务。开展“爱心龙湾·慈善义诊”活动。直属义工组织潘罗敏慈善艺术工作室开办“爱心龙湾·绘画助力梦想”暑期星孩培训班，为130多位自闭症儿童教授绘画技巧。日行一善义工队继续开展“双百”结对助学工程，龙湾巨木公益团队走进各残疾人之家开展慈善助残活动，引导和资助“状元亭”“雨花敬老家园”“社区爱心驿站”、民间优质“伏茶点”、爱心餐，累计义工3000余人。

（朱　敏）

街 道

龙湾新貌　　（项绍雄／摄）

天河水库　（区摄影协会供稿）

综　述

【概况】　2021年，龙湾区下辖永中、蒲州、海滨、永兴、海城、状元、瑶溪、沙城、天河、星海等10个街道办事处，其中沙城、天河、海城、星海街道委托温州经济技术开发区管委会管理。龙湾区实现地区生产总值518.48亿元，比上年同期增长10.9%；规模以上工业增加值88.89亿元，同比增长13.2%；城镇常住居民人均可支配收入达69984元，同比增长9.5%；农村常住居民人均可支配收入达44430元，同比增长10.3%。

永中街道

【概况】　2021年，龙湾区永中街道位于龙湾区东部瓯江口南岸永强平原中心位置，是龙湾区人民政府所在地。街道辖区面积44.30平方千米，下辖14个建制村、1个居委会和7个城市社区（含20个经合社），户籍人口7.73万人。2021年，实现规模以上工业产值60.19亿元，比上年同期增长14%；限额以上批零住餐销售总额1901.07亿元，同比增长31.6%；限额以上社会消费品零售总额4.35亿元，同比增长10.3%。

【重大项目落地】　2021年，永中街道统筹推进空间盘活、低效提升、小升规等工作，加快助推铜材、阀门、不锈钢械等传统产业转型升级。全年街道固定资产投资增速等12项指标排名全区前两位。助力多弗总部、高铁新城商务中心等重大项目加快落地，加大伟明高端环保产业园、青山体检与医学研究中心等“152”项目服务保障。谋划全域旅游发展蓝图，启动推进永昌古镇、寺前街、郑宅岙美丽田园综合体、张璁纪念馆等文旅项目，增强经济发展动能。

【城区建设发展】　2021年，永中街道聚焦城市建设发展，攻坚提速城北、

永中街道区域图

环山东路等民房（工业）区块征收工作，推进青山整村、中国眼谷（B区块）、永中单元D-18等地块清零，完成瑶溪北单元11-E-38等4个地块出让，土地面积合计175亩。聚焦“迎亚运、讲文明、提品质”大会战，助力环山东路、龙江路、永定路等道路改造提升，加速推进榕组团、柳组团、镇南锦苑等旧小区改造。深化“五水共治”“三改一拆”“四边三化”智慧城管等环境整治工作，获评温州市“全国文明城市创建”先进集体。

【民生事业优先】　2021年，永中街道坚守“外防输入、内防反弹”工作方针，落实好疫情常态化防控举措，抓好疫苗接种。坚持文教卫体全面发展，改造提升街道新时代文明实践中心，建立“1+X”新时代文明实践站所服务体系，推进文化礼堂、城市书房等阵地建设。完成区实验中学集团青山校区（瑶溪南新二中）政策处理任务，协助做好区康养福利中心、附二医龙湾院区、超级眼视光医院等6家医院周边配套建设，优化公共服务供给。推进数字化改革，启动街道居家养老服务中心智能化服务建设，逐步完善“社区智慧养老＋村级居家养老”服务体系，万顺社区被列为未来社区健康场景建设省级试点、未来康养智城省级揭榜挂帅项目。大力发展村集体经济，推出农村集体三资智慧监管平台，规范村集体资产出让、租赁等交易行为，推动村集体经济提质增效。

【社会综合治理】　2021年，永中街道依托“一体两翼”基层治理模式，迭代升级“基层治理四平台”、全科网格等工作载体，完善数字化、快速反应维稳应急体系。开展“平安护航建党百年”安全隐患大排查大整治活动，完善矛盾纠纷排查化解机制，加快构建街道＋村社矛调处工作站，“宁人调解室”获得省级金牌人民调解工作室荣誉称号，街道被列为全省法治化综合改革乡镇（街道）试点街道，万顺社区获评全国民主法治示范村（社区）。

【基层党建统领】　2021年，永中街道出台永中街道村社干部“1+3”系列

2021年7月，新城村红色茶楼　（永中街道供稿）

文件，着力构建村社干部任期全周期管理体系。组织开展季度村社“三晒三比”擂台活动，推行书记领办村社重点项目，鼓励争先创优。推进居民小区“双覆盖集中攻坚”专项行动，以万顺社区、龙水社区为首批试点，推进“共享社·幸福里”打造。引入龙湾农商银行、永强供电公司等力量，打造“幸福共建联盟”，共同推进小区共建共富。实施两新组织“红色种子”培育成长六大行动，全面铺开新业态、新就业群体党建试点工作，已启用首批“瓯江红·城市驿站”服务点10个。规范“两代表一委员”选举工作。

【永中街道万顺社区获评第八批“全国民主法治示范村（社区）”】 2021年2月，司法部、民政部公布第八批“全国民主法治示范村（社区）”名单，永中街道万顺社区上榜有名，成为本批次龙湾区唯一入选村社。万顺社区以“万家红联盟”为主线，通过“众人事众人议”“楼栋微自治”“联合执法进小区”等方式方法，创新推进法治+自治+文化社区治理格局。万顺社区先后获评浙江省民主法治社区、浙江省文明社区示范点、浙江省妇联基层组织示范社区、温州市五星级幸福社区。

【全区首个街道级新乡贤联谊会】 2021年7月11日，永中街道新乡贤联谊会第一届一次会议暨成立大会顺利召开。来自世界各地200多名新乡贤及嘉宾欢聚一堂，畅谈“未来城区·幸福永中”建设，感受家乡日新月异变化。这是全区首个街道级新乡贤联谊会，为乡贤们提供一个沟通联系、反哺家乡平台。

【永中街道获评浙江省五星级乡镇（街道）食安办】 2021年11月，永中街道获评浙江省五星级乡镇（街道）食安办。永中街道抓深抓实食品安全党政同责和属地管理责任，致力于基层食安工作长效机制建设，紧扣“源头、监管、治理、责任”等关键环节，打造“政府监管、主体自律、群众参与、社会共治”综合监管模式，辖区内食品安全形势保持稳定向好，未发生等级以上食品安全事件。

【“宁人”调解室获评省级金牌人民调解工作室】 2021年12月，永中街道“宁人”调解室获评省级金牌人民调解工作室。“宁人”调解室模拟民事法庭控辩情形，在双方当事人充分叙述、申诉理由、事实还原、控辩质证基础上，以“释法说理法、冷静处理法、成本分析法、换位思考法、借助外力法”等五法综合调解，引导当事人自觉在法律框架内寻求解决纠纷，成功化解复杂疑难案件，做到案结事了、息事宁人，打造“微缩法庭”形象效果。

（朱春晖）

蒲州街道

【概况】 2021年，龙湾区蒲州街道位于温州城市主城区东部交汇点，西接温州行政中心区，南靠温州生态园，北临瓯江、温州滨江商务区。2021年，街道辖区面积7.86平方千米，下辖蒲江、天鹅湖、雁湖、创客小镇4个社区，屿田、上庄、上江、汤家桥4个村和下埠、江前2个经合社，户籍人口2.52万人，流动人口5.90万人。党组织207个，党员1725人。全年实现规模以上工业总产值56.53亿元，比上年同期增长10.6%，批零住餐销售（营业）额314.40亿元，同比增长32.1%，限额以上社会消费品零售总额87.80亿元，同比增长8.3%。

【区域经济发展】 2021年，蒲州街道统筹推进空间盘活、低效提升、小升规等工作，新增固定资产投资项目18个，实现固定资产投资21.40亿元，培育“规下转规上”企业13家、“限下转限上”企业17家。企业研发费用投入占营业收入比重达3.8%，全员劳动生产率增速25.1%，均排名全区第一。引进世界顶尖品牌“W酒店”入驻，实现浙江凯鸿文旅等亿元项目落地，DXC国际云软件平台实现签约。招引康宁医疗总部、绿筑与数字经济产业园、凯迪融创超高层地标建筑等重点项目。汤东商务楼4家企业总部正式入驻经营。

【城区建设提速】 2021年，蒲州街道完成温州大道东延段、开发区西单元B地块、开发区西单元C-05地块、特福隆公司等项目政策处理。完成5宗地块359亩做地工作。推进供而未用土地开工面积约1.80公顷，清理消化批而未供土地约5.67公顷。汤家桥村（汤东）安置房交付使用、汤家桥

蒲州街道区域图

村（汤西、双车头）、上江村（张家牌）安置房工程结顶。完成下埠（会展路西）安置房摸文认购及“货币补偿＋平价回购”协议签订。江前村安置房完成摸文认购。完成屿田 B03、B06 安置地块民房“清零”，屿田村安置房工程进场施工。实施重点区域“五化”行动，加快建设金温铁路（蒲州段）拆后沿线绿化工程。温州大道东延重要道路顺利通车，雁荡中路、兴区路等断头路成功打通；完成会展路飞地、留香园东侧、文丰路以东等区域“治乱”；提速老旧小区改造，完成开发区管委会宿舍小区改造和括苍西路 151 号小区改造方案设计。

【社会综合治理】 2021 年，蒲州街道精准实施网格大排查和健康监测服务，处置吾悦广场、彩虹湾广场、中和家园等涉疫应急事件，确保蒲州疫情防线不失守。维护中国共产党成立 100 周年庆典、党的十九届六中全会等重大节会期间蒲州社会大局和谐稳定。强化安全生产、消防安全、食品安全监管，开展全覆盖专项检查，排查出安全风险隐患点 4000 余处，针对隐患点实行记销分制和“安全码”四色动态赋码管理。做大集体经济，下埠村集体资产置换江岸锦园项目、江前村华鸿万墅配套用房出租项目、上江村拆迁地块临时出租项目等 6 个村集体经济项目开工，累计总投资额超过 11 亿元。

【民生实事项目】 2021 年，蒲州街道新增公办幼儿园 2 所，完成省级民生实事项目蒲州街道卫生服务中心新址装修工程验收。改造提升上庄村居家养老服务中心。建成上庄村全域污水管网整治工程。建成乡贤馆，举办“蒲公英”品牌公益培训及各类文化活动 59 场次，累计服务 3330 人次。新增省级成长型文化企业 13 家，占全区 90% 以上份额，创客小镇社区创成第五批省级“扫黄打非”进基层示范点。

【龙湾区示范影院建设活动暨红色电影展映月启动】 2021 年 6 月 30 日，龙湾区“光影铸魂　红动龙城”影院＋示范建设活动暨红色电影展映月活动启动仪式在蒲州街道吾悦广场举行。活动围绕建党 100 周年、全面建成小康社会等时间节点，精选一批红色影片，在全区各人影院展映。

【蒲州街道“3·12”温州人才日专场招聘会】 2021 年 3 月 12—13 日，蒲州街道联合蒲州商会、龙湾移动、温州人力资源网，在吾悦广场举办“‘引八方英才，创蒲州未来’2021 年蒲州

2021 年 7 月 5 日，龙湾区“光影铸魂 红动龙城”影院＋示范建设活动暨红色电影展映月活动启动仪式举行（叶晓东 / 摄）

街道‘3•12’温州人才日专场招聘会”活动。招聘会以优质、高端、精准服务为要求，提高企业与求职者之间人岗匹配，为企业解决用工需求，为求职者打造就业平台等一站式服务，满足双向需求。

【龙湾区首个“温州益康保”团体参保村诞生】 2021年4月13日，蒲州街道汤家桥村与平安养老温州中心支公司签订“温州益康保”团体参保协议，为900余名年龄50周岁以上的村民统一参保。此次参保费用由村集体支付。这是龙湾区首个“温州益康保”团体参保村。

【首届温州消防“灭火侠”IP主题展和消防战车展举办】 2021年5月14—16日，温州市消防救援支队在吾悦广场举办首届温州消防“灭火侠”IP主题展和消防战车展，正式推出消防“灭火侠”IP形象，“灭火侠”是温州消防救援支队精心设计的消防形象，高3.60米，盔甲外形，身背空气呼吸器，戴头盔、配护目镜，脚部搭载飞行系统。同时展出不同功能消防战车。

【江前村安置房摸文认购大会举行】 2021年12月7—10日，江前村安置房举行摸文认购，摸文认购60平方米、80平方米、100平方米、120平方米套型共1339套。江前村安置房总建筑面积约22.70万平方米，共14幢。

（吴诗蓓）

海滨街道

【概况】 2021年，龙湾区海滨街道位于龙湾区东部瓯江入海口南岸，东望东海，北临瓯江，是龙湾国际机场所在地，享有温州城市东大门和东客厅的美誉。街道辖区面积48.22平方千米，下设3个社区、10个建制村，3个经合社，户籍人口3.24万人，流动人口3.47万人。街道实现规模以上工业产值45.70亿元，比上年同期增长18.7%；限额以上批零住餐销售总额累计39.70亿元，同比增加129.1%；限额以上社会消费品零售总额累计4.5亿元，同比增加71.9%。

【城区建设提速】 2021年，海滨街道紧盯清零提速，完成小陡、蓝田17户签约、50户民房拆除的清零任务，完成瓯海大道东延及枢纽集散系统项目涉及沙北6户7间拆迁工作，完成教新鸿驰化工医药设备有限公司、沙北温州高中压阀门有限公司签约清零任务。紧盯安置提速，完成教新城中村改造一期Ⅰ标工程80户不动产权证首登分户、二期Ⅰ标工程203户权证办理，化解教新一期Ⅱ标、娄宅、S1线5—8年以上实物未安置问题，圆满处置一批历史遗留问题。紧盯三产化解，推出街道住宅用房安置指标置换富余房源实施细则，累计消化三产用地指标2.10万平方米。

【区域经济发展】 2021年，海滨街道经济指标稳步增长，多项重点指标增幅全区名列前茅。全年不锈钢贸易企业累计新增200余家，完成销售额28.92亿元，增速达100%。配套行业发展迅速，新增市场主体709个，新增企业195家，增速全区第一。紧抓企业服务，全年累计培育引导60家企业升规上限，为12家新增限额以上企业争取现代服务业高质量发展扶持资金100万元，为3个500万元以上技改项目争取补助资金500万元。共建共享人才培育资源，联合市人社局、高校联盟举办辖区首期“流媒体运营师”培训班，输送企业数字化转型新鲜血液。

【乡村振兴示范】 2021年，海滨街道依托街道农合联加快“三位一体”改革示范基地建设，以“网上农博会”“供销直通车”等农村电商平台为媒介，培育提升农业经营主体，累计培育市级农业龙头企业3家，省级家庭农场1家，市级农民专业合作社2家，市级家庭农场2家。创成农业物联网示范基地1个、农机农艺融合示范基地2个、省级农业“机器换人”示范基地1个，形成“企业＋合作社＋农户”的共享合作收益

海滨街道区域图

机制。建成以城东、宁村为主耕地农田的田园示范带。

【城区环境提升】　2021年，海滨街道以“大拆大整”为抓手，有序开展违法建筑再排查工作，涉及企业违建约298610平方米，民房违建约222398平方米。实现城乡危旧房、“四无”生产经营单位隐患排查和整治完成率100%。推进“大建大美”，完成教场河河流改道整治工程、宁村西路线缆上改下项目、沙北（瓯海大道北侧）地块整治提升工程，提升海滨辖区内基础设施和城市颜值。深化“四边三化”专项工作，推进全域环境综合整治，加快农村垃圾分类普及实施。美丽乡村建设成果显著，蓝田电镀基地整治顺利通过区级验收，河道水质、景观效果明显提升，城底河顺利完成市易反弹河道销号，“污水零直排区”创建顺利通过验收。

【民生福祉改进】　2021年，海滨街道推进道路交通建设，加快实施四小公路建设，获评温州市“四好农村路”暨美丽乡村公路示范街道称号。持续实施养老、就业、社保、帮困、退役军人服务、殡葬改革等民生工程，办好惠民实事。推进行政服务中心标准化规范化建设，投用龙湾区首个街道级社保服务站，全年累计受理行政审批及服务事项近5万件。壮大村集体经济，通过设定土地租赁比准价红线、盘活闲置村级资产、申请一事一议政府专项补助资金等多种途径提升村集体经营性收入，全年各村（经合社）集体经济总收入达5810余万元，经营性收入达5066余万元，实现持续稳定增长。

【社会综合治理】　2021年，“海滨街道构建无诈海滨”反诈联盟，打造龙湾区首个禁毒教育基地和应急综合体验馆。成立叶时钦调解普法志愿队，累计发布法治作品40余部，助推锦海社区获评市级民主法治村。坚决消除消防整治隐患，开展消防安全“百日攻坚”暨黄牌警示摘牌专项行动，668户实行一日一报、一日一预警。坚决加强安全生产督察，率全区之先引入第三方安全服务机构，聘请专家为企业提供专业服务，排查辖区重点企业700余家，工矿领域企业普查完成率位列全区第一。坚决疫情防控常态化，启用全区首个新冠疫苗临时接种点。

【基层党建统领】　2021年，海滨街道党史学习教育全面覆盖，开展党史学习教育“三学四进全覆盖”活动，开展党史学习教育活动共计170余场。打造以街道党群服务中心为中心点，宁村、江一、蓝田、锦海社区等村社为辐射面的基层“红领Link”示范带，开展“共享社·幸福里”和“凉亭议事·心系万家”实践行动，解决群众急难愁盼事100余件。深挖“汤和信俗”等非遗精髓，编纂《吾乡吾土》村情史志本，建成宁村文化礼堂、海滨乡贤馆。清廉建设全域开展，举办首届五廉共建论坛，开展五廉共建行动，依托街道“村监E平台”建立村社监会监督履职活力评价体系。

【“凉亭议事·心系万家”系列实践活动拉开序幕】　2021年8月起，海滨街道确定每月15号为“凉亭议事日”，并根据议事情况开展“登百姓门”入户走访活动，该活动变过去群众“上访”反映问题为工作人员主动“下访”搜集问题、倾听民意，推进“我为群众办实事”，真正为群众做好事、解难题、办实事。活动开展以来，解决群众急难愁盼事100余件。

【城东村“东方红”调解工作室正式成立】　2021年9月29日，“东方红”调解工作室在城东村村委会举行揭牌仪式。该工作室由叶时钦金牌调解工作室牵头，联合民革同心法律服务团、区政协法律服务室及海滨司法所、派出所、劳动保障所，打造“调解普法联盟”，推进调解普法工作。由城东村党支部书记任调解室主任，村委会成员任专职调解员，同时配备司法所调解员、社区民警、法律服务团、律师调解员、网格员、志愿者等10余名具备相关调解技能的专业人士，为村民提供法律咨询、村民政策解读等服务。

【三产安置指标落地】　2021年11月25日，海滨街道在温德姆酒店举行首轮住宅用房安置指标置换富余房源（现房）摸文认购大会。在全区率先利用富余房源解决三产安置指标落地问题，迈出解决蟾钟村、沙南村、沙北村共14万平

2021年8月15日，海滨街道举行“凉亭议事·心系万家”启动仪式　（李希赛/摄）

方米三产安置指标落地问题第一步。

（郑一洋）

永兴街道

【概况】 2021 年，龙湾区永兴街道位于龙湾区东面，东至东海，南接浙南产业聚集区，西连永中街道，北临海滨街道，与龙湾国际机场相邻，永强大道横贯境内。2021 年，辖区面积约 60.38 平方千米，下辖 14 个村居、2 个城市社区和 3 个企业小区。户籍人口约 4.01 万人，在册流动人口约 9 万人。实现规模以上企业工业产值 222.89 亿元，比上年同期增长 32.6%；新产品产值 107.27 亿元，同比增长 33.7%；限额以上批零住餐销售总额 38.87 亿元，同比增长 70.4%；高新技术产业增加值 28.60 亿元，同比增长 19.4%。

【抓实基层党建】 2021 年，永兴街道历时 100 天打造龙湾首个革命教育馆。开展村社“示范整固”创建，19 个村社阵地得到提升，创成永民村等区级基层党建示范村 4 个，强村指数、美社指数列全区第一。完成两新组织“双覆盖百日攻坚”，建设体量领跑全区，打造全区首个产业园“瓯江红·城市驿站”共享圈。创成省级数字赋能、集成服务示范党群服务中心等 5 张“新名片”。

【加快产业发展】 2021 年，永兴街道优化营商环境，加速构建“产业大脑 + 未来工厂”新生态，培育制造新动能，新增“瞪羚”企业 3 家、领军型企业 7 家，瑞浦能源有限公司成为我们龙湾首个年产值超 20 亿元的单体企业，水潭村小微园成为中国眼谷重要配套产业基地。永兴南园小微园获得国家小微企业双创示范基地称号。全年完成招引落地亿元项目 1 个，实现宝龙广场开业、保利剧院开工。培育“小升规”企业 24 家，超额完成净升规任务 35 家。优化营商环境。深化空港永兴企业社区治理模式改革，开展企业纾困解难专项行动，化解难题 80 余个，化解率达 98.3%。

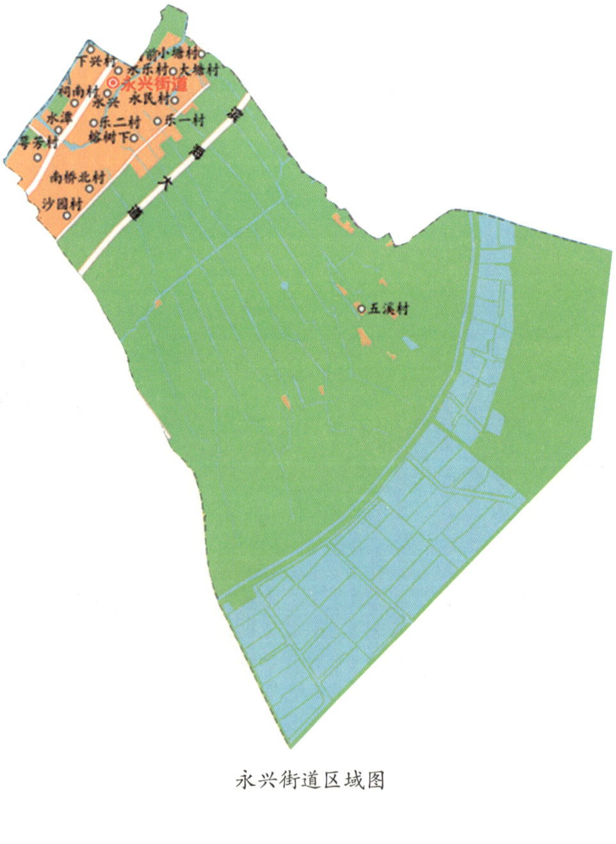

永兴街道区域图

【推动乡村振兴】 2021 年，永兴街道持续开展美丽田园专项行动，清理垃圾上千余吨，实行田园保洁常态化，彻底改变田园“脏乱差”现象。修复灾毁农田 33.33 公顷，建设高标准农田 56.67 公顷，耕地功能性整改 51.33 公顷，新建空港都市休闲农业示范带大塘沥生态拦截河道 2326 平方米。大力发展现代农业。鼓励农户抱团成立农民专业合作社、家庭农场，推进农业规模化经营，全年粮食播种面积达 706.67 公顷，产量 4400 吨，完成全区一半以上粮食保供任务。精准谋划集体经济项目开工项目 5 个，竣工投产项目 3 个，实现 14 个村集体经济总收入 1.17 亿元，经营性收入 8859 万元，比上年同期增长 131% 和 109%，村均收入超 835 万元。

【加快城区建设】 2021 年，永兴街道推进征拆“清零”。率全区之先完成 bn06 街区土地出让及做地工作，快速推进金丽温高速东延线、永昌路、通海大道（永兴段）拆除清零工作以及 S2 线工程改河征地工作，保障省市重点工程建设。推进交通“清堵”。完成永裕西路、兴华路改造提升，新建生态停车场 9 个，新增停车位 1000 余个，建成水潭、乐一村交通微循环，解决村民出行难题。推进环境“清污”。推出全省首个“数字文明系统”，开展“八大环境”全域整治，拆除违法板房 83 处、32470 平方米。落细落实河长制，高质量推进“污水零直排区”建设，在全市率先筹建垃圾桶集中清洗试点，改善人居环境。

【强化基层治理】 2021 年，永兴街道抓好疫情防控。推进疫苗接种工作，开展“洗楼式”大排查、大起底，强化应急实战演练，圆满处置申通、圆通、南园小微园 3 起疫情突发事件。抓牢安全监管。首创全市“两类场所”消防安全码动态“四色”监管，升级 4.0 版“月月竞赛”抽检考核机制，打造全市首个消防数字化管理平台“消安

2021年10月6日，永兴街道举行文兰书院揭牌仪式　（永兴街道供稿）

云”，实现对两类场所监管闭环管理和火灾超前预警。2021年，火灾事故比上年同期下降14%，生产安全事故同比下降71%。探索未来园区综合治理新模式，率先推行“网格入企、企业入格”管理服务，深化“4+1”人民调解机制，纠纷化解率达100%，涉企各类案事件总量平稳下降；完成涉征地类拆迁信访历史案件化解。

【龙湾区革命教育馆开馆】　2021年6月25日，龙湾区革命教育馆举行开馆揭牌仪式。活动现场还举行“百年风华话初心、牢记使命跟党走”龙湾区（高新区）领导干部党史学习教育现场教学活动和中国共产党成立100周年主题系列新闻发布会。龙湾革命教育馆位于永兴街道中横河沿线，展馆面积700余平方米，它的建成弥补龙湾革命教育阵地空白。龙湾革命教育馆通过展示龙湾人民参与抗日战争、解放战争、抗美援朝战争的资料以及肃匪镇反、土地改革、进行社会主义三大改造，改革开放等历史，展现龙湾人民新民主主义革命时期的伟大斗争精神、社会主义革命和建设时期的自力更生精神、改革开放和社会主义现代化建设新时期的敢为人先精神、中国特色社会主义新时期的创业创新精神。

【永兴街道文兰书院落成揭牌】　2021年10月6日，文兰书院开馆仪式举行。温州市委副书记、市长姚高员，龙湾区委副书记、区长、温州高新区党工委副书记、高新区（浙南科技城）管委会主任夏禹桨出席揭牌仪式。文兰书院由乡贤方毅等人发起，改建祖宅为公益图书馆，由新锐设计师轩团队精心打造。馆内设有讲座区与不同形式阅读区，满足读者多样化需求。

【卓诗尼鞋业有限公司入选浙江省工业旅游示范基地】　2021年12月21日，浙江省文化和旅游厅、浙江省经济和信息化厅联合发布关于2021年浙江省工业旅游示范基地名单，永兴街道浙江卓诗尼鞋业有限公司入选。该公司始创于1998年，位于龙湾区永兴街道滨海六路，占地面积8万平方米，年产女鞋1600多万双，有员工1800余人。企业以“年轻向尚”为主题，致力于将产业园打造成为集生产制造、研发设计、商务办公、体育健身、娱乐休闲等于一体时尚综合体。

【新时代枫桥式退役军人服务站】　2021年12月23日，永兴街道民乐社区退役军人服务站和小塘村退役军人服务站上榜2021年全省“新时代枫桥式退役军人服务中心（站）”名单。民乐社区退役军人服务站是温州市首家社区退役军人服务机构，根据社区退役军人群体实际需求，整合服务站的服务内容，搭建起复退军人政策咨询、关系转接、抚恤优待等多功能服务平台。小塘村退役军人服务站位于小塘村文化礼堂二楼，服务站组织退役军人发挥自身优势，开展“反哺社会”活动，并常年开展退役军人慰问。

（方丹波）

状元街道

【概况】　2021年，龙湾区状元街道位于龙湾区西部，瓯江下游南岸，南靠大罗山东麓，北濒瓯江，为温州城市东大门——甬台温高速温州东进出口所在地，拥有1700米港口岸线。街道总面积18平方千米，下辖14个村（社区、经合社），户籍人口约2.94万人，在册登记新居民约3.70万人，党组织92个，党员1011人。辖区市场经济主体5547家，其中个体工商户4139家、企业1408家。全年实现30家规模以上工业企业总产值12.94亿元，比上年同期增长19.1%；新产品产值8.05亿元，同比增长19%；限额以上批零住餐企业销售额101.54亿元，同比增长36.9%；完成固定资产投资10.85亿元。

【经济发展】　2021年，状元街道状南工业园区产业客厅、鞋艺创意孵化中心等10个重点项目有序推进，都市型现代工业园设计方案顺利实施。推动B-17、D-02等拆迁地块开发，瓯江路沿江区块发展总部经济。南片未来社区、生态园周边配套逐步完善。持续深化“亩均论英雄”改革，淘汰落后产能，整治提升“低散乱”企业40家，依法淘汰落后产能企业5家、高耗低效企业17家，腾出用地9亩以上，腾出用能423吨标准煤以上。引导12家企业加快创新，让闲置厂房获

状元街道区域图

得“新生”。持续推进“三服务”“两万行动”等助企服务，充分发挥“企业码”“帮企云”优势，实现助企员“手把手”指导帮扶企业，推动助企工作纵深覆盖。

【**城市建设**】 2021年，状元街道按照市、区状蒲片加速融合建设思路，加速推进“清零”攻坚，完成横街、状元桥、御史桥3宗经营性用地、3宗安置地块、瓯江路东延及温州大道东延涉及区块“清零”任务。完成三郎桥上京丈量、评估、签约、安置4个100%。推进政策处理，完成山西岙S1线配套用地2.63公顷、温州大道东延工程御史桥段等重点项目政策处理工作。紧盯“批而未供”“供而未用”土地清理，完成历年批而未供土地清理9公顷，供而未用土地清理30.75亩。扎实做好交地工作，完成三垟湿地东出入口约33.80公顷、三郎桥及甘岙A30地块约2.53公顷、A37地块约1.13公顷交地。督促安置房建设，三郎桥片安置房交付4381套，三郎桥A10、A15等地块1942套安置房完成摸文认购，认购率100%。

【**基层治理**】 2021年，状元街道打响全域环境综合整治和四边三化整治提升攻坚战，清理乱堆放、乱晾晒、小广告等3908处，排查整治河道环境问题189处，整改创卫督办件39件1024处。开展垃圾分类，创成省级示范小区4个、省级示范街3条、省级“定时定点”投放清运商业街1条。推进“无违建”创建，整治5条主要道路，拆除22家企业1000余平方米违建。推进“共建共享共调”创建工作，全年成功调处各类纠纷190余件，涉及金额500余万元。

【**民生福祉**】 2021年，状元街道创造性提出全区首例“社员持股”集资模式，三郎桥股民入股商用大楼，打造村集体经济发展、村民共同富裕“状元样板”。织牢织密疫情“防护网”，疫苗接种86342人次。完成金温铁路拆后绿化等10余项民生实事。关注弱势群体，建成超3000平方米、全区最大老年人综合性健身运动场，创成罗西省级无障碍社区。开展社会救助、优抚和拥军优属活动，发放重度残疾人护理补贴76.10万元，退伍军人优抚金87万元。开展被征地农民指标落实和参保专项行动，第一类、三四类人群参保率全区第一。

【**法治建设**】 2021年，状元街道全面启动政务服务2.0新模式，全年共办结各类审批事项44243件。试点建立全市首个街道级不动产权办理点，实现“家门口”的办理服务。罗西社区结合“三区融合”特色，创成首批市、区级示范村社。龙腾社区以“三有”工作法为抓手创成区级示范村社。发挥派驻街道律师前置把关作用，完善重大决策合法性审查前置程序，全年审查涉法事务并提出法律意见51件。罗西社区获评省级民主法

2021年1月7日，状元派出所罗西联勤警务站在状元罗西社区揭牌启用

（永兴街道供稿）

治社区，龙腾社区通过全国民主法治社区复评。

【全面从严治党】　2021 年，状元街道罗西社区依托“合和罗西”党建品牌成功创成首批市、区级示范村社。举办全区全域“红色管家 2.0”现场会，成立 15 个“状元红”人才工作站。全面推广“三资”智慧监管平台，整改突出问题 40 个。创成“无检举控告村”6 个，“清廉村居”建设取得阶段性成果。加大案件查办力度，第一形态查处 67 人次，上报问题线索 64 条。开发“清廉议事厅”App，发布事项 22 条，发送信息 1900 条，收到反馈 58 条。发挥人大监督作用，收集意见建议 45 条，解决问题 26 个。

【全市首个联勤警务站在罗西社区揭牌启用】　2021 年 1 月 7 日，状元派出所罗西联勤警务站在龙湾状元罗西社区正式揭牌启用。联勤警务站现有党员 8 名，党员先锋队 2 支。警务站实行全天候巡控，投入使用喜马拉雅等智能设备，提升智慧防控水平。

【第三届状元王鱼杨梅节开幕】　2021 年 5 月 16 日，“‘鱼’你共享，‘梅’好时光”第三届状元王鱼杨梅节在状元街道状元文化公园正式拉开序幕。作为第二届温州市乡村旅游文化节龙湾分会场，助推温州市国家文化和旅游消费试点城市建设。

【温州外国语学校状元分校正式揭牌】　2021 年 9 月 6 日上午，温州外国语学校状元分校（温州市龙湾区状元中学）举行校园启用仪式暨 2021 学年第一学期开学典礼。该校坐落于罗西社区，按照“名校＋新校”模式实行集团化办学，办学规模为 36 个班，招生规模约 1440 人。施教区覆盖瓯海大道、文昌路、大罗山构成闭合区域，其中包含三郎桥村、大岙溪村、响动岩村及罗西住宅区。

【温州市海外传播中心在状元街道侨胞之家正式揭牌】　2021 年 11 月 12 日，温州市海外传播中心龙湾基地在状元街道侨胞之家正式揭牌，该基地占地面积 1000 平方米。现场为 13 位海外传播官颁发聘书，他们将继续向海外推广龙湾独特侨文化、人文景观、美食、经济等，增强国际传播亲和力和实效性。

（周素娜）

瑶溪街道

【概况】　2021 年，龙湾区瑶溪街道地处龙湾区中部，南倚大罗山，北临瓯江，东与永中街道、海滨街道接壤，西邻状元街道，瑶溪北片是浙南科技城重要组成部分。2021 年街道辖区面积 34.10 平方千米，户籍人口约 3.43 万人，新居民约 3.70 万人，下辖 3 个社区居委会、4 个建制村。2021 年完成规模以上工业产值 52.24 亿元比上年同期增长 21.4%；新产品产值累计 27.10 亿元，比上年同期增长 52%；高新技术产业增加值 5.17 亿元，同比增长 11.6%；全社会固定资产投资完成额 4.03 亿元。

【经济量级实现突破】　2021 年，瑶溪街道产业项目持续升级，成功培育国家高新技术企业、国家专精特新“小巨人”企业 3 家，省科技型中小企业 5 家，列入省第一批新制造公共服务应用供应商 2 家，江南阀门有限公司上榜“省级隐形冠军企业”名单，实现龙湾区“省级隐形冠军企业”破“零”。高能平台持续落地，成功挂牌出让云创未来社区等 3 宗地块，财政收入 53 亿元；高质量完成超全区任务量 50% 的 12 个地块、487 亩经营性用地做地任务，保障赛格电子产业港等重大产业项目落地。营商环境改善，深化“三服务”“两万”2.0 版，解决企业内涝等问题 38 个，为 380 余家企业办理无还本续贷 3 亿元，信贷支持超 4.10 亿元，调解及处理劳资纠纷信访件 42 起。

【城市能级实现突破】　2021 年，瑶溪街道开展“未来城区・全域美丽”十大整治专项行动，累计拆违 92 处、6.80 万平方米，依法完成辖区内 14 个重点用地、2341 亩用园整治。在全区率先探索垃圾分类市场化运营模式，在瑶溪五组团等 5 个小区试点先行，垃圾投放正确率超 90%。瑶溪村创成全区首个“无废村”。提速现代交通路网建设，温州大道东延提前一年实现通车，金丽温高速东延进入无

瑶溪街道区域图

障碍施工阶段，王尖路、瑶南二路等6条主干道开工建设，环山北路二期完成政策处理。推进“钟秀瑶溪”未来乡村建设，提升杨梅特色产业园。

【民生改善实现突破】 2021年，瑶溪街道支持村居“自主创业”，盘活闲置资产，推动村级集体经济收入从“消薄增收”向“提质增收”转变，所有村经营性收入均突破50万元。国际人才公寓基本完工。底岭下村400余套安置房交付使用，四村联建安置房东悦里完成摸文。南洋社区创成浙江省第二批高质量就业社区。村民医疗保险和医疗补充保险参保率达100%。中国科学院大学温州研究院、浙江师范大学等附属学校签约落地瑶溪。中国工艺美术大师叶萌春落户瑶溪街道南洋公园，“一代书宗”明朝姜立纲书法展示馆选址钟秀园。

【社会治理实现突破】 2021年，瑶溪街道推进“遏重大”攻坚战、“8+3”安全生产专项整治，创新“4+1”排查整治机制，实行“四色预警、专家指导、刚性挂牌、回头督查”闭环管理，整治企业、出租房、合用场所等673家，立案处罚186起。推出“党建大篷车”，打造党建引领的服务治理“流动哨”，已“打卡”辖区全部21个村社（经合社），服务群众5000余名，电信网络诈骗案件比上年同期下降20%。

【党建领航实现突破】 2021年，瑶溪街道推广基层小微权力“一网监督”“监督一点通”等监督新平台，开展交叉监督检查村社9个，驻点监督4个村、3个社区和2个经合社，发现问题线索3个，督促整改问题11个，《构建监督体系，助力乡村共同富裕》做法登上省纪委网站。打造“全域阳光·美丽瑶溪”党建品牌，紧抓南洋“未来社区”和瑶溪村“未来乡村”建设契机，实施“阳光治理”工程，瑶溪村获评全市首批基层党建示范村。“红色朋友圈”“瑶川骑士”等做法登上央媒、省媒。从严执行三人驻堂小组每周必访制度，圆满完成夏季征兵和民兵整组点验任务。“亲青恋”活动基地落地钟秀园，南洋社区获2020年度温州市龙湾区（高新区）青年文明号。

【四村联建安置房——东悦里完成摸文认购】 2021年10月31日，瑶溪四村联建安置房——东悦里摸文认购大会收官，962套房源悉数认购，663户村民顺利回迁。东悦里小区位于浙南科技城B05地块，地理位置优越，周边学校、医院、商业综合大楼等公共配套齐全。

【庆祝中国共产党成立百年活动启动仪式】 2021年3月27日，瑶溪街道“跟党一起走·共筑瑶溪梦”庆祝中国共产党建党100周年系列活动启动仪式举行。街道通过创新“研学团”“宣传团”“暖心团”等方式，谋划百场党史大宣讲、百人红旅大研学百分书记大比拼、百千人才大走访等“十个百”系列庆祝活动。

【瑶溪街道创成全市首批、全区首个未来乡村】 2021年12月20日，钟秀瑶溪未来乡村“十大场景”全面落地，顺利通过年度考核。作为龙湾未来乡村试点之一，瑶溪村聚焦“五化十场景”要求，重点谋划“文化+产业+共富”的发展路径，加快推进未来场景应用建设，形成一个以“永嘉场文化”为底色，以“文旅体验”为特色未来乡村形态。

（单斌杰）

2021年3月27日，瑶溪街道庆祝中国共产党成立百年系列活动启动仪式举行

（瑶溪街道供稿）

人物荣誉

2021 年 11 月 19 日，第六届龙湾区（高新区）道德模范表彰大会现场　　（区文明中心供稿）

龙湾好人
先进个人
先进集体

大罗山雪景　（区摄影协会供稿）

龙湾好人

【杨海伟】 男，1984年2月出生，籍贯安徽省界首市。2021年1月，杨海伟入选“见义勇为”类浙江好人。2019年11月29日下午，瑶溪街道龙永路一加油站内，一辆黑色轿车突然发生自燃，冒出滚滚浓烟，当时一辆危险品运输车正在加油，极易发生爆炸险情。面对危险，正在加油的杨海伟毫不犹豫加入扑救队伍，他立即和群众一起将车辆推离加油站，又不顾危险一次又一次撬开引擎盖，最终剪断车内电瓶连接线，扑灭引擎盖里发生自燃的部位。因为救援得力，这起在加油站的险情得以排除，成功避免一起重大的事故的发生，龙湾区授予其见义勇为三等功。

【娄树泽】 男，1981年9月出生，中共党员，籍贯温州龙湾，温州市公安局交通管理局三大队三中队中队长。2021年1月，娄树泽入选“见义勇为”类温州好人，2月入选“见义勇为”类浙江好人。这是一名拥有“多重身份”的人民警察，他是“抓逃专家”，与同事总结出一套密控技战法，成功抓获135名逃犯。截止到2018年度，温州交警系统抓获网上在逃犯882人中556人是利用该战法抓获，成为全国交警系统抓逃工作的先进典型；他是“事故分析大师”，创设一事故一分析机制共排查、整治各类事故隐患点785处，预防减少各类事故发生；他是“最暖心的队长”，热心肠地设计雨衣烘干房，为值勤民辅警解决雨衣风干问题，烘干雨衣温暖了警心。他还是当之无愧的“英雄”，执勤途中偶遇落水市民，他毫不犹豫跳水救人。他是对家人心怀愧疚的“工作狂”，为把中队“临时安置房”打造成“省一级交警中队”，连接家人电话的时间都没有。曾获年度优秀公务员6次，立个人三等功3次。

【张国春】 1967年3月出生，温州龙湾人。2021年2月，张国春入选“助人为乐”类温州好人，3月入选“助人为乐”类浙江好人。张国春一直有一副“乐于助人”“无私奉献”的热心肠。他是献血大王，从2007年起就参加无偿献血，累计高达82000毫升，先后荣获2008—2009年度浙江省无偿献血奉献奖、2012—2013年度全国无偿献血奉献奖铜奖、2016—2017年全国无偿献血奉献奖银奖等荣誉称号。他也是慈善达人，相继参加温州市红十字博爱志愿者服务队等公益团队，几十年如一日，几乎放弃所有双休日与节假日去参加助老扶贫，爱心帮扶等各种慈善公益活动。他还是一位另类“爸爸”，2014年在永嘉县岩头镇做公益活动时，张国春偶遇一位生活困难的男孩，深入了解男孩父亲去世、母亲改嫁的家庭情况后，在征得相关部门和男孩亲族同意下和他结对，不仅在生活上、学习上给予多方照顾，更为男孩毕业后的工作多处奔波谋划，先是介绍男孩到上海亲戚处做工，后又安排思家心切，想要定居温州工作的男孩到温州市区某海鲜城当学徒，虽然无亲无故，却时时关心，处处爱护，给男孩困苦生活带来温暖，成为男孩另一个“爸爸”。他就是这样默默地奉献，不说豪言壮语，却用自己实际行动，日复一日、力所能及地帮助需要帮助的人，用坚持的精神和善良的品德写下一个普通人“助人为乐”的人生岁月。

【陈春英】 女，1969年12月出生，原籍贵州省贵阳市平潭县前进村。2021年2月，陈春英入选“孝老爱亲”类温州好人。2017年陈春英的丈夫陈思森照常去医院探望患癌的母亲，却在途中突发脑溢血。丈夫和婆婆住进同一个医院，独自一人照顾两个病人，陈春英劳累过度，3个月就暴瘦15公斤。脑溢血导致丈夫瘫痪在床，本来家庭条件就差，寄居在亲戚的老房子里，没有收入来源，仅靠一个月2000多元的低保补助，很多人都劝陈春英离开丈夫，他们无儿无女无牵挂，陈春英还是外地媳妇，但是她坚决选择留下，选择不离不弃。陈春英吃了无数的苦，为给丈夫换胃管，瘦小单薄的她却要托起毫无支撑力的丈夫去坐三轮车，抱下车转车，下车抱着到医院再去病房，上车下车，路程遥远，陈春英摔倒了不知几次；为丈夫退烧，她只能用最傻的办法以身试药……即使如此，再苦再累，她守在病床前无怨无悔、有情有义，一守就是1500多个日夜。她说：“没有我，他就活不了，就算命运放弃他，我也不会，有他在，我就还有一个家，他就是我的家。”

【吕华荣】 女，1964年11月出生，籍贯四川蓬安，群众，浙江乔顿服饰股份有限公司员工。2021年3月，吕华荣入选“敬业奉献”类温州好人。西服整烫工作异常重要且辛苦，吕华荣却手握2.5公斤重的熨斗，一站就是一天，一干就是23个春秋。吕华荣日复一日，坚持只做一件事，把一件事做到极致。极致的呈现背后往往是枯燥，二十余年如一日，方能炉火纯青。每年吕华荣经手的西服多达10万件，返工率极低。凭借着最质朴的“干一行，爱一行”的信念，她一步一个脚印，从一位农家妇女成长为西服整烫车间的骨干，再到全国五一劳动奖章获得者、全国人大代表，代表温州300万名农民工前往北京参加人大会议。她把荣誉化为责任，提交《关于开办农民工学校的建议》等提案，为农民工最关心的子女教育问题建言献策。在吕华荣看来，她的荣誉来自她辛勤的汗水，她的头衔也不过是对她工作的肯定。于方寸之间，吕荣华不仅活出了自己的精彩，还带领一批又一批年轻女工成为技术能手。

【孙约肥】 女，1980年11月出生，籍贯温州龙湾，温州郑家园食品贸易有限公司总经理。2021年3月，孙约肥入选“诚实守信”类温州好人；4月入选“诚实守信”类浙江好人；7月入选“诚实守信”类中国好人。孙约肥与麦麦酒酿造世家结缘，嫁给郑家园第七代传承人郑振晓，但因为麦麦酒酿造周期长，赚钱慢，很多郑氏后人几乎都不愿意继续做酒。2000年中秋，村干部和老人协会的几个长辈专门把孙约肥夫妇带到天柱寺，与住持一起动员他们重视做酒。面对乡亲和长辈的殷殷期盼，孙约肥明白郑家园传承不能断，麦麦酒文化和其中关联的乡愁味道不能被淡忘。为此，她和乡亲们郑重承诺，要把麦麦酒传承发展下来，打出名头，打响品牌！孙约肥信守承诺，一方面近乎败家地坚持用盐炙导热的永嘉场古法酿酒技艺，追求匠人精神不走偏；另一方面创新使用电子方式控温保温，耐心向科技求动能。在孙约肥的努力下，几年下来，郑家园成为集浙江老字号、浙江省非物质文化遗产、温州市农业龙头企业等荣誉一身的温州“金名片”，香飘海内外。

【黄育姆】 男，1951年12月出生，籍贯温州龙湾，中共党员，蒲州街道屿田村村民。2021年4月，黄育姆入选“助人为乐”类温州好人。退休后的黄育姆本该在家享受天伦之乐，但热心公益的他闲不住，仍然为老人公益事业辛苦奔波。在他的带领下，村民群众自筹资金建造屿田村黄宅乐园。2008年又在乐园内创办示范型的星光老年之家，创建老年电视大学，成为龙湾区老年电大的领先代表。2009年在他辛劳奔波下，成立蒲州街道老人体育协会与健身协会，每年都组织老年人乒乓球赛、健身舞等活动，丰富老人文体生活。黄育姆还坚持为村里的孤寡老人、困难老人献爱心送温暖。屿田村91岁高龄老人李龙坤丧偶独居，膝下只有一个养子，早年因房屋产权纠纷使父子关系紧张，导致老人至今独自生活，身患多病又无人照顾。黄育姆自愿承担起结对老人工作，经常去看望老人，和他聊天，关心老人的生活起居和生活需要，并为老人争取生活困难补助金、慰问品等，解决生活物质上困难。黄育姆还先后帮助5户困难家庭子女解决上学难问题，经常向社会困难群体、灾区献爱心。“只要带着真心、真情、真诚为群众排忧解难，自然就能温暖民心”。这是作为一名老党员，黄育姆经常说的一句话。

【张夏燕】 女，1964年6月出生，籍贯温州龙湾，群众，永中街道镇中社区村民。2021年5月，张夏燕入选“孝老爱亲”类温州好人。张夏燕15岁时，母亲因产后抑郁症去世，那时最小的妹妹只有3个月。面对母亲早逝，张夏燕一力肩负起养育家中7个年幼妹妹的重担。为减轻父亲负担，15岁的大姐张夏燕早早进工厂，她一边上班，一边照顾妹妹们，从襁褓婴儿到长大成人，她俨然已是7个妹妹心目中的“妈妈”。八姐妹相继成家，厄运再次当头一棒，2006年父亲因病瘫痪。面对瘫痪在床的父亲，张夏燕带着一身病痛，独自承担照顾父亲的责任，而这一照顾，就是15年。因为长期操劳，张夏燕累出一身病痛，她的高血压、腰椎间盘突出、血管阻塞让家人时刻担忧，但是她说，亲力亲为照顾父亲是她割舍不下的责任。张夏燕作为“姐姐”，承担着辈分上和性别上的双重责任，成为整个家庭情感上、经济上和结构上的黏合剂，她用实际行动诠释着为人子女、长姐为大的责任和担当。

【林文畴】 男，1962年2月出生，籍贯温州龙湾，群众，龙湾区综合行政执法局队员。2021年6月，林文畴入选“敬业奉献”类温州好人。从1992年参加工作以后，一直坚守基层一线，采取队所联动机制，运用“黑名单”管理，打击“低、小、散”车辆的随意偷倒垃圾行为，查处率高达87%，为街道节省清运费上百万元；仅2020年参与拆违61795平方米，超额完成任务，立案155件，保持连续“零败诉”好成绩；传帮带10余人，三十年如一日敬业精神薪火相传，是群众眼中的“活地图”，同事口中的“老黄牛”，新同志心中的“好师傅”，获得一致好评。

【张　兴】 男，1963年7月出生，籍贯温州龙湾，群众，海滨街道沙中村村民。2021年6月，张兴入选“孝老爱亲”类温州好人。1985年张兴与妻子相识结婚，1993年妻子被查出患有遗传性共济失调症，该病无法根治，还会逐渐生活不能自理，直至死亡。“她在床上躺了多少年，我就照顾她多少年。”张兴不仅每天无微不至服侍妻子的一日三餐、吃喝拉撒，还挤出时间去打临时工，默默地扛起全家老小六口人的生活重担。他还细心罗列一张吃药记录表贴在床头，每天严格按照医生的叮嘱给妻子喂药，坚持替妻子擦洗、按摩身体，七年如一日，无微不至地照顾患病妻子，为此花光家里所有积蓄，直到2000年7月妻子去世。不幸的是，女儿于2007年、儿子在2014年同样检查出遗传性共济失调症，女儿被婆家离了婚送回娘家，他没有放弃，带着女儿寻医问诊，为此负债累累，他无怨无悔，悉心照顾女儿13年，直到2020年女儿去世。现在，他用自己的坚持延续着瘫痪儿子生命的曙光。在接二连三的厄运面前，善良淳朴的他视亲情如天，用自己的坚守和付出，演绎人间最真的情意。

【王学聪】 男，1932年11月出生，籍贯温州龙湾，中共党员，龙湾区永兴街道小塘村村民。2021年7月，王兴聪入选“诚实守信”类温州好人。王学聪是一名老战士、老党员，年近九十仍时刻关心村民村事。他是小塘村第一位自愿参加抗美援朝的战士，在部队作战积极，成绩突出，多次受到嘉奖，还立过三等功。退休后，为完成“让塘河重新清起来”的承诺，他自发组建以老党员、老干部及沿河一带的居民为主的巡河志愿队，开展定期巡查，清理沿河的卫生死角。他十几年如一日，坚持每天清晨顺着河边巡查一遍，并向周边居民宣传治水知识。作为一个抗战老兵，坚持不懈的做事态度是他最美的品德，无论是酷暑炎炎的白天，还是打雷下雨的夜晚，他都坚持巡河，特别是容易发生污染、事故的重点河段，他更加大巡查次数，杜绝意外发生。“汗流浃背”是他的巡河常态，“风雨无阻”是他的巡河态度，“干净美丽”是他的护河成效，他是一位抗战英雄，也是小塘村“最美河伯”，这就是王学聪。

【张冰瑜】 女，1981年9月出生，籍贯温州龙湾，中共党员，龙湾区外国语小学英语教师。2021年7月，张冰瑜入选“敬业奉献”温州好人。张冰瑜毕业后分配到龙湾区永兴二小教学，在这所乡村学校，她一干就是18年，把最美好的青春奉献给农村教育。166项荣誉证书是她最大的欣慰，1367名优秀毕业生是她最大的骄傲，学生口中“Miss Zhang，我特别爱上英语课”是她最大的慰藉。她曾接手一个连续换4个班主任的问题班级：学生成绩偏低、行为习惯差、家庭成分复杂，她坚持每天用“张老师讲故事”感化学生；挺着六个月的大肚子配合家长连夜寻找在网吧的8个学生；拿出自己积蓄为低保户的孩子每季添置新衣和为每个孩子过生日……班级发生翻天覆地的变化。临近毕业时，296人次在国家级、省级、市级、区级获奖，2009年班级被评为区文明班级。那一年，初中自主招生，这个农村班级被乐成中学、温州实验学校、温州外国语学校、温州第二实验中学、龙湾实验中学等录取达十名。夜以继日的工作使她在比赛中暂时性失明，被诊断为病毒慢性角膜炎、角膜大面积脱落。母亲拉着她的手说：“孩子，工作是做不完的，身体要紧啊！”可是，她就是放不下学生与深爱的教育事业，眼睛稍微好转后，她又重新登上三尺讲台。至今她的病毒性角膜炎、角膜脱落仍会复发，但她坚信在希望的田野上播种希望，希望永远属于辛勤耕耘的人。

【戴显达】 男，1983年10月出生，籍贯温州龙湾，群众，温州市奇盟红十字会副会长。2021年8月，戴显达入选“助人为乐”类温州好人。他是一名退役军人，一直保持着“退役不褪色”的精神，不管是寻找走失人员，抗洪抢险救灾，还是协助公安部门破案等，戴显达总是义不容辞，勇于付出，冲在最前线。他从事无人机行业应用3年多，先后为公安、消防、环保、农业、应急、日报集团等机关单位提供公益救援及拍摄300多次。2019年“利奇马”台风登陆温州，戴显达带领救援队伍，徒步2小时第一时间抵达现场。在没有任何挖掘器械和工具的情况下，徒手作业，抢救伤者，团队入选2019年度“最美浙江人·浙江骄傲”十大年度人物。新冠肺炎疫情期间，戴显达自费3万多元购买一台具有喊话和远红外热成像测温功能的无人机，主动负责起高空防疫宣传和提醒工作，他还自掏腰包购置一万个医用口罩，免费赠送给小区物业和社区群众。戴显达，满怀军人的自豪与情怀，总是冲在最前面，不求己益，只愿能尽自己的力量为社会为他人服务。生命不息，公益善举不止。

【林　华】 男，1971年4月出生，50岁，中共党员，籍贯温州龙湾，龙湾区慈善总会日行一善义工队副队长兼秘书长。2021年9月，林华入选“助人为乐”类温州好人。他二十多年热心公益事业，截至2021年7月，个人公益服务时间超1000小时，结对困境学生10余名，累计公益捐款10万余元，发动亲朋好友捐助公益事业50余万元。从一对一走进永嘉山区结对助学，到协创瑶溪求是助学公益团队和东西部协作助学，再到加盟龙湾区慈善总会日行一善义工队担任主力，精准实施“双百”助学工程、寒门书香书架子工程、关爱城市美容师全国百城联盟等公益活动，让做公益逐渐成为他的一种习惯。作为一名有20年党龄的党员，在疫情期间，他发挥带头作用，奋战在抗疫一线，主动参战疫情防控和复工复产。近年来，他还组织策划爱心帮扶活动百余次，惠及困难环卫工上千人，帮扶残疾人数百名，得到社会各界一致好评。赠人玫瑰，手有余香。林华坚信星星之火总会温暖人心。年过半百的他，一直在公益道路上行走，用点滴行动汇集人间大爱。

【郑　碧】 女，1979年6月出生，籍贯温州鹿城，温州浙楠书画院“常务理事”。2021年10月，郑碧入选“助人为乐”类温州好人。郑碧热爱书画，笔耕不辍提升自身书法水平。2017年以来，她在国际国内书法、国画比赛上获得不少有重量、含金量高的奖项，特别是2021年8月，作品《玉如花开》荣获第四届“琅琊杯”全国诗书画家精英赛最高奖“一等奖”。获奖以后，慕名而来想请她培训的人越来越多，请她指导的“润笔费”也越来越高。郑碧却是一个喜欢干“傻事”的姑娘，她坚持开展全免费的公益培训，把宝贵的时间用来教小朋友，甚至是完全没有书法基础的“业余”爱好者。有时候一些来上课的小孩年龄太小，自律性比较差，郑碧就手把手，耐心地一笔一画地把它讲透，让孩子体会。她教了100多个学生，从没有对任何一个学生发过脾气。让更多的人爱上书法，体会传统文化的魅力，是郑碧开展公益文化培训的初心。经过她的专业教学，不少零基础的学员也能写出一幅完整的作品，并渐渐爱上书画艺术。她还热心公益，跟着“红十字会·聚心公益”群里的同志一起参加志愿服务活动，为“水滴筹”患重病的孩子捐钱捐物，开展公益直播卖货爱心助农活动，为青海牧民出售农产品贡献自己力量。

【孙克福】 男，1964年7月出生，籍贯温州龙湾，温州市龙湾永中逸达汽车服务中心负责人。2021年11月，孙克福入选“诚实守信”温州好人。孙克福幼时因小儿麻痹症致残，他身残志坚，15岁开始跟着老师学做唐装，他的传统服饰本装制作技艺被列入温州市非物质文化遗产。“我因为身体残疾，受过太多的苦。我一定要强大起来，帮助更多残疾人，让他们少受苦、少走弯路。”这是他的诺言，多年来，他一直铭记于心，实践于行。他拄着双拐四处奔走，自筹50多万元，开设驿达洗车中心，员工全是残疾人，他聘请专业洗车师傅，免费为残疾员工教授洗车技能，让他们多学一门谋生的手艺。2020年新冠肺炎疫情突发，洗车场生意惨淡，孙克福还是按时向每个员工发放原有工资3500元，宁可自己亏本，也不让员工断了收入。他还开设驿达残疾人之家，为25名智力障碍和多重障碍残疾人提供轻便简单的手工劳动工作机会，定期开展各类文体活动、康复训练、技能训练和户外活动，帮助残疾人学员提升生活和交际能力，为残疾人政策咨询和业务办理提供零距离贴心服务，圆残疾人就业梦。他把助残扶残当成一生的事业，并将继续为残疾人服务。

【朱作明】 男，1946年5月出生，中共党员，籍贯温州龙湾，瑶溪街道朱宅村老人协会会长。2021年12月，朱作明入选“助人为乐”温州好人。作为一名老党员，朱作明一直热心公益事业。2005年朱宅村村委会提出修缮大众桥，却苦于没有资金无法实施，朱作明得知情况后，自掏腰包近30万元建设大众桥。2008年汶川地震他带头捐款捐物20余万元。2009年，他动员亲朋好友合资兴建朱宅桥，其中他自己一人就出资20余万元。多年来，朱作名坚持为村里的孤寡老人、困难户资助衣物、粮面、菜等;他资助3名贫困儿童，在生活上、学习上时时关心;他带队组建朱宅村打鼓队，开展钓鱼比赛，丰富村民的业余活动。朱作明以身作则，让好家风传承。他的儿子朱智勇、朱智猛在目睹了父母省吃俭用投身公益之后，主动出资60万元，助老人圆为村里重建江山寺的公益梦，朱氏一家的善行让村民感动。2014年朱作明家庭获评“第九届全国五好文明家庭标兵户”，当年全市仅一家入选。

【国技互联橙色涟漪志愿者团队】 国技互联橙色涟漪志愿者团队由浙江国技互联信息技术有限公司的青年职工组成，利用互联网行业资源优势和高科技力量，开展各类“互联网+志愿服务”特色活动。2021年1月，国技互联橙色涟漪志愿者团队入选“助人为乐”温州好人。如“橙色土壤”帮扶计划携手温州市农业局开启农业+互联网帮扶项目，通过数据支持和互联网营销知识培训，帮助温州各县市农产品散户转型升级；信息化教室建设则与团市委合作，注资百万用于温州市希望工程信息化建设及龙湾区青少年扶持。已开展185场公益活动，遍及34个地区，累计志愿服务时间1925.10小时；捐助善款及物资累计335万元，受惠人群达1万人以上，曾荣获“2017年温州市青年突击队”和“龙湾最美志愿者”等称号。

（陈　慧、王恩得）

先进个人

2021年龙湾区获国家条线表彰的先进个人一览表（部分）

表53

姓 名	荣誉称号	授予单位	工作单位
邵卫津	重点行业企业用地土壤污染状况调查表现突出个人	生态环境部办公厅	区生态环境分局
赵均宙	2021年度刑事案件现场勘查工作成绩突出的县区公安机关负责人	公安部五局	区公安分局
王秀华	最高检检察技术辅助检察办案典型案例	最高人民检察院检察技术信息研究中心	区检察院
陈小强	最高检第三十一批指导性案例	最高人民检察院	区检察院
董佩佩（女）	全国检察宣传先进个人。	检察日报社	区检察院
管蔚蔚（女）	“法援惠民生 扶贫奔小康”表现突出个人	司法部	区司法局
黄小叶（女）	“全国司法所模范个人”称号	司法部	区司法局
陈启豪	2021年度定点帮扶成绩突出个人	国家移民管理局	温州机场出入境边防检查站
林建兴	全国优秀河（湖）长	水利部	永中街道
朱雨晨（女）	民盟温州市委会2020年度先进盟员	中国民主同盟温州市委员会	区市场监管局
夏　以（女）	2021年度市场监管系统宣传工作先进个人	中国市场监管报社	区市场监管局
夏　以（女）	2021年度浙江省宣传工作先进个人	中国工商出版社	区市场监管局

2021年龙湾区获省级和省条线表彰的先进个人一览表（部分）

表54

姓 名	荣誉称号	授予单位	工作单位
王　勇	2021年度全省侨联系统侨务工作成绩突出个人	浙江省侨联	区委统战部
周建国	2021年度全省侨联系统抗击新冠肺炎疫情成绩突出个人	浙江省侨联	区委统战部
郭和强	2021年度浙江省网络生态“瞭望哨”工程建设成绩突出个人	浙江省委办公厅	区委宣传部
陈志楠	浙江省未来社区试点建设成绩突出个人	浙江省人民政府办公厅	区发改局
林为界	浙江省2021年防汛防台先进个人	浙江省防汛防台抗旱指挥部	区应急管理局
曾国海	浙江省打赢蓝天保卫战成绩突出个人	浙江省人民政府办公厅	区生态环境分局
李以后	荣誉天平纪念章	浙江省高级人民法院	区人民法院
林　华	荣誉天平纪念章	浙江省高级人民法院	区人民法院
赵晓丰	荣誉天平纪念章	浙江省高级人民法院	区人民法院
姜小珍	荣誉天平纪念章	浙江省高级人民法院	区人民法院
孟　东	全省政法系统执法办案成绩突出个人	浙江省委政法委	区人民法院
王炳昶	全省法院诉源治理成绩突出个人	浙江省高级人民法院政治部	区人民法院
李飞飞	全省法院司法警察信息宣传工作先进个人	浙江省高级人民法院司法警察总队	区人民法院
陈意影	2021年度全省法院新任司法警察业务培训班优秀学员	浙江省高级人民法院司法警察总队	区人民法院
汤裕文	庆祝建党100周年安保工作成绩突出个人（月褒奖第二期）	浙江省公安厅	区公安分局
包法勇	庆祝建党100周年安保工作成绩突出个人（月褒奖第二期）	浙江省公安厅	区公安分局
林智慧	庆祝建党100周年安保工作成绩突出个人（月褒奖第二期）	浙江省公安厅	区公安分局
张万靖	庆祝建党100周年安保工作成绩突出个人（月褒奖第四期）	浙江省公安厅	区公安分局
倪慧骏	庆祝建党100周年安保维稳工作先进个人	浙江省公安厅	区公安分局
林志远	庆祝建党100周年安保工作成绩突出个人（月褒奖第六期）	浙江省公安厅	区公安分局
黄国夫	庆祝建党100周年安保工作成绩突出个人（月褒奖第七期）	浙江省公安厅	区公安分局
刘　军	庆祝建党100周年安保工作成绩突出个人（月褒奖第八期）	浙江省公安厅	区公安分局
黄建华	破获“鼎信贷”P2P网贷平台诈骗案	浙江省公安厅	区公安分局
王光林	最美辅警	浙江省公安厅	区公安分局
林莉（女，陈双家属）	最美警嫂	浙江省公安厅	区公安分局
王　康	庆祝建党100周年安保工作成绩突出个人（月褒奖第十期）	浙江省公安厅	区公安分局
章吉森	全省控告申诉检察业务标兵称号	浙江省人民检察院	区检察院
胡时彦	浙江省第一届民事检察业务竞赛标兵称号	浙江省人民检察院	区检察院
孙保华	2021年度全省检察机关案件管理类精品案例	浙江省人民检察院	区检察院
王路瑶（女）	2021年度全省检察机关案件管理类精品案例	浙江省人民检察院	区检察院
王秀华（女）	2021年度全省检察机关知名期刊优秀成果篇目	浙江省人民检察院	区检察院
王雨佳（女）	法治浙江建设十五周年理论研讨会征文活动三等奖	中共浙江省委宣传部	区检察院
周晓彬（女）	庆祝中国共产党成立100周年检察主题文化成果展示“主持奖”并受到省院表扬。	浙江省人民检察院	区检察院
戴苗苗（女）	全省检察机关主题文化成果展示铜奖	浙江省人民检察院	区检察院

续表 54

姓 名	荣誉称号	授予单位	工作单位
周晓彬(女)	中国共产党成立100周年检察主题文化成果展示"主持奖"并受到省院表扬。	浙江省人民检察院	区检察院
刘 冰	2021年度站级单位优秀领导干部	浙江出入境边防检查总站委员会	区检察院
徐任飞	2021年度全警实战大练兵先进个人	浙江出入境边防检查总站	温州机场出入境边防检查站
陈远虑	2021年度全警实战大练兵先进个人	浙江出入境边防检查总站	温州机场出入境边防检查站
叶育平(女)	2021年度机要密码工作先进个人	浙江出入境边防检查总站	温州机场出入境边防检查站
陈沪隆	2021年度保密工作先进个人	浙江出入境边防检查总站	温州机场出入境边防检查站
黄瑞峰	2021年度法制工作先进个人	浙江出入境边防检查总站	温州机场出入境边防检查站
孔宇杰	2021年度全省边检机关优秀财务工作者	浙江出入境边防检查总站	温州机场出入境边防检查站
陈斯琦(女)	2021年度新闻宣传工作先进个人	浙江出入境边防检查总站	温州机场出入境边防检查站
林建兴	浙江省消除集体经济薄弱村工作成绩突出个人	浙江省委、省政府	温州机场出入境边防检查站
叶圣秀	浙江省最美公务员	浙江省委组织部、浙江省委宣传部	温州机场出入境边防检查站
陈建勋	三等功	原浙江省公安厅高速公路交通警察总队	温州机场出入境边防检查站
周星海	三等功	原浙江省公安厅高速公路交通警察总队	永中街道
陈赛军	嘉奖	原浙江省公安厅高速公路交通警察总队	永中街道
林云川	嘉奖	原浙江省公安厅高速公路交通警察总队	高速交警温州支队
卢冠斌	嘉奖	原浙江省公安厅高速公路交通警察总队	高速交警温州支队
徐锦书	嘉奖	原浙江省公安厅高速公路交通警察总队	高速交警温州支队
吴 璜	嘉奖	原浙江省公安厅高速公路交通警察总队	高速交警温州支队
沈 琳	三等功	原浙江省公安厅高速公路交通警察总队	高速交警温州支队
郑赛虎	嘉奖	原浙江省公安厅高速公路交通警察总队	高速交警温州支队
杨 剑	嘉奖	原浙江省公安厅高速公路交通警察总队	高速交警温州支队
施久建	嘉奖	原浙江省公安厅高速公路交通警察总队	高速交警温州支队
余毕正	嘉奖	原浙江省公安厅高速公路交通警察总队	高速交警温州支队
杨崇付	嘉奖	原浙江省公安厅高速公路交通警察总队	高速交警温州支队
胡 庚	嘉奖	原浙江省公安厅高速公路交通警察总队	高速交警温州支队
林丰海	嘉奖	原浙江省公安厅高速公路交通警察总队	高速交警温州支队
吴昌葵	嘉奖	原浙江省公安厅高速公路交通警察总队	高速交警温州支队
詹有斌	二等功	原浙江省公安厅高速公路交通警察总队	高速交警温州支队
白云武	嘉奖	原浙江省公安厅高速公路交通警察总队	高速交警温州支队
林晓苏(女)	浙江省知识产权保护工作成绩突出个人	浙江省知识产权强省建设工作联席会议办公室	区市场监督管理局
王 芳	执法办案能手	浙江省市场监督管理局、浙江省药品监督管理局	区市场监督管理局
叶燕国	全省药品稽查执法工作成绩突出个人	浙江省药品监督管理局	区市场监督管理局
邵卫忠	浙江省市场监管安全保障成绩突出个人	浙江省市场监督管理局	区市场监督管理局
夏 以(女)	二十佳优秀小编	浙江省市场监督管理局	区市场监督管理局
夏 以(女)	2021年度优秀通讯员	浙江省市场监督管理数字传媒中心	区市场监督管理局
王 芳	浙江省市场监管重大案件查处记功集体三等功	浙江省市场监督管理局	区市场监督管理局

续表 54

姓 名	荣誉称号	授予单位	工作单位
陈晓榆（女）	获 2021 年“浙江省共青团和青年工作成绩突出共青团员”	共青团浙江省委员会	团区委
谢昱辰（女）	获 2021 年“浙江省成绩突出少先队员”	共青团浙江委员会、浙江省教育厅、浙江省少工委员会	温州育英学校五（2）中队
季慧敏（女）	获 2021 年“浙江省成绩突出少先队辅导员”	共青团浙江委员会、浙江省教育厅、浙江省少工委员会	海滨第一小学
王含予（女）	荣获“2021 年度浙江省青少年英才·红船好少年”称号	浙江省关心下一代工作委员会、浙江省青少年英才奖励基金会、浙江教育出版集团	区实验中学
周 翔	浙江省退役军人全生命周期管理保障工作成绩突出个人	浙江省退役军人事务厅	区退役军人事务局

2021 年龙湾区获温州市级表彰的先进个人一览表（部分）

表 55

姓 名	荣誉称号	授予单位	工作单位
孔德亮	2021 年“幸福温州”建设成绩突出个人	中共温州市委、温州市人民政府	区委宣传部
陈建平	2021 年“幸福温州”建设成绩突出个人	中共温州市委、温州市人民政府	区委宣传部
郭和强	2021 年“幸福温州”建设成绩突出个人	中共温州市委、温州市人民政府	区委宣传部
朱智猛	温州市优秀共产党员	中共温州市委	区人民政府
吴天峰	加快建设区域中心城市突出贡献个人	中共温州市委、温州市人民政府	区人民政府
娄克华	温州高质量发展先进个人	中共温州市委、温州市人民政府	区人民政府
郑存华	全面实施乡村振兴战略突出贡献个人	中共温州市委、温州市人民政府	区人民政府
曾国海	中心城区能级提升成绩突出个人	中共温州市委、温州市人民政府	区生态环境分局
郑彩平	中心城区能级提升成绩突出个人	中共温州市委、温州市人民政府	区生态环境分局
郑楚楚	中心城区能级提升成绩突出个人	中共温州市委、温州市人民政府	区生态环境分局
陈钟达	温州市优秀共产党员	中共温州市委	区公安分局
周德兴	推进温州市域治理现代化先进个人	中共温州市委、温州市人民政府	区矛调中心
季 丹	温州市域治理现代化“先进个人”称号	中共温州市委、温州市人民政府	区司法局
刘 征	温州市域治理现代化“先进个人”称号	中共温州市委、温州市人民政府	区司法局
陈征帆	市域治理现代化先进个人	中共温州市委、温州市人民政府	区委政法委
何容容	温州市优秀共产党员	中共温州市委	永中街道
朱建伟	全面实施乡村振兴战略突出贡献个人	温州市人民政府	状元街道
黄少燕（女）	推进温州高质量发展先进个人	中共温州市委、温州市人民政府	浙南科技城
李美广	推进温州高质量发展先进个人	中共温州市委、温州市人民政府	浙南科技城
姜日成	推进温州高质量发展先进个人	中共温州市委、温州市人民政府	浙南科技城
邵秀珍（女）	加快建设区域中心城市突出贡献个人	中共温州市委、温州市人民政府	浙南科技城
黄家建	加快建设区域中心城市突出贡献个人	中共温州市委、温州市人民政府	浙南科技城
曾国旺	加快建设区域中心城市突出贡献个人	中共温州市委、温州市人民政府	浙南科技城
陈 鹏	加快建设区域中心城市突出贡献个人	中共温州市委、温州市人民政府	浙南科技城
诸朝晖	加快建设区域中心城市突出贡献个人	中共温州市委、温州市人民政府	浙南科技城
王超超	扩大新时代对外开放突出贡献个人	中共温州市委、温州市人民政府	浙南科技城

续表 55

姓 名	荣誉称号	授予单位	工作单位
胡瑞星	扩大新时代对外开放突出贡献个人	中共温州市委、温州市人民政府	浙南科技城
郑 俞	全面实施乡村振兴战略突出贡献个人	中共温州市委、温州市人民政府	区纪委区监委
张艳华(女)	推进温州高质量发展先进个人	中共温州市委、温州市人民政府	区科技局
周光豪	推进温州高质量发展先进个人	中共温州市委、温州市人民政府	区科技局
叶铭克	民营经济示范城市创建(民营经济高质量发展)先进个人	中共温州市委、温州市人民政府	区总工会
孔祥建	传承弘扬温州人精神突出贡献个人	中共温州市委、温州市人民政府	区民政局
朱德利	传承弘扬温州人精神突出贡献个人	中共温州市委、温州市人民政府	区民政局

先进集体

2021 年龙湾区获国家条线表彰的先进集体一览表(部分)

表 56

获奖单位	荣誉称号	授予单位
龙湾区	2021 年度全国“返家乡”社会实践重点开展区	团中央青年发展部
区工商联	2020—2021 年度全国“五好”县级工商联	全国工商联
区生态环境分局	重点行业企业用地土壤污染状况调查表现突出集体	生态环境部办公厅
区公安分局	全国维护妇女儿童权益先进集体	中华全国妇女联合会
万顺社区	“全国民主法治示范社区”称号	司法部、民政部
温州机场出入境边防检查站执勤一队	全国移民管理机构“四强”党支部	中共国家移民管理局党组
永兴街道办事处	永兴南园小微园荣获 2021 年度国家小型微型企业创业创新示范基地称号	工业和信息化部
永中街道万顺社区	全国民主法治示范村(社区)	中华人民共和国司法部 中华人民共和国民政部
永强供电公司	农村水电站安全生产标准化一级单位(水电站)	中华人民共和国水利部
高新区创业服务中心	A 类优秀(集体)	科技部火炬中心

2021 年龙湾区获省级和省条线表彰的先进集体一览表(部分)

表 57

获奖单位	荣誉称号	授予单位
区人民政府办公室	全省政务信息工作考核优秀单位	浙江省政府办公厅
区民宗局	2021 年度全省民族宗教工作成绩突出单位	浙江省民族宗教事务委员会
区民政局	浙江省实施妇女儿童发展规划成绩突出集体	浙江省政府
区生态环境分局	全省“五水共治”工作先进集体	浙江省委、省政府
区公安分局	浙江省婚姻家庭纠纷化解品牌工作室	浙江省妇联
区公安分局	庆祝建党 100 周年安保工作成绩突出个人(月褒奖第二期)	浙江省公安厅
区公安分局	最美警队	浙江省公安厅
区公安分局	全省公安出入境管理部门“最强党支部”创建活动“孺子牛”式党支部	浙江省厅出入境管理局
区司法局	龙湾区通过首批司法部部级“智慧矫正中心”验收	浙江省司法厅
区经信局	2021 年度全省小微企业园建设与管理最佳实践案例	浙江省小微企业园工作联席会议办公室

续表 57

获奖单位	荣誉称号	授予单位
区经信局	先进单位	浙江省经信厅
区教育局	浙江省职业教育发展考核优秀单位	浙江省教育厅
区教师发展中心	浙江省先进教研集体	浙江省教育厅教研室
区市场监管局	继续保留浙江省文明单位称号	浙江省精神文明建设委员会
区市场监管局	县（市、区）市场监管局优秀等次	浙江省市场监督管理局委员会
区交建中心	温州市龙湾区市域铁路 S1 线永强站拆迁安置房工程被评为 2021 年度浙江省建筑施工安全生产标准化管理优良工地	浙建质安发
共青团龙湾区委员会	首个省青科协科普基地落地龙湾	浙江省青年科学家协会
共青团龙湾区委员会	落户一家省级“青联希望小屋”	共青团浙江省委员会
温州机场出入境边防检查站	2021 年度全警实战大练兵先进集体	浙江出入境边防检查总站
瑶溪街道南洋社区	浙江省高质量就业社区（村）	浙江省人力资源和社会保障厅
瑶溪街道	浙江省美丽乡村示范乡镇	浙江省“千村示范、万村整治”工作协调小组办公室
瑶溪街道瑶溪村	2021 年省级星级农村公厕称号	浙江省农业农村厅
瑶溪街道	2021 年浙江省休闲农业和乡村旅游精品线路	浙江省农业农村厅、浙江省文化和旅游厅
瑶溪街道南洋社区	2021 年度省级民主法治村（社区）	浙江省普法办
瑶溪街道	2021 年全省“新时代枫桥式退役军人服务中心（站）	浙江省委退役军人事务工作领导小组办公室
永兴街道	“微企红港”党建综合体荣获省级数字赋能、集成服务示范党群服务中心	浙江省委组织部
永兴街道	浙江省农村文化礼堂建设示范乡镇（街道）	浙江省委宣传部
永兴街道	水潭村荣获 2021 年度浙江省美丽乡村特色精品村	浙村整建办
永兴街道	卓诗尼鞋业有限公司荣获 2021 年浙江省工业旅游示范基地称号	浙江省文化和旅游厅
永中街道	全省劳动人事争议案件处理工作成绩突出集体	浙江省人力资源和社会保障厅
永中街道	全省“五水共治”（河长制）工作考核优秀乡镇（街道）	浙江省治水办
永中街道	全省法治化综合改革试点乡镇（街道）	省委全面依法治省委员会办公室
永中街道龙水社区	浙江省社会科学普及基地	浙江省社会科学界联合会
永中街道龙水社区文化礼堂	浙江省五星文化礼堂	浙江省农村文化礼堂领导小组办公室
永中街道衙前文化礼堂	浙江省五星文化礼堂	浙江省农村文化礼堂领导小组办公室
永中街道万顺社区	省未来社区健康场景建设试点社区	浙江省卫生健康委办公室
永中街道万顺社区	省级“信用 + 社会治理”试点社区	浙江省信用浙江建设工作联席会议办公室
永中街道食安办	浙江省五星级乡镇（街道）食安办	浙江省食品药品安全委员会办公室
永中街道人民调解委员会宁人调解工作室	省级金牌人民调解工作室	浙江省人民调解协会
永中司法所	浙江省“枫桥式”司法所	浙江省司法厅
永中街道中心区河网	浙江省级美丽河湖	浙江省水利厅　省美丽浙江建设领导小组河长制办公室
状元街道人武部	新时代枫桥式退役军人服务站	浙江省委退役办
状元街道龙跃社区	获省“闪亮青年之家”	共青团浙江省委员会
“9•1”江北岭隧道事故现场处置组	集体二等功	浙江省公安厅

续表 57

获奖单位	荣誉称号	授予单位
高速交警温州支队六大队	最美高速警队	原浙江省公安厅高速公路交通警察总队
高速交警支队	团体排名：各市公安局高速交警支队排名第二名	浙江省公安厅
高速交警支队	交通事故深度调查项目：各市公安局高速交警支队成绩排名第一名	浙江省公安厅
高速交警支队	公安交管大数据建模项目：各市公安局高速交警支队成绩排名第二名	浙江省公安厅
温州市公安局交通管理局三大队一中队	全省公安交警系统“枫桥式交警中队”	浙江省公安厅交通管理局
区残疾人托养中心	“十三五”期间浙江省残疾人工作成绩突出集体	浙江省人民政府残疾人工作委员会
少先队温州市龙湾区第二小学大队	获 2021 年“浙江省成绩突出少先队集体”	共青团浙江委员会、浙江省教育厅、浙江省少工委员会
桃溪谷青创农场	获评省级示范性青创农场	共青团浙江省委员会

2021 年龙湾区获温州市级表彰的先进集体一览表（部分）

表 58

获奖单位	荣誉称号	授予单位
区委宣传部	2021 年温州国际时尚文化产业博览会优秀组织奖	中共温州市委
区应急管理局	推进温州市域治理现代化先进集体	中共温州市委、温州市人民政府
温州市生态环境局龙湾分局	中心城区能级提升成绩突出集体	中共温州市委、温州市人民政府
区司法局	温州市域治理现代化“先进集体”称号；	中共温州市委、温州市人民政府
区委政法委	市域治理现代化先进集体	中共温州市委、温州市人民政府
区交通运输局	“大干交通、干大交通”突出贡献集体	中共温州市委、温州市人民政府
区市场监督管理局	推进温州市域治理现代化先进集体	中共温州市委、温州市人民政府
区市场监督管理局	民营经济示范城市创建（民营经济高质量发展）先进集体	中共温州市委、温州市人民政府
区科技局	推进温州高质量发展先进集体	中共温州市委、温州市人民政府
区民政局	传承弘扬温州人精神突出贡献集体	中共温州市委、温州市人民政府
区总工会	民营经济示范城市创建（民营经济高质量发展）先进集体	中共温州市委、温州市人民政府
永兴街道	荣获推进温州高质量发展先进集体	中共温州市委、温州市人民政府
温州空港新区管理中心	中心城区能级提升突出贡献集体	中共温州市委、温州市人民政府
浙南科技城经济发展局	推进温州高质量发展先进集体	中共温州市委、温州市人民政府
浙南科技城财政局	推进温州高质量发展先进集体	中共温州市委、温州市人民政府
浙南科技城人才服务中心	推进温州高质量发展先进集体	中共温州市委、温州市人民政府
科技城经济发展局	加快建设区域中心城市突出贡献集体	中共温州市委、温州市人民政府
科技城规划建设局	加快建设区域中心城市突出贡献集体	中共温州市委、温州市人民政府
科技城建设投资集团公司	加快建设区域中心城市突出贡献集体	中共温州市委、温州市人民政府
科技城经济发展局	扩大新时代对外开放突出贡献集体	中共温州市委、温州市人民政府
科技城招商局	扩大新时代对外开放突出贡献集体	中共温州市委、温州市人民政府
区残疾人托养中心	传承弘扬温州人精神突出贡献集体	中共温州市委、温州市人民政府

附 录

黄石山公园　　（项绍雄／摄）

组织机构及其负责人名录

文献选录

文件目录

简称和全称对照目录

天河水库 （区摄影协会供稿）

组织机构及其负责人名录

区级领导机构及负责人

中共温州市龙湾区委员会

书　记　周一富
副书记　林小露（女，11月免）
　　　　夏禹桨
　　　　王高博（11月任）
常　委　吴呈钱（兼，1月免）
　　　　伊柏峰（11月免）
　　　　蔡爱东
　　　　贾黎春（11月免）
　　　　吴昌亮（3月任，12月免）
　　　　王晓春（1月任，11月免）
　　　　李　丹（女，1月任）
　　　　黄挺义（1月免）
　　　　陈林彬（1月免）
　　　　叶庆权（12月免）
　　　　蔡军令（女）
　　　　朱赞宇（11月免）
　　　　邵建寨（12月任）
　　　　缪克排（11月任）
　　　　李明达（11月任）
　　　　陈永霖（11月任）
　　　　吴中武（11月任）
　　　　邹锦雷（12月任）

中共温州高新技术产业开发区委员会

书　记　周一富
副书记　夏禹桨
　　　　吴呈钱（1月免）
　　　　贾黎春（3月任，11月免）
委　员　黄少燕（女）　郑　凯
　　　　季湘荣（11月免）
　　　　周　钧　汪振坚

温州市龙湾区人民代表大会常务委员会

主任、党组书记　周　赞
副主任、党组副书记　张光羽
副主任　陈文斌
　　　　林春霞（女）
　　　　薛克风（1月免）　姜法宏
　　　　陈林彬（2月任）　王旭辉
常　委　陈　立
　　　　许　峰
　　　　曾焕强
　　　　黄建芳（2月任）
　　　　姜青青（女，2月免）
　　　　吴伟鸿（2月任）
　　　　朱学东
　　　　沈爱巧
　　　　吴建芳（女）
　　　　张恩东
　　　　倪瑞瑾（女，5月免）
　　　　郭洪聪
　　　　张崇微（女）
　　　　张加福(12月免)
　　　　林能杰　　夏理森

温州市龙湾区人民政府

区长、党组书记　　夏禹桨
常务副区长、党组副书记
　　　　　　贾黎春（11月免）
　　　　　　吴昌亮(3月任，12月免)
　　　　　　李　丹（12月任）
副区长、党组成员　王晓春（1月免）
　　　　　　陈军苹（女，5月免）
　　　　　　赵均宙（1月任）
　　　　　　余安江（11月免）
　　　　　　潘乐仲
　　　　　　彭　锋（4月任）
　　　　　　杨　振（挂职，6月免）
　　　　　　董建树（12月任）
副区长　　　吕庆雷（11月免）

温州高新技术产业开发区（浙南科技城）管理委员会

主　任　夏禹桨（2月任）
　　　　吴呈钱（2月免）
常务副主任　贾黎春(3月任，11月免)
副主任　黄少燕（女）
　　　　郑　凯
　　　　季湘荣（11月免）
　　　　李　丹(兼，1月任，11月免)
　　　　余安江（兼，11月免）
　　　　潘乐仲（兼）

温州市政协龙湾区委员会

主席、党组书记　　张纯芳
副主席、党组副书记　黄秀清
副主席　胡郑梅（女，1月免）
　　　　林海珊（女）　戴文虎
　　　　庄小将　　　沈应琴
　　　　张崇林（1月任）
秘书长、党组成员　包双二
常　委　潘　伦
　　　　姜　翰
　　　　王海霞（女）
　　　　张霞鸿（女）
　　　　潘旭宏（4月免）
　　　　陈思崇
　　　　林光新
　　　　张韩杰（2月任）
　　　　方　华（女）
　　　　黄剑峰
　　　　南君晓（2月任）
　　　　李　胜（2月免）
　　　　王进光（2月免）

区纪委监委工作机构及负责人

中共温州市龙湾区纪律检查委员会

书　记　蔡爱东
常务副书记　张玲燕（女，12月免）
　　　　吴海滨（12月任）
副书记　吴昌游
常　委　邓李梅（女）
　　　　张　烈
　　　　赵晓欢（4月免）
　　　　郑祥潇（4月任）
　　　　叶志斌（1月任）

区监察委员会

主　任　蔡爱东
副主任　张玲燕（女，12月免）
　　　　吴海滨（12月任）
　　　　吴昌游
委　员　邓李梅（女）
　　　　张　烈
　　　　赵晓欢（4月免）
　　　　郑祥潇（4月任）
　　　　陈荆州（1月任）
　　　　朱风雷
办公室主任　项宗华
干部室主任　郑二节（女，4月免）

陈　赐（女，4月任）
宣传教育室主任　张洁敏（女）
党风政风监督室主任　郑　俞（女）
信访室（申诉复查室）主任
张凌哲（女，4月免）
案件监督管理室（信息技术保障室）
主　任　陈荆州（1月免）
陈垂梯（1月任）
第一纪检监察室主任　孙　政（4月任）
第二纪检监察室主任　张　伟
第四纪检监察室主任　冯　伟（1月任）
案件审理室主任　蒋雪信

区委巡察办

主　任　邓李梅（女）
副主任　孙勤义

区委巡察组

区委第一巡察组
组　长　范长安（5月免）
倪瑞瑾（女，5月任）
副组长　孙福静（4月免）
蔡　政（4月任）
副科长级巡察专员　温　江

区委第二巡察组
组　长　吴进军（4月免）
王胜耀（4月任）
副组长　潘成春
副科长级巡察专员　朱建武

区委第三巡察组
组　长　姜祥凯
副组长　厉接孝
副科长级巡察专员　潘崇华

区委第四巡察组
组　长　胡丕剑
副组长　章新华
副科长级巡察专员　叶　挺

区纪委区监委派驻纪检监察组

区纪委区监委驻区委办公室纪检监察组
组　长　程海彬
副组长　李新木
潘敦雄

区纪委区监委驻区政府办公室纪检监察组

组　长　李昌鹤（12月免）
张加福（12月任）
副组长　孙文元
林铁强

区纪委区监委驻区委组织部纪检监察组

组　长　戴普芳
副组长　陈恩贤
陈春妹（女）

区纪委区监委驻区委宣传部纪检监察组

组　长　何品豪
副组长　王　武

区纪委区监委驻区委统战部纪检监察组

组　长　项炳勋
副组长　陈向爱

区纪委区监委驻区委政法委纪检监察组

组　长　周兆弟
副组长　章魁杰

区纪委区监委驻浙南科技城各局（室）纪检监察组

组　长　王　朝
副组长　徐斌峰

区委直属机关纪检监察工委

书　记　陈垂梯（1月免）
吴志豪（1月任）

区纪委区监委驻区人民法院纪检监察组

组　长　孟德华（女）

区纪委区监委驻区人民检察院纪检监察组

组　长　黄小闽（4月免）
张凌哲（女，4月任）

区纪委区监委驻区公安分局纪检监察组

组　长　朱寿昌

区人武部、法院、检察院及负责人

区人民武装部

部　长　王凌兴（11月免）
张志军（11月任）
政　委　朱赞宇（11月免）
吴中武（11月任）
副部长　白俊军

区人民法院

院长、党组书记　李　敏（11月免）
章禾舟（11月任）
常务副院长、党组副书记　张　敏
副院长、党组成员
王美蓉（女，12月免）
王星火（12月任）
党组成员　孟德华（女）
党组成员、审委会专职委员
朱黎明（12月免）
副院长、党组成员　李以后
刘　然（女）
林　华
党组成员、政治部主任　程　建
审委会专职委员　方宏斌
审委会委员、执行局局长　李晓忠
状元法庭庭长　吴作力
经开区法庭庭长　吴炳昶

区人民检察院

检察长、党组书记　梅山群（11月免）
陈学志（11月任）
常务副检察长、党组副书记　项振升
副检察长、党组成员　吴金飞
林一鸣（12月免）
王星火（12月免）
王美蓉（12月任）
党组成员　张凌哲（女，4月任）
副检察长、党组成员
谢雁湖（12月任）
冯显清
党组成员　黄小闽（4月免）

党组成员、政治处主任 王 卉（女）
检委会专职委员 张苗立
徐 凡（4月任）
经开区检察室主任 曹大波
党组成员 潘晓乐

区委工作部门、直属单位及负责人

区委办公室（台办、区委政研室、机要局、保密局）

主任、台办主任 邹锦雷
政研室主任、区档案局局长 邹锦雷
室务会议成员 程海彬
副主任 王显峰（兼）
吴尊林（4月免）
陈启兴（4月任）
王 颖（女，7月任）
区委财经委员会办公室专职副主任
吴尊林（兼，4月免）
陈启兴（兼，4月任）
室务会议成员 冯 丹（女，5月免）
副主任、区委保密委员会专职副主任（兼）、区委保密委员会办公室（区国家保密局）主任（局长）
孙宝武
室务会议成员、台办副主任
孙 成（7月免）
副主任 黄友祺（7月免）
副主任 郑国隆 韩 晓
室务会议成员、台办副主任
张振维（7月任）
室务会议成员
王继超（1月免）
黄友祺 陈 伟
张 豪

区档案馆

馆 长 冯 丹（女，5月免）
黄友祺（5月任）
副馆长 李胜春 朱晓芬（女）

区接待服务中心

主 任 陈贤娜（女）

区委组织部

部 长 蔡军令
常务副部长 孙士岳
副部长 潘文汉（兼）
部务会议成员 戴普芳
副部长 张雪梅（女，兼，5月免）
季克霖
姜祥林（兼）
冯 丹（女，兼，5月任）
张小柳（女）
区公务员局局长 季克霖（1月任）
副部长、老干部局局长 潘 虎
部务会议成员 朱德旭
张小柳（女）
王 亚（女，4月免）
邵治荣
邱黎杰（4月任）
陈海和（女，4月任）
部务会议成员、区委人才办专职副主任
蔡秦淮（10月任）
区关工委办主任 陈光宇

区委“两新”工委

书 记 季克霖
副书记 王 亚（女，4月免）
邱黎杰（4月任）
委 员 张 烈（兼，4月任）
邱朝瀚（兼，4月免）
王 亚（女，兼，4月任）
刘锦浦（兼）
张 和（兼，1月免）
蔡爱霞（女，兼）
金学宙（兼）
陈兆军（兼）
王小春（女，兼，5月免）
林 洁（女，兼，5月任）
黄新宇（兼） 娄克华（兼）
孙元忠（兼） 张作尧（兼）
张艳华（女，兼）
张崇强（兼） 林立新（兼）
方崇敏（兼，5月免）
施寒毅（兼，5月任）
林 森（兼，1月任）
陈剑秋（兼，4月免）
郑二节（女，兼，4月任）
王仁光（兼） 章方森（兼）
姜春媚（女，兼）
姚黎群（女，兼）

区委党史研究室

主 任 朱德旭
副主任 孙作材（5月免）
郑雁鸿（5月任）

区委宣传部

部 长 王晓春（11月免）
陈永霖（11月任）
常务副部长 陈 健
副部长 孔德亮
副部长 项华琛（兼，4月免）
部务会议成员 何品豪 张明春
兰小春
陈宗杰
陈学显（4月任）
项显宇（4月免）
曾松国（4月任）
副部长、区新闻出版局局长 朱进华
副部长、区政府新闻办公室主任、区互联网信息办公室主任
邱朝瀚（4月免）
王亚（女，4月任）
区政府新闻办公室副主任、区互联网信息办公室副主任
项显宇（1月任，4月免）
曾松国（4月任）

区精神文明建设指导中心

主 任 项华琛（4月免）
陈学显 （4月任）
副主任 高乐耕
谢时平（4月免）
赵晓欢（4月任）
王真福

区融媒体中心

主 任 兰小春
副主任 丁欣华
陈 弋（4月免）
张蓓蕾（女，1月免）
孙默静（女，1月任）
王 鹭（女，4月任）

区委统战部

部 长 伊柏峰（11月免）

邹锦雷（12月任）
常务副部长　方宏辉
副部长　刘锦浦（兼）
张　建
部务会议成员　项炳勋
副部长、区政府侨务办公室主任
陈　佳
副部长、民族宗教事务局局长
卢金华
部务会议成员　王向阳
李博铭
唐建国

区委政法委员会

书　记　林小露（12月免）
王高博（12月任）
副书记　贾黎春（兼，3月免）
吴昌亮（3月任，12月免）
李　丹（兼，12月任）
黄挺义（兼，1月免）
赵均宙（兼，1月任）
张光羽（兼）
常务副书记、委务会议成员　姜宝银
副书记、委务会议成员
陈凌云　陈征帆
委　员　梅山群（兼，12月免）
陈学志（兼，12月任）
李　敏（兼，12月免）
章禾舟（兼，12月任）
吴长理
张小龙（12月免）
委　员、委务会议成员　周兆弟
委员、委务会议成员、政治处主任
毛梅琴（女，1月免）
副书记、委务会议成员　杨　海
专职委员、委务会议成员
贾德任（1月免）
委员、委务会议成员、政治处主任
徐苏晨（1月任）
委务会议成员　朱建伦（7月任）

区社会矛盾调处化解中心

党组第一书记　林小露（女，兼）
党组书记　姜宝银（兼）
主任、党组副书记　周德兴
常务副主任、党组成员
周东朝（兼）
陈征帆（兼）
副主任　南　翀
调解专员、党组成员　杨　旸（女）
副主任、党组成员　施荣捷

区委改革办

常务副主任　林克钦
副主任　金娉娉（女）
室务会议成员　金洁琼（女，5月任）

区委编办

主　任　潘文汉
副主任　李剑儒
李慧峰

区委直属机关工委

书　记　蔡军令（兼，女）
常务副书记　张雪梅（女，5月免）
冯　丹（女，5月任）
委　员　陈垂梯（1月免）
吴志豪（1月任）
金军华（4月任）
副书记　金学宙
闫长贤

区委、区政府信访局

局　长　王显峰
副局长　周东朝　刘　辉
局务会议成员、信访督查专员
王　勇
局务会议成员　包善军（1月任）
宋天晓（5月任）

区人大专门委员会及负责人

法制内务司法委员会

主任委员　张光羽
监察和法制司法委员会
副主任委员　朱景所

财政经济委员会

主任委员　王旭辉
副主任委员　曾焕强
陈晓宝（女，1月任）

社会建设委员会

副主任委员　张恩东
孙秋根

区人大常委会机关及负责人

机关党组

党组书记　陈　立
党组成员　曾焕强
朱学东
吴建芳（女）
办公室主任　陈　立
副主任　夏理森
陈　浩

监察和法制司法工作委员会

主　任　许　峰
副主任　林能杰

财经工作委员会

主　任　曾焕强
副主任　王　斌

教科文卫民侨工作委员会

主　任　姜青青（女，1月免）
黄建芳（1月任，12月免）
吴建芳（女，12月任）
副主任　娄锦敏（4月免）
马　辉（4月任）

城乡建设与环境保护工作委员会

主　任　吴伟鸿
副主任　张加福（12月免）

代表工作委员会

主　任　朱学东
副主任　黄爱勇（5月免）
高良铸（5月任）

农村与资源保护工作委员会

主　任　沈爱巧
副主任　徐　浦

研究室

主　任　吴建芳（女，12月免）
王　霞（女，12月任）

社会建设工作委员会

主 任 张恩东
副主任 陈 亮

区政府工作部门、直属单位及负责人

区公安分局

局长、党委书记 黄挺义（1月免）
赵均宙（1月任）
政委、党委副书记 杨晓东
党委副书记、常务副局长 叶 辉
党委副书记 杨晓东
副政委、党委委员 赖立位
副局长、党委委员 陈碎丰（8月免）
吴锡和
陈建武
吴志康（8月免）
党委委员、纪委书记 王献雷
党委委员 朱寿昌 马剑敖
黄晓慧（女）
何继业（6月免）
庄志丹（10月任）
章 贤（10月免）

区政府办公室

（土储中心、大数据管理中心）

主任、党组书记、区政府外事办公室主任、区大数据发展管理局局长
张崇林（1月免）
朱智猛（1月任）
党组副书记、副主任 吴天峰
徐 波（1月任，12月免）
副主任 张韩杰（1月免）
徐 波（1月任，12月免）
李辉星（7月免）
党组成员 李昌鹤（12月免）
张加福（12月任）
左冠怀（1月任）
副主任、党组成员
王海省（1月免）
娄克华
吴良文（5月任）
叶英岳（1月任）
副主任、党组成员 郭艳颖（女）
郑存华（7月任）
许孝兴
区土地储备中心主任 叶英岳

区大数据管理中心

主 任 项朝锋（1月免）
左冠怀（1月任）
副主任 项朝锋（1月任）
张晓洁（女，1月任）

区发展和改革局

党组书记 陈志楠
局 长 陈志楠（1月免）
廖海容（女，1月任）
党组副书记 王 洲(1月任,4月免）
党组成员 王 洲
副局长、党组成员 王良波（5月任）
周建林
副局长 王 洲（4月免）
王 振（1月免）
党组成员 张维芬（4月任）

区经济和信息化局

局长、党组书记、区民营经济健康发展促进局局长 孙方忠
党组副书记 孙 剑
孙元忠（5月任）
副局长、党组成员、区民营经济健康发展促进局副局长
孙元忠
总工程师 项铣招（女，1月免）
副局长、党组成员 冯徽奇
党组成员、总工程师
鲁苏琼（女，1月任）

区教育局

局长、党委书记 郑祥迪
党委副书记、副局长 张纯恩（1月任）
副局长、党委委员 张作尧
蔡朝辉
党委委员、专职副总督学 陈 洁
党委委员 陈 良 徐海莲（女）

区政府教育督导室

主 任 陈军苹（兼，女，5月免）
彭 锋（5月任）

区科技局

局长、党组书记 朱智猛（1月免）
党组书记 周 威（1月任）
局长 董红梅（女，1月任）
副局长、党组副书记 张艳华（女）
副局长、党组成员 冯小华
林 远（1月免）
党组成员 陈 梅（女）

区民政局

局长、党组书记 朱德利
党组副书记、副局长 张崇强
副局长、党组成员 周旭晨
姚海平
丁传荣
党组成员 李中旺 项光荣

区移民服务中心

主 任 李中旺

区司法局

局长、党组书记、区行政复议局局长
张小龙（12月免）
党组副书记、副局长 缪克鸠
副局长、党组成员 林立新
高 强
区行政复议局副局长 高 强
副局长 叶丽蓉（女）
党组成员、政治处主任 林元洪
党组成员 刘 征

区财政局

局长、党组书记、区国资办主任
周德望（4月免）
吴尊林（4月任）
副局长、党组成员 方崇敏（5月免）
副局长 鲁传义（5月任）
副局长、党组成员 施寒毅
党组成员、总会计师 朱爱忠
党组成员、副局长 陈银晔（女）
党组成员、预算编制局局长
李晓青（女）

区人力资源和社会保障局

局长、党组书记 姜祥林
党组副书记、副局长 苏鹭平
副局长、党组成员 孙晓峰（女）
金 鑫

党组成员　陈　豪　　章吉春

区住房和城乡建设局

局长、党委书记、区人防办（区民防局）主任（局长）　宋培鸽
党委副书记　项黎明
党委副书记、副局长　林　森（1月任）
副局长、党委委员　张　和（1月免）
张爱武
王良波（5月免）
冯宪尧（5月任）
党委委员　林日伟

区房产管理中心

主　任　项黎明
副主任　王东升　李春莲（女）
廖　翔

区交通运输局

局长、党组书记　胡中海
党组副书记、总工程师
林　强（1月任）
副局长　林　强（1月免）
副局长、党组成员　谢恩赐（4月免）
副局长、党组成员　陈晓亮
潘步孝
党组成员　林　强
周　森
罗扬扬（11月任）

区公路管理中心

主　任　周　森

区农业农村局

局长、党组书记　吴海滨
党组副书记、副局长　王胜耀（4月免）
党组副书记　吴伊峰（5月任）
副局长、党组成员　吴伊峰
党组成员、总工程师
谢恩赐（4月任）
副局长、党组成员　林小勇
林福廷
党组成员、总工程师　蔡　政（4月免）
党组成员　林光兄
区畜牧管理中心主任
王笑林（女，5月任）

党组成员　徐少波（5月任）

区商务局

党组书记　李　谊
局　长　董红梅（女，1月免）
王　振（1月任）
党组副书记　郑玲莲（女，7月免）
陈　祥（7月任，12月免）
徐　波（12月任）
副局长、党组成员　陈剑秋（4月免）
郑德仕（1月任）
郑二节（女，4月任）
副局长　曹　立（1月免）
党组成员　王　琼（女，4月任）

区服务业发展中心

主　任　张　韬

区文化和广电旅游体育局

局长、党组书记、区文物局局长
林新林（4月免）
邱朝瀚（4月任）
党组副书记　潘忠玉
副局长、党组成员　陈　佐
陈强炜
区文物局副局长　陈强炜
副局长、党组成员　林　森（1月免）
张　成
党组成员　张鲜艳（女）

区卫生健康局

局长、党委书记　黄建芳（1月免）
林　华（1月任）
副局长、党委委员　王仁光
汪月强
周利俊
党委委员　徐　伟（女）
党委委员、创卫办（爱卫办）专职副主任
林　洁（女，5月免）
创卫办（爱卫办）专职副主任
项金武（5月任）
党委委员　项金武
郑　力（7月任）

区退役军人事务局

局长、党组书记　南君晓（1月免）
何海云（1月任）
副局长、党组成员　王勤锷
钱永辉
党组成员　张　博

区应急管理局

局长、党委书记　项　波（12月免）
冯宪芙（12月任）
党委副书记、副局长　张纯恩（1月免）
副局长、党委委员　王晟盛
林为界
厉接孝
党委委员、总工程师　邓仁美（女）
副局长、党委委员　王继超（1月任）
姜春芽
党委委员　董　义
朱世材（1月任）

区审计局

局长、党组书记　包双一
党组副书记、副局长　袁建军
副局长、党组成员　季昌岳
总审计师　陈景双（女）
党组成员　马文星

区市场监督管理局

党委书记　王进才（4月免）
陈　升（4月任）
局　长　陈丕侠
区知识产权局局长　陈丕侠
党委副书记、副局长　章方森
副局长、党委委员　郑文伟
居述东
区知识产权局副局长　居述东
副局长、党委委员　董夫钗
党委委员　单　武
张崇士
高良铸（5月免）
孙良东（1月任）

区统计局

局　长、党组书记　范定绍
副局长、党组成员　陈显尧
林海尧
党组成员、总统计师　陈　达
党组成员　林　晖（女，4月免）

区综合行政执法局

局长、党委书记　陈　升（4月免）
　　项华琛（4月任）
党委副书记、副局长
　　林　丽（女）
副局长、党委委员　陈　军（5月任）
　　孙　成（7月任）
副局长　鲁传义（5月免）
副局长、党委委员　冯宪尧（5月免）
　　吴家强
副局长　郑存华（5月任，7月免）
总工程师　郑存华（5月免）
党委委员　郑存华（7月免）
党委委员、总工程师　郑恩想（5月任）
党委委员　林向阳（7月任）

温州浙南科技城管理委员会各局室负责人

温州浙南科技城管理委员会党政办公室

主　任　李美广（12月免）
副主任　戴进军　吴良文（5月免）
　　徐友德（5月任）
　　姚敏雯（女）

温州浙南科技城管理委员会经济发展局（科技局）

局　长　翁　骥
副局长　黄家建　郑德仕（1月免）
　　郭　林　姜罗克（1月任）

温州浙南科技城管理委员会财政局

局　长　王　勇（4月免）
　　方崇敏（5月任）
副局长　周向前　徐长存（12月免）
　　吴桦槐（女）

温州浙南科技城管理委员会规划建设局（市规划局浙南科技城分局）

局　长　张祥鹏
副局长　林建祥　严　春
　　郑　正

温州浙南科技城管理委员会招商局

局　长　王　扬
副局长　王建敏　邵雪梅（女）
　　黄迟青

温州浙南科技城管理委员会机关党委

专职副书记　蔡爱霞（女）

温州浙南科技城创业服务中心

主　任　左冠怀（1月免）
　　孔令明（1月任）
副主任　孔令明（1月免）
　　薛道帆　刘时敏（1月任）

温州浙南科技城人才服务中心

主　任　邵治荣
副主任　虞成亮　唐爱华（女）

温州浙南科技城建设投资集团有限公司

董事长　邵秀珍
党委书记　邵秀珍
副总经理（比照正科级）、党委委员
　　诸朝辉
　　何　丛
党委委员、总会计师（比照正科级）
　　林胜义
党委委员、监事会主席、纪委书记
　　周德备
党委委员、总工程师（比照正科级）
　　林昌俊
综合管理部主任　张春旭（4月免）
　　张洪博（4月任）
财务管理部（投融资部）主任
　　杨国荣
资产管理部主任　李嘉木（1月任）
工程管理部主任　薛一宇（4月任）
项目开发部主任　王炳桂（5月免）
浙南科技城科泰建设有限公司总经理
　　吕剑峰
开发建设有限公司总经理
　　王　博（5月任）
温州高新物业服务有限公司总经理
　　夏哲平
园区管理有限公司总经理
　　杨　谦（4月任）
温州金昌投资有限公司总经理
　　张　武

空港新区管理中心

主任、党委书记　邵建寨（11月免）
副主任、党委委员　冯茂峰
党委委员、纪委书记　黄新宇
党委委员、总工程师　潘微微（女）
副主任、党委委员　林　敏

温州空港新区管理中心办公室

主　任　王　林
温州空港新区管理中心工程前期处
处　长　黄国梁
温州空港新区管理中心工程建设处
处　长　邵　博
温州空港新区管理中心招商投资处
处　长　唐　峰
温州空港新区管理中心经济发展处
处　长　程建海
温州空港新区管理中心综合服务处
处　长　张彬彬

龙湾城市中心区管委会

主任、党组书记　章　文
副主任、党组副书记　姚国敏
党组副书记、副主任　涂克军
副主任、党组成员　曾松国（4月免）
　　项显宇（4月任）
党组成员、总工程师　张维丰
副主任、党组成员　吴忠南
党组成员　苏如东

区机关事务管理中心

主任、党组书记　何海云（1月免）
　　王海省（1月任）
副主任、党组成员　王甫爱
　　谌晓明
　　徐忠良
党组成员　陈贤娜（女）
　　王素珍（女）

区旅游和体育事业发展中心

主任、党组书记　潘忠玉
副主任、党组成员　沈　跃
　　马　辉（4月免）
　　许善东（4月任）
　　朱　持
党组成员　陈晓明

区供销合作社联合社

主　任、党组书记　王晓春（4月免）
朱东敏（4月任）
副主任、党组成员　吴开明
许善东（4月免）
谢时平（4月任）
陈　锋
郑智锋(12月任)

区投资促进服务中心

主　任、党组书记　郑玲莲(女,7月免)
陈　祥(7月任，12月免)
徐　波(12月任)
副主任、党组成员　姜春媚(女)
金上钟
邱忠贞

区政务服务中心

主　任、党组书记　孙晓武
副主任、党组成员　林炳平
李显国
党组成员、区公共资源交易中心主任
陆振山
副主任、党组成员　陈　军(5月免)
副主任　林发坚(1月任)
副主任、党组成员
王素林(女，5月任)

区金融工作服务中心

主　任、党组书记　孙　剑
副主任、党组成员　姚黎群(女)
朱东敏(4月免)
副主任　张晨晨(女)
副主任　林何芸(女，4月任)

区温瑞塘河工程建设管理中心

主任、党组书记　陈财力
副主任　方培达
副主任、党组成员　张建立
党组成员、纪检组组长
吴志豪(1月免)
党组成员、总工程师　张纯权
副主任、党组成员　邵朝臣

区水利工程建设中心

主　任、党组书记　王益元
副主任、党组成员　娄小龙　邵震环
党组成员、纪检组组长　万晓敏(女)
副主任、党组成员　章达夫
党组成员、总工程师　周成铃
副主任、党组成员　丁聪玲

区交通工程建设中心

主任、党组书记　木鑫泽
党组成员、纪检组组长　董建烽
副主任、党组成员　娄大纲
徐华东(4月免)
副主任、党组成员　潘修程(5月免)
副主任　张渊博(4月任)
副主任、党组成员　许志坤
党组成员、总工程师　金苏梦(女)
副主任、党组成员　徐伟杰(5月任)
党组成员　胡牡娜(女，1月任)

区城市建设中心

主任、党组书记　陈启兴(4月免)
王晓林(4月任，7月免)
倪庆芳(7月任)
党组副书记、副主任　倪庆芳(7月免)
副主任、党组成员　王长耀
党组成员、纪检组组长
诸海疆(女，1月免)
副主任、党组成员　陈祥标
曹茜茜(女)　赵沛侃

温州臻龙建设投资集团有限公司

董事长、党委书记　吴祖岭
总经理、党委副书记　王小友
副总经理、党委副书记
陈　连(5月免)
副总经理、党委委员　杨剑光
朱国品
监事会主席、党委委员、纪委书记
郑元华
党委委员、总经济师　陈自惜(女)
副总经理　周升玮(5月任)

温州高新技术产业开发区投资建设开发有限公司

董事长、总经理　王晓林(4月免)
黄玉增(5月任)
副总经理　王飞武
毛建忠
监事会主席　黄海华
副总经理　项银洁(女)

温州高新区国有控股集团有限公司

董事长　姜　翰(7月任)
总经理　戴　静(4月任)
副总经理　王文博　项建伟

区国有资本投资运营有限公司

董事长兼总经理　陈卢温(4月任)
温州民科产业基地开发有限公司
副董事长　庄海斌
董事长　庄海斌(5月任)
总经理　庄海斌
副董事长、副总经理　陈　连(5月任)
副总经理　王　亮(女)
张建国
监事会主席　杨　峰

温州眼健康产业投资建设服务有限公司

董事长　王　洲(4月任)
总经理　潘修程(5月任)
副总经理　郑建立(4月任)
叶因易(5月任)
监事会主席　章吉康(5月任)

温州眼视光国际创新中心

党组书记、专职副主任
戴　静(4月任)

永中文旅投资建设开发有限公司

董事长兼总经理　何容容(女，5月任)

温州市公安消防局龙湾区分局

政　委　叶东瀛(2月免)
张建星(3月任)
局　长　王　成(3月任，12月免)
副局长　房敏卿(3月任)

区政协机关及负责人

机关党组

机关党组书记　包双二
机关党组副书记　姜　翰(7月免)
潘　伦

党组成员　潘旭宏（4月免）
王进光（1月免）

办公室

主　任　姜　翰（7月免）
李辉星（7月任）
副主任　王　霞（女，4月免）
陈剑秋（4月任）

提案委员会

主　任　王海霞（女）

委员工委

主任　张霞鸿（女，1月免）
项铣招（女，1月任）

经济教科卫体委员会

主　任　潘旭宏（1月免）
副主任　徐苏晨（1月免）

经济科技委员会

主　任　潘旭宏（1月任，4月免）
王进光（4月任，12月免）
姜祥林（12月任）
副主任　贾德任（1月任）

农业和农村工作委员会

主　任　陈思崇
副主任　娄晓杰（5月免）

城乡建设和资源环境委员会

主　任　林光新（4月免）
林新林（4月任）
副主任　王晓春（7月任）

文化文史和学习委员会

主　任　朱伟英（女，1月免）
副主任　陈德明（1月免）

文教卫体文史和学习委员会

主　任　张韩杰（1月任）
副主任　陈德明（1月任）

港澳台侨和外事委员会

主　任　方　华（女，4月免）
王　霞（女，4月任，12月免）
李昌鹤（12月任）

社会和法制委员会

主　任　潘　伦

民族和宗教委员会

主　任　娄长崇

人民团体、群众团体及负责人

区总工会

主　席　张文根（1月免）
王旭辉（1月任）
常务副主席、党组书记　叶铭克
副主席　陈晓宝（女，1月免）
经费审查委员会主任
陈晓宝（女，兼，1月免）
副主席、党组成员　陈兆军
陈钰刚
经费审查委员会主任
陈钰刚（兼，1月任）
党组成员　朱培瑞（女，1月任）

共青团龙湾区委员会

书　记　邵赛慧（女）
副书记　朱显源（5月免）
马嫣檬（女，7月任）

区妇女联合会

主席、党组书记　王余余（女）
副主席、党组成员
王小春（女，5月免）
林　洁（女，5月任）
殷影霞（女）
党组成员　王爱素（女，1月任）

区科学技术协会

主席、党组书记　张　祥
副主席　李　汝（女）
副主席、党组成员　高永军
副主席　王学朝（兼，1月免）
董红梅（女，兼，1月免）
王洪彬（兼，1月免）
冯小华（1月任）
孙元忠（1月任）
徐海莲（女，1月任）
蔡　政（1月任）
党组成员　章学逢

区归国华侨联合会

主　席　李月萍（女）
专职副主席　潘林海
副主席　叶晓宾（女，兼）
王香梅（女，兼）
吴永龙（兼）
陈　旭（兼）
周建国（兼）

龙湾区工商联（总商会）

主席（会长）　沈应琴
常务副主席（常务副会长）、
党组书记　刘锦浦
副主席（副会长）、党组成员
章雅丽（女）
王　勇
党组成员　刘加立

区文学艺术界联合会

主　席　张明春
副主席　黄庆华　　陈　佐（兼）

区残疾人联合会

主席团主席　吕庆雷（5月免）
叶庆权（5月任，12月免）
党组书记　潘建平（1月任）
主席团副主席　廖海容（女，1月免）
张霞鸿（女，1月任）
王忠生（兼）　张韩杰（兼）
执行理事会理事长
廖海容（女，1月免）
张霞鸿（女，1月任）
执行理事会副理事长、党组成员
潘建平（1月免）
林时察
党组成员　朱晓宏

区红十字会

会　长　陈军苹（兼，女，5月免）
彭　锋（5月任）
常务副会长、党组书记　王国建
副会长、党组成员　周　龙
副监事长、党组成员　潘崇银

区计划生育协会

会　长　陈军苹（兼，女，5月免）
　　　　彭　锋（5月任）
常务副会长　黄建芳（1月免）
　　　　林　华（1月任）
副会长　徐　伟（女）　王余余（女，兼）
　　　　季克霖（兼）

区社会科学界联合会

主　席　陈宗杰
副主席　张志霄　　叶　锋
　　　　张小龙（兼）
　　　　王　颖（兼）

民主党派及负责人

中国国民党革命委员会温州市龙湾区基层委员会

主　委　张雪梅（女，7月免）
　　　　项铣招（女，2021年7月任）
副主委　吴桦槐（女）
　　　　张鹏飞
　　　　孙默静（女）

中国民主同盟温州市龙湾区基层委员会

主　委　张霞鸿（女）
副主委　李辉星
　　　　孔令益
　　　　林　培（女）

中国民主建国温州市龙湾区基层委员会

主　委　罗　彬（女）
副主委　柯巴嫩（女）
　　　　彭向东

中国民主促进会会温州市龙湾区基层委员会

主　委　陈丕侠
副主委　王成福
　　　　王　振

中国农工民主党温州市龙湾区基层委员会

主　委　金叶道
副主委　陈　音（女）
　　　　余海敏

中国致公党温州市龙湾区基层委员会

主　委　黄子龙
副主委　朱晓芬（女）
　　　　黄根云
　　　　毛　然（女）

九三学社温州市龙湾区基层委员会

主　委　李国斌
副主委　陈　宏（女）
　　　　石素丹（女）　　张渊博

金融系统与垂直管理单位及负责人

温州市自然资源和规划局龙湾分局

党委书记　陈　康
局　长　钱向光
副局长　赵钦升　　王洪彬
　　　　石素丹　　金立臣
　　　　尚　旭
党委委员　陈　炽

温州市生态环境局龙湾分局

党组书记、局长　曾国海
党组副书记、副局长　周安敏（5月免）
党组成员、副局长　张银忠
副局长　曹雄伟
党组成员、总工程师　周华芬
党组成员　林宇祥　　章松来（5月任）

龙湾区税务局

党委书记、局长　沈余枢
党委委员、副局长　翁　凯
　　　　陈　峰　谢利疆
　　　　诸凌云
党委委员、纪检组组长　罗　军
副局长　黄芒芒

温州市医疗保障龙湾分局

党组书记、局长　潘建华
党组成员、副局长　王靖海　杨向荣

温州市住房公积金管理中心龙湾管理部

主　任　洪文泳
副主任　杨洁晓

温州市不动产龙湾办证处

主　任　姜宝义
副主任　徐晓敏

龙湾区供电分局

局长、党委委员　吴晓初
党委书记、副局长　王强宏（12月任）
党委书记、副局长　江　涌（12月免）
副局长、党委委员　林　珑（3月任）
　　　　田　烨（12月任）
　　　　董伟俊（3月免）
　　　　郑　杨（12月免）
纪委书记、工会主席、党委委员
　　　　周启东
党委委员　陈晓剑

温州市公安局交通警察支队三支队

大队长　谷文林
教导员　杨芳敏
副大队长　吴绍王　　陈磊森
　　　　戴一帆

中国电信龙湾分局

分局长　黄文皓
副分局长　朱宝进　　徐　昉
　　　　黄建峰

中国移动龙湾分公司

总经理　白福进
副总经理　郑钦敏　　贾华国
　　　　周潇潇

中国联通龙湾分公司

总经理　董加周　　康伟伟
副总经理　李芳珍

中国农业银行龙湾支行

行　长　余列东
副行长　王进益
　　　　马　亮
　　　　朱邦达

中国建设银行龙湾支行

行　长　诸　昕

副行长　蔡叶波　张　露（女）

中国工商银行龙湾支行

副行长　林　超（主持工作）
应震国　陆玲玲（女）

温州银行龙湾支行

行　长　王　义（9月免）
叶　丰（9月任）
副行长　朱　培　周明明

龙湾农村商业银行

董事长　朱朋远
副行长　王和乐（主持工作）
杨　俊　陈　林
王烨烨

街道机构及负责人

永中街道

党工委书记　林建兴
党工委副书记　张　文（12月免）
王　奔（12月免）
项　波（12月任）
朱剑锋（12月任）
纪工委书记、区监委派出永中街道监察办主任　戴　静（4月免）
孙福静（4月任）
党工委委员　黄玉增（5月免）
姜蓉曼（女）
徐　芳（女）
朱邦正（5月任）
戴　静（4月免）
邱黎杰（4月免）
夏　静（女）
王良波（7月免）
陈　弋（4月任）
孙福静（4月任）
方建敏（4月免）
陈松发
胡　剑（7月任）
人大工委主任　项东军（5月免）
娄晓杰（5月任）
人大工委副主任　张崇海
朱秀华（女，4月免）
徐华东（4月任）
办事处主任　张　文（12月免）
项　波（12月任）
办事处副主任　黄玉增（5月免）
朱邦正
项小敏
柯声凯
陈　娉（女，7月任）

蒲州街道

党工委书记　上官光架
党工委副书记　王　颖（女，7月免）
张小龙（12月任）
邵建龙（12月免）
王小聪（12月任）
纪工委书记、区监委派出蒲州街道监察办主任　邵中镐
党工委委员　邵中镐
张建达
周　慧
郑祥聪
林素谦
周　千
周　建
陈志登
朱永丽（女，7月任）
人大工委主任　潘国武
人大工委副主任　严国芳　朱建聪
办事处主任　王　颖（女，7月免）
张小龙（12月任）
办事处副主任　张建达
杨　谦（4月免）
徐友德（5月免）
朱显源（5月任）
杜成友
王凯诚（4月任）

海滨街道

党工委书记　林　华（1月免）
刘伟策（1月任）
党工委副书记　周　威（1月免）
陈　祥（7月免）
季华飞（7月任）
纪工委书记、区监委派出海滨街道监察办主任　孙俊巧（女）
党工委委员　章　翼　孙晓瑜（女）
杨选荣　季华飞
王　典　王炳建
王良波（7月任）
人大工委主任　章　炜
人大工委副主任　余海敏
张哲军
办事处主任　周　威（1月免）
林　远（1月任）
办事处副主任　章　翼（7月任）
季华飞（7月免）
郑锦宇（1月免）
郑　朝（5月免）
王振鹤
郑瑶瑶（女，7月任）

永兴街道

党工委书记　王永林（12月免）
张　文（12月任）
党工委副书记　刘伟策（1月免）
项　敏
纪工委书记、区监委派出永兴街道监察办主任　陈李军
党工委委员　王小聪（12月免）
余赛勇
陈凌纯
叶志斌（1月免）
冯显跃
陈李军
朱良柱
夏晓明
许晓光（1月任）
人大工委主任　陈学显（4月免）
吴进军（4月任，12月免）
陈　祥（12月任）
人大工委副主任　周胜耀　吴克俊
办事处主任　刘伟策（1月免）
郑锦宇（1月任）
办事处副主任　王小聪（12月免）
吴夏维　张方剑
喻　皓
黄伊帆（女）

状元街道

党工委书记　潘建潮
党工委副书记　冯宪芙（12月免）
王　奔（12月任）
朱剑锋（12月免）

邵建龙（12 月任）

纪工委书记、区监委派出状元街道监察办主任　鲁苏琼（女，1 月免）

胡小林（1 月任）

党工委委员　张福尧

陈晓毅

鲁苏琼（女，1 月免）

郑祥潇（4 月免）

余　双（女，4 月任）

杨张成

程敬康

曾焕泽

朱建伟

胡小林（1 月任）

人大工委主任　张安畴

人大工委副主任　石崇侠

诸海疆（女，1 月任）

办事处主任　冯宪芙（12 月免）

王　奔（12 月任）

办事处副主任　陈晓毅

孔令益

王洁琼（女）

余　双（女，4 月免）

朱金发（4 月任）

瑶溪街道

党工委书记　姜扬瓯

党工委副书记　林文辉

徐　波（1 月免）

周清泉

张蓓蕾（女，1 月任）

纪工委书记、区监委派出瑶溪街道监察办主任　涂晓梅（女）

党工委委员　刘　健

徐宗帅

胡显东

潘忠森

卢雷雷

涂晓梅（女）

郑　重

人大工委主任　管小鹏

人大工委副主任　张单娇（女）

王炳武

办事处主任　林文辉

办事处副主任　徐宗帅　林建达

张渊博（4 月免）

王松青

董铜章（4 月任）

2021 年龙湾区新任领导名录一览表

表 59

姓　名	任职职务	任职时间
王高博	温州市龙湾区委副书记、政法委书记	2021 年 11 月
吴昌亮	温州市龙湾区委常委、副区长（常务）	2021 年 3 月
王晓春	温州市龙湾区委常委、宣传部部长、温州高新区党工委宣传部部长	2021 年 1 月任
王晓春	温州市龙湾区委常委、宣传部部长、温州高新区党工委宣传部部长	2021 年 11 月免
李　丹	温州市龙湾区委常委	2021 年 1 月
李　丹	温州高新区（浙南科技城）管委会副主任（兼）	2021 年 1 月任
李　丹	温州高新区（浙南科技城）管委会副主任（兼）	2021 年 11 月免
李　丹	温州市龙湾区副区长（常务）	2021 年 12 月
邵建寨	温州市龙湾区委常委	2021 年 12 月
缪克排	温州市龙湾区委常委、温州市龙湾区副区长	2021 年 11 月
李明达	温州市龙湾区委常委	2021 年 11 月
陈永霖	温州市龙湾区委常委、宣传部部长	2021 年 11 月
吴中武	温州市龙湾区委常委、人武部上校政委	2021 年 11 月
邹锦雷	温州市龙湾区委常委、统战部部长	2021 年 12 月
贾黎春	温州高新区党工委副书记，温州高新区（浙南科技城）管委会常务副主任（正县长级）	2021 年 3 月任
贾黎春	温州高新区党工委副书记，温州高新区（浙南科技城）管委会常务副主任（正县长级）	2021 年 11 月免
赵均宙	龙湾区副区长、公安分局局长	2021 年 1 月
陈林彬	温州市龙湾区人大常委会副主任	2021 年 2 月
彭　锋	温州市龙湾区副区长	2021 年 4 月
董建树	温州市龙湾区副区长	2021 年 11 月
夏禹粱	温州市高新区（浙南科技城）管委会主任	2021 年 2 月
张崇林	温州市龙湾区政协副主席	2021 年 1 月

文献选录

温州市龙湾区（高新区）国民经济和社会发展第十四个五年规划和二〇三五年远景目标纲要

温龙政发〔2021〕12号

“十四五”时期（2021—2025年），是龙湾区高水平全面建成小康社会之后，乘势而上开启全面建设社会主义现代化新征程的第一个五年，是为浙江省忠实践行“八八战略”、奋力打造“重要窗口”、争创社会主义现代化先行省，也是为温州市全力建设“五城五高地”、争创社会主义现代化先行市作出龙湾贡献的关键五年。本纲要根据《中共温州市龙湾区委关于制定龙湾区国民经济和社会发展第十四个五年规划和二〇三五年远景目标的建议》制定，主要阐明全区经济社会发展的战略意图，是政府全面正确履行职责的重要依据，是引导市场主体自主决策的重要参考，是全区人民的共同愿景。

第一章　瞄准现代化建设新方位

第一节　发展回顾

“十三五”时期，面对国内外风险挑战明显上升的复杂环境，全区高举习近平新时代中国特色社会主义思想伟大旗帜，全面贯彻落实省委、省政府、市委、市政府和区委、区政府决策部署，锚定建设“五个中心”目标，大力推进经济转型升级、改革开放深化、城市能级提升、民生福祉增进、基层治理创新、生态环境保护等重点工作，有效克服了新冠肺炎疫情突发影响等重大挑战，有力确保了经济社会平稳健康发展，较好地完成了“十三五”规划主要目标任务，如期高水平全面建成小康社会，为开启“十四五”时期奠定了扎实基础。

综合实力显著增强。2020年区本级地区生产总值突破467.7亿元，是2015年的1.36倍，年均增长7%；户籍人均生产总值197216元，是2015年的1.31倍，年均增长6.1%；一般公共预算收入33亿元左右，是2015年的1.32倍，年均增长8.2%。“十三五”时期，区本级有效投资累计完成1653亿元，是“十二五”时期的1.46倍，年均增长10.4%。

创新领跑态势明显。创新能力实现跨越提升，国家自主创新示范区启动建设，实施温州高新区进等升位，综合排名在全国上升至80位，成功迈入前50%；浙南科技城建设加速，落地国科大研究院、科思技术研究院、光子集成创新研究院等九大高等级创新平台，温大激光与光电等3个产业创新服务综合体入选省级创建名单，中国眼谷、天心天思数字经济产业园、大唐5G等全链式专精化产业平台集聚，科创生态产业链条逐渐形成。全区高端平台数、科技人才数、市级以上众创空间面积均位居全市第一。R&D经费支出占GDP比重由2015年的1.9%提高到2020年的2.0%。

产业结构加速优化。围绕温州东部现代服务业中心建设，新业态新模式发展活跃，数字贸易产业初具规模，消费市场持续扩容升级，万达、吾悦等商业综合体辐射能级不断提升，打造新型数字贸易港，落地全球温商新零售服务中心等项目，服务业增加值占GDP比重提高到56.2%。制造业智能化改造、数字化转型提速，数字经济、智能装备、生命健康等战略性新兴产业集聚发展态势进一步明晰，拥有436家规上工业企业，实现温州首个“世界500强”企业、首个超50亿元单体制造业项目落地等历史性突破。农业产业结构持续优化，培育市级农业龙头企业10家，2019年被评为“全国县域数字农业农村发展先进县”。

城市品位明显提升。按照中心区引领发展、状蒲片加速融合、科技城快出形象、高铁新城高起点谋划的思路，大刀阔斧开展城市“大拆大整”“大建大美”，累计实施59个城中村整村（区块）和24个旧工业区拆迁改造，腾出土地超1.45万亩。富春社区、南洋社区入选省未来社区创建试点、试点数量居全市第一，率全省之先创新谋划建设“未来城区”。坚持“大干交通”，预计完成综合交通投资约180亿元，比“十二五”时期实现翻一番，投用T2航站楼，开通市域铁路S1线，建成瓯海大道东延及枢纽集散系统工程、环山北路等项目，温州东部综合交通枢纽地位初步显现。

改革开放持续深化。“最多跑一次”改革向纵深推进，在全省率先实现“无差别全科受理”，打造全市首个“政务服务驿站”。开展“证照分离”省级改革试点，在全市首设“涉企证照工商通办”窗口，率先开展自然资源和规划“五多合一”改革试点。深入实施营商环境“10+N”便利化行动，投资项目审批“最多80天”等改革走在全市前列。积极融入长三角一体化国家战略，加强与上海菊园、苍南、龙港等区域合作（协作），推进四川、新疆、西藏及吉林等地对口工作。对外贸易规模和质量不断提高，外贸进出口年均增长12.2%，境外投资额居全市首位，连续两年获评省外经十强县，拥有首个省级境外合作区。

社会民生全面发展。持续实施“十大民生”项目，民生福祉持续增进，城乡居民收入比由2015年的1.66缩小至2020年的1.59。全力推进品质教育、集团化办学，统筹推进健康龙湾和市区东部医疗康养中心建设，出台《健康龙湾2030行动纲要》，投用温医大附二医龙湾院区、附属口腔医院龙湾院区等项目，国家公共文化服务体系示范区通过验收，全国文明城市通过复评，人均体育场地面积达2.41平方米。基层治理“四平台”“全科网格基层治理模式”特色彰显，投用区社会矛盾纠纷调处化解中心，全省首创“专员调解”模式，省平安区建设夺得银鼎，社会保持和谐稳定。

生态环境不断改善。牢固树立“绿水青山就是金山银山”理念，坚决打好污染防治攻坚战，人居环境质量显著提升，通过国家卫生城市复评，创成省“基本无违建区”。深入实施“五水共治”，累计完成投资66.27亿元，三次荣获全省“五水共治”工作优秀县（市、区）“大禹鼎”荣誉称号。全面开展“大气污染防治六大专项行动”，城市空气质量优良率为96.7%，较2015年提升约11.7个百分点；PM2.5平均浓度为24 μg/m^3，较2015年下降约44.2%。建立土壤污染防治工作体系，提前两年实现城市生活垃圾焚烧处理全覆盖，全面启动“无废城市”创建。

同时也应看到，“十三五”时期龙湾仍存在一些发展不平衡、不充分的问题和短板。特别是：受外部复杂形势影响，经济反弹回升基础还不稳固；产业转型升级难度较大，规模商圈、总部经济等现代服务业培育仍未量变，以数字经济为代表的新技术、新产业、新业态、新模式发展仍不快；创新平台赋能还不够强，重大产业项目引进、高新产业培育、人才引育力度还需加大；城市品质有待全面跃升，具备区域特质的标志性地块和形象建筑仍不凸显；教育、医疗、养老等公共服务供给还不足，与群众对美好生活的期盼还存在差距；社会治理体系仍存在不少短板，法治化、智能化、专业化水平仍需提升。

第二节　面临环境

今后五年，我们将开启新征程。我国要在全面建成小康社会、实现第一个百年奋斗目标的基础上，开启全面建设社会主义现代化、朝着第二个百年奋斗目标进军的伟大新征程。浙江省将争创社会主义现代化先行省，努力以省域现代化先行为全国现代化建设探路。我市将加快建设“五城五高地”，全力“做强第三极、建好南大门”，奋力续写好新时代温州创新史、争创社会主义现代化先行市。“十四五”时期，龙湾将进入一个崭新的发展阶段，步入了新旧动能的提速期、新发展格局构建的窗口期、城市全新蝶变的关键期、改革系统集成的深化期、区域现代治理的迭代期。

今后五年，我们将直面新挑战。世界百年未有之大变局进入加速演变期，新一轮科技革命和产业变革深入发展，新冠肺炎疫情带来巨大变量。新一轮城市洗牌和分化进一步加剧，高端要素向头部城市集聚的态势日趋明显，龙湾将面临更加激烈的区域竞争和城市竞争。龙湾在新动能培育、科技创新支撑、产业结构调整等方面还需大力加强，城市能级、形象品位、区域环境仍亟待提升，社会事业发展、公共服务供给、基层社会治理等短板有待补齐。这些都将给龙湾“十四五”发展带来深刻影响和巨大挑战。

今后五年，我们将叠加新机遇。新一轮科技革命和产业变革蓬勃兴起，正在重塑全球产业链、创新链、供应链、价值链，龙湾作为“一区一廊一会一室”战略的交汇区、核心区，迎来了产业加速转型升级、打造温州创新主引擎的绝佳时机。浙江大力推进“四大”建设，温州加快“五城五高地”和东部产业新区建设，龙湾作为温州地理位置的中心和向东面海发展的主阵地，迎来了城市加速精彩蝶变、打造温州东部新中心的绝佳时机。我国成为全世界疫情期间最安全的国家，中央和省、市持续制定出台一系列化危为机的政策举措，为龙湾高质量发展创造了有利宏观环境。综合而言，各种积极因素和利好效益叠加显现，“十四五”时期龙湾将大有可为。

面对“十四五”和今后一个时期，要胸怀“两个大局”，增强机遇意识和风险意识，深刻认识错综复杂的国际环境带来的新矛盾新挑战，深刻认识新发展阶段的新特征新要求，准确把握和不断放大民营经济、科技创新、内外龙湾人、改革先发等特色优势，保持战略定位，办好龙湾的事，在危机中育先机、于变局中开新局，努力实现更高质量、更加公平、更可持续、更为安全的发展。

第二章　争创社会主义现代先行区

“十四五”时期，要以新发展理念引领龙湾高质量发展，在构建新发展格局中彰显龙湾的使命担当，努力建设“未来城区”，在经济发展、科技创新、区域协调、生态环境、幸福民生、社会治理等各领域拉高标杆谋突破，推动龙湾在忠实践行“八八战略”、奋力打造“重要窗口”中继续走在前列。

第一节　指导思想

高举习近平新时代中国特色社会主义思想伟大旗帜，深入贯彻党的十九大和十九届二中、三中、四中、五中全会精神，统筹推进“五位一体”总体布局，协调推进“四个全面”战略布局，坚持党的全面领导，坚持以人民为中心，坚持新发展理念，坚持深化改革开放，坚持系统观念，坚持稳中求进总基调，以推动高质量发展为主题，以深化供给侧结构性改革为主线，以改革创新为根本动力，以满足人民日益增长的美好生活需要为根本目的，紧紧围绕温州加快建设“五城五高地”，全力做强全省第三极、建好长三角南大门，奋力续写好新时代温州创新史、争创社会主义现代化先行市的战略决策，全面升级“五个中心”战略目标，加快建设“未来城区”，全力打造浙南科创新城、温州产业新城、东部枢纽新城、国际开放新城、滨海幸福新城，全面打响“新中心·大未来”城区品牌，争创社会主义现代化先行区。

第二节　发展目标

聚焦聚力高质量、竞争力、现代化，锚定争创社会主义现代化先行区的主方向，把握加快建设“未来城区”的主路径，明确全力打造“五个新城”的主目标，全力“打造新中心、共建大未来、争创先行区”，为2035年高水平基本实现现代化打下坚实的基础。具体目标是：

综合实力全面增强。经济持续保持健康协调较快发展，一批重大生产力布局加快落地，创成一批“重要窗口”标志性成果，综合实力和竞争力进一步增强。到2025年，全区地区生产总值达到1000亿元，一般公共预算收入达到100亿元，常住人口100万人，新增人才10万人，人均GDP达到高收入经济体水平，GDP保持全省前30强并争取逐年前移，经济强区地位进一步得到巩固和提升。区本级地区生产总值争取突破650亿元，年均增长7%；一般公共预算收入达到50亿元。

创新转型全面突破。经济增长速度、质量和效益更加协调，产业加快向中高端迈进，传统优势产业和战略性新兴产业协同发展，一批百亿级产业和重大项目、平台、企业加快形成。“一区一廊一城一会一室”创新格局更趋完善，主要创新发展指标显著提高，人才资源总量全市领先，高水平创新型城区和人才强区建设取得重大进展，初步建成一流的生命健康、数字经济和智能装备科创高地。到2025年，R&D经费支出占GDP比重达到3.8%左右。

未来城区全面构建。以人为核心的新型城市化提质推进，具备活力创新、弹性适应、智慧互联、安全韧性、人文魅力五大特征的未来城区加快建设。城市框架进一步拉开，“一核引领，两翼拓展，全域未来”的发展格局全面形成。现代综合交通运输体系持续完善，温州东部综合交通枢纽地位全面凸显。城乡统筹发展体制机制更加健全，城区形象和品位大幅提升，首位度和集聚辐射力明显增强。

改革开放全面深化。重点领域和关键环节改革迈出突破性步伐，“两个健康”先行区创建形成示范，放管服改革持续深化，区域营商环境达到国际一流水平，地方金融综合改革、社会力量办社会事业等品牌进一步打响；深度融入“一带一路”建设、长三角一体化发展等战略，对外开放的广度和深度得到新的拓展，高水平对外开放新格局基本形成。

美丽龙湾全面形成。高质量绿色发展新格局全面构建，生态环境基础设施加速建设，城乡生态环境状况持续改善，美丽街区、美丽乡村、美丽田园、美丽河湖等建设串珠成线，全区空气质量优良天数比率稳步提升，全域“无废城市”基本建成，各项生态环境建设指标居省、市前列，实现天更蓝、地更绿、水更清、空气更清新。

民生福祉全面改善。居民收入与经济发展保持同步，城乡居民收入差距持续缩小，实现更加充分更高质量就业，覆盖城乡的高水平公共服务体系更趋完善，教育、医疗、文化、体育、社保等事业全面发展，人民全生命周期需求普遍不断得到满足，成为最具幸福感的城区之一。到2025年，城乡居民收入比缩小到1.55左右，人均期望寿命达到83岁。

先进文化全面发展。社会主义核心价值观深入人心，新时代温州人精神持续激扬，龙湾优秀文化得到大力弘扬，文化产业加快发展，文化及相关产业增加值达到26亿元。人民精神文化生活日益丰富，地域优秀文化和区域文化品牌全面彰显，海内外龙湾人文化认同和奋斗动力显著增强，全社会文明程度不断提升，“人文龙湾”形成鲜明特色。

县域治理全面提升。党政机关治理体系和治理能力现代化不断推进，初步建成利民为本、法治为基、整体智治、高效协同的现代政府。“法治龙湾”“平安龙湾”建设取得显著成效，各领域法治化治理水平明显提高，常态化跻身全省平安建设第一梯队。区域社会治理现代化水平明显提升，突发事件应急处置能力和防灾减灾能力显著增强，共建共治共享的社会治理格局基本形成，社会持续保持和谐稳定的良好局面。

第三节　远景目标

根据第二个百年奋斗目标的阶段安排，龙湾在全面完成“十四五”发展目标的基础上，继续朝着现代化第一阶段的远景目标奋进。到2035年，“六个浙江”、温州“五城五高地”建设在龙湾全面落实并充分体现，成为“重要窗口”最有力的建设者维护者展示者，成为我国高水平基本实现现代化的先行区。全面现代化的综合发展体系基本构建，高水平创新型城区和未来城区基本建成，经济实力、创新实力、城区承载力、综合竞争力大幅跃升，成为名副其实的浙南闽北科技创新辐射源；高水平建成整体智治、唯实惟先的现代政府，全面建成法治城区、法治政府、法治社会，“平安龙湾”“法治龙湾”建设达到更高水平，区域治理体系和治理能力现代化水平全国领先；文化软实力和竞争力显著增强，居民素质和社会文明达到新高度，龙湾地域特色文化影响力不断提升；城乡居民生活水平大幅提高，人均收入达到发达经济体水平，高水平公共服务体系更加完备，全区人民共同富裕迈出更加坚实步伐；生态文明理念更加深入人心，城乡生态环境水平全国一流，基本实现人与自然和谐共生的现代化；党的领导高效执行体系全面形成，全面从严治党持续深入推进，“清廉龙湾”全面建成，政治生态更加风清气正。

第四节　战略重点

围绕“十四五”发展目标，必须突出六大战略重点：

活力创新，创新驱动引领发展。把创新作为最核心最持续的竞争力来抓，深入实施创新驱动发展战略，以“一区一廊一城一会一室”建设为引领，努力在创新平台上提能造峰，在创新人才上集聚裂变，在创新主体上提质增效，在创新生态上争创一流，推动高水平创新型城区和人才强区建设取得重大进步，创新成为龙湾赢得发展赢得未来的制胜法宝。

弹性适应，城市能级持续提升。围绕温州做强都市区主中心，立足温州东部新区建设，发挥龙湾在温瑞平原一体化、瓯洞一体化和瓯江两岸协调发展中承担的重要角色，构建以生态基底为约束、交通骨架为引领、未来城市单元为支点的城市空间形态，打造温州都市区最具活力的新兴增长极，助推温州拉开都市区大框架和提升城市首位度。

智慧互联，民营经济数智驱动。紧紧把握数字经济战略机遇，强化数字赋能，实施数字经济“一号工程”2.0版，推动数字经济与实体经济深度融合，加快建设都市智造中心、构建城市经济高地、发展现代都市农业，全面推进以城市大脑为主的新一代信息基础设施，抢占数字时代竞争制高点，为民营经济高质量发展提供龙湾样板。

安全韧性，安全发展先行示范。牢固树立总体国家安全观，坚持统筹发展和安全，强化底线思维和风险意识，把安全贯穿发展各领域和全过程，切实加强安全体系和能力建设，有效防范化解各类风险挑战，全力保护并修复自然山水生态格局，创成省级安全发展示范城区，着力营造有利于发展的安全环境。

人文魅力，幸福家园共建共享。牢固树立以人民为中心的发展思想，培育践行社会主义核心价值观，高质量办好民生事业和民生实事，全面提升人的全生命周期民生服务，提高区域治理水平，让人民群众共同享有改革发展成果，促进更高水平更加公平的共同富裕，进一步提升人民群众获得感、幸福感、安全感。

系统集成，改革开放纵深推进。站在“两个一百年”、新发展格局等大背景下，加强前瞻性思考、全局性谋划、战略性布局、整体性推进，以全面数字化改革为牵引，以重点领域和关键环节改革开放为主要途径，固根基、扬优势、补短板、强弱项，高水平建设全域未来城区。

第三章　围绕三化三地，全域建设未来城区

将率先开展未来城区建设作为龙湾科学把握新发展阶段、贯彻新发展理念、落实新发展格局的重要主抓手，成为忠实践行“八八战略”、奋力打造“重要窗口”的探索实践。

第一节　落实未来城区理念

把握“三化三地”理念。准确把握未来城区建设体现人本化、生态化、智慧化“三化”和生活地、工作地、旅游地“三地”的理念，以“三化”为价值坐标，以“三地”为现实坐标，用未来视角、国际视野创新理念、标准、规划、设计，试点全域未来社区，通过点线面结合推进产、城、人深度融合，打造百亿级税收、百万级常住人口、千亿级地区生产总值的温州东部新兴增长极，加快建设未来城区，争创社会主义现代化先行区。

追求“三化”价值。以满足人民美好生活向往为根本遵循，以“人本化”为核心、“生态化”为特色、“智慧化”为路径，以创新为第一动力、协调为内生特点、绿色为普遍形态、开放为必由之路、共享为根本目的，构建有活跃强度的科创新城、有发展高度的产业新城、有立体广度的枢纽新城、有改革深度的开放新城、有民生温度的幸福新城，打造具有中国气质、瓯越风格、龙湾特色的现代化先行城区样板。

落地“三地”现实。以创新应用未来社区的九大场景为支撑，形成服务需求全覆盖、服务人群全覆盖、服务响应零延迟的未来城区全生活、全生产、全生态链图景。聚力打造“五个新城”的主目标，全力构建“一核引领，两翼拓展，全域未来”的新型城市功能单元，塑造未来城区五大鲜明标识，突出彰显生活地、工作地、旅游地未来功能复合集成的内涵特征，实现引人、留人、聚人，成为最优工作地、最佳生活地、最美旅游地。

第二节　构建全域未来空间

优化空间布局。坚持全域规划、多规合一，构建“一核引领，两翼拓展，全域未来”的发展格局。“一核引领”：以滨海大道以西、茅竹岭以东为区域，以市域铁路S1、S2、地铁M2线为交通通道，构建“两城一带一单元”融合发展新格局，推进城市服务能级和构架的扩容提质，建设温州东部新区，成为引领温州城市东部发展核心。“两翼拓展”：以滨海大道以东为区域，利用龙湾国际机场、围垦空间等条件，打造沿海现代产业集聚区；蒲州、状元向西双向融合发展，建设富春商务区、沿江风情带等重点区块，打造状蒲都市拓展区。“全域未来”：按照未来城区建设的理念，加快龙湾全域均衡发展、各领域协调推进，增强龙湾辐射力和影响力，打造温州都市区最具活力的新兴增长极。推进空间治理现代化，发挥发展规划的战略导向作用，做好国土空间总体规划的衔接工作，科学合理谋划城镇、农业、生态空间，提升人口、产业等核心资源承载力。

建设未来乡村。深入实施乡村振兴战略，高质量建设一批“乡村公园”，高起点谋划未来村庄、数字乡村，持续推进美丽乡村、美丽田园、美丽河湖、美丽街道创建，完成“污水零直排区”全域创建。持续打好四好农村路工程、农村小游园工程、小城镇整治工程、高标准农田建设工程等基础设施建设的组合拳，全面提升乡村环境。完善公共服务统筹，适应农村人口结构和经济社会形态新变化，加快推动教育、医疗卫生等公共服务资源在全区内优化配置。到2025年，所有建制村达到新时代美丽乡村创建标准。高标建设环大罗山乡村振兴示范带、空港都市休闲农业示范带等。实施新一轮村集体经济强村计划，深挖优质村集体经济项目，拓宽农户收入渠道。

促进区域协调发展。围绕温州“东拓”打造东部核心增长极的部署，加快推进龙湾区和温州经济技术开发区的统筹规划建设，推进目标共推、空间共构、产业共兴、项目共谋，建设温州东部百万级人口高地，共建国家级产城融合示范区、长三角先进制造集聚区和东南沿海科创示范区，成为都市区最具活力的新兴增长极。围绕温州“北跨”加快推进拥江发展，积

极配合瓯江两岸统筹规划和协调开发，加快推进跨江轨道交通、市政桥梁、过江通道建设，实现协同开发、融合发展。围绕温州“南联”联动温瑞全面融合发展，以环大罗山科创走廊龙湾片区建设为重要载体，加快龙湾区与瑞安市、鹿城区、瓯海区等地的双向融合发展，加速温瑞平原一体化。

第三节 提升城市未来功能

深化城市有机更新。以温州东部新城、状元南单元、开发区东单元等片区开发提升为导向，实施海滨南片、奥体小镇单元等区块的旧村拆迁改造，拆除旧房面积约150万平方米；全力推进状蒲片工业企业征收，腾出土地近5000亩，为打造未来城区提供空间。以规划单元（街坊）整体理念，统筹推进“清零”提速，持续推进2020年前城中村改造攻坚村、安置地块等“清零”攻坚工作，“十四五”时期争取完成拆改区块“清零”3000亩以上。全面推进老旧小区改造和美丽城镇建设，力争到2025年基本完成老旧小区改造任务。

打造全域未来城区示范走廊。衔接“S+M”城市轨道站点布局，坚持TOD理念，深化轨道交通和新型城市化融合发展，平战结合推进轨道交通沿线土地综合开发利用，高品质建设富春、南洋等两个省级未来社区，加快谋划云创、东部新城、状元北、状元南、南洋、永兴、科技城北、奥体－永昌路、空港等未来社区，构建未来邻里、教育、健康、创业、建筑、交通、能源、物业和治理等九大场景，打造全域未来城区示范走廊。加强城市景观风貌设计和管控，形成具有鲜明辨识度的城市品牌形象。

深度挖掘城市文旅功能。做好文旅融合、文化产业发展文章，丰富未来城区文化内涵。以“山海古堡·未来之城”为主基调，共推建设瓯江山水诗路文化带，深入推进“诗画浙江·百县千碗”工程，深度融合“旅游＋工业”“旅游＋非遗”“旅游＋研学”等产品，打造创新型都市文旅生活目的地。“十四五”时期，创建2个AAA级旅游景区，打造1个文旅型特色小镇、3个研学基地。以数字内容为突破口，推动“文化＋”融合发展，重点发展创意设计、数字创意、文化影视作品、文化用品制造业等文化产业，建设和提升浙南云谷、文昌文化创意街区、红连温州全球数字经济创新中心等文化产业园区、文化创意街区，力争培育和壮大一批在业内具备影响力的文化企业。健全市场准入和退出机制，实施文化企业培育计划，加大文化执法监督力度，优化产业发展市场环境。到2025年，文化产业增加值达26亿元，年均增长10%。

提升市政基础设施。建设绿色韧性、适度超前的市政公用设施，加快补齐城市路网系统功能性短板，推进城镇污水管网全覆盖、全收集，优化提升生活垃圾分类清运体系、建筑垃圾处理体系。加强城市绿地的规划、建设、保护和管理，打造“推窗见绿、出门见景、百米见园”的“公园城市”。建设更高水平的智能电网，完善500千伏主干网和220千伏主网，实施兴南、永中、航南等110kV输变电工程以及吾悦广场变电站、永强变电站迁建工程。强化天然气供应保障，2025年实现城市建成区、工业园区天然气全覆盖。

强化水利安全保障。实施海塘安澜、平原排涝、水资源优化联调、美丽河湖、数字水利“五大工程”，构建高标准防洪保安网、高水平水资源配置网、高品质幸福河湖网、高效能智慧水利网，构建现代化水利基础设施体系。高效建设海绵城市，在浙南科技城、未来社区等片区打造一批海绵城市试点项目，稳步提升城市防洪防涝消污减灾等综合能力。到2025年，建成区基本达到海绵城市建设目标要求。

推进城市智慧化运营。打造智慧精准、协同高效的城市管理新样板，以提升城市精细化管理为核心，积极拓宽“城市大脑”应用场景，加快交通、能源、水利、环保等传统基础设施数字化改造升级，协同建设智慧城市、智慧社区等。积极开展智慧化场景业务融合应用，推进云计算、大数据、区块链等新一代技术在经济运行、生态环境、安全防控等领域深度融合应用，提升基层智慧治理水平。

第四节 营造全域未来美丽

提升城乡生态环境。严格落实生态保护红线，建立以“三线一单”为核心的生态环境分区管控体系，构建绿色低碳发展空间格局。全力推进瑶溪省级风景名胜区、龙湾树排沙省级海洋特别保护区等各类保护地的规范化建设和管理，实现省级自然保护地全部达到国家级规范化建设要求。统筹推进山水林田湖海系统治理，实施森林、山体、湿地、海岸线等重要生态系统保护和修复重大工程。高水平推进国土绿化，深入开展平原绿化和森林扩面提质，建设瓯江生态廊道，加大生态空间破碎化治理力度。全面加强矿山生态环境整治、修复和绿化。推进海岸线保护与受损岸线整治修复，优化海岸线功能。强化生物多样化保护，加强古树名木专项保护。

深化环境污染防治。坚决打赢蓝天保卫战，实施能源结构持续优化、机动车船废气污染协同防治、用地结构优化调整、工业源污染综合治理强化等四大清新空气行动。到2025年，煤炭消费总量、占能源消费总量比重下降幅度、发电和集中供热用煤占比达到省要求。全面深化五水共治碧水行动，推进“五水统筹”，力争再夺“大禹鼎”银鼎。完成“污水零直排区”全域创建，优先实施瓯江主要入海河流总氮、总磷浓度控制，到2025年，入海河流（溪闸）总氮浓度有效下降，总磷只降不升。坚决落实“土十条”，推进土地安全利用和治理修复。加强管控农用地和建设用地土壤污染风险，确保受污染耕地安全利用率、污染地块安全利用率均达93%以上。聚焦固体废物减量化、资源化、无害化水平提高，统筹推进工业和其他固体废物管理，构建固体废物多元处置体系，到2022年，全域创成“无废城市”。强化噪声污染长效监管，重点加强道路交通噪声污染防治，加强对餐饮业、娱乐业、商业等噪声污染源的控制管理。

构建绿色发展体系。健全以产业生态化和生态产业化为主体的生态经济体系。全过程推进生产方式的绿色低碳循环化改造，推进传统制造业向绿色制造转变，培育壮大节能环保、清洁能源产业。推进垃圾分类和再生资源体系建设，强化废弃资源综合利用，鼓励“再制造”产业发展。积极引导绿色生活方式、绿色消费，鼓励购买绿色环保低碳产品。推广绿色节能低碳建筑技术，建设“零碳建筑”“零碳企业”“零碳社区”“零碳街区”等。推进绿色政务，开展党政机关落实无纸化办公、绿色采购等行动。

完善生态文明机制。健全生态文明建设考核制度，深化河、湖、湾（滩）长制，开展领导干部自然资源资产离任审计。深入实施生态环境损害赔偿制度。实施生态环境分区分类管控，依法落实空间、行业、项目、总量等方面的环境准入要求。加强生态环境执法监管，严格落实“双随机、一公开”监管模式。积极探索社会力量参与生态环境治理、验收、监测、监督等方面。探索“互联网+环保”模式，构建陆海统筹、天地一体、上下协同、信息共享的生态环境监测网络，实现环保精细化管理。创新生态保护补偿机制，持续优化绿色发展财政奖补机制，建立稳定的环境治理财政资金投入机制。建立健全市场化、多元化生态补偿机制，探索建立绿色债券融资奖励制度、绿色产业企业上市奖励制度，在重污染高风险行业推行环境污染强制责任保险。发展基于排污权、碳排放权等各类环境权益的融资工具，拓宽企业绿色融资渠道。

第五节 强化项目支撑赋能

着力优化投资方向。要创新目标任务，突出未来城区的支撑项目，着眼于项目谋划，制定持续化项目清单，兼顾好重大配套项目建设、重大产业项目招引落地。把握国家“两新一重”等重大投资方向，坚持“新基建+传统基建”协同发力，保持投资合理增长，不断优化投资结构，确保交通投资、城市更新和水利设施投资、高新产业投资、制造业投资、民间投资等结构性指标快于面上投资增速。实施新基建行动计划，加大5G网络、大数据、云计算、充电桩等新型基础设施建设力度。加强新型城镇化建设，加快推进未来社区、旧村改造、公共服务、生态环保等补短板领域投资，提高城市品位和能级。强力推进交通、水利等强基础、增功能、利长远的重大项目建设，提速政策处理，落实土地保障，完善重大项目落地协调机制。深入实施省市县长项目工程和市级“521”项目工程，推进一批具有乘数效应的重大项目落地，引领投资结构优化。

强化招商引资工作。坚持招商引资“一盘棋”，以规划、项目、政策、资源、落地五大统筹为重点抓手，构建上下联动、部门协同、共同发展的工作格局。强化五大直招商小组，协调推进其它招商小组根据实际需求开展点对点上门招商。优化招商模式，强化亲情招商、委托招商、飞地招商、基金招商等重点路径。丰富招商活动，每年召开各类专题推介活动，举办“世界温州人大会龙湾分会”等活动，大力招才引智。推动“一站式”项目服务，强化统筹流转，建立客商信息库、空间要素库、项目储备库“三库”平台，实施重大招引项目“一事一议”“一企一策”，提高招引落地效率。聚焦数字经济、智能装备、生命健康等战略性新兴产业，编制产业空间要素、政策要素和招商目标企业三大指导目录，形成大数据招商地图。“十四五”时期，力争累计招商引资到位资金突破300亿元。

创新投融资机制。以片区综合运营开发模式为主导，以市场化手段加快推进重点片区开发建设，采用“授权开发+投资合作+EPC+O”的合作模式，封闭区域开发，资金自求平衡。强化企业投资主体地位，坚持企业投资核准范围最小化、核准事项最少化，推进企业投资便利化管理改革，进一步降低企业成本负担，充分激发社会投资动力和活力。积极争取国家城市停车场、新型城镇化建设等政府专项债券资金，向上争取再贷款再贴现、专项资金、政策性银行专项信贷等资金。更好发挥政府产业基金的引导作用，以政府引导资金撬动社会投资。开展基础设施领域不动产投资信托基金（REITs）试点，制定实施重大交通基础设施投融资政策。着力提升国有资本、国有资产统筹运营能力。

第四章 动力源泉集聚，打造浙南科创新城

坚持把创新作为现代化建设的第一动力，推动平台、项目、人才、资本、政策等高端要素快速集聚，发挥乘数效应，形成“高峰凸显、高原崛起”创新发展态势，基本建成高水平创新型城区，全力打造浙南科创新城。

第一节 提能造峰创新平台

持续深化自创区“八大攻坚”、高新区进等升位新超越行动。用足用好国家支持政策先行先试、体制机制改革、营商环境优化等条件，持续深化自创区“八大攻坚行动”，确保发挥“一区五园”领头羊作用。持续深化高新区进等升位新超越行动，找准定位、奋力赶超。“十四五”时期，温州国家高新区排名稳步前移，并力争进入全国前30%。

高水平建设环大罗山科创走廊龙湾片。实施《环大罗山科创走廊温州高新区（龙湾）片区发展规划》，形成“一廊、两轴、四组团、十二节点”的空间格局，全力打好环大罗山科创走廊重点区块打造、路网建设、整治提升“三大会战”，放大聚合效应，健全创新生态，打造具有较强吸引力、

竞争力的科创金名片。

基本建成浙南科技城。紧盯“一三五八”开发时序，聚焦核心区开发建设、高能级科研平台产业化服务、城市综合管理智治化等重点工作，固定资产投资累计完成500亿元，开发建设用地累计完成15平方公里，呈现基础设施完善、城市功能健全、生态环境优美的现代化科技新城。到2025年，城市人口达到15万人，工业总产值达到500亿元。

放大青科会峰会效应。配合市委、市政府全力做好各年度青科会峰会的筹备和保障工作，加快青科城等项目实施，争取青科会永久会址落地。持续释放“峰会效应”，开展温州全球精英创新创业大赛及行业赛、生物材料与转化医学国际研讨会、激光与光电智能制造国际研讨会等系列活动，推动峰会成果落地，打造世界青年科学家创新创业最佳实践地。

加快构建瓯江实验室。加强与省市联动配合，全面承接瓯江实验室建设，建成省级实验室，力争成为国家实验室分部。围绕布局组织器官再生与重塑、眼疾病与视觉功能康复、脑疾病与认知功能康复、再生医学材料、高端医疗器械（装备）等五大集群，推进省部共建眼视光学和视觉科学国家重点实验室建设，加快“中国眼谷”建设，积极承接其它领域的高能级平台建设，努力打造再生调控与眼脑健康等领域的全国第一、国际领先的科创高地。

第二节　提质增效创新载体

搭建行业创新平台。实施新型研发机构培育提质增效计划，面向应用基础研究、前沿技术研究等产业创新重大需求，深入开展产学研合作，建设十大高校研究院、创新中心、实验室等高能级研发机构。实施产业技术创新战略联盟发展工程，建设“千家企业”新型研发组织，组建产业技术研究院、协同创新中心、制造业创新中心等新型研发机构。提升和创建五大产业创新服务综合体，到2025年，争取新增省市级产业创新综合体2家以上。

强化企业创新主体地位。实施科技企业新“双倍增”行动计划，到2025年高新技术企业达350家、科技型中小企业达1650家。完善企业研发体系，培育和建设一批国家级、省级、市级的企业技术中心、企业研究院、工程研究中心等企业研发机构。到2025年，新增市级以上企业研发中心80家，规上企业研发机构全覆盖。实施新经济企业培育计划，开展雏鹰、瞪羚、独角兽企业的认定及培育工作，累计新增区瞪羚企业13家左右、区雏鹰企业6家左右。到2025年，全区规上工业研发费用总量进入全市前3，R&D经费支出占GDP比重达到3.8%左右。

第三节　争创一流创新生态

优化科技服务体系。系统构建“产学研用金、才政介美云”十联动创新创业生态，进一步优化有利于创新资源集聚、创新人才引育、创新成果转化的创新生态环境。深化国家知识产权试点园区和省级知识产权服务业集聚发展示范区建设，进一步发挥温州知识产权大港湾、温州科技大市场等服务平台的作用，完善知识产权维权援助机制，健全知识产权管理服务体系。发挥“互联网+”新优势，建设科技成果转化中试基地或联盟，搭建网上技术市场，优化科技成果交易体系。推进科技成果转移转化，制定技术成果产业化扶持政策，打造高端技术成果汇聚高地。

加大财政金融支持。建立财政科技投入稳定增长机制，重点实施卡脖子技术“揭榜挂帅”、企业研发投入正面激励等制度。优化创新资源地图服务、研发费用加计扣除政策服务，完善科技项目及经费管理办法。依托温州科技金融中心建设，构建以科技银行为先导，小额贷款、科技保险、天使投资为支撑的多层次、多元化科技金融服务体系。发挥科技信贷风险池作用，鼓励金融机构科技企业提供知识产权质押、科技保险等科技金融服务。引导发挥创投基金作用，研究建立生命健康、智能制造、数字经济三大新兴主导产业基金。

营造创业创新氛围。建立科技创新容错机制，探索推行包容审慎监管模式。弘扬创新创业文化，高质量办好温州全球创新创业大赛、大学生创业大赛等系列品牌活动，树立龙湾“双创”新热土形象。积极拓展创客空间，打造一批集政策支持、导师帮扶、金融服务、创业培训于一体的综合性创客联盟。完善鼓励创新、支持创造、激励创业的政策措施。

第四节　集聚裂变创新人才

完善人才引育体系。全面落实省、市人才新政有关政策，深入实施龙湾人才新政，构建贯通人才引进、培养、评价、流动、激励的全链条体系，到2025年人才资源数达20万。抓住全球人才流动加速和大量留学人员回国创业的机遇，以“鲲鹏行动”计划为抓手，大力引育一批科技顶尖人才和领军人才。高水平实施“特支计划”“罗峰领雁”等市区两级重大人才工程，全面推进海外引才和大学生招引“510计划”攻坚行动，举办垂直行业全球精英赛等赛事，探索开展“柔性引才”模式，支持吸引高端人才团队创新创业。到2025年，新增引育海内外高层次创新创业人才1500名、高水平创新创业团队20个以上。推进人才和项目市场化评价机制改革，强化企业在人才引育中的主体地位；建立以创新要素和贡献为导向的人才分配激励机制，进一步激发各类人才创新创业活力。深入实施“区人才住房租售并举”工作，多渠道筹建和推进人才房建设，打造一批未来人才社区；完善医疗保障、子女入学、配偶就业、户籍迁移等配套政策，增强人才归属感。

搭建人才集聚平台。开展孵化载体和园区提质行动、专业化众创空间培育计划，加强对孵化器、众创空间绩效考核，实行长效管理机制，在全区形成建筑面积超百万平方米、全链条孵化体系的“众创空间—孵化器—加速器－产业园”。开展创业孵化基地建设“双清零”行动，积极打响创新创业新天地、浙南·云谷MCN孵化街区、激光与光电孵化器、温州海创园、文昌创客城市客厅等孵化平台重点品牌，加快打造省级、国家级创业孵化基地。支持高校、科研院所和企业创建省级以上双创示范基地。到2025年，新增市级以上双创载体5家。支持建设海外创新孵化中心，鼓励发展虚拟创新创业社区，支持科技领军企业围绕优势细分领域建设专业孵化平台。有效发挥新乡贤作用，同步建设乡贤馆、党派之家、龙商家园，打造世界龙湾人家园，助推资本回归、智力回归、情感回归。

第五章 数字经济引领，打造温州产业新城

抢抓新一轮科技革命和产业变革机遇，以数字经济“一号工程”2.0版为引领，深入实施制造业发展双轮驱动战略，着力打好产业基础高级化、产业链现代化攻坚战，构建现代经济体系，全力打造温州产业新城。

第一节 实施数字经济“一号工程”2.0版

深化数字经济“两区”建设。深入实施数字经济“一号工程”和五年倍增计划，深入推进省级数字经济创新发展试验区、省级信息经济示范区建设。紧扣省级数字经济创新发展试验区创建要求，重点在新产业、新场景、新治理、新机制四个方面开展探索应用，积极打造软件与信息技术服务产业链、智能终端与通讯网络设备产业链等一批标志性成果，成为全省数字经济创新发展的龙湾范本。深化建设省级信息经济示范区，进一步推进信息经济企业、机构、人才的提质扩量，放大示范引领作用。

发展数字产业化。壮大基础产业，加快北斗卫星产业基地建设，打造以北斗技术及其产业化应用为特色的国家级示范基地；推动集成电路、软件和信息服务业、元器件及材料等基础产业集聚发展并向价值链中高端升级。做强新兴产业，重点实施天心天思数字经济产业中心、温州浙南科技城互联网服务中心等项目，在云计算、大数据、物联网等领域形成一批创新成果和行业解决方案，培育一批有一定影响力的数字经济产业。布局前沿产业，建设大唐5G全球创新中心，加强区块链、虚拟现实等关键技术研究与产品开发。以浙江首批5G城区建设为动力，提速建设光网城市，改造升级5G核心传输网，新改建5G基站500个以上，实现城区5G信号全覆盖，打造“新网络”。到2025年，区本级实现数字经济核心产业增加值65亿元左右。

推动产业数字化。实施“5G+工业互联网”工程，加快建设SupET等跨行业、跨领域的工业互联网平台，培育打造一批行业级、企业级工业互联网平台和面向特定行业、场景的工业App，率先建设一批应用场景示范工程。到2025年，建成特色行业“云服务平台”3个以上，行业级工业互联网平台5G应用率达到100%。推动中小微企业“上云用数赋智”，培育一批示范性云平台和云应用标杆企业，继续深化“机器换人”“工厂物联网”和“企业上云”专项行动，建设百家“未来工厂”，推进千家企业上云，实现规上工业企业智能化技术改造诊断服务全覆盖。全面推行产业链数字化、网络化、智能化，打造一批“智慧车间”“智慧工厂”“智慧园区”。推进大数据、物联网、人工智能等新一代技术与农业、服务业深度融合，全面推动数字贸易、数字金融、智慧物流、数字文创、数字农业等产业融合发展。

第二节 建设都市智造中心

实施产业链重塑计划。全力推动制造业产业基础再造和产业链提升，聚焦传统特色产业重点领域，开展产业链评估修补，实施纵向补链、横向拓链。积极推动产业链协同创新，建设产业联盟。全力提升区域产业链现代化水平，开展“卡脖子”关键核心技术与断链断供技术攻关，实施制造业首台套提升等工程，着力提升企业基础创新能力，参与共建共享安全可控产业链。加快制造业供应链安全体系建设，强化产业链供应链稳定。到2025年，基本形成涵盖区域传统制造业、战略新兴产业核心领域，兼具强稳定性、安全性和竞争力的产业链供应链体系。深入实施质量强区战略，开展质量提升系列行动，推动质量革命。

提升五大传统产业。聚焦“数字化、集群化、服务化”，谋划建立传统制造2.0版新政和评价体系，争创省级制造业高质量发展示范区。高水平打造阀门、特殊钢、鞋业、服装、制笔等具有龙湾特色的产业链，每个产业链培育1–2家链主企业。推动与温州经开区跨区域共建产业基础链，共同打造鞋业、服装等若干个百亿级的传统产业地标式集群。“十四五”时期，传统制造业规上工业增加值年均增长7%以上。注重建筑业转型提升，培育具有科研、设计、采购、施工一体化优势的大型骨干建筑企业，推行钢结构装配式住宅建筑，推动建筑业“走出去”，打造建筑业强区。

培育三大新兴产业。聚焦三大新兴产业培育，强化与温州经开区的协同发展，共同打造新兴产业集聚高地。做强数字经济核心制造产业，引导传统电子元器件、电线电缆等低端产业逐步向激光与光通信、物联网设备等高端产业升级。加快智能装备产业培育，推进智慧产业化、产业智慧化，重点推进特色产业发展壮大。聚力发展生命健康产业，充分发挥温州眼视光创新综合体引领优势，打造高水平健康制造产业集群。到2025年，力争区本级高新技术企业增加值年均增长15%，占规上工业增加值的比重达到70%。

超前布局N个未来产业。推动未来产业价值链布局，在人工智能、生物工程、量子信息、第三代半导体、柔性电子、前沿新材料等重点领域，推动产业链资源的整合优化，增强对未来产业价值链的影响力。紧盯射频前端芯片产业链，精准围绕国产电子设计自动化（EDA）软件、芯片器件、芯片模组、国产制造装备、封装测试、半导体原材料等六大领域，以商招商向外辐射招引上下游配套企业，不断延链补链，努力打造千亿产业链条集群。以实现重点科技领域的战略领先为目标，面向引领工业生产和人民生活实现跨越式发展的前沿方向，建立变革性和颠覆性技术科学基础的培育机制，以新科技产业化培育和发展未来产业。

强化平台支撑体系。深化“十园千企”工程，建设空港新区智造小微园、天心天思数字经济产业园等一批特色产业小微企业园。到2025年，新增投产小微园5个、累计新增建筑面积50万平方米以上。创新产业发展载体，围绕战略新兴培育，谋划建设“产业龙头＋主导产业链＋产业创新中心＋产业资金＋产业服务平台＋产业社区”六位一体融合发展的价值创新园。推进工业全域治理，落实工业区块线保护、工业用地全生命周期管理、低效闲置用地再开发等工作。建立健全区“亩均论英雄”大数据平台，以企业、行业、园区三个“全覆盖”为目标，将工业企业全部纳入评价范围。“十四五”时期，区本级累计新增工业用地1500亩以上。

第三节　抢占城市经济高地

构建高质量现代服务业体系。按照“扩大总量、提高比重、优化结构、提升质量”的总体思路，大力发展金融、信息、文化创意、现代物流等生产性服务业，提升发展现代商贸、电子商务、休闲旅游等生活性服务业，加快发展数字经济、流量经济、创意经济、共享经济、绿色经济五大新经济领域，拓展大规模个性化定制、网络化协同制造、共享制造等模式，培育新时尚、新文创等新业态新模式，推动龙湾建设成为立足温州、服务浙南、面向东部沿海的区域性现代服务业中心。到2025年，区本级实现服务业增加值380亿元，年均增长7.5%以上，占地区生产总值比重达58.5%以上。

建设高能级服务业发展载体。顺应消费升级趋势，聚焦数字技术、生命健康、金融科技、数字文创等高端领域，探索建设高端服务业创新引领载体，整体提升省市级服务业集聚区。推进现代服务业与先进制造业深度融合，创新两业融合发展模式，打造蒲州高端服务业集聚区。依托区域高端商务楼宇，大力引进跨国公司总部、非银行金融机构总部和区域总部、研发中心等，打造具有影响力的总部基地。以高能级平台为核心载体，培育高端服务业龙头领军企业、成长型企业，谋划推出一批对疫后生产生活具有较强拉动作用、对产业发展具有战略导向意义的服务业重大项目。

推动高水平服务业质效升级。实施服务质量标杆引领行动，努力培育一批质量领先、管理严格、公众满意的服务标杆企业。拓展服务业“亩产效益”领跑者政策行业覆盖面，健全与“亩产效益”综合评价制度相匹配的企业服务、资源要素配置、产业政策引导机制。支持“品字标”企业品牌培育和区域公共品牌建设，强化服务业标准化和品牌化建设，重点在数字贸易、生命健康服务、数字技术服务、智慧物流等领域打造一批具有重大影响力的龙湾服务业品牌。

第四节　发展现代都市农业

打好农业产业提升战。加快农田水利和高标准农田建设，继续实施粮食生产功能区提标改造，夯实粮食安全基础。加快省级现代农业园区创建，积极扶持名特优品种品牌及休闲农渔业等新兴产业发展，加强生猪增产保供。全面推广水产健康养殖，加大渔业增殖放流力度，推进渔业转型升级。强化区域农产品公用品牌策划、创建、运营和管理，支持农业品牌整合和推广。以拓展二三产业为重点发展全产业链，制定“农业+”发展的实施方案，实施粮食加工用地项目，建成“瓯越鲜风”直营店14家。继续实施农产品“走出去”发展战略，做好各类农产品展销精品推荐和评选工作，推进农业产业精品化发展。到2025年，农业龙头企业总量达25家，其中市级以上农业龙头企业22家；市级以上农民专业合作社示范社12家以上。

打好质量安全防御战。全面整治田园环境，压实“四级田长”监管责任，打好拆除、清理、建设等“组合拳”，全力打造田园环境整洁、农业设施整齐、生产过程清洁、整体效果美观的城乡环境新风貌。健全农产品质量安全长效管理机制，加强基地日常管护和技术指导，做好基地项目建设、产品采样抽检及联合执法等工作，确保畜禽产地检疫率90%以上。建立健全“三品一标”农产品质量安全认证和监管机制，建设农资监管、农产品追溯和监测数据“三大平台”，保障消费者舌尖上的安全。

创新农业经营机制。实施新型农业经营主体培育提升工程，壮大农民合作社、农业龙头企业、家庭农场、农创客等新型农业经营主体，培育一批竞争力强的农业领军企业。进一步完善“三位一体”农民合作经济组织体系，着力构建各类新型农业经营主体分工协作、紧密联系的农业产业化联合体，构建种养大户、家庭农场、农民合作社、龙头企业、农业园区协同发展的多元联动机制。

第五节　培育市场发展主体

做大做强企业主体。坚持“抓大、扶小、育新”统筹发力，持续加大企业上市、上规、上云力度，培育壮大企业主体，健全“微成长、小升高、高壮大”梯次培育机制。大力实施龙头企业培育工程，持续开展“雄鹰行动”“凤凰行动”，推动更多优质企业上市挂牌；实施领军型、高成长型工业企业规模效益倍增计划，鼓励中小企业向“专精特新”发展，培育“单打冠军”“隐形冠军”“独角兽”企业。深入实施“温商回归”“鸟巢计划”促进行动，优化在外常驻招商机构和引才工作站等工作机制，引导产业回归、总部回归、人才回归、资本回归和贸易回归，支持引进在外温商“第二总部”。

做好做优企业服务。发挥政府“有形之手”作用，聚焦企业最急处，推动“三服务”和“万名干部进万企”行动制度化、常态化，发挥助企服务员的作用，严格落实问题办理“实名制”、问题化解“销号制”。要引导企业长期稳健经营，推进企业治理现代化，造就一批持续领先的百年制造名企和服务业重点企业、服务业成长型企业。

关心关爱企业家成长。弘扬优秀企业家精神，重视弘扬企业家精神、发挥企业家作用。完善民营企业家容错关爱机制，深化落实涉企柔性执法、重大涉企案件报告、企业家紧急事态应对等制度。依托红色接力、政治关爱、素质提升等行动载体，精准培育年轻企业家队伍。实施新时代“青蓝接力”企业家培养工程，着力培育壮大龙商“领头雁”和新生代“雏鹰”队伍，深化“青蓝新学”，步促进民营企业家健康成长。

第六章　综合交通先行，打造东部枢纽新城

坚持“大干交通、干大交通、干快交通”，深入推进大航空、大枢纽、大路网建设，构建立体多元、互联互通、安全便捷、绿色智能的现代综合交通运输体系，以“交通圈”拓展“都市圈”、激活“经济圈”，全力打造东部枢纽新城。

第一节　建设区域航空枢纽

打造区域性枢纽机场。按照“空中拓展航线网络、地面加强空铁衔接、场内完善枢纽配套”的思路，更大力度地推进“空中丝路”门户工程，统筹完善机场集疏运、内外交驳和换乘系统。推进龙湾国际机场扩能提升，加快启动机场三期扩建工程，配合新建机场第二跑道飞行区工程、T3航站楼工程，积极融入长三角世界级机场群协同发展。引进基地航空公司，拓展国内支线航班，探索开通至长三角核心城市的“空中巴士”，加密和优化北广深成渝等地航线航班，谋划开通国际优势航线及“一带一路”地区航线。加速拓展国内全货机航线，争取早日开拓国际全货机航线。到2025年，年旅客吞吐量达2500万人次，年货邮吞吐量达20万吨。

创建国家级临空经济示范区。依托空港优势，制定临港产业发展规划，加快建设空港商贸物流园、通用航空产业园等项目，推动临空产业升级和集聚发展，创建国家级临空经济示范区。引导和推进高端制造业、现代服务业集聚发展，构建以航空运输为基础、航空关联产业为支撑的临空产业体系，推动示范区产城融合发展。落地建设浙南一级航空转运中心，集聚发展“三通一达”等大型物流企业，打造服务浙南闽北赣东的区域航空物流中心，形成新的增长极。

第二节　建设温州东部综合交枢纽

建设一体化综合枢纽。加快建设年客流量超三千万人次的温州高铁东站，谋划建设与温州南站联络线，争取加密东站首发和到达列车车次，助推温州构建高效连接的枢纽站场体系。依托温州龙湾国际机场和温州高铁东站，按照具有国际视野、世界一流的“第四代+”空铁枢纽典范的要求，紧密连接航空、高铁、高速、市域铁路、BRT、城市公交等交通运输方式，高水平建设配套便捷、站城融合、空陆铁联运的现代化大型交通枢纽。

强化多式联运服务体系。强化温州东部综合交通枢纽对外交通建设，做好与滨海大道、甬台温高速复线、金丽温快速路改线等重点交通路网的衔接。强化高铁枢纽与机场空铁一体化，重点设置空铁直连空中连廊（自动步道系统），预留空中智能公交专用路；利用地下空间，增加高铁枢纽与机场之间的摆渡捷运系统、地下公共枢纽、地下行人通道等项目布局，预留空铁联运专用地下通道（单轨电车），高效连接“空铁”换乘人流。统筹推进物流枢纽和多式联运体系建设，共推空港海港陆港信息港“四港联动”发展。

第三节　构建外快内畅路网

建设轨道网。积极融入温州“521”高铁时空圈，做好温福高铁工作对接并争取早日开工建设，积极推进甬台温高铁前期工作，推动龙湾迈入“高铁时代”；配合助推杭温高铁建设，研究和推进杭温高铁温州东站连接线建设，形成龙湾“Y”字型高铁布局结构。配合推进市域铁路S2建设，加快实施城市轨道M2线，积极谋划M2预留线（机场至海空产业园、瓯飞片区）、M2支线（联系TOD枢纽、浙南科技城，与M2线形成环型轨道线）、M4线（机场向西南、瑞安），推进温州龙湾国际机场、龙湾城市中心区、浙南科技城等区块的轨道交通有效衔接，打造“轨道上的龙湾”。

完善交通路网。加密高速公路网络覆盖，建成金丽温高速东延线，开工建设甬台温高速改扩建工程，研究加密甬台温高速复线机场北、甬台温高速三垟湿地/瓯海大道等高速出入互通。推进国省道改扩建提速，开工建设G228国道永兴高架段，推进S211省道前期研究并争取尽快开工建设。加快城市快速路网建设，实施沿江快速路龙湾段、滨海大道快速路等项目，构建“两纵两横”快速路网；谋划提升环山东路等干线，增加准快速路通道。完善城市骨干道路网络，实施环山北路－永定路、围垦路、温州大道东延线、通海大道等项目，构建“八纵五横”城市主干路网。实施城市拥堵治理工程，推进温州东部新城、浙南科技城、环大罗山等重点区块的交通建设工作，构建微循环路网。深化七都三桥、大罗山隧道工程等项目前期研究。

优化综合客运枢纽布局。以机场、

高铁枢纽为重点，汽车客运站、公交枢纽站场、旅游集散中心为基础，重点建设浙南科技城公交枢纽、空港公交枢纽等项目，推进形成“一主七辅、多点分布”的客运枢纽布局。

第四节 完善公共交通体系

建设公共交通网络。实施公共交通优先发展战略，构建以轨道交通、快速公交（BRT）为骨架，常规公交为主体，微公交、出租车（网约车）、公共自行车（共享单车）等其它方式为补充的功能互补、绿色高效的公共交通体系。建成BRT9号线、BRT5号支线，推进BRT与市区线路闭环联网。调整优化常规公交线路，加密商圈、公园、公共服务中心等公交站点。扩大社区巴士覆盖范围，提高智能化水平，完善“慢游小巴”“掌上公交”等平台，解决居民出行最后一公里问题。到2025年，实现公交站点500米服务半径全覆盖，公共交通出行分担率达到40%。

完善公交站场设施。优化城市公交枢纽站场布局，建成空港新区公交站场，实现与轨道交通站点无缝衔接、高效换乘。积极利用公园、绿地、学校操场等地下空间建设公共停车场，推进停车场与人防工程、车站广场、城市综合体等工程同步建设。创新集成“智慧停车”管理模式，提升公共停车服务。开展P+R换乘停车场布局，推进私家车、公交与枢纽站场有效衔接。

创新公共交通方式。积极探索未来城市公交，推动公共交通绿色化、共享化、信息化发展。引导和发展新能源出租车，规范网约出租车经营。引导共享新能源汽车、共享单车、共享电动单车、共享车库（车位）等规范发展。鼓励定制公交、微循环公交、公交专线等公共交通方式，加速形成按需响应的新型交通服务体系。

第五节 发展智慧绿色交通

推进智慧交通发展。围绕“两新一重”，推进传统交通与智慧交通融合发展。加大新型交通基础设施建设力度，探索智慧高速、智慧轨道、智慧道路、智慧物流园区等基础设施升级建设，重点对城市内道路交叉口、快速路出入口、公共交通站场及机场、高铁站等对外枢纽开展智慧化改造，建成基本覆盖重要交通节点的交通信息采集网。建设综合交通信息指挥中心，构建信息互联互通的智慧交通信息平台，打造龙湾智慧交通大脑，并实现与省、市各级各行业信息平台信息与服务共享。推进智慧交通多方位应用，提升交通行业治理能力和治理水平。

大力发展绿色交通。结合道路规划、风景廊道、游览线路等，推进沿路、沿山、沿江、沿湖绿道建设，打造龙湾特色美丽交通网络，形成与美丽经济节点紧密相连的美丽经济交通走廊。积极推广新能源载运设备应用，城市公交车辆逐步更新为清洁能源和新能源车辆，大力推进出租汽车、城市物流配送车辆更换新能源汽车。制定新能源汽车充电基础设施布局规划及实施计划，推进新能源汽车充电站、充电桩、加气站，以及电动汽车电池更换站点等设施建设。

第七章 深化改革领航，打造国际开放新城

主动服务与融入新发展格局，纵深推进新时代“两个健康”先行区创建，以国际水平打造营商环境，以共同发展加快对外开放，集成优化重点领域改革，推动改革提效能、开放促合作，全力打造国际开放新城。

第一节 营造国际一流营商环境

全面改善营商环境。实施优化营商环境“10+N”行动2.0版，全力打造审批事项少、办事效率高、交易成本低、开放力度大、企业获得感强的城区。全面深化“放管服”改革，统筹推进简政放权、放管结合、优化服务改革向纵深发展。完善企业投资项目高效审批制度，持续缩短一般企业投资项目审批时限，确保一般企业投资项目审批“最多70天”实现率100%，全面推行低风险小型项目“最多20天”改革，探索以承诺制为核心的极简审批制度。深化商事制度改革，对所有涉企经营许可事项实行“证照分离”，实现“照后减证”，破解“准入不准营”难题。完善高标准市场体系，健全公平竞争审查机制，促进各类市场主体公平参与市场竞争。完善外来投资服务体系，实行首办负责、全程护航等制度。到2025年，营商环境便利度达到90%。

全面增强企业获得感。深化新时代“两个健康”先行区创建，推进民营经济发展综合改革，力争各项举措率先突破。以产业配套、市场准入、人才招引、知识产权保护等软环境建设为主，不断增强政策透明度，为企业营造高度安全和稳定的投资环境。全面落实中央及省、市减税降费政策，完善涉企降本减负政策落实机制，着力降低企业税费负担、融资成本、制度性交易成本、人工成本、用能用地成本、物流成本，提高企业资金周转效率。深化民营和小微企业金融综合改革，紧抓政策性融资担保公司建设，探索小微园入驻企业在建工程按份额抵押登记机制，解决中小企业融资难融资贵问题。

依法保护企业权益。深化市场主体合法权益保护机制改革，探索个人破产制度改革，加大力度推进个人债务集中清理试点，推动从个案突破到制度形成。落实企业产权司法保护制度，加强知识产权保护和运营。加快构建权责明确、公平公正、公开透明、简约高效的事中事后监管体系，打造执法监管最有效区。深化信用龙湾建设，建立政府诚信履约制度，严格兑现依法做出的政策承诺；健全社会信用体系，创新“信用+”治理机制，强化“守信联合奖励、失信联合惩戒”。出台企业家参与涉企政策制定办法，建立企业紧急事态应对制度，构建亲

清政商关系的政策体系。

第二节　集成优化重点领域改革 t

聚焦龙湾特色改革亮点。将集成式改革作为全面深化改革的主攻方向，扎实推进重要领域和关键环节改革的任务集成、措施集成、成果集成。全面落实“国字号”“省字号”改革试点，紧扣新时代“两个健康”先行区、国家自创区、国家高新区建设等，争取在知识产权保护、科技金融融合、人才培养引进、孵化功能培育等领域先行先试、创新突破，持续深化社会力量办学、办医、办文化、办体育等改革。完善改革领衔机制、“一把手”体验机制，探索改革“议事厅”机制，加快“应急云”平台建设、城市大脑应用、无废城市创建、村两委“一肩挑”换届、抢险救灾应急管理体系、“优地优用”制度改革等方面的探索改革，深度挖掘区级重点改革项目和“微改革”项目，力求每个项目形成龙湾经验，一批项目在温州领衔，若干项目成为省级甚至国家级试点。

深化财税金融体制改革。建立以绩效为核心的集中财力办大事财政政策体系和资金管理机制，建成“全方位、全过程、全覆盖”的预算绩效管理体系，实现预算与绩效管理一体化、常态化、规范化。健全区、街财政体制，科学核定财政预算管理基础数据及税收基数，实现事权和财权相统一。发挥财政资金的引导作用和乘数效应，打好科创引导基金、政府专项债券等政策组合拳，支持实体经济高质量发展。深化金融综合改革 2.0 版，加大企业股改挂牌上市培育力度。深入推进“结构生财”改革，优化税源结构，做大地方税源。推进国有企业改革，加快市场化转型，形成更加成熟更加定型的中国特色现代企业制度和以管资本为主的国资监管体制。

深化要素配置市场化改革。建立健全统一开放的要素市场，实现要素价格市场决定、流动自主有序、配置高效公平。探索产业用地市场化配置机制，推广“标准地 + 承诺制 + 代办制 + 区域评估”改革，推广“先租后让”工业用地供应方式，建立工业用地“供给—监管—退出”全生命周期管理制度。建立便捷高效的要素交易机制，推动土地、能源、环境容量、水资源、数据等资源要素自由交易和市场化配置。推进技术市场化改革，探索技术产权证券化改革。深化人才发展体制机制改革，解放和增强人才活力，形成具有竞争力的人才制度优势。深化“民间资本支持创新创业”试点，推动金融与产业、科技深度融合。积极推进人防工程产权制度综合改革，着力提升现代人民防空整体智治水平。推进高能级平台体制机制改革，积极鼓励科研平台进行内部机制改革、利益分配体制改革、治理模式创新，全面优化创新要素配置，加强关键核心技术攻关，促进创新链、产业链、资金链紧密结合，加快构建全国有影响力、全省一流水平的科技创新体系。

第三节　着力畅通国内大循环

推进市场和要素畅通循环。实施“品字标”品牌培育提升工程，打造龙湾制造区域品牌，提升龙湾制造知名度和美誉度。鼓励企业与国内大型流通企业、电商企业合作，通过引厂进店、产品联合开发等方式，推动产销深度合作，开拓国内线上线下市场能力。加强内外贸企业对接，鼓励外贸企业发展“同线同标同质”产品业务，对接国内消费需求，融入国内产业链供应链，推动出口产品进商场、进超市、进街区、进批发渠道，畅通国内市场循环。加强培育和引进具有较强流通能力的市场主体，构建联动内外的产品、品牌、渠道和服务体系。加快新型经营业态发展，着力构建线上线下深度融合市场体系。编制主导产业链发展全景图，制定强链、补链方案，建设一批产业链企业共同体，保障供应链畅通。畅通资本要素循环，加快从主要依靠间接融资向多元化融资方式转变，以金融体系创新支持实体经济升级。

构建现代流通体系。利用国家综合物流信息平台优势，大力发展航空物流、保税物流、产业物流、邮政快递等，构建现代物流园区和物流、配送中心体系，打造温州东部区域性物流中心。发挥区域交通地理优势，全力推动空铁路海多式联运，完善现代化物流基础设施和物流服务体系，创新发展“统仓统配”“多仓共配”“共同配送”“现代物流供应链”等城市货运配送组织模式，提升流通循环效率。积极推广票票签实时跟踪 App、共享货运配送平台等智慧物流项目应用，建设空港新区智慧仓储等现代物流园区。大力引进京东等大型现代物流、仓储企业，提升管理效率。加快建立应急物流体系，降低物流成本。

建设区域性时尚消费高地。实施培育消费业态、消费模式、消费企业的消费新政，推动消费扩容提质。提升传统消费业态，深化餐饮服务质量提升行动，提质扩容教育、家政等服务消费，稳定住房消费，促进新能源汽车消费；着力培育月光经济、会展经济、新零售、免税店、首店、网红打卡点、直播经济等消费新业态。建设多层次消费平台，科学布局区域和片区商业中心，形成美食品赏在龙湾、时尚购物在龙湾、夜间消费在龙湾、放心消费在龙湾、畅快旅游在龙湾等五大消费类品牌，力争成为温州都市品质消费的新地标；建成投用状元北、黄石山北、机场口、瑶溪南等商贸综合体，改造升级万达、富春商圈，建设罗东大街、寺前街、状元老街等特色街区示范项目。到 2025 年，居民消费率稳定在 45% 以上；社会消费品零售总额达 450 亿元，年均增长 8%。加快全球新型数字贸易港建设，构建“智能 +”消费生态体系和“买全球卖全球”消费平台体系，打造数字生活新服务强区。依托智车港、青山钢铁城、温州国际机电城等载体，围绕汽车、不锈钢、阀门等品类，大力发展集展示、交易、营销、金融为一体的产贸双循环服务平台。

第四节　构建对外开放新格局

高质量融入长三角一体化。找准在长三角一体化战略中的定位，形成融入长三角一体化发展的目标、路径、方法。深化与上海嘉定菊园等地深度合作，提升嘉定菊园（龙湾）科技合作基地、离岸科技企业孵化器。积极拓展与其他地区合作链接，探索推进科创服务平台搭建、大数据库建设、技术创新与成果转化、科创政策保障等方面的战略合作，开展跨区域项目技术嫁接、外溢项目承接等工作。加强公共服务领域协作联动，创新推出公共交通、医保、医疗、文旅等领域面向上海等长三角地区的优惠政策，逐步实现市民卡涵盖的社会公共服务功能城市间互通互享。

全面提升区域开放平台能级。依托温州东部新城建设，布局国际生活服务中心，吸引海外高端人士、海外温商回归。积极参与中国（浙江）自由贸易试验区温州联动创新区、省级国际化营商环境试点等平台建设，全力推动华商华侨综合发展先行区创建。拓展和深化与国际友好城市交往联谊，加强与世界各地温籍侨领、侨商、侨团、侨企等联系。深化龙湾龙港"双龙合作"，在全市、全省乃至全国形成具有区域特色、可复制可推广的经验做法。深化山海协作、对口支援和对口合作，推动形成开放发展新优势。

高水平推动发展开放型经济。坚持企业主体、市场导向，引导企业高质量主动融入 RCEP、中欧 CAI、"一带一路"、长江经济带、海西经济区发展。加快跨境电商综试区建设，推动跨境电商全球供应链创新，形成集制造、交易、集货、支付、物流、结算、结汇等全产业链"闭环式"生态圈。依托数贸港强大生态，联合阿里巴巴国际站、亚马逊、速卖通等跨境电商平台，组织开展线上展博会，拓宽企业交流途径。支持民营企业国际化经营，鼓励青山集团、泰昌建设等企业开展对外承包工程业务，推动印尼纬达贝工业园建设国家级境外经贸合作区。积极创建境外经贸合作区，设立海外公共仓，大力培育龙湾本土企业跨国公司。完善温商回归、龙商回归、侨商回归体制机制，构筑双向开放高地。

第八章　以人为本导向，打造滨海幸福新城

坚持以人民为中心的发展思想，进一步完善公共配套体系、筑牢民生保障网络，大力提升公共服务质量，满足人民日益增长的美好生活需要，全力打造滨海幸福新城。

第一节　打造温州东部"未来教育"

推动基础教育优质均衡。实施"品质教育·学在龙湾"发展战略，全面深化教育综合改革，加快建设高质量教育体系，打造东部未来教育标杆区和省教育现代化区。推进学前教育等级提升、义务教育优质均衡，完善普惠性学前教育、特殊教育、专门教育保障机制，创成全国义务教育优质均衡发展区。优化中小学校布局，鼓励高中阶段学校多样化发展，打造"家门口的好学校"。到 2025 年，公办幼儿园在园幼儿覆盖面 70% 以上，普惠性幼儿园占比 95% 以上；优质学校覆盖面 85% 以上，省标准化学校比 98% 以上。探索"多元融合"的未来办学模式，深化集团化办学和合作办学改革，扩大强校优质资源辐射效应，推进与国科大、北师大等知名高校校地合作。推动非营利民办教育品牌化、特色化、规模化发展，扶持高端民办学校（幼儿园）发展，推进民办新居民子女学校"一校一策"。

加快发展现代职业教育。继续深化人才培养供给侧改革，建成全融通的现代职业教育体系，大力培养与区域产业转型升级高度适配的技术技能人才，争创省级优秀职业教育考核单位和国家级社区教育示范区。探索"未来学校"模式，推进与知名高校深化教育共同体建设，推动与瓯江口新区、温州经开区职业教育跨区办学合作。完成龙湾区职业技术学校扩建，实施中职学校基础能力建设水平和内涵质量发展水平"双提升"工程。强化中高职衔接和贯通，推动中高职一体化发展。

提升教育教学发展质量。健全财政教育投入持续稳定增长长效机制。推动"管办评"分离、"放管服"结合，推进教育治理现代化。持续优化课程体系，深化"学本课堂"教学改革，构建"五育"并举、轻负高质的育人体系。搭建"教育大脑"，建设"智慧校园""智安校园"，创建数字校园示范校。推进人工智能等新技术赋能课堂教学，创新教育教学新形态，推进"云教育"建设，促进优质教育资源效益最大化。深化教育大数据应用，推动大数据与教育教学融合发展，推动大数据助力教师教学、学生学习、学校管理等领域改革。

加快建设学习型社会。健全"政府引导、市场主导、整合社会力量、实行购买服务"的社区教育发展模式，进一步提高服务全民终身学习的水平。完善全民终身学习公共服务平台，大力开展各类学习型组织和学习型家庭创建工作，倡导全民阅读，打造"人人皆学、处处能学、时时可学"的学习型城区。到 2025 年，居民综合阅读率达 92.5%。

第二节　深化建设健康龙湾

建设东部医疗康养中心。进一步放大医疗优势的溢出效应，依托智能化、信息化建设，构建"医疗、康养、科研、智造"四位一体的发展格局。加快培育区域领先的高水平医院、重点专科群和科研创新平台，打造区域标志性医学中心。建设基于医学人工智能的城市健康大脑，构建"互联网+"医疗健康服务体系，大力推进应急救护普及培训。加快康养体系建设，建设区康养福利中心，构建区街两级康养联合体，打造龙湾未来康养智城。推动康养与旅游、运动融合发展，建设一批高端健康旅游项目，构建以康

复、疗养、休闲、度假、会议会展为一体的健康旅游休闲产业。发展康复养老服务，打造健康养老示范城区。广泛吸引社会资本参与发展康养产业。继续发挥中医药特色优势，加强中医药人才队伍建设，推进中医专科（专病）发展，拓展中医药服务项目。

提升高效医疗服务能力。持续深化医联体建设，纵深推进“双下沉、两提升”工程，推动“城市医疗集团、区域专科联盟、远程医疗协作”等形式医联体发展，构建省市级医院、区级医院、基层医疗卫生机构相互衔接的分级诊疗体系。充分发挥温医大附二医龙湾院区、附属口腔医院龙湾院区等三甲医院的技术引领作用，实施龙湾区第一人民医院（区公共卫生医疗中心）、蒲州、永兴、海滨街道社区卫生服务中心等医疗机构建设和提标达标工程，推进公共卫生医疗设施补短板，带动区域医疗卫生事业大提升。加快“智慧医疗”深度应用，探索实行“私人定制”健康管理服务。

完善公共卫生服务体系。健全公共卫生防控体系，提升重大传染病的监测和防控能力。加强预防接种基础管理和环节控制，强化医防结合，探索慢病综合防治模式。全面做好重点行业职业病危害现状调查项目工作及双随机检查工作。开展医疗机构医疗废物处置、医疗美容机构综合监管执法、打击非法行医等专项监督检查，全面完成国家、省级、跨部门双随机监督检查任务。深入开展“明眸皓齿”工程，实现儿童近视率和患龋率明显下降。

第三节　繁荣发展文体事业

加强精神文明建设。深化习近平新时代中国特色社会主义思想、中华民族伟大复兴中国梦和社会主义核心价值观宣传教育，深入挖掘龙湾传统文化精神内涵和时代价值。深入实施“身边好人”培育工程，深挖龙湾典型人物及事例，加强“龙湾好人”、见义勇为等先进事迹宣传。完善文明创建长效机制，持续深化文明村、文明单位、文明家庭、文明校园等群众性文明创建。深化拓展龙湾区新时代文明实践工作，完善提升新时代文明实践中心（所、站），依托龙湾区新时代文明实践中心云平台，推动新时代文明实践和志愿服务管理工作数字化、智能化、精准化。争取在职党员文明实践志愿服务活动参与率达80%，人均每年从事志愿服务时间达20小时。实施公民道德建设工程，持续深化社会公德、职业道德、家庭美德、个人品德建设。深化未成年人德育建设，开展“扣好人生第一粒扣子”主题教育实践活动，建设区级未成年人心理健康辅导站。全面实施“新时代文明生活行动”，倡导社会文明新风尚。

塑造龙湾城市文化IP。强化历史文化保护与传承，深入挖掘“永嘉场”、状元文化、宁村文化等区域文化内涵，提炼地域文化标识，开展一批龙湾特色的经典文化活动。实施以传承人培养保护为重点的非遗传承工程，保护开发千佛塔、张璁祖祠、王瓒家庙等古建筑，加快博物馆建设和更新改造。建设“和合”文化研学基地，推进“和合文化”研究，筹建“和合”研究会，举办“和合文化和温州精神”研讨会。建设永昌堡、寺前街、状元老街等改造提升工程，创新传统文化传播载体和方式，打响“古堡文化”“名人文化”“民俗文化”“书法文化”等文化品牌。扩大文化交流传播，向海内外讲好龙湾故事、展现龙湾魅力。

促进文化事业繁荣。巩固国家公共文化服务体系示范区创建成果，建成“15分钟都市文化圈”“农村30分钟文化圈”。织密基层公共文化设施网络，建成投用温州高新文化广场，加快建设“文化礼堂”“文化驿站”，整合提升“城市书房”“百姓书屋”“农家书屋”等资源服务效能，加强未来社区文化空间规划建设。完善夜间公共文化服务体系，开展文体“互进”活动试点，推进公共文化设施免费或优惠开放。扩大基层文化惠民工程覆盖面，发挥市民艺术团、“民星联盟”、乡村艺术团等队伍作用，创新开展区艺术节、市民文化节、全民阅读节等文化活动，推进农村电影公共服务优化升级，打造多元化的市民文化活动品牌。推动公共文化资源联网上云，扩大政府购买公共文化服务目录。深入实施文艺“名牌、名品、名人”工程，鼓励开展精品文艺作品创作。

构建全民健身服务体系。布局完善三级公共体育设施，高标准打造“10分钟健身圈”。广泛开展全民健身运动，打造群众性体育赛事活动品牌。推广百姓健身房模式，推进体育设施进社区、进公园、进文化礼堂。充分利用“亚运”赛事红利，深化社会力量办体育改革，打造品牌赛事集聚高地，大力培育赛事经济。力争建成奥林匹克体育小镇，培育中国业余网球公开赛（CTA-Open）温州钻石赛、“智迪杯”全国国际象棋大师赛等体育品牌赛事。到2025年，人均体育场地面积达到2.6平方米以上。

第四节　夯实社会民生保障

健全多层次社会保障体系。实施全面参保计划，实现养老保险法定人群基本全覆盖，扩大工伤、失业保险参保人数。发展职业年金、企业年金和商业养老保险，构建多层次养老保障体系。依法开展工伤认定和劳动能力鉴定，综合发挥失业保险基金的保生活、防失业和促就业三大功能。全面推行基本医疗保险市级统筹，加快推进垂直管理，实现医保服务乡镇（街道）、村（社区）全覆盖。继续做好慢性病门诊保障、大病保险、市区医疗救助和优抚对象医疗补助“一站式”结算工作，探索大病补充保险制度。引导长护险从亲情护理服务向机构护理转变，开展全市首家长护险定点医疗机构温州曙光医院的长护险护理试点工作，创成1-2家长护险示范机构。提升医保基金运行管控和绩效管理水平，探索数字化应用。发挥医保在战略购买、资源配置等医药服务供给侧改革中的关键性作用，深入推进“三医联动”“六医统筹”改革。到2025年户籍人口基本医疗保险参保率稳定在99%以上。

完善住房保障体系。坚持“保障适度、突出重点、创新方式、强化管理”原则，构建以公共租赁住房保障为主体，棚户区改造、政策性租赁租房、共有产权住房保障为补充的城镇住房保障体系。扩大保障性住房供给，做好人才配售配租、购房租房补贴等工作。率全市之先试点将符合条件的农村转移人口纳入城镇住房保障，研究支持居民持续换购住房政策，增加“人才公寓”“蓝领公寓”等公租房有效供给。推进人才公寓第三方运营管理、中低收入住房困难家庭住房保障等工作。

打造多元化社会救助体系。完善以低保、特困、受灾、医疗、教育、住房、就业、临时救助等为支撑，多元化社会力量参与的社会救助体系。优化低保调标机制，实行分类分档精准救助，推进救助标准与经济发展水平同步抬升。健全大救助机制，打造区、街道、村（社区）“三级救助圈”，加强大救助信息平台共建共享，实现“一键救助”；建立困难群众主动发现机制，深化“真爱到家”救助联合体建设。启动特困供养标准和孤儿及困境儿童基本生活保障标准调整，年均增长8%以上；建设区级儿童福利实体机构，实现儿童之家社区全覆盖。加大困难和重度残疾人、流浪乞讨人员的救助力度，提升“残疾人之家”。健全志愿者志愿服务制度，打造“时间银行”体系，对志愿者进行专业管理，强化社会力量共同参与。

推进高质量就业。实施就业优先战略和更加积极的就业政策，抓好高校毕业生、就业困难人员、残疾人、退役军人等重点群体就业创业工作。加大小微企业用工支持力度，发挥小微企业就业吸纳主力军作用。着力解决结构性就业矛盾，挖掘“四新”经济创业空间和新型灵活就业增长点。办好创博会、大学生创业大赛等重要活动，争取在吸引参赛团队、落地创业项目、带动创业人数方面实现新突破，推进创业带动就业。“十四五”期间，累计新增就业人数3.5万人。健全公共就业服务体系，推动公共就业信息平台建设，扩大政府购买公共就业创业服务项目范围。健全普惠性的终身职业培训制度，建设一批职业技能培训基地，加强对各类就业困难人员的就业培训和托底帮扶。创新劳动关系协调机制，打造以“智慧监察·阳光支付”系统为主的劳动保障监管执法服务体系，构建龙湾特色新型劳动关系。

促进城乡居民增收。坚持以发展促增收，推动居民收入与经济增长同步、劳动报酬与劳动生产率提高同步。提高居民收入在国民收入中的比重，提高劳动报酬在初次分配中的比重。推动劳动、资本、知识等要素参与收入分配，多渠道增加居民收入。适时适度调整最低工资标准，开展低收入困难群体帮扶行动，深入实施低收入农户、低收入产业工人收入倍增计划，促使低收入群体收入保持两位数增长。加大财政转移支付力度，缩小城乡、区域收入分配差距。加大东西部劳务协作和对口支援，实现精准帮扶就业。

第五节　优化人口管理服务

创新养老服务模式。创新养老服务业发展方式，大力发展智慧养老、互助养老，增强家庭养老服务功能，强化养老服务综合监管，构建居家社区机构相协调、医养康养相结合的养老服务体系，有效满足老年人多样化、多层次养老服务需求。到2025年，居家养老全面普及，基本建成龙湾未来康养智城，全区镇街级、社区级居家养老服务机构100%覆盖；机构养老精准供给，新增养老机构床位数不少于600张，护理型床位数达到总床位的65%，每千名老人拥有失智症照护床位不低于2张，公建养老服务设施社会化运营率高于70%，培育2家以上品牌化、专业化、连锁化的养老服务机构。

完善托幼托育家政服务网。建立“以家庭为基础、社区为依托、机构为补充”的婴幼儿照护服务体系，鼓励幼儿园开设托班，支持社区嵌入供给，未来社区实现婴幼儿照护服务机构全覆盖。到2025年，力争新增3岁以下婴幼儿照护机构12家，新增托位360个。借力温州建设全国家政服务业提质扩容“领跑者”行动重点推进城市，培育龙头家政服务企业，支持家政服务业发展壮大。创新推进社区便民家政服务点建设，鼓励大型家政企业设立各类便民服务站点。高水平运营家政服务市场暨产教融合实训基地，打造成具有全省影响力的一站式综合平台。

推进青年优先发展。实施青年红色龙湾工程，到2025年在城镇青年、学生骨干、团干部等青年群体中每年选拔培养60名青年马克思主义骨干。实施青年健康龙湾工程。实施青年创享龙湾工程，到2025年在企业建设45个见习、实习基地，开发3000个具有职业发展空间、技能训练机会的见习、实习岗位；实施青年助力乡村振兴战略，到2025年培育一批独具特色的青年种植产业园，支持发展5个青年特色休闲生态农场创业项目。实施青年英才龙湾工程，深化实施“家燕归巢·智汇龙湾”系列活动，创新青年人才发现和培养体系。实施青年文化龙湾工程，打造一批有影响力的青年网络新媒体产品展播平台，大力培养传统技艺传承青年。实施青年幸福龙湾工程。实施青年公益龙湾工程，到2025年青年年均参加社会公益活动时间达3小时。

关爱服务重点群体。加强妇女、儿童、退役军人和残疾人等社会群体权益保护。贯彻落实男女平等基本国策，更加重视妇女儿童身心健康，优化妇女儿童社会环境，保障妇女儿童合法权益。全面落实双拥优抚安置政策，开展“新时代枫桥式退役军人服务站”暨退役军人服务中心（站）示范创建。健全关爱残疾人服务体系，强化残疾人康复、教育、就业的帮扶力度。建设数字红十字会，实施以红十字生命保护、生命救援、生命救助、生命接力为主要内容的“生命工程”，构建人道服务工作新格局。推进慈善事业现代化，实施区慈善家园项目，提升区慈善组织孵化基地功能。

第九章　强化系统集成，提升政府治理能力

以系统融合、综合集成、迭代创新为理念，探索构建“整体智治、高效协同”的政府治理体系，坚持共建共治共享，以“社会治理共同体”共推平安龙湾、法治龙湾、清廉龙湾建设，探索走出一条具有时代特征、龙湾特色的区域治理现代化新路子。

第一节　高水平建设“整体智治”现代政府

建设数字政府。以构建一体化大数据治理体系为支撑，建成政务服务2.0版，完成政务服务大厅智慧化改造，打造“掌上办事之区”和“掌上办公之区”。推进治理领域多业务协同综合应用，全面深化“互联网+政务服务”“互联网+协同办公”“互联网+监管”改革，抓好“互联网+决策”“互联网+民生”“互联网+社会治理”等质量提升，在交通出行、医疗健康、外来人口管理等方面率先突破，实现从重点领域应用向全领域应用拓展。主动对接省、市大数据，加强数字化技术支撑体系建设，推进“城市大脑”创新应用，深化公共数据开放共享与创新应用，更好地挖掘公共数据价值。到2025年，“城市大脑”应用场景深度融入区域治理各个环节，实现政府决策更加科学、治理更加精准、服务更加高效。

建设高效服务政府。以“最多跑一次”改革为牵引，全力推进基层政务服务标准化提升行动等工作，集成迭代推进“一件事”改革。聚焦公民和企业两个生命周期，按照政务服务“六个一批”的要求，高频推进“一件事”全流程“最多跑一次”改革，加快实现从单一事项到“一件事”、从跑部门到跑政府的系统变革，全力打造“一件事”龙湾样板。加快推进“跨省通办”“全省通办”事项落地应用。全面推行企业开办“一表通、当日结、零成本”，深化“一窗受理、集成服务”改革，实现统一前台受理、统一平台流转、统一窗口出件、统一数据汇聚的“四统一”集成改革。推动“互联网+”与公共服务深度融合，并向重点公共场所延伸，提升公共服务便利化、智慧化、人性化、规范化水平。

建设唯实惟先政府。完善系统谋划、专班运作、比学赶超、政策激励的机制，营造唯实惟先、善作善成的团队文化，推动党政机关实现职能优化、方式转变、作风提升，构建系统完备、科学规范、运行高效的工作机制。持续深化机关内部“最多跑一次”改革，动态更新“最多跑一次”事项，推进事项梳理向部门办事、政策协调、审批协同、要素保障、考核督察、材料报送等全覆盖。加快梳理实施机关内部“一件事”，强化内外部改革系统集成，完善协同办公平台，强化技术支撑。继续将“龙湾擂台·三赛六比”活动作为推动龙湾再造改革开放新优势的重要抓手，推动各街道、各部门形成比学赶超、争先创优的浓厚氛围。

第二节　创新完善社会治理体系

夯实基层治理基础。健全党组织领导的政治、自治、法治、德治、智治相结合的基层治理体系，建立人人有责、人人尽责、人人享有的社会治理共同体。按照“党委领导、政府负责、民主协商、社会协同、公众参与、法治保障”的社会治理体制要求，推进系统化治理的顶层设计，推动“县域集成指挥、街道一体两翼、村社多元共治”的三级协同治理格局。健全一个中心、四个平台、若干网络的“1+4+X”运行体系，持续推进全科网格2.0版规范提升工程，拓展共建共享的基层治理路径。探索容错免责机制和“党建+网格”工作，加快街、村两级综治工作中心实体化标准化建设。

健全矛盾纠纷排查化解机制。深化开展矛盾纠纷摸排化解，健全完善社会矛盾纠纷调处化解中心运行机制，畅通和规范群众诉求表达、利益协调、权益保障通道，完善矛盾多元化解机制，推进矛盾纠纷“全链条解决”，努力实现矛盾纠纷化解“只进一扇门”“最多跑一地”。完善“4+1”基层人民调解，构建“中心、街道、村社”的矛调格局，引导把矛盾化解在基层、化解在萌芽。加强诉前、诉中调解，开展“远程”诉前调解，强化全程调解和自动履行。深化“最多访一地”改革，推进公安信访“五项工作机制”建设，推广“共享助调”“乡情警务”跨警务区联勤协作，全力防范因矛盾纠纷引发的“民转刑”案件。加大信访积案化解，开展历史遗留问题分级分类“理旧账”行动，创建“无信访积案县”。

健全协同治理模式。加强和改进街道党工委对基层各类组织的领导，深入做实街道“大工委”、社区“大党委”制。创新“党建联盟+社会治理”模式，健全基层党组织领导的基层群众自治制度，优化企业社区管理模式，探索构建新型社区治理共同体；全面推进新时代村社组织规范运行，着力构建党组织领导下的村（居）民自治格局。深化“三社联动”，推广“红色议事厅”“居民会客厅”等特色做法，创新群团组织和社会组织参与社会治理的制度化渠道。整合各街道和职能部门力量、资源，在交叉领域或监管“边界”形成整体联动合力。健全调解员、律师、心理辅导义工、外地新居民等社会力量动员机制，创新法学会参与社会治理机制和以贤治为特色的“五治融合”，打通社会力量参与基层治理“最后一公里”。

提升治理智能化水平。衔接温州“城市大脑”数据中心建设，共推共

建“全域感知、数据驱动、深度智能、移动协同”的“科技护城墙”，实现全域智治。深入推进“云上公安、在线警务”情指行一体化机制建设，加快“雪亮工程”等现代化治安防控基础建设与5G、人工智能等新技术融合应用，提升打防管控质效。推广“安居码”“幸福宝”等应用，加强对重点区域、重点场所、重点人员等管控。深化建设智慧安防小区，完善升级社区智能管控平台，拓展建设“智安学校”“智安医院”“智安单位”等，完善警务助理模式。提高应急管理智控水平，提升设备智感系统、隐患排查系统、执法系统、应急处置系统互联互通水平，强化企业安全风险源头治理和政府部门精密智控合力。

第三节　推进建设“平安龙湾”

全力护航政治安全。坚定维护国家政治安全特别是政权安全、制度安全和意识形态安全。以“平安护航建党百年”大会战为核心，全面推进各类安全风险隐患排查整治，严密防范化解危害国家政治安全风险、涉恐涉暴风险、宗教邪教风险、意识形态领域风险，确保政治领域绝对安全。坚持党管保密、依法治密、科技治密，提升保密工作能力。加强网络安全监管，严格国家关键信息基础设施和大数据安全防护制度。提升国防动员能力，巩固深化民兵工作调整改革，提升“战时应战、急时应急、平时服务”能力。加强国家安全宣传教育，增强全民安全意识。

维护经济金融安全。加强经济安全风险预警、防控机制和能力建设，加强重要经济指标动态监测和研判，完善经济分析识别预警机制和应对预案。重视粮食安全，完善应急物资储备体系，压实“米袋子”“菜篮子”负责制。梳理产业链断链断供风险、进口替代、联合攻关等清单，推动产业链核心环节本土化，提升关键零部件、核心元器件和关键仪器设备等稳定供应能力。关注化解企业“两链一押”风险，防范房地产市场风险，健全地方政府性债务风险管控。充分发挥政银企平台的协调会商功能，以辖区“白名单”帮扶企业为抓手，以银行不良率管控为导向，坚决守住不发生区域性经济金融风险底线。

有效推进生产安全。建设韧性城市，开展安全发展示范城区建设，深化安全生产领域改革。完善和落实安全生产责任制，压紧压实党政领导责任，坚持党政同责、一岗双责、齐抓共管、失职追责，强化部门监管责任落实。健全以风险分级管控为基础的隐患治理体系，完善安全生产网格排查机制，实现全员参与、全方位覆盖、全过程衔接。全力抓好第二轮安全生产三年行动计划的实施落地，持续开展重点行业以及存在重大风险的场所、环节、部位的隐患排查治理。严格落实安全生产问题隐患全过程闭环管理长效机制，及时有效消除事故隐患，有效遏制重特大安全事故。加大安全生产教育培训力度，提升全民安全素养。

保障人民公共安全。构筑更加牢固的公共卫生安全屏障，继续做好新冠肺炎等重大传染病常态化综合防控工作，构建“平战结合”的医防体系，完善突发公共卫生事件应急处置联防联控、群防群控机制。实行公共卫生领域常态化监管，加强进口食品溯源、流通环节监管。强化社会治安管理，坚决遏制部分领域案件高发势头，继续推进扫黑除恶专项行动，保持对盗抢骗、食药环、黄赌毒以及“套路贷”、电信网络诈骗、网络传销等新型网络犯罪综合整治的高压严打态势。全面深化食品安全战略，加大对涉食品安全犯罪的打击力度，确保从农田到餐桌全过程监管体系得到有效运行。提高药品安全治理能力水平，加快医药产业健康发展。深入开展网络专项治理，打造清朗网络空间。全面加强生态环境安全风险防控。提升自然灾害防御工程标准，建立完善自然灾害风险监测预警体系和重大风险管控挂牌警示制度，提升自然灾害管控水平。

提升应急管理能力。完善“统一指挥、专常兼备、反应灵敏、上下联动、平战结合”的综合性应急指挥体系，建成左右联通、上下贯通的应急管理综合平台。全面提高综合应急管理能力，实现从注重灾后救助向注重灾前预防转变，从应对单一灾种向综合减灾转变，从减少灾害损失向减轻灾害风险转变。抓好避灾安置点规范化建设，做好物资储备管理，完善应急救援设备。强化应急救援队伍建设，完善由综合性消防救援为核心，军队专业应急力量、专业救援队伍、社会力量救援共同形成的区域联动、军地协同、社会动员等应急救援统筹协调机制。全面推进“应急云”平台开发，持续深化“智慧应急一张图”建设和消防管控“秒响应”平台运行，高标准建设应急指挥中心。

第四节　深化建设“法治龙湾”

建设法治政府。依法全面履行政府职能，严格落实党政主要负责人履行推进法治建设第一责任人的职责，构建重大行政决策制度。深化重大行政决策目录化管理和立项制度，依法履行公众参与、专家论证、风险评估、合法性审查、集体讨论决定等法定程序。推进“大综合一体化”行政执法改革，构建“综合行政执法+部门专业执法+联合执法”的执法体系，推动执法力量向基层延伸和下沉，构建全覆盖的整体政府监管体系和全闭环的行政执法体系。落实行政执法监管责任制，加大重点领域执法监管力度，完善行政裁量权基准制度，全面推行“三项制度”全覆盖。完善“双随机、一公开”监管工作，推进阳光执法。创新“1+X+1”政府法律顾问服务模式，充分发挥高端智库决策咨询作用，完善决策问责和纠错制度，推动党委政府部门法律顾问全覆盖。深化行政复议体制改革，强化行政复议听证室功能，增强复议纠错监督作用。

构建法治社会。构建社会“大普法”

格局，深入学习宣传习近平法治思想，加大普法宣传教育力度，将法治教育纳入国民教育体系。创新普法路径，巧做“互联网+”普法文章，推进“智慧普法”，增强守法普法工作针对性实效性。深化区块链普法创新中心建设，精准供给普法宣传宣讲服务。以领导干部和公务员、青少年、企业经营管理人员、新居民、基层村（社区）干部为重点，不断强化重点对象学法用法。加强律师队伍建设，构建覆盖城乡、优质均衡的公共法律服务体系，完善法律援助制度，在全社会营造良好的法治风尚。

保障司法公平。优化司法职权配置，健全以司法责任制为核心的司法权力运行体系，全面提升司法公信力。深化以审判为中心的刑事诉讼制度改革，规范补充侦查、不起诉、撤回起诉制度，完善刑事案件快速办理机制，全面落实认罪认罚从宽和刑拘直诉制度。落实领导干部干预司法通报和责任追究制度。开展执法司法规范提升活动，促进司法公平正义。坚持阳光司法，完善人民陪审员和人民监督员制度，保障人民群众参与司法。加快建设“智慧法院”“智慧检务”“智慧司法”，加强政法信息共享及业务协同，持续推进政法一体化办案系统建设，全面实行数字卷宗单轨制协同办案模式。

第五节　强化建设“清廉龙湾”

强化管党治党的政治建设。认真贯彻落实中共中央关于加强党的政治建设的意见，全面加强政府系统政治建设，更加突出政治忠诚、政治定力、政治担当，着力打造维护力强、引领力强、担当力强、服务力强、廉洁力强的“五强”领导班子。持续推进全面从严治党，稳步做好问题查处、系统治理、建章立制“三篇文章”。进一步推动全面从严治党向纵深发展、向基层延伸，扎实推进清廉机关、清廉村社（居）、清廉学校、清廉医院、清廉企业等清廉单元建设，全面构筑不敢腐、不能腐、不想腐的有效机制，形成风清气正的基层政治生态。紧盯“四风”问题隐形变异的新表现新动向，锲而不舍落实中央八项规定精神和省委实施细则。

强化权力运行的监督管理。深入贯彻《中国共产党廉洁自律准则》和《中国共产党纪律处分条例》，严格落实党风廉政建设“一岗双责”，自觉接受人大法律监督和政协民主监督，加大行政监督、财政监督和审计监督，推动政风持续向好，进一步树立干部清正、政府清廉、政治清明的良好形象。构建精密智控干部大监督系统，创新完善“四责协同”机制，深化纪检监察体制改革。发挥巡视整改成效，完善巡察工作机制，进一步发挥巡察利剑作用，推动“四项监督”贯通融合、协同高效。坚持“惩前毖后、治病救人”的方针，精准实施“四种形态”，落实“三个区分开来”，营造干事创业良好氛围。

第十章　强化规划实施保障

坚持党的集中统一领导，加强各类规划衔接，健全规划实施保障体系，强化“六重”支撑，全面开展各项工作，确保高质量完成“十四五”规划目标任务。

第一节　坚持党的领导核心作用

发挥党委在经济社会发展工作中总揽全局、协同各方的领导核心作用，将党的领导始终贯穿“十四五”规划实施全过程，全面建立党委领导、政府主导、部门协同、社会参与的规划推进机制。党委围绕重大改革突破、重大产业发展、重大政策出台、重大项目遴选、重大工程推进、重点要素保障，开展研究决策和综合指导。积极发挥人大政协和群众对《纲要》的监督作用。

第二节　发挥发展规划统筹作用

构建以本规划纲要为统领，以国土空间规划为基础，以专项规划、区域规划为支撑，由各级规划共同组成，定位准确、边界清晰、功能互补、统一衔接的规划体系。做好与全市国土空间规划的衔接，为各项任务落地提供空间保障；区域规划要贯彻实施本规划确定的重大区域战略；专项规划要细化落实本规划确定的特定领域重点任务。同时，加强与上级规划衔接，确保重大发展战略有效实施。

第三节　健全规划实施机制

以重大行动计划、各类实施方案、重点项目计划为抓手，推动本规划目标任务顺利实施。加强制度化建设，完善绩效考核评价体系和奖惩机制，充分调动各级干部的工作积极性、主动性、创造性。围绕社会经济发展重点，确保目标与工具、长期与短期相结合，合理配置各类资源，强化经济社会发展政策的统筹协调。完善规划实施社会监督机制，推进规划宣传和展示工作，形成全社会“一张蓝图”谋发展的理想格局。

第四节　加强规划评估机制

加强对规划实施的监督和评估，组织开展规划纲要实施的中期评估和总结评估。创新规划评估方式，积极引入社会机构参与，发挥各级各类专家智库作用。强化动态管理，根据经济社会发展新形势，对规划进行动态调整，确保规划有效性和科学性。完善规划指标的统计制度，为科学评估提供支撑。

第五节　强化“六重”支撑

突出项目提速、平台提效、产业提升、改革深化、政策拓展和要素强化，进一步强化“六重”清单对经济社会发展的支撑力和带动力。实行工作项目化、项目清单化、清单节点化管理，突出攻坚重点，细化工作目标，明晰职责任务。动态调整完善“六重”清单。制定“六重”年度推进计划，完善工作机制，逐项抓攻坚、抓推进、抓落实。

关于印发《温州市龙湾区未来城区建设行动方案》的通知

温龙委发〔2021〕33号

各街道党工委、办事处，区属各单位：

现将《温州市龙湾区未来城区建设行动方案》印发给你们，请认真遵照执行。

中共温州市龙湾区委
温州市龙湾区人民政府
中共温州高新区工委
温州高新区管委会
2021年6月22日

温州市龙湾区未来城区建设行动方案

未来城区建设是龙湾区科学把握新发展阶段、深入贯彻新发展理念、主动融入新发展格局的城市现代化发展高级形态，是龙湾区忠实践行“八八战略”、奋力打造“重要窗口”的先行探索实践。为贯彻落实《中共温州市龙湾区委中共温州高新区工委关于加快建设未来城区争当“重要窗口”排头兵的决定》，打响“新中心·大未来”城市品牌，全面开启城市现代化建设新征程，特制定本行动方案。

一、总体要求

（一）指导思想

以习近平新时代中国特色社会主义思想为指导，深入贯彻党的十九大和十九届二中、三中、四中、五中全会精神，落实习近平总书记、党中央赋予浙江打造“重要窗口”新目标、高质量发展建设共同富裕示范区的光荣使命，按照全省数字化改革部署要求，围绕温州加快建设“五城五高地”的战略决策，以满足人民美好生活向往为根本遵循，以数字化改革为牵引，以国际视野、未来视角引领城市发展方式转变为主线，聚焦人本化、生态化、智慧化三维价值坐标，以公共服务提质工程、美丽生态筑底工程、数字赋能创新工程、产业价值增能工程、综合交通迭代工程五大工程百个项目为着力点，构建魅力龙湾、绿色龙湾、智治龙湾、科创龙湾、枢纽龙湾五大新图景集成系统，打造具有中国气派、浙江辨识度、瓯越风格、龙湾特质的未来生活地、工作地和旅游地标志性城区样板。

（二）基本原则

——坚持以人为本，共建共享。坚持人民主体地位，以服务人的全面发展为核心，以推动高质量发展、创造高品质生活、实现高水平供给、推进高效能治理为导向，不断满足人民日益增长的美好生活需要，以更多的机遇成就人民，以更丰富的精神文化生活提升未来素养，让全体人民在共建共享发展中有更多获得感、幸福感、安全感。

——坚持数字赋能，整体智治。落实全省数字化改革要求，开展数字化转型全方位先行实践，推动生产方式、生活方式、治理方式系统性转变，集成城区数据资源、市场规模和应用场景优势，提高全社会治理效能、资源要素配置效率，率先建成整体智治示范城区。

——坚持科技引领，创新驱动。主动融入“双循环”新发展格局，以科技创新催生发展新动能，高站位落实“一区一廊一城一会一室”创新部署，推动高能级科创平台集群化发展，打造科技、教育、产业、金融紧密融合的创新体系，构建“产学研用金、才政介美云”十联动的开放式创新生态，释放未来发展势能。

——坚持功能导向，彰显优势。把做优做强城市核心功能作为主攻方向，面向基础夯实功能，面向全球拓展功能，面向未来塑造功能，着力强化优势资源集聚、科技创新策源、新兴产业引领、开放枢纽门户四大功能，发挥温州金融综合改革试验区、新时代“两个健康”先行区等重要改革试验田作用，加快新旧动能转换，建设若干具有区域竞争力、龙湾辨识度的标志性功能平台。

——坚持统筹协调，系统谋划。着眼于区域整体协同发展，积极融入长三角一体化国家战略，发挥未来城区建设对提升温州都市区、温州中心城区发展能级的支点作用，加快区域基础设施、资源要素、制度机制的互联融通；树立整体设计、协同实施、动态迭代的系统思维，纵深推进城市功能、创新平台、生态系统、人文空间一体化布局和治理，注重功能复合、弹性留白，形成可持续、自生长、大平衡的城市发展新模式。

（三）行动目标

近期目标：到2025年，着力在重大平台打造、创新主体培育、城市功能完善、安全韧性保障、治理水平提升等方面取得突破，形成未来社区、未来园区、未来街区、未来乡村等标志性平台“新名片”，数字孪生社会基本成型，建成高质量发展引领区、城市现代化先行区、整体智治示范区，打响“新中心·大未来”城市品牌。地区生产总值（含经开区）达到1000亿元以上、常住人口100万人以上，城区发展能级迈上新台阶，成为温州做强全省“第三极”，建好长三角南大门的重要引擎点。

——建设魅力龙湾。高水平推进全域未来社区和城市公共服务功能建设，未来社区示范走廊基本成型，建成文化生根、社交生动的城市开放空间网络，建成高水平、均等化、可持续、社会资本广泛参与的公共服务体系，城区居民在家门口上好学、接受好医疗的愿望基本实现。新增5个以上城市新文化地标，建设12个左右未来社区，提供人才住房达到4000套以上，形成美丽宜居的温馨生活空间。

——建设绿色龙湾。保留构建贯通全区的山水生态廊道，集约紧凑、疏密有致的城区开发格局基本形成。全域海绵、全域无废城区基本成型，城区－片区－社区三级防灾防疫网络高效运行，实现高质量安全、韧性、绿色发展。

——建设智治龙湾。按照全省数字化改革“1+5+2”工作体系部署要求，在“整体智治”数字政府、“未来工厂＋产业大脑”“未来社区＋城市大脑”等方面打造若干标志性成果和应用场景示范。深入实施数字经济“一号工程2.0”版，建成高速泛在的新基建网络，实现城区5G覆盖率达到100%。建立健全龙湾区城市大脑应用模块，全域未来社区全面接入未来社区智慧服务平台。初步建成资源要素高效统筹、现实—数字孪生智治的数字社会。

——建设科创龙湾。“一区一廊一城一会一室”创新格局更趋完善，建成引进一批百亿级产业和重大项目、平台和企业，形成发达的知识密集型产业体系，主要创新发展指标显著提高。到2025年，R&D经费支出占GDP比重达到3.8%左右，数字经济核心产业增加值达到57.7亿元左右，吸附人才的磁场效应不断强化。

——建设枢纽龙湾。现代综合交通运输体系持续完善，温州东部综合交通枢纽地位全面确立。深度融入长三角一体化发展等国家战略，深化国际产能合作，对外开放的广度和深度得到新的拓展，成为温州中心城区提升辐射力、影响力的枢纽引擎。

远期目标：到2035年，形成具有全国影响力、国际竞争力的全域创新体系，城区整体精细化智治格局基本成型，成为引领未来城市、未来产业、未来治理的策源地和场景孵化器，初步构建具有国际影响力、国内领先的未来城区示范样板。

二、发展格局

按照XOD模式（城市基础设施为导向的复合发展模式，融合公交导向TOD、服务导向SOD、生态导向EOD、数字导向DOD等），推动城市服务功能、未来社区、创新平台、产业平台、基础设施、生态环境等复合化、一体化规划布局，构筑开放生长、留白迭代的“一核两翼三廊四基底”的未来城区发展格局，着力提升中心城区整体风貌和能级。

（一）“一核”引领

以滨海大道以西、茅竹岭以东为区域，打造未来城区核心。坚持产城融合、站城一体、综合配套，统筹龙湾城市中心区、浙南科技城、东部新城高质量发展，进一步完善创新链、产业链、设施网、生态廊协同机制，形成产业特色互补、功能复合共享的一体化格局。

——龙湾城市中心区。着力打造高端服务功能完善、创新企业总部集聚、科技金融文化融合、都市型创产功能泛在的中央活力区。顺应国际科技创新“回归都市”新趋势，发挥毗邻浙南科技城、优质生活资源集聚优势，谋划布局都市型、分布式、智能化科创区，对标“硅巷”，将“云楼”“云街”“云巷”等众创单元融入城区肌理，构建创新要素“强磁场”，打造“全域超级孵化器”。紧抓2022年亚运会的机遇，带动奥体小镇健康休闲与文体旅游产业融合发展，打造“文化地标”，擦亮“城市名片”。

——浙南科技城。紧扣国家自主创新示范区、环大罗山科创走廊建设等重大战略，建好瓯江实验室，形成原创科技—研发中试—成果孵化—产业化全创新链。聚焦生命健康、数字经济两大主攻方向，培育发展新能源、新材料等机会产业，重点推进中国眼谷、温州科技金融中心、龙湾国际云软件生态谷、北斗信息产业基地等平台建设，积极推进校地共建高能级平台，深化与科思技术研究院、光子集成创新研究院、温大激光智造研究院、国科大温州研究院等平台合作，促进平台新发展、社群新关系、基建新形态，打造融知汇智、宜居宜业的科技新城。

——温州东部新城。聚焦“枢纽+商务+公共服务”等复合功能，打造具有国际视野、世界一流的“第四代+”空铁枢纽典范，加快推进5.7平方公里主核心区建设，对标新加坡“星耀樟宜”，谋划打造“温州智眼”综合门户地标，组织空铁直连地下专用通道及空中连廊，形成宜商宜居宜业宜游的空铁生活圈。有序推进16.14平方公里核心区，聚焦创意、时尚、金融、人居和网络经济等要素，注重站城一体、综合配套、三生融合。突出TOD开发理念，加大地上地下综合开发强度，利用空铁枢纽优势，积极探索服务于上海、杭州的等地“候鸟型”人才社区模式，打造非接壤地融杭接沪典范。加强集中紧凑、高强度的开发，突出现代服务业和城市型服务设施布局，鼓励垂直复合开发，集聚面向区域的商贸会展服务和城市级商业、文体活动，打造龙湾现代化城市客厅。

（二）“两翼”拓展

依托核心向东西拓展，东翼以滨海大道以东为区域，利用龙湾国际机场、围垦空间等条件，打造沿海现代产业集聚区。西翼以蒲州、状元为范围，向西双向融合发展，建设富春商务区、沿江风情带等特色平台，打造温州都市智创集聚地。

——东翼：沿海现代产业集聚区。以创建国家级临空经济示范区为抓手，主动融入新发展格局，强化金融、商贸、外贸、供应链企业和总部经济集聚态势，提高全球高端要素的配置能力、内需消费的引领能力。高水平推进通用航空产业园、航空物流园等项目建设，推进新能源、医疗健康、高端智能装备制造等产业集群化发展。探索与温州经济技术开发区打造温州东部新区一体化发展的先行区块、示范区块。

——西翼：温州都市智创集聚地。发挥邻近中央绿轴优势，将“大建大美”“精建精美”作为破题之举，强化功能错位、特色发展，向西双向融入滨江商务区。以文昌创客小镇、富春商务区、沿江风情带等特色平台为重点，布局科技创业、时尚创意产业等功能。谋划打造数字时尚天街，集聚时尚高端要素，促进“数字+时尚”深度融合，引导时尚产业与产品研发、设计、制造、营销和服务等经济活动紧密结合。推动中国（温州）跨境电商综合试验区龙湾分园平台建设，创新高品质时尚文化生活圈样板，打造温州时尚都市新窗口。

（三）“三廊”生长

依托生态本底和基础设施廊道，谋划沿“三廊”集约高效延展的开放式城市格局，串联生活、生产、生态场景画卷，彰显最美城区意象，强化人才、平台、要素、设施集聚，打造城市功能主廊道。

——打造“轨道上”的未来社区示范走廊，勾勒韵律起伏的最美天际线。以 S1、S2、M2 等构成的轨道交通线网为“城脊”，以轨道交通站点为触媒，率先推动龙湾中心区、状元北、状元南、东部新城等沿线区域存量有机更新和增量高品质开发，重点建设富春、南洋、东外滩、状元南、云创、高铁新城等标杆未来社区项目，串联主要产业平台、公共服务设施、商业设施等，打造职住平衡、生活便利、社交泛在、风貌独特的未来社区示范走廊。围绕富春商圈、浙南科技城、龙湾中心区等重要节点形成 3—5 处天际线制高点，围绕空港形成门户节点，形成疏密有致、高低错落的城市形象。

——打造瓯江沿岸协同发展示范走廊，彰显活力缤纷的最美水际线。依托“瓯江山水诗路”资源优势，精细化设计瓯江沿岸、永强塘河水系沿线城市格局、色彩、风貌，谋划建设“温州外滩”龙湾段、“塘河人家”永强段。浙南科技城片以旧码头区、黄石山北等区域为重点，加快完成龙湾万吨码头及关联产业外迁，创新培育科技服务、金融服务等功能，打造展示现代化城市建设风貌的“瓯江最后 10 公里”。状蒲片区以状元北为重点，结合片区改造及时尚产业优势，承接温州滨江商务区的商务、商业、休闲等功能，发展时尚创意、时尚消费、文化展示、时尚智造等产业。

——打造环大罗山生态休闲走廊，擘画延绵起伏的最美山际线。以环大罗山（永中）乡村振兴示范带、空港都市休闲农业示范带、瑶溪休闲旅游乡村振兴示范带等建设为重点，串联瑶溪南片、永昌堡片、奥体小镇、东篱下等文体农旅养资源，打造展示城市发展与美丽乡村建设融合样板。

（四）“四基底”夯实

树立“场景营城”理念，着眼于“三生”融合、“三产”联动，协同推进未来社区、未来园区、未来街区、未来乡村四个未来城区标志性平台建设，促进“四个未来”新型功能单元基底的交互融合、要素融通，打造具有龙湾辨识度的未来城区标签。

——未来社区。以“城市大脑 + 未来社区”应用模式全面提升城市精细化治理能力。推进龙湾区全域未来社区创建，深度体现人本化、数字化、生态化三大价值坐标，将邻里、教育、健康、创业、建筑、交通、低碳、服务、治理九大场景有机融合，打造具有“温州特质、龙湾标识”的未来社区。在全域范围，结合特色产业和人群特征，探索科学家社区、全球温商社区、青年创客社区等多元主题未来社区，着力打造引领未来生活方式变革的“美好家园”新样本，形成数字社会城市基本功能单元系统。

——未来园区。以“产业大脑 + 未来园区”应用模式推动全要素、全产业链、全价值链全面连接。在空港小微园集聚区、浙南科技城等重点园区区块，结合中国眼谷小镇等特色小镇平台，加快布局产业链、补强创新链、完善要素链、深化服务链，打造“数字生活和数字生产无界链接”的未来园区样板。突出未来工厂、未来安监、未来环保、未来市监、未来警务、未来党建、未来票务、未来教育、未来社保等场景建设，推动产业数据汇聚共享，实现未来园区与精细化管理的高度融合。

——未来街区。建立龙湾版“未来街区”指标体系，采用“小街区、密路网”城市空间开放共享模式，以寺前街历史街区、万达金街等居住性历史街区、主题性商业街区为重点，因地制宜探索地标商圈潮购场景、文化雅集场景、5G 体验场景等，实现“一街区一特色场景”。

——未来乡村。积极践行“两山”理论，推动“数字乡村”建设，围绕“美丽经济、生态宜居、文化风貌、四治融合、幸福生活”一体化建设，创新龙湾未来乡村“十场景”，构建有舒适感、获得感、归属感、安全感和未来感的新型乡村功能单元。以瑶溪村等项目为重点，打造创新数治型、文旅融合型等不同类型的未来乡村典型。

三、主要任务

（一）以公共服务提质工程为重点，打造魅力龙湾新图景

厚植龙湾精神、文化、生态、乡村等基底要素，按照 5—10—15 分钟生活圈优化布局不同层级公共服务设施，加快全域未来社区、公共服务、开放空间等网络建设，提升未来城区空间价值、文化品位、环境品质和社交活力，全面改善人民生活品质，培育未来素养，彰显龙湾气韵，激发未来城区永续活力。

1. 建设未来社区全域化样板地。突出人本价值链、创新产业链、生活供应链“三链集成”价值追求，以龙湾区全域 212 平方公里为规划研究范围，以 5-10-15 分钟生活圈创新全域规划组织管理。组织开展排摸老旧小区现状与居民意愿调查和房屋质量安全评估工作，统筹全域土地增量空间，因地制宜采用拆除重建、整合提升、拆改结合、规划新建等建设类型。以城市类为主体、兼顾乡村类，全域形成“1+2+X”总体格局，即 1 条轨道 S1 线串联的未来社区示范走廊，2 个省级示范型标杆未来社区（富春社区、南洋社区），X 个地方推广型未来社区，形成“人城创产景”深度融合的全域未来社区创建格局。构建完善场景功能空间“拓扑网络”和数字化建设运营体系，布局若干开放式邻里中心，织补城区未来场景功能。严格按照“一张蓝图干到底，一茬接着一茬干”的精神，根据控规将未来社区理念要求全面、科学地应用到存量有机更新和增量开发建设。到 2025 年，重点推进 12 个左右未来社区项目建设，到 2035 年，基本实现全域未来社区建设目标。

2. 精心打造城市品牌和地标。以山水作为龙湾历史 - 现在 - 未来之纽带，围绕“一江一河一溪三山十古道”，建设都市生态游憩网，打响“瓯江塘河水游图”“大罗山游图”城市品牌。布局环大罗山公园群，形成主题缤纷的“龙湾十景”。谋划“云端”漫步古道群文旅项目，依托 10 大古道，打造 100 公里云栈道，贯通黄石山—茅竹岭—环大罗山公园群，丰富游玩线路，设置山顶场所设施、公共到达、眺望点以及对入口街区实施改造，打造“网红打卡地”、最美城市“观景

台”。结合瓯江生态海岸带建设，谋划建设10公里龙湾外滩，打造“引水入城”都市型碧道典范。深入挖掘“永嘉场”、状元文化、宁村所文化等区域文化内涵，加快永昌堡、寺前街等工程建设进度，打响“古堡文化”“书法文化”等文化品牌。实施“拯救老屋”行动，开展历史建筑保护和活化利用。实施以传承人培养保护为重点的非遗传承工程，推进千佛塔、张璁祖祠、王瓒家庙等古建筑的保护开发，加快博物馆建设和更新改造。开发瓯江夜游、田园马拉松等文旅品牌。

3.提供学有所教幼有所育优质服务。深入实施“品质教育·学在龙湾”发展战略，全面深化教育综合改革，打造省教育现代化区，创成全国义务教育优质均衡发展区。重点加强全域托育、托教设施建设，鼓励依托未来社区、园区、街区等符合托幼建筑设计规范的场所设立托育点。积极推广名校集团化办学、教学共同体建设等“名校+新校”办学模式，推进与国科大、北师大等知名高校校地合作，引入创新融合基础教育和素质教育的教育综合体等，导入更多优质基础教育资源。依托全域未来社区创建，推动幸福学堂全覆盖。

4.构建全生命周期健康服务体系。依托中国眼谷等重点平台，发挥温医大附二医龙湾院区、附属口腔医院龙湾院区等三甲医院的技术引领作用，完善优质医院布局，加快龙湾区第一人民医院等医疗机构建设和提标达标工程，积极引进国内领先的区域性儿科、妇产科和专科医院。深化医联体建设，纵深推进“双下沉、两提升”工程，推动“城市医疗集团、区域专科联盟、远程医疗协作”等形式医联体发展，加快构建省市级医院、区级医院、基层医疗卫生机构相互衔接的分级诊疗体系。推动家庭医生发展，均衡布局建设社区卫生服务中心和社区智慧养老与康复中心，构建形成15分钟基层健康医疗社区服务圈。加快“智慧医疗”深度应用，探索实行“私人定制”健康管理服务。

5.构建全民健身服务体系。布局完善三级公共体育设施，高标准打造“10分钟健身圈”。广泛开展全民健身运动，打造群众性体育赛事活动品牌。推广百姓健身房模式，推进体育设施进社区、进公园、进文化礼堂。充分利用“亚运”赛事红利，深化社会力量办体育改革，打造品牌赛事集聚高地，大力培育赛事经济。建成奥林匹克体育小镇，引领全民健身事业跨越式发展。到2025年，人均体育场地面积达到2.60平方米以上。

6.建设标识鲜明文化艺术走廊。实施新文化地标建设行动，加快推动龙湾万吨码头、金温铁路外迁，注重旧码头、旧货站、旧厂房、旧市场的创意化改造和活化利用，打造温州高新文化广场、智慧档案馆、国际交流中心、群众文化中心、书法艺术公园、5G智能体验馆、金融文化中心等特色文化地标。实施“文化设施星罗棋布”行动，建设一批丰富多样、便利可达的公共文化广场、城市书房、百姓书屋、文化驿站、文化礼堂等设施，建成“家门口的文体服务圈”。强化文旅融合，推出“龙湾文化菜单”，打造贯穿全年的文化精品活动。加强文化设施管理，推进公共文化设施免费开放。

7.创造无处不在交往客厅。以增加社交密度为导向，串联特色文化场所和街道，建立跨街坊联系的公共交往空间，汇聚“社会交往、生态保障、慢行交通、休闲游览、城乡融合、文化创意、体育运动、农业景观、应急避难”等复合功能。丰富创新创业交往，谋划若干未来科创区，配套建设共享办公、休闲广场、咖啡厅、共享餐厅等设施，强化口袋公园、街角广场、艺术街巷等“第三空间”营造。优化休闲服务交往，集聚国际化多样化商业元素，布局零售商业、特色酒店、酒吧餐厅等服务业态，打造具有文化品位和创新韵味的商业街区。完善邻里街坊交往，围绕未来社区配套无人配送站、24小时便利店、健身房、共享图书馆等设施。活化特色街区交往，推进寺前街历史街区等重点项目，谋划金融水街、科技水街等项目，配套建设风雨连廊设施，呈现多样化主题和混合业态，丰富特色节事活动。

8.推广健康绿色交通出行方式。强化“轨道+公交+慢行”三网融合的城市绿色交通系统，建成BRT9号线、BRT5号支线，推进BRT与市区线路闭环联网。围绕轨道交通优化公交和慢行网络，深化“自行车道+步行道+特色慢行线”系统建设，谋划自行车专用道、通学优先道，串联学校、社区、主要服务设施。结合现状林荫基础，先行打造10条以上骨架型林荫大道。到2025年，全区实现公交站点500米服务半径全覆盖，公共交通出行分担率达到40%。

9.打造城区型文旅生活目的地。培育生态人文新经济，建设多层次消费平台，科学推进龙湾中心区、科技城片区、状蒲片区、空港新区四大区块城市商业片区化、层次化发展，力争成为温州都市品质消费的新地标。以“山海古堡·未来之城”为主基调，打造“一心、一廊、三区”旅游发展新格局，创建浙江省文旅融合示范区、浙江省研学旅游示范基地、浙江省夜间经济试点，激发龙湾文旅新动能。深入推进“诗画浙江·百县千碗”工程建设，打造龙湾美食文化品牌，打造百县千碗美食街区以及示范店。

10.激发文化价值认同。完善文明创建长效机制，大力弘扬“最美龙湾人”精神，继续实施“龙湾好人”关怀帮扶机制，打造“德暖龙湾”品牌。积极培育和践行社会主义核心价值观，开展公民素质提升系列活动。大力弘扬“敢为人先、特别能创业创新”的温州人精神，持续开展市民素质提升活动。依托龙湾区新时代文明实践中心云平台——“文明大脑”综合数字平台，推动新时代文明实践和志愿服务管理工作数字化、智能化、精准化。注重文化传承，依托未来社区、文化礼堂、公园等阵地，开展传统节日主题活动。扩大国际文化影响力，以亚运赛事为契机，深化多层次、多领域国际人文合作交流，高水平举办国际会议、国际会展、体育赛事和文化旅游活动。

（二）以美丽生态筑底工程为基底，打造绿色龙湾新图景

借鉴雄安新区等地“韧性城市”实践经验，结合“浙南美丽大花园”建设目标，立足龙湾滨江达海、山体湿地交织的生态肌理，以优化生态环境，增强生态安全、防灾减灾和应急处置能力为核心，打造全域“5分钟见蓝绿”的高品质生态空间和生活环境，构建低碳韧性的未来城区基础性保障系统，提升群众获得感、幸福感和安全感。

11. 实施城市生命线工程升级改造。依托浙南科技城、空港新区、东部新城等新开发区块，部署地下快速通廊和综合管廊。谋划建设空中连廊系统，日常作为交通通道和共享空间使用，特大洪水、超历史纪录洪水等灾害情况下，发挥避灾场所功能。

12. 建设全域海绵城区。开展全域海绵城市示范工程建设，完善防洪排涝基础设施，综合采用“雨水花园、下沉式绿地、生态湿地”等低影响开发设施，打造多层次雨洪调蓄利用系统，疏通三垟湿地汇水通道，提升城市通透性和微循环能力。到2025年，建成区基本达到海绵城市建设目标要求。实现中小降雨100%自然积存、净化，规划城市建设区雨水年径流总量控制率不低于82%。

13. 构建安全优质水利设施。强化城乡水安全保障，实施海塘安澜、平原排涝、水资源优化联调、美丽河湖、数字水利“五大工程”，构建高标准防洪保安、高水平水资源配置、高品质幸福河湖、高效能智慧水利四张网，实现全区洪旱无虞、饮水放心、用水便捷、亲水宜居，构建现代化水利基础设施体系。

14. 构建和谐共生的绿色生态网络。以保障和维护城市生态功能为主线，全面加强生态空间、农业空间、瓯江及近岸海域空间的差别化管控，打造沿江、沿海、沿河、沿山、沿路等生态廊道，统筹全域美丽建设。强化城市整体契形绿地保护，保持城市通风廊道。普及15分钟城乡亲水圈，加快建设融绿色生态、都市休闲、文化传承、滨水居住、公共服务等功能于一体的塘河休闲带、生态海岸带（含瓯江段）。强化森林公园、风景名胜区、文化自然遗产、湿地公园等生态功能区保护。开展“百园龙湾”行动，建设口袋公园、花园路口等小型生态节点公园，加大城市公园绿道建设，织密“500米半径公园圈”。

15. 构建清洁高效现代能源体系。有序开展重点行业“碳达峰”行动，争取“零碳”体系试点。分阶段构建安全、可靠、绿色、高效的智能电网，重点围绕浙南科技城等核心区域，打造一批国内一流水平的智能配电网示范区。强化天然气供应保障，2025年实现城市建成区、工业园区天然气全覆盖。建设光伏发电等清洁和可再生能源项目，充分预留天然气、氢能等清洁能源储备设施用地。探索综合能源管理、分布式能源站，重点面向科学实验室、产业平台、未来社区，推广天然气分布式能源、分布式光伏发电，加强太阳能发电、充电桩、充电站、加氢站等基础设施建设。

16. 全面推广绿色建筑。积极稳妥推广装配式、可循环利用的建筑方式，新建民用建筑绿色建筑达标率达到100%，新建政府投资的大型公共设施建筑全面执行三星级绿色建筑标准。推广绿色节能低碳建筑技术，谋划建设“近零碳示范街区”“近零碳社区”“近零碳建筑”。推广绿色低碳的生产生活方式和城市建设运营模式，使用先进节能环保材料和技术进行城市建设，营造优质绿色市政环境，筑牢绿色智慧城市基础。

17. 组织实施全域“无废城区”建设。全面推行固体废弃物资源化利用，深入推进城市生活垃圾分类和工业固体废物、危险废物利用处置、城市建筑垃圾等专项整治提升行动，打造垃圾变废为宝的零废之城。

18. 构建分布式防灾防疫韧性系统。推广分布式、去中心、小型化、并联式的未来城区防灾防疫系统，依托未来社区建设，引入社区微农场等短链生产体系，保障疫情灾害突发情况下的食品需求。构建城市－社区公园—家庭三级急救站网络，储备三天的食品、水、药品，把台风等灾害的次生灾害消除于萌芽状态。在未来社区中探索使用集装箱式的污水处理系统，依托家庭设置微中水系统，发挥微救灾作用。

19. 精细化运维提升系统韧性。开展安全发展示范城区工程，构建全覆盖的物联感知体系，探索物联网、5G、人工智能、大数据、云计算等新技术应用，赋能基础设施维护、城市安全监测、防灾防疫响应。与城市安全管理服务深度融合，整合打通公安、民政、卫生健康、应急管理、市场监管、生态环境、交通、水利、人防、综合执法、消防救援等部门现有安全风险系统平台，健全城市安全应急救援管理体系、应急救援信息共享机制和多部门协同预警响应处置机制，提升防灾减灾救灾能力。

（三）以数字赋能创新工程为抓手，打造智治龙湾新图景

依托省级数字经济创新发展试验区、省级信息经济示范区“两区”建设，以整体智治、精细运营为主线，加快数字化改革，完善数字生态，推进新一代数字基础设施建设，推动新一代信息技术在政府、经济、社会全领域深度应用，从“在城市中建平台”转变为“城市即平台”，高效汇聚运转人流、技术流、信息流、资金流、物流等要素，将龙湾整体打造为虚实共链的数字社会。

20. 适度超前布局新型基础设施网络。以浙江首批5G城区建设为目标，率先构建全球领先的“双5G、双千兆”网络基础设施，创新集成布局以一杆式智慧杆塔为载体的5G微基站，加快5G核心传输网改造升级新建，新增、改造5G基站590座以上，实现双5G优良覆盖率达到100%。加快建设高速泛在传感器、窄带物联网基站和物联网公共服务平台，推动5G与物联网垂直集成应用深度融合。优化布局云数

据中心，争取建设国家级区域型数据中心。推进北斗卫星导航定位基准服务系统建设，为系统授时、精准定位、数据处理等提供基础服务。建设智慧给排水、智慧电力设施等智能基础设施，实时、动态地掌握城市运行状态，形成发现、上报、交办、整改、反馈的全闭环管控。强化智慧终端布局及系统互联，依托浙南科技城、重点未来社区项目，强化智能能源设施、无人图书馆、健康小屋、智能回收站、智能快递柜等智慧终端布局。

21. 开展区域整体治理数字化示范。搭建全域治理数字化平台，形成“一库一图一箱X场景”总体架构，完善辅助决策、统筹管理和精准服务三大核心功能，推进多规协同、人才地图、产业地图、全域未来社区地图等特色场景开发应用，建立完善全域覆盖、全要素管控、全过程服务的数字化治理体系，系统提升资源配置效率。加快构建多元整体智治数字化应用模块，促进未来城区整体数字化治理规范、开发多场景应用和数字孪生拓展。

22. 创建数字政府标杆。以构建一体化大数据治理体系为支撑，落实政务服务2.0建设工作，深化政务服务2.0平台应用，加快区行政服务中心改造，着力打造“掌上办事之区”。重点突破场景化多业务协同应用，以区块链等数字技术赋能政府职能改变，推进跨部门、多业务的综合集成创新，落实政务服务全流程网上、掌上办理，实现“一件事”网上通办、移动能办、刷脸可办，逐步推动政务服务事项一站通办、一键直达、一次不跑，力争建成5个基于场景模式的多业务协同应用，形成若干全国有影响力的数字化治理“最佳实践”。

23. 创新“互联网＋民生服务”模式。推进数字赋能社会行动，建立健全社会治理大数据体系，加快健康、教育、交通、文化、就业、金融、文旅、安居、养老等领域标准协同、资源整合、数据共享与流程再造，在全国率先推进“医后付”“无感付”等便民场景建设与应用推广。提升公共服务管理的规范化、精准化和智能化水平，探索构建数字社会运行规则体系。搭建城市管理便民服务与公众参与平台。建立信息反馈、自我完善和纠错机制，完善社会治理效果测评体系。

24. 打造新型治理形态。开发“红哨”系统，实施“党建大数据赋能基层治理”计划，推行“三长一网”红色领航基层治理模式，提升党建引领基层治理整体水平。规范区社会矛盾调处中心工作，提升“最多跑一地”工作质效。拓展“城市大脑”场景应用，优化“基层治理四平台”运行管理，深化全科网格2.0版规范提升工程，加快形成即时感知、科学决策、主动服务、高效运行、智能监管的新型治理形态。

25. 健全城市智能安全网络。利用北斗时空云平台、城市三维基础数据库，打造信息化、体系化、专业化的防灾减灾系统，高标准建设智能化社会治安防控体系，切实提高防范、打击违法犯罪和应对处置突发公共事件等方面的能力。健全综合应急体系，完善应急指挥救援系统，建立安全生产、市场监管、应急保障、环境保护、治安防控、消防安全、道路交通等部门公共数据资源共享机制。

26. 开展企业“上云用数赋智”促进行动。推动产业数字化，开展“企业上云”专项行动，实现千家企业上云，实现规上工业企业智能化技术改造诊断服务全覆盖。实施“5G+工业互联网”工程，加快SupET等跨行业、跨领域的工业互联网平台建设，依托平台整合区域企业制造资源，创新共享制造模式，到2025年，全区建成特色行业“云服务平台”3个以上，行业级工业互联网平台5G应用率达到100%。开展“未来工厂”建设试点，培育建设5家左右“未来工厂”样板。建设虚拟产业园和产业集群，以数字化供应链为依托，推动订单、产能、渠道等信息共享，实现产业供需调配和精准对接，开展云会议、云展览、云招商、云体验等活动。

27. 聚焦全域未来社区探索多元场景应用。以全域未来社区创建为抓手，以“9+X”多元个性场景集成创新为载体，推进全域未来社区数字协同发展试点，探索应用“时间银行”养老模式、“平台＋管家”物业服务模式、共享停车模式、智慧安防建设等。深化社区服务等智能化子系统建设，集成连接到未来城区数据平台，并制定安全统一运维服务的规范要求。

28. 探索公共数据开放和应用创新。在保障数据安全前提下，率先探索公共数据开放应用创新体系，培育市场化数据应用服务主体，打造数据供应链。加强与省市公共数据平台的系统对接，针对防疫复工、卫生健康、交通出行、文化教育、信用服务、普惠金融、商业服务等重点领域进一步加强开放力度，打造一批公共数据开放应用示范案例。强化公共数据开放安全评估的制度保障，依据公共数据分级分类指南严格执行数据安全保密制度。运用区块链、智能合约等新技术，探索建立数据产权全链条保护机制，提升数据安全保障能力。

29. 构建功能完备的数字信用体系。立足浙江省数字化转型“531X”信用工程总框架，实施社会征信信息标准化工程，建立健全公共、有效的综合信用大数据平台，积极运用大数据技术建立信用基因图谱。进一步构建完善守信激励和失信惩戒机制，建立“发起—响应—反馈”信用联合奖惩联动机制，完善信用运行机制和监管体制。引进和培育一批数字信用服务主体，引导行业组织和信用服务机构协同监管。推动由过去行政监管的传统性、“双随机、一公开”的偶然性向以信用为支撑点的精准监管转变。

30. 建立城区资产可持续运营模式。搭建未来城区CIM（City Information Modeling）平台，开展数字化规划、设计、征迁、施工管理、验收审查、运营维护等，实现未来城区建设运营全周期智慧集成管理。开展“城市可持续运营”探索，鼓励各类项目采取“数字化总包”等创新模式，以片区综合运营开发模式为主导，以市场化手段加快推进重点片区开发建设，采用“授权开发+投资合作+EPC+O”等合作模式，建设期积累的项目数字资产由“数字化总包”牵头移交，开展可持续运营服务。全面落实“全域治理”模式，出台“物业城区”改革方案及业务委托清单，引入物业服务企业参与城区治理，推动物业管理事权下放街道，将“无物业管理、无业委会、无专项维修资金”的小区、城中村纳入“物业城市”管理范围，基本实现物业管理全覆盖。

31. 加快推进数字产业化。加快北斗卫星产业基地建设，打造以北斗技术及其产业化应用为特色的国家级示范基地。实施天心天思数字经济产业中心、温州浙南科技城互联网服务中心等项目，在云计算、大数据、物联网等领域形成一批创新成果和行业解决方案。布局前沿产业，建设大唐5G全球创新中心，加强区块链、虚拟现实等关键技术研究与产品开发。谋划5G试验场平台，以大唐5G项目为引擎，聚焦5G研发及应用、芯片设计与研发、金融科技研发及应用、高端现代服务业等四大产业，推动形成新一代信息技术全产业链。

（四）以产业价值增能工程为支撑，打造科创龙湾新图景

以科技创新为根本动力，以汇聚知识型人才、发展知识经济为主线，以未来城区建设的巨大需求市场为契机，构架供给创造需求、需求牵引供给的产业价值增能路径，着力在集聚创新要素、提升科技创新能力、构建知识密集型产业体系、推动知识产权保护运用等方面发力，持续增强发展动力和活力。

32. 构建多样化人才生态圈。对接省“鲲鹏行动”人才计划、温州市重大人才工程，抓好区“罗峰领雁”计划，大力引育一批科技顶尖人才和领军人才。建立全球顶尖人才库，聚焦生命健康、智能制造、数字经济等特色优势领域，加强和高端猎头合作，实行定向攻关、精准招引。实施“浙商青蓝接力工程”和新生代企业家“双传承”计划，发挥浙商组织作用，着力引进科技企业家、天使投资人、科技经纪人，统筹推进工程技术人才、高技能人才队伍建设。放大青科会峰会效应，加快青科城等项目实施，争取青科会永久会址落地，打造世界青年科学家创新创业最佳实践地。引进国内外知名大学在龙湾设立分校，争取独立招生资格，储备青年人才。与社会资本合作，组建浙南人才投资集团，设立人才专项基金，支持创新人才、初创企业，推进人才支持市场化。

33. 健全人才“引育用留”机制。持续加强人才工作站建设，完善专家服务基地、博士后创新实践基地、院士（专家）工作站等平台运行模式。支持企业建设技能大师工作室、高技能人才培训基地，开展人才订单定向培养，培育“未来工匠”。建设一批人才服务综合体，系统重塑创业创新服务链业务流程，实现“拎包创业”。探索建立与国际接轨的全球人才招聘和管理制度，为领军人才永久居留、签证办理和生活服务提供便利。探索编制并推动人才地图、产业地图、社区地图“三图”融合，依托全域未来社区创建，完善各类特色人才社区，推行人才住房租售并举办法，打造职住平衡、社交生动、生活便利的人才发展环境。

34. 前瞻布局国家级高能级科创平台。积极争取国家实验室、国家重大科技基础设施、国家级产业创新中心、国家级技术创新中心等国家级科技创新平台建设。谋划建设瓯江实验室，聚焦生物医用材料、大分子药物、智能医疗器械、人工智能医学等生命健康前沿领域，建成浙江省实验室，力争成为国家实验室分部。依托中国（温州）激光与光电产业集群，争取创建国家级激光与光电产业技术创新中心。以中国眼谷建设为契机，发挥眼视光学和视觉科学国家重点实验室、国家眼视光工程技术研究中心、国家眼耳鼻喉疾病临床医学研究中心三大国家级平台作用，突破眼视光基础研究、临床应用、工程技术创新等领域关键技术。

35. 集群式引育新型研发机构。面向应用基础研究、前沿技术研究需求，加强校地合作，吸引海内外顶尖研究院所、高校在龙湾设立科学实验室和研发中心，重点培育壮大北大—温州激光与光电子联合研发中心、温大激光与光电智能制造研究院、中国科学院大学温州研究院等项目。鼓励企业组建产业技术研究院、协同创新中心、制造业创新中心等新型研发机构，提升激光与光电、眼视光两大产业创新服务综合体服务能效，推动数字经济（物联网应用）产业创新服务综合体申报省级综合体。鼓励行业领军企业建设一批从事基础研究和应用基础研究的全球研发中心和未来实验室，系统布局创新链。

36. 强化科技成果转化孵化体系。推动创新创业新天地、浙南云谷MCN孵化街区、温州海创园、文昌创客城市客厅等打造省级、国家级创业孵化基地，优化“实验室—孵化器（众创空间）—加速器—专业园区”链式孵化体系，发展“孵化器（众创空间）—天使投资—创业企业”持股孵化模式。依托国家自创区建设，在财税扶持、知识产权保护、高端人才引进、科技金融结合、股权激励等方面先行先试，建立“众创众包众筹”等开放创新方式，依托环大罗山科创走廊龙湾片区平台，培育一批产业链核心环节的硬核科技企业。实施“未来城区投资合伙人计划”，鼓励知名投资机构及龙头企业对科技企业进行战略投资。

37. 健全优化“十联动”创新生态。复制推广“中国眼谷”的“科教研医产用”生态体系建设模式，建立行业领域瞪羚、独角兽企业数据库，创新产业链式精准招商，建成若干全产业链园区。完善高新技术企业培育库，优化“初创企业—雏鹰企业—瞪羚企业—独角兽企业”培育体系。以促进科技成果转化和加强创新服务为重点，加快激光与光电、眼视光和数字经济三大产业创新服务综合体创建工作，发展研发设计、中试孵化、检验检测、成果转化等科技服务机构。建立一批低成本、便利化、开放式虚拟创新社区，大力发展科技中介服务与科技金融服务，鼓励创业投资基金在龙湾

设立分支机构。建立浙南科技城智库，打造高端战略对话平台。加强温州科技金融中心建设，支持金融机构创新“环保贷”“人才贷”“知识产权贷”等产品。积极发挥政府产业基金带动作用，重点支持领军型人才创业项目、重大创新平台产业项目，加快推进天心天思战略产业基金、大唐5G长三角中心产业基金、科思新材料电子产业基金等基金落地。深化“民间资本支持创新创业”试点，推动金融与产业、科技深度融合。

38.促进创新链与产业链深度融合。聚焦眼视光、激光光电、物联网等优势领域，强化未来科技研究、重大原创性研究和前沿交叉研究，高水平推进科思技术（温州）研究院、杭州电子科技大学温州研究院等重点平台建设。谋划设立智能设备创新联盟、眼视光科技联盟、时尚科技产业联盟、未来社区科技联盟等平台，充分链接高校、基金、协会、企业、公益、政策等要素。深入实施“尖峰、尖兵、领雁、领航”四大计划，实施产业关键核心技术攻坚工程，梳理“卡脖子”关键核心技术研发清单，开发掌握一批关键核心技术和战略性标志产品。围绕创新链布局产业链，超前布局发展人工智能、生物工程、量子信息、第三代半导体、柔性电子、前沿新材料、下一代移动通信系统应用及网络安全等战略新兴产业和未来产业。

39.建立知识密集型产业体系。构建以生命健康、智能制造、数字经济等为重点的“3+N”知识密集型产业体系，加快推进北斗卫星产业基地、大唐5G全球创新中心、天心天思数字经济产业中心等平台建设。完善知识密集型产业服务体系，依托瓯江沿岸旧码头区、茅竹岭东侧片区、瑶溪沿线等区域，形成若干与科技服务、城市生活无缝嵌入的浙南·云滩、云岭、云街、云巷等都市型分布式科创区，打造应用型实验室集群、科技金融集群、创投风投集群等科创和科技服务聚落。优化金融支持服务体系，规划建设金融谷，打造云计算、大数据、人工智能、区块链等金融科技服务业态集群，在依法合规的前提下推进科技与金融良性互动。深化金融综合改革2.0版，加大企业股改挂牌上市培育力度。

40.发展产城融合园区。依托新型产业用地（M0），聚焦数字经济、流量经济、创意经济、共享经济、绿色经济五大新经济领域，谋划建设若干产城融合型未来园区，拓展共享办公、个性化定制、网络化协同制造、共享制造等模式。

41.提升知识产权创造转化能力。实施知识产权质量提升工程，优化专利、商标、版权等知识产权结构和布局，形成一批核心自主知识产权。支持高等学校、科研院所建立健全知识产权转移转化机构，探索与企业联合建立高价值专利创造中心。依托温州知识产权大港湾（温州高新区知识产权中心）平台，提供知识产权价值评估、质押融资、风险投资、智库建设、维权援助、公证服务以及国内外知识产权服务机构引进等一站式服务，推进企业知识产权辅导站建设。开展知识产权金融创新，鼓励金融机构在依法合规、风险可控的原则下，开展知识产权保险、信托等知识产权金融产品或衍生品创新业务。复制“兴业圆融－温州技术产权资产支持专项计划”全国首单技术产权证券化产品经验，探索开展知识产权证券化试点，搭建标准化专业化的知识产权证券化交易综合中介服务体系。

（五）以综合交通迭代工程为依托，打造枢纽龙湾新图景

发挥龙湾对促进温州中心城区协同融合发展、融入长三角一体化国家战略的战略支点作用，以区域协同、开放合作为主线，壮大区域性综合交通枢纽，着力构建地面道路、地下隧道、轨道交通组成的立体畅通道路网，发展具有龙湾特色的现代供应链，有效支撑未来城区人流快速通勤、物流高速运转，构建多层次“分工—合作”联盟互动体系，实现相互赋能，不断提升未来城区辐射力和影响力。

42.着力打造长三角重要枢纽。建成温州机场综合交通中心，对标上海虹桥枢纽，紧密衔接航空、高速铁路、城市轨道交通等交通运输方式，成为配套便捷、站城融合、空铁联运的现代化交通枢纽。按照“空中拓展航线网络、地面加强空铁衔接、场内完善枢纽配套”的思路，加快启动机场三期扩建工程，配合新建机场第二跑道飞行区工程、T3航站楼工程。积极融入长三角世界级机场群协同发展，建设空铁联运服务体系，引进基地航空公司，拓展国内支线航班，探索开通至长三角核心城市的“空中巴士”，加密和优化北广深成渝等地航线航班，谋划开通国际优势航线及“一带一路”地区航线。加速拓展国内全货机航线，争取早日开拓国际全货机航线。统筹推进物流枢纽和多式联运体系建设，共推空港海港陆港信息港“四港联动”发展。

43.创建国家级临空经济示范区。依托空港优势，制定临港产业发展规划，加快建设空港商贸物流园、通用航空产业园等项目，推动临空产业升级和集聚发展，创建国家级临空经济示范区。引导推进高端制造业、现代服务业集聚发展，大力引进跨国公司总部、非银行金融机构总部和区域总部、研发中心等，谋划全球温商会客厅、共享创客厅等项目。落地建设浙南一级航空转运中心，做大“三通一达”等大型物流企业，打造服务浙南闽北赣东的区域航空物流中心。

44.织密轨道交通网络。积极融入高速铁路线路布局，争取温州东站落地龙湾，积极推进甬台温高铁前期工作，做好温福高铁工作对接，加强杭温铁路连接线前期研究，融入温州“521”高铁时空圈。配合推进市域铁路S2建设、城市轨道M2线建设，推动实现龙湾国际机场、龙湾城市中心区、浙南科技城等轨道交通有效衔接，打造“轨道上的龙湾”。

45.实施全域TOD综合开发。大力推行TOD综合开发模式，将未来社区建设与TOD综合开发相结合，探索“分层权属”用地模式、“以站养站”投资模式、功能复合开发模式创新。

46.完善区域交通路网。加密高速

公路网络覆盖，建成金丽温高速东延线，开工建设甬台温高速扩建工程、甬台温高速复线机场北互通工程。推进国省道改扩建提速，开工建设G228国道永兴高架段、深入研究S211省道前期。加快区域重要道路干线建设速度，实施沿江快速路龙湾段、机场大道东延、环山北路二期等项目，构建“五横五纵”的城市道路。深化七都三桥、大罗山隧道工程等项目前期研究，提升城市过境路交通供给能力。实施城市拥堵治理工程，推动东部交通枢纽、浙南科技城、环大罗山等重点区块的交通研究工作，规划构建微循环路网。

47. 高标准建设自贸区联动创新区。积极参与中国（浙江）自由贸易试验区温州联动创新区建设，提升民营企业投资贸易便利化自由化水平，推动民营企业开展跨国经营、并购和投资。发挥温州侨商网络资源优势，引导温州民营企业通过跨国并购、股权置换、境外上市、品牌合作等方式，在“一带一路”沿线国家和地区拓展营销网络、开展产能合作。

48. 高水平推动发展开放型经济。推动侨商创业创新平台建设，谋划温州人经济总部平台，搭建国际时尚交易平台+进口商品交易中心。加快跨境电商综试区建设，推动跨境电商全球供应链创新。加快全球新型数字贸易港建设，积极培育跨境电商、市场采购等外贸新业态。支持民营企业国际化经营，鼓励青山集团、泰昌建设等企业开展对外承包工程业务，推动印尼纬达贝工业园建设国家级境外经贸合作区。积极创建境外经贸合作区，设立海外公共仓，大力培育龙湾本土企业跨国公司。

49. 高质量融入长三角一体化。深化区域战略协作，深化强化与上海嘉定菊园新区的战略协作，投用嘉定菊园（龙湾）科技合作基地、离岸科技企业孵化器，更好承接长三角高端资源。积极拓展与其他地区合作链接，探索推进科创服务平台搭建、大数据库建设、技术创新与成果转化、科创政策保障等方面的战略合作，推动跨区域项目技术嫁接、外溢项目承接等工作开展。加强公共服务领域协作联动，创新推出公共交通、医保、医疗、文旅等领域面向上海等长三角地区的优惠政策，逐步实现市民卡涵盖的社会公共服务功能城市间互通互享。

50. 提升温州中心城区能级。强化区域协同发展，围绕温州市区“北跨”加快拥江发展，积极配合瓯江两岸统筹规划和协调开发，推进跨江轨道交通、市政桥梁、过江通道建设。以环大罗山科创走廊龙湾片区、东部新城建设为重要载体，加快龙湾区与鹿城区、瓯海区、瑞安市、乐清市、洞头区等地的双向融合发展。

四、保障措施

（一）加强组织协调

成立以区委主要领导为组长的龙湾未来城区建设工作领导小组，下设办公室和工作专班，建立多部门统筹协调推进的工作机制，加强对未来城区建设工作的组织领导和统筹协调，研究解决未来城区发展的重大问题，以及政策支持、指数发布、建设推进、运营管理等具体事宜。各牵头单位要切实发挥牵头抓总作用，明确具体任务分工，制定年度责任清单、任务清单和时间节点清单，加强对接协调，确保各重点项目载体顺利完成。

（二）完善项目推进

依托未来城区CIM平台，强化项目全生命周期数字化管理，建立项目动态监测和后评价机制。明确考核体系，区级有关部门推进未来城区建设工作情况纳入区政府部门目标责任制考核。

（三）强化要素支持

加强规划指标、资源配套、建设要素等政策支持，落实“三个优先”。土地指标优先，年度新增建设用地计划指标优先向未来城区标志性平台和支撑工程倾斜。经费安排优先，积极争取中央财政资金和省级资金支持全域未来社区、未来园区等项目建设，鼓励市级、区级相关资金补助等优惠政策优先向未来城区重点项目倾斜。项目落地优先，未来城区重点项目地块优先列入土地出让计划，鼓励实行“标准地”“带方案”出让模式。

（四）保障持续运营

贯彻落实浙政办发〔2019〕60号文件精神，争取全域未来社区项目落实土地出让金返还政策。组建未来城区投资开发公司，以PPP形式，由省市区政府提供引导资金，引入社会资本参与，承担未来城区基础设施、土地、未来平台建设等。探索大片区统筹资金平衡模式，通过系统规划、成片设计、一体开发，统筹未来社区、未来园区、未来街区等项目，以及公益性和经营性项目收支，实现整体资金平衡。成立区级未来城区国有运营平台，负责统一运营龙湾区全域未来社区的国有资产，采用联合经营、委托管理等方式保障长效运营。探索发行未来城区REITs产品，推进未来城区基础设施、未来园区、未来社区等项目融资证券化、抵押贷款证券化。引导保险机构、各类产业基金、上市公司资金及其他社会资本参与未来城区项目建设运营。

（五）鼓励社会参与

建立完善未来城区开放式创新体系，充分调动专家、市场主体、群众积极性，依托全域治理数字化平台，加载民意调查、需求分析、创意征集、未来场景实验室等模块，完善“揭榜挂帅”机制，畅通居民、专家、社会组织、企业各方参与未来城区规划、建设、运营和场景设计渠道。探索建立未来城区创新创业联盟、场景运营服务商联盟、规划师联盟、全咨经理人联盟等，采取奖励、资助、贷款贴息、购买服务等方式，支持一批拥有核心技术、用户流量、商业模式的高成长性创新企业、独角兽企业等开发应用未来城区相关前沿产品和服务。组建未来城区发展顾问委员会，聘请院士专家，高校、科研机构专家，为未来城区建设重难点问题提供常态化顾问支持。建立未来城区发展论坛，为未来城区建设持续创新提供新动力。

关于印发《打造高质量发展建设共同富裕示范区龙湾样板行动方案（2021–2025年）》的通知

温龙委发〔2021〕41号

各街道党工委、办事处，区属各单位：

《打造高质量发展建设共同富裕示范区龙湾样板行动方案（2021–2025年）》已经区委同意，现印发给你们，请结合实际认真贯彻落实。

中共温州市龙湾区委
温州市龙湾区人民政府
中共温州高新区工委
温州高新区管委会
2021年9月3日

打造高质量发展建设共同富裕示范区龙湾样板行动方案（2021–2025年）

为深入学习贯彻习近平新时代中国特色社会主义思想和习近平总书记关于浙江工作的重要批示精神，全面落实《中共中央国务院关于支持浙江高质量发展建设共同富裕示范区的意见》（中发〔2021〕24号）、《中共浙江省委浙江省人民政府关于印发〈浙江高质量发展建设共同富裕示范区实施方案（2021—2025年）〉的通知》（浙委发〔2021〕17号）和《中共温州市委温州市人民政府关于印发〈温州打造高质量发展建设共同富裕示范区市域样板行动方案（2021—2025年）〉的通知》（温委发〔2021〕19号），忠实践行“八八战略”、奋力打造“重要窗口”，紧扣“四大战略定位”，深入实施“一区五城”发展战略，创造性系统性落实省市示范区建设各项目标任务，率先探索建设未来城区，打造高质量发展建设共同富裕示范区龙湾样板。特制定“十四五”时期实施方案。

一、发展目标

坚持以满足人民日益增长的美好生活需求为根本目的，坚持做大“蛋糕”与分好“蛋糕”并重，经济发展与社会发展同步，促进公平与提升效率共进，结合数字化改革、“一区五城”建设等重点任务，在推动高质量发展、创造高品质生活、提供高水平供给、实现高效能治理等方面率先探索，积极研究并建立推进共同富裕的工作体系、指标体系、制度体系和政策体系。到2025年，推动共同富裕取得更为显著的实质性进展，形成阶段性标志性成果，努力成为全省高质量发展建设共同富裕示范区的龙湾样板。

——筑牢共同富裕产业根基，基本建成“一核两翼”的未来城区科创平台集聚高地，率先打造经济高质量发展的龙湾样板。经济发展质量明显提高，迈向千亿级总产值、百亿级地方财政收入新台阶。人均地区生产总值达到11.5万元，R&D经费支出占GDP比重达到3.8%左右，数字经济核心产业增加值达到65亿元左右，新增引育海内外高层次创新创业人才1000名、高水平创新创业团队15个以上。

——分好共同富裕物质“蛋糕”，基本形成以中等收入群体为主的橄榄型社会结构，率先打造收入分配制度更加完善的龙湾样板。居民收入持续提升，居民人均可支配收入达到9万元，劳动报酬占GDP比重超过50%，居民人均收入与人均生产总值之比持续提高，家庭年可支配收入10–50万元的群体比例超过80%、20–60万元的群体比例力争超过45%。累计新增就业人数3.5万人以上，城镇登记失业率控制在4.5%以内。

——丰富共同富裕场景应用，基本完成5–10–15分钟生活圈服务设施布局，率先打造公共服务普惠共享的龙湾样板。全生命周期公共服务体系加快构建，基本服务触手可及，优质服务全面推进，持续打响“学在龙湾”“康养龙湾”“善行龙湾”“安居龙湾”等品牌。每千人口拥有3岁以下婴幼儿托位数达到4.5个，普惠性幼儿园在园幼儿占比超过96%，人均预期寿命达到83岁，每千人拥有执业医师数2.99人，每万老年人口拥有持证养老护理员数达到25人。完成省级体育现代化区创建，建成区级全民健身中心1个。城镇住房保障受益覆盖率达到11.55%，高水平建设滨海幸福新城，形成美丽宜居的温馨生活空间。

——建设共同富裕未来城区，基本形成全域协同、功能互补的空间格局，率先打造城乡均衡发展的龙湾样板。以“未来城区”建设为主路径和重要载体，深入实施公共服务提质、美丽生态筑底等五大百项工程，形成区域均衡发展的城市新空间。建设12个未来社区、10个未来乡村、15个未来园区、8个未来街区，成为最优工作地、最佳生活地、最美旅游地。

——彰显共同富裕人文之美，基本健全覆盖城乡的公共文化服务体系和传统文化供给体系，率先打造先进文化繁荣的龙湾样板。全面激扬新时代温州人精神，着力构建高品质公共文化服务体系，增强优秀传统文化保护与价值认同。文明好习惯养成实现率高于90%，居民综合阅读率达到93.5%，做好“永嘉场文化”“汤和文化”“和合文化”等瓯越特色文化产品供给。

——加强共同富裕智治保障，基本构建党建引领、数字赋能、全民参与的现代化治理体系，率先打造共建共治共享的龙湾样板。以数字化改革为牵引，建设更高水平的法治龙湾、平安龙湾，生产安全生产事故死亡率、社会犯罪率、万人成讼率等指标逐年下降，网络空间更加清朗，为共同富裕示范区建设保驾护航。

二、主要任务

紧紧围绕党中央赋予浙江“四大战略定位”，落实浙江建设七方面省域范例、温州市七方面市域样板要求，努力在六个方面实现新突破，进一步打响“新中心·大未来”城区品牌，形成共同富裕美好图景。

㈠培育创新驱动引擎，建设经济高质量发展的产业新平台

1.加快打造科创策源高峰。深度融入全省三大科创高地建设，完善“两区一廊一城一会一室”创新格局，深化国家自创区“八大攻坚”、科创走廊“三

大会战”、高新区“一区多园”，力促温州高新区进等升位，力争排名向全国前30%迈进。前瞻布局高能级科创平台，积极争取省级和国家级实验室、重大科技基础设施、产业创新中心、技术创新中心等科技创新平台在区内落地。加快建设瓯江实验室，聚焦组织器官再生与重塑研究集群、脑疾病与认知功能康复研究集群、眼疾病与视觉功能康复研究集群、再生医学材料研究集群和高端医疗器械（装备）研究集群等五大方向开展“卡脖子”技术攻关，打造具有国际影响力的再生调控与眼脑健康重大科技创新平台，力争成为国家实验室分部。以中国眼谷建设为契机，发挥眼视光学和视觉科学国家重点实验室、国家眼视光工程技术研究中心、国家眼耳鼻喉疾病临床医学研究中心三大国家级平台作用，突破眼视光基础研究、临床应用、工程技术创新等领域关键技术。大力推进国科大温州研究院、科思技术（温州）研究院、光子集成（温州）创新研究院等平台提质扩面，打造标志性创新平台。推动中国眼谷特色小镇建设。（责任单位：区科技局、浙南科技城经发局）

2. 加快建设“1+5+3”产业体系。抢抓新一轮科技革命和产业变革机遇，着力打好产业基础高级化、产业链现代化攻坚战，跨越式推进温州产业新城建设。“1”依托瑞浦新能源制造基地项目，大力集聚产业链上下游企业，打造千亿级新能源产业，改变温州制造业版图。“5”深化推进阀门、服装、鞋业、制笔、不锈钢等五大传统制造业改造提升2.0版，推动传统产业“精耕细作”，打造“百年老店”。落实好小微企业园建设管理实施细则，打造“小而专、小而高、小而好”的企业成长和产业培育平台，争取至2025年新建成投用小微企业园5个、数字化园区4个、省级数字化示范园区3个，园区主导产业保持70%以上，力争入园企业亩均税收20万元以上。启动都市型现代工业园建设，引导5个工业区块发展环保、低碳都市型现代工业。“3”聚焦培育数字经济、智能装备、生命健康等三大战略性新兴产业，加快推进北斗产业基地、北斗导航交通研究中心（浙江）等平台建设，建成投用大唐5G全球创新中心、天心天思数字经济产业中心、伟明环保装备园、麦田逆变器等项目。将中国眼谷打造为全国生命健康领域的新地标和全国首个眼健康产业集群生态城。实施谋大招强“531”工程，开工瑞浦新能源、多弗通用航空、惠普龙湾国际云软件等超百亿项目。深入实施“龙商回归”“鸟巢计划”促进行动，优化全员招商引才工作机制，引导产业回归、总部回归、人才回归、资本回归和贸易回归，支持引进在外温商“第二总部”。（责任单位：区发改局、区经信局、区科技局、区投资促进服务中心、浙南科技城经发局）

3. 加快打造“双循环”枢纽节点。全面推进国际开放新城建设，高质量融入长三角一体化，打造国内国际双循环的枢纽节点。建设时尚消费高地，实施培育消费业态、消费模式、消费企业的扩容提质，着力培育月光经济、新零售、免税店、直播经济等消费新业态，实现社会消费品零售总额突破450亿元。推动华商华侨综合发展先行区建设，聚集优质资源要素，建立完善创业创新制度体系，建设华商华侨回归创新中心、华商华侨总部企业园等项目，打造招引在外华商华侨、在外温商、在外龙商回归投资兴业的最佳平台。推动跨境电商全球供应链创新，形成集制造、交易、集货、支付、物流、结算、结汇等全产业链“闭环式”生态圈，将龙湾打造成为9610出口模式的发展集聚地。加快全球新型数字贸易港建设，突出数字贸易产业核心优势，构建“智能+”消费生态体系和“买全球卖全球”消费平台体系。探索全面融入RCEP区域发展，引导和鼓励龙湾企业在“一带一路”沿线国家和地区设立境外经贸合作园区。到2025年实现货物贸易进出口额500亿元。深化与上海嘉定菊园等地合作，积极拓展与安徽亳州谯城区等其他长三角地区的合作，逐步实现市民卡涵盖的社会公共服务功能城市间互通互享。深化龙湾—苍南山海协作工程，高水平建设“产业飞地”、山海协作产业园，推行共享型飞地经济合作模式，不断释放山海合作新红利。加强“双龙”区域战略合作，提速“双龙”合作产业园建设。全面落实与四川省仪陇县东西部协作，携手奋进共同富裕。（责任单位：区委改革办、区发改局、区商务局、浙南科技城经发局）

4. 加快打造创新最优生态。对接省“鲲鹏行动”人才计划、温州市重大人才工程，抓好区“罗峰领雁”计划，大力引育一批科技顶尖人才和领军人才。建立全球顶尖人才库，聚焦生命健康、智能制造、数字经济等特色优势领域，加强同高端猎头合作，实行定向攻关、精准招引。实施“青蓝接力计划”和“双传承”计划，发挥龙商组织作用，着力引进科技企业家、天使投资人、科技经纪人，统筹推进工程技术人才、高技能人才队伍建设。放大青科会峰会效应，加快青科城等项目实施，打造世界青年科学家创新创业最佳实践地。与社会资本合作，设立人才专项基金，支持创新人才、初创企业，推进人才支持市场化。到2025年，人才资源数达20万，新增引育海内外高层次创新创业人才1000名、高水平创新创业团队15个以上。（责任单位：区委组织部、区经信局、区科技局、浙南科技城经发局、区科协）

5. 培育发展市场主体。全面落实民营企业发展促进条例，健全市场准入负面清单制度，支持民营企业在培育中等收入群体、促进共同富裕上发挥更大作用。深入实施“两个健康”清单，深化“三服务”“两万”2.0版，推进企业“安心发展”综合改革，高标准落地优化营商环境“十大举措”“十大品牌”，持续增强企业获得感。构建以商事主体登记确认制为核心的“1+8+X”商事登记体系，最大程度赋予商事主体自主权，最大限度激发市场主体活力。到2025年，新增市场主体7万户。打好“小升规”“凤凰”“雄鹰”等行动组合拳，精准培育“隐形冠军”“单项冠军”“链主型企业”。探索推进企业创新积分制工作，设计创新积分评价指标体系，搭建评价信息系统，盘活企业数据资源，持续拓展创新积分应用领域，吸引各类创新要素向优质企业集聚，精准培育一批标杆性创新型企业。完善“众创空间－孵化器－加速器－产业园”全链条孵化体系，促进初创型成长型企业发展。打造“三位一体”企业家培养体系，实施“雏鹰”“青蓝新学”等计划，促进民营企业家健康成长。深化“放管服”改革，加快政务服务2.0应用和标准化建设;推动“10+N”便利化改革，坚持数字赋能，完善和拓展“一件事”集成改革机制，加快完善市场主体退出机制改革。围绕破解制造业用地难薄弱点，通过科学运用亩均效益综合评价、土地使用税等多种手段，探索建立更有效的低效企业退出机制，实现用地盘活和功能回归。（责任单位：区委统战部、区委改革办、区发改局、区经信局、区政务服务中心、区投资促进服务中心、区自然资源和规划分局）

㈡优化居民收入结构，开展共同富裕机制的路径新探索

6.推动实现更加充分更高质量就业。进一步做好稳就业工作，出台一系列配套保障措施。完善促进创业带动就业、多渠道灵活就业的保障制度，率先构建新就业形态规范发展、创新发展的政策体系，探索完善快递小哥、网约车司机、网络主播等新业态从业人员劳动权益保障机制。整合盘活各类就业补助资金，健全统筹城乡、线上线下一体的就业公共服务体系。发挥小微企业就业吸纳主力军作用，挖掘“四新”经济创业空间和新型灵活就业增长点支持劳动者灵活就业，提高劳动参与率。完善创业扶持政策，鼓励各类创业孵化器培育，推进创业带动就业。“十四五”期间，累计新增就业人数3.5万人以上，城镇登记失业率控制在4.5%以内。扩大技能培训规模，力争技能人才占从业人员比重达到30.5%。办好线上线下引才活动、大学生创业大赛等重要活动，争取在吸引参赛团队、落地创业项目、带动创业人数方面实现新突破。健全普惠性的终身职业培训制度，建设一批职业技能培训基地，加强对各类人员的就业培训。完善重点群体就业支持体系，支持企业开发爱心岗位，加强就业困难人员培训、托底安置和帮扶。（责任单位：区委组织部、区发改局、区人力社保局）

7.实施中等收入群体倍增计划。坚持以发展促增收，推动居民收入与经济增长同步、劳动报酬与劳动生产率提高同步。提高居民收入在国民收入中的比重，提高劳动报酬在初次分配中的比重。健全工资合理增长机制，完善企业薪酬调查和工资指导信息发布制度。适时适度调整最低工资标准，开展低收入困难群体帮扶行动，深入实施低收入农户、低收入产业工人收入倍增计划，促使低收入群体收入保持两位数增长。创新事业单位人事管理，建立健全以岗位和绩效定薪酬的机制。全面拓宽城乡居民财产性收入渠道，规范发展财富管理行业，鼓励依法创新支持实体经济发展、使民众分享增值收益的金融产品，支持企业实施灵活多样的股权激励和员工持股计划。实施农民增富增收行动，完善企业与农民利益联结机制，推进旅游致富计划，带动农民就近就地创业就业。（责任单位：区民政局、区人力社保局、区金融工作服务中心）

8.完善生产要素参与分配机制。推动劳动、资本、知识等要素参与收入分配，多渠道增加居民收入。完善创新要素参与分配机制，探索知识、技术、管理、数据等要素价值的实现形式。完善技术类无形资产挂牌交易、公开拍卖与成交信息公示制度，推广科技成果市场化定价机制，推进科技成果评价机制改革，完善科技奖励体系。推进公共数据共享开放，提升社会数据资源价值。加强知识产权保护，构建知识产权数字化运营体系。（责任单位：区科技局、区民政局、区财政局、区市场监管局）

9.探索完善分配再分配机制。优化政府、企业、居民分配格局，支持企业通过提质增效拓展从业人员增收空间，提高劳动报酬在初次分配中的比重，增加劳动者特别是一线劳动者报酬。依法规范收入分配秩序，建立完善个人收入和财产信息系统，依法保护合法收入，合力调节过高收入。依法严厉惩治贪污腐败，取缔非法收入。持续缩小城乡支出差距，推动财政支出重点向弱势群体、薄弱领域、农村倾斜。探索完善第三次分配机制，营造良好的社会帮扶和助弱环节，建立和完善“一部分人先富，先富带后富、帮后富”的社会再分配机制和体系。（责任单位：区纪委区监委、区民政局、区财政局、区农业农村局）

10.推动农业转移人口市民化改革。以农业专业人口为重点，以公平为基石，开展户籍、农村土地、公共服务、收入分配等体制机制综合集成改革。深化新型居住证制度，推进基本公共服务向常住人口全覆盖，完善积分入学制度。全面推行人地钱挂钩、以人定地、钱随人走制度，优化城乡建设用地增减挂钩分类管理政策，完善财政转移支付和新增城镇建设用地规模与农业转移人口市民化挂钩政策。（责任部门：区公安分局、区教育局、区农业农村局、区自然资源和规划分局）

11.深化农村产权及土地制度改革。率先探索以土地为重点的乡村集成改革。率先探索农民权益价值实现机制，完善承包地“三权分置”制度，系统探索宅基地“三权分置”有效实现形式。鼓励农村集体经济组织及其成员通过自营、出租、入股、合作等方式，盘活农村闲置宅基地和闲置农房，发展乡村产业。构建新型农业经营主体+“三位一体”合作经济组织的现代农业经营体系，建立小农户与现代农业有效衔接机制。（责任部门：区农业农村局、区自然资源和规划分局）

㈢加快未来城区建设，构建区域协调共荣的城市新空间

12. 建设未来社区全域样板地。高质量推进全域未来社区建设，突出人本价值链、创新产业链、生活供应链“三链集成”价值追求，以 5-10-15 分钟生活圈创新全域规划组织管理。严格按照“一张蓝图干到底，一茬接着一茬干”的精神，根据控规将未来社区理念要求全面、科学地应用到存量有机更新和增量开发建设。以城市类为主体、兼顾乡村类，全域形成“1+2+X”总体格局，即 1 条轨道 S1 线串联的未来社区示范走廊，2 个省级示范型标杆未来社区（富春社区、南洋社区），X 个地方推广型未来社区，形成“人城创产景”深度融合的全域未来社区创建格局。到 2025 年，重点推进 12 个左右未来社区项目建设，到 2035 年，基本实现全域未来社区建设目标，打造全域“5 分钟见蓝绿”的高品质生态生活空间。（责任部门：区发改局、区教育局、区民政局、区住建局、区交通运输局、区卫生健康局、区大数据管理中心、区自然资源和规划分局）

13. 建设未来乡村。积极践行“两山”理论，推动“数字乡村”建设，围绕“美丽经济、生态宜居、文化风貌、四治融合、幸福生活”一体化建设，创新龙湾未来乡村“十场景”，构建有舒适感、获得感、归属感、安全感和未来感的新型乡村功能单元。高标建设环大罗山（永中）乡村振兴示范带、空港都市休闲农业示范带、瑶溪休闲旅游乡村振兴示范带等，打造创新数治型、文旅融合型等不同类型的未来乡村典型。以拓展二三产业为重点发展全产业链，制定“农业 +”发展的实施方案，统筹推进农业与休闲文旅、田园风光、农耕体验、生态养生、电子商务、文化传承的融合发展，实施粮食加工用地项目，建成“瓯越鲜风”直营店 14 家以上。做大现代农业经营体系，积极培育一批竞争力强的农业领军企业。（责任部门：区农业农村局、区商务局、区文广旅体局）

14. 建设未来园区。以“产业大脑 + 未来园区”应用模式推动全要素、全产业链、全价值链全面连接。在空港小微园集聚区、浙南科技城等重点园区区块，结合中国眼谷小镇等特色小镇平台，加快布局产业链、补强创新链、完善要素链、深化服务链，打造“数字生活和数字生产无界链接”的未来园区样板。突出未来工厂、未来安监、未来环保、未来市监、未来警务、未来党建、未来票务、未来教育、未来社保等场景建设，推动产业数据汇聚共享，实现未来园区与精细化管理的高度融合。（责任单位：温州空港新区管理中心、区经信局、区应急管理局、区综合行政执法局、浙南科技城经发局、区生态环境分局）

15. 建设未来街区。建立龙湾版“未来街区”指标体系，挖掘龙湾特色街区文化主题，采用“小街区、密路网”“口袋街区”等开放街区形态，鼓励“消费型 + 普惠型 + 公益型”功能复合业态组合，搭建“街区云地图 + 智治 + 智安 + 智服”的“一图三智”未来街区智慧平台及应用系统，创新“云商联盟”“众创联盟”等线上线下资源整合和共享方式，探索“F+EPC+O”等“投建运一体化”街区运营模式，打造文化意涵鲜明、优质服务智联、智慧运营赋能的未来街区标杆。围绕浙南科技城北片、空港新区、状蒲片区等区块，以寺前街、宁城街区及文化水街、万达金街、吾悦金街等居住性历史街区、主题性商业街区为重点，因地制宜探索未来文旅、未来雅集、未来潮购、未来社交、未来低碳、未来智治等场景示范，实现“一街区一特色场景”。（责任单位：区住建局、区商务局、区文广旅体局）

16. 完善现代综合交通运输体系。坚持“大干交通、干大交通”，构建外快内畅、互联互通、立体多元、绿色智能的现代综合交通体系，实现“1-2-15-30”交通发展目标，以“交通圈”拓展“都市圈”、激活“经济圈”，倾力建设东部枢纽新城。积极创建国家级临空经济示范区。加快启动机场三期扩建工程，引进基地航空公司，拓展国内支线航班，探索开通至长三角核心城市的“空中巴士”，加密和优化北广深成渝等地航线航班。加速拓展国内全货机航线，争取早日开拓国际全货机航线。到 2025 年，航空旅客年吞吐量达到 2500 万人次，出入境货邮年吞吐量达到 2700 吨。积极融入高速铁路线路布局，积极推进甬台温高铁前期工作，开工建设温福高铁，加快融入温州“521”高铁时空圈。建成市域铁路 S2，推进城市轨道 M2 线建设，推动实现龙湾国际机场、龙湾城市中心区、浙南科技城等轨道交通有效衔接，打造“轨道上的龙湾”。加密高速公路网络覆盖，推进国省道改扩建提速，重点推进金丽温高速东延线、甬台温高速扩建工程、G330 国道改建工程等项目建设。建成温州机场综合交通中心，紧密衔接航空、高速铁路、城市轨道交通、长途客运、BRT 以及城市公交、出租车等不同交通运输方式，成为配套便捷、站城融合、空铁联运的现代化交通枢纽。实施公共交通优先发展战略，建成 BRT9 号线、BRT5 号支线，推进 BRT 与市区线路闭环联网。到 2025 年，全区实现公交站点 500 米服务半径全覆盖，公共交通出行分担率达到 40%。（责任单位：温州空港新区管理中心、区发改局、区住建局、区交通运输局、区交通工程建设中心、区自然资源和规划分局）

17. 推进经济社会全面绿色生态转型。科学编制实施碳达峰总体方案和能源、工业、建筑、交通、农业、居民生活及科技创新“6+1”重点领域行动方案，有序开展重点行业“碳达峰”行动。探索综合能源管理、分布式能源站，重点面向科学实验室、产业平台、未来社区，推广天然气分布式能源、分布式光伏发电，加强太阳能发电、充电桩、充电站、加氢站等基础设施建设。推广绿色低碳的生产生活方式和城市建设运营模式，使用先进节能环保材料和技术进行城市建设，营造

优质绿色市政环境，筑牢绿色智慧城市基础。推广绿色节能低碳建筑技术，谋划建设“近零碳示范街区”“近零碳社区”“近零碳建筑”。到2025年，煤炭消费总量、占能源消费总量比重下降幅度、发电和集中供热用煤占比达到省要求。实行最严格的生态环境保护制度，深入打好治水、治气、治土、治废、治塑攻坚战。全面推进清新空气行动，以坚决打赢蓝天保卫战为目标，深化大气污染防治。加强水生态环境保护，全面深化五水共治碧水行动，坚持“控源”“增容”两手发力，推进水资源、水生态、水环境、水安全、水文化“五水统筹”，实施分流域、分区域、分阶段科学治水。推进土壤污染综合防控，坚决落实“土十条”，加强土壤污染源头管控，推进土地安全利用和治理修复。聚焦固体废物减量化、资源化、无害化水平提高，统筹推进工业和其他固体废物管理，加快构建固体废物多元处置体系，全域创成“无废城市”。统筹推进陆域海域污染协同治理、海洋生态保护与修复，加强“美丽海湾”保护建设。全面实施以“三线一单”为核心的生态环境分区管控体系，严格按照生态保护、基本农田、城镇开发边界实行用途管制，遏制耕地“非农化”，严格管控“非粮化”，严格规范执行耕地占补平衡制度，强化耕地数量保护和质量提升。（责任单位：区发改局、区住建局、区农业农村局、区综合行政执法局、区自然资源和规划分局、区生态环境分局）

㈣提升公共服务质量，创建满足美好生活的百姓新家园

18. 打造温州东部“未来教育”。深入实施“品质教育·学在龙湾”发展战略，全面深化教育综合改革，创成全国义务教育优质均衡发展区。推动义务教育均衡优质发展，完善义务教育规划布局，加大供给、均衡配置公办义务教育资源，持续改善薄弱学校办学条件，重点加快温十五中集团校蒲州校区、瑶溪北二小、蒲州西二小等建设。着力减轻义务教育阶段学生作业负担、校外培训负担，促进学生全面发展和健康成长。推进集团化办学与联盟式发展。以优质学校为龙头，构建一体型教育集团和联盟型教育集团。推进与中国科学院大学温州研究院、浙江师范大学、中国传媒大学等单位校地合作，共同将合作学校开办成探索现代学校制度、深化教育体制机制创新的实验学校。加快发展现代职业教育，构建形成中高职一体化发展、“五业”联动发展格局，完成龙湾区职业技术学校扩建，到2025年建成一所集产学研训创于一体的未来中等职业教育中心。推进与知名高校深化教育共同体建设，推动与瓯江口职业教育跨区办学合作。推进各类教育互联互通、共建共享，形成服务全民终身学习的发展合力，加快建设学习型社会。（责任单位：区发改局、区教育局）

19. 深化健康龙湾建设。依托中国眼谷等重点平台，发挥温医大附二医龙湾院区、附属口腔医院龙湾院区等三甲医院的技术引领作用，完善优质医院布局，加快龙湾区第一人民医院等医疗机构建设和提标达标工程，积极引进国内领先的区域性儿科、妇产科和专科医院。深化医联体建设，纵深推进“双下沉、两提升”工程，推动“城市医疗集团、区域专科联盟、远程医疗协作”等形式医联体发展，加快构建省市级医院、区级医院、基层医疗卫生机构相互衔接的分级诊疗体系。推动家庭医生发展，均衡布局建设社区卫生服务中心和社区智慧养老与康复中心，构建形成15分钟基层健康医疗社区服务圈。全力打造未来康养智城，实施“养老机构跟着老人走”行动计划，完善社区居家养老服务网络，办好老年食堂，探索设立家庭照护床位，发展普惠养老和互助养老，推广应用智慧技术，打造数字化养老服务体系。完善养老护理员教育培训、技能认定和信用管理制度，每万名老年人拥有持证护理员提高到25人以上。推动百姓健身房和10分钟体育健身圈建设，全区人均体育场地面积达2.80平方米以上，城乡居民《国民体质测定标准》合格人数占比保持在94.5%以上。（责任单位：区民政局、区卫生健康局、区旅游和体育事业发展中心）

20. 健全社会保障救助体系。深入实施全面参保计划，引导16–45周岁灵活就业人员参加养老保险，实现养老保险法定人群基本全覆盖，扩大工伤、失业保险参保人数。发展职业年金、企业年金和商业养老保险。依法开展工伤认定和劳动能力鉴定。全面推行基本医疗保险区域统筹，实现医保服务街道、村（社区）全覆盖。做好慢性病门诊保障、大病保险、市区医疗救助和优抚对象医疗补助“一站式”结算工作，探索大病补充保险制度。引导长护险从亲情护理服务向机构护理转变，开展长护险护理试点工作，创成1–2家长护险示范机构。提升医保基金运行管控和绩效管理水平，探索数字化应用。充分发挥医保在战略购买、资源配置等医药服务供给侧改革中的关键性作用，深入推进“三医联动”“六医统筹”改革。健全大救助机制，打造区、街道、村（社区）“三级救助圈”，加强大救助信息平台共建共享，推行社会救助“一件事”集成联办。建立困难群众主动发现机制，深化“真爱到家”救助联合体建设。启动特困供养标准和孤儿及困境儿童基本生活保障标准调整，年均增幅4%以上。加大困难和重度残疾人、流浪乞讨人员的救助力度，深化“残疾人之家”建设，推进智慧助残。加快未成年人救助保护中心建设和实体化运行，健全退役军人服务保障体系，扶持发展助富济困、应急救援和救助类慈善组织，把龙湾打造成最具温度的暖心城区。（责任单位：区民政局、区人力社保局、区医疗保障分局、区残联）

21. 推进“安居龙湾”建设。完善房地产市场调控长效机制，促进房价、地价水平保持在合理区间，助力打响

"温暖安居"品牌，实现"居者有其屋"与"居者优其屋"并举。健全以公租房、保障性租赁住房和共有产权住房为主的住房保障体系，完善基础性制度和支持政策。建立人口净流入、人口总量和土地供应联动机制，对住房租赁用地实行计划单列，土地供应向租赁住房建设倾斜，探索实施"限房价、竞地价、竞品质、竞租赁住房"土地出让方式。多渠道加大安置房建设力度，缩短建设周期，早日圆好群众"安居梦"。累计建成安置房200万平方米。探索利用集体建设用地、企事业单位自有闲置土地和存量闲置房屋改建，有效增加保障性租赁住房供给，多途径解决新市民、青年群体和低收入群体住房问题。实现城镇住房保障受益覆盖率达到11.55%。加快完善长租公寓政策，加强住房租赁市场智慧监管。全面开展城乡房屋安全隐患排查整治，动态消除危房安全隐患。（责任单位：区住建局、区农业农村局、区城市建设中心、区自然资源和规划分局）

㈤强化先进文化发展，构筑底蕴内涵深厚的文化新高地

22. 加强精神文明建设。深化习近平新时代中国特色社会主义思想、中华民族伟大复兴中国梦和社会主义核心价值观宣传教育，切实筑牢同思想基础。深入实施"身边好人"培育工程，深挖龙湾典型人物及事例，加强"龙湾好人"、见义勇为等先进事迹宣传。健全全国文明城市创建长效机制，持续深化文明街道、文明村居、文明单位、文明家庭、文明校园等"文明细胞"创建。实施公民道德建设工程，持续深化社会公德、职业道德、家庭美德、个人品德建设。全面实施"新时代文明生活行动"，深化"文明出行""文明餐桌""文明礼仪"等系列文明好习惯养成工程，持续擦亮"大爱城市、诚信社会、道德高地"的城市品牌。加强优秀传统礼仪传承弘扬，深化移风易俗，培育文明乡风、良好家风、淳朴民风。实施新文化地标建设行动，打造温州高新文化广场、智慧档案馆等特色文化地标。实施"文化设施星罗棋布"行动，建设一批丰富多样、便利可达的公共文化广场、城市书房、百姓书屋、文化驿站、文化礼堂等设施，建成"家门口的文体服务圈"。常态化开展各类文化惠民活动，创新开展区艺术节、市民文化节、全民阅读节等文化活动，发挥市民艺术团、"民星联盟"、乡村艺术团等队伍作用，打造多元化的市民文化活动品牌。深入实施文艺"名牌、名品、名人"工程，鼓励开展高品质文艺作品创作。（责任单位：区委宣传部、区住建局、区文广旅体局）

23. 打造生态文旅高质量发展。积极融入瓯江山水诗路等"四条诗路"建设，全力塑造"山海古堡为深入学习贯彻习近平新时代中国特色社会主义思想和习近平总书记关于浙江工作的重要批示精神，全面落实《中共中央国务院关于支持浙江高质量发展建设共同富裕示范区的意见》（中发〔2021〕24号）、《中共浙江省委浙江省人民政府关于印发〈浙江高质量发展建设共同富裕示范区实施方案（2021—2025年）〉的通知》（浙委发〔2021〕17号）和《中共温州市委温州市人民政府关于印发〈温州打造高质量发展建设共同富裕示范区市域样板行动方案（2021—2025年）〉的通知》（温委发〔2021〕19号），忠实践行"八八战略"、奋力打造"重要窗口"，紧扣"四大战略定位"，深入实施"一区五城"发展战略，创造性系统性落实省市示范区建设各项目标任务，率先探索建设未来城区，打造高质量发展建设共同富裕示范区龙湾样板。特制定"十四五"时期实施方案。

一、发展目标

坚持以满足人民日益增长的美好生活需求为根本目的，坚持做大"蛋糕"与分好"蛋糕"并重，经济发展与社会发展同步，促进公平与提升效率共进，结合数字化改革、"一区五城"建设等重点任务，在推动高质量发展、创造高品质生活、提供高水平供给、实现高效能治理等方面率先探索，积极研究并建立推进共同富裕的工作体系、指标体系、制度体系和政策体系。到2025年，推动共同富裕取得更为显著的实质性进展，形成阶段性标志性成果，努力成为全省高质量发展建设共同富裕示范区的龙湾样板。

——筑牢共同富裕产业根基，基本建成"一核两翼"的未来城区科创平台集聚高地，率先打造经济高质量发展的龙湾样板。经济发展质量明显提高，迈向千亿级总产值、百亿级地方财政收入新台阶。人均地区生产总值达到11.5万元，R&D经费支出占GDP比重达到3.8%左右，数字经济核心产业增加值达到65亿元左右，新增引育海内外高层次创新创业人才1000名、高水平创新创业团队15个以上。

——分好共同富裕物质"蛋糕"，基本形成以中等收入群体为主的橄榄型社会结构，率先打造收入分配制度更加完善的龙湾样板。居民收入持续提升，居民人均可支配收入达到9万元，劳动报酬占GDP比重超过50%，居民人均收入与人均生产总值之比持续提高，家庭年可支配收入10-50万元的群体比例超过80%、20-60万元的群体比例力争超过45%。累计新增就业人数3.50万人以上，城镇登记失业率控制在4.5%以内。

——丰富共同富裕场景应用，基本完成5-10-15分钟生活圈服务设施布局，率先打造公共服务普惠共享的龙湾样板。全生命周期公共服务体系加快构建，基本服务触手可及，优质服务全面推进，持续打响"学在龙湾""康养龙湾""善行龙湾""安居龙湾"等品牌。每千人口拥有3岁以下婴幼儿托位数达到4.5个，普惠性幼儿园在园幼儿占比超过96%，人均预期寿命达到83岁，每千人拥有执业医师数2.99人，每万老年人口拥有持证养老护理员数达到25人。完成省级体育现代化区创建，建成区级全民健身中心1个。城镇住房保障受益覆盖

率达到11.55%，高水平建设滨海幸福新城，形成美丽宜居的温馨生活空间。

——建设共同富裕未来城区，基本形成全域协同、功能互补的空间格局，率先打造城乡均衡发展的龙湾样板。以“未来城区”建设为主路径和重要载体，深入实施公共服务提质、美丽生态筑底等五大百项工程，形成区域均衡发展的城市新空间。建设12个未来社区、10个未来乡村、15个未来园区、8个未来街区，成为最优工作地、最佳生活地、最美旅游地。

——彰显共同富裕人文之美，基本健全覆盖城乡的公共文化服务体系和传统文化供给体系，率先打造先进文化繁荣的龙湾样板。全面激扬新时代温州人精神，着力构建高品质公共文化服务体系，增强优秀传统文化保护与价值认同。文明好习惯养成实现率高于90%，居民综合阅读率达到93.5%，做好“永嘉场文化”“汤和文化”“和合文化”等瓯越特色文化产品供给。

——加强共同富裕智治保障，基本构建党建引领、数字赋能、全民参与的现代化治理体系，率先打造共建共治共享的龙湾样板。以数字化改革为牵引，建设更高水平的法治龙湾、平安龙湾，生产安全生产事故死亡率、社会犯罪率、万人成讼率等指标逐年下降，网络空间更加清朗，为共同富裕示范区建设保驾护航。

二、主要任务

紧紧围绕党中央赋予浙江“四大战略定位”，落实浙江建设七方面省域范例、温州市七方面市域样板要求，努力在六个方面实现新突破，进一步打响“新中心·大未来”城区品牌，形成共同富裕美好图景。

（一）培育创新驱动引擎，建设经济高质量发展的产业新平台

1.加快打造科创策源高峰。深度融入全省三大科创高地建设，完善“两区一廊一城一会一室”创新格局，深化国家自创区“八大攻坚”、科创走廊“三大会战”、高新区“一区多园”，力促温州高新区进等升位，力争排名向全国前30%迈进。前瞻布局高能级科创平台，积极争取省级和国家级实验室、重大科技基础设施、产业创新中心、技术创新中心等科技创新平台在区内落地。加快建设瓯江实验室，聚焦组织器官再生与重塑研究集群、脑疾病与认知功能康复研究集群、眼疾病与视觉功能康复研究集群、再生医学材料研究集群和高端医疗器械（装备）研究集群等五大方向开展“卡脖子”技术攻关，打造具有国际影响力的再生调控与眼脑健康重大科技创新平台，力争成为国家实验室分部。以中国眼谷建设为契机，发挥眼视光学和视觉科学国家重点实验室、国家眼视光工程技术研究中心、国家眼耳鼻喉疾病临床医学研究中心三大国家级平台作用，突破眼视光基础研究、临床应用、工程技术创新等领域关键技术。大力推进国科大温州研究院、科思技术（温州）研究院、光子集成（温州）创新研究院等平台提质扩面，打造标志性创新平台。推动中国眼谷特色小镇建设。（责任单位：区科技局、浙南科技城经发局）

2.加快建设“1+5+3”产业体系。抢抓新一轮科技革命和产业变革机遇，着力打好产业基础高级化、产业链现代化攻坚战，跨越式推进温州产业新城建设。“1”依托瑞浦新能源制造基地项目，大力集聚产业链上下游企业，打造千亿级新能源产业，改变温州制造业版图。“5”深化推进阀门、服装、鞋业、制笔、不锈钢等五大传统制造业改造提升2.0版，推动传统产业“精耕细作”，打造“百年老店”。落实好小微企业园建设管理实施细则，打造“小而专、小而高、小而好”的企业成长和产业培育平台，争取至2025年新建成投用小微企业园5个、数字化园区4个、省级数字化示范园区3个，园区主导产业保持70%以上，力争入园企业亩均税收20万元以上。启动都市型现代工业园建设，引导5个工业区块发展环保、低碳都市型现代工业。“3”聚焦培育数字经济、智能装备、生命健康等三大战略性新兴产业，加快推进北斗产业基地、北斗导航交通研究中心（浙江）等平台建设，建成投用大唐5G全球创新中心、天心天思数字经济产业中心、伟明环保装备园、麦田逆变器等项目。将中国眼谷打造为全国生命健康领域的新地标和全国首个眼健康产业集群生态城。实施谋大招强“531”工程，开工瑞浦新能源、多弗通用航空、惠普龙湾国际云软件等超百亿项目。深入实施“龙商回归”“鸟巢计划”促进行动，优化全员招商引才工作机制，引导产业回归、总部回归、人才回归、资本回归和贸易回归，支持引进在外温商“第二总部”。（责任单位：区发改局、区经信局、区科技局、区投资促进服务中心、浙南科技城经发局）

3.加快打造“双循环”枢纽节点。全面推进国际开放新城建设，高质量融入长三角一体化，打造国内国际双循环的枢纽节点。建设时尚消费高地，实施培育消费业态、消费模式、消费企业的扩容提质，着力培育月光经济、新零售、免税店、直播经济等消费新业态，实现社会消费品零售总额突破450亿元。推动华商华侨综合发展先行区建设，聚集优质资源要素，建立完善创业创新制度体系，建设华商华侨回归创新中心、华商华侨总部企业园等项目，打造招引在外华商华侨、在外温商、在外龙商回归投资兴业的最佳平台。推动跨境电商全球供应链创新，形成集制造、交易、集货、支付、物流、结算、结汇等全产业链“闭环式”生态圈，将龙湾打造成为9610出口模式的发展集聚地。加快全球新型数字贸易港建设，突出数字贸易产业核心优势，构建“智能+”消费生态体系和“买全球卖全球”消费平台体系。探索全面融入RCEP区域发展，引导和鼓励龙湾企业在“一带一路”沿线国家和地区设立境外经贸合作园区。到2025年实现货物贸易进出口额500亿元。深化与上海嘉定菊园等地合作，

积极拓展与安徽亳州谯城区等其它长三角地区的合作，逐步实现市民卡涵盖的社会公共服务功能城市间互通互享。深化龙湾—苍南山海协作工程，高水平建设“产业飞地”、山海协作产业园，推行共享型飞地经济合作模式，不断释放山海合作新红利。加强“双龙”区域战略合作，提速“双龙”合作产业园建设。全面落实与四川省仪陇县东西部协作，携手奋进共同富裕。（责任单位：区委改革办、区发改局、区商务局、浙南科技城经发局）

4. 加快打造创新最优生态。对接省“鲲鹏行动”人才计划、温州市重大人才工程，抓好区“罗峰领雁”计划，大力引育一批科技顶尖人才和领军人才。建立全球顶尖人才库，聚焦生命健康、智能制造、数字经济等特色优势领域，加强同高端猎头合作，实行定向攻关、精准招引。实施“青蓝接力计划”和“双传承”计划，发挥龙商组织作用，着力引进科技企业家、天使投资人、科技经纪人，统筹推进工程技术人才、高技能人才队伍建设。放大青科会峰会效应，加快青科城等项目实施，打造世界青年科学家创新创业最佳实践地。与社会资本合作，设立人才专项基金，支持创新人才、初创企业，推进人才支持市场化。到2025年，人才资源数达20万，新增引育海内外高层次创新创业人才1000名、高水平创新创业团队15个以上。（责任单位：区委组织部、区经信局、区科技局、浙南科技城经发局、区科协）

5. 培育发展市场主体。全面落实民营企业发展促进条例，健全市场准入负面清单制度，支持民营企业在培育中等收入群体、促进共同富裕上发挥更大作用。深入实施“两个健康”清单，深化“三服务”“两万”2.0版，推进企业“安心发展”综合改革，高标准落地优化营商环境“十大举措”“十大品牌”，持续增强企业获得感。构建以商事主体登记确认制为核心的“1+8+X”商事登记体系，最大程度赋予商事主体自主权，最大限度激发市场主体活力。到2025年，新增市场主体7万户。打好“小升规”“凤凰”“雄鹰”等行动组合拳，精准培育“隐形冠军”“单项冠军”“链主型企业”。探索推进企业创新积分制工作，设计创新积分评价指标体系，搭建评价信息系统，盘活企业数据资源，持续拓展创新积分应用领域，吸引各类创新要素向优质企业集聚，精准培育一批标杆性创新型企业。完善“众创空间－孵化器－加速器－产业园”全链条孵化体系，促进初创型成长型企业发展。打造“三位一体”企业家培养体系，实施“雏鹰”“青蓝新学”等计划，促进民营企业家健康成长。深化“放管服”改革，加快政务服务2.0应用和标准化建设；推动“10+N”便利化改革，坚持数字赋能，完善和拓展“一件事”集成改革机制，加快完善市场主体退出机制改革。围绕破解制造业用地难薄弱点，通过科学运用亩均效益综合评价、土地使用税等多种手段，探索建立更有效的低效企业退出机制，实现用地盘活和功能回归。（责任单位：区委统战部、区委改革办、区发改局、区经信局、区政务服务中心、区投资促进服务中心、区自然资源和规划分局）

（二）优化居民收入结构，开展共同富裕机制的路径新探索

6. 推动实现更加充分更高质量就业。进一步做好稳就业工作，出台一系列配套保障措施。完善促进创业带动就业、多渠道灵活就业的保障制度，率先构建新就业形态规范发展、创新发展的政策体系，探索完善快递小哥、网约车司机、网络主播等新业态从业人员劳动权益保障机制。整合盘活各类就业补助资金，健全统筹城乡、线上线下一体的就业公共服务体系。发挥小微企业就业吸纳主力军作用，挖掘“四新”经济创业空间和新型灵活就业增长点支持劳动者灵活就业，提高劳动参与率。完善创业扶持政策，鼓励各类创业孵化器培育，推进创业带动就业。“十四五”期间，累计新增就业人数3.5万人以上，城镇登记失业率控制在4.5%以内。扩大技能培训规模，力争技能人才占从业人员比重达到30.5%。办好线上线下引才活动、大学生创业大赛等重要活动，争取在吸引参赛团队、落地创业项目、带动创业人数方面实现新突破。健全普惠性的终身职业培训制度，建设一批职业技能培训基地，加强对各类人员的就业培训。完善重点群体就业支持体系，支持企业开发爱心岗位，加强就业困难人员培训、托底安置和帮扶。（责任单位：区委组织部、区发改局、区人力社保局）

7. 实施中等收入群体倍增计划。坚持以发展促增收，推动居民收入与经济增长同步、劳动报酬与劳动生产率提高同步。提高居民收入在国民收入中的比重，提高劳动报酬在初次分配中的比重。健全工资合理增长机制，完善企业薪酬调查和工资指导信息发布制度。适时适度调整最低工资标准，开展低收入困难群体帮扶行动，深入实施低收入农户、低收入产业工人收入倍增计划，促使低收入群体收入保持两位数增长。创新事业单位人事管理，建立健全以岗位和绩效定薪酬的机制。全面拓宽城乡居民财产性收入渠道，规范发展财富管理行业，鼓励依法创新支持实体经济发展、使民众分享增值收益的金融产品，支持企业实施灵活多样的股权激励和员工持股计划。实施农民增富增收行动，完善企业与农民利益联结机制，推进旅游致富计划，带动农民就近就地创业就业。（责任单位：区民政局、区人力社保局、区金融工作服务中心）

8. 完善生产要素参与分配机制。推动劳动、资本、知识等要素参与收入分配，多渠道增加居民收入。完善创新要素参与分配机制，探索知识、技术、管理、数据等要素价值的实现形式。完善技术类无形资产挂牌交易、公开拍卖与成交信息公示制度，推广科技成果市场化定价机制，推进科技成果评价机制改革，完善科技奖励体

系。推进公共数据共享开放，提升社会数据资源价值。加强知识产权保护，构建知识产权数字化运营体系。（责任单位：区科技局、区民政局、区财政局、区市场监管局）

9.探索完善分配再分配机制。优化政府、企业、居民分配格局，支持企业通过提质增效拓展从业人员增收空间，提高劳动报酬在初次分配中的比重，增加劳动者特别是一线劳动者报酬。依法规范收入分配秩序，建立完善个人收入和财产信息系统，依法保护合法收入，合力调节过高收入。依法严厉惩治贪污腐败，取缔非法收入。持续缩小城乡支出差距，推动财政支出重点向弱势群体、薄弱领域、农村倾斜。探索完善第三次分配机制，营造良好的社会帮扶和助弱环节，建立和完善“一部分人先富，先富带后富、帮后富”的社会再分配机制和体系。（责任单位：区纪委区监委、区民政局、区财政局、区农业农村局）

10.推动农业转移人口市民化改革。以农业专业人口为重点，以公平为基石，开展户籍、农村土地、公共服务、收入分配等体制机制综合集成改革。深化新型居住证制度，推进基本公共服务向常住人口全覆盖，完善积分入学制度。全面推行人地钱挂钩、以人定地、钱随人走制度，优化城乡建设用地增减挂钩分类管理政策，完善财政转移支付和新增城镇建设用地规模与农业转移人口市民化挂钩政策。（责任部门：区公安分局、区教育局、区农业农村局、区自然资源和规划分局）

11.深化农村产权及土地制度改革。率先探索以土地为重点的乡村集成改革。率先探索农民权益价值实现机制，完善承包地“三权分置”制度，系统探索宅基地“三权分置”有效实现形式。鼓励农村集体经济组织及其成员通过自营、出租、入股、合作等方式，盘活农村闲置宅基地和闲置农房，发展乡村产业。构建新型农业经营主体+“三位一体”合作经济组织的现代农业经营体系，建立小农户与现代农业有效衔接机制。（责任部门：区农业农村局、区自然资源和规划分局）

（四）加快未来城区建设，构建区域协调共荣的城市新空间

12.建设未来社区全域样板地。高质量推进全域未来社区建设，突出人本价值链、创新产业链、生活供应链“三链集成”价值追求，以5–10–15分钟生活圈创新全域规划组织管理。严格按照“一张蓝图干到底，一茬接着一茬干”的精神，根据控规将未来社区理念要求全面、科学地应用到存量有机更新和增量开发建设。以城市类为主体、兼顾乡村类，全域形成“1+2+X”总体格局，即1条轨道S1线串联的未来社区示范走廊，2个省级示范型标杆未来社区（富春社区、南洋社区），X个地方推广型未来社区，形成“人城创产景”深度融合的全域未来社区创建格局。到2025年，重点推进12个左右未来社区项目建设，到2035年，基本实现全域未来社区建设目标，打造全域“5分钟见蓝绿”的高品质生态生活空间。（责任部门：区发改局、区教育局、区民政局、区住建局、区交通运输局、区卫生健康局、区大数据管理中心、区自然资源和规划分局）

13.建设未来乡村。积极践行“两山”理论，推动“数字乡村”建设，围绕“美丽经济、生态宜居、文化风貌、四治融合、幸福生活”一体化建设，创新龙湾未来乡村“十场景”，构建有舒适感、获得感、归属感、安全感和未来感的新型乡村功能单元。高标建设环大罗山（永中）乡村振兴示范带、空港都市休闲农业示范带、瑶溪休闲旅游乡村振兴示范带等，打造创新数治型、文旅融合型等不同类型的未来乡村典型。以拓展二三产业为重点发展全产业链，制定“农业+”发展的实施方案，统筹推进农业与休闲文旅、田园风光、农耕体验、生态养生、电子商务、文化传承的融合发展，实施粮食加工用地项目，建成“瓯越鲜风”直营店14家以上。做大现代农业经营体系，积极培育一批竞争力强的农业领军企业。（责任部门：区农业农村局、区商务局、区文广旅体局）

14.建设未来园区。以“产业大脑+未来园区”应用模式推动全要素、全产业链、全价值链全面连接。在空港小微园集聚区、浙南科技城等重点园区区块，结合中国眼谷小镇等特色小镇平台，加快布局产业链、补强创新链、完善要素链、深化服务链，打造“数字生活和数字生产无界链接”的未来园区样板。突出未来工厂、未来安监、未来环保、未来市监、未来警务、未来党建、未来票务、未来教育、未来社保等场景建设，推动产业数据汇聚共享，实现未来园区与精细化管理的高度融合。（责任单位：温州空港新区管理中心、区经信局、区应急管理局、区综合行政执法局、浙南科技城经发局、区生态环境分局）

15.建设未来街区。建立龙湾版“未来街区”指标体系，挖掘龙湾特色街区文化主题，采用“小街区、密路网”“口袋街区”等开放街区形态，鼓励“消费型+普惠型+公益型”功能复合业态组合，搭建“街区云地图+智治+智安+智服”的“一图三智”未来街区智慧平台及应用系统，创新“云商联盟”“众创联盟”等线上线下资源整合和共享方式，探索“F+EPC+O”等“投建运一体化”街区运营模式，打造文化意涵鲜明、优质服务智联、智慧运营赋能的未来街区标杆。围绕浙南科技城北片、空港新区、状蒲片区等区块，以寺前街、宁城街区及文化水街、万达金街、吾悦金街等居住性历史街区、主题性商业街区为重点，因地制宜探索未来文旅、未来雅集、未来潮购、未来社交、未来低碳、未来智治等场景示范，实现“一街区一特色场景”。（责任单位：区住建局、区商务局、区文广旅体局）

16.完善现代综合交通运输体系。坚持“大干交通、干大交通”，构建外快内畅、互联互通、立体多元、绿

色智能的现代综合交通体系，实现“1-2-15-30”交通发展目标，以“交通圈”拓展“都市圈”、激活“经济圈”，倾力建设东部枢纽新城。积极创建国家级临空经济示范区。加快启动机场三期扩建工程，引进基地航空公司，拓展国内支线航班，探索开通至长三角核心城市的“空中巴士”，加密和优化北广深成渝等地航线航班。加速拓展国内全货机航线，争取早日开拓国际全货机航线。到2025年，航空旅客年吞吐量达到2500万人次，出入境货邮年吞吐量达到2700吨。积极融入高速铁路线路布局，积极推进甬台温高铁前期工作，开工建设温福高铁，加快融入温州“521”高铁时空圈。建成市域铁路S2，推进城市轨道M2线建设，推动实现龙湾国际机场、龙湾城市中心区、浙南科技城等轨道交通有效衔接，打造“轨道上的龙湾”。加密高速公路网络覆盖，推进国省道改扩建提速，重点推进金丽温高速东延线、甬台温高速扩建工程、G330国道改建工程等项目建设。建成温州机场综合交通中心，紧密衔接航空、高速铁路、城市轨道交通、长途客运、BRT以及城市公交、出租车等不同交通运输方式，成为配套便捷、站城融合、空铁联运的现代化交通枢纽。实施公共交通优先发展战略，建成BRT9号线、BRT5号支线，推进BRT与市区线路闭环联网。到2025年，全区实现公交站点500米服务半径全覆盖，公共交通出行分担率达到40%。（责任单位：温州空港新区管理中心、区发改局、区住建局、区交通运输局、区交通工程建设中心、区自然资源和规划分局）

17. 推进经济社会全面绿色生态转型。科学编制实施碳达峰总体方案和能源、工业、建筑、交通、农业、居民生活及科技创新“6+1”重点领域行动方案，有序开展重点行业“碳达峰”行动。探索综合能源管理、分布式能源站，重点面向科学实验室、产业平台、未来社区，推广天然气分布式能源、分布式光伏发电，加强太阳能发电、充电桩、充电站、加氢站等基础设施建设。推广绿色低碳的生产生活方式和城市建设运营模式，使用先进节能环保材料和技术进行城市建设，营造优质绿色市政环境，筑牢绿色智慧城市基础。推广绿色节能低碳建筑技术，谋划建设“近零碳示范街区”“近零碳社区”“近零碳建筑”。到2025年，煤炭消费总量、占能源消费总量比重下降幅度、发电和集中供热用煤占比达到省要求。实行最严格的生态环境保护制度，深入打好治水、治气、治土、治废、治塑攻坚战。全面推进清新空气行动，以坚决打赢蓝天保卫战为目标，深化大气污染防治。加强水生态环境保护，全面深化五水共治碧水行动，坚持“控源”“增容”两手发力，推进水资源、水生态、水环境、水安全、水文化“五水统筹”，实施分流域、分区域、分阶段科学治水。推进土壤污染综合防控，坚决落实“土十条”，加强土壤污染源头管控，推进土地安全利用和治理修复。聚焦固体废物减量化、资源化、无害化水平提高，统筹推进工业和其他固体废物管理，加快构建固体废物多元处置体系，全域创成“无废城市”。统筹推进陆域海域污染协同治理、海洋生态保护与修复，加强“美丽海湾”保护建设。全面实施以“三线一单”为核心的生态环境分区管控体系，严格按照生态保护、基本农田、城镇开发边界实行用途管制，遏制耕地“非农化”，严格管控“非粮化”，严格规范执行耕地占补平衡制度，强化耕地数量保护和质量提升。（责任单位：区发改局、区住建局、区农业农村局、区综合行政执法局、区自然资源和规划分局、区生态环境分局）

（四）提升公共服务质量，创建满足美好生活的百姓新家园

18. 打造温州东部“未来教育”。深入实施“品质教育·学在龙湾”发展战略，全面深化教育综合改革，创成全国义务教育优质均衡发展区。推动义务教育均衡优质发展，完善义务教育规划布局，加大供给、均衡配置公办义务教育资源，持续改善薄弱学校办学条件，重点加快温十五中集团校蒲州校区、瑶溪北二小、蒲州西二小等建设。着力减轻义务教育阶段学生作业负担、校外培训负担，促进学生全面发展和健康成长。推进集团化办学与联盟式发展。以优质学校为龙头，构建一体型教育集团和联盟型教育集团。推进与中国科学院大学温州研究院、浙江师范大学、中国传媒大学等单位校地合作，共同将合作学校开办成探索现代学校制度、深化教育体制机制创新的实验学校。加快发展现代职业教育，构建形成中高职一体化发展、“五业”联动发展格局，完成龙湾区职业技术学校扩建，到2025年建成一所集产学研训创于一体的未来中等职业教育中心。推进与知名高校深化教育共同体建设，推动与瓯江口职业教育跨区办学合作。推进各类教育互联互通、共建共享，形成服务全民终身学习的发展合力，加快建设学习型社会。（责任单位：区发改局、区教育局）

19. 深化健康龙湾建设。依托中国眼谷等重点平台，发挥温医大附二医龙湾院区、附属口腔医院龙湾院区等三甲医院的技术引领作用，完善优质医院布局，加快龙湾区第一人民医院等医疗机构建设和提标达标工程，积极引进国内领先的区域性儿科、妇产科和专科医院。深化医联体建设，纵深推进“双下沉、两提升”工程，推动“城市医疗集团、区域专科联盟、远程医疗协作”等形式医联体发展，加快构建省市级医院、区级医院、基层医疗卫生机构相互衔接的分级诊疗体系。推动家庭医生发展，均衡布局建设社区卫生服务中心和社区智慧养老与康复中心，构建形成15分钟基层健康医疗社区服务圈。全力打造未来康养智城，实施“养老机构跟着老人走”行动计划，完善社区居家养老服务网络，办好老年食堂，探索设立家庭照护床位，发展普惠养老和互助养老，

推广应用智慧技术，打造数字化养老服务体系。完善养老护理员教育培训、技能认定和信用管理制度，每万名老年人拥有持证护理员提高到25人以上。推动百姓健身房和10分钟体育健身圈建设，全区人均体育场地面积达2.8平方米以上，城乡居民《国民体质测定标准》合格人数占比保持在94.5%以上。（责任单位：区民政局、区卫生健康局、区旅游和体育事业发展中心）

20. 健全社会保障救助体系。深入实施全面参保计划，引导16–45周岁灵活就业人员参加养老保险，实现养老保险法定人群基本全覆盖，扩大工伤、失业保险参保人数。发展职业年金、企业年金和商业养老保险。依法开展工伤认定和劳动能力鉴定。全面推行基本医疗保险区域统筹，实现医保服务街道、村（社区）全覆盖。做好慢性病门诊保障、大病保险、市区医疗救助和优抚对象医疗补助“一站式”结算工作，探索大病补充保险制度。引导长护险从亲情护理服务向机构护理转变，开展长护险护理试点工作，创成1–2家长护险示范机构。提升医保基金运行管控和绩效管理水平，探索数字化应用。充分发挥医保在战略购买、资源配置等医药服务供给侧改革中的关键性作用，深入推进“三医联动”“六医统筹”改革。健全大救助机制，打造区、街道、村（社区）“三级救助圈”，加强大救助信息平台共建共享，推行社会救助“一件事”集成联办。建立困难群众主动发现机制，深化“真爱到家”救助联合体建设。启动特困供养标准和孤儿及困境儿童基本生活保障标准调整，年均增幅4%以上。加大困难和重度残疾人、流浪乞讨人员的救助力度，深化“残疾人之家”建设，推进智慧助残。加快未成年人救助保护中心建设和实体化运行，健全退役军人服务保障体系，扶持发展助富济困、应急救援和救助类慈善组织，把龙湾打造成最具温度的暖心城区。（责任单位：区民政局、区人力社保局、区医疗保障分局、区残联）

21. 推进“安居龙湾”建设。完善房地产市场调控长效机制，促进房价、地价水平保持在合理区间，助力打响“温暖安居”品牌，实现“居者有其屋”与“居者优其屋”并举。健全以公租房、保障性租赁住房和共有产权住房为主的住房保障体系，完善基础性制度和支持政策。建立人口净流入、人口总量和土地供应联动机制，对住房租赁用地实行计划单列，土地供应向租赁住房建设倾斜，探索实施“限房价、竞地价、竞品质、竞租赁住房”土地出让方式。多渠道加大安置房建设力度，缩短建设周期，早日圆好群众“安居梦”。累计建成安置房200万平方米。探索利用集体建设用地、企事业单位自有闲置土地和存量闲置房屋改建，有效增加保障性租赁住房供给，多途径解决新市民、青年群体和低收入群体住房问题。实现城镇住房保障受益覆盖率达到11.55%。加快完善长租公寓政策，加强住房租赁市场智慧监管。全面开展城乡房屋安全隐患排查整治，动态消除危房安全隐患。（责任单位：区住建局、区农业农村局、区城市建设中心、区自然资源和规划分局）

（五）强化先进文化发展，构筑底蕴内涵深厚的文化新高地

22. 加强精神文明建设。深化习近平新时代中国特色社会主义思想、中华民族伟大复兴中国梦和社会主义核心价值观宣传教育，切实筑牢同思想基础。深入实施“身边好人”培育工程，深挖龙湾典型人物及事例，加强“龙湾好人”、见义勇为等先进事迹宣传。健全全国文明城市创建长效机制，持续深化文明街道、文明村居、文明单位、文明家庭、文明校园等“文明细胞”创建。实施公民道德建设工程，持续深化社会公德、职业道德、家庭美德、个人品德建设。全面实施“新时代文明生活行动”，深化“文明出行”“文明餐桌”“文明礼仪”等系列文明好习惯养成工程，持续擦亮“大爱城市、诚信社会、道德高地”的城市品牌。加强优秀传统礼仪传承弘扬，深化移风易俗，培育文明乡风、良好家风、淳朴民风。实施新文化地标建设行动，打造温州高新文化广场、智慧档案馆等特色文化地标。实施“文化设施星罗棋布”行动，建设一批丰富多样、便利可达的公共文化广场、城市书房、百姓书屋、文化驿站、文化礼堂等设施，建成“家门口的文体服务圈”。常态化开展各类文化惠民活动，创新开展区艺术节、市民文化节、全民阅读节等文化活动，发挥市民艺术团、“民星联盟”、乡村艺术团等队伍作用，打造多元化的市民文化活动品牌。深入实施文艺“名牌、名品、名人”工程，鼓励开展高品质文艺作品创作。（责任单位：区委宣传部、区住建局、区文广旅体局）

23. 打造生态文旅高质量发展。积极融入瓯江山水诗路等“四条诗路”建设，全力塑造“山海古堡·未来之城”文旅品牌。以山水作为龙湾历史–现在—未来之纽带，围绕“一江一河一溪三山十古道”，建设都市生态游憩网，打响“瑶溪河水游图”“大罗山游图”城市品牌。布局环大罗山公园群，形成主题缤纷的“龙湾十景”。谋划“云端”漫步古道群文旅项目，依托10大古道，打造100公里云栈道，贯通黄石山—茅竹岭—环大罗山公园群，丰富游玩线路，设置山顶场所设施、公共到达、眺望点以及对入口街区实施改造，打造“网红打卡地”、最美城市“观景台”。推动叶萌春工艺美术馆和温州“百工苑”联结黄石山雕塑主题公园、徐志通工艺美术馆等形成工艺美术、温州百工、非遗体验和雕塑展示等为核心的旅游新路线。结合瓯江生态海岸带建设，谋划建设10公里龙湾外滩，打造“引水入城”都市型碧道样板。开创科技文旅创新示范新标杆、创建浙江省文旅融合示范区、浙江省研学旅游示范基地、浙江省夜间经济试点，激发龙湾文旅新动能。深入推进“诗画浙江·百县千碗”工程建设，打造龙湾美食文化品牌，打造百县千碗美

食街区以及示范店。到2025年，创建2个AAA级旅游景区，打造1个文旅型特色小镇、3个研学基地、1个森林康养基地、1个运动休闲旅游示范基地。（责任单位：区委宣传部、区商务局、区文广旅体局、区旅游和体育事业发展中心）

24.弘扬开发优秀传统文化。深入挖掘龙湾传统文化精神内涵和时代价值，不断增强文化认同、情感认同、价值认同。强化历史文化保护与传承，挖掘"永嘉场"、状元文化、宁村所文化、汤和文化、和合文化等区域文化内涵，充分提炼永嘉场文化等地域文化标识，整合一批具有地域特色、龙湾气象的经典文化活动。实施以传承人培养保护为重点的非遗传承工程，推进千佛塔、张璁祖祠、王瓒家庙等古建筑的保护开发，加快博物馆、保利文化中心、曾成钢雕塑博物馆等项目建设；推动瑶溪钟秀园非遗体验基地建设，打造浙南片区能看、能玩、能体验的旅游非遗小镇。积极参与"东亚文化之都"建设，打响本土非遗品牌。加快"和合"文化研学基地建设，推进"和合文化"研究，筹建"和合"研究会，举办"和合文化和温州精神"研讨会。（责任单位：区委宣传部、区文广旅体局）

（六）创新完善治理体系，树立党建引领贯穿的治理新示范

25.健全党组织领导的基层治理体系。加强党对基层治理的统筹领导，做实街道"大工委"社区"大党委"制，推行区域党建联盟，充分发挥各级党组织战斗堡垒作用。健全一个中心、四个平台、若干网络的"1+4+X"运行体系，持续推进全科网格2.0版规范提升工程，拓展共建共享的基层治理路径。进一步健全领导干部下访接访、初信初访制度，深化诉源治理，有效化解一批历史遗留疑难案件，坚决打好攻坚战、持久战、翻身战。探索容错免责机制和"党建+网格"工作，加快街、村两级综治工作中心实体化标准化建设。拓展"城市大脑"场景应用，优化"基层治理四平台"运行管理，深化全科网格2.0版规范提升工程，加快形成即时感知、科学决策、主动服务、高效运行、智能监管的新型治理形态。（责任单位：区委组织部、区委政法委、区矛调中心）

26.深化法治龙湾建设。更加注重维护社会公平，深化各领域法治化改革，健全社会公平正义法治保障制度。深化重大行政决策目录化管理和立项制度，依法履行公众参与、专家论证、风险评估、合法性审查、集体讨论决定等法定程序。优化司法职权配置，健全以司法责任制为核心的司法权力运行体系，全面提升司法公信力。深化行政复议体制改革，强化行政复议听证室功能，增强复议纠错监督作用。推进"大综合一体化"行政执法改革，构建"综合行政执法+部门专业执法+联合执法"的执法体系，推动执法力量向基层延伸和下沉，构建全覆盖的整体政府监管体系和全闭环的行政执法体系。构建社会"大普法"格局，深入学习宣传习近平法治思想，加大普法宣传教育力度，将法治教育纳入国民教育体系。创新普法路径，巧做"互联网+"普法文章，推进"智慧普法"，增强守法普法工作针对性实效性。（责任单位：区法院、区委政法委、区司法局、区综合行政执法局）

27.深化平安龙湾建设。坚定维护国家政治安全特别是政权安全、制度安全和意识形态安全。全面推进各类安全风险隐患排查整治，严密防范化解危害国家政治安全风险、涉恐涉暴风险、宗教邪教风险、意识形态领域风险，确保政治领域绝对安全。加强经济安全风险预警、防控机制和能力建设，加强重要经济指标动态监测和研判，完善经济分析识别预警机制和应对预案。重视粮食安全，完善应急物资储备体系。构筑更加牢固的公共卫生安全屏障，继续做好新冠肺炎等重大传染病常态化综合防控工作，构建"平战结合"的医防体系，完善突发公共卫生事件应急处置联防联控、群防群控机制。实行公共卫生领域常态化监管，加强进口食品溯源、流通环节监管。强化生态环境安全，持续推进大气、水、土壤治理，不发生突发环境事件。推进扫黑除恶专项行动，保持对盗抢骗、食药环、黄赌毒以及"套路贷"、电信网络诈骗、网络传销等新型网络犯罪综合整治的高压严打态势。全面深化食品安全战略，加大对涉食品安全犯罪的打击力度，确保从农田到餐桌全过程监管体系得到有效运行。提高药品安全治理能力水平，加快医药产业健康发展。深入开展网络专项治理，打造清朗网络空间。（责任单位：区委宣传部、区委统战部、区委政法委、区公安分局、区卫生健康局、区应急管理局、区市场监管局）

三、保障措施

全面加强组织领导，健全体制机制，不断调动广大干部群众积极性，充分激发蕴藏在人民群众中的创造伟力，确保打造高质量发展建设共同富裕示范区龙湾样板各项工作落实落地。

28.全面加强党的领导。坚持把党的政治建设摆在首位，切实增强"四个意识"、坚定"四个自信"、做到"两个维护"。建立健全党总揽全局、协调各方的全面领导制度体系，把党的领导贯穿推动共同富裕的全过程、各领域、各环节。区委、区政府建立打造高质量发展建设共同富裕示范区龙湾样板领导小组，区委主要领导担任组长，领导小组办公室设在区发改局。建立健全清单化管理机制，制定共同富裕重点任务清单、突破性抓手清单、重大改革清单、典型案例（最佳实践）清单，明确任务责任，实行闭环管理。各地各部门要根据行动方案，压实工作责任，完善工作机制，细化工作举措，形成系统集成、精准施策、一抓到底的工作体系。统筹推进各领域基层党组织建设，充分发挥基层党组织战斗堡垒作用和党员先锋模范作用，扎实推动共同富裕先行先试。（责任单位：区委办公室、区委组织部、区委改革办、区发改局）

29.深入推进清廉龙湾建设。发挥

政治建设统领作用，建立完善长效机制，严守政治纪律和政治规矩。建立多维度、动态化的监督评价体系，一体推进“三不”机制建设，持续增强党员干部防腐拒变的免疫力。完善干部监督体系，统筹落实纪律监督、监察监督、派驻监督和巡察监督四个全覆盖，实行常规巡察、专项巡察、“机动式”巡察和“回头看”等措施，推动纪委监委专责监督同司法监督、群众监督、舆论监督等各类监督融会贯通，促进监察工作高效顺畅运行。推动党委（党组）主体责任、“一把手”第一责任、班子成员“一岗双责”，纪委监督责任“四责协同”，夯实监督基础、提升监督实效，积极推进理念思路、方式方法，体制机制的创新，推动管党治党责任落到实处，确保管党治党责任落地生根。（责任单位：区纪委区监委、区委办公室）

30.深化数字化改革。贯彻落实省市数字化改革部署，坚定不移深化数字化改革，围绕龙湾区实际，突出重点，打造有特色的数字化应用场景，加快健康、教育、交通、文化、就业、金融、文旅、安居、养老等领域标准协同、资源整合、数据共享与流程再造，有效推动龙湾经济社会发展和治理能力全面提升。围绕全省“一年出成果、两年大变样、五年新飞跃”的总时间表，全力实施好3个全省揭榜挂帅项目、8个省级试点、9个市级试点，力争在全省数字化改革中当标杆、争上游。充分发挥数据作为要素资产作用，实现数字资源受共同富裕进程中的共建共享。将数字化改革贯穿共同富裕全过程、各领域、各环节，以数字化手段加强监测、评价和反馈，进一步探索消除数字鸿沟的有效路径，保障不同群体更好享受数字红利。（责任单位：区委办公室、区政府办公室、区委政法委、区委改革办、区发改局、区经信局、区大数据管理中心）

31.强化政策制度创新。按照共同富裕导向，推动各领域各方面政策制度系统性变革。聚焦重点领域，积极配合上级单位有关部门制定相关政策文件。主动探索示范任务，努力在科技创新、数字化改革、分配制度改革、城乡区域协调发展、公共服务、生态产品价值实现等方面先行先试，尽早形成创新性、突破性制度成果。（责任单位：区委改革办、区发改局、区司法局）

32.建立评价体系和争先创优机制。加强高质量发展建设共同富裕示范区评价体系和目标指标体系监测，全面反映建设工作成效。深入开展“三赛六比”等活动，强化亮点展示和实绩比拼。将推动共同富裕有关内容要求纳入党政领导班子和领导干部综合绩效考核，加强监测分析和动态调整，提高考核工作质量。建立定期督查机制，创新完善督查方式，完善问题反馈整改机制。建立多部门统筹协调推进的工作机制，加强共同富裕建设工作的组织领导和统筹协调，研究解决龙湾高质量发展的重大问题，以及政策支持、指数发布、建设推进、运营管理等具体事宜。（责任单位：区纪委区监委、区委办公室）

33.凝聚共同富裕强大合力。坚持群众主体，旗帜鲜明地鼓励勤劳致富、率先致富，旗帜鲜明鼓励先富带后富、先富帮后富，激发全民实现共同富裕的内生动力。充分发挥人大、政协以及各民主党派、工商联、无党派人士的积极作用。积极发挥新乡贤“新”的优势和“贤”的作用。重视发挥党外知识分子和新的社会阶层人士作用，进一步挖掘侨资侨智侨力，引导和支持海内外华侨参与共同富裕，强化工会、共青团、妇联、科协、侨联等团体动员联系服务群众功能，充分激发全体人民促进共同富裕的积极性、主动性、创造性，让每一个人都成为共同富裕的直接参与者、积极贡献者、共同受益者，依靠全体人民的共同奋斗和团结互助，走共建共治共享的共同富裕之路。（责任单位：区人大常委会办公室、区政协办公室、区委宣传部、区委统战部、区总工会、团区委、区妇联、区科协、区工商联）

未来之城”文旅品牌。以山水作为龙湾历史－现在－未来之纽带，围绕“一江一河一溪三山十古道”，建设都市生态游憩网，打响“瑶溪河水游图”“大罗山游图”城市品牌。布局环大罗山公园群，形成主题缤纷的“龙湾十景”。谋划“云端”漫步古道群文旅项目，依托10大古道，打造100公里云栈道，贯通黄石山—茅竹岭—环大罗山公园群，丰富游玩线路，设置山顶场所设施、公共到达、眺望点以及对入口街区实施改造，打造“网红打卡地”、最美城市“观景台”。推动叶萌春工艺美术馆和温州“百工苑”联结黄石山雕塑主题公园、徐志通工艺美术馆等形成工艺美术、温州百工、非遗体验和雕塑展示等为核心的旅游新路线。结合瓯江生态海岸带建设，谋划建设10公里龙湾外滩，打造“引水入城”都市型碧道样板。开创科技文旅创新示范新标杆、创建浙江省文旅融合示范区、浙江省研学旅游示范基地、浙江省夜间经济试点，激发龙湾文旅新动能。深入推进“诗画浙江·百县千碗”工程建设，打造龙湾美食文化品牌，打造百县千碗美食街区以及示范店。到2025年，创建2个AAA级旅游景区，打造1个文旅型特色小镇、3个研学基地、1个森林康养基地、1个运动休闲旅游示范基地。（责任单位：区委宣传部、区商务局、区文广旅体局、区旅游和体育事业发展中心）

34.弘扬开发优秀传统文化。深入挖掘龙湾传统文化精神内涵和时代价值，不断增强文化认同、情感认同、价值认同。强化历史文化保护与传承，挖掘“永嘉场”、状元文化、宁村所文化、汤和文化、和合文化等区域文化内涵，充分提炼永嘉场文化等地域文化标识，整合一批具有地域特色、龙湾气象的经典文化活动。实施以传承人培养保护为重点的非遗传承工程，推进千佛塔、张璁祖祠、王瓒家庙等古建筑的保护开发，加快博物馆、保利文化中心、曾成钢雕塑博物馆等项目建设；推动瑶溪钟秀园非遗体验基地建设，打造浙南片区能看、能玩、能体验的旅游非遗小镇。积极参与“东亚文化之都”建设，打响本土非遗品牌。加快“和合”文化研学基地建设，推进“和合文化”研究，筹建“和合”研究会，举办“和合文化和温州精神”研讨会。（责任单位：区委宣传部、区文广旅体局）

（六）创新完善治理体系，树立党建引领贯穿的治理新示范

35. 健全党组织领导的基层治理体系。加强党对基层治理的统筹领导，做实街道“大工委”社区“大党委”制，推行区域党建联盟，充分发挥各级党组织战斗堡垒作用。健全一个中心、四个平台、若干网络的“1+4+X”运行体系，持续推进全科网格2.0版规范提升工程，拓展共建共享的基层治理路径。进一步健全领导干部下访接访、初信初访制度，深化诉源治理，有效化解一批历史遗留疑难案件，坚决打好攻坚战、持久战、翻身战。探索容错免责机制和“党建+网格”工作，加快街、村两级综治工作中心实体化标准化建设。拓展“城市大脑”场景应用，优化“基层治理四平台”运行管理，深化全科网格2.0版规范提升工程，加快形成即时感知、科学决策、主动服务、高效运行、智能监管的新型治理形态。（责任单位：区委组织部、区委政法委、区矛调中心）

36. 深化法治龙湾建设。更加注重维护社会公平，深化各领域法治化改革，健全社会公平正义法治保障制度。深化重大行政决策目录化管理和立项制度，依法履行公众参与、专家论证、风险评估、合法性审查、集体讨论决定等法定程序。优化司法职权配置，健全以司法责任制为核心的司法权力运行体系，全面提升司法公信力。深化行政复议体制改革，强化行政复议听证室功能，增强复议纠错监督作用。推进“大综合一体化”行政执法改革，构建“综合行政执法+部门专业执法+联合执法”的执法体系，推动执法力量向基层延伸和下沉，构建全覆盖的整体政府监管体系和全闭环的行政执法体系。构建社会“大普法”格局，深入学习宣传习近平法治思想，加大普法宣传教育力度，将法治教育纳入国民教育体系。创新普法路径，巧做“互联网+”普法文章，推进“智慧普法”，增强守法普法工作针对性实效性。（责任单位：区法院、区委政法委、区司法局、区综合行政执法局）

37. 深化平安龙湾建设。坚定维护国家政治安全特别是政权安全、制度安全和意识形态安全。全面推进各类安全风险隐患排查整治，严密防范化解危害国家政治安全风险、涉恐涉暴风险、宗教邪教风险、意识形态领域风险，确保政治领域绝对安全。加强经济安全风险预警、防控机制和能力建设，加强重要经济指标动态监测和研判，完善经济分析识别预警机制和应对预案。重视粮食安全，完善应急物资储备体系。构筑更加牢固的公共卫生安全屏障，继续做好新冠肺炎等重大传染病常态化综合防控工作，构建“平战结合”的医防体系，完善突发公共卫生事件应急处置联防联控、群防群控机制。实行公共卫生领域常态化监管，加强进口食品溯源、流通环节监管。强化生态环境安全，持续推进大气、水、土壤治理，不发生突发环境事件。推进扫黑除恶专项行动，保持对盗抢骗、食药环、黄赌毒以及“套路贷”、电信网络诈骗、网络传销等新型网络犯罪综合整治的高压严打态势。全面深化食品安全战略，加大对涉食品安全犯罪的打击力度，确保从农田到餐桌全过程监管体系得到有效运行。提高药品安全治理能力水平，加快医药产业健康发展。深入开展网络专项治理，打造清朗网络空间。（责任单位：区委宣传部、区委统战部、区委政法委、区公安分局、区卫生健康局、区应急管理局、区市场监管局）

三、保障措施

全面加强组织领导，健全体制机制，不断调动广大干部群众积极性，充分激发蕴藏在人民群众中的创造伟力，确保打造高质量发展建设共同富裕示范区龙湾样板各项工作落实落地。

38. 全面加强党的领导。坚持把党的政治建设摆在首位，切实增强“四个意识”、坚定“四个自信”、做到“两个维护”。建立健全党总揽全局、协调各方的全面领导制度体系，把党的领导贯穿推动共同富裕的全过程、各领域、各环节。区委、区政府建立打造高质量发展建设共同富裕示范区龙湾样板领导小组，区委主要领导担任组长，领导小组办公室设在区发改局。建立健全清单化管理机制，制定共同富裕重点任务清单、突破性抓手清单、重大改革清单、典型案例（最佳实践）清单，明确任务责任，实行闭环管理。各地各部门要根据行动方案，压实工作责任，完善工作机制，细化工作举措，形成系统集成、精准施策、一抓到底的工作体系。统筹推进各领域基层党组织建设，充分发挥基层党组织战斗堡垒作用和党员先锋模范作用，扎实推动共同富裕先行先试。（责任单位：区委办公室、区委组织部、区委改革办、区发改局）

39. 深入推进清廉龙湾建设。发挥政治建设统领作用，建立完善长效机制，严守政治纪律和政治规矩。建立多维度、动态化的监督评价体系，一体推进“三不”机制建设，持续增强党员干部防腐拒变的免疫力。完善干部监督体系，统筹落实纪律监督、监察监督、派驻监督和巡察监督四个全覆盖，实行常规巡察、专项巡察、“机动式”巡察和“回头看”等措施，推动纪委监委专责监督同司法监督、群众监督、舆论监督等各类监督融会贯通，促进监察工作高效顺畅运行。推动党委（党组）主体责任、“一把手”第一责任、班子成员“一岗双责”，纪委监督责任“四责协同”，夯实监督基础、提升监督实效，积极推进理念思路、方式方法，体制机制的创新，推动管党治党责任落到实处，确保管党治党责任落地生根。（责任单位：

区纪委区监委、区委办公室）

40.深化数字化改革。贯彻落实省市数字化改革部署，坚定不移深化数字化改革，围绕龙湾区实际，突出重点，打造有特色的数字化应用场景，加快健康、教育、交通、文化、就业、金融、文旅、安居、养老等领域标准协同、资源整合、数据共享与流程再造，有效推动龙湾经济社会发展和治理能力全面提升。围绕全省“一年出成果、两年大变样、五年新飞跃”的总时间表，全力实施好3个全省揭榜挂帅项目、8个省级试点、9个市级试点，力争在全省数字化改革中当标杆、争上游。充分发挥数据作为要素资产作用，实现数字资源爱共同富裕进程中的共建共享。将数字化改革贯穿共同富裕全过程、各领域、各环节，以数字化手段加强监测、评价和反馈，进一步探索消除数字鸿沟的有效路径，保障不同群体更好享受数字红利。（责任单位：区委办公室、区政府办公室、区委政法委、区委改革办、区发改局、区经信局、区大数据管理中心）

41.强化政策制度创新。按照共同富裕导向，推动各领域各方面政策制度系统性变革。聚焦重点领域，积极配合上级单位有关部门制定相关政策文件。主动探索示范任务，努力在科技创新、数字化改革、分配制度改革、城乡区域协调发展、公共服务、生态产品价值实现等方面先行先试，尽早形成创新性、突破性制度成果。（责任单位：区委改革办、区发改局、区司法局）

42.建立评价体系和争先创优机制。加强高质量发展建设共同富裕示范区评价体系和目标指标体系监测，全面反映建设工作成效。深入开展“三赛六比”等活动，强化亮点展示和实绩比拼。将推动共同富裕有关内容要求纳入党政领导班子和领导干部综合绩效考核，加强监测分析和动态调整，提高考核工作质量。建立定期督查机制，创新完善督查方式，完善问题反馈整改机制。建立多部门统筹协调推进的工作机制，加强共同富裕建设工作的组织领导和统筹协调，研究解决龙湾高质量发展的重大问题，以及政策支持、指数发布、建设推进、运营管理等具体事宜。（责任单位：区纪委区监委、区委办公室）

33.凝聚共同富裕强大合力。坚持群众主体，旗帜鲜明地鼓励勤劳致富、率先致富，旗帜鲜明鼓励先富带后富、先富帮后富，激发全民实现共同富裕的内生动力。充分发挥人大、政协以及各民主党派、工商联、无党派人士的积极作用。积极发挥新乡贤“新”的优势和“贤”的作用。重视发挥党外知识分子和新的社会阶层人士作用，进一步挖掘侨资侨智侨力，引导和支持海内外华侨参与共同富裕，强化工会、共青团、妇联、科协、侨联等团体动员联系服务群众功能，充分激发全体人民促进共同富裕的积极性、主动性、创造性，让每一个人都成为共同富裕的直接参与者、积极贡献者、共同受益者，依靠全体人民的共同奋斗和团结互助，走共建共治共享的共同富裕之路。（责任单位：区人大常委会办公室、区政协办公室、区委宣传部、区委统战部、区总工会、团区委、区妇联、区科协、区工商联）

文件目录

表60

2021年中共龙湾区委部分文件目录

发布文号	文件标题
温龙委〔2021〕2号	关于2020年温州市领导干部自然资源资产离任（任中）审计查实的乡镇问题整改情况的报告
温龙委〔2021〕3号	关于召开2020年度区委常委会（高新区党工委）民主生活会的报告
温龙委〔2021〕4号	关于建议王晓春同志作为县（市、区）委常委人选考察对象的报告
温龙委〔2021〕5号	关于建议张崇林同志作为县（市、区）人大政协副职人选考察对象的报告
温龙委〔2021〕6号	关于要求对浙江绿森信息科技集团有限公司等公司立案侦查的报告
温龙委〔2021〕7号	关于补选夏禹桨同志为市人大代表的函
温龙委〔2021〕8号	关于中共温州市龙湾区委常委分工调整的备案报告
温龙委〔2021〕9号	关于温州市龙湾区政府领导分工调整的备案报告
温龙委〔2021〕10号	关于建议徐凡同志作为县（市、区）法检“两院”专职委员人选考察对象的报告
温龙委〔2021〕11号	关于建议张凌哲同志作为县（市、区）法检“两院”党组成员（派驻纪检监察组组长）人选考察对象的报告

续表 60

发布文号	文件标题
温龙委〔2021〕12 号	关于上报《中共温州市龙湾区委关于省委巡视整改阶段性进展情况》的报告
温龙委〔2021〕13 号	关于 2020 年度龙湾区委常委会（高新区党工委）民主生活会情况总结的报告
温龙委〔2021〕14 号	关于建议贾黎春同志作为市直单位正县级领导职务人选考察对象的报告
温龙委〔2021〕15 号	关于建议周德望同志作为市直单位副县级领导职务人选考察对象的报告
温龙委〔2021〕16 号	关于 2020 年度龙湾区法治政府建设工作情况的报告
温龙委〔2021〕18 号	关于建议李丹同志作为领导干部职级晋升人选考察对象的报告
温龙委〔2021〕19 号	关于建议赵均宙同志作为领导干部职级晋升人选考察对象的报告
温龙委〔2021〕20 号	关于建议庄小将作为领导干部职级晋升人选考察对象的报告
温龙委〔2021〕21 号	关于中共温州市龙湾区委常委、高新区党工委委员分工调整的备案报告
温龙委〔2021〕22 号	关于报送学习贯彻《习近平在浙江》采访实录情况的报告
温龙委〔2021〕23 号	关于建议陈军苹同志作为县（市、区）委常委人选考察对象的报告
温龙委〔2021〕24 号	关于汪振坚同志担任科思技术（温州）研究院专职副院长的报告
温龙委〔2021〕25 号	关于报送 2021 年龙湾区（高新区）上半年总结和下半年工作思路的报告
温龙委〔2021〕26 号	关于上报《中共温州市龙湾区委关于省委巡视整改阶段性进展情况》的报告
温龙委〔2021〕27 号	关于龙湾区领导班子换届拟新进人选考察对象建议名单的报告
温龙委〔2021〕28 号	关于落实袁家军书记讲话精神全力做好征地拆迁类信访工作的报告
温龙委〔2021〕29 号	关于清理公务员工资津贴补贴工作自查报告
温龙委〔2021〕30 号	关于区委八届十二次全会有关情况的报告
温龙委〔2021〕32 号	关于贯彻落实刘小涛书记检查督导精神的报告
温龙委〔2021〕33 号	关于全面从严治党主体责任落实情况的报告
温龙委〔2021〕34 号	关于金色小镇项目风险处置工作情况的报告
温龙委〔2021〕35 号	关于温州浙南科技城北片区综合开发项目的报告
温龙委〔2021〕36 号	关于上报《中共温州市龙湾区委关于省委巡视整改阶段性进展情况》的报告
温龙委〔2021〕39 号	关于龙湾区蒲州街道会展路“高压铁塔下垃圾成堆安全隐患突出”问题整改完成情况的报告
温龙委〔2021〕40 号	关于建议王云师同志作为近期可提拔担任确定副县长级人选考察对象的报告
温龙委〔2021〕41 号	关于中国眼谷招商工作的报告
温龙委〔2021〕42 号	关于召开中国共产党温州市龙湾区第九次代表大会的请示
温龙委〔2021〕43 号	关于区委八届十三次全会有关情况的报告
温龙委〔2021〕44 号	关于要求调整第六届龙湾区政协规模的请示
温龙委〔2021〕45 号	关于建议张崇林同志作为领导干部职级晋升人选考察对象的报告
温龙委〔2021〕46 号	关于报送龙湾区（高新区）过去五年和 2021 年工作总结及今后五年和 2022 年工作思路的报告
温龙委〔2021〕47 号	关于建议余安江同志作为确定为正县长级领导职务人选考察对象的报告
温龙委〔2021〕48 号	关于建议邵建寨同志作为县（市、区）党政副职人选考察对象的报告
温龙委〔2021〕49 号	关于学习贯彻党的十九届六中全会精神情况的报告
温龙委〔2021〕50 号	关于 2021 年度落实全面从严治党主体责任情况的报告
温龙委〔2021〕51 号	关于浙南科技城“应收账款收益权转让及回购”产品处置进展情况的报告
温龙委〔2021〕52 号	关于中国共产党温州市龙湾区第九届委员会和纪律检查委员会组成人员候选人预备人选的请示

续表60

发布文号	文件标题
温龙委〔2021〕53号	关于龙湾区（高新区）深入贯彻落实刘小涛书记调研指示精神的报告
温龙委〔2021〕55号	关于提名陈永霖同志为龙湾区第九届人大换届选举委员会主任的函
温龙委〔2021〕56号	关于2021年龙湾区食品药品安全工作情况的报告
温龙委〔2021〕57号	关于申报2022年度龙湾区（高新区）拟表彰和通报表扬项目的请示
温龙委〔2021〕58号	关于中国共产党温州市第十三次代表大会代表候选人预备人选的请示
温龙委〔2021〕59号	关于报送区第九次党代会报告的报告
温龙委〔2021〕60号	关于上报《中共温州市龙湾区委关于省委巡视整改阶段性进展情况》的报告
温龙委〔2021〕61号	关于第九次党代会及九届一次全会情况的报告
温龙委〔2021〕62号	关于学习宣传贯彻党的十九届六中全会精神情况的自查报告
温龙委〔2021〕63号	关于中共温州市龙湾区第九次代表大会及区委、区纪委一次全会选举结果的报告
温龙委发〔2021〕1号	关于同意政协温州市龙湾区委员会专门委员会更名的批复
温龙委发〔2021〕2号	关于制定龙湾区国民经济和社会发展第十四个五年规划和二〇三五年远景目标的建议
温龙委发〔2021〕3号	印发《关于进一步支持人才创新创业大力推进高水平创新型城区建设的扶持办法》的通知
温龙委发〔2021〕4号	关于调整区委常委分工的通知
温龙委发〔2021〕5号	关于同意召开中共温州市龙湾区永兴街道党员代表会议的批复
温龙委发〔2021〕6号	关于同意召开中共温州市龙湾区状元街道党员代表会议的批复
温龙委发〔2021〕7号	关于同意召开中共温州市龙湾区永中街道党员代表会议的批复
温龙委发〔2021〕8号	关于同意召开中共温州市龙湾区瑶溪街道党员代表会议的批复
温龙委发〔2021〕9号	关于同意召开中共温州市龙湾区蒲州街道党员代表会议的批复
温龙委发〔2021〕10号	关于同意召开中共温州市龙湾区海滨街道党员代表会议的批复
温龙委发〔2021〕11号	批转《关于召开温州市龙湾区第八届人民代表大会第五次会议的请示》的通知
温龙委发〔2021〕12号	批转《关于召开政协第五届温州市龙湾区委员会第五次会议的请示》的通知
温龙委发〔2021〕13号	关于公布2020年度龙湾区（高新区）第二次及时奖励评选结果的通报
温龙委发〔2021〕14号	关于同意召开温州市龙湾区法学会第二次会员代表大会的批复
温龙委发〔2021〕15号	关于给予区人民检察院集体及陈志楠等20名个人奖励的决定
温龙委发〔2021〕16号	关于建立区“两会”临时党委的通知
温龙委发〔2021〕17号	关于2020年度龙湾区（高新区）街道和部门考绩结果的通报
温龙委发〔2021〕18号	关于公布2020年度龙湾区（高新区）“担当奖”“担当作为好干部”评选结果的通报
温龙委发〔2021〕21号	关于给予王勇党纪政务处分的批复
温龙委发〔2021〕22号	关于同意召开龙湾区（高新区）工会第六次代表大会的批复
温龙委发〔2021〕23号	关于印发《2021年度龙湾区（高新区）绩效考核办法》的通知
温龙委发〔2021〕24号	印发《关于深化2021年度“双组双促”专项活动的实施意见》的通知
温龙委发〔2021〕25号	关于调整区委常委、高新区党工委委员分工的通知
温龙委发〔2021〕26号	关于给予朱奇同志党纪政务处分的批复
温龙委发〔2021〕27号	关于给予陈德宽同志党纪处分的批复
温龙委发〔2021〕29号	关于给予王炳桂党纪处分的批复
温龙委发〔2021〕30号	关于建立中共温州市龙湾邮政管理局党组的通知

续表 60

发布文号	文件标题
温龙委发〔2021〕31 号	关于深化区管企业负责人薪酬制度改革的实施意见
温龙委发〔2021〕32 号	关于给予郑朝党纪政务处分的批复
温龙委发〔2021〕33 号	关于印发《温州市龙湾区未来城区建设行动方案》的通知
温龙委发〔2021〕34 号	关于公布 2021 年度龙湾区（高新区）第一次及时奖励评选结果的通报
温龙委发〔2021〕35 号	关于高质量实施乡村振兴战略加快建设农业农村现代化先行区的意见
温龙委发〔2021〕36 号	印发《关于纵深推进清廉龙湾建设的实施意见》的通知
温龙委发〔2021〕37 号	关于表彰 2020 年度优秀共产党员、优秀党务工作者和先进基层党组织的通报
温龙委发〔2021〕39 号	关于对 2021 年上半年全区经济发展工作进行专项及时奖励的通报
温龙委发〔2021〕40 号	关于给予王晓林党纪处分的批复
温龙委发〔2021〕41 号	关于印发《打造高质量发展建设共同富裕示范区龙湾样板行动方案（2021–2025 年）》的通知
温龙委发〔2021〕43 号	关于成立区委换届工作领导小组的通知
温龙委发〔2021〕44 号	关于印发龙湾区（高新区）贯彻落实中央生态环境保护督察反馈意见整改方案》的通知
温龙委发〔2021〕45 号	关于成立龙湾区第九次党代会筹备工作领导小组的通知
温龙委发〔2021〕46 号	关于同意温州市龙湾区工商业联合会（总商会）第六届执委会（理事会）主席（会长）、常务副主席（常务副会长）、副主席、副会长、秘书长候选人预备人选的批复
温龙委发〔2021〕47 号	关于同意召开温州市龙湾区工商业联合会（总商会）第六次会员代表大会的批复
温龙委发〔2021〕48 号	关于同意召开温州市龙湾区第五次归侨侨眷代表大会的批复
温龙委发〔2021〕49 号	关于调整部分区委常委分工的通知
温龙委发〔2021〕50 号	关于中国共产党温州市龙湾区第九次代表大会代表选举工作的通知
温龙委发〔2021〕52 号	关于建立中国共产党温州市龙湾区第九次代表大会临时党委的通知
温龙委发〔2021〕53 号	关于印发区第九次党代会报告的通知
温龙委发〔2021〕54 号	关于印发《“最美龙湾人”礼遇和帮扶实施办法》的通知
温龙委发〔2021〕55 号	关于印发《龙湾区（高新区）青年发展规划（2021–2025 年）》的通知
温龙委发〔2021〕56 号	关于公布温州市龙湾区产业政策专项清理结果的决定
温龙委发〔2021〕57 号	转发《中共温州市龙湾区委宣传部 温州市龙湾区司法局关于在全区开展法治宣传教育的第八个五年规划（2021–2025）》的通知

2021 年龙湾区委人大常委会部分文件目录

表 61

发布文号	文件标题
温龙人大常〔2021〕1 号	关于补选夏禹桨为市十三届人民代表大会代表的议案
温龙人大常〔2021〕2 号	关于接受叶庆权请求辞去代表职务的决定
温龙人大常〔2021〕3 号	关于补选夏禹桨为温州市第十三届人民代表大会代表的报告
温龙人大常〔2021〕4 号	关于接受叶庆权请求辞去温州市第十三届人民代表大会代表职务的报告
温龙人大常〔2021〕5 号	关于召开温州市龙湾区第八届人民代表大会第五次会议的决定
温龙人大常〔2021〕6 号	关于提请黄建芳等职务任免的议案
温龙人大常〔2021〕7 号	关于接受薛克风辞去温州市龙湾区人大常委会副主任职务的决定
温龙人大常〔2021〕8 号	关于同意薛克风等辞去温州市龙湾区第八届人民代表大会代表职务的决定

续表 61

发布文号	文件标题
温龙人大常〔2021〕9 号	关于黄建芳等职务任免的通知
温龙人大常〔2021〕10 号	关于决定朱志猛等职务任免的通知
温龙人大常〔2021〕11 号	关于陈荆州职务任命的通知
温龙人大常〔2021〕12 号	关于李晓忠等职务任免的通知
温龙人大常〔2021〕13 号	关于徐凡职务任命的通知
温龙人大常〔2021〕14 号	关于通报表扬区八届人大四次会议代表优秀建议的通知
温龙人大常〔2021〕15 号	关于决定赵均宙等职务任免的通知
温龙人大常〔2021〕16 号	关于印发温州市龙湾区第八届人民代表大会第五次会议公告及决议的通知
温龙人大常〔2021〕17 号	关于提请马辉等职务任免的议案
温龙人大常〔2021〕18 号	关于决定吴昌亮等职务任免的通知
温龙人大常〔2021〕19 号	关于马辉等职务任免的通知
温龙人大常〔2021〕20 号	关于决定吴尊林等职务任免的通知
温龙人大常〔2021〕21 号	关于郑祥潇等职务任免的通知
温龙人大常〔2021〕22 号	温州市龙湾区人大常委会关于街道人大工委工作报告的决议
温龙人大常〔2021〕23 号	关于提请高良铸等职务任免的议案
温龙人大常〔2021〕24 号	关于决定彭锋等职务任免的通知
温龙人大常〔2021〕25 号	关于高良铸等职务任免的通知
温龙人大常〔2021〕26 号	关于进一步加强重大项目招引及签约落地工作的决议
温龙人大常〔2021〕27 号	关于同意倪瑞瑾辞去温州市龙湾区第八届人民代表大会代表职务的决定
温龙人大常〔2021〕28 号	关于区政府领导履职报告的审议意见的函
温龙人大常〔2021〕29 号	关于批准龙湾区 2020 年度区本级财政决算的决议（草案）
温龙人大常〔2021〕30 号	温州市龙湾区人民代表大会常务委员会关于促进和保障打造高质量发展建设共同富裕示范区龙湾样板的决议
温龙人大常〔2021〕31 号	温州市龙湾区人民代表大会常务委员会关于进一步加强我区物业管理工作的决议
温龙人大常〔2021〕32 号	关于提请决定温州市龙湾区人民代表大会代表选举日的议案
温龙人大常〔2021〕33 号	关于提请设立温州市龙湾区选举工作委员会的议案
温龙人大常〔2021〕34 号	关于提请设立各选举办事处的议案
温龙人大常〔2021〕35 号	关于提请调整温州市龙湾区第八届人大常委会代表资格审查委员会组成人员的议案
温龙人大常〔2021〕36 号	关于温州市龙湾区人民代表大会代表选举日的决定
温龙人大常〔2021〕37 号	关于设立温州市龙湾区选举工作委员会的决定
温龙人大常〔2021〕38 号	关于设立各选举办事处的决定
温龙人大常〔2021〕39 号	关于调整温州市龙湾区第八届人大常委会代表资格审查委员会组成人员的决定
温龙人大常〔2021〕40 号	关于温州市龙湾区第九届人民代表大会代表名额总体分配方案
温龙人大常〔2021〕41 号	关于开展第八个五年法治宣传教育的决议
温龙人大常〔2021〕42 号	关于林振宇职务任命的通知
温龙人大常〔2021〕43 号	关于邱献松等免职的通知
温龙人大常〔2021〕44 号	关于提请吴建芳等职务任免的议案

续表 61

发布文号	文件标题
温龙人大常〔2021〕45 号	关于提请温州市龙湾区人民法院副院长章禾舟代理院长职务、温州市龙湾区人民检察院副检察长陈学志代理检察长职务的议案
温龙人大常〔2021〕46 号	关于接受李敏请求辞去温州市龙湾区人民法院院长职务的决定
温龙人大常〔2021〕47 号	关于接受梅山群请求辞去温州市龙湾区人民检察院检察长职务的决定
温龙人大常〔2021〕48 号	关于同意黄建芳等辞去温州市龙湾区第八届人民代表大会代表职务的决定
温龙人大常〔2021〕49 号	关于决定李丹等职务任免的通知
温龙人大常〔2021〕50 号	关于决定冯宪芙等职务任免的通知
温龙人大常〔2021〕51 号	关于吴建芳等职务任免的通知
温龙人大常〔2021〕52 号	关于章禾舟职务任命的通知
温龙人大常〔2021〕53 号	关于陈学志职务任命的通知
温龙人大常〔2021〕54 号	关于温州市龙湾区人民法院副院长章禾舟代理院长职务的决定
温龙人大常〔2021〕55 号	关于温州市龙湾区人民检察院副检察长陈学志代理检察长职务的决定
温龙人大常〔2021〕56 号	温州市龙湾区人大常委会关于接受陈林彬等人辞去区选举委员会职务的决定
温龙人大常〔2021〕57 号	温州市龙湾区人大常委会关于任命陈永霖为区选举委员会主任的决定
温龙人大常〔2021〕58 号	关于张秀敏等职务任命的通知
温龙人大常〔2021〕59 号	关于通报表扬区八届人大五次会议代表优秀建议的通知

2021 年龙湾区人民政府部分文件目录

表 62

发布文号	文件标题
温龙政发〔2021〕1 号	温州市龙湾区人民政府关于公布龙湾区第九批非物质文化遗产名录的通知
温龙政发〔2021〕2 号	温州市龙湾区人民政府关于公布 2020 年龙湾区区长质量奖及质量管理创新奖名单的通知
温龙政发〔2021〕3 号	温州市龙湾区人民政府关于区政府领导分工调整的通知
温龙政发〔2021〕4 号	温州市龙湾区人民政府关于做好森林消防工作的通告
温龙政发〔2021〕5 号	温州市龙湾区人民政府关于印发政府工作报告的通知
温龙政发〔2021〕6 号	温州市龙湾区人民政府 温州高新区管理委员会关于下达 2021 年度重点建设项目计划、政府投资计划和重大建设前期项目计划的通知
温龙政发〔2021〕7 号	温州市龙湾区人民政府关于区政府领导分工调整的通知
温龙政发〔2021〕8 号	温州市龙湾区人民政府关于推进健康龙湾行动的实施意见
温龙政发〔2021〕9 号	温州市龙湾区人民政府关于金丽温高速公路东延线、通海大道、永昌路（永兴段）工程项目国有土地上房屋实施征收的决定
温龙政发〔2021〕10 号	温州市龙湾区人民政府关于中国·眼谷（永中石浦工业区块）项目国有土地上房屋实施征收的决定
温龙政发〔2021〕11 号	温州市龙湾区人民政府关于金丽温高速公路东延线、通海大道、永昌路（永兴段）工程安置地块（沙城西单元 A–38）国有土地上房屋实施征收的决定
温龙政发〔2021〕12 号	温州市龙湾区人民政府 温州高新区管理委员会关于印发温州市龙湾区（高新区）国民经济和社会发展第十四个五年规划和二〇三五年远景目标纲要的通知
温龙政发〔2021〕13 号	温州市龙湾区人民政府关于龙湾区状元街道浙江天龙集团工业园区块国有土地上房屋实施征收的决定

续表 62

发布文号	文件标题
温龙政发〔2021〕14 号	温州市龙湾区人民政府关于龙湾区龙永路沿线工程（瑶溪段）项目国有土地上房屋实施征收的决定
温龙政发〔2021〕15 号	温州市龙湾区人民政府关于温州市永强北片奥林匹克单元（0577−WZ−YB−07）控制性详细规划C−02 地块国有土地上房屋实施征收的决定
温龙政发〔2021〕16 号	温州市龙湾区人民政府 温州高新区管理委员会关于印发龙湾区（高新区）房屋征收补偿房票安置实施细则的通知
温龙政发〔2021〕17 号	温州市龙湾区人民政府关于龙湾区永中街道沧河村（区块）、镇南村（区块）安置房建设（永强北单元（0577−WZ−YB−08）控制性详细规划 D18 地块）国有土地上房屋实施征收的决定
温龙政发〔2021〕18 号	温州市龙湾区人民政府 温州市龙湾区人民武装部关于做好龙湾区 2021 年深化民兵调整改革工作的通知
温龙政发〔2021〕19 号	温州市龙湾区人民政府关于区政府领导分工调整的通知
温龙政发〔2021〕20 号	温州市龙湾区人民政府关于龙湾区开发区西单元 B−19、20、24 地块建设项目国有土地上房屋实施征收的决定
温龙政发〔2021〕21 号	温州市龙湾区人民政府关于切实抓好粮食生产工作的通知
温龙政发〔2021〕22 号	温州市龙湾区人民政府 温州高新区管理委员会关于印发龙湾区（高新区）全球精英创新创业大赛奖励兑现办法的通知
温龙政发〔2021〕23 号	温州市龙湾区人民政府关于公布龙湾区区级重要水域名录的通知
温龙政发〔2021〕24 号	温州市龙湾区人民政府 温州高新区管理委员会关于调整龙湾区（高新区）工业企业搬迁改造三年行动计划（2019—2021 年）实施项目的通知
温龙政发〔2021〕25 号	温州市龙湾区人民政府 温州高新区管理委员会关于印发龙湾区（高新区）征收集体土地涉及房屋补偿实施细则的通知
温龙政发〔2021〕26 号	温州市龙湾区人民政府关于龙湾区（高新区）GX−1 地块建设项目国有土地上房屋实施征收的决定
温龙政发〔2021〕27 号	温州市龙湾区人民政府关于龙湾区开发区西单元 C−05a、05b、05c 地块建设项目国有土地上房屋实施征收的决定
温龙政发〔2021〕28 号	温州市龙湾区人民政府关于给予夏国威、王贤忠、李哈生记三等功的决定
温龙政发〔2021〕29 号	温州市龙湾区人民政府 温州高新区管理委员会关于公布 2020 年度龙湾区（高新区）“亩均论英雄”工业企业综合评价结果的通知
温龙政发〔2021〕30 号	温州市龙湾区人民政府关于龙湾区永昌路（永中段）工程项目国有土地上房屋实施征收的决定
温龙政发〔2021〕31 号	温州市龙湾区人民政府关于金丽温高速公路东延线、通海大道（永中段）工程项目国有土地上房屋实施征收的决定
温龙政发〔2021〕32 号	温州市龙湾区人民政府关于温州市龙湾区残疾人事业发展“十四五”规划的通知
温龙政发〔2021〕33 号	温州市龙湾区人民政府关于区政府领导分工调整的通知
温龙政发〔2021〕34 号	温州市龙湾区人民政府 温州高新区管理委员会关于修订龙湾区（高新区）房屋征收补偿房票安置实施细则的通知
温龙政发〔2021〕35 号	温州市龙湾区人民政府关于印发龙湾区妇女发展“十四五”规划和龙湾区儿童发展“十四五”规划的通知
温龙政发〔2021〕36 号	温州高新区管理委员会 温州市龙湾区人民政府关于公布 2021 年新经济企业认定名单的通知
温龙政发〔2021〕37 号	温州市龙湾区人民政府关于给予周利春、黎董记三等功的决定
温龙政发〔2021〕38 号	温州市龙湾区人民政府关于区政府领导分工调整的通知
温龙政发〔2021〕39 号	温州市龙湾区人民政府关于印发龙湾区应急管理“十四五”规划的通知
温龙政发〔2021〕40 号	温州市龙湾区人民政府关于公布区政府及区政府办公室行政规范性文件清理结果的决定
温龙政发〔2021〕41 号	温州市龙湾区人民政府关于印发龙湾区生态环境保护“十四五”规划、龙湾区水安全保障“十四五”规划、龙湾区海塘安澜千亿工程建设规划（2020−2030）的通知

续表 62

发布文号	文件标题
温龙政发〔2021〕42 号	温州市龙湾区人民政府 温州高新区管理委员会关于公布龙湾区政府产业政策专项清理结果的决定
温龙政发〔2021〕43 号	温州市龙湾区人民政府关于调整最低生活保障边缘家庭认定标准的通知
温龙政发〔2021〕44 号	温州市龙湾区人民政府关于印发龙湾区综合交通运输发展“十四五”规划的通知

2021 年政协龙湾区委员会部分文件目录

表 63

发布文号	文件标题
温龙政协〔2021〕1 号	关于召开政协第五届温州市龙湾区委员会第五次会议的决定
温龙政协〔2021〕2 号	关于表彰 2020 年度优秀提案和提案先进个人的通报
温龙政协〔2021〕3 号	关于部分专门委员会更名的决定
温龙政协〔2021〕4 号	关于潘旭宏等同志职务任免的决定
温龙政协〔2021〕5 号	关于授权主席会议审议政协第五届温州市龙湾区委员会常务委员会第十九次会议未尽事宜的决定
温龙政协〔2021〕6 号	关于同意胡郑梅同志辞去区政协副主席、委员职务的决定
温龙政协〔2021〕7 号	关于同意王朝等同志辞去区政协委员职务的决定
温龙政协〔2021〕8 号	关于同意王进光等同志辞去区政协常委、委员职务的决定
温龙政协〔2021〕9 号	关于增补政协第五届温州市龙湾区委员会委员的决定
温龙政协〔2021〕10 号	关于表彰 2020 年度优秀界别联组的通报
温龙政协〔2021〕11 号	关于同意王思明等同志辞去区政协委员职务的决定
温龙政协〔2021〕12 号	关于撤销李海鸥区政协常委、委员职务的决定
温龙政协〔2021〕13 号	关于增补政协第五届温州市龙湾区委员会委员的决定（第二批）
温龙政协〔2021〕14 号	关于项铣招同志任职的决定
温龙政协〔2021〕15 号	关于公布政协第五届温州市龙湾区委员会第五次会议选举结果的通知
温龙政协〔2021〕16 号	关于调整区政协领导班子成员分工的通知
温龙政协〔2021〕17 号	关于印发《政协温州市龙湾区委员会 2021 年工作要点》的通知
温龙政协〔2021〕18 号	关于印发《政协第五届温州市龙湾区委员会专门委员会主任、副主任和委员名单》的通知
温龙政协〔2021〕19 号	关于印发《政协温州市龙湾区委员会 2021 年民主监督实施方案》的通知
温龙政协〔2021〕20 号	关于王进才等同志职务任免的决定
温龙政协〔2021〕21 号	关于同意潘旭宏同志辞去区政协常委、委员职务的决定
温龙政协〔2021〕22 号	关于增补政协第五届温州市龙湾区委员会委员的决定（王进才、林新林）
温龙政协〔2021〕23 号	关于印发《政协温州市龙湾区委员会关于加强和促进人民政协凝聚共识工作的实施意见》的通知
温龙政协〔2021〕24 号	关于李辉星等同志职务任免的决定
温龙政协〔2021〕25 号	关于表彰政协第五届温州市龙湾区委员会优秀政协委员的通报
温龙政协〔2021〕26 号	政协温州市龙湾区委员会关于姜祥林等同志职务任免的决定
温龙政协〔2021〕27 号	关于印发《中国人民政治协商会议温州市龙湾区委员会协商工作规则》的通知
温龙政协〔2021〕28 号	关于表彰 2021 年度优秀提案和提案先进个人的通报

2021年主要外地媒体报道龙湾选录表

表64

媒体平台	刊发时间	报道标题
《人民日报》	1月14日	温州出台《鼓励支持企业留员工稳岗位工作方案》，各项暖心礼包支持外地员工留温过年
	1月20日	温州龙湾：数千份腊八粥暖人心
	2月4日	一切为了群众！温州龙湾建设“智慧卫监”系列平台
	4月17日	不忘来时路！温州龙湾打造3.6公里“红色滨水走廊”
	4月20日	助推两新党建全面进步！温州龙湾永中启动“红色种子”培育成长行动
	5月21日	“献礼百年　到人民中去”！文艺志愿服务走进基层学校
	5月29日	“大手牵小手，温州龙湾开展学史庆六一”活动
	7月12日	汇聚能人力量，画好共同富裕“同心圆”温州市龙湾区永中街道成立新乡贤联谊会
	7月22日	亚运项目新进展！温州奥林匹克中心体育场计划8月申报联合验收
	8月14日	筑起群众平安高地！温州龙湾安防小区植入“数字化”
《人民日报》（客户端）	1月6日	温州龙湾区新一届村党组织班子迅速进入“实干模式”
	1月6日	开着房车走乡村｜探寻龙湾新农村建设　打造城市美丽后花园
	1月13日	龙湾新型数字贸易港　强化五大优势谋新篇
	2月9日	这只柚子不一般　念出三篇“致富经”苍南—龙湾山海协作升级
	2月17日	访古温州龙湾｜永昌堡，全国唯一由民间筹资修建的抗倭城堡
	2月25日	温州龙湾奋力打造“一区五城”
	3月9日	浙江温州市龙湾区组织“开工第一课”
	3月10日	温州龙湾区提升生活垃圾治理水平
	3月19日	龙湾开展第一阶段《条例》主题宣传活动
	3月26日	温州龙湾区：记分销分双管齐下　四个等级动态监管
	4月5日	四月，在龙湾潭森林公园深呼吸，开启一次清新洗肺的天然氧吧之旅
	4月11日	2021龙湾首届半程马拉松圆满落幕
	4月29日	文化阳光洒满“未来之城”　龙湾打造温州东部文化繁荣新高地
	6月8日	浙江温州龙湾区安全警示短片受职工热烈欢迎
	7月27日	五分钟见蓝绿　未来温州龙湾将有“高颜值”
	8月15日	我为群众办实事｜温州龙湾区海滨街道“凉亭议事·心系万家”为民解忧
	8月20日	温州支队龙湾大队“三个坚持”推进党史学习教育　破解“两张皮”下好“一盘棋”
	8月27日	“红马甲”进校园　护航开学用电“无忧”
	9月19日	温州龙湾：防御“灿都”！行政执法部门打响防台保卫战
	9月23日	温州龙湾全国率先启用智慧“护学岗”赋能学校现代化治理和疫情防控
	9月29日	温州龙湾机场专班：坚守六百多个日夜　守住温州东大门

续表 64

媒体平台	刊发时间	报道标题
《人民日报》（客户端）	10 月 13 日	温州龙湾 5 位驰援福建莆田医护志愿者“疫”线归来
	10 月 20 日	浙江温州龙湾区｜擦亮古建筑的时光印记
	10 月 27 日	温州龙湾：践行垃圾分类　共建绿色校园
	11 月 4 日	温州市龙湾区全面启动共同富裕主题线上新闻发布活动
	11 月 18 日	【助力共同富裕】温州龙湾：绽放民族团结花　共享发展富裕果
	12 月 1 日	浙江温州：广大青年到车间地头“沉浸式宣讲”　十九届六中全会精神“声”入人心
	12 月 7 日	180 秒！飞奔、跳河、救人！李鹏鹏，你救人的样子真帅！
人民网	1 月 4 日	整治提升还行业一片“蓝天”　温州龙湾十年不辍实现全域不锈钢产业转型
	1 月 4 日	温州市首条“智慧路灯”应用道路在龙湾建成
	1 月 5 日	温州：未来五年构建“水利四张网”
	1 月 7 日	温州各级党政机关全面行动　立足于早　突出于严　落实于细
	1 月 7 日	“村头巷尾商商量”　民声民意更响亮　温州龙湾政协打通基层协商“最后一米”
	1 月 12 日	温州龙湾状元街道推出疫情防控“银龄套餐”
	1 月 12 日	温州龙湾区永中街道做实“板凳日”　共建“幸福里”
	1 月 12 日	温州龙湾：五载征程春华秋实　只争朝夕破浪前行
	1 月 12 日	即选即组即战　温州龙湾瑶溪街道成立区党代表疫情防控临时党支部
	1 月 12 日	非遗里的清廉｜玻璃刻清廉　银光透异彩
	1 月 12 日	打造全域未来城区　温州龙湾全力绘就未来城区“工笔画”
	1 月 12 日	“疫”无反顾　温州龙湾区状元街道防疫别样“红”
	1 月 16 日	开启引才“加速度”　温州龙湾成立 77 个村（社）大学生就业联络站
	1 月 21 日	温州龙湾：“新中心”奋勇登高眺望“大未来”
	1 月 22 日	建好用好“大数据”　识别培养“好干部”　温州龙湾升级运行“亮绩比绩云平台”
	1 月 26 日	龙湾全新升级“亮绩比绩云平台”　温州：云上大数据　培养好干部
	1 月 27 日	眼视光学专家吕帆教授受聘中国眼谷首席科学家　温州龙湾为人才创新创业搭建广阔平台
	1 月 29 日	温州东部新城将搭建全新城市架构
	1 月 29 日	温州：“云签约”促中外合作　引人才助龙湾发展
	2 月 3 日	温州龙湾：建设“智慧卫监”系列平台，加快推进卫生健康领域“互联网＋监管”
	2 月 3 日	温州龙湾：坚持创新驱动　崛起城市之东
	2 月 3 日	温州大罗山北麓：板块融合发展　科创赋能未来“城”长
	2 月 4 日	温州龙湾区委书记周一富：全力抓早抓快抓主动　奋力推进“一区五城”建设
	2 月 9 日	浙江苍南—龙湾山海协作聚力打响四季柚品牌　一只柚子唱响山海“协奏曲”

续表 64

媒体平台	刊发时间	报道标题
人民网	2月20日	温州龙湾区（高新区）“三赛六比”强执行开新局暨“一区五城”建设动员会擂响战鼓 建设“一区五城” 我们集结出发
	2月23日	用好“指挥棒” 强化执行力 温州龙湾出台村社组织规范化建设“1+5”文件
	2月25日	温州龙湾：致敬，最可爱的人！
	3月11日	创新筑引擎 实干造未来 龙湾坚定扛起创新发展的使命担当
	3月16日	才聚科创龙湾 共创美好未来 2021“温州人才日”龙湾分会场活动正式启动
	3月18日	温州：数字化赋能城市发展 打造“重要窗口”的龙湾胜景
	3月23日	温州市龙湾区永中街道：社区治理数字化 衣食住行全囊括
	3月28日	温州龙湾“文化企航”行动启动 推进企业文化阵地建设
	3月28日	党课声声入耳 服务温暖人心 温州龙湾瑶溪街道启动建党百年系列活动
	3月30日	温州东部新区快速崛起 温州版“大虹桥”呼之欲出
	3月30日	格尔木至温州航线开通
	4月1日	育人潜移默化 立德润物无声 看龙湾如何打造德育新样态
	4月1日	用工作实绩检验学习成效 龙湾瑶溪街道这两场活动赋能村社干部成长
	4月1日	四大“加推器”助推温州龙湾“未来德育教育”新样板
	4月1日	打通金融服务最后一公里 龙湾区召开政银企对接会活动
	4月7日	温州龙湾退休小学老师的银龄助学梦
	4月11日	温州东部时尚中心又有新地标，世界顶尖奢华品牌酒店入驻温州龙湾
	4月11日	“光子集成（温州）创新研究院”正式入驻温州龙湾光电大厦
	4月13日	温州龙湾区：半程马拉松跑出龙马精神
	4月14日	2021年温州首场“千企智能化改造工程”现场推进会在龙湾举行
	4月15日	龙湾区红色经典党团知识竞赛火热开赛
	4月16日	小塘村最美“河伯”王学聪——钩沉那段戎马生涯的峥嵘岁月
	4月16日	温州龙湾“多点开花”推进党史学习教育走深走实
	4月19日	温州龙湾危化品企业实行“记销分”制管理
	4月20日	温州龙湾区永中街道启动“红色种子”培育成长行动
	4月20日	温州龙湾“执法蓝”行走龙湾全员上街
	4月21日	温州龙湾企业“红色共享阵地”激发党史学教新动能
	4月24日	温州龙湾区瑶溪街道打造“红色朋友圈”发展联盟
	4月26日	温州龙湾双创政协委员会客厅举行了一场关于“人才引育”的精准对话
	4月29日	追寻温州龙湾城市化的发展轨迹
	4月29日	温州龙湾：打造温州东部文化繁荣新高地

续表 64

媒体平台	刊发时间	报道标题
人民网	5 月 8 日	温州龙湾在浙江省内率先全面铺开特警中队建设
	5 月 13 日	到 2023 年温州水质计划实现“达Ⅲ消Ⅴ”
	5 月 18 日	温州龙湾区永中街道打造家门口“红色服务圈”
	5 月 18 日	创作诗歌献礼建党百年　百名浙江诗人走进温州龙湾
	5 月 24 日	温州：杭温铁路等项目列入浙江省重大建设项目“十四五”规划
	5 月 25 日	温州龙湾区状元街道为百名党员定格最美瞬间
	5 月 25 日	温州：连日来党史学习教育市委宣讲团赴各地开展宣讲
	5 月 28 日	温州龙湾擘画“全域未来社区”蓝图
	5 月 31 日	温州龙湾：科创赋能　宜居宜业“新标杆”呼之欲出
	5 月 31 日	温州龙湾：“东海第一堤”的沧桑之变
	6 月 2 日	温州龙湾开设“红领巾”会客厅
	6 月 4 日	温州龙湾叩响未来城区之门
	6 月 5 日	温州龙湾创新开通“五险直通车”
	6 月 6 日	浙江首个未来城区要来了！它会是什么样?
	6 月 8 日	温州龙湾区发布《未来城区建设行动方案》
	6 月 9 日	温州龙湾状元街道推出党群连心“新套餐”
	6 月 10 日	温州龙湾瑶溪街道“阳光训练营”开班
	6 月 10 日	温州龙湾：把“未来城区”打造成城市“金名片”
	6 月 22 日	温州龙湾永中街道为老党员颁发“光荣在党 50 年”纪念章
	6 月 22 日	创新融入　学用结合　温州龙湾区瑶溪街道推动党史学习教育走深走实
	6 月 25 日	拾取革命记忆　汲取先辈红色精神　温州龙湾首家革命教育馆开馆在即
	6 月 26 日	温州龙湾区召开领导干部党史学习教育现场教学活动暨红色故事报告会
	7 月 1 日	温州市龙湾区永兴街道：旗帜高擎　党建引领发展
	7 月 1 日	温州龙湾区永中街道：从盘活红色资源到创建“红色种子”，多措并举发掘“红色力量”
	7 月 9 日	温州龙湾：以党建统揽全局　用实干助推发展
	7 月 11 日	温州龙湾区状元街道罗西社区：基层党建引领共同富裕
	7 月 16 日	温州龙湾区海滨街道：打造农村精神文化高地　实现共同富裕
	7 月 19 日	温州龙湾：未来城区开启现代化建设新征程
	7 月 21 日	温州龙湾构建全民反诈新格局　守护百姓“钱袋子”
	7 月 25 日	温州龙湾：这个避灾安置点活动很暖心
	7 月 25 日	立体式发动　地毯式排查　全时段坚守　温州龙湾区永中街道党员干部众志成城防御台风烟花

续表 64

媒体平台	刊发时间	报道标题
人民网	7月28日	温州市龙湾区永中街道：深化“三解”矛调模式　助推文明和谐美丽家园建设
	8月2日	温州龙湾举行消防“灭火侠”IP主题展
	8月4日	温州龙湾：奋力谱写蒲州新韵　打造温州东部时尚中心
	8月23日	温州龙湾：激活平安“小细胞”　凝聚城市“大幸福”
	8月26日	温州龙湾全域推进未来城区建设　描绘共同富裕新图景
	8月26日	急难愁盼丨居民夜里天天吸废气？温州龙湾一查到底、联合整治
	8月30日	温州龙湾区政协走进“委员驿站”开展交流协商
	8月31日	温州龙湾多措并举构建“扫黄打非”进基层新格局
	9月2日	浙江温州：以数改破题民生“关键小事”　千余项财政补助资金实现“一键达”
	9月3日	温州龙湾重塑制造业高质量发展“内核”
	9月13日	以多元主体参与为“桨”　赋能温情“城市港湾”　温州龙湾打造“暖心”基层治理模式
	9月16日	边派件边宣传反诈　温州龙湾：“瑶川骑士”服务团正式上线
	9月17日	温州龙湾：以数字社会建设助推“智治龙湾”
	9月18日	温州龙湾落地全市首个不动产权线上登记街道服务延伸点
	9月26日	温州浙南科技城北片区驶入发展快车道
	9月29日	温州龙湾区瑶溪街道志愿服务积分兑换机制助力基层治理
	9月29日	温州龙湾基层党建联盟进入2.0时代　为共同富裕蓄势赋能
	9月30日	再牵手世界500强企业　超百亿项目缘何接二连三落户温州龙湾
	10月3日	温州百亿元项目一年内拿地投产
	10月26日	温州龙湾打造未来康养智城数字化服务平台
	10月26日	温州龙湾：创新对外交流载体　助推城市文化“出海”
	11月12日	温州龙湾“临空”起航　跑出经济腾飞加速度
	11月15日	温州市海外传播中心龙湾基地正式揭牌
	11月16日	多样化服务进社区　温州龙湾区永中街道举办“共享社·幸福里”活动
	11月22日	温州龙湾部署“六讲六做”大宣讲活动　迅速掀起学习宣传贯彻全会精神大热潮
	11月22日	温州龙湾：派件员今变收件人　这个联盟专为小哥寄递“幸福”
	11月22日	“永远跟党走”温州市党史学习教育主题报告会龙湾专场举行
	11月25日	高能级平台谋篇布局，培育科创引擎的“龙湾解法”
	11月30日	温州龙湾国际机场首条国际货运航班开通运营
	12月1日	打造科技型城市工业综合体　温州5G创新中心项目首批产线试投产
	12月2日	温州龙湾以“产业价值增能工程”激发城市发展活力

续表 64

媒体平台	刊发时间	报道标题
人民网	12月6日	促签约促开工促竣工　温州“三张清单”助大项目加快投产
央视新闻	11月11日	违法商贩“水果摊”摆进派出所，严格执法下的温情相助
央视新闻客户端	4月1日	小心虚假“理财”！浙江警方捣毁一特大电信诈骗团伙　涉案450余起
新华网	1月1日	温州龙湾区状元亭：天寒，一碗八宝粥从胃暖到心
	1月7日	温州市龙湾区永中街道五管齐下“杀毒”
	1月12日	龙湾：奋力打造“一区五城”争创社会主义现代化先行区
	1月13日	温州企业纷纷发“压岁红包”鼓励外地员工留温过年
	1月22日	浙江龙湾：“传统＋新兴”提升发展动能
	1月22日	温州市域铁路S1线开通两周年　不忘初心做好服务
	1月22日	温州龙湾：留下过年，最是细节暖人心
	2月10日	温州年味的日与夜
	2月24日	温州龙湾：出台“1+5”系列文件　立体考核评价村社干部
	2月25日	夏禹桨：用国际视野谋划“未来城区”像造房子般建设“幸福龙湾”
	2月27日	温州龙湾启动新春系列招聘会
	2月27日	Vlog| 元宵节，看外籍主播寻访温州龙湾非遗
	3月19日	温州龙湾开展春季开学“护苗”行动
	3月19日	兑付速度全省第一！看中央直达资金落地的“温州做法”
	3月20日	国家工业信息安全发展研究中心温州成立
	3月24日	浙江龙湾：数字养殖　心中有“数”
	3月24日	温州：“蚂蚁搬家”　小身板撬开外贸新空间
	3月26日	温州龙湾：青年宣讲团线上直播线下宣讲
	4月12日	浙江温州龙湾区：半程马拉松　跑出龙马精神
	4月21日	浙江温州龙湾区：“计销分”监管危化品企业“安全行驶”
	4月24日	浙江温州：满城书香　浸润百姓生活
	4月24日	温州坚持“双向发力”谋大招强
	4月30日	浙江温州龙湾区举办安置房“工地开放日”活动
	5月9日	武动百年“百校万人”中华武术大展演在温州启幕
	5月14日	科创龙湾，赋能未来
	5月17日	浙江省开展形式多样活动迎接全国助残日
	5月21日	2021年温州市月光经济幸福生活周活动启幕
	5月24日	浙江省实验室增至6家，领域覆盖“三大科创高地”

续表 64

媒体平台	刊发时间	报道标题
新华网	5 月 24 日	温州市龙湾区领军人才 CEO 培训班暨数字智造提升培训班圆满落幕
	5 月 27 日	温州龙湾：定格红色记忆　致敬建党百年
	6 月 1 日	浙江温州：这个“六一”别样“红”
	6 月 7 日	温州龙湾公布未来城区建设“路线图”
	6 月 8 日	浙江温州：爱心助考　情暖学子
	6 月 11 日	浙江温州各地火速集结防控疫情
	6 月 15 日	浙江温州开展城市燃气安全隐患大排查
	6 月 15 日	环绕青山绿水打造红色走廊　龙湾青山直河公园月底完工
	6 月 16 日	“中国眼谷”入选浙江省首批内外贸一体化改革试点培育产业基地
	6 月 21 日	龙湾巧打“乡情牌”　招引世界五百强企业　千亿级新项目落地
	6 月 24 日	温州龙湾状蒲片 19 大工程实现“双过半”目标
	6 月 24 日	温州龙湾：供电“三服务”　助力大发展
	6 月 26 日	浙江温州这两处亚运场馆，亮灯了！
	6 月 28 日	浙江温州　满城璀璨
	7 月 3 日	浙江温州：环山北路生态园段正式通车　中心城区与“城市绿心”联系更顺畅
	7 月 8 日	浙江温州：垃圾分类　妙招别出
	7 月 12 日	温州能建成“中国眼谷”吗？
	7 月 13 日	温州龙湾：乡村振兴“充满电”　幸福生活“无限航”
	7 月 26 日	温州龙湾：村社干部同台“打擂”“真比拼”激发“新动力”
	7 月 26 日	2021 温州市龙湾区（高新区）数字智造全球精英创新创业大赛正式启动
	8 月 4 日	温州龙湾区（高新区）人才工作者首期培训班落下帷幕
	8 月 10 日	浙江：温州有“数”“码”上解决
	8 月 17 日	浙江温州龙湾区：“转供电费码”助力小微企业“码”上省钱
	8 月 17 日	龙湾区委书记周一富：奋力打造共同富裕的龙湾样板
	8 月 25 日	浙江温州：青年理论宣讲“出圈出海”迭升跃变
	8 月 27 日	温州龙湾供电分局：给物资办上“身份证”“退休”物资重新“上岗”
	9 月 1 日	温州龙湾：低碳生活　绿建未来
	9 月 2 日	浙江温州龙湾：“智行三招”破解城市停车“顽疾”
	9 月 14 日	浙江温州龙湾：联勤联动　打通基层治理“最后一公里”
	9 月 17 日	温州龙湾海滨街道宁城社区城市驿站正式启用
	9 月 20 日	浙江温州龙湾：城市驿站　充满爱意

续表 64

媒体平台	刊发时间	报道标题
新华网	9 月 29 日	浙江温州首个投资超百亿元数字经济项目落户龙湾
	10 月 13 日	温州公安：学“三能”见行动
	10 月 16 日	浙江温州龙湾区：“小”账单变“大”服务　数字化为企业发展节能
	10 月 18 日	2021 温州数据开放创新应用大赛落下帷幕
	10 月 23 日	【洋眼看浙江】Craig 的龙湾书画之旅
	10 月 30 日	温州龙湾：开展“扫黄打非”检查 1500 多人次　助力营造清朗文化空间
	10 月 30 日	2021 温州龙湾区（高新区）数字智造专业赛落幕
	11 月 8 日	温州龙湾中国眼谷小镇入选浙江省特色小镇第七批创建对象名单
	11 月 17 日	中国眼谷发布近视防控歌曲《光明的未来》
	12 月 3 日	浙江龙湾：面向“未来”　激发活力
	12 月 27 日	浙江温州发布地方标准　助力市场监管从“一条线”到“一张网”转变
《光明日报》	4 月 16 日	都来为科技界破除“四唯”尽一份绵薄之力
	6 月 21 日	“老兵宣讲团”
《光明日报》客户端	5 月 6 日	各美其美——和合学与温州学的融合发展研讨会综述
	6 月 4 日	“党建红”“生态绿”相得益彰　龙湾田园里飞舞“红色飘带”
	7 月 1 日	浙江温州龙湾一医举办“百年党史·瓯江潮”诵读会
	7 月 13 日	龙湾多点发力补足流动党员党史学习教育短板
	9 月 25 日	浙江温州市龙湾一医健康科普讲解大赛有趣又有料
	10 月 25 日	中国眼谷：黄金赛道上“睛”彩不断
	12 月 2 日	温州龙湾区“六讲六做”大宣讲走进海外传播基地
光明网	1 月 26 日	迎春“福”包　送到龙湾
	2 月 22 日	太牛了！浙江这位医生自己给自己做了胃肠镜
	2 月 25 日	元宵节怎么过？哪里不能去？浙江“元宵攻略”来啦
	2 月 28 日	舞龙贺新春　礼堂年味浓
	3 月 12 日	浙江温州全城联动共过“人才日”
	3 月 20 日	垃圾分类设施成新建小区“标配”
	3 月 31 日	温州至格尔木航线开通
	3 月 31 日	紧急提醒！“杀猪盘”套路大起底
	4 月 12 日	周末健身跑起来
	4 月 12 日	多措并举，开创温州非公企业党建工作新局面
	4 月 16 日	慢读时间丨又是一年冬

续表 64

媒体平台	刊发时间	报道标题
光明网	5 月 1 日	长三角铁路“五一”期间客流高位运行，热门旅游城市盘点
	5 月 11 日	浙江对这些设区市、县（市、区）予以督查激励
	5 月 12 日	浙江温州警方打击治理跨境赌博：涉案资金 8.22 亿元
	6 月 19 日	国内首个眼健康基因诊断企业落户温州“中国眼谷”
	7 月 23 日	19 万条医务人员信息被倒卖，接到这个电话的人小心了！
	7 月 29 日	浙江温州龙湾禁毒公益宣传有声有色
	8 月 7 日	温州民警苦口婆心劝解 2 小时，成功救下欲跳楼轻生男子
	9 月 7 日	龙湾消防打开快递柜，“取”出了一个 1 周岁男孩
	10 月 15 日	提前一年！温州这条路年底将实现全线通车
	11 月 1 日	浙江温州：创新“三化联动”让党史教育尽显“青年味”
	11 月 3 日	“一体化、多院区”，温医大附二院迎来发展新时代
	11 月 6 日	如此“惊装房”，却强行要求业主签字确认交付，怎么通过验收的？
	11 月 11 日	夫妻档盗版黑手伸向《扫黑风暴》警方：莫把盗版视商机
	11 月 16 日	共话共推眼健康产业高质量发展
	12 月 14 日	浙江共青团：“课内＋课外”协力助“双减”
《浙江日报》	1 月 13 日	紧盯同一个方向　西湖龙湾两地区委书记送服务
	1 月 22 日	引才走心　服务前移
	1 月 23 日	温州企业园内开设跨层级联动服务站
	2 月 23 日	温州创新“双强红领”认证体系激活新动能
	3 月 20 日	足不出户换证领证
	3 月 20 日	龙湾开展村社“清廉指数”考评
	4 月 24 日	千亿级产业项目昨签约落户龙湾
	4 月 26 日	龙湾 打造红色滨水走廊
	4 月 26 日	老党员上微课话传承
	4 月 26 日	该罚！一污染企业被起诉追究赔偿
	4 月 26 日	百人宣讲团，村社送“清风”
	5 月 8 日	我省纪检监察机关“五一”期间监督检查不松劲　紧盯假日节点　严防“四风”反弹
	5 月 18 日	龙湾区纪委区监委红色教育别开生面“花式”推介，干部出镜说历史
	5 月 18 日	高效对接为企解难题
	5 月 18 日	靶向招贤　广开才路
	5 月 21 日	打造再生调控与眼脑健康“塔尖重器”　瓯江实验室揭牌
	5 月 26 日	温州市龙湾区税务局创新“政策找企业”模式　税惠加持激发科技创新力

续表 64

媒体平台	刊发时间	报道标题
《浙江日报》	5 月 27 日	龙湾，释放青年创新创业无穷活力
	6 月 1 日	30 多年专注研究阿尔茨海默病，他来“浙”掌舵瓯江实验室——等待发现 1% 的那一刻
	6 月 4 日	上门服务　结对帮扶　拓展就业“三步曲”助残疾人共享美好生活
	6 月 4 日	全时全域精准反诈
	6 月 4 日	“红色飘带”走村入户
	6 月 21 日	温州警方十大项目护航民营经济发展　定制服务“套餐”助企健康成长
	6 月 25 日	“春雨润苗”添活力　小微企业稳发展
	7 月 1 日	温州推进新时代“两个健康”先行区创建　把创新史继续写下去
	7 月 1 日	环大罗山科创走廊
	7 月 10 日	手持“直通卡”　办事更省时
	7 月 10 日	“六大融合”构建和谐邻里
	7 月 19 日	聆听温州城市大学“适老”手机课——帮老人跨越数字鸿沟
	7 月 31 日	心系民生　服务上门
	7 月 31 日	普法调解联盟打造纠纷化解“终点站”
	7 月 31 日	“古乡融合”打造特色文旅品牌
	8 月 28 日	大学生创业大赛在龙湾启动
	9 月 14 日	温州一用能大户通过技改减碳又赚钱　一年省下 300 万　节能改造有甜头
	9 月 14 日	公益诉讼守护渔业资源
	9 月 14 日	“五水共治”　银龄助力
	9 月 17 日	葛慧君在温州调研时强调　以高质量党建引领　政协工作高质量发展
	9 月 18 日	导入国家级平台　引进高层次人才　温州奋力打造中国眼谷
	9 月 27 日	治安管控可视化
	9 月 27 日	永中度山村：念好“村企融合”致富经
	9 月 27 日	党建引领　共赴征途　龙湾两新组织同心奋进共富路
	9 月 27 日	城警联勤提效能
	11 月 22 日	龙湾探路“未来城区”集成改革
	12 月 31 日	温州大道全线贯通
	12 月 31 日	龙湾：集聚人才助力发展
	12 月 31 日	奥体中心焕然一新
	12 月 11 日	龙湾做实“板凳日”共建“幸福里”
	12 月 11 日	连办六年大赛　龙湾持续培优创业土壤
	12 月 11 日	“双减”必答题　温州这样解

续表 64

媒体平台	刊发时间	报道标题
《浙江日报》	12月19日	温州精准施策织密山海协作帮扶网　内补产业短板　外引温商回归
《今日浙江》	1月11日	以谋大招强促县域高质量发展
	5月27日	龙湾区创新打造药品安全基层监管新模式
《人民政协报》	8月12日	在“浙”里看中国丨张璁何许人也？为何让这位俄罗斯人着迷？
	11月26日	村头巷尾商商量，居民们享受了不少“红利”！
	12月15日	“金点子”转化为“金果子”16,640——浙江温州市龙湾区政协“微协商”带来“红利”
天目新闻客户端	7月3日	温州龙湾区：清风送“莲”　逐梦百年
	7月6日	龙湾以“新中心　大未来”为建设方向　推动“未来乡村”建设
	7月15日	温州龙湾国际机场三期扩建项目　召开预可行性研究报告评估会
	7月20日	温州龙湾打卡“红色印记”
	7月20日	龙湾供电分局：“以心焕新”　低保家庭用电更安全了
	7月20日	龙湾：防御台风　提前准备落实各项防台措施
	7月23日	成果转化中心揭牌！温州科技大市场牵手龙湾数字经济综合体
	7月26日	6个村开展“提级监督”试点　龙湾区纪委监委探索基层治理新模式
	7月27日	温州市区将出让8宗地块　含两个龙湾“未来社区”项目
	7月27日	龙湾妙解市民“畅停”又“畅行”
	7月29日	世温会青委会组织开展“青年乡贤家乡行”　考察团走进龙湾
	8月9日	2万多停车泊位随时查询　龙湾智慧停车缓解停车难
	8月12日	龙湾通报2起党员干部参与赌博典型问题
	8月13日	龙湾完成首单检测报告“浙品码”赋码
	8月14日	龙湾应急管理部门以数字赋能“智”解避灾安置场所管理难题
	8月16日	#青年说#龙湾区00宣讲团
	8月22日	龙湾永兴开通数字乡村云，直击问题及时解决
	8月23日	浙江土地丨温州龙湾本周大批量供地　上周台州成交领跑
	8月28日	龙湾状元街道潘建潮：努力绘就共同富裕美好图景
	9月26日	环卫工人有租房补贴了！温州龙湾区52户环卫工人收到补贴
	9月27日	温州龙湾铁道南路预计年底通车　目前进入桥梁架设阶段
	10月9日	优潜能　集动能　提效能　龙湾成为创新创业理想之地
	10月12日	云集浙南云谷　探寻安全之策“云谷论剑”网络安全论坛在龙湾举行
	10月12日	龙湾52户环卫家庭领公租房补贴　温州市首批补贴全发放
	10月13日	因强降雨一家五口被困民房，龙湾消防紧急救援
	10月18日	一键下单！龙湾建立“滴滴打车式”工业固废集中治理体系

续表 64

媒体平台	刊发时间	报道标题
天目新闻客户端	10 月 18 日	“未来康养智城”上线浙里办　龙湾探索养老新模式
	10 月 20 日	鼓词、情景朗诵、民乐合奏……温州龙湾上演一场别开生面的宣讲活动
	10 月 21 日	龙湾：山呼海应共绘富美蓝图
	10 月 23 日	龙湾企业亮相中国国际版权博览会
	10 月 24 日	龙湾发布通告！将开展“地毯式扫楼”大排查
	10 月 26 日	以谋大招强　龙湾今年签约落地四个百亿项目
	10 月 30 日	龙湾区召开安全生产“百日攻坚”行动推进会暨第四季度安全生产消防工作例会
	11 月 5 日	一周规划丨杭州至德清市域铁路年内开工　温州龙湾机场三期开建
	11 月 7 日	龙湾：文昌创客获评省创建特色小镇优秀
	11 月 27 日	温州龙湾区排除一起新冠病毒核酸检测结果异常
	12 月 15 日	龙湾区为 120 棵古树名木投保　古树名木终于“老有所依”啦！
	12 月 15 日	横跨鹿城、瓯海、龙湾　温州市区东西向最长公交线路来啦
	12 月 26 日	龙湾环大罗山科创走廊环境整治提升完工
新华社客户端	1 月 22 日	温州龙湾：举办高层次人才新春沙龙
	4 月 26 日	浙江温州龙湾区：美食农旅“联姻”助推消费升级
	4 月 28 日	浙江温州龙湾区：赋能知识产权保护　打造强劲发展动能
	7 月 8 日	“洋”眼看浙江丨美国摄影师 Roman 在“东海文明明珠”遇见美好
	7 月 19 日	2021 视觉健康创新发展国际论坛闭幕
	7 月 22 日	“闻风而动”浙江温州各地积极备战“烟花”
	8 月 22 日	浙江温州：全域行动常态长效　创建持续“保质保鲜”
	8 月 26 日	浙江温州：瞄准现实需求　数字化改革向更多领域迈进
	9 月 2 日	周一富：在新征程上奏响共同富裕最强音
	9 月 29 日	2021 中国眼谷第三届创新创业全球挑战赛开始项目征集
	10 月 9 日	这个国庆，浙江温州旅游为啥这么火？
	10 月 15 日	组图丨九九重阳日，浓浓敬老情　温州社会各界开展多种形式敬老活动
	10 月 26 日	世界环卫工人日丨温州开展系列活动致敬“城市美容师”
	11 月 5 日	温州龙湾文昌创客小镇“腾笼换鸟”转型见成效
	11 月 6 日	温州龙湾：向全社会征集文旅标识和口号
	11 月 11 日	浙江温州大力推进未成年人思想道德建设
	11 月 11 日	2021 中国眼谷眼视光创新发展国际论坛于浙江温州开幕
	11 月 11 日	19 个项目“睛”彩角逐 2021 中国眼谷第三届创新创业全球挑战赛
	11 月 11 日	“峰”起“城”巨变　温州正发生

续表 64

媒体平台	刊发时间	报道标题
新华社客户端	11 月 18 日	浙江龙湾：上江村翻身记
	12 月 5 日	高效能打造维权服务体系——当好竭诚服务职工的“娘家人”
	12 月 12 日	浙江温州龙湾：从“微”入手，“改”出文旅“大发展”
	12 月 16 日	浙江温州：制度、监督“两手抓”确保垃圾分类工作深入再深入
	12 月 16 日	浙江温州：文明迎亚运　践行“反浪费”
	12 月 16 日	浙江温州：“花式防疫”接地气　“银龄套餐”入民心
	12 月 17 日	孙克福：身残志坚勇创业　扶残助残暖人心
	12 月 25 日	“电力引擎”护航“未来龙湾”
	12 月 28 日	从党代会关键词看温州这些县市区的未来（一）
	12 月 29 日	温州龙湾：多领域齐头并进　全方位精彩蝶变
	12 月 30 日	“微改精提”show 美景　龙湾上演“变形记”
新华社中国好故事	1 月 7 日	一杯麦麦酒传递温州故事
	2 月 26 日	元宵节，看外籍主播寻访温州龙湾非遗
	12 月 4 日	日语视频节目丨日本农学博士的龙湾科创故事
	12 月 5 日	“新青言”外语宣讲第一期丨英雄战胜美人瀑
	12 月 6 日	“新青言”外语宣讲第三期丨敢为人先的瓯登精神
	12 月 8 日	“新青言”外语宣讲
	12 月 9 日	俄罗斯主播 Alexandra 探寻温州龙湾张璁故事
	12 月 10 日	“新青言”外语宣讲
	12 月 11 日	阿莫“吾悦”龙湾
	12 月 12 日	看国际友人打卡中国书法之乡——龙湾
	12 月 13 日	外籍友人体验省级非物质文化遗产项目——玻璃银光刻
央视体育新闻	11 月 12 日	技高一筹　樊振东取得热身赛首胜
浙江平台	1 月 7 日	故事丨大大的“赞”　龙湾女警魏洁茹收到一面特别的锦旗
	1 月 22 日	嗨·自拍丨浙师大附属温十五中教育集团创意操舞《YES OK》
	1 月 26 日	新春走基层丨浙江省第一份“福”礼包送到温州龙湾
	1 月 26 日	偶有才·绘画丨童真与消防碰撞
	1 月 27 日	微视频丨温州龙湾：用歌声邀您留在龙湾过大年
	1 月 29 日	大观丨五水共治见成效　温州龙湾成过冬候鸟的天堂
	2 月 8 日	区县新闻丨建设信息化智能监管平台　打造健康龙湾
	2 月 8 日	便民服务丨不出门就可办证取证，龙湾创新打造审批服务升级版
	2 月 9 日	微视频丨温暖之州　情满龙湾　谢谢就地过年的你

续表 64

媒体平台	刊发时间	报道标题
浙江平台	2月9日	微视频｜廉洁自律走好每一步
	2月9日	视频家书｜温州龙湾：留“温”过年——“你奋斗的他乡也是家乡”
	2月10日	最想去的地方｜在温州龙湾春节怎么玩？这里有一份“游龙嬉龙”指南请收好
	2月10日	浙江省温州市龙湾区：公安功模代表来团拜
	2月10日	微视频｜原创歌曲《幸福龙湾年》
	2月10日	微视频｜大爱龙湾
	2月19日	微视频｜未来教育看龙湾
	2月23日	微视频｜小萌童垃圾分类“云课”划重点
	2月24日	嗨·自拍｜校园操舞《Happy stars》
	3月2日	嗨·自拍｜献礼建党百年 小萌童寻找身边的党徽
	3月2日	凡人凡事｜董慧峥：用坚守和担当诠释“三牛”精神
	3月3日	嗨·自拍｜校园操舞《宝贝优先》
	3月4日	非遗传承｜外籍主播寻访温州龙湾非遗
	3月4日	非遗传承｜匠人匠心，央视说瓯塑
	3月6日	微视频｜凝聚“她”力量
	3月8日	微视频｜致敬了不起的她，我们都是警营追梦人
	3月8日	基层人物｜龙湾公安的警营“女神”，谁惊艳了你？
	3月8日	基层人物｜春来谁为法治点红妆？且看龙湾司法巾帼“群英像”
	3月10日	基层人物｜邱殿聪：藏在技术室里的“技术牛”
	3月11日	嗨·自拍｜校园操舞《Para Para 樱之花》
	3月12日	青山绿水｜聚焦绿化彩化 打造多彩龙湾
	3月12日	嗨·自拍｜校园操舞《未来 style》
	3月16日	生活家·生活小窍门｜预防出生缺陷，政府买单的这些钱，你知道吗？
	3月17日	基层人物｜周鸥：一身不服输的“牛”劲儿
	3月17日	嗨·自拍｜校园操舞《向快乐出发》
	3月18日	凡人凡事｜住在星空下睡在田园中 80后都市女性打造生态休闲农庄
	3月22日	微视频｜世界水日：珍惜水，爱护水，节约水
	3月22日	了不起的村庄｜温州龙湾郑宅村：打造自然人文交融的美丽乡村样板村
	3月22日	嗨·自拍｜校园操舞《炫舞吧，少年！》
	3月24日	观·有闻｜以实力铸发展 温大激光院斩获三项省部级殊荣
	3月25日	基层人物｜石泼泼：办案如同“庖丁解牛”，他是刑侦战线一把尖刀
	3月26日	区县新闻｜龙湾推出温州首个党史青年宣讲直播季

续表 64

媒体平台	刊发时间	报道标题
浙江平台	3 月 26 日	基层人物 | 张维芳：扎根基层 17 年，他把一片丹心掏给辖区百姓
	3 月 30 日	区县新闻 | 中国乡村振兴大讲堂在温州龙湾举行　专家共探发展路径
	4 月 1 日	区县新闻 | 温州龙湾：数字“三支撑”　赋能“智”管城市
	4 月 2 日	观·有闻 | 温州大学激光研究院再获殊荣　激光智造助力温州打造科创高地
	4 月 6 日	医技知识 | 温州龙湾：新冠疫苗接种科普
	4 月 7 日	微视频 |《时光工匠》
	4 月 9 日	城乡教育 | 温州龙湾开展少先队“红领巾心向党”学习实践活动
	4 月 9 日	便民服务 | 民有所呼、警有所应　温州龙湾公安将“实事”、“小事”办到群众心坎上
	4 月 14 日	凡人凡事 | 林小兰：九载办学堂　热心助公益
	4 月 15 日	微视频 | 温州龙湾：党员法治金话筒，普法宣传在一线
	4 月 17 日	区县新闻 | 温州龙湾：推进工会工作从“事”到“制”向“治”转变
	4 月 19 日	温州龙湾：户籍窗口注入“人情味”　便民服务赢得“好口碑”
	4 月 21 日	时代的记忆——红色经典老课本插图（下）
	4 月 21 日	时代的记忆——红色经典老课本插图（上）
	4 月 25 日	嗨·自拍 | 校园操舞《花儿与少年》
	4 月 26 日	凡人凡事 | 佐藤佑树：我在龙湾做科研
	4 月 27 日	微视频 | 温州龙湾文联永电合唱团唱响《唱支山歌给党听》
	4 月 27 日	基层党建 | 温州龙湾：老党员上微课话传承
	4 月 30 日	最想去的地方 | 五一去哪玩？来温州龙湾体验非遗文化
	5 月 6 日	区县新思路 | 温州龙湾：高质量加快建设“未来城区”
	5 月 10 日	最想去的地方 | 人文古韵，栖意龙湾
	5 月 13 日	文明实践 | 温州龙湾：颂百年风华　扬最美家风
	5 月 18 日	微视频 | 科创龙湾　赋能未来
	5 月 19 日	微电影 |《别人家的妈妈》
	5 月 20 日	便民服务 | 温州龙湾开启全域“红色管家”2.0 时代
	5 月 21 日	红色记忆 | 温州龙湾深入挖掘党史教育资源　让红色精神在这里生生不息
	5 月 22 日	微视频 | 温州：《七月的太阳》
	5 月 25 日	美厨家·家乡好味道 | 龙湾地道小海鲜，每一口都是幸福
	5 月 27 日	偶有才·歌唱 | 温州龙湾第一幼儿园师生深情演绎《我爱祖国的蓝天》
	5 月 28 日	区县新闻 | 温州龙湾释放青年创新创业无穷力量
	5 月 31 日	美厨家·家乡好味道 | 温州龙湾：“王鱼”宴开席，一起来品尝吧
	5 月 31 日	汇·青春 | 原创舞蹈《潘冬子的棉袄》

续表 64

媒体平台	刊发时间	报道标题
浙江平台	6 月 1 日	观·有闻｜温州龙湾：少先队庆祝建党 100 周年主题教育活动圆满举行
	6 月 6 日	重点｜温州龙湾未来城区来了，老百姓工作生活有啥变化？“五大新图景”提前剧透
	6 月 7 日	浙江：温州龙湾未来城区来了“五大新图景”提前剧透
	6 月 11 日	微视频｜温州龙湾南洋社区：重温红色旋律　共庆建党百年
	6 月 24 日	红色记忆｜赓续海霞精神　汲取奋进力量
	6 月 25 日	区县新闻｜温州龙湾首家革命教育馆“七一”开馆
	7 月 7 日	微视频丨我们是共产党员
	8 月 13 日	最想去的地方｜走读龙湾，带孩子来一场说走就走的研学游
	8 月 13 日	最想去的地方｜温州市龙湾区大罗山东麓，寻一抹让你心动的“玉色”
	8 月 18 日	便民服务｜温州龙湾：成立普法调解联盟体　打造矛盾纠纷化解“终点站”
	8 月 19 日	红色记忆｜龙忆百年：突然中断的会议
	8 月 24 日	基层人物｜叶方富：向世界展示国科大温州研究院的创新影响力
	8 月 25 日	微视频｜反诈同行享平安
	9 月 2 日	文明实践｜温州龙湾：节能降碳　绿色发展
	9 月 10 日	嗨·自拍｜龙湾区红领巾讲解员沿着瓯越人民抗击侵略的历史足迹出发啦
	9 月 14 日	区县新闻｜温州龙湾：“智行三招”　破解城市停车顽疾
	9 月 14 日	凡人凡事｜郭秀伟：瓜棚里铺就“甜蜜”致富路
	9 月 15 日	好拍家·美拍｜温州龙湾：“玉色”瑶湖　呼吸间都是幸福的味道
	9 月 16 日	微宣讲｜以“青年审计之窗”展示“龙湾时代之治”
	9 月 16 日	区县新闻｜温州龙湾：联勤联动　打通基层治理“最后一公里”
	9 月 17 日	区县新闻｜温州龙湾：打造全市首个消防安全管理数字化平台
	9 月 22 日	凡人凡事｜孙约肥：创新科技坚持古法酿酒　信守承诺打造温州“金名片”
	9 月 27 日	非遗传承｜温州龙湾非遗音乐《永嘉场》
	9 月 30 日	区县新闻｜浙江温州：首个投资超百亿元数字经济项目落户龙湾
	10 月 8 日	微视频｜温州龙湾：歌唱祖国
	10 月 15 日	最想去的地方｜“中国书法之乡”——龙湾
	10 月 15 日	今天我出镜｜王建东：33 年坚守一句承诺
	10 月 18 日	今天我出镜｜周明福：孤岛行医 50 余载 兑现村民一份情
	10 月 20 日	今天我出镜｜罗小双：全国消防系统“英雄母亲”
	10 月 21 日	今天我出镜｜孙约肥：用诚信和匠人精神擦亮非遗招牌
	10 月 26 日	红色文物故事｜“美人瀑”老照片
	11 月 9 日	便民服务｜温州龙湾：“智慧停车”解决停车难

续表 64

媒体平台	刊发时间	报道标题
浙江平台	12 月 13 日	文艺精品 | 全国摄影艺术展览入选作品欣赏
	12 月 17 日	最想去的地方 | 温州龙湾：省级旅游风情小镇钟秀园
	12 月 20 日	偶有才·绘画 | 温州市龙湾区永兴一小学生们带你感受数字魅力
	12 月 21 日	微视频 | 温州龙湾：青山绿水好风光
浙江卫视	1 月 11 日	温州奥体中心工程预计春节后完工
	1 月 13 日	温州龙湾：举行中学生离队入团仪式，集体生日践行真善美
	2 月 1 日	投资 5000 万元　龙湾首个体育运动主题公园初现雏形
	3 月 5 日	温州：奥体中心主体工程预计四月完工
	3 月 29 日	龙湾：“红哨”系统实现社区治理数字化
	4 月 28 日	龙湾：全省首创集成“数智”平台　实现药品监管数字化
	5 月 2 日	奋斗百年路 启航新征程·学党史 悟思想 办实事 开新局
	5 月 8 日	今日快讯：全国国际式摔跤锦标赛温州开赛
	5 月 11 日	温州：第十四届全运会摔跤预赛落幕 浙江老将“摔”出总决赛入场券
	5 月 12 日	《党建播报》：学党史 践初心——温州龙湾区 诵读红色经典 传承红色精神
	5 月 21 日	《党建播报》：党课开讲啦
	6 月 8 日	龙湾：把“未来城区”打造成龙湾城市“金名片”
	7 月 20 日	龙湾：为 100 余家企业的 500 件专利产品赋码
	9 月 7 日	2021“奔跑吧环保”城市定向赛在温州龙湾开赛
浙江英文网	11 月 30 日	温州开通首条意大利国际航空货运航线
《中国国防报》	11 月 29 日	浙江省温州市龙湾区举行防卫演练 “防管消保救”一体联动
《中国蓝新闻》(客户端)	1 月 28 日	温州市春泥计划“缤纷冬日”系列主题活动启动，今年寒假“线上”过
	6 月 7 日	学子破浪，交警护航！温州龙湾交警全力保障高考交通安全
	7 月 8 日	忆峥嵘岁月 守红色根脉 “红色永驻”老兵宣讲团开启温州龙湾党史教育新篇章
	7 月 14 日	浙江师范大学与温州市龙湾区人民政府合作共建浙江师范大学附属温州龙湾教育集团
	8 月 26 日	温州“数字化”赋能社区治理新模式 “智慧大脑”提升社情处置效率
	11 月 15 日	一把手忙啥 | 确保全年红：数字化改革赋能大项目提速增质 滨江、江北、龙湾书记这样干
中国日报网	11 月 29 日	十九届六中全会海外基地宣讲竞答活动
中国日报网（英文网）	11 月 30 日	温州—米兰”首条国际货运航线，开通！
	12 月 22 日	龙湾对外发出抗“疫”招募令 千余志愿者穿上“红马甲”
	12 月 29 日	龙湾区海外传播官、外籍人事共同防疫抗疫
中新网	1 月 11 日	温州银行深耕小微金融 扛起使命担当
	1 月 14 日	浙江龙湾打造“一区五城”争创社会主义现代化先行区

续表 64

媒体平台	刊发时间	报道标题
中新网	1 月 14 日	留下过年！浙江龙湾为外地员工送上“温暖礼包”
	1 月 18 日	特斯拉中国制造 Model Y 在浙江举行交付仪式
	1 月 22 日	浙江温州发力时尚智造产业集群：规划建设 G104 时尚走廊
	1 月 26 日	中国银行温州市分行与多家单位签订《廉洁伙伴协议》
	1 月 28 日	春运首日强防疫 浙江温州多部门助力“无忧春运”
	1 月 30 日	浙江龙湾专班 2020 抗疫回顾：筑守防线 守住“空中大门”
	1 月 31 日	浙江龙湾举办“清廉家风”讲座：以家风助力政风
	2 月 1 日	浙江龙湾“三个强化”夯实垃圾分类思想建设
	2 月 3 日	浙江龙湾搭建智慧平台 加速卫生健康领域“互联网 + 监管”
	2 月 8 日	浙江龙湾永中多措并举 加快垃圾分类体质增效
	2 月 18 日	浙江温州探索群众组织参与涉渔违法行为治理
	2 月 23 日	浙江龙湾出台村社组织规范化建设“1+5”文件
	3 月 4 日	浙江龙湾永中“三步”推进垃圾分类 履行使命担当
	3 月 17 日	浙江龙湾住宅小区生活垃圾分类设施建设成“硬标”
	3 月 19 日	浙江龙湾聚焦工业项目准入管理 聚力打造产业新城
	3 月 19 日	浙江龙湾“护苗”脚步不停歇 护航青少年健康成长
	3 月 29 日	“三农”专家李春生：城乡统筹融合发展任重道远
	4 月 14 日	浙江龙湾创新方式整合力量 推进药品安全基层监管建设
	4 月 30 日	人文古韵，栖意龙湾
	4 月 30 日	答好垃圾分类“必答题” 浙江温州向全民发出倡议
	5 月 9 日	浙江龙湾城市化轨迹：从“有区无城”到“一区五城”
	5 月 10 日	寻味龙湾 味至浓时是故乡
	5 月 12 日	助力大战略浇灌小企业 温州银行让金融服务“触手可及”
	5 月 13 日	浙江首批 12 项数字经济系统多跨应用场景揭榜
	5 月 14 日	浙江温州海湾生态跨区域司法保护协作机制启动
	5 月 19 日	浙江省首批数字经济系统多跨应用场景揭榜
	5 月 22 日	浙江龙湾挖掘丰富党史：让红色精神生生不息
	5 月 25 日	以镜头为媒 浙江龙湾为百名党员定格最美瞬间
	5 月 31 日	浙江温州企业家携手合唱庆祝建党百年
	6 月 5 日	浙江龙湾启动未来城区建设 2025 年前常住人口目标超百万
	6 月 8 日	“社区服务 + 盲盒”，龙湾这个街道推出党群连心“新套餐”
	6 月 15 日	喜讯！温州这 25 项成果获 2020 年度浙江科技奖！

续表 64

媒体平台	刊发时间	报道标题
中新网	6月16日	学党史忆往昔 浙江龙湾“上线”老兵宣讲团
	6月22日	浙江警方抓获一名命案逃犯：潜逃21年终入法网
	9月24日	一些不良商人扎啤中混入工业二氧化碳 相关部门加大打击力度
	11月11日	浙江温州龙湾举行中国眼谷眼视光创新发展国际论坛
	11月12日	近视防控博鳌宣言3.0版在浙发布 聚焦儿童青少年眼健康
	11月18日	浙江温州举行“以文会友·传情两岸”书画艺术云交流
	11月18日	浙江温州多措并举发力为企服务 “两万”行动迈入新格局
	12月16日	龙湾区妇联“多维套餐” 情暖“疫”线
中新网客户端	1月5日	浙江龙湾新一届村党组织班子打好“履新第一仗”
	3月17日	浙江龙湾住宅小区生活垃圾分类设施建设成“硬标”
	3月28日	中国乡村振兴大讲堂在浙江龙湾举办 专家共探发展路径
	3月30日	浙江龙湾警方破获特大“杀猪盘”案 抓获160余人
	6月21日	美国摄影师Roman：在温州龙湾遇见美好
	7月8日	中行温州市分行开展纪检干部队伍素质提升活动
	7月15日	加快打造“未来教育”创新区 浙江师范大学附属温州龙湾教育集团建设正式启动
	8月3日	浙江龙湾建设智慧安防小区 扎紧家门口平安“篱笆”
	9月24日	浙江龙湾“点亮”绿色生活 开启“并点定时”新模式
	9月27日	浙江：立案查处无合法来源相关案件259件 罚没2500余万元
	10月18日	浙江温州龙湾打造海外传播基地 助海内外民众“读懂中国”
	11月23日	温州市党史学习教育主题报告会龙湾专场暨第六届龙湾区（高新区）道德模范表彰大会举行
	11月25日	龙湾区“六讲六做”大宣讲直通车进企业：迅速掀起贯彻学习六中全会精神热潮
	11月29日	浙江温州至意大利米兰首条国际货运航线开通
	12月1日	龙湾区开展“六讲六做”大宣讲走进直播间活动
	12月22日	浙江温州往返美国洛杉矶国际货运航线开通
	12月27日	浙江温州：2021年为企业挽回经济损失8400余万元
	12月30日	浙江龙湾书记：建设活力、美丽、幸福新龙湾
中央人民广播电台	11月17日	科创温州，龙湾御“峰”演绎别样精彩
中央卫视	2月4日	瓯塑《细揉慢捻古韵赋形》
“学习强国”总平台	2月10日	浙江温州：年在龙湾 乘风破浪
	2月10日	好拍家·开心拍丨温州龙湾公安功模代表来团拜
	9月26日	微视频丨状元娃学数学之有趣的排列组合

简称和全称对照目录

龙湾区部分机构简称和全称对照一览表

表 65

简 称	全 称
区委	中共温州市龙湾区委员会
区人大	温州市龙湾区人民代表大会
区政府	温州市龙湾区人民政府
区政协	中国人民政治协商会议温州市龙湾区委员会
区委办	中共温州市龙湾区委员会办公室
区人大办	温州市龙湾区人大常务委员会办公室
区府办	温州市龙湾区人民政府办公室
区政协办	政协温州市龙湾区委员会办公室
区人防办	温州市龙湾区人民防空办公室
区人武部	中国人民解放军浙江省温州市龙湾区人民武装部
区纪委区监委	中共温州市龙湾区纪律检查委员会　温州市龙湾区监察委员会
区法院	温州市龙湾区人民法院
区检察院	温州市龙湾区人民检察院
区委组织部	中共温州市龙湾区委员会组织部
区委宣传部	中共温州市龙湾区委员会宣传部
区委统战部	中共温州市龙湾区委员会统战部
区侨办	温州市龙湾区人民政府侨务办公室
区台办	温州市龙湾区人民政府台湾事务办公室
区委政法委	中共温州市龙湾区委政法委员会
区委直属机关工委	中共温州市龙湾区委直属机关工作委员会
区委编办	中共温州市龙湾区委机构编制委员会办公室
区委党史研究室	中共温州市龙湾区委党史研究室
区文明中心	温州市龙湾区精神文明建设指导中心
区发改局	温州市龙湾区发展和改革局
区经信局	温州市龙湾区经济和信息化局
区人力社保局	温州市龙湾区人力资源和社会保障局
区住建局	温州市龙湾区住房和城乡建设局
区文广旅体局	温州市龙湾区文化和广电旅游体育局
区卫健局	温州市龙湾区卫生健康局
区交通局	温州市龙湾区交通运输局
区市场监管局	温州市龙湾区市场监督管理局
区机关事务管理中心	温州市龙湾区机关事务管理中心
区旅体中心	温州市龙湾区旅游和体育事业发展中心
区新居民服务中心	温州市龙湾区新居民服务中心

续表65

简 称	全 称
区政务服务中心	温州市龙湾区政务服务中心
区移民服务中心	温州市龙湾区移民服务中心
区服务业发展中心	温州市龙湾区服务业发展中心
区投促中心	温州市龙湾区投资促进服务中心
区城建中心	温州市龙湾区城市建设中心
区供销联社	温州市龙湾区供销合作社联合社
区金融工作服务中心	温州市龙湾区金融工作服务中心
区水利工程建设中心	温州市龙湾区水利工程建设中心
区塘河建设中心	温州市龙湾区温瑞塘河工程建设中心
区交建中心	温州市龙湾区交通工程建设中心
温州经开区	温州经济技术开发区
温州高新区	温州高新技术产业开发区
浙南科技城	温州浙南科技城
区公安分局	温州市公安局龙湾分局
区税务局	温州市龙湾区税务局
区资规分局	温州市龙湾区自然资源和规划分局
区供电分局	温州电力局龙湾供电分局
区生态环保分局	温州市生态环境局龙湾分局
区医保分局	温州市医疗保障局龙湾分局
浙江高速交警温州支队	浙江省公安厅高速公路交通警察总队温州支队
市交管局三大队	温州市公安局交通管理局三大队
区消防救援大队	温州市龙湾区消防救援大队
市公积金龙湾管理部	温州市住房公积金管理中心龙湾管理部
团区委	共青团龙湾区委员会
区妇联	温州市龙湾区妇女联合会
区科协	温州市龙湾区科学技术协会
区侨联	温州市龙湾区归国华侨联合会
区社科联	温州市龙湾区社会科学界联合会
区残联	温州市龙湾区残疾人联合会
区工商联	温州市龙湾区工商业联合会
区文联	温州市龙湾区文学艺术界联合会
民革龙湾基层委	中国国民党革命委员会温州市龙湾区基层委员会
民盟龙湾基层委	中国民主同盟温州市龙湾区基层委员会
民建龙湾基层委	中国民主建国会温州市龙湾区基层委员会
民进龙湾基层委	中国民主促进会温州市龙湾区基层委员会
农工党龙湾基层委	中国农工民主党温州市龙湾区基层委员会

续表 65

简 称	全 称
致公党龙湾基层委	中国致公党温州市龙湾区基层委员会
九三学社龙湾基层委	九三学社温州市龙湾区基层委员会
人保龙湾支公司	中国人民财产保险股份有限公司龙湾支公司
人寿龙湾支公司	中国人寿保险股份有限公司龙湾支公司

名词解释一览表

表 66

简 称	注解
五个中心	指在“十三五”期间，龙湾要建设成为温州科技创新中心、温州东部城市发展中心、温州东部综合交通中心、温州东部现代服务业中心、温州东部公共服务中心
一中心四高地	指中国眼谷要打造成为世界眼健康领域中心和科技高地、产业高地、人才高地、医疗高地
两个健康	指非公有制经济健康发展和非公有制经济人士健康成长
“5+4”产业	指阀门、特殊钢、鞋业、制笔、服装等五大传统制造业和数字经济、智能装备、生命健康、新能源等四大战新产业
“扩中”“提低”	指扩大中等收入群体规模，提高低收入群体收入
510 计划	指温州市推出的 5 个“10”人才招引计划，即开拓 10 万个岗位、推出 10 项政策、安排 10 亿元奖补资金、开展 10 项人才活动和 1 年招引 12 万名高校毕业生
罗峰领雁计划	指定期评选一批区级杰出人才、科技创新领军人才、科技创业领军人才、科技创新青年拔尖人才、新时代青年企业家，为温州市重大人才工程申报储备力量
“隐单巨雄”企业	指省级“隐形冠军”培育企业、“隐形冠军”企业，国家制造业单项冠军产品、单项冠军示范企业，专精特新“小巨人”企业，省“雄鹰行动”培育企业
龙一医“1+6”城市医联体	指由龙湾区第一人民医院牵头，联合各街道卫生服务中心，组建区域医疗联合体
“8+3”重点领域“遏重大”专项整治	指在道路交通、消防安全、危化品、建设施工、工矿、涉海涉渔、旅游、城市安全等 8 个重点领域和城乡危旧房、特种设备、地质灾害等 3 个方面，开展遏制重大安全生产事故治理
四队三单	指流调溯源队、核酸检测队、社区封控队、运转机动队和核酸采样点清单、集中隔离点清单、物资储备清单
十个方面增优势、走前列	指区第九次党代会提出在民主法治建设、区域治理创新、文化龙湾建设、美丽龙湾建设、共同富裕推进、改革开放深化、东部枢纽建设、新型城区建设、产业转型升级、创新驱动发展等十个方面增优势、走前列
一核引领、两翼拓展、三廊生长、全域未来	指以龙湾城市中心区、浙南科技城和高铁新城为主中心建设温州东部发展核心，西翼以状浦片区为重点建设温州都市时尚智造集聚地，东翼以空港新区为重点创建国家级临空经济示范区，规划打造未来社区示范走廊、瓯江沿岸协同发展示范走廊、环大罗山生态休闲走廊，树立人产城景融合的全域未来城区标杆
两区一廊一城一会一室	指国家自主创新示范区、温州高新区、环大罗山科创走廊、浙南科技城、温州世界青年科学家峰会和瓯江实验室
鲲鹏计划	指面向世界科技和产业发展前沿，招引具有全球影响力的顶尖人才，包括诺贝尔奖等重大科学技术奖项获得者
产学研用金、才政介美云	指把产业、学术界、科研、成果转化、金融、人才、政策、中介、环境、服务等十方面因素融合提升，打造一个创新创业的生态系统
“531”工程	指龙湾围绕产业链、平台人才、温商回归、基金、未来城区等 5 大题材，谋划战新、创新、总部、独角兽、服务业等 5 类项目，落地 3 个百亿投资项目，冲刺 1 个千亿产业
“万亩千亿”产业平台	指面向重量级未来产业、利用万亩空间左右、实现千亿元以上产出的产业平台

续表 66

简　称	注解
“521”高铁时空圈	指乘坐高铁5小时通达京津冀、珠三角、长江中游等城市群核心城市，2小时通达长三角和海西城市群核心城市，1小时通达杭州、宁波、金义三大都市区以及福州、宁德等地
八纵五横	“八纵”指上江路、兰江路、龙腾路、龙永路、南洋大道、曹龙路、龙海路—高新大道、机场大道—永强大道，“五横”指温州大道、环山北路—永定路、围垦路、永昌路—空港大道、通海大道
七优享	指浙江省提出在“十四五”期间打造“浙有善育”“浙里优学”“浙派工匠”“浙里健康”“浙里长寿”“浙里安居”“浙有众扶”等七张民生优享名片
环大罗山科创走廊“三大会战”	指在环大罗山科创走廊开展重点区块打造、交通路网建设、环境整治提升等三大会战
“251”项目	指2亿元、5亿元、10亿元以上的单体制造业项目
亩均论英雄	指以提高亩产效益为核心，对企业进行综合评价和分类管理，奖优汰劣促进实体经济转型升级
一城九片	指瓯江新城和中国鞋都片区、历史文化街区、北站黄田片区、瓯海悟白片区、龙湾状蒲片区、乐清柳白片区、瓯江口片区、东部枢纽片区、瑞安塘下片区
“6+1”领域	指能源、工业、建筑、交通、农业、居民生活等6个领域以及绿色低碳科技创新
碳达峰十大行动	指能源绿色低碳转型、节能降碳增效、工业领域碳达峰、城乡建设碳达峰、交通运输绿色低碳、循环经济助力降碳、绿色低碳科技创新、碳汇能力巩固提升、全民绿色低碳、各地区梯次有序碳达峰等十大行动
数字化改革“1512”框架体系	“1”指一体化智能化公共数据平台，“5”指党政机关整体智治、数字政府、数字经济、数字社会、数字法治等综合应用，“1”指基层治理体系，“2”指理论体系和制度体系
青蓝接力	指为进一步引导温州民营企业新生力量茁壮成长，精心挑选一批温商二代、在温创业年轻一代企业家开展的培训活动
未来乡村“五化十场景”	指通过聚焦人本化、生态化、数智化、共享化、融合化价值取向，打造未来乡村“党建、平安、共享、生态、产业、乡建、互助、双创、人文、治理”十大场景
千万工程	指“千村示范、万村整治”工程
两最三比	指市级比选“人居环境最干净乡镇”“人居环境最差乡镇”，县级比选“人居环境最干净村”“人居环境最差村”，镇级比选“宜居最美庭院”“卫生最差公厕”
四增一减	指增加低收入农户转移性收入、工资性收入、经营性收入、财产性收入和减少其成本性支出
TOD模式（Transit-oriented Development）	是以公共交通为导向的城市空间开发模式，通过对公共交通和其周边的土地协同发展，达到集居住、工作、商业、文化、休闲、教育等为一身的“混和用途”
EOD模式（Ecology-oriented Development）	以生态为导向的空间发展模式，利用生态来引导区域开发，强调生态的价值和服务功能
DOD（Digital-oriented Development）	以数字孪生为导向，注重发挥数字技术赋能生活的作用，建立智能感知响应和线上线下融合的智慧支撑系统，构建与现实世界的“孪生”数字社区
都市型、分布式、智能化科创区	都市型是指把科创区建在人口高密度、金融资本高度集聚、商业功能完善、生活配套醇熟、地理位置优越的大都市中心城区，实现“人产城创”的深度融合；分布式是指创新创业者、高科技企业、研发机构等不再集中于统一规划的园区之中，而是分散嵌入在大小不一、功能多元、各具特色的专业楼宇、老旧建筑、工业厂房、特色街区之中。智能化是指借助智能化系统，对分布散落的城市基础设施、生活配套设施等予以整合管理，最终实现创新者无障碍交互，实现全产业链、各园区智能化协同
一库一图一箱X场景	即一个空间治理数据汇集库、全域空间一张图、基于需求的工具箱、X个特色应用场景
出行即服务	指基于现有交通方式，利用技术综合匹配乘客出行的时间成本、金钱成本和环境的影响因素，采用一种或多种交通方式服务乘客的一站式出行服务方式

索 引

温州奥体中心主体育馆 （江国荣/摄）

数字索引

主题索引

表格索引

说明

一、本索引分数字索引、主题索引、表格索引三部分。

二、数字索引按首位数字大小顺序排列，主题索引按汉语拼音顺序排列，同音字按声调排列，同音同调字按下一字的音译排列，表格索引按表格顺序排列。

三、索引词的阿拉伯数字表示内容所在的页码。

四、同一主题在文中多处出现的，在其索引词后用不同的页码标明。

数字索引

主题索引

D

E

F

G

H

T

表格索引